HISTOIRE UNIVERSELLE
DE LA CHASTETÉ ET DU CÉLIBAT

Elizabeth Abbott

HISTOIRE UNIVERSELLE
DE LA CHASTETÉ
ET DU CÉLIBAT

Traduit de l'anglais par Paule Pierre

FIDES

Illustrations (couverture et intérieur) : Gérard Dubois
Conception graphique : Gianni Caccia
Mise en pages : Yolande Martel

Données de catalogage avant publication (Canada)

Abbott, Elizabeth

    Histoire universelle de la chasteté et du célibat

    Traduction de : A History of Celibacy.
    Comprend des réf. bibliogr. et un index.

    ISBN 2-7621-2190-6

    1. Célibat – Histoire. 2. Chasteté – Histoire.
    3. Continence – Histoire. 4. Célibat – Aspect religieux – Histoire.
    I. Titre.

HQ800.15.A2214   2001   306.73'2'09   C2001-941538-9

Dépôt légal : 4ᵉ trimestre 2001
Bibliothèque nationale du Québec
Titre original : *A History of Celibacy*
© Elizabeth Abbott, 1999
© Éditions Fides, 2001, pour la traduction française

Les Éditions Fides remercient le ministère du Patrimoine canadien du soutien qui leur est accordé dans le cadre du Programme d'aide au développement de l'industrie de l'édition. Les Éditions Fides remercient également le Conseil des Arts du Canada et la Société de développement des entreprises culturelles du Québec (SODEC). Les Éditions Fides bénéficient du Programme de crédit d'impôt pour l'édition de livres du Gouvernement du Québec, géré par la SODEC.

IMPRIMÉ AU CANADA

À Yves Pierre-Louis,
qui m'a offert son amitié précieuse
dans les bons comme dans les mauvais moments.

Introduction

La chasteté à travers les âges

Deux révélations sont à l'origine de mes longues recherches sur la chasteté. La première et la plus importante remonte à 1990, lorsque les médias dévoilent au monde entier que des frères chrétiens de l'orphelinat du Mont Cashel, à Terre-Neuve, religieux ayant fait vœu de chasteté, sont en fait de cruels pédophiles qui abusent grossièrement des enfants confiés à leurs soins. La seconde, beaucoup moins dramatique, est faite par une amie : un homme de notre connaissance accepte l'infidélité de sa femme parce qu'il est *chaste*. Étonnante nouvelle qui m'a fait découvrir le Nouveau Célibat.

Je croyais savoir ce qu'était la chasteté. C'était le fait de s'abstenir, souvent volontairement, de tout rapport charnel. Je pensais également que cette chasteté, envisagée comme un engagement à long terme, était contre nature. Mon premier titre, *Éloge d'un phénomène contre nature. Une histoire de la chasteté*, témoigne de cette conviction. Des amis, quant à eux, préféraient *La saison sèche*.

Ces plaisanteries ont fait long feu. Une fois plongée dans les recherches qui allaient dévorer six ans de ma vie, j'ai réalisé à quel point ma définition était simpliste, et étriquée mon optique chrétienne. Partout et de tout temps, la chasteté a été un élément fondamental de l'existence humaine. Sous ses différents aspects, elle a façonné la vie des religieux et des laïcs, des jeunes et des vieux ; elle a hanté veufs et prisonniers, motivé athlètes et chamans. Elle a inspiré la poésie classique et le roman populaire, le droit canon et le droit civil.

Partout où mon regard se posait, se profilait la chasteté. Elle résonnait dans les soprani mélodieux des castrats de l'opéra italien, dans les cris de douleur des fillettes chinoises aux pieds bandés, séquestrées par des parents prêts à tout pour s'assurer de leur pureté, dans les gémissements de jeunes eunuques aspirant à de hautes fonctions à la cour. Elle planait au-dessus des harems étouffants et des temples incas brûlés par le soleil, imprégnait le monde antique, où elle était le lot des servantes de l'oracle de Delphes, des fières vestales de Rome et des trois grandes déesses de la mythologie grecque, Athéna, Artémis et Hestia. Elle a fait frémir Ophélie lorsque Hamlet, repoussant son amour, lui a crié : « Va-t'en, fais-toi nonnain ! »

Tout au long de l'histoire, la chasteté a été le flambeau de personnages illustres : Jeanne d'Arc, Élisabeth Ire d'Angleterre, Florence Nightingale, le Mahatma Gandhi (dont nous évoquerons les curieuses expériences de *brahmacharya*, ces nuits qu'il passait avec des jeunes vierges nues afin de mettre sa pureté à l'épreuve). La chasteté résonne dans le discours véhément de *La sonate à Kreutzer*, où Tolstoï martèle son hymne au célibat. On la découvre chez Léonard de Vinci, qui craint d'être accusé, pour la seconde fois, d'inconvenance sexuelle ; chez Isaac Newton, que désespère le départ de son bien-aimé ; chez Lewis Carroll, qui admire sans les toucher ses petites Alice au pays des merveilles.

La continence s'écrit en toutes lettres dans la littérature médicale, qui récupère la sagesse des cultures traditionnelles pour renforcer diverses théories, longuement développées dans les manuels et augmentées d'instructions détaillées sur des régimes permettant de retenir le précieux liquide séminal, si riche en protéines.

Les symboles de la chasteté abondent. La plupart des cuisines occidentales gardent des traces de l'intense mouvement social dont le but était d'éteindre les braises de la sensualité et de préserver ainsi le sperme. Lequel d'entre nous n'a pas dégusté les flocons de maïs et utilisé la farine complète des chastes John Harvey Kellogg et Sylvester Graham, aliments concoctés pour refroidir les ardeurs juvéniles et promouvoir une saine frugalité ? N'utilisons-nous pas les pinces à linge, les balais et les scies circulaires, ces ingénieuses inventions de shakers abstinents ? Et qui n'a pas entendu l'écho du fraternel « *Peace* », le salut bienveillant de George Baker (Father Divine), apôtre passionné de la chasteté ?

Dans les cours de récréation et les campus d'université, la chasteté marche sous la bannière d'étudiants convaincus qu'il faut attendre l'amour véritable (True Love Waits). Le célibat sexuel s'épanouit chez des femmes aux cheveux grisonnants qui se flattent d'avoir recouvré leur virginité. On le devine dans la silhouette décharnée de jeunes filles anorexiques qui veulent être maîtresses de leur corps, et dans les tendresses platoniques d'homosexuels terrifiés par le sida.

Je n'ai pas tardé à comprendre que la chasteté rassemblait un large éventail de réalités, et qu'on la retrouvait à toutes les époques, dans toutes les sociétés. Tout en élargissant les paramètres de mes recherches, j'ai modifié et raffiné mon approche, abandonné le titre initial de l'ouvrage et les hypothèses voulant que l'abstinence soit contre nature.

Mon deuxième titre, plutôt ironique, *Le kama-sutra de la chasteté*, se rapprochait davantage du but poursuivi, mais il était trop ambitieux. Plus je lisais sur le sujet, mieux je mesurais l'énormité de la tâche. Ma vie serait trop courte pour élaborer un traité de la vie chaste qui soit aussi exhaustif que le *Kama-sutra*, dans sa sereine sagesse, l'est en matière de vie sexuelle. Un objectif plus facile à atteindre consistait à décrire et à interpréter le plus grand nombre possible d'expériences du célibat. Cette approche a finalement façonné ce livre.

J'ai aussi ébauché une définition de la chasteté qui regroupe chasteté, célibat sexuel, continence et virginité, mots clés de mon essai. En dépit des nuances qu'en donnent les définitions du dictionnaire, ces termes sont pratiquement synonymes.

Jadis, le concept de « chasteté » s'appliquait à la fois aux vierges et aux couples fidèles, mais cette notion appartient aujourd'hui à l'histoire. J'utilise les mots « continence » et « chasteté » de manière interchangeable, comme on le fait aujourd'hui. La continence, ou chasteté, consiste à s'abstenir de relations sexuelles, volontairement ou sous la contrainte, pour une période arrêtée ou indéterminée. Cette définition est à la fois simple et d'une large portée, descriptive plutôt qu'analytique. C'est aussi la formule la plus pratique et la plus souple pour explorer, par le truchement de récits et d'anecdotes, le mode de vie fascinant, inspirant, troublant, complexe et parfois bizarre d'hommes et de femmes continents dans le monde entier.

Des thèmes et des constantes ont commencé à émerger. J'ai alors isolé des modèles dans les expériences humaines et établi des catégories auxquelles mes données pouvaient s'ajuster. Il fallait, bien sûr, s'attendre à ce que le christianisme, adversaire déclaré de la sexualité et obnubilé par la chasteté, domine la première partie de l'ouvrage, même si ses antécédents païens et esséniens ont posé des jalons importants dans ce domaine et que d'autres religions, notamment l'hindouisme, ont imaginé des formes de célibat originales basées sur une vision très différente de l'état de chasteté.

Si la continence est au cœur du christianisme, c'est parce qu'un enfant divin est né miraculeusement d'une mère humaine et vierge. Les questions qui préoccupent les premiers convertis et prosélytes portent sur la nature, les circonstances et la signification de la naissance de cet enfant. Marie va devenir une figure controversée, un sujet de débats sans fin. La fixation chrétienne sur la chasteté — condamnation d'Ève la luxurieuse, stérilisation idéologique de la chaste Marie, rejet intransigeant du mariage des prêtres — dure depuis vingt siècles. Elle a marqué des centaines de peuples et des millions de personnes, imprégné la civilisation occidentale de ses idéaux et de son idéologie.

Des femmes se sont emparées de cette nouvelle doctrine pour s'émanciper du fardeau du mariage et de la maternité. Ces célibataires convaincues se sont transformées en êtres indépendants. À une époque où l'instruction était la chasse gardée des hommes, ces femmes voyageaient beaucoup, étudiaient, écrivaient, prêchaient. Elles étaient maîtresses de leur existence et vivaient souvent dans la chaste compagnie d'hommes et de femmes partageant le même idéal.

Les courageuses Mères du désert sont des contemporaines de saint Paul. La chaste zélote Thècle brave des foules hostiles ; elle affronte le bûcher, des lions, des ours, des taureaux et un fiancé furieux plutôt que de se soumettre au commerce charnel. Les béguines médiévales, qui se consacrent à la vie apostolique et refusent les contraintes du couvent, vivent chez leurs parents ou s'installent dans des béguinages. Chaque matin, elles quittent ces havres de paix pour porter secours aux pauvres qu'elles se sont engagées à servir, protégées des diktats de la société par leur vœu de pureté. D'autres religieuses, cloîtrées ou non, considèrent la chasteté comme un élément indispensable à leur quête de sainteté. Catherine de Sienne et Kateri Tekakwitha, la première sainte iroquoise, en sont les plus illustres exemples. D'ambitieuses abbesses, femmes de haute naissance, dirigent des couvents et créent des fiefs où l'on se consacre à l'érudition et à la science. Une laïque anglaise du XVᵉ siècle, Margery Kempe, femme excentrique mais déterminée, parvient à convaincre son mari — le couple a quatorze enfants — de vivre une union chaste. La pureté est essentielle à son intimité avec Dieu et à son ardent désir de sainteté.

Certains grands croyants et convertis, quant à eux, perçoivent leur vœu de chasteté comme une perpétuelle bataille contre le désir, les tentations et la honte ressentie après de fâcheuses pollutions nocturnes. « Donne-moi la chasteté, mais pas tout de suite », demande Augustin. Cette prière sincère, faite par un homme conscient de ses faiblesses, résume leur dilemme. Si la chasteté n'apporte pas à ces religieux les récompenses et les satisfactions qu'elle réserve aux femmes, c'est parce que, en tant qu'hommes, ils ont sur le plan social des pouvoirs qu'elles n'ont pas. La douloureuse conséquence de cet état de choses est qu'ils ne voient dans la chasteté qu'un moyen de se contraindre à la soumission.

Deux des expériences les plus réussies dans le domaine du célibat sexuel non cloîtré se déroulent en Amérique du Nord, dans la classe ouvrière. Les shakers de Ann Lee, au XVIIIe et XIXe siècle, et les membres du mouvement pour la paix de George Baker (Father Divine), au XIXe et XXe siècle, vivent dans la chasteté. Mother Ann et Father Divine font du célibat la pierre d'angle de leurs communautés religieuses. Leur stricte observance de la chasteté et les principes d'égalité qui président à leur mode de vie leur permettent de réduire clivages sexuels et discrimination raciale. Ainsi, les shakers considèrent que les femmes sont tout aussi capables que les hommes d'occuper des postes de direction. George Baker, fils d'esclaves affranchis, prend sous son aile hommes et femmes, Blancs et Noirs. Il épouse une Canadienne qui restera, dans le mariage, aussi virginale qu'il est chaste. Ann Lee et George Baker partagent les mêmes idéaux. La prospérité de leurs communautés témoigne de l'importance cruciale du célibat dans l'éradication de quelques-uns des préjugés les plus tenaces en matière de sexualité. Un véritable exploit.

En dehors des dimensions religieuses de la chasteté, un autre thème récurrent est relié aux vertus énergétiques attribuées au sperme. La nécessité de conserver ce fluide vital s'impose à des figures aussi diverses que les médecins grecs, les sages hindous, les entraîneurs sportifs et les réformateurs moraux. Leur objectif est de convaincre les hommes des bienfaits de l'abstinence en leur affirmant que la rétention de sperme préservera leur vitalité, leur énergie et leurs capacités intellectuelles et créatrices. Honoré de Balzac résume cette idée avec une ironie amère lorsqu'il grommelle, dans sa tristesse postcoïtale : « Encore un roman qui ne s'écrira pas ! »

La chasteté est un thème primordial en matière de spiritisme et d'occultisme. Pour parvenir à l'état qui induit à la communication avec les esprits, chamans, prêtres et prêtresses vaudous doivent s'astreindre à des périodes de continence durant leur initiation. Cette règle fait partie de leur discipline. La chasteté aiguise leur conscience et leur sensibilité, et calme les « esprits » jaloux des relations que les adeptes ont parfois avec d'autres êtres, divins ou mortels.

Le premier devoir des vestales qui veillent sur le feu sacré, cœur symbolique de la nation, consiste à rester vierges pendant au moins trente ans. Elles doivent s'acquitter de leurs obligations avec une loyauté inconditionnelle, une dévotion et une attention extrêmes. Le système des Incas exige la virginité perpétuelle des *acclas*, prêtresses qui servent le dieu Soleil. Ces jeunes femmes, choisies pour leur grâce et leur beauté dans les familles des peuples conquis, constituent des pièces maîtresses dans la politique impériale de réconciliation qui succède aux conquêtes — l'Inca en fait don à ceux qu'il veut se concilier.

La chasteté prend une forme radicalement différente lorsqu'elle est utilisée par des femmes non religieuses (mais pas nécessairement sans religion) afin de défier l'ordre « naturel » et la condition que le monde a décrétés pour elles — elles ne peuvent être que subalternes, servantes ou esclaves. Jeanne d'Arc et Woman Chief, une Indienne crow, renversent les stéréotypes et refusent d'endosser les rôles féminins ; elles deviennent des chefs de guerre. Des Anglaises du XIXᵉ siècle glorifient le célibat ; la solitude leur permet de vivre de façon autonome et de se consacrer à leur carrière. Florence Nightingale résiste farouchement aux pressions familiales. Elle repousse ses soupirants. Au mariage, elle préfère la virginité et sa mission : transformer le métier d'infirmière, considéré jusque-là comme une occupation avilissante, en l'une des professions les plus nobles qui soient. En Albanie et en Inde, des paysannes (que notre société occidentale pourrait qualifier de transsexuelles) font le serment de rester célibataires toute leur vie. Elles adoptent les vêtements et le mode de vie masculins et dirigent des exploitations agricoles. Élisabeth Iʳᵉ d'Angleterre préserve sa virginité tout au long d'une vie de passion et de séduction. En dépit des conseillers qui la pressent de se marier pour l'amour de la nation, elle devient l'une des reines les plus puissantes de l'histoire britannique.

L'abstinence peut adopter des formes moins spectaculaires. Certaines femmes la choisissent comme méthode contraceptive. Des mères qui allaitent et souhaitent avoir d'autres enfants y ont recours pour augmenter leurs chances de fécondité. Dans certaines sociétés, des femmes mûres l'adoptent publiquement, signalant ainsi qu'elles ne veulent plus procréer et endurer les souffrances de l'accouchement.

Mais la continence n'est pas toujours aussi édifiante. La grande valeur que la plupart des sociétés accordent à la virginité des filles donne à la chasteté forcée un côté franchement répugnant. Si les pieds minuscules des petites Chinoises ne sont plus bandés, si la ceinture de chasteté est devenue une curiosité de musée, des filles et des femmes continuent d'être victimes des pratiques abominables et sanglantes que sont la mutilation génitale féminine et les « meurtres d'honneur » du Moyen-Orient. À l'heure actuelle, six mille petites filles sont victimes chaque jour de mutilation, et les meurtres d'honneur mettent encore et toujours fin à de jeunes existences — tout cela au nom de la pureté sexuelle.

Bien sûr, cette surveillance forcenée de la virginité prénuptiale est presque exclusivement réservée aux filles à marier. La plupart des hommes, à l'exception des célibataires aztèques et angas, ne sont pas tenus de rester vierges jusqu'au mariage. Cette inégalité est due aux normes distinctes régissant la sexualité masculine et féminine. Ce système du « deux poids, deux mesures » est si profondément enraciné et si largement répandu que, pendant des siècles, il a justifié l'existence d'une prostitution généralisée — au nom du respect de la chasteté. Augustin, souvent porté à s'identifier aux libertins, résume le débat en ces termes : « Supprimez les prostituées des affaires humaines, et la lubricité souillera le monde. » D'autres moralistes influents — religieux et laïcs — défendent la courtisanerie, qu'ils considèrent comme un exutoire indispensable pour les hommes aux fortes pulsions libidinales. Cette pratique, disent-ils, empêche les débauchés de séduire les vierges respectables qu'ils épouseront un jour et avec lesquelles ils auront des enfants. Au XIXᵉ siècle, William Stead, journaliste militant, dénonce avec audace l'hypocrisie de ce système : il achète une vierge adolescente qu'il revend ensuite à un bordel, démontrant ainsi que cette pratique peut s'accomplir avec la plus grande facilité.

L'abstinence sexuelle est souvent imposée. Pensons aux prisonniers, aux détenus des camps de travail à l'époque la plus répressive de la Chine maoïste, aux épouses arabes délaissées par leur époux polygame et à ces millions de jeunes Chinois voués à la chasteté en raison de la mesure de contrôle des naissances décrétée par le gouvernement (« un enfant par famille ») qui incite les parents à se débarrasser des fœtus et

des nouveau-nés de sexe féminin — ce qui explique l'énorme déséquilibre numérique qui règne aujourd'hui entre les sexes dans ce pays.

À travers l'histoire, la chasteté a été imposée plus brutalement encore
à certains hommes par la castration, que ce soit par la stérilisation ou
par l'ablation des organes génitaux. En Orient, les eunuques se voient
confier des charges importantes. Ils sont notamment préposés à la
surveillance des femmes dans les sérails. Dans les empires byzantin et
ottoman, ils occupent des postes militaires et administratifs ; des sommes colossales leur sont confiées, ainsi que la destinée de populations
entières. La première condition pour exercer ces très hautes fonctions
est d'être châtré : un eunuque ne peut être soupçonné d'intriguer en
faveur de descendants qu'il n'aura jamais.

Lorsque la passion de l'opéra se répand dans l'Europe du XVIIIe siècle,
le couteau mutilateur fait d'autres victimes, transformant de jeunes
garçons en soprani dotés des voix les plus mélodieuses jamais enten-
dues sur scène. Le prix payé par ces castrats replets, imberbes et habités
par la rancœur est l'impotence sexuelle permanente, mais, dans la quête
frénétique de la perfection musicale, il semble que ce sacrifice importe
peu. En Inde et au Pakistan, des hommes se soumettent encore volontairement au couteau castrateur pour devenir des *hijras*, artistes fantaisistes qui font vœu de chasteté, se considèrent comme un troisième sexe
et vivent en communauté.

Des femmes ont, elles aussi, été soumises à une chasteté radicale.
L'exemple le plus terrible est le sort des petites filles hindoues, mariées
dès leur plus tendre enfance à un homme qui mourra avant qu'elles ne
soient en âge de vivre avec lui. Les petites veuves sont alors condamnées
à une existence misérable ou à une mort violente sur le bûcher funéraire de leur époux, où elles seront jetées par les hommes de la famille.

La chasteté présente toutefois des variantes beaucoup plus bénignes,
lorsqu'elle est pratiquée, par exemple, par des gens mal à l'aise dans une
sexualité non conventionnelle — qu'ils soient soupçonnés d'homosexualité, comme Léonard de Vinci, ou de tendances pédophiles,
comme Lewis Carroll. D'autres sont simplement excentriques, comme
John Ruskin, ou malheureux en amour, comme Isaac Newton. La
continence peut constituer un moyen de guérison pour les victimes de
viol ; elle leur donne le temps et l'espace nécessaires pour affronter le
souvenir et les séquelles des brutalités qui leur ont été infligées.
Aujourd'hui, à l'époque du sida, des gens adoptent l'abstinence par

mesure de survie — comme ce fut le cas dans l'Europe du XVIe siècle ravagée par la syphilis. Lorsque la sexualité a le visage de la mort, la chasteté fait office d'ange gardien.

Certaines affections causant l'impuissance peuvent également conduire à l'abstinence. Le taux considérable de plomb dans l'admirable système romain d'aqueducs est fatal pour la virilité. Le phénomène inspire au grand Ovide (et à d'autres poètes) un lyrisme désabusé. Ne dit-il pas de son pénis qu'il est « aussi mou que la tige d'un chou » ? L'anorexie, qui afflige surtout les filles, produit le même effet. Elle sape les dernières forces de leurs corps émaciés et leur ôte tout intérêt pour les plaisirs de la chair. Mais, contrairement à Ovide, Karen Carpenter et ses émules ne déplorent aucunement la perte de leur sexualité. Supprimer leurs seins et leurs fesses ne leur suffit pas, elles veulent aussi annihiler leurs pulsions sexuelles.

L'omniprésence de la chasteté dans l'histoire de l'humanité trouve un écho dans la littérature — et pas seulement dans celle qui s'attriste de l'« impuissance » romaine. Milton, Tolstoï et Virginia Woolf ont écrit sur le sujet, tout comme John Irving dans *Le monde selon Garp*. La mère de Garp, adepte convaincue du célibat sexuel, n'a qu'une seule défaillance (mais qui porte fruit). Même les vampires, dont l'amour est rouge sang, sont chastes.

Les siècles passent et le pouvoir de fascination de la chasteté perdure. Tandis que certaines adolescentes ont une activité sexuelle de plus en plus précoce, les Power Virgins (vierges souveraines) ne craignent pas de clamer fièrement leur volonté de rester chastes. D'autres jeunes, filles et garçons, sont membres de True Love Waits ou de mouvements similaires prônant la chasteté chez les adolescents. Le colis de présentation des Power Virgins comprend un T-shirt joliment imprimé que je porte parfois quand je fais du vélo. Je me demande alors si les passants comprennent son étonnant message.

Les jeunes ne sont pas seuls à s'intéresser à la chasteté. Un nombre croissant d'hommes et de femmes, d'âge mûr ou plus vieux, en font un outil d'autonomie personnelle. La continence leur permet de dialoguer avec Dieu et de se rapprocher de la nature et de leurs semblables. Quelques femmes se disent « vierges re-nées » — une contradiction dans les termes. Il y a deux mille ans, en réponse aux suppliques adressées à l'Église, des théologiens chrétiens ont reconnu, honoré et solennellement approuvé ce statut. Des couples se félicitent de la richesse que la chasteté a apportée à leurs relations. Comme les chastes époux des premiers siècles du christianisme, comme saint François d'Assise et sa compagne bien-aimée, sainte Claire, ces hommes et ces femmes trouvent la paix et la plénitude dans un engagement non sexuel, plus accompli parce que libéré de la jalousie et de la possessivité.

Au cœur de ce mouvement vers le Nouveau Célibat repose l'idéal d'un choix non stigmatisé, ainsi que le droit de chacun de mener une existence plus riche et mieux maîtrisée. Le Nouveau Célibat exige de nouvelles attitudes et de nouvelles façons de penser. Ainsi, gais et lesbiennes seront acceptés par la société, hommes et femmes pourront cohabiter dans la chasteté, et le mariage ne sera plus considéré comme le seul statut social acceptable.

Au cours des années que j'ai consacrées à la recherche et à la rédaction de ce livre, j'ai moi-même embrassé le célibat sexuel — et cela en dépit de décennies d'anticélibat déclaré, pendant lesquelles je n'hésitais pas à affirmer, en plaisantant, que j'avais inventé la sexualité (il m'arrivait même d'y croire). Le fait est que, plusieurs années après m'être sortie des ruines d'un mariage raté et des difficultés inhérentes à la reconstruction d'une nouvelle vie dans un nouvel environnement, je ne m'étais toujours pas engagée dans une relation sexuelle. Après avoir profité (le mot «joui» serait plus juste) du sentiment de liberté qu'apporte le célibat volontaire, j'ai délibérément opté pour ce statut. Depuis lors, je ne me suis plus jamais considérée comme une femme qui n'a pas d'homme dans sa vie. Après avoir réévalué mon existence et mes priorités, y compris le besoin de former des liens émotionnels profonds, j'ai adopté un mode de vie qui, à un degré très satisfaisant, est en accord avec mes principes.

La vie et l'attitude de certaines femmes m'ont bouleversée. Les préoccupations et le mode de vie des puissantes vestales, de la rebelle Florence Nightingale, des courageuses Mères du désert et de l'opiniâtre Woman Chief étaient, bien sûr, très différents des miens, mais je ne m'en sens pas moins très proche d'elles. J'ai été particulièrement touchée par l'histoire de ces femmes et de ces hommes portés par un idéal — que ce soit en art, en littérature ou en science —, qui ont choisi la chasteté pour éviter des relations qui auraient dévoré le temps et l'énergie nécessaires à la réalisation de leurs aspirations. Il fut un temps où je prenais plaisir aux joies de la sexualité. Je n'en accorde donc, à cette étape de ma vie, que plus de valeur à l'indépendance et à la sérénité qu'apporte une chaste solitude. Je savoure le fait de m'être libérée de la jalousie et de la passion qui ont caractérisé mes relations amoureuses, et je ressens un soulagement indicible à l'idée que les exigences domestiques d'une autre personne ne dominent plus mon programme quotidien.

Le flot inattendu de confidences que mes recherches ont suscité chez des amis et connaissances qui jamais auparavant ne m'avaient parlé de leur vie intime m'a surprise et comblée. Même ceux et celles avec qui je n'ai pu communiquer que par téléphone ou par Internet ont répondu avec spontanéité à mon appel. Une brève allusion à mon entreprise était parfois suffisante pour provoquer leurs réflexions. La franchise et l'humour qui colorent l'histoire de leur chasteté, presque toujours volontaire, m'ont ravie. Les liens qui se sont formés entre nous m'ont récompensée de m'être hasardée publiquement dans cette entreprise. Leurs témoignages et leurs réflexions figurent dans le dernier chapitre de cette histoire du célibat.

CHAPITRE I

Chasteté païenne et divine

Dans la Grèce ancienne, la virginité est un attribut si essentiel que l'on précipite les filles à marier dans l'hyménée à l'aube de la puberté, éliminant ainsi toute possibilité d'écart de conduite.

Dans le panthéon des divinités, Hestia, Athéna et Artémis*, déesses puissantes, ardentes et ambitieuses, ne cessent, toute leur vie, de défendre leur virginité. Si Hestia personnifie la modestie et la vie de famille, Athéna et Artémis adoptent un style indépendant, privilège masculin. Elles considèrent la chasteté comme un instrument de pouvoir qui les libère du rôle féminin traditionnel et leur permet de se soustraire aux corvées familiales et à l'autorité du mari, du père et des frères — le lot de toutes les femmes grecques.

Les mythes grecs

Des siècles après avoir fait la pluie et le beau temps, après s'être livrés à leurs amours et à leurs haines impétueuses, après avoir dispensé leurs faveurs et leurs châtiments aux mortels qui les craignaient autant qu'ils les vénéraient, les divinités de l'Olympe et les héros mythiques restent présents dans la vie et dans l'imaginaire des hommes. Ils nourrissent leur littérature et leurs représentations du monde ; des savants et des chercheurs y font référence dans leurs travaux philosophiques, mathématiques, médicaux et religieux. Mais pour les premiers chrétiens, qui

---

* Vesta, Minerve et Diane dans le panthéon romain. N.D.T. : Tout renvoi indiqué par un astérisque est une note de la traductrice.

partagent l'héritage du monde gréco-romain, le panthéon des dieux et des déesses est une hérésie blasphématoire doublée d'une erreur fondamentale, une institution d'autant plus dangereuse qu'elle étaye les structures intellectuelles et culturelles qu'ils s'efforcent de combattre et de réformer.

Athéna, Artémis et Hestia

Une douzaine d'acteurs principaux évoluent dans ce panthéon olympien, également répartis entre dieux et déesses. Aucun des dieux mâles n'est chaste : ni Zeus, le dieu suprême ; ni Apollon, dieu de la lumière, de la beauté, de la jeunesse et de tous les arts ; ni Arès, dieu de la guerre ; ni Hermès, messager des Olympiens, dieu de la ruse et maître des échanges ; ni Poséidon, dieu de la mer et de l'élément liquide ; ni Héphaïstos, dieu du feu et de la métallurgie*. Tous ces dieux sont des mâles luxurieux qui parcourent la terre et les cieux avec une triple idée en tête : séduire, violer et féconder. La chasteté céleste, comme sa contrepartie terrestre, est l'apanage des déesses.

Les trois déesses principales, Athéna, déesse de la guerre, de la raison et des arts, Artémis, déesse de la chasse et de la lune, et Hestia, déesse du foyer, sont des vierges farouchement attachées à leur chasteté. Elles seules ont le pouvoir de résister à Aphrodite (Vénus), déesse de l'amour et du désir sexuel. Une quatrième divinité, Héra (Junon), épouse de Zeus et patronne du mariage, est une femme chaste qui renouvelle chaque année ses vœux de virginité en se baignant dans les eaux purificatrices d'une source appelée Canathos[1].

La première femme de Zeus est la sage Métis. Lorsqu'elle devient enceinte, plusieurs divinités dupent Zeus avec une prédiction sinistre. Si Métis reste en vie, lui disent-elles, elle accouchera d'un fils qui te supplantera comme souverain des dieux et des hommes. Abusé par ces paroles alarmistes, Zeus décide de supprimer le danger en se débarrassant de son épouse. Pour ce faire, il l'avale tout entière. Mais il est alors tourmenté par un mal de tête si atroce qu'un dieu charitable, Héphaïstos (ou Hermès, ou Prométhée le Titan) lui fend le crâne d'un coup de hache afin de le soulager de sa douleur. Et de la tête de Zeus jaillit la déesse Athéna dans toute sa splendeur.

* Dans le panthéon romain, successivement Jupiter, Phébus, Mars, Mercure, Neptune et Vulcain.

Et quelle déesse ! Athéna est une beauté froide, distante, à l'œil perçant, au costume invraisemblable. Elle porte un casque d'or, tient fermement son égide et brandit une énorme lance. Experte en stratégie, elle intervient constamment dans la guerre qui oppose Grecs et Troyens. La déesse parcourt les champs de bataille à pied ou à cheval, lançant des cris de guerre. Elle se bat au corps à corps et rassemble sous sa bannière aussi bien les soldats grecs que les Troyens pétrifiés d'épouvante. Athéna est une lutteuse impitoyable. Son temple de marbre blanc aux lignes pures, le Parthénon, ou salle des vierges, domine la ville d'Athènes.

Comme toutes les divinités grecques, Athéna est loin d'être parfaite. Lors d'une joute, elle se querelle avec son amie Pallas. Cette dernière lève le bras pour assener un coup de poing à son adversaire, mais Athéna la devance. Elle fond sur son assaillante et la tue. Cet acte criminel la remplit de remords, ce qui ne l'empêche pas de récidiver : jalouse de l'exquise tapisserie que vient de terminer Arachné, elle frappe la jeune femme avec la navette du métier à tisser et la défigure. Désespérée, Arachné se pend. La grande déesse lui rend la vie, mais sous la forme d'une araignée condamnée à tisser éternellement sa toile.

Mis à part ses emportements, Athéna possède un tel éventail de talents qu'il est difficile de la classer — on pourrait cependant la comparer aux femmes de la Renaissance. Elle est vénérée pour sa sagesse, que ce soit dans les domaines domestique ou politique. C'est une cavalière adroite, qui peut dresser des chevaux sauvages. Les bateaux, les chars n'ont pas de secrets pour elle. Elle invente la flûte (mais elle jette la sienne lorsqu'elle s'aperçoit que jouer de cet instrument déforme ses jolis traits). Elle est aussi la patronne des arts et métiers.

La virginité d'Athéna fait partie intégrante de son être. C'est une forteresse inviolable. La déesse peut se montrer vaniteuse, jalouse, mesquine et vindicative, mais en matière de chasteté elle est inflexible : jamais elle ne permettrait que l'on porte atteinte à sa pureté. Elle déclare :

> Je ne suis pas née d'une mère.
> Je respecte l'homme en toute chose, sauf dans le mariage.
> Oui, de tout mon cœur je suis l'enfant de mon père [...]

Athéna est l'« Enfant sorti tout entier de Zeus l'Olympien / qui ne s'est pas formé dans les sombres profondeurs d'une matrice[2] ». Un jour où elle se trouve dans la forge de son frère Héphaïstos, à qui elle est venue commander des armes, ce dernier veut la violer. Elle le repousse avec fureur. Il éjacule sur sa cuisse. Dégoûtée, Athéna racle le sperme, qui se répand sur le sol, près d'Athènes, et fertilise la Terre-Mère. Un enfant naît, Érichthonios. La belliqueuse déesse s'attendrit devant son innocence et accepte de l'élever[3]. Ainsi, l'implacable guerrière prête à mourir pour défendre sa virginité, cette femme sans mère devient, devant la candide innocence de l'enfant, l'incarnation de la maternité.

Athéna n'ignore pas que sa nudité la rend sexuellement vulnérable. Son corps radieux est la dernière image que verra jamais le devin Tirésias. L'ayant surprise au bain, il est si ébloui qu'il en perd la vue. (Plus tard, Zeus le consolera de cette infirmité en lui accordant le don de prophétie, ou de double vue!)

Ces incidents — et quelques autres au cours desquels Athéna repousse brutalement ses prétendants — illustrent bien le prix qu'elle accorde à la chasteté. Mais cela ne veut pas dire qu'elle déteste les hommes. Au contraire, elle les préfère aux femmes. Du reste, elle porte assistance à plusieurs héros. Elle entretient également une relation affectueuse et paisible avec Zeus, son père.

La vie d'Athéna est une aventure palpitante. La déesse est une guerrière intrépide et rusée, une conseillère sage et pleine de finesse. Cependant, avec ses rivaux— et surtout ses rivales —, elle se montre ambitieuse, fantasque, impétueuse. Elle lutte en guerrière contre sa sexualité, n'hésitant pas à recourir, s'il le faut, à des violences physiques. Et pourtant elle fond de tendresse à la vue d'un petit enfant! Mais, d'abord et avant tout, elle suit la voie qu'elle s'est tracée.

Artémis, fille de Zeus et de Léto, a beaucoup de choses en commun avec sa demi-sœur Athéna, et surtout sa virginité, qu'elle chérit depuis sa plus tendre enfance. Un jour où elle est blottie sur les genoux de Zeus, celui-ci est submergé par un élan de tendresse. Dans un mouvement spontané du cœur, il lui demande quel présent elle aimerait recevoir.

«Permets-moi de rester fille toute ma vie, père», répond-elle aussitôt. Puis elle ajoute:

> Et donne-moi un arc et des flèches [...] et une tunique au bord brodé tombant jusqu'aux genoux, que je porterai pour tuer des bêtes sauvages. Et donne-moi soixante filles d'Oceanus pour mon chœur — de neuf ans chacune, toutes filles portant ceinture; et donne-moi pour servantes vingt nymphes d'Amnisus qui prendront bien soin de mes cothurnes et qui, lorsque j'aurai tué lynx et cerfs, s'occuperont de mes chiens rapides. Et donne-moi toutes les montagnes [...] car Artémis descendra rarement dans la cité[4].

Puis elle ajoute — arrière-pensée ironique — que les femmes en travail l'appelleront souvent à l'aide, car l'exploit de sa mère, accouchant d'elle sans douleur, a incité les Parques à la nommer patronne de l'enfantement.

La liste précise et claire des souhaits d'Artémis n'est pas celle d'une petite fille capricieuse de trois ans. Dès l'enfance, elle se montre aussi indépendante et autonome qu'Athéna. Toute sa vie sera obstinément chaste. On a vu du reste le premier indice de cette volonté de rester pure dans sa requête à Zeus, à qui elle demande des filles innocentes à titre de compagnes. Contrairement à Athéna, Artémis est une vierge vigilante et prudente; elle exige de ses nymphes qu'elles soient comme elle, c'est-à-dire chastes. Pour un grand nombre de mortelles, la déesse de la chasse est une grande source d'inspiration. Les Amazones, ces archères qui dédaignent la compagnie des hommes, la vénèrent et s'efforcent de lui ressembler.

Artémis se montre impitoyable envers les hommes qui refusent de se soumettre à ses règles inflexibles. Elle fait cruellement périr Orion, coupable d'une tentative de viol[5]. Le traitement tragique qu'elle fait subir à Hippolyte, fils d'Hippolyté, reine des Amazones, a été immortalisé par Euripide. Lorsque le géant Tityos essaie de violer sa mère, elle conspire avec son frère Apollon pour le tuer.

Mais Artémis ne montre pas plus de compassion envers les femmes. Lorsque le ventre de Callisto, une des nymphes de sa suite et sa favorite, commence à grossir après que la jeune femme a été fécondée par Zeus, Artémis la transforme en ourse et envoie une meute de chiens à sa poursuite. Seule l'intervention de Zeus — qui place Callisto dans le ciel, où elle devient la constellation de la Grande Ourse — déjoue les plans sanguinaires de la déesse.

Les rapports d'Artémis avec les femmes portent surtout sur les événements qui rythment leur vie: cycle menstruel, perte de la virginité, maternité et mort. Ces étapes entraînent souffrance et perte de sang[6]. C'est le prix qu'Artémis fait payer aux femmes qui quittent le royaume de la virginité. En tant que patronne de l'enfantement, elle exige encore plus: les douleurs de l'accouchement.

Escortée de ses nymphes, la déesse hante les forêts et les montagnes. Elle vit parmi les bêtes sauvages, fuit la compagnie des hommes. Mais lorsque arrivent les chasseurs, elle se joint à eux pour poursuivre les fauves. Sa beauté, sa nature insaisissable et le mystère qui l'entoure sont si fascinants que le dieu-fleuve Alphée tombe amoureux d'elle et la poursuit à travers toute la Grèce. Artémis arrive à le convaincre d'abandonner sa quête désespérée : la déesse et ses nymphes se couvrent le visage de boue afin qu'on ne puisse plus les distinguer entre elles. Le jeune dieu bat en retraite, poursuivi par le rire moqueur des femmes.

Un destin plus tragique attend le jeune Actéon. Il se repose, appuyé contre un rocher, lorsqu'il surprend Artémis se baignant dans un ruisseau. Le malheureux n'a pas la présence d'esprit de fuir. Cette erreur lui est fatale. À l'idée que le jeune éphèbe pourrait se vanter de l'avoir surprise dans sa nudité, la déesse le transforme en cerf. L'infortuné est dévoré par sa propre meute.

Contrairement à la sociable Athéna, Artémis préfère la vie solitaire, bien qu'elle soit toujours accompagnée de son essaim de nymphes. Ses relations sont parfois aussi difficiles avec les femmes qu'avec les hommes, ce qui fait dire à la railleuse Héra, sa belle-mère, que Zeus l'a faite lion parmi les femmes et lui a permis de tuer selon son plaisir[7]. C'est Artémis qui pousse Agamemnon à sacrifier sa première-née Iphigénie afin d'obtenir des vents favorables pour son expédition navale contre Troie. Avec Apollon, son frère jumeau, elle tue les douze rejetons d'une mortelle, Niobé, parce que cette dernière s'est vantée d'avoir plus d'enfants que leur mère, la déesse Léto.

La chasteté véhémente d'Artémis, ses prouesses viriles, ses dons de chasseresse, sa fierté rageuse et la brutalité de ses vengeances procèdent d'une indépendance et d'une détermination semblables à celles d'Athéna. Artémis est une déesse implacable qui, dès l'enfance, dédaigne la fragilité des femmes et leurs passe-temps futiles. Sa virginité est aussi virulente que son courroux. La petite fille de Zeus est une divinité imposante dénuée de la plupart des qualités propres aux femmes.

La seule déesse chaste que l'on puisse qualifier de parangon des vertus féminines est la sœur de Zeus, Hestia. Elle est, comme toutes les femmes grecques, une bonne maîtresse de maison et elle entretient le feu qui brûle sur le mont Olympe. Sa vie est routinière est peu exaltante — elle ne connaît ni guerres, ni conflits, ni aventures —, mais elle est vénérée dans toute la Grèce[8] comme la protectrice du foyer et de la stabilité sociale.

Le seul écart de Hestia dans une vie plutôt monotone est son rejet de deux prétendants : Poséidon et Apollon. Homère raconte joliment cette histoire :

Elle était tout à fait opposée au mariage, qu'elle refusait avec entêtement. Une main sur la tête de Zeus porte-égide, elle, la déesse étincelante, a fait le glorieux serment de respecter son vœu de virginité. Zeus lui a donné un grand honneur à la place du mariage : elle est le cœur du foyer, dont elle possède la plus riche part. Dans tous les temples des dieux, elle reçoit sa portion d'honneurs. Pour les mortels, elle est la première des déesses[9].

Il n'en reste pas moins que Hestia devient la déesse du foyer et des valeurs familiales en renonçant à toute union conjugale !

Athéna, Artémis et Hestia constituent un trio redoutable. Leur virginité leur laisse toute latitude d'agir comme bon leur semble, ce que leurs sœurs non chastes ne peuvent même pas envisager. Athéna et Artémis s'aventurent dans les chasses gardées des hommes, et elles font la guerre. Grâce à leur force physique impressionnante, renforcée par leurs armes, leurs talents, leur détermination et leur bravoure, elles règnent sans partage sur le domaine qui leur est propre : Athéna veille sur les villes ; Artémis, sur la nature sauvage ; Hestia, sur la vie de famille.

Les parallèles et distinctions entre déesses et mortelles sont évidents. Si la virginité est essentielle chez la future épouse (mais pas chez le promis), la chasteté perpétuelle est rarement perçue comme un état souhaitable. La chasteté de Hestia est la plus fascinante des trois. Il semble que les Grecs ne voient pas dans cette pureté une attitude de défi, une remise en cause du rôle traditionnel de la femme, mais une nécessité, car elle préserve la stabilité de leur monde et de l'Olympe. Une fois mariées, en effet, les femmes doivent obligatoirement s'installer au foyer du mari. Pour Hestia, le seul moyen de rester sur l'Olympe, qu'elle considère comme sa demeure, est de renoncer au mariage.

Athéna et Artémis troquent leur activité sexuelle — si appréciée de leurs homologues masculins — contre l'énorme privilège de mener une existence virile. Elles se privent délibérément du mariage et de la maternité — les seuls statuts féminins reconnus — et, par la force de leur volonté, échappent au viol, cette honte qui accable les victimes de la lubricité des dieux.

Les trois déesses, qui se sont libérées de la passion charnelle et résistent aux stratagèmes de ceux qui l'inspirent, sont aux yeux des mortelles des créatures idéales et dignes de confiance, que l'on vénère et devant qui l'on s'émerveille. La chasteté n'apporte rien aux mortelles, mis à part les quolibets de leurs frères et du père qui subvient à leurs besoins. Et lorsque des circonstances leur permettent de concevoir quelque espoir de s'affranchir et d'imiter un jour Athéna ou Artémis, tout leur univers social leur rappelle — à l'instar d'un philosophe comme Socrate — que les célibataires sont vouées à la condition d'esclaves. C'est donc le caractère désespéré de leur condition qui grave dans l'esprit des femmes, de manière indélébile, le souvenir de la magnifique indépendance et de l'insouciance des Olympiennes. Pour les Grecques, la virginité synonyme d'indépendance reste une affaire de déesses.

Les vierges mythiques

La mythologie grecque témoigne d'une grande fascination pour les vierges — parfois divines, parfois mortelles. Elles sont chasseresses, prophétesses, prêtresses ; elles se métamorphosent ; on les viole ; on les sacrifie. En matière de chasteté, il existe aussi un spécimen très rare : le mâle vierge (trois de ces puceaux se sont rendus célèbres). Mais dans l'ensemble, l'histoire des vierges illustre la résistance de ces mortelles devant les intrigues sournoises de dieux paillards dont le passe-temps préféré est de séduire des beautés réticentes.

Parmi ces histoires, celle d'Atalante est la plus spectaculaire. Abandonnée par son père à la naissance sur le flanc d'une montagne, elle est sauvée et nourrie par une ourse, puis élevée par des chasseurs. Atalante est le type même du garçon manqué. À la chasse, c'est une tireuse d'élite ; à la lutte, une athlète accomplie qui triomphe presque toujours de ses rivaux mâles. La belle Atalante est aussi déterminée qu'Artémis à préserver sa virginité. Du reste, elle tue deux centaures qui tentent de la violer.

La renommée de la jeune femme arrive aux oreilles de son père. Ce dernier, qui a pourtant abandonné sa fille, l'oblige en vertu de sa puissance paternelle à se marier. Atalante n'a d'autre choix que de se plier à la volonté de son père, mais, rusée, elle y met une condition : l'élu sera celui qui la dominera à la course. Elle s'engage à l'épouser aussitôt et à tuer les vaincus. La vierge est si belle qu'un grand nombre de prétendants tentent leur chance. Et, bien sûr, ils y perdent la vie. Ils couraient pourtant nus, allégés, alors qu'Atalante était gênée par le poids de ses vêtements et de ses armes.

Un jeune homme astucieux, se sachant incapable de triompher de la belle vierge, appelle Aphrodite à l'aide. La déesse lui donne trois pommes d'or et lui conseille de les jeter aux pieds de la jeune femme. Ce qu'il fait. Atalante, intriguée, ralentit sa course, ramasse les pommes. Son adversaire la dépasse. La pauvre Atalante est mariée et aussitôt déflorée. Le jeune époux est éperdu d'amour. Un jour, brûlant de désir, il honore sa femme dans un sanctuaire d'Aphrodite, souillant ainsi le lieu sacré. Furieuse, la déesse transforme les coupables en lions.

Daphné, une autre chasseresse, est elle aussi prête à tout pour préserver sa virginité. La belle déesse n'aime rien tant que chasser dans les profondeurs sylvestres, la tête ceinte d'un bandeau, sa chevelure d'or soulevée par le vent de la course. Un jour, son père lui demande de se marier afin de lui donner des petits-enfants. Elle le supplie, lui, le plus cher des pères, de lui permettre de rester vierge à jamais.

Le fils d'un roi s'éprend d'elle et se déguise en femme pour se glisser dans son groupe de chasseresses. Mais Apollon, amoureux de Daphné lui aussi, invente une ruse afin de tromper son rival. Il suggère aux nymphes de se baigner. Le fils du roi refusant, bien sûr, d'ôter ses vêtements, les femmes le déshabillent de force. Lorsque Daphné aperçoit le pénis du jeune homme, elle le tue.

Dans un autre mythe, Apollon et Éros rivalisent de charme pour obtenir les faveurs de la chasseresse. Mais les choses se gâtent. Pour se venger d'une remarque blessante, Éros leur décoche à chacun une flèche. Celle qui touche Daphné rend la jeune femme inaccessible à tous les hommes ; celle qui atteint Apollon remplit ce dernier d'un amour brûlant. « Vois celui qui t'aime, dit-il à Daphné. Je ne suis pas un paysan de la montagne ; je ne suis pas un berger grossier qui garde son troupeau. » Daphné s'enfuit. Apollon se met à sa poursuite. Elle court, vêtements collés au corps, cheveux flottant au vent. Le dieu se rapproche, martelant le sol derrière elle, elle sent son souffle haletant sur sa nuque.

« Au secours, Père ! » crie-t-elle à Alphée, le dieu-fleuve. « Transforme-moi. Détruis ma trop séduisante beauté[10] ! » Son souhait est exaucé. Ses membres se raidissent, sa poitrine se couvre d'écorce, ses cheveux se transforment en rameaux d'un laurier, dont son joli visage devient la cime. Daphné a perdu son humanité, mais sa virginité est à jamais intacte.

La fuite de Némésis devant son admirateur, Zeus, est prétexte à de multiples métamorphoses. Elle plonge dans l'eau et devient poisson, il la poursuit transformé en castor ; elle bondit sur la rive métamorphosée en bête sauvage, il en devient une à son tour, mais plus rapide ; elle s'élève dans le ciel changée en oie sauvage, il se transforme en cygne et s'unit à elle. Némésis a perdu sa virginité. Elle pond un œuf, dont va sortir Hélène de Troie.

Les dieux grecs sont des mâles lascifs, et la plupart des viols qu'ils perpètrent s'accomplissent grâce au déguisement. Zeus se change en taureau pour transporter Europe au milieu de l'océan, puis en aigle pour pouvoir la déflorer. Pour séduire Dryope, Apollon se transforme en tortue. Tandis que la nymphe se penche pour caresser la petite bête, la tortue Apollon se change en serpent et la viole. Poséidon a une meilleure idée encore. Il prend l'aspect du dieu-fleuve dont Alcidice, qu'il convoite, est amoureuse, puis il possède cette dernière dans l'océan.

Narcisse est l'un des trois mâles vierges de la mythologie. Il est si beau qu'hommes et femmes le désirent. Il les éconduit tous. Une nymphe, Écho, en prend ombrage et en appelle à Némésis (ou à Artémis), qui condamne le jeune dieu à passer le reste de ses jours à contempler son propre reflet dans l'eau. Tandis qu'il se regarde, Narcisse conçoit une passion si intense pour sa propre image qu'elle le consume. Il meurt et renaît sous la forme de la fleur qui porte son nom.

Ces récits mythiques touffus, aux intrigues compliquées, paraissent toutefois représentatifs lorsqu'il s'agit de virginité : un dieu y tombe invariablement amoureux d'une vierge qui s'ingénie invariablement à repousser ses avances. Dans toutes ces histoires, l'aspiration à la chasteté se mesure à l'abandon à la luxure, et la puissante volupté triomphe plus souvent qu'à son tour. De fait, ce chapitre sur la mythologie est jonché de vierges vaincues par les ruses et les armes des dieux.

La littérature grecque

Hippolyte résiste à l'amour

Le mythe d'Hippolyte, ce jeune prince à la virginité inébranlable immortalisé par Euripide, illustre bien la conception grecque de l'amour. Les Hellènes ne considèrent pas l'amour charnel — ainsi que les chrétiens le feront plus tard — comme un penchant à la lubricité que chaque individu doit combattre, mais plutôt comme le résultat d'un désir ou de la volonté d'Aphrodite, qui rend amoureux dieux et mortels. Dans le panthéon olympien, trois divinités seulement sont immunisées contre les décrets de la déesse : les vierges Athéna, Artémis et Hestia. Chez les mortels, la vie d'Hippolyte tourne à la tragédie parce qu'il ose résister : comme le dit Platon, personne ne devrait s'opposer à l'Amour ; contrecarrer les dieux, c'est s'opposer à l'Amour[11].

Hippolyte est un adorateur d'Artémis. Mais le chaste jeune homme garde ses distances. Il déclare, si l'on en croit Euripide : « Je la salue de loin, car je suis pur. » Aphrodite, elle, se plaint de l'indifférence du jeune homme :

> [...] cet Hippolyte [...]
> me déclare la dernière des déités,
> Il méprise les couples et refuse l'amour.
> À la sœur de Phoibos [Apollon], Artémis, fille de Zeus,
> va son respect. Elle est pour lui la déesse suprême[12].

La chasteté d'Hippolyte est suspecte parce qu'il est un homme. La virginité est une vertu féminine. Mais la mère décédée du jeune homme est une reine des Amazones, ces guerrières qui s'amputent du sein droit afin de bander leur arc plus aisément et repoussent les hommes qui veulent se joindre à leur communauté exclusive. Hippolyte partage la conviction des Amazones à l'égard de la chasteté ainsi que leur dégoût pour la lascivité des femmes. Il rage :

> Ô Zeus, qu'as-tu mis parmi nous ces êtres frelatés,
> les femmes, mal qui offense la lumière ?
> [...]
> Soyez maudites. Jamais je ne pourrai rassasier ma haine
> contre les femmes, dût-on m'accuser de la ressasser.
> C'est aussi qu'elles ne cessent de faire le mal.
> Qu'il se trouve quelqu'un pour leur enseigner la décence,
> ou qu'on me laisse sans arrêt me déchaîner contre elles.

L'histoire d'Hippolyte est à la fois simple et aussi compliquée qu'une querelle byzantine. Aphrodite décide de le punir de son indéfectible attachement à la chasteté et de son refus d'aimer. Dans le style retors typique des Olympiens, elle se sert de Phèdre, la belle-mère du prince (et épouse de Thésée, père d'Hippolyte), comme instrument du châtiment. Elle s'arrange d'abord pour que Phèdre devienne follement amoureuse du jeune homme.

La pauvre Phèdre est une femme honorable. La passion qui s'empare d'elle la consume avec une telle violence qu'elle en devient incapable de s'alimenter, et surtout de comprendre pourquoi elle dépérit.

La vieille nourrice de la reine, désespérée devant la langueur de sa maîtresse, soutire à cette dernière son terrible secret. Puis elle tente d'intervenir auprès du jeune homme. Les conséquences de cette entreprise sont désastreuses. Au lieu de s'attendrir, Hippolyte réagit avec colère. Phèdre, qui se trouve non loin de lui et de la nourrice, entend ses paroles. Elles sont si cruelles qu'elle s'ôte la vie. Avant de mourir, cependant, elle laisse à Thésée une lettre accusant Hippolyte d'avoir voulu la violer. « Hippolyte à mon lit osa porter sa main brutale. »

Le veuf inconsolable, qui n'a aucune raison de mettre en doute l'accusation de sa femme, se répand en invectives contre le fils qui l'a soi-disant trahi. Mais Hippolyte nie : « Tu vois cette lumière / et cette terre. En aucun lieu n'existe un homme / — et nie-le si tu veux — plus vertueux que moi. [...] Nulle femme, jusqu'à ce jour, n'a touché mon corps resté pur. »

Mais le roi ne veut rien entendre, il appelle la malédiction sur Hippolyte. Poséidon, le père de Thésée, fait sortir un taureau furieux de la mer. Épouvantés, les chevaux du prince s'emportent ; son char se fracasse sur des rochers. Ainsi, ayant rejeté le joug de l'amour, Hippolyte est tué par le joug de ses chevaux — un dénouement qui porte la signature d'Aphrodite. Avant que le jeune homme ne rende le dernier soupir, Artémis apparaît à Thésée et lui révèle le nom de la coupable : « La déesse que nous détestons / nous qui trouvons la joie dans la virginité / de son dard piqua Phèdre et la remplit d'amour pour lui. »

Avant de mourir, Hippolyte maudit les dieux : « Ah ! le malheur des hommes devrait pouvoir retomber sur les dieux. » Artémis le réconforte, lui promet de venger sa mort. Elle lui fait présent d'un culte : en signe d'adoration pour lui, de jeunes vierges couperont désormais leurs cheveux avant leurs noces. Hippolyte meurt vierge, triomphant ainsi d'Aphrodite.

Quelles leçons le vaste et enthousiaste public d'Euripide tire-t-il de cette tragédie ? Les spectateurs n'ont nul besoin qu'on leur fasse l'historique des événements pour comprendre ce que représentent Aphrodite et l'amour, et ils n'ont aucune raison de partager la détermination farouche d'Hippolyte en matière de chasteté — si inhabituelle chez un homme, si indéniablement étrange. S'ils comprennent les motivations du jeune prince — faire honneur à la puissante Artémis — ils comprennent également qu'il a provoqué la colère d'Aphrodite et apprécient les détails les plus subtils de la vengeance de la déesse. Amour et désir sexuel sont inextricablement liés. Les Grecs ne font pas de distinction nette entre les deux : ils les appellent tout simplement Amour — un amour assujetti à la volonté d'Aphrodite.

La seule qui interprète cet amour avec intuition et sensibilité est la nourrice de Phèdre. La vieille femme prononce ces paroles sublimes : « Une longue vie m'a beaucoup appris. / Quand un homme à un autre s'attache / ce devrait être d'un amour modéré / qui ne pénètre pas jusqu'aux moelles de l'âme. [...] Mais qui seul se torture pour deux, / ainsi que je le fais pour elle, il plie sous le faix. » Pour le reste, c'est toujours pareil : l'amour palpite dans le bas-ventre, la chasteté est réservée aux filles et un jeune chasseur célibataire endure un châtiment sans merci pour avoir défié une puissante déesse[13].

L'ultimatum de Lysistrata

La comédie d'Aristophane, *Lysistrata,* aborde la chasteté dans une optique radicalement différente, celle de mortelles ordinaires exaspérées par la guerre. Après deux décennies de combats entre Athènes et Sparte, la guerre du Péloponnèse fait toujours rage. La pièce, bien connue, expose les facettes ordinaires, triviales, de la vie en Grèce, où des femmes, sous la houlette de Lysistrata, interviennent magistralement dans un imbroglio politico-militaire qui s'éternise en organisant une grève du sexe.

« Si toutes les femmes font ici alliance entre elles [...] nous sauverons la Grèce », crie Lysistrata à une délégation de femmes d'Athènes, de Sparte et d'autres États ennemis. Servons-nous, dit-elle, en guise d'armes, « de nos petites robes bouton-d'or, de nos parfums, de nos escarpins, de notre rouge, de nos chemisettes qui laissent tout deviner*. »

> Si on restait tapies chez nous, le museau fardé, toutes nues dans nos chemisettes de crêpe de Chine, à rôder autour de nos hommes — il monterait dru, le désir de nous culbuter ; au lieu de nous laisser approcher, on se déroberait. Ils auraient vite fait de conclure la paix, crois-moi !

Les femmes sont atterrées. « Je ne pourrai jamais ! non, que la guerre aille son train », dit Kalonike. « Je veux bien, s'il le faut, passer à travers le feu ! Oui, j'aime mieux ça que ton truc ! le zob, Lisette chérie, il n'y a rien qui vaille ça ! »

« Ah ! le beau sexe que le nôtre ! se lamente Lysistrata. Pas étonnant qu'on ait fourni matière aux poètes tragiques. »

---

* La traduction de *Lysistrata* par Victor-Henri Debidour, à laquelle sont empruntées toutes les citations de cette section, restitue l'esprit de l'œuvre d'Aristophane à l'aide d'un langage volontairement leste et adapté à la culture contemporaine.

Finalement, Lampito, une Spartiate, dit dans son grec laborieux :
« Ah ! vaï ! Il y a de quoi se languir, peuchère ! pour une femme, à dormir seulette sans une bille à décortiquer [...] On a besoin de la paix,
nous aussi. »

Le plan de Lysistrata est d'occuper l'Acropole et d'attendre. Ce qui
est fait. Alors les femmes font ce serment solennel et collectif :

> Aucun homme ici-bas, ni mari ni galant, ne pourra m'approcher s'il est
> raide. Et je vivrai chez moi comme chaste pucelle, dans mes plus beaux
> atours, fringante et pomponnée pour que mon homme soit calciné de
> désir. Et jamais de bon gré je ne lui céderai.

Mais l'attente est longue, et les femmes sont à bout de nerfs. Tout à
coup, Lysistrata éclate : « Nous sommes en chaleur, pour parler bref ! »
Ses compagnes, dont la détermination vacille, essaient de se glisser hors
du temple pour rentrer chez elles. Lysistrata les retient et les enferme,
les contraignant à la solidarité. Elle croit ferme à son plan : se servir de
leurs corps comme d'armes afin de forcer une décision dans l'arène
politico-militaire, où les femmes n'ont jamais rien à dire. La chasteté,
en l'occurrence, devient aussi puissante qu'elle est difficile.

Les hommes souffrent eux aussi. « J'ai le câble raide, bandé à cra-
quer », gémit un des époux sevrés.

> Las ! Las ! que devenir ? à quel sein me vouer ?
> Ma toute-belle, mon unique, m'a joué !
> Qui donner à téter à ce pauvre moutard !
> Je veux, au bobinard,
> louer les bons offices
> d'une nourrice !

Les plénipotentiaires de Sparte ne se portent pas mieux. Ils se présentent avec une forte érection, tout à fait visible, qu'ils tentent d'abord
de faire passer pour un bâton à messages. Mais ils finissent par avouer
la vérité et expliquent aux Athéniens que les Spartiates « [vont] de partout dans la ville, tout gibbous, comme des porte-fanaux ».

La stratégie de Lysistrata atteint son but. Les hommes sont si assoiffés
de plaisir qu'après six pauvres petites journées de privation, ils négo-
cient une paix honorable. L'envoyé athénien leur dit qu'ils en sont tous
arrivés à la même urgente décision : baiser. La guerre du Péloponnèse
est finie, du moins dans la pièce d'Aristophane[14]. La chasteté, pour le
dramaturge grec et son public fervent, est impensable dans le cadre du
mariage.

Les Grecs n'ont pas tort. La virginité est réservée aux jeunes filles. Ce qui n'empêche pas les hommes et les dieux de consacrer une énergie incroyable à leurs manœuvres de séduction, bien qu'un châtiment aussi sévère que la mort soit parfois le tribut des contrevenants. Le concept de chasteté dans le mariage est risible (sauf peut-être pour certains philosophes et leurs disciples). Aristophane, auteur de comédies, le sait très bien. Il sait que des hommes mariés, riches pour la plupart, couchent non seulement avec leur femme, mais avec des prostituées, des esclaves et de jeunes garçons, mais il néglige cet aspect pour servir l'intrigue et sa cause, parce que le Grec moyen qui va voir ses pièces — ouvrier, artisan ou pêcheur — n'est pas un adepte de ces pratiques ou ne peut se les offrir[15].

Ce qui est drôle, dans cette tournure que prend tout à coup la chasteté, c'est que ce sont les femmes qui en sont les instigatrices. Dans la Grèce antique, les femmes ont la réputation d'être dévergondées. À moins d'être sévèrement contraintes à la chasteté, surveillées de près, confinées au gynécée et mariées dès la puberté, elles sont incapables de mettre un frein à leur appétit sexuel. Les hommes, au contraire, croient qu'ils peuvent aussi bien appliquer à la sexualité qu'aux autres domaines de leur vie cette discipline qui fait leur fierté. Zeus et Héra, se disputant un jour à ce sujet, décident de porter la question devant le devin Tirésias qui, dans le passé, a été à la fois mâle et femelle. Lors d'une relation sexuelle, leur répond le vieil homme, les femmes connaissent neuf dixièmes de la jouissance — ce qui ne laisse qu'un maigre dixième à leur partenaire[16]. Pour le public d'Aristophane, le renversement des rôles est fort astucieux. Des femmes aussi portées sur la chose usant de la chasteté ? Quelle imagination avait cet homme !

Du début à la fin de la pièce, le dialogue donne force et vigueur au sacrifice des femmes. Leur discours est lubrique, elles font constamment référence à leur corps et à leur sexe. Leurs jeux de mots sur les positions, les amants et ce que nous appelons aujourd'hui les gadgets sexuels sont nombreux et inventifs. La pénétration par derrière étant l'une des pratiques favorites des hommes, elles n'oublient pas d'inclure cette précision dans leur déclaration d'abstinence : « Je ne me prêterai pas [...] non plus qu'à quatre pattes, en lionne sculptée au manche d'un couteau. » Dans les foyers grecs, les plupart des couverts ont des manches en forme d'animaux accroupis — rappels quotidiens de la position de la femelle dans le rapport sexuel. Et une des femmes gémit en zézayant :

« Je n'ai pas vu un seul de ces zobjets cousus main qui nous offriraient leur demi-pied de satisfaction-ersartz en cuir bouilli[17] ! » Nous savons tous que les femmes grecques étaient abominablement lascives, dit Aristophane — ce qui rend sa pièce sur l'abstinence encore plus comique. Rester vierge est une chose, se refuser à son homme en est une autre...

Les rituels classiques

Les thesmophories

Les matrones* grecques ne contemplent la chasteté que de loin, chez leur déesses et leurs héroïnes mythiques. Mais une fois l'an, les thesmophories, fête religieuse d'une importance capitale qui se déroule à Athènes et dans d'autres villes, les libèrent pour trois jours de toute relation sexuelle avec leur époux. Le culte agraire des thesmophories, qui se tient chaque automne avant les semailles, est dédié à Déméter, déesse de la végétation, de l'agriculture et de la fertilité. Les thesmophories, dirigées par deux femmes nommées pour la circonstance, n'accueillent que des femmes de la haute société. Les hommes en sont strictement exclus[18]. Les officiantes observent leurs trois jours de chasteté entourées d'une série d'objets symboliques. Le rituel des thesmophories, aussi unique qu'insolite, se démarque fortement des usages en vigueur lors d'autres cérémonies pratiquées dans les cités grecques dominées par la luxure masculine.

Les thesmophories athéniennes ont lieu sur la Pnyx** — l'endroit où les citoyens athéniens (les hommes seulement) se réunissent en assemblée démocratique. Le premier jour — la « montée » —, les femmes gravissent la colline en procession, les bras chargés d'objets sacrés. Une fois arrivées au temple de Déméter, le thesmophorion, espace découvert, elles y aménagent des abris rudimentaires et fabriquent des paillasses en feuilles de saule, l'arbre chaste qui apaise les appétits sexuels[19]. Elles ne portent ni maquillage ni bijoux. Leurs robes sont sobres, sans broderies.

Le deuxième jour (le « jeûne »), est consacré à l'abstinence. Ce jour de privation commémore à la fois le chagrin de Déméter à la perte

---

* Dans les sociétés grecque et romaine, les matrones sont des femmes mariées (et parfois des concubines) mères de famille, dont les relations sexuelles sont officielles.
** Une des sept collines d'Athènes.

de sa fille Perséphone et les temps anciens, avant l'agriculture. Le troisième jour, celui de la « belle naissance », les femmes célèbrent la fertilité, qu'elles « stimulent » par leur chasteté temporaire. Elles offrent des sacrifices et festoient.

Les thesmophories sont uniques à plusieurs égards. Seules les femmes mariées y sont admises. C'est la seule fête qui exige des épouses légitimes qu'elles restent chastes pendant les préparatifs et le déroulement du rituel. Les hommes en sont systématiquement écartés. Les participantes y commémorent un mythe sanglant émanant d'anciennes thesmophories au cours desquelles des femmes au visage strié de bandes de sang et armées d'épées ont castré le roi Battus, qu'elles ont surpris les espionnant. Un jour, Aristomène de Messénie s'approche un peu trop des officiantes. Celles-ci le capturent, se servant, en guise d'armes, de leurs couteaux sacrificiels, de leurs broches à rôtir et de leurs torches.

Un autre trait unique des thesmophories est que les participantes portent le nom de *melissai* — abeilles — en raison d'une collaboration mythique entre une déesse et Melisseus, le roi des abeilles. Les Grecs ont beaucoup d'admiration pour la vie laborieuse et chaste des mouches à miel et pour leur profonde répulsion pour l'adultère, qu'elles punissent en attaquant l'insecte coupable ou en le chassant de la ruche. Pendant les thesmophories, les matrones grecques deviennent donc des *melissai*, femmes-abeilles sexuellement abstinentes.

Étant donné le statut inférieur des femmes dans la société grecque, les thesmophories constituent une formidable libération, qui s'étale sur trois jours au cours desquels les femmes sont enfin libres de quitter la maison et les corvées familiales pour se rassembler. Les officiantes n'ont aucun souci de coquetterie. Elles sont prêtes à chasser férocement les curieux, et elles s'expriment, comme les protagonistes de *Lysistrata,* dans le langage grossier réservé aux hommes. L'importance de la fête contredit cette idée voulant que des femmes sans surveillance se conduisent automatiquement comme des irresponsables ou des prostituées. Les *melissai* sont livrées à elles-mêmes, sans surveillance, et pourtant, grâce à leur continence volontaire et à leur solidarité avec d'autres femmes, elles accomplissent un rituel de fertilité si vital que les hommes n'osent ni le critiquer ni le déprécier. Autrement dit, en utilisant cette chasteté temporaire pour échapper à leurs tâches quotidiennes, à l'autorité de leur époux et aux contraintes de leur existence, elles réaffirment leur importance essentielle dans la société. Ensuite, une fois les offrandes faites et les grains de blé semés, elles mettent un terme à leur brève camaraderie et retournent à leur servitude. Cette échappée rituelle dans la chasteté pour la sauvegarde de la fertilité de la terre se reproduit chaque année.

Le culte d'Isis

Les matrones de la Rome antique, dont la religion est très semblable à celle des Grecs, participent à une festivité qui ressemble aux thesmophories, bien qu'elle soit de moins longue durée. Mais une autre incursion gréco-romaine dans la chasteté, plus prolongée et parfois permanente, est inspirée par le culte d'Isis. Cette aimable déesse égyptienne[20] transplantée dans la Rome hellénistique attire un grand nombre de fervents, séduits par les aspects physiques et spirituels de l'amour qu'elle préconise. Isis apparaît couramment dans leurs rêves pour les inviter à participer à ses rites.

Dans le culte égyptien d'Isis, quelques femmes sont prêtresses ; en Grèce, elles ne sont que prêtresses secondaires. Les femmes entrent beaucoup moins facilement que les hommes dans les ordres, mais des sanctuaires et certaines inscriptions indiquent que, dans les grandes cités comme Athènes et Rome, elles y sont initiées en plus grand nombre que partout ailleurs. Il semble que le culte d'Isis les attire davantage que toute autre religion domestique. En Grèce, deux porteuses de torches et deux interprètes de songes sont aussi des femmes.

Le culte d'Isis rassemble d'innombrables adeptes, qui se divisent en trois catégories : les simples croyants ; les fidèles qui assistent le prêtre lors des rituels ; et des personnages dont les fonctions sont si importantes que les gens les confondent souvent avec les prêtres ou leur donnent le même titre. On trouve peu de femmes au sommet de la hiérarchie.

Isis est une déesse relativement chaste. Quelques-uns des premiers Pères de l'Église, dont Clément et Tertullien, louangent la chasteté de ses adeptes et de ses prêtresses. Le culte d'Isis tend vers l'ascétisme ; on n'y trouve aucun symbole sexuel. Les cheveux des fidèles sont courts, leurs vêtements de lin, très simples. Les processions rituelles et les prières, dans lesquelles l'encens, la musique et l'eau jouent un rôle essentiel, sont austères.

Les adeptes d'Isis, aussi bien les hommes que les femmes, pratiquent souvent l'abstinence — ce qui est rare dans le monde classique. Mais cette chasteté est de courte durée : dix jours, en général. Les femmes doivent observer une continence sexuelle de même durée avant leur initiation, et la répéter à certaines périodes définies. L'Isis des histoires d'amour hellénistiques aide les amants séparés à rester chastes. Quant aux femmes qui fuient le harcèlement sexuel, elles trouvent un abri sûr dans son sanctuaire.

Il arrive que des femmes très dévotes décident de se soustraire au devoir conjugal, devenant ainsi ce que Tertullien appelle les « veuves ». Elles refusent tout commerce charnel avec leur époux, allant même jusqu'à leur procurer des remplaçantes. Certaines d'entre elles, déterminées à éviter tout contact masculin, n'embrassent même plus leurs fils.

Les textes confirment que les adeptes d'Isis observent fidèlement l'abstinence. Dans le roman d'Apulée, *Le livre d'Isis,* une initiée explique que les règles de chasteté et d'abstinence sont extrêmement difficiles à observer[21]. Privé des faveurs de sa maîtresse, Ovide dit à Cérès : « Et l'on irait croire qu'elle aime à voir couler les larmes des amants, et que leurs tourments et leur continence soient le bon moyen de l'honorer ? » Amer, il ajoute : « La peine que t'aurait causée, déesse blonde, la tristesse de la solitude, je suis forcé, moi, de l'éprouver à cause des cérémonies sacrées en ton honneur[22]. » Le ton douloureux des lamentations de plusieurs poètes confirme l'emprise d'Isis sur ses adeptes, en particulier ces femmes qui risquent d'encourir la colère d'un époux ou d'un amant pour se conformer à sa règle de chasteté. Pendant les dix jours d'abstinence, les femmes se purifient rituellement et dorment seules dans des draps propres. Elles rejoignent ainsi leur déesse dans son domaine, où règnent l'amour spirituel et l'amour charnel. Dans la chasteté périodique exigée par la déesse, ses fidèles reconnaissent sa sagesse. Elles se plient de bonne grâce à cette obligation. En se réappropriant leur corps pour une durée plus longue que celle exigée par la plupart des divinités, les femmes suscitent, bien sûr, la colère de leurs époux, mais l'aimable bonté de la chaste déesse donne toute sa valeur à ce sacrifice et à ce courageux témoignage d'indépendance.

L'oracle de Delphes

La chasteté est également essentielle chez les femmes à qui des dieux demandent d'être leur voix terrestre. Apollon, par exemple, exige de ses porte-parole qu'elles soient pures. Il est ainsi le seul à s'introduire dans leur corps[23]. Dans l'Antiquité, les oracles sont des divinités de haut rang qui, par l'intermédiaire de prêtres et de prêtresses, conseillent les citoyens sur des questions qui leur paraissent cruciales — de celle du soupirant inquiet qui demande : « Dois-je épouser cette fille ? » à celle du diplomate prudent qui veut savoir si « [sa] ville doit déclarer la guerre ». Le sanctuaire le plus populaire et le haut lieu de la prophétie est le temple d'Apollon à Delphes[24]. Le septième jour de chaque mois[25], l'oracle écoute les questions. Une prêtresse, appelée pythie, transmet sa réponse après être tombée dans une transe, pendant laquelle Apollon s'exprime, par sa voix, dans un discours en hexamètres dactyliques qui tient surtout du charabia, mais qu'un interprète déchiffre à l'intention du solliciteur. À certaines périodes de l'année, il arrive que trois pythies se relaient pour tenir les nombreuses consultations d'oracle.

Le siège prophétique de la prêtresse est un bol — simple ustensile de cuisine — placé sur un modeste trépied se trouvant au-dessus d'un gouffre. La pythie inhale les vapeurs qui s'en dégagent avant de prononcer ses paroles énigmatiques. Avant de parler, elle examine une chèvre — que l'on sacrifiera ensuite — afin de voir si les membres de cette dernière, après qu'on l'a aspergée d'eau, tressaillent comme les siens tressailliront lorsque, possédée par Apollon, elle rendra ses oracles. Parmi d'autres rituels, la pythie se purifie dans l'eau sacrée de la source de Castalie.

À l'origine, les pythies étaient de jeunes vierges, mais après qu'un client eut séduit l'une d'elles, les règles changèrent et les femmes embauchées pour cette tâche furent de simples paysannes dans la cinquantaine à qui, en souvenir de la vierge déflorée, on fit porter une robe de petite fille. Les pythies ne respectent une chasteté stricte que lorsqu'elles commencent à exercer leur fonction prestigieuse. Elles quittent alors leur époux. La chasteté de la pythie est une obligation absolue. Comme Apollon ne peut pénétrer dans un corps attaché à celui d'un mortel par les liens de la chair, l'engagement de femmes plus âgées et ménopausées constitue la solution idéale. C'est aussi une conjoncture unique : la chasteté de la femme mûre est alors respectée et valorisée — une anomalie dans le monde antique.

Vierges d'exception

Certains cultes gréco-romains exigeant des prêtresses vierges, quelques jeunes femmes sont propulsées dans le service religieux plutôt que conjugal. La chasteté à long terme ou même perpétuelle est une des conditions impératives de leur fonction. À l'instar des filles non mariées, elles doivent rester pures, sous peine d'horribles représailles.

Cette virginité obligatoire ne prendra fin qu'avec l'avènement du christianisme. Dans tout l'Empire romain, des temples abritent des hiérodules, vierges qui servent leur dieu comme de futures épouses. Les hiérodules du temple de Diane (Artémis), à Éphèse, sont, comme les vestales, des vierges perpétuelles. D'autres dieux exigent de leurs prêtresses qu'elles soient chastes, mais pendant des périodes déterminées ; et la même promesse est requise des prêtres. À Thèbes, les futures épouses vierges de Zeus sont choisies en raison de leur perfection physique et de leur haut rang. Lorsqu'elles atteignent la puberté, elles observent une période de veuvage rituel, pleurant Zeus, leur premier et divin époux. Ensuite, elles sont données en mariage à un homme de bonne réputation.

La virginité des hiérodules est une obligation rituelle qui ne sous-entend aucun idéal ascétique ni aucune nécessité de purifier une chair souillée. Les religions païennes exigent rarement une chasteté à long terme, que du reste la société réprouve[26]. Habituellement, une abstinence temporaire est suffisante, bien que de rares exemples de chasteté définitive soient attestés. En général, les prêtresses peuvent se marier une fois leur service terminé ; même les vestales peuvent convoler, mais après trente ans de service seulement.

Par une cruelle ironie, il arrive que la virginité voue à la mort de jeunes vierges, victimes désignées d'immolation. Ainsi, en temps de crises majeures — une inondation dévastatrice, par exemple, ou la peste —, l'offrande qui semble la plus indiquée et la plus belle est une fille pure, que l'on sacrifie, selon le rite, au dieu approprié. La fille vierge d'Héraclès se donne courageusement la mort pour assurer une victoire militaire. Métioche et Ménippe font de même, après que l'oracle d'Apollon a déclaré que le sacrifice de deux vierges est nécessaire pour mettre fin à la famine et à la sécheresse qui ravagent leur ville. Elles accomplissent elles-mêmes l'offrande avec la navette de leur métier à tisser.

Beaucoup de vierges, toutefois, sont sacrifiées de force. Le roi Démophoon, par exemple, décrète que chaque année une vierge sera offerte pour conjurer un fléau annoncé par un oracle. Il tire la victime au sort, après avoir soigneusement omis de faire figurer sur la liste le nom de ses propres filles. Lorsque Mastusius, un citoyen, remet en question l'équité d'un tel arrangement, Démophoon réagit en choisissant la fille de Mastusius comme tribut de l'année. Pour se venger, le père désespéré tue toutes les filles de Démophoon et mélange leur sang au vin de ce dernier. La légende ne dit pas ce que le roi a décidé l'année suivante, lorsque a sonné l'heure de l'immolation.

Nul doute que ces histoires ne renforcent chez les jeunes Grecques l'idée que la virginité est un état hautement enviable, qui leur inspire cependant la crainte d'être violées ou offertes en sacrifice expiatoire.

Les vestales

Les vierges les plus célèbres de l'Antiquité sont sans conteste les vestales. C'est dans leur chasteté que les hauts dignitaires et la société tout entière placent la sécurité de Rome. En échange de cette écrasante responsabilité, les six puissantes vestales, objets de respect universel, jouissent de privilèges considérables et ont un statut si élevé que, seules parmi les Romaines, elles possèdent les mêmes droits juridiques que les hommes.

Les vestales sont associées à Vesta (Hestia chez les Grecs). À Rome comme en Grèce, Vesta est la gardienne suprême du foyer et du feu sacré. Chaque famille romaine évolue autour de ce feu sacré dédié à la déesse. Le rituel quotidien, qui consiste à jeter un bloc de sel dans les flammes, est destiné à rappeler que Vesta est au cœur de la vie spirituelle et du bien-être de la famille.

Le culte de Vesta se déroule en public dans l'Aedes Vestae, temple de forme ronde à toiture conique percée d'un trou pour laisser passer la fumée. Ce sanctuaire contient le trésor national romain : le feu d'État officiel, essentiel au bien-être et au fonctionnement harmonieux de la nation. Tous les Romains savent que si le feu s'éteint, toutes les forces du pays seront ébranlées et que l'issue des batailles subira le contrecoup de cette catastrophe.

La lourde responsabilité d'entretenir le feu sacré incombe aux vestales — dont l'ordre est une version païenne des futurs couvents chrétiens du monde romain. L'origine des vestales est incertaine. Les Romains, toutefois, croient que Romulus, le fondateur de la ville, est le fils de Rhéa Silvia, vestale fécondée par Mars, le dieu de la guerre (Arès chez les Grecs). Les premières vestales étaient probablement des princesses chargées d'entretenir le feu tribal[27], ce qui explique le rite initial des vestales, répété annuellement, au cours duquel l'une d'elles met solennellement en garde le *rex sacrorum* (le « roi des sacrifices ») comme les filles des anciens rois l'ont fait avant elle : « *Vigilasne rex ? Vigila !* » (« Es-tu vigilant, roi ? Sois vigilant ! »)

En raison de l'immense prestige et du renouvellement peu fréquent des vierges, entrer dans l'ordre est un honneur très convoité. L'ordre est si sélectif que les novices n'y sont admises qu'à l'issue d'une procédure d'élection très compliquée, qui se tient environ tous les cinq ans. N'est pas élue qui veut : les candidates sont choisies — à un âge s'échelonnant entre six et dix ans — dans les meilleures familles patriciennes. Les nouvelles venues ne peuvent présenter aucun défaut physique et doivent jouir d'une parfaite santé mentale. Leurs parents doivent être encore vivants.

Lors de la première sélection, le *pontifex maximum* (grand pontife), le prêtre le plus important de la cité, retient vingt jeunes filles. Les chances de ces dernières sont dès lors égales, car la future vestale sera choisie par tirage au sort. On peut imaginer l'agitation et l'émotion des parents et de la famille, sans compter l'émoi des candidates. Le moment ultime arrive lorsque le grand pontife désigne l'élue. Il lui prend la main et s'adresse à elle selon la formule d'intronisation dans l'ordre : « *Te, amata, capio !* » (« Ma bien-aimée, je prends possession de toi ! »)

Une fois transformée en gardienne du feu, la jeune fille du passé n'existe plus. Elle ne fait plus partie de sa famille, même lorsqu'il est question d'en hériter. Elle n'est plus soumise à l'autorité de son père (*patria potestas*) ; une indépendance juridique lui est accordée et elle reçoit une dot substantielle. Elle vivra désormais à l'Atrium Vestae, demeure adjacente au sanctuaire de la déesse. C'est le seul foyer qu'elle connaîtra sans doute jusqu'à la fin de ses jours.

À l'Atrium Vestae, la jeune vierge est présentée à ses cinq sœurs. Réalise-t-elle que, dès ce moment, ces dernières seront ses seules compagnes ? Ses parents, sa maison natale, ses frères et sœurs lui manquent-ils déjà ? Et lorsque, sous l'œil vigilant de la vierge la plus ancienne, la *virgo vestalis maxima*, on coupe ses longs cheveux, ses lèvres tremblent-elles, ses yeux se remplissent-ils de larmes[28] ?

Ce cérémonial n'est pas le seul qui l'attend. La petite vestale doit ensuite se débarrasser de ses vêtements, qui sont remplacés par la *stola*, longue robe blanche sans manches serrée à la taille, et par un manteau de couleur pourpre. Sa tête est ceinte d'une sorte de coiffe faite de bandelettes de laine blanche qui retombent gracieusement sur ses épaules.

C'est après avoir revêtu ce costume — ses cheveux coupés cachés sous sa coiffe — qu'elle murmure le vœu de chasteté. Sa virginité devra rester intacte pendant au moins trente ans. La petite fille ne comprend sans doute pas la portée et les conséquences de cet engagement, mais elle sait que trois décennies plus tard — la première consacrée à la formation professionnelle, la deuxième à la fonction elle-même, la troisième à l'enseignement aux néophytes —, elle pourra abandonner son état de vestale et revenir à la vie civile à laquelle elle a été soustraite. Elle pourra même se marier. Il est peu probable cependant, après ces nombreuses années d'honneurs et de privilèges, qu'elle souhaite abandonner cette existence splendide pour les vicissitudes du mariage. Les vestales qui l'ont fait semblent avoir connu un sort misérable[29].

Avant l'élection, les parents de la candidate lui parlent sûrement de la gravité de sa future promesse et des terribles conséquences qui découleraient de sa violation. Mais elle n'a pas dix ans, peut-elle seulement comprendre en quoi consiste cette chasteté sacrée ? Quelques années plus tard, quand son corps d'enfant se transformera en corps de femme, elle devra combattre et vaincre sa sexualité naissante, sous peine d'être brûlée ou enterrée vive dans le Campus Sceleratus — le champ du crime.

Le premier devoir de soumission de la chaste vestale est d'entretenir le feu sacré dans le temple de la déesse. Pendant huit heures, chaque jour, deux vestales surveillent jalousement ce feu. Lorsqu'il s'éteint — ce qui peut arriver —, les répercussions sont terribles. Le pontife identifie la coupable, l'emmène dans un endroit sombre et, derrière un rideau, la dénude et la flagelle.

La sévérité de la punition est à la hauteur du crime. Avant les cendres froides, il y avait un feu, mais ce feu n'était pas un feu ordinaire, c'était le symbole de l'existence et de la religion de l'État. Mis à part l'extinction des flammes qui a lieu avant la cérémonie annuelle des Ides de mars, présidée par le grand pontife, au cours de laquelle on rallume le feu, celui-ci doit brûler sans cesse. Le laisser s'éteindre sème la consternation et la terreur dans Rome. La pérennité du feu sacré, mission suprême des six femmes les plus respectées de Rome, exige d'elles une vigilance sans égale.

Les Romains, qui prisent la chasteté féminine — virginité chez les vestales et les jeunes filles, fidélité chez les épouses — avec la même intensité qu'ils prisent le feu, attendent de ces femmes vertueuses qu'elles meurent plutôt que de le laisser s'éteindre. Le prolongement logique de cette obsession collective est d'exiger d'elles, sous peine de mort, trente ans d'abstinence. La chasteté des gardiennes du feu est la garantie principale de leur pureté et de leur loyauté, qui sont les qualités essentielles de ces jeunes femmes investies d'une des charges les plus élevées de l'État.

La plupart des vestales respectent leur vœu. Leur vertu leur procure le respect universel et de nombreux privilèges. Elles peuvent témoigner en cour sans prêter serment. Il arrive que des reliques sacrées et des documents précieux leur soient confiés. Le licteur, escorte officielle des hauts dignitaires, les accompagne dans tous leurs déplacements. Bousculer une vestale est un crime capital. Si un condamné a la chance de se trouver sur leur chemin, il est gracié. Comment s'étonner dès lors que tant de parents intriguent pour que leur petite fille entre dans le sacerdoce ?

Le quotidien dans l'Atrium Vestae est d'une plaisante monotonie. Jusqu'à la puberté, jalonnée de toutes les tentations consécutives au déchaînement des hormones, la vie de la vestale est confortable et sans danger. En plus d'entretenir le feu, elle va remplir sa jarre à la source sacrée et la ramène sur sa tête à l'Atrium ou au temple. Elle balaie le sanctuaire et, après avoir pilé le blé sur le sol, prépare la pâte qu'elle cuit pour en faire des petits pains salés et des gâteaux sacrificiels pour les fêtes religieuses. Lors d'une cérémonie annuelle, elle recueille le sang du cheval d'Octobre* et les cendres de veaux sacrifiés avant la naissance. En bref, elle ne cesse de s'affairer à ses tâches quotidiennes. Jusqu'à la puberté, sa vie est bien organisée et agréable.

Mais l'âge adulte apporte aux vestales son lot de dangers, et la catastrophe redoutée arrive parfois. Les vestales ont envie d'aimer, comme toute le monde, et quelques imprudentes succombent à la tentation. Mais, en prenant un amant[30], elles courent un risque terrible, car la mort attend celles dont on perce le secret. Cette mort, pour le moins atroce, a été spécialement conçue afin de souligner l'importance du statut de vestale. Trop sacrée pour périr simplement, la vestale souillée est enveloppée dans un linceul et placée dans une litière fermée. Transportée comme un cadavre dans un cortège funèbre, elle traverse une

---

* Le 15 octobre de chaque année, au Campus Martius, un des deux chevaux de l'équipe gagnante d'une course de chars est sacrifié à Vesta. On lui coupe la queue et on asperge le feu sacré de son sang.

foule silencieuse, qui a pris le deuil pour la circonstance. La destination du cortège est le Campus Sceleratus, près de la porte de la Colline. Il s'y trouve une petite chambre souterraine, dans laquelle la victime descend par une échelle. Puis on l'emmure. Elle mourra de faim, de soif, d'asphyxie. La cellule mortuaire contient néanmoins un peu de pain, ainsi que de l'eau, de l'huile et du lait. Les Romains ne veulent pas être accusés d'avoir laissé mourir de faim une vestale, fût-elle coupable[31]. Pendant ce temps, dans un endroit public, son amant est battu à mort. Toutes les vestales en disgrâce ne sont pas aussi dociles. La belle Claudia Quinta, maquillée et coiffée avec art, est une vestale hautaine, courageuse et à la langue acérée. Lorsqu'on l'accuse d'avoir rompu son vœu de chasteté, elle se tourne vers la statue de la déesse et lui dit: «Ils prétendent que je ne suis plus vierge. Si tu me condamnes, j'accepterai ma culpabilité et paierai de ma vie. Mais si je suis pure, prouve mon innocence. Tu es chaste; suis mes chastes mains.»

La statue de Vesta semble bouger, du moins le croit-on. Claudia est lavée de tout soupçon. Tuccia, qui est non seulement accusée d'avoir failli à son serment mais également de s'être livrée à l'inceste, prouve son innocence en accomplissant un miracle. Elle verse de l'eau dans un tamis et promène le récipient dans toute la ville sans perdre une goutte de liquide.

Un danger plus redoutable que la simple inculpation d'inconvenance sexuelle guette les vestales. On peut les tenir responsables de bouleversements politiques ou d'un autre ordre. Cornélia, une maîtresse de vestales, est victime d'une telle machination. En 216 av. J.-C., les dirigeants romains n'attribuent pas la désastreuse défaite militaire de Cannes à des erreurs de stratégie mais à la mauvaise conduite sexuelle de certaines vestales. En conséquence, deux d'entre elles achèvent leur vie très probablement virginale dans les suffocantes ténèbres de la tombe du Campus Sceleratus. Sur les dix cas documentés de vestales emmurées vivantes, la plupart sont des erreurs de justice[32].

Des Romains puissants n'hésitent pas à porter des accusations dans le seul but de créer un poste vacant pour leur fille. Une exécution est bien commode pour accélérer le processus de remplacement, et des gens dénués de scrupules n'hésitent pas à la provoquer. En 215, l'empereur Caracalla fait exécuter trois vestales. D'abord, il séduit l'une d'elles. Ensuite, il fait en sorte que sa victime et deux de ses compagnes soient enterrées vives au Campus Sceleratus.

En dépit de telles injustices, heureusement peu fréquentes, les vestales œuvrent pendant plusieurs siècles. L'ordre devient si puissant et si redouté que, en 394, après avoir défait Eugène et être entré triomphalement dans Rome, l'empereur chrétien Théodose le Grand renvoie les six vestales dans leur famille et abolit cet ordre sacerdotal.

Le pouvoir et la longue existence de l'ordre des vestales symbolisent l'importance de la virginité dans la société romaine. Ces personnalités religieuses privilégiées et respectées jouissent de faveurs si extraordinaires que peu d'entre elles se retirent après leurs trente années de sacerdoce. La chasteté leur a procuré de tels avantages qu'elles ne peuvent se résoudre à y renoncer en faveur d'une vie civile et de plaisirs charnels hypothétiques. Les vestales jouissent de conditions d'existence que seules les *acclas* de l'empire Inca peuvent revendiquer.

L'ascétisme païen et juif

L'influence de la philosophie grecque

La plupart des divinités de l'Antiquité ainsi que la société gréco-romaine exigent de toutes les femmes non mariées qu'elles soient vierges. Beaucoup de prêtresses au service de déesses chastes comme Athéna et Vesta, ou d'un dieu jaloux comme Apollon, sont vierges. Quant à celles qui ont déjà été mariées, elle doivent s'en tenir à une stricte abstinence. Au fil des siècles, des philosophies se développent qui, inspirées par différents courants d'ascétisme, sont à la base d'un certain mouvement dont l'idéal est de donner un plus grand éclat à la chasteté. Ce mouvement influence Pythagore, Platon et d'autres philosophes et penseurs.

Pythagore, philosophe grec du vi[e] siècle av. J.-C., crée une organisation religieuse qui incorpore l'orphisme à des croyances indiennes et persanes. La religion orphique n'est pas largement pratiquée, mais elle séduit les intellectuels par l'absolu de sa doctrine qui promet la vie éternelle aux purs et à ceux qui se purifient par les rituels. Pour donner vie à son objectif de régénération morale de la société, Pythagore fonde une communauté philosophique vouée à l'ascétisme qui, une fois dégagée de ses dimensions politique et économique, va survivre pendant des siècles en tant que culte religieux.

Les membres de la fraternité pythagoricienne, dans laquelle les femmes sont les égales des hommes, doivent déposer leurs biens dans un fonds collectif. L'enseignement du philosophe dit que «les amis ont toutes choses en commun » et que « amitié est synonyme d'égalité ». Pythagore divise l'existence en quatre périodes, qui durent chacune vingt ans et qui correspondent aux quatre saisons. Vingt ans pour l'enfance (le printemps) ; vingt pour la jeunesse (l'été) ; vingt pour l'âge mûr (l'automne) ; vingt pour la vieillesse (l'hiver). Lorsqu'il s'adresse à ses disciples, durant la première période de leurs études, Pythagore reste caché derrière un rideau, afin qu'ils ne puissent même pas jeter un regard sur lui. Après cinq ans de ce régime, il les autorise à entrer dans sa demeure et dialogue avec eux.

Pythagore prêche un monde divisé en deux principes opposés : le Souffle inférieur illimité, qui englobe l'obscurité, les nombres entiers ou parfaits et le caractère femelle ; la Limite supérieure, où l'on trouve la lumière, les nombres imparfaits ou irrationnels et le caractère mâle. L'âme supérieure est prisonnière du corps inférieur, où habitent les Furies des passions mauvaises. Pour libérer et sauver ainsi leur âme emprisonnée, les individus doivent respecter certains tabous, en particulier celui qui interdit de s'avilir dans le commerce sexuel.

Le philosophe ne préconise la chasteté que durant l'été, chaud et sec, et si possible au printemps et à l'automne. Les relations sexuelles hivernales, moins débilitantes, sont plus acceptables, bien que, à l'instar de tous les plaisirs charnels, elles soient néfastes pour l'organisme. À un homme qui veut savoir quand il pourra faire l'amour avec une femme, Pythagore répond : « Lorsque tu voudras perdre tes forces[33]. »

Il insiste également sur le fait que l'activité sexuelle masculine ne peut pas débuter avant le vingtième anniversaire. Il approuve la rigueur des règles grecques qui interdisent les relations sexuelles dans un temple avec une femme qui est soit la sœur, soit la mère, soit la fille de quelqu'un — bref, avec toutes les femmes ! Le seul commerce sexuel toléré est celui auquel on se livre dans le but de procréer — activité qui ne peut avoir lieu qu'entre mari et femme.

Platon raffine les idées pythagoriciennes et les intègre dans sa philosophie, dont l'influence est incommensurable. Il est lui aussi dualiste. Il considère l'âme comme moralement supérieure au corps, car ce dernier entrave l'âme dans la réalisation de ses objectifs les plus élevés. Selon la forme et les intentions qu'on lui donne, l'amour est sacré et ennoblissant, ou profane et dégradant. Les relations sexuelles en sont l'expression la plus avilissante, car elles réduisent les humains à la bestialité. Une existence vertueuse vouée aux pratiques austères définies par le pythagorisme — en particulier, la continence — est nécessaire pour lutter contre ces formes dégradantes de l'amour.

Dans *La République* de Platon, un homme jovial pose au poète Sophocle cette question sommaire : « Comment, Sophocle [...] te comportes-tu à l'égard de l'amour ? Es-tu encore capable de posséder une femme ? » À quoi Sophocle répond : « Silence ! ami [...] c'est avec la plus grande satisfaction que j'ai fui [l'amour], comme délivré d'un maître rageur et sauvage[34]. »

Des siècles après que Platon eut élaboré son concept des Idées contre la matière, des théologiens chrétiens vont s'immerger dans sa pensée et affirmer que le grand philosophe est un chrétien né avant le Christ. Les Idées sont si pures, si immuables, si omniprésentes et si constantes qu'elles correspondent aux divinités, tandis que la matière est manifestement l'humanité mortelle dans toute sa grossièreté et ses souffrances.

L'enseignement du stoïcisme en matière de sexualité est similaire. La sexualité n'est pas méprisable en elle-même, mais seulement lorsqu'elle est la conséquence d'une passion et d'un appétit sexuels immodérés. En tant qu'acte procréateur dans le cadre du mariage, elle est tolérable[35]. Le Romain Sénèque écrit :

[Un] homme sage devrait aimer sa femme avec jugement, pas avec affection. Laissons-le contrôler ses pulsions afin qu'il ne se jette pas la tête la première dans la copulation. Rien n'est plus malsain que d'aimer une épouse comme on aime une femme adultère[36].

Les stoïciens se laissent guider par les mots d'ordre de la nature : vertu, bienséance et modération, qui caractérisent la vie ascétique. Un grand nombre de disciples adoptent cette philosophie.

Au cours des siècles, des ascètes, dont le nombre ne cesse de croître, exercent une influence considérable sur des coutumes qui ont autorisé jusque-là la libre disposition des femmes esclaves pour les plaisirs charnels, les relations homosexuelles entre hommes et adolescents, la prostitution à large échelle et l'existence de courtisanes d'un rang social élevé, appelées hétaïres. (Mariages arrangés, surveillance étroite des femmes, en particulier de celles des classes supérieures, et terribles châtiments pour les séducteurs de vierges sont également des traits marquants de cette société). La chasteté, que l'on associe souvent à la sobriété, à l'endurance et à l'énergie, est de plus en plus largement pratiquée. Au moment où le christianisme pointe à l'horizon, elle s'est implantée dans un monde déjà fécondé par l'ascétisme sexuel.

Les esséniens se préparent pour Armageddon

Au moment même où l'ascétisme païen s'intensifie, un culte juif ascétique et apocalyptique se développe. Les esséniens, sacerdotaux et messianiques, prétendent descendre d'Aaron, le frère de Moïse. Ils obéissent scrupuleusement à la loi du patriarche fondateur, observent le sabbat et les fêtes du calendrier religieux, et se purifient par des rituels. Vivant dans l'attente de la fin du monde et de l'avènement imminent du Royaume de Dieu, ils sont persuadés qu'ils seront sauvés car ils sont le peuple élu. C'est au regard de ce concept, toutefois, qu'ils divergent des autres juifs, car, se considérant comme « Israël qui marche sur le chemin de la perfection », le « véritable Israël », ils s'excluent, en tant que peuple élu, du courant dominant de la judéité. (Contrairement aux pharisiens et aux hassidim, qui se nomment simplement « congrégation des pieux », les esséniens disent être *le* peuple juif[37].)

Les relations antagonistes des esséniens et des autres groupes religieux précipitent leur migration dans des régions isolées, où ils s'établissent en communautés monastiques gouvernées par leur doctrine intransigeante. Ils sont célibataires et chastes. Les esséniens n'ont pas d'esclaves, soit en raison de leur égalitarisme, soit parce qu'ils ne veulent pas de gentils — les seuls qui soient esclaves — dans leur communauté. (Ils haïssent les gentils et, à l'opposé des autres juifs, croient que ceux-ci sont condamnés à l'enfer. Il existe cependant, à Damas, un groupe d'esséniens plus ouverts et plus modérés qui, eux, ont des esclaves.) Les adeptes rejettent un grand nombre de rituels juifs, mais ils font des offrandes à Jérusalem ainsi que des sacrifices.

Le régime essénien est austère et frugal. Deux fois par jour, les prêtres préparent le même repas, que l'on mange avec du pain et dans le plus grand silence. Flavius Josèphe, qui a vécu un certain temps chez les esséniens, a décrit leur habitudes quotidiennes. Après des heures de travail, ils se rassemblent, vêtus de braies blanches, et prennent un bain froid. Une fois cette ablution terminée, ils se mettent tranquillement à table. Le boulanger distribue à chacun une miche de pain, à laquelle le cuisinier ajoute une assiette contenant un seul aliment. La règle exige que personne ne mange avant que la prière ne soit terminée. Avant et après les repas, les membres de la communauté remercient Dieu de sa générosité. Ensuite, ils se dépouillent de leur vêtement blanc et repartent au travail jusqu'à l'heure du souper.

Les esséniens portent leur tunique et leurs chaussures jusqu'à ce qu'elles tombent en pièces. Leurs manières sont frustes, ils évitent d'utiliser de l'huile pour leur toilette — ce que font les autres juifs. Ils se lavent avant chaque repas et après avoir déféqué. Avant de faire leurs ablutions, ils couvrent leur nudité d'une sorte de tablier. Ils se soulagent le plus loin possible du camp. Pour ce faire, ils creusent un trou, s'accroupissent, se cachent sous un linge, puis recouvrent de terre leurs excréments. Il leur est interdit de satisfaire leurs besoins naturels le jour du sabbat.

La chasteté essénienne fait l'admiration de tous ses témoins. Elle est stricte et constante. On a trouvé des squelettes de femmes lors d'excavations faites à Qumran, qui prouvent que des femmes y ont vécu, mais peut-être s'agissait-il d'épouses qui avaient accompagné leur mari au camp et vivaient elles aussi dans la chasteté. David Flusser, qui a interprété certaines pages des *Manuscrits de la mer Morte,* pense que les esséniens pouvaient contracter mariage dès l'âge de vingt ans, « quand ils savaient quoi faire », mais que de telles unions n'avaient pour but que la propagation de l'espèce[38]. C'était peut-être vrai dans les débuts de la communauté, mais d'autres chercheurs affirment que les esséniens observaient une chasteté absolue[39].

L'ascétisme essénien s'est développé à partir d'une théologie qui dépeint un monde peuplé, d'une part, des Fils de la Lumière et, d'autre part, des Fils des Ténèbres — les premiers prédestinés par Dieu, les seconds voués à la destruction. Les adeptes ont fini par croire que le mal se trouve en l'homme et que la chair est le siège de ce mal — de là leur dégoût pour la sexualité, et même pour les simples fonctions corporelles. Contrairement à Platon, ils ne considèrent pas l'homme comme le siège d'un dualisme contradictoire entre l'esprit et la matière. Pour eux, il y a deux espèces d'êtres humains : l'individu esclave de son propre corps, ou non racheté, et l'élu, autrement dit l'essénien[40].

Si la doctrine et les rituels esséniens semblent étrangement familiers, c'est parce que, dans leurs multiples dimensions, ils annoncent le christianisme : fuite dans la vie monastique, loin de toutes régions habitées ; rituels lourds et encombrants des ablutions quotidiennes, où l'individu ne peut même pas regarder son corps ; extrême frugalité des repas et silence de rigueur pendant leur consommation ; abandon forcé de tous ses biens ; sens aigu de la vocation ; certitude tranquille du but à atteindre ; accumulation de richesses communautaires et, par-dessus tout, chasteté. Tout ces traits seront bientôt ceux du christianisme et de ses monastères.

La grande renommée faite aux esséniens grâce aux commentaires de plusieurs auteurs distingués, dont Flavius Josèphe, rendent ces hommes familiers aux premiers chrétiens. Lorsque ces chrétiens commencent à poser les principes de leur nouvelle religion, ils s'inspirent sans doute, non seulement du concept platonicien de la dualité, mais encore de l'expérience, des habitudes, des lois et, par-dessus tout, de la chasteté des esséniens. C'est sur ce sol religieux, philosophique et social que les premières graines de la chrétienté — qui va constituer l'expérience la plus complète et la plus longue en matière de chasteté — sont semées et prennent racine.

CHAPITRE II

Le christianisme primitif

Les origines

Deux histoires qui en disent long : Marie et Ève

Il y a deux mille ans, un charpentier bon et vertueux découvre que sa promise est enceinte. Cette fâcheuse situation ne résulte pas d'une faiblesse comme peuvent en avoir des fiancés impatients — faiblesse qui les oblige à utiliser, pendant la nuit de noces, du sang de porc dont ils maculent les draps afin de faire croire que l'hymen de la mariée a bien été déchiré —, non, la grossesse qui se présente pose un sérieux problème, surtout à Marie, la future mère. Comment expliquer son état à Joseph, son fiancé ? Et comment se l'expliquer à elle-même ?

L'étonnante vérité, c'est que Joseph et Marie n'ont jamais fait l'amour.

Beaucoup d'hommes réagiraient avec fureur devant une telle humiliation. À cette époque, les fiançailles constituent un engagement aussi sérieux que le mariage. En dépit de la situation compromettante dans laquelle se trouve Marie, Joseph ne peut la quitter. Seul un divorce pourrait officialiser la séparation.

Marie et Joseph, on peut l'imaginer, retournent l'énigme en tous sens. La jeune femme jure au charpentier qu'elle n'a jamais eu de rapports sexuels, qu'elle n'a connu aucun homme. Joseph lui répond sans doute que ses déclarations sont insensées : une femme ne devient pas enceinte toute seule. Mais la détresse et les larmes de sa fiancée finissent par l'émouvoir. Il décide alors, pour lui éviter un affront irréparable, de suivre la « voie de la justice », qui lui souffle de la « répudier sans bruit[1] ». Ainsi, la jeune femme ne subira pas la honte d'une dénonciation publique.

Tandis qu'il réfléchit à d'autres solutions possibles, Joseph s'endort. Or, voici que l'Ange du Seigneur lui apparaît en songe et lui révèle alors le sexe de l'enfant. Le garçon s'appellera Jésus. Ce nom, *Yehoshua* en hébreu, signifie « Yahvé sauve ». Avant de quitter Joseph, l'ange ajoute : « C'est lui qui sauvera son peuple de ses péchés[2]. »

L'innocence de Marie est ainsi confirmée au charpentier pendant son sommeil. Lorsqu'il se réveille, apaisé mais passablement secoué, il confie ces révélations à la jeune femme. Le soulagement de Marie est immense. Il n'est plus question de répudiation, et Joseph « [prend] chez lui sa femme[3] ». Ils n'auront cependant pas de relations sexuelles avant la naissance de l'enfant.

Tout se passe comme prévu, jusqu'aux derniers jours de la grossesse de Marie. C'est à ce moment qu'un décret impérial est promulgué dans toute la Palestine, appelant les citoyens à se présenter dans leur circonscription afin d'y être recensés. Le couple doit se rendre à Bethléem, la ville ancestrale de Joseph. L'enfant ne naîtra donc pas à Nazareth. Lorsqu'ils arrivent à destination, le charpentier et sa femme constatent que l'auberge de la ville est bondée. Des gens affluent de partout pour le recensement. Joseph ne trouve qu'une étable en guise de logement. C'est dans ce modeste asile, entre un âne curieux et un bœuf débonnaire, que Marie met son bébé au monde, comme l'a prédit le prophète Isaïe : « Voici que la vierge concevra et enfantera un fils, et on l'appellera du nom d'Emmanuel, ce qui se traduit "Dieu avec nous[4]". »

Les années passent. Jésus devient adulte et commence à prêcher. Lorsqu'il atteint ses trente-trois ans, il est devenu un homme populaire et radical dont les autorités se gaussent — on l'appelle le « Roi des Juifs ». Des prêtres de haut rang, des scribes et des anciens se rassemblent au palais du Grand Prêtre et décident de le mettre à mort. L'exécution aura lieu après la Pâque, afin d'« éviter un tumulte parmi le peuple ».

Les conspirateurs possèdent le pouvoir et l'argent. Ils offrent trente deniers — une somme colossale — à Judas Iscariote, afin qu'il trahisse son maître. Jésus ne montre aucun signe d'étonnement devant ce complot ; il dit à ses disciples horrifiés : « La Pâque, vous le savez, tombe dans deux jours, et le Fils de l'homme va être livré pour être crucifié[5]. » Et il est crucifié, à l'issue d'un supplice au cours duquel ses bourreaux le soumettent à un double outrage : ils le dépouillent de ses vêtements et lui posent une couronne d'épines sur la tête. Puis, se conformant à une tradition militaire en vigueur lors des crucifixions, les soldats romains tirent au sort les vêtements de leur victime.

Jésus finit par rendre l'âme, mais il va ressusciter d'entre les morts. Le troisième jour après son ensevelissement, son corps transpercé revient à la vie. Pendant une courte période, il demeure sur cette terre. Il passe ses derniers moments avec les onze disciples qui restent (pris d'un terrible remords, Judas Iscariote s'est pendu) et, avant de les quitter, il leur dit : « Allez donc, de toutes les nations faites des disciples, les baptisant au nom du Père et du Fils et du Saint-Esprit, et leur apprenant à observer tout ce que je vous ai prescrit. Et voici que je suis avec vous pour toujours jusqu'à la fin du monde[6]. » Alors, devant ses disciples frappés de stupeur, une force mystérieuse l'emporte vers le ciel.

Le fils divin d'une mère vierge a vécu et est mort consumé par sa mission : fonder une nouvelle religion qui fera des prosélytes et deviendra un jour le christianisme. La mort du Christ et les miracles qui l'entourent poussent les premiers chrétiens à croire que la fin du monde est imminente. Devant cette certitude, une conclusion logique s'impose : À quoi bon procréer ? Ne vaut-il pas mieux rester chaste et tendre de toutes ses forces à la purification spirituelle ?

Le monde gréco-romain dans lequel vit Jésus a déjà ses vierges et ses adeptes de la continence. Mais Athéna jaillissant par miracle de la tête de Zeus, les vestales, les philosophes ascétiques prêchant le renoncement à la chair, ou même les esséniens vivant retirés du monde diffèrent sensiblement de ces premiers chrétiens zélés, qui prônent à la fois la chasteté et le prosélytisme.

Dès ses origines, le christianisme adopte une attitude négative à l'égard du sexe. Les déclarations du Christ sur le divorce, par exemple, incitent ses disciples à lui demander s'il n'est pas préférable de rester chaste. La réponse de Jésus va se répercuter à travers les âges :

> Il y a, en effet, des eunuques qui sont nés ainsi du sein de leur mère, il y a des eunuques qui le sont devenus par l'action des hommes, et il y a des eunuques qui se sont eux-mêmes rendus tels à cause du Royaume des Cieux. Qui peut comprendre, qu'il comprenne[7].

Les disciples, et de nombreux fidèles qui vont leur succéder, se soumettent à cet enseignement. L'eunuchisme, réel ou métaphorique, va devenir un des traits les plus significatifs et les plus rigoureux de leur religion. Certains, dont Origène, un Père de l'Église du IIIe siècle, interprètent littéralement les paroles du Christ : ils s'émasculent.

Pendant les quatre premiers siècles du christianisme, les Pères de l'Église — Ambroise, Jérôme, Tertullien, Cyprien et Augustin — vont devoir affronter, sur les plans théologique et pratique, les conséquences de l'existence des saints eunuques de Jésus. Les chrétiens doivent-ils se marier ? Et, s'ils se marient, doivent-ils se livrer aux plaisirs charnels ? Le concept du mariage chaste prend forme. La célèbre déclaration de Paul : « Mieux vaut se marier que de brûler » illustre à la fois le mérite relatif du mariage et l'idée que l'Apôtre des gentils se fait de la faiblesse de l'homme devant la femme tentatrice. Tout bien considéré, la sécurité du mariage est préférable au désir, qui risque de brûler le célibataire.

Tandis que les Pères analysent les Saintes Écritures, leur conviction se renforce : l'indifférence du Christ à l'égard des liens du sang démontre que le fait de ne pas procréer n'est pas une tragédie, mais une preuve de sainteté. Un jour où Jésus s'adresse à une foule assise autour de lui, quelqu'un lui dit que sa mère, ses frères et ses sœurs sont là qui le cherchent. Jésus répond : « Qui est ma mère ? et mes frères ? » Puis il promène son regard sur ceux qui l'entourent et déclare : « Voici ma mère et mes frères, quiconque fait la volonté de Dieu, celui-là m'est un frère et une sœur et une mère[8]. »

D'autres thèmes émergent au fil du temps : la virginité comme vertu, ou la virginité retrouvée grâce à la chasteté ; la primauté de la communauté des croyants sur la famille humaine ; et, de plus en plus souvent dénoncée, la nature luxurieuse et enjôleuse des femmes. Tout comme les premiers penseurs grecs, la plupart des Pères de l'Église sont célibataires. Ils partagent les idées rigoristes de ces philosophes en matière d'activité sexuelle, dans le cadre du mariage ou en dehors. Même Tertullien, qui est marié, condamne la sexualité comme « illicite » et parle du vagin de la femme comme de la « porte de Satan[9] ».

Après avoir noirci d'innombrables rames de papier, les Pères épinglent la coupable : Ève. C'est elle qui porte le poids des méfaits de la sexualité humaine. Le discours acerbe des Pères cloue la première femme au pilori. Saint Paul prend sa plume la plus misogyne pour la dépeindre. La doctrine du péché originel et de la concupiscence se dessine, la première faute étant, bien sûr, la défaillance d'Adam et Ève, lorsqu'ils cèdent, au jardin d'Éden, au désir de goûter le fruit défendu. Marie, la vénérée mère de Jésus, est désormais exempte de tout péché, tandis qu'Ève est accusée d'être à l'origine de tous les péchés du monde. L'histoire de ces deux femmes s'inscrit dès lors dans la trame primordiale du christianisme.

Dans la Genèse, Adam est le premier homme créé par Dieu. Ève est sa compagne. Pour la façonner, le Créateur a extrait une des côtes d'Adam, prenant soin d'anesthésier ce dernier afin qu'il ne souffre pas. Dans le jardin d'Éden, l'homme nu et sa femme, l'os de ses os, la chair de sa chair, sont libres de goûter à tous les fruits, sauf à celui de l'arbre de la connaissance du bien et du mal. Il leur est strictement interdit d'y toucher. Dieu leur a fait ce commandement : « [...] Mais de l'arbre de la connaissance du bien et du mal tu ne mangeras pas, car, le jour où tu en mangeras, tu deviendras passible de mort. »

Toutefois, le serpent-Satan réussit à convaincre Ève de désobéir. Pourquoi mourrait-elle alors que, ayant goûté au fruit de l'arbre, elle sera capable de faire la différence entre le bien et le mal et deviendra semblable à Dieu ? Ève se laisse aisément convaincre et n'a aucune peine à persuader Adam de se joindre à elle. Il mord dans le fruit, provoquant ainsi la « chute » de l'homme.

Le châtiment de Dieu est immédiat et réduit à néant les prétentions du Tentateur. Le serpent lui-même est condamné. Il marchera désormais sur le ventre et sera maudit de tous. Le sort d'Ève, et de toutes les femmes, sera de vivre dans la douleur et l'affliction. Elle sera soumise à son époux : « Je multiplierai les peines de tes grossesses, dans la peine tu enfanteras des fils. Ta convoitise te poussera vers ton mari et lui dominera sur toi. »

La punition d'Adam va accabler tout le genre humain : les tâches légères du jardin d'Éden, d'où il est banni avec sa compagne, seront remplacées par un labeur pénible et sans trêve. Les habitants de cette terre travailleront désormais à la sueur de leur front, parmi les épines et les chardons. Plus douloureuse encore sera la privation de la vie éternelle et le retour des corps à la poussière : « Car tu es glaise et tu retourneras à la glaise[10]. » Parce qu'il a prêté l'oreille aux paroles d'Ève et défié le commandement de Dieu, le premier homme et tous ses descendants devront mourir. C'est le serpent-Satan, et non Dieu, qui a menti. Le salaire du péché, c'est la souffrance et la mort.

Les persécutions raffermissent la nouvelle foi

Les Pères de l'Église ne sont pas qu'un groupe d'érudits penchés sur la Bible à longueur de journée. Ce sont des administrateurs aussi bien que des théologiens ; ils bâtissent l'Église et l'aident à surmonter de terribles dangers. Ils prêchent devant les convertis, font des prosélytes parmi les païens et les juifs.

Pendant les quatre premiers siècles de notre ère, les chrétiens font face à des vagues de persécutions, souvent atroces et sanglantes. Au IIIᵉ siècle, l'empereur Dioclétien est leur oppresseur le plus implacable. Il les poursuit sans relâche, les fait torturer, confisque leurs biens. Les accusations portées contre les croyants ne sont que calomnies absurdes. On dit qu'ils tuent des bébés, pratiquent le cannibalisme dans leurs célébrations eucharistiques, se livrent à l'inceste et font des orgies dans la pénombre des églises. On les tient responsables des famines, des catastrophes et de la sécheresse. « Pas de pluie à cause des chrétiens[11] », ressassent les Romains. D'autres accusations sont fondées : les croyants rejettent les divinités de Rome, refusent de manger la chair du sacrifice et vénèrent la chasteté.

Des païens envieux accusent faussement les grands propriétaires chrétiens dans l'espoir d'accaparer leurs biens. Les vierges riches et bien nées sont des proies de prédilection. Les pauvres filles sont enlevées à leur famille et, avant leur exécution, envoyées dans des lupanars pour y être déflorées. Dans son ouvrage brillant et fort bien documenté, *Païens et chrétiens*, Robin Lane Fox soutient que la campagne contre les chrétiens vise les vieillards, les femmes, les enfants et même les invalides. Avec des boucs émissaires aussi vulnérables, les autorités n'ont aucun mal à appliquer leurs décrets antichrétiens[12].

Les persécutions diminuent pour un temps, mais reprennent avec Dèce (249-251) et Dioclétien (284-305), qui en sont les instigateurs les plus notoires. Les pires brutalités sont alors monnaie courante. Les prisons débordent de chrétiens ; on y entasse hommes, femmes et enfants dans des conditions épouvantables. L'exil de même que les travaux forcés dans les mines et dans les carrières constituent d'autres formes de punition.

Les Romains choisissent la date du 23 février 303, une fête païenne, pour annoncer le premier des quatre décrets qui vont officialiser la persécution. Cette loi ordonne la destruction de toutes les églises chrétiennes, proscrit les offices religieux, dépouille les fidèles de leur rang et de leurs privilèges et leur interdit l'accès aux tribunaux. En quelques heures, un groupe de païens démolit un lieu de culte. C'est le début d'une destruction et d'un pillage à grande échelle.

Plus tragiques sont les exécutions, cela va sans dire. Bien qu'on en ait largement exagéré le nombre, elles sont d'une atrocité indescriptible. D'horribles tortures président aux massacres publics dans les grandes arènes. Sous les huées de païens assoiffés de sang, qui se bousculent dans les gradins pour se repaître du spectacle, des vierges nues sont déchirées par les lions, encornées par les taureaux ou transpercées par la lance des gladiateurs. Peu de chrétiens échappent au supplice. Hommes, femmes, enfants, vieillards de toutes les couches de la société sont poussés dans des fosses. Puis on lâche les fauves. Il arrive aussi que les victimes soient décapitées ou brûlées sur le bûcher.

Les chrétiens endurent ces supplices de diverses manières. Les païens qui assistent au spectacle sont souvent perplexes et troublés devant le peu de résistance qu'opposent les condamnés, qui semblent accueillir la mort comme un passeport pour le paradis. Il faut dire que le martyre constitue une formidable catapulte pour y entrer, dans ce paradis : il efface les péchés et il élève le martyr au rang des anges. Dans les prisons, les chrétiens attendent la mort en rêvant à la gloire promise. Certains d'entre eux aspirent même aux tourments qu'on leur réserve. Ils savent qu'ils les supporteront avec courage. « Lorsque nous sommes déchirés par les instruments de la cruauté », écrit un groupe de prisonniers à l'évêque Cyprien, « [nous nous efforçons de ne pas] frissonner à la vue de notre propre sang, qui coule hors de nous. [...] Nous sentons, selon les paroles de notre Seigneur, que des "torches" brûlent sous notre corps pour enflammer notre foi[13]. » Par contre, d'autres prisonniers, persuadés des effets rédempteurs du martyre, décident de passer leurs dernières heures à pécher le plus possible. Toutes leurs fautes ne leur seront-elles pas pardonnées ? « Mangeons, buvons, faisons l'amour, car demain nous mourrons », tel est leur mot d'ordre. Ils se confessent d'abord, puis s'abandonnent à toutes sortes d'excès, y compris aux rapports charnels avec des chrétiennes autorisées à leur rendre visite.

Cependant, la grande majorité des chrétiens retournent au polythéisme. Certains d'entre eux soudoient des autorités, rançonnent des prisonniers, achètent ou fabriquent des certificats de paganisme, ou s'enfuient tout simplement dans les collines. Selon l'évangile de Matthieu, le Christ lui-même ne pressait-il pas les persécutés de fuir ? Beaucoup d'évêques suivent ce conseil, abandonnant leurs fidèles effrayés, qui abjurent alors leur foi ou se divisent en factions qui se querellent sur les moyens d'échapper au martyre. Soudain, en 313, tout s'arrête. L'empereur Constantin signe l'édit de Milan qui garantit aux chrétiens la liberté de culte. Les biens confisqués sont restitués. Les persécutions prennent fin.

S'il n'a plus cours, le martyre continue néanmoins à occuper une place prépondérante dans la tradition chrétienne. Le courage légendaire et la force d'âme des persécutés, témoins exemplaires de la foi, réconfortent et encouragent les fidèles qui, en dépit des nouvelles lois, appréhendent d'autres persécutions. Quant aux martyrs — hommes, femmes et enfants sacrifiés par des païens incapables de les forcer à abjurer leur foi et à renier le vrai Dieu —, ils renaissent en quelque sorte de leurs cendres et deviennent des héros.

Tout cela constitue la toile de fond sur laquelle évoluent les Pères de l'Église. Si l'on met à part les défis internes qu'ils doivent relever, ils sont, à bien des égards, intransigeants, rigides, et par trop autoritaires. Mais l'intensité de leur foi tout au long de ce parcours ne cesse de les soutenir dans leur mission.

Jusqu'au second avènement

Les Pères s'absorbent dans les Écritures, prient pour atteindre l'illumination et discutent ou correspondent avec d'autres penseurs religieux. Ils tirent des leçons de leurs expériences personnelles, les plus notoires étant ces âpres combats contre les tentations charnelles qui transforment ces hommes, presque tous célibataires, en misogynes aussi méfiants à l'égard des femmes qu'effrayés par elles. Jérôme en est le plus éclatant exemple :

> [dans le désert] sans autre société que les scorpions et les bêtes sauvages, souvent je croyais assister aux danses de jeunes filles. Les jeûnes avaient pâli mon visage, mais les désirs enflammaient mon esprit, le corps restant glacé ; devant ce pauvre homme, déjà moins chair vivante que cadavre, seuls bouillonnaient les incendies des voluptés[14].

En s'efforçant d'élaborer une théologie systématique basée sur l'autorité des Écritures, Jérôme et d'autres Pères de l'Église tirent de l'histoire d'Ève et de Marie des leçons de vie relatives à la sexualité et à la condition humaine. On ne peut pas dire que la doctrine qui en découle soit sympathique aux femmes.

Les Pères reconnaissent qu'il y a séparation entre le charnel et le spirituel, mais pour eux cette réalité signifie aussi que les individus peuvent choisir entre un corps pur et un corps impur, entre un temple dédié à Dieu et une maison de débauche. Prenant Adam et Ève comme exemple, ils expliquent que, dans la mesure où ces derniers étaient purs et innocents avant la chute, le péché originel (et celui du genre humain) provient de leur union et de l'activité sexuelle qu'elle sous-entend. Dans une des formules brutales dont il a le secret, Jérôme affirme qu'il n'est pas de plus grande calamité, dans la captivité (conjugale), que d'être la victime de la concupiscence de l'autre. Tertullien, pour sa part, a une telle haine pour le mariage (le sien en particulier) qu'il finit par s'enrôler dans la secte montaniste, dont les membres sont de féroces contempteurs du commerce charnel. Il déclare que ce sont les lois qui semblent faire la différence entre le mariage et la fornication, et non de la nature de la chose elle-même.

Pour les Pères, le monde est divisé entre le bien et le mal, entre l'esprit et la chair. Même dans le mariage, la sexualité est mauvaise. « […] Le corps n'est pas pour la fornication ; il est pour le Seigneur, et le Seigneur est pour le corps, clame Paul. Toutefois, à cause des débauches, que chaque homme aie sa femme et chaque femme son mari. » Et il ajoute, non sans une certaine condescendance : « Je voudrais que tous les hommes fussent comme moi […][15]. » Adam et Ève sont à l'origine du lien charnel du mariage, un lien qui, avant la chute, était spirituel et pur — les anges ne sont-ils pas asexués[16] ? Ainsi, selon Jérôme, les chrétiens vertueux qui veulent entrer au paradis ne devraient pas se livrer aux pratiques sexuelles.

La voie menant à l'existence angélique est évidemment la virginité ou, à défaut, la chasteté. « Aussi longtemps que vous resterez chastes et vierges, vous serez les égaux des anges de Dieu », affirme Cyprien, premier évêque africain, qui mourra en martyr en 258[17]. Ambroise ne veut pas être en reste : il affirme que c'est la chasteté qui a fait les anges. Celui qui a pu la préserver est un ange, celui qui l'a perdue est un démon. Jusqu'au second avènement, celui du Royaume, qui transformera les humains en anges « asexués », la chasteté absolue doit être le seul et unique mode de vie du chrétien.

Le front uni de l'antisexualité agressive et de la défense de la chasteté produit un flot incessant d'écrits sur les moyens d'éviter la tentation. Les femmes y sont dépeintes comme des séductrices diaboliquement rusées. Les hommes qui ne veulent pas succomber enveloppent leurs mains dans un pan de leur vêtement, avant le rituel d'accueil des services religieux, afin d'éviter le contact de la peau féminine. Jérôme met les hommes en garde contre la tentation de s'abandonner aux « séductions malsaines» des femmes mariées qui minaudent et commettent, par leurs discours enjôleurs, ce qu'il qualifie d'« adultère de la langue ».

La vue et le parfum d'une femme sont très alléchants, mais la virginité a une fragrance plus subtile. Votre main droite sentira le vin doux, vos membres baigneront dans l'odeur de la résurrection, vos doigts exsuderont la myrrhe, dit Ambroise aux vierges.

L'identification des hommes à la spiritualité et au bien, et celle des femmes à la chair et au mal, constituent le commun dénominateur de la pensée patristique. Jérôme en donne le résumé suivant : « Ce n'est ni de la prostituée, ni de la femme adultère dont on parle, on parle de l'amour de la femme en général, que l'on accuse d'être insatiable ; éteignez-le, il s'enflammera ; donnez-lui à satiété, il en voudra plus encore ; il affaiblit l'esprit de l'homme et absorbe toutes ses pensées, sauf à l'égard de la passion qu'il nourrit[18]. »

Paul, qui insiste sur l'obligation pour les femmes de se voiler, rappelle la troublante histoire des anges qui ont perdu la maîtrise d'eux-mêmes et sont tombés éperdument amoureux de mortelles. Ces anges déchus ont fécondé les séductrices — selon Paul, bien sûr, les femmes sont les tentatrices et les anges les victimes — et leur progéniture s'est avérée si malfaisante que Dieu a provoqué le déluge en guise de représailles.

Les femmes aguichent à leur insu, car il est dans leur nature de séduire. Ce sont des êtres charnels, les filles d'Ève. La remarquable exception, c'est, bien entendu, Marie, l'immaculée, la virginale. Ce qui n'empêche pas Jérôme d'imaginer à quel point le séjour de Jésus dans le ventre de sa mère a dû être éprouvant. Il le voit s'y développer, pendant neuf longs mois. Avec un profond dégoût, il décrit les douleurs, l'accouchement, le sang et les membranes placentaires.

La pierre angulaire du christianisme primitif est son combat contre la sexualité, notamment sa volonté d'imposer la virginité et l'abstinence. Le culte de la chasteté n'est pas nouveau, c'est un héritage de l'ascétisme — des communautés esséniennes aux grands penseurs grecs. Comme le dit Morton S. Eslin : « Le christianisme n'a pas rendu le monde ascétique ; c'est le monde dans lequel se développait le christianisme qui s'est efforcé de rendre ce dernier ascétique[19]. »

L'accent mis sur l'ascétisme par les pythagoriciens, les platoniciens, les stoïciens et autres philosophes est une source d'inspiration pour les Pères de l'Église. Ce sont les idées de ces penseurs qui leur permettent de défendre leurs propres convictions. Au IIe siècle, par exemple, Justin, philosophe païen converti et mort en martyr, ne craint pas d'affirmer que Platon a été un chrétien avant la lettre.

La chasteté chrétienne, toutefois, a fait beaucoup plus qu'imiter les philosophes grecs et les ascètes juifs. Elle a voulu libérer les croyants de la tyrannie des « temps présents ». Comme l'écrit Jean Chrysostome, la virginité révèle que les bienfaits de la résurrection sont à portée de la main. Bien que la naissance du Christ, sa crucifixion et sa résurrection aient mis fin aux « temps présents », les fidèles n'ont pas vraiment senti le changement ; ils vivent, luttent et souffrent toujours autant dans leur quotidien. « Mais tu connais la fièvre [...] En quoi te crois-tu affranchi de son emprise [celle du monde] puisque ses mouches t'accablent encore[20] ? » demande Tertullien. En d'autres termes, comment des chrétiens tourmentés par tant de malheurs et de vicissitudes pourraient-ils annoncer au monde que les « temps présents » sont révolus ?

La nécessité d'une réalité plus tangible s'impose. Les penseurs chrétiens en quête de réponses vont les trouver dans les pratiques ascétiques et les philosophies de l'époque, qui vont leur permettre de formuler leur propre concept du renoncement sexuel. Dans un monde où les individus semblent n'avoir qu'un contrôle très limité sur le déroulement de leur existence, le corps humain est le seul lieu où ils peuvent exercer un libre choix. Par ailleurs, les pulsions sexuelles, tout comme le besoin de manger ou de dormir, sont indispensables et irrépressibles. Les Grecs n'appellent-ils pas le pénis « la Nécessité » ? En conséquence, si les chrétiens arrivent à maîtriser leurs pulsions sexuelles et à mener une existence dont le fondement est la chasteté et ses impératifs, ils deviendront les preuves vivantes de la fin de « ce monde-ci ». Comme le dit l'historien Peter Brown, la sexualité est le lieu le plus propice à un changement radical parce qu'elle découle d'un besoin naturel. En somme, y renoncer ou en triompher constitue le parfait emblème d'un nouvel âge béni.

Dans cette perspective, le corps devient un pont entre l'individu lui-même et tout le genre humain. Adam et Ève ont exercé un libre choix et se sont autorisé les jouissances du commerce charnel, provoquant ainsi la chute et l'état dit « infralapsaire » de la nature déchue. Le renoncement à la sexualité peut changer cette situation, pour recréer les conditions d'existence du jardin d'Éden et recouvrer la pureté originelle.

Dans ces conditions, contrairement aux nouveaux mariés païens qui assument franchement leur sexualité et augmentent ainsi le nombre de citoyens, les couples chrétiens « ne vont au lit que pour éviter la fornication ». Ils se tiennent loin des bains publics, où la nudité est banalisée. Dans la grande église d'Antioche, de hautes cloisons sont élevées afin de séparer hommes et femmes. La révolution sexuelle chrétienne hausse les vierges des deux sexes à la supériorité morale et culturelle. Et les chefs de l'Église vivent généralement dans un chaste célibat[21].

Les païens, les juifs et les zoroastriens sont abasourdis devant la chasteté des chrétiens et le suicide génétique qui en résulte. « Vous avez reçu la malédiction, et vous avez multiplié la stérilité », disent les juifs à Aphraat, un évêque du IVe siècle[22]. Pour eux, la virginité est un trésor à offrir, que l'on perd une fois offert. Les chrétiens répliquent que le second avènement est proche et qu'il n'est dès lors plus nécessaire de peupler la terre. (Plus tard, le second avènement se faisant par trop attendre, ils se réconforteront en se disant que leur chasteté a préparé leur âme à une entrée triomphale au paradis.)

À mesure que le christianisme se développe, ses fidèles continuent à lutter, dans leur volonté de rester chastes, contre les fortes pressions sociales qui les incitent à se marier et à procréer. Les célibataires abstinents mènent une vie angélique et forment une communauté de croyants dont les membres ne sont pas liés par les liens du sang et de la famille. Les Pères comprennent pourtant très bien le besoin qu'a l'individu d'avoir une famille, des enfants, ainsi que des relations charnelles. Toutefois, Grégoire de Nysse[23] et Jean Chrysostome jugent qu'il s'agit là d'une réaction à la peur de la mort qui habite le cœur de l'homme depuis la chute.

Chaque individu a donc le choix : ou il utilise son corps comme le veut le courant dominant ou il le consacre à la chasteté. Des communautés poussent comme des champignons afin d'accueillir les tenants de l'abstinence. Ce sont des couvents pour hommes ou pour femmes, ou pour des célibataires du haut clergé. Le christianisme développe également des rites de participation, de transformation et de purification. Le baptême, par exemple, est le signe d'une nouvelle naissance ; l'eucharistie, celui d'une communion intime avec Dieu.

Le débat théologique du christianisme primitif sur la chasteté tente de clarifier les modalités qui régissent les rapports humains dans la société chrétienne et de déterminer si le corps appartient à la communauté, à l'Église ou à l'individu, lequel peut en disposer comme il l'entend. Sur la toile de fond d'un monde très hiérarchisé, même les chrétiens les plus démunis se voient offrir la possibilité de rester vierges et d'être ainsi élevés à une vie angélique, qui leur donnera accès au saint des saints, le Dieu unique.

Lorsqu'il s'agit de l'histoire de la Vierge Marie, le débat théologique entre dans des subtilités qui mettent en évidence les paradoxes inhérents à la notion de virginité. Par l'intermédiaire du Christ, Dieu s'est uni à l'humanité par la matrice d'une femme. Mais comment l'utérus de la Vierge pouvait-il être de chair ? Jamais Dieu n'aurait admis que son fils séjournât dans un réceptacle aussi répugnant ! Cet utérus était donc virginal.

Les exigences de cette religion qui chemine vers sa maturité sont très dures pour ses adeptes, en particulier le renoncement à la chair, mais la foi récompense les croyants en conséquence, voire plus largement encore. Grâce à leur persévérance, les fidèles, riches et pauvres, hommes et femmes, peuvent soustraire leur corps aux diktats de la société et le vouer à une chasteté vertueuse — acte décisif qui fait d'eux les égaux et les compagnons des anges. Et grâce à l'intercession de Marie, la plus illustre de toutes les vierges, il leur sera permis de connaître Dieu.

Comblée de grâce ? La virginité évolutive de la mère de Jésus

Dès qu'il est question du Christ né d'une mère vierge, l'obsession du christianisme pour la chasteté s'enflamme. Cette idée fixe concerne tous les chrétiens et, bien qu'elle vise en particulier les filles et les religieux, englobe même les croyants mariés. Sa logique implacable reste imperturbable devant le problème démographique posé par le fait que les chrétiens abstinents ne se reproduisent pas — ainsi que des juifs et des musulmans incrédules et consternés le leur font remarquer. Mais les discussions les plus byzantines ont pour sujet la mère du Christ. Elles vont culminer dans l'élaboration d'une série de dogmes qui, au cours des siècles, vont s'efforcer de dépouiller Marie de son humanité et de son état charnel que les récits de la Bible ont pourtant révélés. De vierge fécondée par le Saint-Esprit, Marie va se métamorphoser, après avoir donné naissance à l'Enfant, en femme encore-vierge, en femme toujours-vierge (au cours de son union avec Joseph), puis en vierge surnaturelle elle-même conçue sans péché dans le sein de sa mère. La mainmise des théologiens sur la virginité de Marie est telle que le sujet ne perdra jamais son pouvoir de fascination sur les penseurs chrétiens.

Il faudra plus de dix-huit siècles pour formuler le credo concernant la virginité de Marie — auquel l'Église catholique romaine souscrit encore aujourd'hui. (La plupart des autres confessions chrétiennes préfèrent s'en tenir aux premières versions.) Il est intéressant de remarquer que la fixation des mariologues sur la virginité en général est directement proportionnée à leur degré de croyance en la virginité de la mère du Christ.

L'évangile de Luc, noyau biblique de l'histoire de Marie, révèle certains détails de la vie de la mère du Christ, comme cette habitude qu'elle avait de se joindre pour la prière aux apôtres et aux disciples, dans la « chambre haute où ils se tenaient habituellement », à Jérusalem. Les versets de Luc concernant Marie, quelques phrases éparses du Nouveau Testament et, enfin, l'oracle d'Isaïe : « Voici que la vierge concevra et enfantera un fils, et on l'appellera du nom d'Emmanuel, ce qui se traduit "Dieu avec nous" » constituent pour les Pères les preuves écrites de la virginité de Marie et, en conséquence, de la naissance virginale du Christ.

Construite à partir de ces maigres sources bibliques, l'histoire de Marie a été constamment réécrite, révisée, réinventée, amplifiée et commentée. Le culte marial, ou mariologie, s'est rapidement propagé, se muant en une discipline sévère qui a dévoré des vies entières de théologiens voués à la chasteté. Tandis qu'ils restructuraient l'histoire de Marie, embrouillant ce qu'ils souhaitaient clarifier, obscurcissant ce qu'ils voulaient rationaliser, ces fanatiques de la pureté n'ont fait, au bout du compte, qu'encombrer les bibliothèques d'ouvrages aussi oiseux qu'inutiles. En 1854, le pape Pie IX livre l'édition finale, enveloppée de la pompe et de la solennité de l'autorité ecclésiastique. Une déclaration *ex cathedra*.

Au cours du IIe siècle, les penseurs chrétiens consacrent leurs réflexions à Marie et, par extension, à Joseph. L'hypothèse voulant que le Christ soit né d'une vierge fécondée par le Saint-Esprit n'a, en soi, rien qui puisse les étonner — la mythologie grecque regorge d'histoires comme celles-là. Mais, en raison de l'élan ascétique qui imprègne puis domine le christianisme primitif, l'idée de Dieu brûlant de passion pour la beauté juvénile de Marie et se mettant en tête de la séduire pour enfin passer aux actes, jette une note assez discordante. Dieu n'est pas un séducteur libidineux. La luxure, c'est le domaine de Satan.

Comment, alors, la conception a-t-elle eu lieu ? Origène et d'autres Pères de l'Église proposent plusieurs méthodes : par les paroles d'un ange ; dans l'oreille de Marie ; par l'intermédiaire du souffle mystique du Saint-Esprit (la préférée de saint Ambroise[24]). L'art sacré est plus inventif : la semence suinte de la bouche de Dieu et coule dans un tube dont le bout est caché sous la jupe de Marie ; une colombe transmet le précieux liquide ; l'archange Gabriel instille la semence dans l'oreille de Marie.

Le Symbole des apôtres, rédigé à la fin du ive siècle et officiellement adopté au viiie, déclare que le Saint-Esprit a implanté l'Enfant tout formé dans le ventre de Marie. Au xviie siècle, Francisco Suarez, le premier théologien qui se consacre entièrement à la Vierge, décrète que cette dernière a conçu le Christ sans perdre sa virginité et qu'elle n'a pas eu de sensations érotiques. Cette théorie constitue la base du *virginitas ante partum* (virginité avant l'enfantement).

Un grand nombre de croyants ne peuvent épouser ces théories, que ce soit au moment où la doctrine est établie, ou par la suite. La seule chose qui leur paraît digne de foi est que le Christ est, par le sang, le fils de Marie et de Joseph. Des non-chrétiens respectueux du christianisme — les musulmans, par exemple — voient et vénèrent en Christ un prophète en chair et en os. Certains chrétiens, par contre, croient qu'il n'est pas humain. Selon eux, Jésus est une divinité apparue adulte sur cette terre — une idée dangereuse qui, au iie siècle, devient hérétique.

Les partisans de la virginité de Marie défendent la théorie de la conception virginale en se référant au protévangile de Jacques. Selon ce texte, Marie a fait vœu de chasteté, et Joseph respecte ce vœu. N'étant pas mariée, elle ne peut être que vierge.

La théorie de la conception virginale reste relativement acceptable comparée à celle de la naissance virginale, *virginitas in partu*. Voici à présent que Marie reste vierge même après l'accouchement ! La source de cette théorie est une fois de plus le protévangile de Jacques. Dans cette version, la sage-femme qui a assisté Marie lors de la naissance rencontre Salomé et lui dit : « Une vierge a donné naissance, ce que la nature ne permet jamais. » Salomé n'en croit pas ses oreilles. « Aussi sûr que le Seigneur mon Dieu est vivant, tant que je n'aurai pas mis mon doigt à l'intérieur pour connaître sa condition, je ne croirai pas qu'une vierge a donné naissance. »

Salomé se rend immédiatement auprès de la jeune mère afin de la soumettre au fameux examen. Mais à peine a-t-elle entré le doigt dans le vagin de Marie qu'elle se met à crier de douleur. « J'ai tenté le Dieu vivant », se lamente-t-elle. « Regarde, ma main est consumée par le feu, elle va tomber. » Elle prie, se repent ; Dieu lui pardonne. Ainsi, grâce à Salomé, il est prouvé que l'hymen de Marie est resté intact malgré l'enfantement[25].

Cette nouvelle doctrine est par trop farfelue pour quelques Pères de l'Église — en particulier Tertullien et Origène. Ce qui n'empêche pas ses partisans de l'imposer, petit à petit, jusqu'à ce que le *virginitas in partu* devienne un dogme. Vers la fin du IVe siècle, Jovien conteste cette croyance devant le pape Sirice, personnage d'une âpre chasteté. Jovien prétend que la naissance du Christ a mis fin à la virginité de Marie en brisant son hymen. Le pape est furieux. Jovien est excommunié. Le dogme est maintenant officiel : Marie a donné naissance sans perdre sa virginité.

Cela ne suffit pas. Des ascètes obstinés veulent que cette virginité soit prolongée à perpétuité. Le pape Sirice en explique la raison :

> Jésus n'aurait pas accepté de naître d'une vierge s'il avait été amené à la considérer comme assez dissipée pour permettre à cette matrice dans laquelle le corps du Seigneur s'est formé, cette résidence du roi éternel, d'être souillée par la semence d'un homme[26].

De sérieux obstacles s'élèvent contre cette thèse. Matthieu fait clairement référence à une époque avant laquelle Marie et Joseph *faisaient l'amour*. Il dit que Jésus est le premier-né de Marie — ce qui sous-entend que d'autres enfants sont nés après lui. Dans un autre évangile, nous apprenons que Jacques, José, Simon et Jude sont ses quatre frères. Comment Marie aurait-elle pu, dans ce cas, rester toujours vierge ? Tertullien, parmi d'autres, prétend qu'elle ne l'était pas et que ceux que l'on appelle « frères de Jésus » étaient bien ses frères.

« Absurde ! » clament de nombreux théologiens. Les frères du Christ étaient en fait ses demi-frères, les fils de Joseph, conçus lors d'un premier mariage[27]. Et le tour est joué ! Les mariologues transforment allégrement le jeune charpentier bienveillant au dos bien droit en vieux charpentier bienveillant au dos voûté qui a eu quatre fils de sa première femme — commodément décédée.

Jérôme n'accepte pas cette version. Qu'advient-il de la pureté du pauvre Joseph dans cette histoire ? Pour Jérôme, « celui qui a mérité d'être appelé le père du Seigneur doit être vierge et le rester ». Comment ses distingués collègues osent-ils effacer Joseph de la liste des puceaux authentiques ? Soutenir qu'un homme impur puisse être digne de la virginale Marie est tout simplement une chimère et un blasphème. Quant aux frères encombrants, ce ne sont, d'après lui, que des frères par parenté, pas selon la chair. Autrement dit, des cousins. Jacques, José, Simon et Jude sont les cousins de Jésus[28].

En résumé, Marie, vierge qui restera toujours vierge, épouse Joseph, vierge lui aussi, et enfante sans que son hymen se déchire. Mais les mariologues ne s'arrêtent pas en si bon chemin. Il reste un point important : la naissance de Marie. Est-il possible que cette vierge soit sortie d'un utérus contaminé par le sperme ? Absolument pas, dit Origène. « Jésus mon sauveur est entré dans ce monde sans souillure ; dans le sein de sa mère il n'a pas été souillé car il est entré dans un corps intact. » Pourquoi ? Parce que Marie était si pure qu'elle n'avait, en quelque sorte, pas de corps, et parce que Anne et Joachim l'ont conçue sans ressentir le moindre désir charnel. La conception de Marie a été immaculée. La doctrine de l'immaculée conception triomphe.

L'Angleterre du XIIᵉ siècle améliore cette doctrine. Anselme de Canterbury écrit qu'« elle [Marie] était revêtue d'une pureté si splendide que Dieu ne pouvait en concevoir de plus grande ». Eadmer, de Canterbury lui aussi, raffine cette théorie et lui donne sa version définitive : la conception de Marie dans le sein d'Anne a été pure et nul désir charnel n'y a présidé. En 1854, le pape Pie IX en fait un dogme : dès sa conception, Marie a été « préservée de toute souillure du péché originel[29] ».

De nos jours, le catéchisme de l'Église catholique reprend la déclaration de Pie IX et réitère la doctrine de l'immaculée conception. Il réaffirme que Marie était vierge quand le Christ a été conçu « de l'Esprit-Saint sans semence virile ». La liturgie catholique continue de célébrer Marie comme la « toujours vierge », s'inspirant de la définition qu'en donne saint Augustin : Marie « est restée vierge en concevant son Fils, vierge en le portant, vierge en l'enfantant, vierge en le nourrissant de son sein, vierge toujours[30] ». En 1964, cependant, le Concile de Vatican II a décidé de ne plus faire de la virginité de Marie « dans et après la naissance » un article de foi. Trop de catholiques exprimaient des doutes à ce sujet.

La mariologie se démarque radicalement des hagiographies qui dépeignent avec un grand lyrisme Marie l'Égyptienne, Brigitte de Suède et des centaines de saintes femmes. Toutes, même Catherine de Sienne, ont dû lutter contre leurs appétits charnels, toutes ont commis des fautes. Elles ont péché, se sont repenties et ont été pardonnées. Marie, elle, est asexuée comme un ange, comme Ève avant la chute, et aucune mortelle ne pourra jamais l'égaler. Il faut cependant reconnaître qu'en faisant d'elle une créature divine, les mariologues offrent aux femmes une figure réconfortante, un être qui peut intercéder pour elles auprès de Dieu. Les mortelles apprécient les qualités maternelles de Marie. Et les peintres du Moyen Âge les glorifient dans leurs œuvres sacrées qui représentent Marie allaitant tendrement l'enfant Jésus.

Mais, d'un autre point de vue, Marie est si inexorablement asexuée que sa virginité ne peut être rien d'autre qu'un objet de vénération. Cette pureté ne nous apprend rien sur la chasteté, sur ses problèmes, ses tourments, ses avantages et ses récompenses. Marie est un cas à part, unique. En somme, sa virginité est presque accusatrice — un reproche envers les femmes dont la pureté ne pourra jamais égaler la sienne, même de loin. Quant à sa place élevée dans la hiérarchie céleste, on ne peut vraiment pas dire qu'elle améliore le sort des femmes. Si Marie occupe une telle place dans cette étude, c'est parce que la vénération presque excessive qu'on lui porte va susciter chez beaucoup de femmes une répulsion pour le mariage.

Quoi qu'il en soit, la mariologie est extrêmement importante pour la chasteté chrétienne : en se développant et en s'intensifiant, elle n'a cessé de projeter son ombre sur les discussions concernant la virginité, la chasteté et la nature essentielle de la femme. Durant les premiers âges du christianisme, une question préoccupe grandement les Pères de l'Église : les vierges sont-elles encore des femmes ? La réponse est généralement « non », un « non » péremptoire — du moins en ce qui concerne les vierges mortes et sanctifiées qui ne peuvent plus trébucher et sortir du chemin de la pureté. Les vivantes, elles, doivent faire leurs preuves d'une manière beaucoup plus rigoureuse, si possible dans la solitude et dans une austérité propre à les déféminiser et à les désexualiser. Sans compter les mortifications et les jeûnes qui les transforment en paquets d'os.

Une tristesse fondamentale caractérise la doctrine mariale, dont l'héroïne, une femme toute simple, n'a laissé ni journaux intimes ni réflexions personnelles. Le grand paradoxe de la « virginalisation » de Marie est que ses concepteurs sont des hommes célibataires qui placent Marie sur un piédestal et détestent les autres femmes. Le mépris de ces ecclésiastiques envers les fonctions et occupations des femmes — mariage, grossesse, enfantement et maternité — les oblige à transformer

Marie en Reine du monde, méconnaissable en tant que femme et même en tant qu'être humain. Plus dérangeante encore est la virulence avec laquelle leur misogynie fondamentale envahit le monde chrétien, se répercutant sur d'autres doctrines. C'est la chasteté qui est la plus touchée, car elle a été imposée en raison d'une conception selon laquelle les femmes sont, par nature, des êtres luxurieux.

En dépit de leur immense pouvoir, les mariologues sont incapables de mettre fin au développement d'un désir de liberté de plus en plus marqué chez les chrétiennes qui rejettent l'orthodoxie en faveur d'une chasteté affirmée et libératrice. Les Mères de l'Église, les abbesses ambitieuses et les moniales, les béguines et les épouses abstinentes sont des femmes chastes qui poursuivent seules leur mission fervente et profondément religieuse de purification intérieure. Les avantages qu'elles tirent de leur chasteté sont considérables : libération par rapport aux maris en particulier et aux hommes en général ; accès aux professions, aux études et aux connaissances réservées jusque-là aux hommes ; reconnaissance de leur statut de sainte femme ; autonomie et épanouissement personnel. Leurs croisades sont si irrépressibles que les théologiens ne peuvent y mettre fin, même au nom de la vierge éternelle, Marie, Reine du monde.

Les encratites et les gnostiques boycottent l'utérus

Les Pères n'étant pas les seuls penseurs des premiers siècles de la chrétienté, il convient de replacer leurs idées sur les femmes, les hommes, la sexualité et la chasteté dans le contexte de l'époque. Les Pères de l'Église sont certes les plus puissants parmi ces penseurs, mais les membres de deux autres sectes importantes, les encratites et les gnostiques, qui s'opposent avec véhémence à la sexualité, exercent une profonde influence sur l'évolution du concept de chasteté dans la société chrétienne[31].

Les encratites, particulièrement influents en Syrie, tirent leur nom du mot grec *enkrateia*, qui signifie « continence » — leur principe directeur. Ils considèrent le mariage comme un « mode de vie corrompu et infect » et conjurent les futurs époux de renoncer d'avance aux « rapports sexuels obscènes » que leur théologien en chef, Tatien, accuse le Diable d'avoir inventés. Pour eux, un être vierge est la perfection incarnée.

Le parti pris des encratites contre la sexualité provient de l'interprétation que donne Tatien de la « chute », du péché originel, qui serait de nature sexuelle. Au jardin d'Éden, Adam et Ève sont chastes. Ce sont des êtres sans animalité, « mariés » l'un et l'autre à l'Esprit saint. Leur rapport avec Dieu est pareil à celui des anges et, comme eux, ils sont destinés à la vie éternelle. Mais ils sont trompés par le serpent, qui fait connaître à Ève sa nature bestiale[32]. Alors ils abandonnent leur vie d'innocence pour se livrer aux appétits charnels.

Les conséquences de ce geste sont catastrophiques : une déchéance irréversible qui va de la conduite bestiale à la bestialité pure et simple pour se terminer par la mort. « La femme suivit la terre et le mariage suivit la femme. La procréation suivit le mariage. La dissolution suivit la procréation[33]. » Plus éloquemment encore, il est écrit dans l'Ecclésiaste : « Car le sort de l'homme et le sort de la bête sont un sort identique : comme meurt l'un, ainsi meurt l'autre, et c'est un même souffle qu'ils ont tous les deux. La supériorité de l'homme sur la bête est nulle, car tout est vanité[34]. »

Par ce seul accouplement, Adam et Ève défont l'union du genre humain avec Dieu. Pour la reconquérir, chaque individu doit renoncer aux rapports sexuels — autrement dit boycotter l'utérus, « car il est prescrit que chacun doit redresser sa propre chute[35] ». Cette perspective est une lueur d'espoir dans une situation par ailleurs funeste. Les vierges sont, d'emblée, bénies en raison de leur chasteté originelle. Quant aux couples, ils n'ont d'autre solution que d'adopter, une fois baptisés, la chasteté qui va leur permettre d'entrer eux aussi dans l'état de sainteté.

Le baptême encratite est un rite de désexualisation. Hommes et femmes se dépouillent de leurs vêtements et entrent dans la fontaine baptismale. Cette immersion dans l'eau froide éteint le feu brûlant qui a présidé à leur conception. L'Esprit saint entre dans l'eau et enveloppe leur chair d'une robe de gloire. Ainsi vêtus, les adultes baptisés, nus autour du bassin, sont aussi innocents que des enfants.

Dans la tradition encratite, Judas Thomas est le « jumeau » du Christ. Son valeureux combat terrestre contre les armées démoniaques de « ce » monde est narré dans les *Actes de Thomas*[36].

Le boycott de l'utérus est la déclaration de guerre encratite contre une sexualité bestiale et contre « ce » monde conçu par le diable, un monde dans lequel les pauvres ont faim tandis que les rois dilapident des fortunes pour construire des palais somptueux. Le boycott de l'utérus libère les femmes de l'asservissement de toute une vie. Les encratites considèrent le voile de mariage des fiancées vierges comme le symbole de la honte qui les attend, et le démantèlement de la tente de mariage comme une image de la corruption représentée par l'esclavage de la chair, la grossesse et les soins aux enfants. Comme l'enseigne Judas Thomas, « le mariage passe et tombe en grand mépris, Jésus seul demeure ».

Une fois voués à la chasteté, hommes et femmes peuvent se réunir paisiblement, vivre en couple, ou se rassembler dans des communautés — qui semblent annoncer les villages shakers américains. Ces communautés prospèrent dans les montagnes de Syrie et d'Asie mineure. Elles sont dirigées par des convertis et accueillent des orphelins. Jésus, le second Adam, va triompher dans sa mission : racheter le péché de chair du genre humain, qui remonte au jour où le premier Adam a désobéi à Dieu en se laissant enjôler par sa compagne.

Les gnostiques — gnose vient du grec *gnôsis,* qui signifie « connaissance » — sont les membres d'une autre secte chrétienne immensément influente. L'un de ses guides, Marcion[37], abhorre la sexualité. Il nie que le Christ soit né du ventre d'une femme. Il prétend que Jésus est tranquillement tombé du ciel, tout formé, et adulte. Marcion est célibataire et chaste, il interdit à ses disciples de se marier. Il n'accorde certains sacrements chrétiens, comme le baptême et l'eucharistie, qu'aux vierges et aux veuves, ainsi qu'aux époux qui acceptent de « répudier le fruit de leur union[38] ».

Marcion base son enseignement sur l'évangile des Égyptiens[39], texte apocryphe dans lequel Jésus répond à Salomé — qui lui a demandé pendant combien de temps les humains mourront : « Aussi longtemps que vous, les femmes, enfanterez. » Un autre évangile gnostique, celui de Thomas, fait dire au Christ : « Moi je l'attirerai [cette femme] pour la rendre mâle, afin qu'elle devienne un esprit vivant pareil à vous, les mâles, car toute femme faite mâle entrera dans le royaume des cieux. »

Cela signifie, disent les gnostiques, que l'instable et languissante Ève doit réintégrer la côte dure et sûre d'Adam. Ils la pressent de s'exécuter : « Entre par la côte d'où tu viens et cache-toi des bêtes sauvages [...] Garde-toi de toute connaissance de la sexualité, car le désir charnel sape l'aspiration de l'âme à s'unir à Dieu[40]. » La sexualité est « le frottement immonde, issu du feu redoutable qui provient du charnel[41] », mais cesser de s'y adonner n'est pas suffisant : il faut surmonter le désir sexuel. Cette victoire est nécessaire pour accomplir la résurrection de l'être personnel.

Un jeune chrétien apprend cette leçon à ses dépens. Pour se débarrasser de son membre indiscipliné, il saisit une faucille et le coupe. Puis, contemplant l'objet de son courroux, il dit : « Ici se trouve le modèle et la cause de tout cela ! » Jean, l'apôtre encratite, ne le félicite pas de s'être ainsi châtré, car le danger est ailleurs, dans « les sources invisibles sous l'action desquelles toute impulsion honteuse se met en mouvement et vient au grand jour[42] ».

Pour les gnostiques qui arrivent à maîtriser leurs désirs sexuels et à faire l'expérience de l'union de l'âme avec Dieu, la vie est une oasis de sérénité physique et spirituelle dans un monde dur et injuste. Cet état de choses est doublement vrai pour les femmes qui se tiennent, en compagnie des hommes, aux pieds de leur maître. Indifférentes à la chair, assoiffées de connaissance, les femmes s'élèvent par la foi à un statut unique d'égalité avec les hommes gnostiques.

Le contraste entre l'attitude de la société envers les femmes et le traitement favorable qui leur est réservé au sein de la secte est si frappant que presque tous les maîtres doivent répondre à des accusations d'agissements coupables. Comment s'en étonner ? Le fait de considérer la femme qui s'est rachetée comme l'égale de l'homme n'a pas d'équivalent dans le judaïsme, ni dans le christianisme ordinaire, ni dans le paganisme. Les rabbins, par exemple, prétendent qu'enseigner la loi aux filles équivaut à leur enseigner l'immoralité. Le legs que les gnostiques veulent laisser à la postérité est le salut spirituel qu'apportent le baptême, la sagesse et l'ascèse — et non une nombreuse descendance. Le boycott de l'utérus, pour eux comme pour les encratites, est le chemin fécond qui ramène les êtres humains au paradis qu'Adam et Ève ont perdu lorsqu'ils ont été chassés du jardin d'Éden. Lorsque les femmes leur obéissent, renonçant ainsi à concevoir et à élever des enfants, les gnostiques considèrent qu'elles se sont rachetées sur le plan spirituel. Ils les introduisent alors dans des groupes d'études où elles profitent de la camaraderie traditionnellement réservée aux hommes. Le monde physique cruel se dissout dans la chaleur rayonnante du gnosticisme, cette connaissance rédemptrice qui dépouille les coutumes humaines — mariage, amour, maternité, paternité — de leur sens et assure à ses adeptes que leur « unité de pensée parfaite » les introduit dans la sphère du divin.

Donne-moi la chasteté… mais pas tout de suite

La supplication du jeune Augustin — « Seigneur, donne-moi la chasteté et la continence ; mais pas tout de suite » — est sans doute la prière chrétienne la plus célèbre au monde. Elle a résonné à travers les siècles et a fait d'Augustin l'âme sœur de tous ceux qui se débattent dans l'amour, la confusion et les bonnes intentions. Qui n'a pas, au moins une fois, transposé cet appel dans sa propre vie, l'adressant, sinon à la concupiscence, à d'autres péchés bien terrestres ?

Augustin est un jeune homme privilégié. Il a reçu une excellente éducation. Pendant sa longue existence — de 354 à 430 —, il sera témoin de quelques-uns des mouvements et changements les plus déterminants du christianisme, dont la révolution monastique du ɪvᵉ siècle. Ce brillant et fervent catholique — sans doute le plus grand des Pères de l'Église — va exercer une énorme influence dans la formation de la théologie chrétienne, en particulier sur le chapitre de la chasteté.

Pendant au moins une décennie, la continence occupe une place plutôt modeste dans l'esprit d'Augustin. Mais sa religiosité est intense. Il appartient à la secte des manichéens, qui sera bientôt considérée comme hérétique. Mani, son fondateur, a vécu dans le sud de la Mésopotamie de 216 à 277. Il est mort crucifié. Le manichéisme tire sa source du gnosticisme, du christianisme, du zoroastrisme et de la philosophie grecque ; il possède une hiérarchie, a ses apôtres et s'inspire de la doctrine exposée dans les sept livres de Mani.

Le fondement du manichéisme est un dualisme radical dans lequel le Prince des Ténèbres affronte le Dieu-Lumière. Dans cette lutte opposant le Bien au Mal, le corps est une prison dans laquelle est enfermée la lumière salvatrice. Le but ultime des manichéens est de libérer cette lumière emprisonnée. Le seul moyen d'atteindre cet objectif est la chasteté et certaines pratiques ascétiques, qui préviennent la création de nouvelles prisons et libèrent la lumière piégée.

Pendant onze ans, Augustin reçoit l'enseignement manichéen en tant qu'auditeur, ou « écouteur » de la vérité. Son but est d'être accepté parmi les élus. Faire partie de ce groupe d'élite, dont les membres ont accédé à la « vie parfaite », exige la chasteté, car la procréation, qui provoque l'emprisonnement de la lumière, est assimilée au mal. L'élu doit renoncer à la possession de biens et au commerce. Il doit se plier à un régime végétarien strict. La lumière peut être libérée par le simple fait de ne manger que du pain, des légumes et des fruits à pépins.

Augustin n'entrera pas dans le cercle des élus. Comme ses camarades auditeurs, il est considéré comme un être d'une grande valeur morale, mais il reste inférieur aux élus sur le plan spirituel. L'infériorité des auditeurs découle du fait que leur vie est entachée par leur incapacité à renoncer à des préoccupations temporelles telles que l'argent, les biens matériels, la consommation de viande et le mariage, ou — dans le cas d'Augustin — le concubinage. Dans la vision manichéenne du monde, toute personne autre que le membre élu est désespérément hédoniste et, en tant que telle, condamnée à succomber au mal.

Le grand dilemme d'Augustin est qu'il ne peut renoncer à la sexualité. Pendant les onze années où il espère entrer dans le rang des élus, il se heurte au même écueil. Augustin est obsédé par la chair. Du reste, tout au long de cette période, il vit avec une concubine, la mère de son fils Adéodat.

Depuis l'enfance, Augustin est tourmenté par le désir sexuel. Il ressent le premier appel de la chair aux bains publics, où son père l'a emmené. Troublé par la nudité des corps, le gamin a une érection. Il est très embarrassé — contrairement au père qui, apercevant « les signes de [sa] puberté [...] tout joyeux il l'annonça à Monique, [sa] mère ». Cette dernière, par contre, est troublée par cette manifestation, tout comme son fils impressionnable, qui restera marqué à jamais par cet incident[43].

Tout en s'efforçant d'être accepté parmi les élus, Augustin vit ouvertement dans le péché. Ses appétits sexuels lui font souffrir le martyre. Il les méprise mais n'arrive pas à y renoncer. C'est la raison de ses prières constantes, qui sont autant d'appels au secours.

Monique exerce de vives pressions sur son fils. Bien qu'elle accepte sa concubine et son petit-fils Adéodat, elle pousse Augustin à se convertir au christianisme et à épouser une femme de son rang. Petit à petit, et sans grand enthousiasme, Augustin se dit que le mariage serait sans doute le meilleur exutoire à ses désirs charnels — mieux vaut se marier que de brûler. Sa concubine étant d'un rang socialement inférieur, il doit se résoudre à l'éloigner, malgré ses larmes et ses reproches. Mais il garde Adéodat — que la mort va lui ravir quelques années plus tard. Il se fiance alors à une fille si jeune — elle n'a que douze ans et ne peut convoler (en fait, elle est beaucoup plus proche en âge d'Adéodat que de son futur) — qu'il doit se résigner à retarder les noces.

Augustin sait qu'il ne pourra contenir ses pulsions sexuelles jusqu'à ce que sa fiancée atteigne l'âge légal. Au lieu de lutter pour réduire son pénis récalcitrant à l'obéissance, il prend une maîtresse. Ainsi qu'il le répétera à maintes reprises : « l'autre loi *dans mes membres* luttait contre *la loi de mon esprit*[44]. »

Le membre d'Augustin est si indiscipliné que son propriétaire contracte une haine de l'érection, « ce mouvement bestial » contre lequel « la modestie doit lutter ». La passion, écrit-il, est ce qui s'élève contre les décisions de l'âme dans un mouvement laid et désordonné. Il pense que ces érections vulgaires sont la raison pour laquelle les hommes et les femmes ont dû dissimuler, après la chute, leur désir sous une feuille de figuier. Les femmes, elles aussi, sont tourmentées par les pulsions sexuelles, mais au moins, lorsqu'elles voilent leur nudité, cette précaution éteint parfois le désir charnel chez l'homme.

Durant l'intervalle entre la liaison et le mariage, Augustin connaît un jour une sorte d'extase, suscitée par un passage de l'épître aux Romains. « Conduisons-nous avec dignité : point de ripailles ni d'orgies, pas de luxure ni de débauche, pas de querelles ni de jalousies. Mais revêtez-vous du Seigneur Jésus-Christ et ne vous souciez pas de la chair pour en satisfaire les convoitises[45]. »

Ces mots galvanisent Augustin. Il y voit une sommation à renoncer à la sexualité. Sa mère obtient ce qu'elle a toujours désiré, mais seulement en partie : son fils se convertit au christianisme mais rejette le mariage. S'adressant au Christ, Augustin dira, plus tard : « Tu m'as converti à toi, afin que je ne cherche plus ni épouse, ni rien de ce qu'on attend dans ce monde-ci[46]. » L'ancien libertin est devenu célibataire à vie. Adéodat est le seul petit-fils qu'Augustin donnera jamais à Monique.

Comme beaucoup de néophytes, Augustin se jette avec ferveur dans sa nouvelle religion. Il est particulièrement inflexible en matière de sexualité, la pierre de touche de sa conversion. Il hait le coït avec toute la passion d'un nouveau converti. Il n'y a rien, dit-il, qui déchire davantage « l'esprit viril précipité de ses hauteurs que les caresses d'une femme et l'union des corps sans laquelle on ne peut avoir d'épouse[47] ».

Des pulsions indésirables continuent cependant à le tenailler. La nuit, ses rêves le trahissent. Il a des visions érotiques, auxquelles répond son corps tourmenté. Lorsqu'il s'éveille, c'est pour constater qu'il a éjaculé. Ces désirs primitifs torturent Augustin. Ce sont eux qui, avec les principes de base du manichéisme, vont former sa morale austère basée sur la condamnation de tout désir charnel.

Au cours de sa longue existence, Augustin émaille ses nombreux ouvrages, encore largement diffusés de nos jours, de ses réflexions sur la chasteté et la sexualité. Il écrit que les rapports entre les sexes sont corrompus par le désir — et son expérience l'incite à penser qu'il en est toujours ainsi, et que l'âge mûr n'y change rien. Son chagrin devant le caractère irrépressible des appétits charnels éclate lorsqu'il découvre qu'une de ses connaissances, «un vieillard de quatre-vingt-trois ans, qui [avait] vécu avec sa femme dans la chasteté pendant vingt-cinq ans, [venait] de faire l'acquisition d'une joueuse de lyre pour ses plaisirs[48]».

Augustin interprète le désir sexuel comme la conséquence du péché originel, celui d'Adam et Ève dans le jardin d'Éden, qui transgresse l'ordre voulu par Dieu. La luxure constitue à ses yeux la tare fondamentale de l'être humain. Les détestables pollutions nocturnes — que connaissent tous les hommes — en sont les symptômes les plus honteux. Pour Augustin, contrairement aux premiers Pères de l'Église, la luxure n'est pas le seul fait des femmes.

Des années de ministère lui ont appris une triste leçon : son idéal de chasteté dans le mariage ne pourra jamais être imposé. Tout au plus peut-il espérer des époux catholiques une fidélité mutuelle et une abstinence sexuelle pendant le carême. Si les désirs charnels doivent être vaincus par la chasteté, il demeure que le besoin naturel de s'unir dans le mariage est béni de Dieu.

> Ta chair est comme ta femme [...] Aime-la, blâme-la ; qu'elle soit formée dans un seul lien du corps et de l'âme, un seul lien de concorde conjugale [...] Apprends à présent à maîtriser ce que tu recevras comme un tout unifié. Qu'il soit privé maintenant, afin qu'il puisse alors bénéficier de l'abondance[49].

Ce qui ne veut pas dire que les chrétiens doivent se plonger avec allégresse dans la procréation ! Il faut au contraire qu'ils se plient avec une certaine tristesse au commerce charnel, qui ne pourra jamais être l'accouplement pur et sans passion qui existait avant la chute. Dans tous les cas, les époux doivent tendre à se considérer comme des pères et des mères plutôt que comme des hommes et des femmes. Cette pensée apaisera leurs désirs.

La sexualité dans le mariage a un autre avantage moral : elle draine le désir des conjoints de telle sorte qu'ils ne sont pas tentés de s'égarer dans l'infidélité. Contrairement aux théologiens qui l'ont précédé, Augustin considère la sexualité de la femme — qui fait, bien sûr, partie de sa nature profonde — comme beaucoup moins exigeante que celle de l'homme, ce qui rend son abstinence plus aisée mais a comme conséquence logique sa subordination aux désirs plus pressants de son partenaire.

En dépit de ses vues réalistes sur la sexualité conjugale et de sa compassion à l'égard des gens mariés, l'engagement spirituel et intellectuel d'Augustin envers la chasteté le pousse à conseiller l'abstinence. Il écrit que la force démoniaque de la concupiscence charnelle est si puissante qu'il est préférable de s'abstenir de la chair que de bien l'utiliser. Ce qui ne veut pas dire pour autant qu'il recommande les régimes ascétiques, le jeûne et les mortifications pour en triompher. Ce qui importe réellement est l'humilité, et la soumission à la volonté de Dieu.

Les femmes, d'après Augustin, ne peuvent pas opter d'elles-mêmes pour la chasteté. À moins que Dieu ne les appelle à cet état, elles doivent assumer leurs responsabilités féminines. Il leur est impossible de se délester des devoirs du mariage, du fardeau de la grossesse et de l'enfantement, et des soins aux enfants. En revanche, les vierges appelées par Dieu peuvent vivre dans des communautés chastes, modestement voilées, dans l'amitié de leurs sœurs et dans l'amour du Seigneur. La soumission est la clé. Contrairement aux autres Pères, Augustin enseigne que les bienfaits de l'obéissance sont, sans aucun doute, plus grands que les bienfaits de la continence.

À la fin de sa vie, l'homme qui avait imploré Dieu de ne pas lui donner « tout de suite » la grâce de la chasteté, presse ses amis chrétiens qui n'ont pas connu comme lui les épreuves de la passion charnelle d'adopter d'emblée l'abstinence. En raison sans doute de la puissance de ses propres pulsions érotiques, Augustin minimise le rôle des femmes en tant que tentatrices, mais il se garde bien de traduire cet état d'esprit par l'idée qu'elles pourraient être exemptées des rigueurs du mariage, de la grossesse et de la maternité. Il n'accorde cette faveur qu'aux vierges consacrées, que Dieu délivre des obligations courantes de leur sexe.

Parmi ces vierges, des femmes de tête vont devenir une cause d'irritation croissante pour les Pères de l'Église. Ces derniers ne verront pas d'un très bon œil qu'elles fassent d'un comportement vertueux, la chasteté, un outil de libération individuelle.

Des vierges non conformistes

Les Mères de l'Église

Le christianisme, religion à la morale intransigeante, exige énormément des femmes, mais il les récompense en égale proportion. Elles l'adoptent avec ferveur et modèlent leur vie sur ses principes, le pratiquant selon le style qui leur convient. Pour certaines, un ascétisme poussé à l'extrême — autoflagellation et jeûne allant parfois jusqu'à l'inanition — est la voie du salut ; d'autres, après s'être libérées des contraintes qui sont le lot habituel des femmes, se consacrent entièrement au service de Dieu.

Ces vierges non conformistes donnent assurément du fil à retordre aux Pères de l'Église. Les directives répétées de Tertullien sur le port du voile sont en fin de compte une réaction à cette habitude qu'ont certaines vierges de paraître tête nue à l'église. Quant à Jérôme, ses inquiétudes à propos de leurs pèlerinages ou de leurs échanges spirituels avec des hommes découlent du fait qu'un grand nombre d'entre elles ne font que cela. Et lorsque Augustin stigmatise l'orgueil impie, ses critiques visent surtout ces jeunes filles qui manifestent trop ouvertement leur fierté d'être indépendantes.

Il faut dire que l'histoire de certaines vierges étonne, inspire et parfois offense le monde chrétien. Véridiques, romancés ou imaginaires, ces récits vont survivre pendant des siècles et influencer les innombrables femmes qui prennent leurs héroïnes pour modèles. Grâce à ces êtres d'exception, elles découvrent que l'on peut se consacrer, à condition d'avoir du courage et une ardente conviction, à une vie chaste et dévote[50].

Entrée dans la légende, l'histoire de Constantina — qui ne correspond pas toujours, tant s'en faut, à la version qu'en donnent les historiens — a inspiré une multitude de femmes.

Constantina est la fille de l'empereur Constantin le Grand (celui-là même qui a signé l'édit de Milan). Mais cette noble ascendance ne l'a pas protégée du fléau de la lèpre. Accablée par la redoutable maladie, l'enfant est timorée, repliée sur elle-même. Dans l'espoir d'une guérison miracle, sa grand-mère, Hélène, l'emmène en pèlerinage à Rome. Le but du voyage est le tombeau de sainte Agnès, vierge martyrisée en 304 sous le règne de terreur de Dioclétien. Durant le procès de cette jeune femme, le procureur a tourné sa foi en dérision et lui a annoncé que, avant son exécution, elle serait enfermée dans un lupanar pour y être dépucelée. Le tyran ne voulait pas qu'elle meure vierge. Avant de l'envoyer dans ce lieu, on lui a arraché ses vêtements afin de l'exhiber devant la foule. Un homme a perdu la vue tandis qu'il détaillait sa nudité. Troublé par ce prodige, le gouverneur a annulé le viol de la vierge. Puis il l'a fait décapiter.

Lorsque Constantina était petite, sainte Agnès lui est apparue et lui a recommandé d'avoir foi en Jésus-Christ, le fils de Dieu, qui peut guérir. Et voici que, devant le tombeau de la sainte, l'enfant retrouve santé et beauté. Profondément reconnaissante, elle fait le vœu d'être « constante » (l'adjectif latin *constans*, « résolu, inébranlable », a fourni un nom propre donné notamment à des martyrs chrétiens) et offre sa virginité à Jésus. Puis elle demande à son père de bâtir une église en l'honneur de sainte Agnès.

L'empereur Constantin ne mesure sans doute pas la portée de l'engagement de sa fille. L'homme éprouve certes une incommensurable gratitude envers la sainte qui a guéri son enfant, mais c'est un souverain réaliste : la petite n'en reste pas moins une fille à marier, dont les épousailles pourraient servir ses desseins politiques. Dans le contexte culturel romain, une telle attitude est justifiable. La fille de famille de haut rang est tenue en grande estime par son père, qui attend d'elle, en retour, une conduite irréprochable et une obéissance absolue. Même mariée, elle est censée rechercher protection et soutien auprès d'eux plutôt qu'auprès de leurs époux.

Mais la coutume romaine et l'influence chrétienne s'affrontent lorsque Gallinacus, veuf et grand général, demande la main de Constantina. L'empereur voit dans cette union une excellente manœuvre stratégique qui va lui permettre de s'allier un homme fort — un militaire qui pourrait, en d'autres circonstances, le défier ou le renverser. En outre, Gallinacus est un homme bon et populaire. Constantin officialise l'engagement.

Constantina, qui a fait vœu de chasteté, ne peut se marier. Elle se rebelle, va voir son père et lui présente ses arguments. Puis, dans un élan de défi, elle déclare : « En vérité, l'âme des vierges occupe un rang si élevé que ces dernières peuvent même résister à un décret impérial[51]. »

Constantin prête une oreille compréhensive à sa fille. Il lui demande même de l'aider à résoudre le problème qui ne va pas tarder à se poser en raison de l'engagement pris envers Gallinacus. Le plan de Constantina est simple : elle ordonne à ses fidèles serviteurs Jean et Paul de distraire l'attention du général tandis qu'elle « enlèvera » ses petites filles pour les amener au palais où elle vit en compagnie d'une communauté de cent vingt vierges. Son but est de convertir les enfants, qui plaideront alors la cause de la virginité chrétienne auprès de leur père.

Attica et Artemia ne peuvent résister très longtemps au prosélytisme insistant de Constantina. Après vingt et un entretiens avec leur belle-mère « manquée », elles capitulent et deviennent des vierges chrétiennes. L'un des avantages de ce statut est le droit de rejeter les normes sociales au profit des valeurs chrétiennes. Les vierges bénéficient d'un statut très élevé en raison de leur vertu.

Gallinacus, engagé dans des activités militaires, ne va pas tarder à changer lui aussi. L'ennemi est sur le point d'écraser ses légions, et les tribuns romains commencent à capituler. C'est alors que Jean et Paul, les émissaires de Constantina, passent à l'attaque. Ils entreprennent de convaincre le général que le christianisme est la voie unique. Au moment précis où Gallinacus promet d'y adhérer, un jeune géant portant une croix apparaît au milieu du champ de bataille, suivi de larges renforts. Un autre combat s'engage et transforme la défaite prévue en victoire éclatante. La reconnaissance du général est telle que, de retour à Rome, il refuse de se rendre au temple païen. Son lieu de culte sera désormais l'église chrétienne. Et, bien sûr, il accepte de bonne grâce la décision de Constantina de rester vierge et célibataire.

(La vraie Constantina a épousé le général chrétien de son père, Hannibalien, et a gouverné avec lui dans la province du Pont. Après la mort de l'empereur Constantin, le frère de Constantina fait assassiner Hannibalien et remarie sa sœur à leur cousin Gallus, qui devient césar en 351, mais est assassiné deux ans plus tard. La veuve meurt peu de temps après, laissant le souvenir d'une conspiratrice sans pitié et avide de pouvoir[52].)

Pour les chrétiennes, la légende de Constantina véhicule plusieurs messages, dont le plus important est le défi. Les femmes peuvent — et doivent — opter pour la virginité, qui les place automatiquement en dehors du champ de toute autorité — même celle de leur père. Bien que Constantina soit fille d'empereur, elle sert d'exemple aux femmes les plus humbles, à qui la virginité permet de s'élever au-dessus des pouvoirs constitués. En devenant chastes et vertueuses, elles acquièrent la liberté de rejeter presque toutes les responsabilités féminines.

La longévité de la légende de Constantina témoigne de son pouvoir de séduction. La force de caractère de la jeune femme, son mépris des conventions sociales et de la hiérarchie ne peuvent qu'inspirer les chrétiennes qui espèrent elles aussi se libérer en vivant dans la chasteté.

Marie l'Égyptienne[53], une autre Mère de l'Église, fait partie de ces femmes qui se sont « refait » une virginité. Marie est l'une des héroïnes les plus aimées de la littérature édifiante. Prostituée convertie au christianisme, elle mène une vie d'ascète au désert et est proclamée sainte par l'Église. À Rome, où les femmes ont très peu de droits politiques, les prostituées sont soit des esclaves, soit des esclaves affranchies mises au ban de la société. Elles sont rarement de naissance romaine, travaillent dans les lupanars, ou sont engagées par des aubergistes pour distraire la clientèle. Celles qui ne veulent dépendre de personne recrutent elles-mêmes leurs clients dans la rue. À l'occasion, certaines se faufilent dans les cimetières et offrent leurs services comme pleureuses. Les plus misérables, les *diabolariae,* ou filles du diable, hantent les bains publics, les ruelles et les lieux de débauche.

Une fois engagée dans la prostitution, une fille se prive définitivement du statut dont jouissent les femmes qui mènent une vie décente. La loi interdit aux Romains d'épouser une fille de joie, même si elle s'est repentie. La prostituée a perdu son honneur et cette perte est irréparable. En toutes circonstances et tout au long de sa vie, la fille publique est tenue de se distinguer de ses sœurs chastes par son vêtement. Elle ne peut parcourir les rues qu'en vêtement d'homme. La *stolica,* le vêtement féminin, lui est interdite.

Mais revenons à la flamboyante Marie l'Égyptienne et à l'empreinte indélébile qu'elle a laissée dans l'imaginaire collectif. Son histoire, amplifiée par la ferveur populaire, va se transmettre pendant des siècles et inspirer de nombreuses œuvres en prose et en vers.

Marie a douze ans lorsqu'elle quitte ses parents pour aller vivre à Alexandrie, où, confiera-t-elle un jour au moine Zozime, « pendant dix-sept ans j'ai vendu mon corps, non pour accumuler des richesses mais pour vivre dans le luxe et la volupté. Entourée de mes amis, je me suis livrée à tous les plaisirs et à tous les excès ».

Dans une Alexandrie cosmopolite et raffinée, Marie la fille de joie se promène non voilée dans les rues. Ses longs cheveux chatoyants flottent librement sur ses épaules. Elle les coiffe avec soin et les attache avec des barrettes d'or ou d'argent finement ciselées. Elle porte des vêtements de couleurs vives assortis à sa magnifique chevelure. Ses bras sont lourds de bracelets d'or et d'argent. Des bijoux rehaussent sa toilette : colliers, bagues, anneaux de cheville, broches, boucles de chaussures, le tout orné de pierres précieuses. Ses pendants d'oreille — deux ou trois par oreille — sont sertis de perles fines. Elle se baigne souvent et, comme d'autres Égyptiennes, se rase ou s'épile tout le corps, qu'elle huile et parfume. Du rouge à joues fait ressortir la finesse de ses traits et la beauté de son visage.

Après dix ans de vie dissipée, Marie est frappée, un jour, à la vue de pèlerins chrétiens qui arrivent de Libye et se préparent à prendre la mer pour se rendre à Jérusalem. « Puis-je me joindre à vous ? » leur demande-t-elle. « Volontiers, mais comment comptes-tu payer ton voyage ? » Marie n'a pas d'argent, elle a tout dépensé en achats extravagants. « Accepteriez-vous mon corps en paiement ? » Quelqu'un — est-ce le capitaine, un peu lubrique ; est-ce un des marins, toujours à l'affût d'une bonne occasion ? — accepte son offre, et permission lui est donnée de monter à bord. Peu de temps après, la troupe débarque dans la ville sainte.

Marie et ses compagnons font le chemin de croix jusqu'à l'église. Lorsque la jeune femme arrive sur le seuil, une force mystérieuse l'empêche de passer la porte. Elle a beau s'obstiner, elle ne peut pénétrer dans le sanctuaire : ses péchés lui font obstacle. La pauvre fille s'effondre sur le sol en sanglotant, le cœur brisé au souvenir de sa vie dépravée. Levant les yeux vers l'image de la Vierge Marie, elle se met à prier, renonce à sa vie de débauche et promet d'expier ses fautes jusqu'à sa mort. Elle peut alors passer le portail de l'église.

Elle entend alors une voix céleste lui dire : « Si tu traverses le Jourdain, tu seras sauvée. » Marie se prépare au voyage, sûre que Dieu sera son guide. Un homme pieux lui offre trois pièces d'argent. Elle achète trois pains. Puis, versant d'abondantes larmes de repentir, elle traverse le Jourdain et s'enfonce seule dans le désert.

C'est là que, quarante ans plus tard, le bienveillant Zozime la rencontre. Distinguant au loin une silhouette de femme, nue, brûlée par le soleil, à l'épaisse toison de cheveux blancs, Zozime se lance à sa poursuite. Lorsqu'il la rattrape, elle prononce ces paroles surprenantes : « Père Zozime, pourquoi me poursuis-tu ? Pardonne-moi de ne pas être allée au devant de toi, mais je suis nue. Prête-moi ton manteau, que je puisse cacher ma nudité et accepter tes prières. »

Troublé par l'étrange créature qui l'appelle par son nom, Zozime ôte son manteau et le lui tend. Debout dans la lumière du soleil, Marie et le moine n'arrivent pas à déterminer lequel doit, le premier, bénir l'autre — chacun créditant son vis-à-vis d'une sainteté supérieure. C'est finalement Zozime qui tranche : « Je crois, ô Mère, que tu es pénétrée de l'Esprit saint, car tu connais mon nom et mon état alors que tu ne m'as jamais vu. J'y vois un signe de ta sainteté. Je m'unis à toi par notre Seigneur et sollicite ta bénédiction. »

Ainsi, la prostituée de luxe qui s'est réfugiée dans le désert est plus sainte que le respectable moine. Elle évoque les combats qu'elle a menés contre la chair. Pendant les dix-sept premières années de sa vie au désert, elle a été tourmentée par la tentation de retourner à sa vie de plaisirs. Mais les larmes et les prières l'ont finalement emporté. Depuis, elle a survécu grâce à ses trois miches de pain miraculeuses et son corps a été préservé de tous les dangers. Elle ne pouvait pas lire les Écritures, mais elle était pénétrée de la parole de Dieu. Zozime, ému et ébloui par son témoignage et par ses miracles, se prosterne devant elle.

Un an plus tard, suivant les instructions de la sainte femme, Zozime revient la voir pour lui apporter la sainte eucharistie. Marie l'attend sur l'autre rive du Jourdain. Voyant arriver son vieil ami, elle traverse le fleuve en marchant sur les eaux. Émerveillé par ce nouveau miracle, Zozime lui donne la communion. L'esprit purifié, Marie lui fait ses adieux.

L'année suivante à la même époque, Zozime revient au désert. Marie est morte. Sur le sable, autour de son corps, elle a écrit ce message : « Père Zozime, enterre Marie à cet endroit, retourne-la à la terre. Prie pour elle le Seigneur, qui l'a rappelée à lui la nuit même du Jeudi saint. »

Voulant lui donner une sépulture, Zozime essaie en vain de creuser une fosse avec ses mains. Mais voici qu'arrive un lion de belle taille. « La sainte veut que je l'enterre, dit-il à l'animal, mais je suis trop vieux pour creuser et je n'ai pas de pelle. » Alors, de ses énormes griffes, le lion creuse la tombe. Zozime y étend doucement Marie, la recouvre de son manteau. Puis il lui chante « les plus beaux psaumes de son répertoire ».

L'histoire de Marie, comme celle de Constantina, est à la fois exaltante sur le plan spirituel et fascinante par son caractère subversif. Ces éléments se retrouvent dans le récit qui met en scène Hélia[54], un personnage né de l'imagination de Théodora, Espagnole de haut rang qui tient correspondance avec Jérôme, docteur et Père de l'Église.

L'épistolière va puiser dans les écrits du Père pour bâtir la légende de son héroïne. Théodora et son époux Lucinius sont de riches Espagnols habités par le désir de mener une vie ascétique. Ils sont si convaincus que les hommes d'Église détiennent le secret de la perfection morale que, selon les dires de Jérôme, Lucinius lui envoie, en 398, six copistes qui ont pour mission de transcrire tous ses écrits. Hélas ! Lucinius quitte prématurément ce monde, laissant la lecture de cette œuvre à sa femme, qui va s'en inspirer pour créer son hagiographie à succès — dont le propos tourne, bien sûr, autour de sa décision de renoncer à la chair.

Comme Théodora, Hélia est la fille d'un évêque métropolitain d'Épire, membre de la noblesse espagnole. La belle jeune fille a de profondes aspirations religieuses. Elle fait le vœu « de ne jamais se soumettre aux malheureux penchants d'Ève et de prendre modèle sur la bienheureuse Vierge Marie ». Elle n'épousera jamais un mortel. Elle sera la fiancée du Christ.

Hélia se prépare à l'existence qu'elle s'est choisie par des jeûnes sévères et d'interminables prières. Ému par sa détermination, un prêtre lui procure en secret les livres sacrés. La jeune fille se plonge dans l'étude — jusqu'à ce que sa mère, constatant qu'elle est devenue trop maigre, trop secrète, trop repliée sur elle-même pour se préoccuper des choses temporelles, commence à l'espionner. Elle la surprend sans doute un livre illicite à la main, ou peut-être l'entend-elle demander à Dieu, dans une prière fervente, la virginité perpétuelle. Quoi qu'il en soit, Hélia, sommée de justifier sa conduite, révèle à sa mère son singulier dessein.

La mère de Hélia est affolée. Mais c'est une femme qui affronte les problèmes avec dignité. Elle a une petite conversation avec sa fille — conversation qui, dans le compte rendu de Théodora, remplit deux livres et quatorze feuillets. Le problème est simple : Hélia est-elle obligée de se marier, ou bien sa famille doit-elle respecter sa volonté de rester vierge ? Une âpre dispute s'engage. Le rôle des femmes se définit en fonction des aspirations masculines, affirme la mère. « Pas pour moi, réplique Hélia. Mon rôle n'est pas d'aider un homme à atteindre la perfection, je la veux pour moi, et je n'ai besoin de personne pour y parvenir. » Finalement, ne sachant plus vers qui se tourner, la mère porte l'affaire devant un tribunal. Au juge imbu de son autorité, elle demande permission de faire « saisir » Hélia « en tant qu'épouse ». La mère est persuadée qu'elle ne peut perdre sa cause contre cette fille récalcitrante.

L'interrogatoire infligé à la jeune fille est éprouvant — un spectacle public « auquel assiste le monde des anges et des hommes ». D'une voix « terrifiante », le juge ouvre le feu. Mais Hélia, ni lâche ni servile, argumente, inébranlable, défendant ardemment sa position. En dépit de ses manœuvres d'intimidation, le juge n'a pas plus de succès que la mère. La jeune fille ne flanche pas.

Les arguments de Hélia sont, en gros, ceux de Jérôme, avec de commodes extrapolations, interprétations et omissions. L'art avec lequel elle fait passer ses idées lui permet de construire une défense imparable de la virginité chrétienne. Elle s'adresse à ses sœurs (et aux païennes qui cherchent la bonne voie) d'une voix forte et assurée.

Hélia invoque le témoignage de l'Ancien Testament pour y relever des exemples de célibataires vivant dans la sainteté, des hommes pour la plupart — les plus connus étant Josué, Élie et Gédéon — et du Nouveau Testament pour y trouver des vierges — Christ, le sauveur vierge, Jean-Baptiste et les apôtres Jean et Paul. « [Avant la naissance du Christ], la stérilité était mauvaise, maintenant elle est bénie », déclare Hélia. Elle associe cette déclaration à sa virginité féminine : « Lorsqu'une femme accepte de prendre époux, elle s'éloigne de la maison de Dieu, tandis que la vierge reste la compagne du Christ. Le mariage est le fait d'Adam, la virginité celui du Christ. Le mariage est souffrance, la virginité bénédiction[55]. » Plagiant directement Jérôme, elle ajoute alors ces paroles définitives : « Car si le mariage emplit la terre, le ciel n'est que virginité. »

Hélia souscrit à la hiérarchie établie par les Pères de l'Église à l'égard des femmes vertueuses : les vierges occupent le premier rang, suivies de loin par les veuves et les épouses. Elle veut être au premier rang. En outre, comme elle s'est déjà promise au Christ, le mariage avec un mortel serait un adultère.

En dépit de la subtilité de l'exposé de Hélia, le débat — car c'en est bien un — se termine de façon peu concluante. « La femme qui ne procrée pas ne trouvera pas le salut », tonne le juge. « Ne transgressez pas les lois sacrées, obéissez aux Écritures. »

« Jamais », rétorque Hélia. Persistant farouchement dans son serment de chasteté perpétuelle, elle restera la fiancée du Christ.

Paradoxalement, ces trois héroïnes de légende vont devenir des Mères de l'Église, titre qui rend hommage à leur profonde influence sur les millions de femmes (et les quelques hommes) qui les ont vénérées. Les exploits et les triomphes de ces protagonistes de l'hagiographie médiévale — une sorte de roman populaire du Moyen Âge — n'ont jamais cessé d'éblouir les lecteurs, qui puisent dans ces récits des leçons de foi, d'indépendance, d'engagement et d'esprit de sacrifice — et la certitude que ces vertus sont dispensatrices de glorieuses récompenses.

Pendant des siècles, ces Mères de l'Église vont dominer la littérature hagiographique — et ce pouvoir restera intact, même lorsque des historiens mettront en doute la véridicité des faits et des personnages. Leur histoire réduite à l'essentiel et dessinée à grands traits les rend chères à leurs admiratrices, qui les réinventent à leur manière. Chacune les dépeint selon son imaginaire et projette sur elles ses propres aspirations ; chacune prête un sens à leurs déclarations les plus anodines et brode les joies et les vicissitudes de sa propre vie avec les fils qui tissent la leur. Dans un sens mystique, ces femmes ont fait de Constantina, de Marie et de Hélia leurs amies intimes.

L'impériale Constantina et la noble Hélia proviennent l'une et l'autre d'un milieu rassurant — conventionnel, bien ordonné et à l'aise. Le monde de Marie, lui, chaotique et licencieux, est plus troublant. Pourtant, en dépit de leurs différences, ces femmes sont liées par la foi et par leur combat. Ce sont des créatures fortes, déterminées et indépendantes qui surmontent tous les obstacles afin d'atteindre leur idéal.

Dans la vie réelle, les chrétiennes connaissent pratiquement les mêmes problèmes. Lorsqu'elles proviennent de familles païennes, leur dissidence par rapport à leur paganisme initial est déjà, au départ, un sujet de discorde. Lorsque le père de Perpétue, un païen, essaie de convaincre sa fille de renoncer au christianisme, il finit, devant son refus, par pleurer. «Mais cela ne l'a pas empêché de vouloir m'arracher les yeux[56]», précise la jeune femme. La destruction des relations familiales est sans doute une des conséquences les plus pénibles de la conversion à la religion chrétienne.

Beaucoup de nouvelles converties aggravent le désarroi de leur famille en faisant vœu de chasteté définitive. À moins qu'une vierge n'ait des revenus personnels, de quoi vit-elle ? Le travail salarié est hors de question. La société païenne ne prend à sa charge que les prêtresses et refuse tout commerce avec les voyageuses et les femmes qui essaient de survivre en dehors de la protection familiale. Les vierges chrétiennes dont les parents ont accepté la décision ont la vie plus facile, d'autant plus que ces derniers subviennent généralement à leurs besoins.

L'Église, elle, a de bonnes raisons — qui n'ont rien de théologique — d'encourager les vierges à rester chastes et à consacrer leur vie à Dieu. Au IIIe siècle, les congrégations religieuses sont surtout féminines. Cet état de fait a des conséquences financières. S'il est vrai que les vierges pauvres le restent ou drainent l'argent d'une Église pourtant de plus en plus prospère, les vierges riches et les veuves chastes qui ont hérité de leur époux ne sont certes pas à dédaigner, car elles laissent souvent leurs biens à l'Église. «En idéalisant la virginité et en faisant la moue devant les remariages éventuels, conclut Robin Lane Fox, l'Église va devenir une force sans égale dans la course au patrimoine[57].»

Il est difficile d'évaluer le nombre de vierges et de veuves qui, impressionnées par Constantina, Marie et Hélia, ont fait vœu de chasteté perpétuelle. Ce qui est certain, c'est que, pendant des siècles, ces héroïnes ont attiré dans leur cercle un nombre incalculable d'adeptes. Leur plaidoyer passionné en faveur de la virginité et de la chasteté n'a cessé de toucher, d'émouvoir, de convaincre et de provoquer des conversions. Les émules de Constantina et de ses sœurs ont remanié l'univers misogyne des Pères pour le transformer en un monde riche et stimulant où les vierges sont honorables et peuvent elles aussi être puissantes — un monde où l'amour de Dieu donne plein pouvoir aux humbles (un adjectif qui ne s'applique pas précisément à nos trois femmes !). Marie est en outre une réfutation vivante de l'assertion voulant que même Dieu ne puisse rendre la virginité à une fille perdue.

Constantina, Hélia et Marie font beaucoup plus que défendre le droit à la virginité, elles font de leur chasteté un outil pour se tailler une existence non conformiste, dont l'indépendance est le dénominateur commun. Ces femmes soutiennent avec brio la cause de l'abstinence, Constantina en maîtrisant avec art l'intrigue byzantine, Hélia en maniant la casuistique aussi adroitement qu'un jésuite. Quant à Marie, nue dans le désert, elle réussit à rester scandaleuse dans sa sainteté. La vie de ces femmes motivées, sûres d'elles-mêmes et respectées est un modèle d'autonomie et de détermination. Et leur réussite est admirable.

Tout cela grâce au célibat chaste et volontaire.

Des femmes travesties en moines

D'autres chrétiennes, plus ordinaires celles-là, vivent des aventures tout aussi palpitantes que les Mères de l'Église. Ainsi, certaines se travestissent en hommes pour entrer dans des monastères, où elles vont jouir de l'indépendance et de la tranquillité d'esprit habituellement réservés à l'autre sexe.

Parmi elles, Castissima « la très chaste », enfant unique et bien-aimée d'un couple chrétien prospère et pieux. Toute la ville d'Alexandrie est en extase devant la sagesse de la jeune fille, son goût pour l'étude et sa fascinante beauté. Son avenir est assuré, car les garçons de haut rang rivalisent pour obtenir sa main. Un accord est effectivement conclu entre une puissante famille et Paphnuce, le père de la jeune fille. Des cadeaux sont échangés. À dix-huit ans, la ravissante Castissima est officiellement fiancée.

Avant le mariage, son père l'emmène passer trois jours dans un monastère. Le sermon de l'abbé sur la virginité, la pureté et la crainte de Dieu transporte la jeune fille d'allégresse. « Ceux qui vivent dans ce lieu sont bénis, se dit-elle. Ils sont comme des anges qui ne cessent de glorifier le Seigneur. Et après leur mort, ils auront la vie éternelle. »

Une métamorphose s'est accomplie, Castissima n'est plus la même. La joie éprouvée la veille à la perspective de ses noces l'a quittée. Elle aspire à vivre comme les moines, dans la chasteté et la dévotion. Mais elle sait que Paphnuce, malgré toute sa piété, ne lui permettra jamais de rompre sa promesse. Après avoir retourné le problème dans tous les sens, la jeune fille finit par se confier à un moine. « Mon enfant, ne permets pas à ton corps de tomber dans la corruption, lui dit-il. Ne sacrifie pas ta beauté à des passions honteuses. Deviens la fiancée du Christ. » Puis il lui donne ce conseil précieux : « Fuis, cache-toi, entre dans un couvent et tu seras sauvée. »

Les mains tremblantes de la jeune fille caressent ses cheveux magnifiques, symbole de sa féminité. « Je dois les couper, se dit-elle. Ce sera mon premier geste d'abnégation. Mais je ne veux pas être rasée par un laïc, je veux l'être par un serviteur de Dieu. » À la demande de son complice moine, un vieil ermite accepte de couper la toison de la future recluse[58]. Puis cette dernière reçoit le vêtement de pénitent que réclame la vie cloîtrée.

Ainsi tondue et vêtue de bure, Castissima connaît un moment de panique. Elle sait très bien que, lorsque son père constatera sa disparition, il fera fouiller tous les couvents et finira par la retrouver. Ensuite il la forcera à respecter son engagement vis-à-vis de son fiancé. Elle persiste néanmoins dans sa vocation : éviter le mariage et consacrer son existence à Dieu. Mais comment échapper aux recherches ?

Une solution aussi singulière que géniale s'impose à elle. « Je vais me réfugier dans un monastère d'hommes sous le déguisement d'un eunuque. Ainsi, je n'éveillerai pas les soupçons. »

Le même soir, une Castissima méconnaissable, déterminée et pourvue d'une coquette somme frappe au portail d'un monastère. « Frère, dit-elle au portier, va dire à l'abbé qu'un eunuque du palais est ici et veut lui parler. »

Le supérieur accepte et l'histoire et l'argent, et accueille au monastère l'eunuque, qui dit s'appeler Emerald. Un eunuque, à n'en pas douter ; qui d'autre pourrait avoir des traits d'une aussi gracieuse finesse ?

Peu de temps après, comme il fallait s'y attendre, le père supérieur se voit forcé d'isoler Emerald, car « Satan a fait succomber plusieurs devant sa beauté ». Castissima reste imperturbable. Elle se cantonne dans sa cellule et jouit de sa nouvelle vie avec la confiance inébranlable d'un authentique moine. La présence d'hommes, au-delà des murs de sa cellule, lui est indifférente. Ce qui lui importe, c'est de rester vierge et de vivre dans la gloire de Dieu.

Pendant ce temps, Paphnuce sombre dans le désespoir. Après avoir constaté la disparition de sa fille chérie, il s'est mis à sa recherche — ainsi qu'elle le prévoyait. En fait, toute la ville d'Alexandrie a participé à l'entreprise. Sans succès. En désespoir de cause, le père fait appel à l'intervention divine, par l'entremise d'un de ses meilleurs amis… qui se trouve être l'abbé du monastère ! Tous les moines prient avec ferveur, mais il faut croire que la prière de Castissima est plus efficace : en dépit des veillées de prières de ses « frères », son secret n'est pas découvert.

Désireux de mettre un baume sur le chagrin du pauvre père, l'abbé lui fait rencontrer un jeune eunuque solitaire qui pourrait le réconforter. Le jeûne et les pratiques austères ont tant altéré l'apparence de Castissima que Paphnuce ne la reconnaît pas. Frappé par la piété et la sagesse du personnage, il se prend d'amitié pour lui. « Grands sont les bienfaits que je reçois de ce jeune eunuque ! » dit-il, ravi, au père supérieur. « Dieu seul sait combien mon âme vit sous l'emprise de son amour. Il est comme mon propre enfant. »

Trente-huit ans plus tard, Castissima, qui a maintenant cinquante-six ans, s'apprête à quitter ce monde. Elle a passé presque toute sa vie déguisée en homme, et fidèle à la chasteté qu'elle a choisie. Sa beauté s'est évanouie et elle ressemble maintenant au personnage qu'elle a adopté, celui d'un eunuque dévot et ascète au service du Seigneur. Paphnuce, devenu très vieux, rend visite à son ami mourant et l'implore d'intercéder pour lui auprès de Dieu afin que lui soit révélé le sort de sa chère fille Castissima, depuis si longtemps disparue. Castissima est à l'agonie, elle n'a plus rien à cacher. « Mon père, murmure-t-elle, que prenne fin ton chagrin. C'est ta fille que tu as devant toi. »

Avec stupeur, les moines chargés de la toilette du corps découvrent eux aussi la vérité. Lors des funérailles, la vierge accomplit un miracle : un religieux borgne recouvre la vue lorsqu'il la touche. Les mensonges et l'insubordination de Castissima sont alors oubliés. Rien ne compte plus que la sainteté de sa vie. Comme d'autres travesties, elle a fait de la pureté son objectif et du déguisement le moyen de rester chaste. En masquant sa féminité, donc son identité, elle a parcouru sur cette terre le chemin qu'elle s'est délibérément choisi.

Pélagie d'Antioche[59] est une travestie plus remarquable encore. La beauté de cette courtisane est si extraordinaire que ses clients la comblent de présents fabuleux. Un jour où le saint évêque Nonnus d'Édesse prêche dans la cour de la basilique du bienheureux Julien le Martyr, Pélagie y entre, dans toute sa splendeur, flanquée de ses suivantes parées de bijoux. Son âne lui-même est couvert de minuscules grelots d'or qui tintinnabulent. Pélagie brille de tous ses feux ; elle porte des bracelets, des anneaux de cheville, des bagues et des colliers sertis de perles et de pierres chatoyantes. Ses cheveux sont dénoués, une étole entoure ses épaules. Son parfum est si enivrant qu'il éveille la sensualité des prêtres qui la contemplent, fascinés.

La beauté de cette femme déclenche en eux une émotion indicible. Elle provoque même les sanglots de l'évêque. Les pleurs de Nonnus sont si abondants que sa haire est bientôt trempée de larmes. Il retrouve la parole, cependant, pour s'emporter contre la coquetterie de Pélagie. Il l'accuse de passer des heures dans son boudoir à se parer et à se farder : « Elle a dû s'étudier dans le miroir avec la plus grande attention de peur qu'il ne reste quelque petite imperfection sur son visage […] tout cela pour attirer des hommes dans son sillage — ces amants d'un jour […]. Car cette créature de poussière et de cendres s'emploie avec le plus grand zèle à plaire à Satan[60]. » Émus, les prêtres écoutent le discours moralisateur de Nonnus, qui implore Dieu de sauver Pélagie.

Plus tard, le sermon que prononce l'évêque dans l'église d'Antioche est si émouvant que les fidèles mouillent le sol de leurs larmes. Celles de Pélagie sont amères. Dieu lui a inspiré le désir d'assister à la messe — ce qui ne lui est arrivé que très rarement — et c'est la première fois qu'elle prend conscience de son péché. Son désarroi est profond et visible. Les fidèles, émus par cette émotion sincère, commentent l'événement, émerveillés de l'habileté avec laquelle leur évêque a réussi à susciter, dans l'âme d'une fille de joie, la honte de sa conduite.

Après le service, Pélagie fait porter une missive à Nonnus dans laquelle elle demande audience au saint homme. Ce dernier accepte, mais à la condition de ne pas la rencontrer seule : « Je ne suis qu'un homme, soumis comme tous les autres à la tentation. » Le rendez-vous a lieu dans l'église, devant les ecclésiastiques dont l'évêque a requis la présence. Pélagie entre, se jette aux pieds de Nonnus et le supplie de la baptiser.

« Je suis une prostituée, une pierre hideuse sur laquelle beaucoup d'hommes ont trébuché en courant vers leur perte. Je suis le piège de Satan : il me place là où il le veut et, par mon entremise, détruit beaucoup d'âmes. Je suis un vautour vorace [...] une louve rusée [...] un bourbier profond[61]. » Prosternée sur le sol humide, Pélagie se lamente. Tous les assistants pleurent, sauf Nonnus, qui explique à la jeune femme qu'elle doit se conformer au droit canon — soit trouver un parrain et une marraine, sans lesquels elle ne pourra recevoir le baptême.

L'impétueuse Pélagie n'entend pas voir ses plans contrariés. « Dieu vous demandera des comptes si vous refusez de me baptiser », crie-t-elle. Puis elle lance cette imprécation : « Vous deviendrez un étranger à la sainte table, vous renierez votre Dieu si vous ne faites pas de moi, à l'instant même, une fiancée du Christ[62]. »

Ces paroles vigoureuses secouent le brave évêque. Le baptême a lieu. La fille de joie connue sous le nom de Marganito, un mot syriaque qui signifie « perle » — les perles dont la jeune femme aime se parer — devient chrétienne. Son nom de baptême est Pélagie (le nom que ses parents lui ont donné à la naissance). La cérémonie se déroule sans encombre, mais lorsque les assistants s'installent à la table pour y partager le repas de célébration, le diable se met à donner de grands coups sur la porte, hurlant ses récriminations au saint homme qui lui a volé sa proie.

Nonnus s'approche de Pélagie et, la oignant d'huile, lui dit : « Renonce à Satan. » La jeune femme prononce les paroles d'usage. Satan disparaît. Au cours des huit jours qui suivent, il revient à plusieurs reprises, chargé de joyaux et d'objets précieux. Il supplie la courtisane de se remettre à son service, se lamente, lui reproche de l'avoir abandonné. En guise de réponse, Pélagie rassemble toutes ses richesses et les offre à Nonnus, son mentor et guide spirituel. Les biens temporels n'ont plus de valeur pour elle. Désormais, rien ni personne ne détournera de son idéal la chaste épouse de Jésus.

Le huitième jour, au lieu de remplacer sa robe blanche de baptême par une robe de chrétienne, Pélagie ajuste un cilice sur sa peau tendre, le recouvre d'une robe et du manteau offerts par Nonnus et disparaît dans la nuit. En moins de deux semaines, la jeune femme a renoncé au péché et à son métier dégradant ; elle a retrouvé la chasteté et son nom de naissance, échangé la courtisanerie contre la spiritualité, les robes de soie contre le cilice. Solitaire, elle s'engage, vêtue en homme, sur le chemin de la pureté.

Pélagie devient Pélagios, moine eunuque que sa sainteté va rendre célèbre. Elle vit dans une cellule, au mont des Oliviers. Son visage émacié, sa maigreur, ses yeux cernés témoignent des jeûnes et des pénitences qu'elle s'inflige. La courtisane passionnée est devenue une ascète fervente, déjouant les sollicitations du malin. Pélagie, qui sera un jour canonisée, est l'une des saintes femmes travesties à qui la solitude et la chasteté ont permis de connaître la vie spirituelle des plus grands saints.

Il ne fait aucun doute que des milliers de femmes travesties s'introduisent dans les communautés religieuses réservées aux hommes. Un grand nombre d'entre elles échappent ainsi à un mariage redouté ou aux mauvais traitements infligés par un mari brutal. Le refuge idéal est le monastère, et l'état d'eunuque le meilleur moyen d'expliquer un aspect féminin. D'autres femmes s'insinuent dans les couvents d'hommes pour échanger les contraintes de leur sexe contre la liberté relative dont jouissent les moines. Elles ont, bien sûr, en commun un désir de chasteté qui frise parfois l'obsession, mais leur foi est profonde et sincère. Qu'elles aient été élevées dans le christianisme ou se soient converties à cette religion aussi exaltante qu'exigeante, la vie cloîtrée leur apporte l'existence parfaite à laquelle elles aspirent, dans la chasteté et l'amour de Dieu.

D'autres travesties, moins respectables, s'introduisent dans les monastères pour y poursuivre de leurs assiduités un moine dont elles sont amoureuses. La plus célèbre d'entre elles est la papesse Jeanne[63], dont la mémoire a hanté l'Église catholique pendant plusieurs siècles, jusqu'à ce que les autorités ecclésiastiques du xvie siècle décrètent que son histoire était pure invention.

Sous le nom de Jean Anglicus, Jeanne devient pape au ixe siècle. Elle possède, dit-on, une grande érudition. Jeanne a revêtu l'habit monastique afin de pouvoir rencontrer secrètement un moine dont elle est amoureuse. Selon la légende, Jeanne était enceinte d'un autre amant au moment de son intronisation. Pendant la procession papale, elle se serait accroupie soudainement pour mettre son enfant au monde. Il existe deux versions du dénouement de l'histoire. Dans la première, Jeanne et son enfant meurent peu de temps après ; dans la seconde, l'enfant survit. Il deviendra le pape Adrien III.

De la duplicité de Jeanne va naître une tradition singulière. Tous les papes suivants devront désormais prendre place, fesses nues, sur un « siège de vérification », stratégiquement troué afin qu'un diacre puisse s'assurer que les aspirants à la papauté sont bien des hommes — et non des femmes ou des eunuques. (Au XVᵉ siècle, un responsable de la bibliothèque du Vatican révèle que la véritable fonction de la chaise percée, qui existe en fait, est tout simplement de permettre au dignitaire assis sur le trône de satisfaire un besoin urgent.)

Les saintes travesties sont des femmes remarquables parmi des légions de « faux » moines. Bien qu'elles aient fait fi du droit canon et dupé les pères abbés et leurs compagnons de monastère, elles n'en sont pas moins respectées par l'Église. Leur principal objectif étant de mener une vie chaste, les communautés religieuses ne pouvaient qu'exercer un grand attrait sur elles. Hormis Castissima qui, si elle s'était réfugiée dans une communauté de femmes, aurait été retrouvée par son père, elles auraient très bien pu se joindre à des couvents de religieuses. Au lieu de cela, elles ont défié leur société et bravé les dangers qui les guettaient dans les monastères d'hommes.

En tant que moines, les femmes travesties renoncent non seulement à tout plaisir charnel, mais encore à leur identité sexuelle. Leur aspiration à la chasteté est si pressante qu'elles la satisfont en supprimant leur féminité. Dans tous les cas, leur abstinence procède d'une grande ferveur religieuse. Ces femmes ont un but qui va bien au-delà de la volonté d'échapper au mariage et à la concupiscence masculine : elles se donnent corps et âme au service de Dieu, s'astreignent aux austérités les plus rigoureuses et s'infligent des privations qui ruinent souvent leur santé et altèrent leur apparence au point de les rendre méconnaissables.

Contrairement à tant de moines masculins, ces travesties n'éprouvent jamais une quelconque difficulté à respecter leurs vœux de chasteté. N'est-ce pas cette volonté de rester pures qui les a poussées à entrer au monastère ? Une fois dans la peau d'un moine, elles savent qu'elles risquent de tout perdre si elles succombent aux plaisirs de la chair. Pour ces femmes, la chasteté est à la fois le but et le moyen de parvenir à ce but.

Outre la chasteté, l'adoption de l'habit monastique et de l'identité masculine offre des avantages que des femmes intelligentes et passionnées comme Pélagie et Castissima apprécient grandement. Leur statut d'hommes leur permet d'échapper aux obligations et à la situation d'infériorité des femmes. Le plus obscur des moines n'en est pas moins un homme et, en tant que tel, il jouit d'une liberté et d'un respect qu'aucune femme ne peut espérer. Vivre en moine garantit aux travesties un pouvoir et une considération habituellement réservés aux hommes. Instrument de leur transformation et de leur émancipation, leur chasteté leur procure un sentiment d'accomplissement aussi délectable qu'exaltant.

Les saintes à barbe

Certaines usurpatrices d'identité masculine sont particulièrement singulières. Uncumber[64] est l'une des septuplées d'une chrétienne et d'un païen (ce dernier est un souverain portugais). L'enfant épouse très tôt la religion de sa mère. Une fois adolescente, son aspiration ultime est de rester vierge et de consacrer sa vie à Dieu. Mais son père a d'autres ambitions pour elle : il arrange son mariage avec le roi de Sicile.

Uncumber plaide sa cause auprès de son intraitable père. L'homme ne veut rien entendre. Elle se tourne alors vers Dieu et le supplie de la délivrer. La réponse du Seigneur est pour le moins originale : il exauce la jeune fille en la défigurant. Elle porte désormais une moustache et une soyeuse barbe bouclée. Le père, furieux, cache la pilosité gênante de sa fille sous un voile. Pour se venger — et pour ruiner définitivement les plans de mariage de ses parents —, Uncumber fait en sorte que son voile glisse en présence de son fiancé sicilien, qui peut ainsi contempler le désastre. Le jeune aspirant annule les noces. Voyant ses plans s'écrouler, le père d'Uncumber, fou de rage, fait crucifier sa fille. La malheureuse meurt en martyre de sa virginité que Dieu l'a aidée à préserver en lui couvrant le visage d'une barbe disgracieuse qui la sauve du déshonneur.

Deux autres femmes à barbe peuplent le panthéon des saintes : Galla, veuve déterminée à refuser le remariage, et Paula d'Avila, vierge qui éprouve une telle haine pour son soupirant qu'elle supplie Jésus de la défigurer. Ce souhait est exaucé. Une barbe épaisse recouvre immédiatement son visage, l'enlaidissant de telle sorte que son amoureux ne la reconnaît même pas.

Détail curieux, Uncumber va devenir la sainte patronne des femmes qui ne veulent pas « s'encombrer » (« *unemcumber* ») d'un mari. L'impuissance de ces femmes fait écho au désarroi de leur patronne, à qui elles demandent d'intercéder auprès de Dieu afin qu'il les aide dans leurs luttes anticonjugales. La plupart sont vraisemblablement des dames mariées qui détestent leur mari. D'autres, comme Uncumber, sont menacées de mariage alors qu'elles aspirent à une vie pieuse et chaste. Toutes voient dans la métamorphose d'Uncumber — comme dans celle de Galla et de Paula — une arme efficace pour préserver leur chasteté.

La chasteté dans le désert

Le nouvel alphabet du cœur des Pères du désert

Dans l'ancienne Égypte, le désert est une métaphore de la dureté implacable de l'existence, dans un Proche-Orient affamé où les gens travaillent dur. Sauvage et désolé, il borde les villages et les villes, et s'étend à l'infini. La grande ville d'Alexandrie, capitale intellectuelle du pays, ne se trouve qu'à cinquante kilomètres de cette étendue désolée et inhospitalière.

Le désert fait peur. C'est ce qui explique, en partie, la profonde attraction qu'il exerce sur certains êtres. Mais, de nos jours encore, l'immense solitude qu'il évoque terrifie les habitants des petits villages tout proches. Le hurlement des hyènes leur donne le frisson ; ils craignent les démons qui hantent cette mer de sable. Bref, ils n'y passeraient pas volontiers la nuit.

L'on peut certes considérer le désert comme un monde menaçant à l'égard duquel il convient de garder ses distances, mais on peut aussi, à l'instar des premiers chrétiens qui l'ont peuplé, y voir un royaume de liberté, hors d'atteinte du dangereux univers de la civilisation. Les hommes et les femmes qui ont accepté de s'y accommoder des nomades, de la faim et du froid, dans la seule compagnie de leur âme en quête de transcendance, pouvaient aussi, s'ils survivaient et triomphaient de ces périls, y rencontrer Dieu.

Le désert a toujours marqué l'horizon d'Antoine. L'exploitation prospère de son père se trouve à la périphérie du village de Fayoum et s'étend jusqu'aux franges du désert qui va devenir son refuge. Avant de renoncer au monde, le jeune homme cède tous ses biens au sénat de sa municipalité et établit sa sœur comme « vierge consacrée ». Dans les premiers temps de sa solitude, Antoine se tourne souvent avec regret vers le monde qu'il a abandonné, d'autant plus qu'il est torturé par l'appel de la chair.

Lorsque commence son aventure, le but du jeune homme est modeste : vivre, tout près du Christ, dans une solitude et un silence propices à la prière et à la lecture des Écritures. Il s'installe d'abord à une certaine distance de son village, dans un lieu calme où il peut méditer sans être importuné par le va-et-vient des humains.

Mais ses pulsions sexuelles, violentes, continuent à le consumer, sabotant son espoir de vivre une existence paisible et ascétique. « Les pièges des démons sont les mauvaises pensées », dira-t-il un jour. Il combat sans trêve les esprits du mal, se privant de sommeil, de confort, et même de nourriture pour s'aguerrir. Il ne mange que du pain, absorbe un peu de sel, ne boit que de l'eau. Il ne prend son maigre repas qu'une fois par jour, parfois même tous les deux ou trois jours. Hélas ! ce régime ascétique ne supprime pas la « démangeaison de la jeunesse » — plus clairement : le « démon de la fornication ».

Dans l'espoir de surmonter cette concupiscence intempestive, Antoine s'emmure dans une tombe. Il fabrique des paniers et des nattes pour gagner les quelques sous qui lui permettent de ne pas mourir de faim. Le seul contact humain qu'il s'autorise est la visite occasionnelle d'un ami venu l'approvisionner en vivres ou en matériel. Il observe ce régime de mortification et de privation pendant quinze ans, puis finit par conclure : « Celui qui demeure au désert et y vit dans le recueillement est débarrassé de trois conflits occasionnés par l'ouïe, la parole et la vue. Pour lui, il n'en reste qu'un seul : la fornication[65]. »

(Le célèbre tableau de Jérôme Bosch, *La tentation de saint Antoine*, représente l'anachorète agenouillé sur un rocher dans une attitude de prière. Un vêtement de bure le recouvre entièrement ; un léger halo l'entoure. Antoine regarde avec effroi de hideuses créatures, pour la plupart armées de lances. Une femme nue, vue de dos, lui montre son postérieur et se penche pour l'épier entre ses jambes. Tout autour du saint évoluent des brutes terrifiantes, des femmes nues, un bossu, des lutins obscènes et des démons tentateurs. Un moine inquiet, l'un des rares protecteurs d'Antoine, serre une bible entre ses mains.)

Le jeune homme quitte l'univers immobile de sa sombre crypte pour une forteresse abandonnée. Vingt ans plus tard, en 305, il se met en quête de disciples. Il les trouve parmi les ascètes chrétiens errants qui ont fui la brutalité du monde, les persécutions, les créanciers — parfois même des coreligionnaires vindicatifs et dangereux. Accompagné de ses acolytes, Antoine s'enfonce dans le désert, vers l'Orient, où les seuls êtres humains sont des nomades. Le groupe s'installe dans une grotte du mont Qolzoum. C'est dans ce simple ermitage que mourra le saint homme, en 356.

Antoine sera considéré plus tard comme le fondateur du monachisme chrétien. De son vivant, cependant, ce « renonçant » suit les traces d'autres ermites. En général, les renonçants errent d'abord dans les petites villes et les villages d'Égypte, puis font du désert leur domaine. L'un d'eux, Amoun de Nitrie, est un homme chaste qui, au début de son mariage, arrive à convaincre sa femme de se détourner des plaisirs de la chair. Après dix-huit années d'union abstinente, son épouse le presse d'aller vivre en solitaire. « Car il serait inconvenant qu'une vertu comme la tienne demeure cachée », lui dit-elle[66]. L'argument est flatteur. Amoun se retire dans le désert, où sa haute spiritualité attire un groupe de disciples. La petite troupe s'enfonce plus profond dans les vastes étendues et arrive aux Kellia, où les hommes taillent ce qu'ils appelleront les « cellules » dans des cuvettes de pierre nichées entre les dunes. Chaque homme creuse ensuite son propre puits d'eau saumâtre. Le tout forme un ensemble de minuscules oasis.

Mais les cellules sont encore trop proches de la civilisation, source de tentation et de souffrance. La prochaine étape sera Scété, aujourd'hui Ouadi Natroum, plus éloigné mais arrosé par les sources qui bordent une province frontière riche en salpêtre. Antoine, Amoun et leurs disciples vont faire de cet espace vide une petite cité.

Libérés des complications et des vicissitudes de la vie en société, les Pères du désert doivent faire face à deux adversaires de taille : les tentations de la chair et une nature peu accueillante. Leur but premier est d'utiliser le libre arbitre que Dieu leur a donné afin de racheter leurs péchés et de recréer la « vie parfaite » d'avant la chute. Jérôme, qui s'est retiré au désert pendant quelques années, aime évoquer ses expériences d'ermite. Il s'asseyait, seul, « les membres recouverts d'une toile grossière [...] la peau aussi noire que celle d'un Éthiopien » et luttait contre le sommeil. Quand ce dernier prenait possession de lui, ses os décharnés s'enfonçaient dans le sol. Son régime alimentaire était on ne peut plus frugal : de l'eau et un peu de nourriture crue. Mais toutes ces privations, destinées à apaiser sa peur de l'enfer, ne sont pas parvenues à supprimer ses indésirables pulsions charnelles. Tant qu'il vivra dans le désert, affamé et fiévreux, il verra danser et tourner autour de lui d'attirantes jeunes femmes. « Il se dit plus mort que vif », mais ses « brûlants désirs continuent à bouillir en lui[67] ».

La vie dans le désert a son rythme propre, ses moments de crise et de paix, ses règles. Jean Cassien et d'autres anachorètes établiront plus tard les règles complexes et les préceptes qui serviront de guide dans cette vie d'un dépouillement presque absolu. Le problème principal a trait à l'eau et à la nourriture. Il faut, bien sûr, s'en procurer, et — plus malaisé encore — les rationner de manière à ce que leur absorption tienne plus du jeûne que du repas. La nécessité de trouver de quoi survivre est pressante, car l'Égypte est une contrée constamment menacée par la famine. Si la vallée du Nil est une corne d'abondance, le désert profond est une auge vide. C'est pour cette raison que l'imagination populaire applaudit davantage aux victoires des Pères contre la faim qu'à leur résistance aux péchés de la chair.

Ils récoltent les maigres trésors de leur royaume : bulbes, racines, rhizomes, baies. Ils puisent l'eau là où ils ont élu domicile, ou plus loin. Ainsi, pendant quinze ans, Moïse l'Éthiopien a vécu à vingt-six kilomètres d'une source. Criminel repentant, il faisait le va-et-vient chaque nuit entre les cellules de ses frères et la source où il remplissait leurs jarres.

Le repas habituel se compose de deux miches de pain, d'un peu de sel, de quelques racines ou d'herbes sauvages. Cette pitance est insuffisante pour un adulte, même pour celui qui mène une vie sédentaire où les seules occupations sont une tâche monotone comme le tressage de paniers — à quoi s'ajoutent la méditation, la quête de nourriture et d'eau et, par-dessus tout, la prière.

Cassien conseille deux miches quotidiennes pour un cheminement de six mois vers la chasteté. L'historienne Aline Rousselle compare cette pratique à une expérimentation américaine faite en temps de guerre sur les effets de la malnutrition sur la sexualité masculine. Pendant six mois, trente-deux hommes ont réduit leur consommation quotidienne de nourriture de 1700 à 1400 calories. Leur sexualité avait diminué autant que leur ventre : plus de pulsions sexuelles, plus de rêves érotiques, plus d'agressivité, plus de pollutions nocturnes. Cassien ne se trompait pas[68]. Affamez le ventre, vous nourrirez la chasteté.

Pour les Pères, le désir charnel est l'ennemi le plus puissant, et l'ascétisme, notamment la privation de nourriture combinée à des nuits de sommeil trop courtes, l'arme la plus efficace pour le combattre. Les fantasmes érotiques ne sont pas la seule faiblesse coupable, la masturbation en est une autre et, pour beaucoup de Pères, il en de même des éjaculations nocturnes. Comme le clame l'un d'eux, les moines doivent « transcender les lois de la nature » en mortifiant leur chair et en prévenant ainsi en eux l'accumulation de semence. L'astuce consiste à se livrer à de longs jeûnes. Sans jeûne, les pulsions érotiques reviennent en force[69]. Mais les moines ne sont pas unanimes à considérer les éjaculations nocturnes comme répréhensibles. Certains croient qu'elles surviennent sans stimuli, dans une totale inconscience, et qu'elles sont dès lors naturelles.

Les ascètes, comme les médecins, croient que l'accumulation de sperme est la conséquence d'une alimentation trop abondante. L'antidote à cet excès est donc le jeûne ou la déshydratation du corps. Plus le corps est sec, mieux se porte l'âme. Les aliments desséchants sont conseillés : lentilles, olives salées, figues, raisin et prunes, poisson salé, saumure et vinaigre, poireaux et pois chiches rôtis. L'excès de liquide pose un problème, car la vessie gonflée comprime les organes génitaux et les stimule. Là aussi, la modération est requise.

Des femmes apparaissent parfois dans le désert. Ce sont des nomades, ou des groupes de femmes qui veulent apercevoir qui un frère, qui un père, qui un mari. Certaines fuient des créanciers, d'autres sont des prostituées aventureuses qui ont parié sur leur habileté à séduire un Père. Ces rencontres sont plus que n'en peuvent supporter les malheureux ermites. Après vingt ans de privation, la simple vue d'une femme peut saper en quelques secondes le courage moral d'un renonçant, fût-il doté du caractère le mieux trempé. Il désespère alors d'être à nouveau capable de n'aimer que Dieu.

Certains font plus que fantasmer. Une jeune fille est violée par des Pères, près d'une rivière, au milieu des roseaux. Ils ont succombé à une sorte de folie sexuelle passagère[70]. Un ermite malade et âgé décide un jour de quitter ses compagnons pour leur épargner la charge qu'il leur inflige. Ces derniers le mettent en garde contre les tentations qui le guettent. N'ayez crainte, leur dit le vieillard, mon corps est déjà mort. Curieusement, lorsqu'il arrive au village, ce corps se remet à vivre, et le vieil homme féconde la fille de ses hôtes accueillants ! Lorsque l'enfant vient au monde, la jeune mère le lui confie pour qu'il l'emmène dans le désert. En fait, tant de pères fautent avec des femmes consentantes qu'ils servent souvent de boucs émissaires lorsque se présentent des grossesses inattendues. De telles accusations, parfois fausses, souvent vraies, deviennent si courantes que les pères cessent de commercer avec les paysans, dont les femmes sont à la fois des tentatrices et des victimes.

L'appétit sexuel est un compagnon de misère et un ennemi redoutable. Un vieil anachorète, Pachon, confie à un nouveau venu que quarante ans dans le désert ne l'ont pas guéri de sa lubricité. Entre cinquante et soixante-dix ans, dit-il, je n'ai pas connu une seule nuit sans pensées impures. Un autre vieillard reconnaît avoir éprouvé quotidiennement « les mêmes révoltes et les mêmes orages[71] ».

Beaucoup de Pères, taraudés par des désirs obscènes, résistent cependant, allant jusqu'à se livrer à de terribles pratiques de mortification, parfois même à des mutilations. Certains emploient les grands moyens. Afin d'éteindre le feu brûlant de ses passions charnelles, Ammonius se brûle avec une barre de métal chauffé à blanc. Le vieux Pachon entre dans la tanière d'une hyène dans l'espoir d'être dévoré. Un jour où l'appel de la chair se fait trop lancinant, il place une vipère près de son pénis. Évagre, qui est amoureux d'une noble dame, refroidit ses ardeurs en s'immergeant dans un puits d'eau glacée. Un Père obsédé par le souvenir d'une femme s'inflige une horrible mortification : après avoir appris la mort de sa bien-aimée, il recherche son corps et trempe son manteau dans les chairs putréfiées. Il conserve longtemps ce vêtement, dont la puanteur finit par anéantir sa passion.

Certains préceptes disciplinaires sont relativement efficaces : s'abstenir de toute évocation d'images féminines, éviter les passages des Écritures qui parlent des femmes ; se garder de tout contact visuel de manière à ne pas risquer de poser les yeux sur une femme. Un moine qui s'écarte de cette règle alors que quelques nonnes marchent non loin de lui est réprimandé par leur supérieure : « Si tu avais été un moine parfait, tu ne nous aurais pas regardées et tu n'aurais pas vu que nous étions des femmes[72]. »

Ces dernières sont cependant rares dans le désert. L'on y voit plus souvent de jeunes garçons. Les pères succombent si souvent à leurs charmes que de nombreuses maximes mettent en garde contre la cohabitation avec de jeunes garçons. Hélas ! des fils arrivent avec leur père, et des enfants sont confiés aux ermites. « Si tu vois un jeune enfant, prends ta peau de mouton et va ton chemin », dit un Père sage[73]. Un autre déclare : « N'amenez pas vos jeunes garçons ici. Quatre églises de Scète sont désertées à cause de ceux qui la fréquentent[74]. »

Les sources de tentation les plus évidentes sont, bien sûr, les autres Pères. Les renonçants résistent autant qu'ils le peuvent, protégés par leur mode de vie solitaire. Ils sont peu nombreux à abandonner leur vocation à cause d'un écart de conduite. Ils se repentent, demandent conseil à des anachorètes plus âgés et renouvellent leurs efforts vers la perfection.

Pendant des siècles, l'implacable désert va rester le symbole du combat de ces hommes pour la chasteté. Terrés dans des lieux inhospitaliers, livrés à un jeûne quasi perpétuel, les Pères ne cessent de prier et de surveiller leurs moindres pensées honteuses, se débattant sans cesse contre l'envie d'absorber ces aliments qui risquent, du moins le croient-ils, d'aviver leur sensualité. Parfois le remède semble être la cause du mal, tant les pauvres hommes s'accusent et se condamnent pour leur appétit charnel, l'ennemi le plus redouté de cette chasteté qu'ils s'efforcent si douloureusement de conquérir.

Cette continence est un état exigeant qui requiert l'effort conjugué de l'esprit, de l'âme et du corps. Jean Cassien décrit les six étapes de la progression de l'ascète vers l'abstinence. Un : il ne succombe pas aux assauts de la chair lorsqu'il est conscient ou éveillé. Deux : il repousse les « pensées voluptueuses » qui se faufilent dans son esprit. Trois : il peut observer le monde extérieur, y compris les femmes, sans ressentir de désirs impurs. Quatre : il n'a plus d'érections durant la veille. Cinq : les allusions à la procréation n'évoquent plus pour lui le plaisir sexuel mais une activité sereine, qui ne l'émeut pas plus que « la construction d'un mur de briques ou autre tâche similaire ». Et enfin, sixième étape : son sommeil n'est plus troublé par des visions voluptueuses[75].

Ce cheminement illustre bien la conception qu'ont les Pères de l'appel à la chasteté. Leur approche offre un contraste frappant avec celle de Constantina, de Marie l'Égyptienne, de Hélia et des nombreuses femmes qui les ont imitées — pour lesquelles la chasteté était plus facile à assumer et à maintenir. Leur lutte n'était pas tant un combat contre le corps, avec lequel elles se sentaient à l'aise, que contre les terribles pressions sociales et familiales et la faim, qui les tourmentaient autant que la sexualité tourmentait les célibataires masculins. Le corps d'un ascète — en particulier son bas-ventre — est son pire ennemi, plus exigeant et plus traître que son estomac vide. La maîtrise de son désir sexuel lui permet de jauger à sa juste valeur son élévation spirituelle.

La quête spirituelle et la conscience du corps et de ses faiblesses transforment le désert en un lieu générateur de ce que Peter Brown appelle une « nouvelle culture », qui rejette l'intellectualisme de la cité, notamment l'exégèse qui soumet les textes sacrés à une étude minutieuse. Les Pères du désert ouvrent de nouvelles perspectives. Ce qui compte désormais à leurs yeux, ce sont les « mouvements du cœur » et les pratiques ascétiques qui peuvent faire échec aux exigences du corps et aux tentations du démon. Pour reprendre la définition de Peter Brown, « cet art de penser monastique, salué à juste titre comme la réalisation la plus grande et la plus spécifique des anciens d'Égypte se résuma pour finir à la découverte d'un nouvel alphabet du cœur[76] ».

Siméon le Stylite :
la sainteté à dix-huit mètres de haut

La ferveur de certains renonçants est parfois telle qu'ils rejettent l'ascétisme du désert et des monastères, trop laxiste à leur goût, et s'imposent des privations et des mortifications encore plus sévères. Les austérités qu'ils s'imposent sont si brutales que la chasteté, comparée à elles, paraît facile. Siméon le Stylite, né à la fin du ${IV}^e$ siècle, est le plus illustre de ces personnages hors du commun.

Ce fils d'un berger syrien entre un jour dans une église où il a une vision qui l'appelle à la conversion. Il se joint alors à d'autres ascètes et entre au monastère de Teleda, mais le régime strict auquel il est soumis lui paraît trop doux. Siméon est un homme débonnaire et endurant. Son seul manquement à l'humilité est son ambition de devenir, à la lettre, le moine le plus accablé de souffrance de la communauté. Il se tue presque — ce qui est précisément le but qu'il recherche — lorsqu'il se met en tête de se ficeler le corps avec une corde de manière à se retrouver prisonnier comme un cadavre l'est de ses bandelettes. Comme cette torture lui paraît trop clémente, il serre davantage les liens. Sa chair blessée se putréfie. Des vers ne tardent pas à apparaître, ne voulant pas manquer ce festin géant. Tandis que les invertébrés le dévorent vivant, Siméon se réjouit, car il est prêt d'atteindre son but : mourir en vrai martyr. Ses frères moines interviennent cependant. Libérés de force de ses liens, ses plaies lavées et désinfectées, Siméon est prié par l'évêque et les membres de la communauté de quitter les lieux.

L'aspirant martyr s'éloigne, mais il ne va pas très loin. Il construit, sur une colline voisine, une petite hutte au toit en forme de dôme, qu'il habite pendant trois ans. Puis il décide de vivre à l'air libre et délimite, sur le sol, avec des pierres, un cercle à l'intérieur duquel il s'installe.

Mais ce domicile ne le satisfait pas plus que le premier. Il grimpe alors sur une colonne pour y prier. Elle ne lui convient pas, il en essaie une autre, puis une autre, de dix-huit mètres de haut cette fois, au sommet de laquelle se trouve une petite plate-forme de deux mètres carrés entourée d'une rambarde. C'est là qu'il va vivre désormais, exposé aux rayons ardents du soleil, à la pluie battante et aux vents glacés. Il y restera trente-sept ans, jusqu'à sa mort.

L'objectif du stylite, debout sur sa colonne — austérité chrétienne inconnue jusque-là[77] — est de consacrer son existence à la prière en faisant un tout de son corps et de son âme. Il refoule totalement ses appétits charnels. La posture de Siméon le Stylite est en quelque sorte une métaphore de l'expression « debout devant le Seigneur ». Dans le monde byzantin dur et affamé du Ve siècle, le saint aspire littéralement, dans son propre corps, la douleur et la faim, la peur et l'affliction. Et lorsqu'il arrive au point culminant de son adoration, la colonne devient un autel et son habitant solitaire l'encens qui s'élève vers le ciel.

Dix-huit mètres plus bas, des suppliants nécessiteux se rassemblent. La colonne de Siméon, commodément située sur une route commerciale très passante, devient un lieu de pèlerinage. Des gens accourent de partout, et même d'Espagne, de Bretagne, de France et d'Italie. L'un des hagiographes contemporains du stylite décrit la foule comme « une mer humaine dans laquelle se jettent de tous côtés des rivières ».

Les adeptes de Siméon, toutefois, sont exclusivement des hommes. Le saint interdit aux femmes de se rassembler sous sa colonne — en dépit de la zone tampon de dix-huit mètres. Il refuse même de voir sa mère et ne communique avec certaines femmes que par l'entremise de messagers. Cette attitude s'explique sans doute par un réflexe masculin de domination et par la terreur des ascètes à l'égard des filles d'Ève, qui possèdent, disent-ils, le pouvoir de susciter la concupiscence chez l'homme. Ainsi, bien que sa vigile solitaire dans les hauteurs lui garantisse la chasteté, Siméon ne se protège pas moins de la tentation.

Les besoins matériels du stylite sont assurés par ses fidèles. En revanche, il prend soin de leurs besoins spirituels. Sa liste est variée : maladies, douleurs, infertilité, péchés, problèmes sociaux, désastres naturels. Par milliers, des pèlerins parcourent des centaines de kilomètres sur des chemins de terre, puis grimpent la colline du stylite. Peut-être auront-ils la joie insigne de se hisser sur l'échelle dressée contre la colonne, s'approchant ainsi du saint homme qui fait des miracles.

Les consultations sont soumises à un horaire strict, car l'emploi du temps de Siméon est rigide. Il prie du coucher du soleil à trois heures du matin, heure à laquelle il transmet son enseignement. Il est alors libre d'écouter, de conseiller, de guérir. Il intervient dans des litiges fiscaux, conseille aussi bien les membres de confréries, les cultivateurs de concombres que les enfants de chœur ; il guérit les malades, convertit les païens et prévient fléaux, famines et autres calamités. Selon son hagiographe : « Il peut présider un tribunal et délivrer des sentences justes et raisonnables. » À mesure que sa réputation grandit, il se transforme en diplomate avec lequel on négocie, ainsi qu'en avocat des pauvres et en médiateur chargé de régler les conflits entre l'empereur et les tribus bédouines rebelles. Il apaise les querelles ecclésiastiques. Lors de débats sur le degré et la nature de la virginité de Marie, les Pères de l'Église consultent Siméon afin de connaître son opinion.

La sainteté du stylite rayonne si largement dans la région que d'autres ascètes prennent exemple sur lui. Daniel, un moine mésopotamien qui a réussi à se faufiler sur la plate-forme, en redescend transformé par la sainteté rayonnante de Siméon. L'homme est au comble du bonheur, le saint homme lui a promis de lui laisser sa tunique après sa mort. Daniel restera debout sur une colonne, à la périphérie de Constantinople, pendant les trente-trois années suivantes. Il mourra à l'âge de quatre-vingt-quatre ans. Jusqu'à la fin du XIXe siècle, les stylites orientaux modèleront leur vie sur celle de Siméon et passeront une grande partie de leur existence au sommet de colonnes, adorant Dieu.

L'ascétisme extrême (et, à première vue, bizarre) de Siméon a attiré des générations de pèlerins et de religieux en quête de vérité. Il symbolise la simplicité apostolique à jamais fixée dans le temps, un moment de pureté éternelle, un monde enclos dans une petite chaire et, dans l'éventail des austérités classiques, une forme de privation portée à sa perfection. L'âme passionnée, sans artifice et radieuse de l'homme debout sur sa colonne, les bras ouverts, tel un crucifix vivant, est la réponse ultime aux aspirations ardentes de ceux qui le contemplent. Le fils presque inculte du berger, qui correspond avec les empereurs et réprimande les percepteurs de taxes, prévient la sécheresse et réconcilie les familles, accepte la dureté de son existence pour avoir le privilège, au propre et au figuré, de planer non loin des anges purs et bénis qu'il aspire à rejoindre.

Épouser l'« homme véritable »

Le désert égyptien est assez vaste pour offrir un refuge aux femmes affligées ou déterminées qui cherchent, elles aussi, une communion intime avec Dieu dans le grand silence des étendues sauvages. Comme la légendaire Marie l'Égyptienne, qui y passera plus de quarante ans, quelques-unes sont des ermites. D'autres établissent des rapports avec des communautés de cénobites aux règles strictes et s'installent à proximité, dans des huttes de glaise séchée inspirées des cellules de moines.

Ces *ammas,* les mères, font face aux mêmes défis et difficultés que les pères : faim, peur, doute et désirs charnels — probablement dans cet ordre. La légende de Marie l'Égyptienne s'inspire de la vie de douzaines d'*ammas* ; son combat pour résister aux affres de la faim fait écho à leurs privations. Les *ammas* font le récit de leurs expériences aux initiés et aux êtres en quête de spiritualité qui retrouvent leurs traces dans le désert.

Les premiers chrétiens vénèrent ces saintes femmes qui ont refoulé leur féminité — attitude qui les incline à l'amour et à la compassion, mais attise la concupiscence de l'homme. Ce n'est pas avant tout leur force de caractère ou leur esprit d'indépendance qui suscitent d'abord l'admiration — bien que, sans ces qualités, elles auraient été incapables de survivre dans le désert —, ce qui frappe, c'est leur suprême détachement du monde et, bien sûr, l'amour absolu qu'elles portent à Dieu. Ce sont ces traits qui font d'elles des êtres admirés des premiers pères et chroniqueurs chrétiens.

Fébronie et Alexandra sont des vierges que leur chasteté radicale a tenues isolées de tout contact avec les hommes. Fébronie, religieuse syrienne, a été élevée dans un couvent près de Nisibis, dont les sœurs sont réputées pour leur sagesse et leur culture. La jeune femme est elle aussi exceptionnellement douée. Elle est en outre respectée pour la fermeté de son ascétisme. La légende veut qu'elle n'ait jamais vu un homme ni été vue par aucun d'eux. C'est cette particularité qui a fait sa réputation, non seulement au couvent mais à la ville.

Lors des persécutions de 302, des païens vindicatifs découvrent ce trésor humain et s'en emparent. Très excités à l'idée de procéder à son interrogatoire en public — sous la torture, bien entendu —, ils savourent d'avance une agonie qu'ils entendent bien faire durer le plus longtemps possible. Mais Fébronie n'abjurera pas sa foi et mourra en prononçant des paroles pieuses. Païennes autant que chrétiennes la pleurent : sa mort tragique, les atrocités que des hommes lui ont fait subir touchent toutes les femmes. Pour elles, Fébronie n'était pas une recluse mais un esprit libre qui s'est consacré à l'étude et à la contemplation, tout en partageant la vie de sa communauté. Son existence retirée dans un couvent, à l'abri des individus malfaisants, est considérée comme un privilège et une bénédiction.

Alexandra, pour sa part, est en quelque sorte une « enterrée vivante » volontaire. Son histoire commence avec la passion dévorante qu'éprouve pour elle un jeune homme de son entourage. Devinant son tourment et horrifiée à l'idée qu'il pourrait y perdre son âme, Alexandra décide de se soustraire à ses regards et de s'emmurer.

Elle s'enferme donc dans un hypogée, muni d'une petite ouverture par laquelle elle reçoit sa nourriture. De l'aube au crépuscule, Alexandra prie en filant le lin. Elle médite longuement sur la vie des saints qu'elle vénère — patriarches, prophètes, disciples du Christ et martyrs. Avec patience et un immense espoir, elle attend sa dernière heure.

« Quelle vertu ! » s'exclament ceux qui la connaissent ou ont entendu parler d'elle. C'est Mélanie, jeune femme éduquée, riche, indépendante et depuis peu évangélisatrice qui, après avoir rencontré Alexandra, va relater son histoire. Mais comment ne pas s'étonner de ce que personne n'ait tenté de persuader la pauvre femme de mettre fin à cette sinistre existence et de rentrer chez elle !

Selon divers témoignages, les contemporains d'Alexandra, qui considèrent les hommes comme les victimes de la séduction féminine, applaudissent à la conduite de la recluse. Pour eux, la jeune femme n'est pas une névrosée — comme nous pourrions le penser aujourd'hui — mais une femme vertueuse et sage.

Fébronie et Alexandra sont vénérées au cours des premiers siècles du christianisme parce qu'elles incarnent des vertus que les Pères de l'Église, les chroniqueurs et les hagiographes tiennent en grande estime : la soumission à Dieu, l'altruisme et l'éloignement du monde. Elles se sont dépouillées des signes extérieurs de la féminité et ont adopté des valeurs masculines. La dévotion de Fébronie, pour qui l'homme n'existe même pas, est intellectuelle et ascétique. Alexandra va plus loin encore dans l'abnégation. Dans un geste altruiste inspiré par la charité, elle sacrifie son existence et participe ainsi au salut d'un jeune homme éperdu d'amour en faisant disparaître de sa vue l'objet de sa convoitise : elle-même.

Une telle attitude est fort révélatrice. Lorsque les premiers chrétiens pressent les femmes de faire vœu de virginité, leur but n'est pas d'abord de leur inculquer la sainteté. Ce qui les préoccupe au premier chef, c'est la vertu vacillante des hommes qui, autrement, succomberaient devant la sensualité féminine qui ne cesse de les tourmenter depuis Adam. La solution évidente est la chasteté féminine et peu importe qu'elle exige d'énormes sacrifices de la part des femmes, dont celui de la maternité. La récompense est à la mesure du renoncement : ces volontaires de la pureté jouissent du grand respect de l'Église et de la société.

À l'exception de saint Augustin — qui a tiré des leçons de sa jeunesse dissolue —, les Pères de l'Église sont convaincus que les femmes sont plus sensuelles que les hommes. Partant de ce principe (partagé par la plupart des cultures, des Aztèques aux Chinois), les Pères considèrent les femmes qui maîtrisent leur nature lascive comme des saintes. Cette inébranlable chasteté, qui protège les hommes de la tentation, fait d'elles des élues de Dieu. En outre, des femmes comme Fébronie et Alexandra ne sont pas seulement vénérées parce qu'elles sont restées vierges, mais parce que leur volonté farouche de le rester les a poussées à se retirer du monde.

Très peu de femmes, cependant, quelle que soit leur ferveur religieuse, souhaitent vivre dans une réclusion totale. Leur idéal est de mener une existence active, dévouée et autonome au sein et au service de la société. C'est le cas de Thècle, une disciple de l'apôtre Paul. Il y a tout lieu de penser que Thècle est un personnage fictif créé par sainte Macrine, sœur de Grégoire de Nysse et de saint Basile. La très pieuse Thècle, dont la famille est aisée, est une jeune femme éduquée et indépendante. Elle possède l'art de la rhétorique, ce qui lui permet d'exprimer sa foi avec style, et en public. Thècle est déjà fiancée lorsqu'elle entend prêcher Paul pour la première fois. Elle trouve ses discours sur la foi, la prière et la chasteté si convaincants qu'elle reste assise pendant trois jours à sa fenêtre, devant la place où il prêche, subjuguée, ne voulant rien manquer de ses enseignements. Inquiète, la mère de Thècle envoie chercher Thamyris, son fiancé. Mais au lieu de prêter l'oreille à son futur mari, Thècle rompt l'engagement qu'elle a pris avec lui. À cette époque, une telle décision a d'énormes répercussions sociales : annuler une promesse de mariage équivaut à un divorce. Thamyris, furieux et jaloux de Paul, persuade les responsables de la ville et le gouverneur romain de l'emprisonner.

Pendant la nuit, Thècle soudoie un gardien, qui lui ouvre la porte de la geôle de Paul. Elle s'asseoit aux pieds de l'apôtre et l'écoute parler de Dieu[78]. Lorsque les citoyens romains apprennent cette conduite scandaleuse, ils forcent les autorités à intervenir. Paul est flagellé, puis exilé hors de Rome ; Thècle est condamnée au bûcher. Mais Dieu éloigne les flammes mugissantes et envoie un nuage chargé de pluie au-dessus du brasier. La jeune fille est sauvée du feu. Elle s'empresse de rejoindre Paul, qui a été libéré et a repris sa mission évangélique.

Thècle veut à tout prix parcourir le pays avec l'apôtre. Elle se coupe les cheveux et le supplie de l'autoriser à porter des vêtements d'homme. Bien qu'il répugne à cette mascarade, Paul finit par s'incliner. Thècle se lance dans l'évangélisation. Hélas ! en dépit de ses succès et de sa chasteté résolue, elle n'arrive pas à convaincre Paul de la baptiser. Pendant ce temps, Alexandre, un notable, s'éprend d'elle. Paul l'a du reste avertie qu'elle connaîtrait ce genre de déboires, car elle est belle. Alexandre cherche à l'obtenir de Paul par l'argent. L'apôtre répond qu'il ne la connaît pas. L'amoureux empressé tente alors de s'imposer de force à la jeune femme, mais elle le repousse avec violence, devant témoins. Humilié, l'homme la traîne devant le gouverneur. L'intransigeance de Thècle la conduit de nouveau en prison, pour y être une fois de plus condamnée à mort, mais, cette fois, sous les griffes et la dent d'une bête sauvage[79].

Un lion féroce et affamé entre dans l'arène et bondit vers sa proie. Alors, Thècle fait un geste stupéfiant : elle se penche et, selon les propres mots d'Ambroise, offre ses parties vitales au féroce lion. Lorsqu'il découvre qu'il a affaire à une vierge, l'animal se fige. Il se couche, lui lèche les pieds, incapable de blesser le corps sacré d'une vierge. D'autres fauves sont amenés dans l'arène. Le phénomène miraculeux se reproduit. Thècle échappe à nouveau à la mort. Sidérés par ce spectacle extraordinaire, les Romains libèrent la jeune femme qui, après s'être baptisée elle-même (plongeant dans un bassin grouillant de requins, elle s'est écriée : « C'est maintenant qu'il me faut recevoir le baptême »), se lance de plus belle sur les routes pour témoigner et enseigner la parole de Dieu. Elle rassemble autour d'elle un groupe de vierges chrétiennes et devient leur *amma*.

La vie indépendante et passionnée de Thècle exerce un attrait irrésistible sur les chrétiennes. Pour ces dernières, les modestes vierges si prisées des Pères de l'Église ne souffrent même pas la comparaison.

Thècle défend sans cesse son point de vue, surtout auprès de ce Paul qu'elle adore, et elle obtient généralement gain de cause. Elle rejette les avances masculines, y compris les honnêtes propositions de mariage. Elle chemine, inlassablement, aux côtés de l'Apôtre des gentils. Thècle est un esprit libre que les contraintes inhérentes à la vie des femmes agacent. Les Pères de l'Église l'admirent, sans aucun doute, mais ils n'en pensent pas moins qu'il faut serrer la bride aux femmes dotées d'une volonté aussi indomptable. Ils mettent certes l'accent sur la vertu de cette vierge, et sur son ascétisme, mais ils s'en tiennent là. Les femmes, elles, tirent une leçon bien différente de la vie de l'évangélisatrice. Elles l'admirent, s'émerveillent de son impressionnante force morale et de sa détermination à toute épreuve.

Au ive siècle, le concile d'Elvire conçoit un « pacte de virginité » qui se déroule en public. Au cours de la séance, un évêque pose cérémonieusement un voile sur la tête de chaque vierge en prononçant ces paroles : « Je souhaite te présenter au Christ [...] comme une chaste vierge. » La femme voilée répond : « Le roi m'a menée dans ses appartements », et ses compagnes ajoutent : « La fille du roi n'est que gloire en dedans[80]. » La vierge consacrée entend alors les ordres de l'Église, qui lui dicte son mode de vie : elle sera séquestrée, enfermée dans sa chambre pour prier et servir le Christ. Après tout, n'est-elle pas son épouse ? « Ne cherche pas le Fiancé dans les rues, lui dit Jérôme, reste à la maison avec [Lui][81]. »

Et c'est bien ce que veulent dire les Pères : il s'agit purement et simplement de rester chez soi. Plus question d'aller au marché, d'assister à des noces, des fêtes ou des célébrations publiques. Seules sont permises les rencontres avec d'autres vierges consacrées. La jeune femme peut toutefois se rendre à l'église, à condition d'être voilée. Jérôme ne manque pas de lui rappeler cette obligation : « Jésus est jaloux. Il ne souhaite pas que ton visage soit vu par d'autres que lui[82]. »

La logique exige ensuite — et les Pères ne manquent pas d'y penser — que les fiancées du Christ vivent avec leurs compagnes. Les Pères soulignent les méfaits de l'isolement des anachorètes et en tirent la conclusion suivante : « Si tout cela est vrai pour les hommes, cela s'applique encore davantage pour les femmes, dont les cerveaux volages et indécis, s'ils sont laissés à leurs propres inventions, ne tardent pas à dégénérer[83]. » En conséquence, ils aménagent des communautés de femmes, toutes mariées à Jésus, l'« Homme véritable », et leur donnent une aînée comme conseillère spirituelle.

Des pratiques ascétiques sont également prescrites. Le jeûne quotidien, de maigres repas de légumes non assaisonnés ou d'herbes fades, de l'eau (jamais de vin) constituent l'ordinaire des fiancées. L'objectif, selon Jérôme, est de créer une communauté virginale de « femmes que le jeûne doit rendre pâles et minces ». Sales, aussi, car le bain est considéré comme une activité immodeste et par trop stimulante. Une vierge qui se respecte ne doit pas se laver. Quoi qu'il en soit, « des conditions misérables […] permettent de hâter la dégradation de leurs beautés naturelles ». Le plus tôt sera le mieux. Une tentatrice de moins[84] !

Une vierge doit également observer la règle du silence. Les Pères détestent les femmes bavardes. « Ta bouche ne doit jamais s'ouvrir pour proférer des vétilles ni pour participer à des conversations banales. » Telles sont les instructions d'Ambroise. « Ne t'adresse qu'au Christ […] car en vérité, un trop grand nombre de paroles signifie abondance de péchés. »

Les richesses et les biens immobiliers sont interdits aux vierges consacrées ; c'est l'Église qui administre les fortunes pour la gloire du Christ et le salut des âmes. Après s'être débarrassée de tout ce qu'elle possède, la vierge appauvrie et voilée, aux cheveux gras et à la peau malodorante se consacre à l'étude des Écritures et des textes des Pères. Elle prie au moins six fois par jour. Pendant ses moments de loisir, elle peut filer et tisser. Mais, par-dessus tout, elle doit bannir de son esprit les pensées impures. « Une simple pensée peut compromettre la virginité », écrit Ambroise. Ce qui veut dire que l'on peut être physiquement intacte et spirituellement impure. « Ô vierge, clame le Père dans une ultime envolée, laisse l'amour, non du corps mais du Verbe, venir à toi. Oublie le fard à paupières et autres folies de la beauté artificielle […] Tes oreilles […] ne sont pas faites pour porter de lourds pendants et pour être blessées [mais] pour écouter ce qui peut t'être profitable. »

Dans les moments de doute, les vierges peuvent toujours penser aux affres de la vie conjugale, aux douleurs de l'enfantement, à l'irascibilité des maris et au chagrin ressenti lors de la perte d'enfants.

La virginité est certes difficile à assumer, mais la vierge consciencieuse peut s'attendre à être abondamment récompensée. « Ta foi naîtra immaculée, et ta piété sera mise à nu ; de telle sorte que, dans ta matrice, tu recevras le Saint-Esprit et enfanteras l'esprit de Dieu », affirme Ambroise. Une récompense appréciable pour une entreprise ardue et fastidieuse.

Ce tableau est, bien entendu, unidimensionnel : il ne décrit que les raisonnements, les lignes de conduite et les recommandations des Pères aux vierges chrétiennes. La chanson est tout autre lorsqu'on sait ce qui attend celles qui désobéissent et se rebellent. Une vierge accusée d'impureté est traînée devant son évêque et doit se soumettre à un examen gynécologique humiliant. Mais il existe d'autres failles cruciales dans la conception que les Pères se font de la virginité. La plupart des chrétiennes sont du reste en conflit avec certains de leurs principes — dont celui qui tient la sensualité pour mauvaise. Les Pères voient le mal dans le corps féminin. La plupart des vierges célèbrent au contraire les sens, qui sont un don de Dieu. « Nous devons rechercher comment plaire à Dieu par l'entremise de nos membres [aussi bien que spirituellement] », déclare Constantina, qui inventorie ensuite chacun de ses sens, décrivant avec ravissement les exquises sensations qu'ils lui procurent. Dieu a créé le corps, explique-t-elle. En conséquence, les sens qui font partie de ce corps ne peuvent être que bons, et Dieu les a créés pour qu'on en use à bon escient et que jamais on n'en abuse.

La sérénité de Constantina devant les délices des sens aussi bien que son indifférence aux prescriptions patristiques sont partagées par d'autres vierges chrétiennes. Ces femmes font grand cas de la chasteté et ne remettent jamais en question son importance sur le plan spirituel, mais elles peuvent refuser certaines restrictions — et ne se privent pas de le faire. Elles savent quels fardeaux apportent le mariage et la maternité et se réjouissent de ce que la virginité qui les en a libérées leur apporte également une supériorité spirituelle. Mais cette supériorité veut aussi dire liberté : liberté de voyager, d'enseigner, de prêcher, de s'exprimer franchement en public, et de veiller aux besoins spirituels des femmes enthousiastes qui décident de les suivre.

Un grand nombre d'hommes et de femmes qui ont fait vœu de chasteté perpétuelle optent pour une vie familiale. Ils observent une stricte abstinence et vivent selon les principes de l'ascétisme chrétien, tout en adoptant la traditionnelle répartition des tâches. « J'apprécie cet arrangement, dit l'un de ces hommes, parce que ma compagne prend soin de mes vêtements, prépare les repas, met la table, fait mon lit, allume et entretient le feu — et me lave même les pieds ! » Les évêques désapprouvent cet état de choses et ordonnent aux contrevenants de faire pénitence pour leurs péchés, mais les communautés n'en changent pas pour autant leur mode de vie, et cela pendant les quatre premiers siècles de la chrétienté. Quelques évêques finissent même par se joindre à ces familles spirituelles.

La liberté individuelle des vierges constitue sans doute la récompense la plus tangible de la chasteté volontaire. On peut évoquer, en l'occurrence, Mélanie la Jeune, celle qui a rencontré Alexandra l'Emmurée et a raconté son histoire. Contrairement aux Pères de l'Église, Mélanie n'est pas très impressionnée par la vie simple, l'isolement et l'humilité d'Alexandra. Cette indifférence est compréhensible, car la jeune femme, après avoir adopté la vie d'ascète solitaire, a décidé de l'abandonner.

Alexandra et Mélanie[85] sont radicalement différentes. Alors que la virginale Alexandra vit recluse dans un hypogée, Mélanie, femme à qui la richesse a jadis donné de nombreux privilèges, reste active et porte sa chasteté comme une armure contre les tentations charnelles. Elle a un tel ascendant sur son époux Pinien qu'elle finit par le convaincre d'accepter de vivre chastement avec elle. La stratégie de Mélanie est simple et convaincante : elle cesse de se laver. Pinien, qui désire désespérément un fils, résiste. Mélanie capitule, met deux enfants au monde — qui ne vivront pas — et reprend sa campagne de chasteté. Lorsqu'elle triomphe enfin, la répartition des pouvoirs entre Pinien et elle s'est totalement inversée. Elle lui dicte ses goûts en matière d'habillement, le convainc d'habiter loin d'elle. Puis, après une incursion dans un monde d'isolement et de privations, elle se joint à un groupe de vierges et commence à voyager.

Quelques miracles jalonnent la vie aventureuse de Mélanie. Elle arrête le bras d'un chirurgien brutal sur le point d'extraire, avec un couteau, un fœtus mort de l'utérus d'une femme. Animée d'un esprit ostensiblement antipatriarcal, elle déclare que la procréation est une invention divine et exalte les vagins qui donnent naissance aux saints, aux apôtres et aux dévots.

Cette femme volontaire et avisée guérit deux malades souffrant d'une curieuse paralysie buccale dont la cause est tenue pour démoniaque, alors qu'elle est tout simplement due au tétanos. Ces miracles sont une métaphore de la volonté de Mélanie de sauver les femmes de l'ascétisme exigé par les Pères. Lorsque les privations et le silence vont trop loin, les vierges, affaiblies, deviennent muettes et impotentes.

Mélanie fonde une communauté de femmes et exhorte ses sœurs à être soumises les unes aux autres. Elle brise ainsi l'autorité hiérarchique et prône la considération et le respect mutuels. La jeune femme instaure des règles communautaires beaucoup plus légères que celles des Pères. Elle proscrit le mépris de soi systématique et la frugalité excessive et exige l'excellence et la simplicité. Le silence tant loué par les Pères, par exemple, ne fait pas partie du programme. De l'aube au crépuscule, la communauté ne se fige jamais dans une immobilité sereine, mais résonne des voix animées de Mélanie et de ses sœurs enthousiastes qui discutent théologie.

Si Mélanie a abandonné l'intimité du mariage, ses amitiés vont devenir légendaires. Elle est très proche de l'impératrice Eudoxie, à qui l'attache un lien spirituel très puissant. Elle vit en harmonie avec ses sœurs, qui se consacrent comme elle à la poursuite de la véritable connaissance.

L'ascétisme de Mélanie est peu sévère. Contrairement aux Pères, elle n'exige pas le jeûne rigoureux, qu'elle considère comme une privation mineure. Elle se déleste de son énorme fortune personnelle et, plus difficilement, de ses bijoux et de ses vêtements somptueux, mais elle abandonne aisément les coiffures compliquées propres aux femmes mariées de haut rang. Ses habits expriment sa vocation, son nouveau statut social et son émancipation à l'égard de l'autorité masculine.

Mélanie est un exemple exceptionnel parmi les femmes chastes des hagiographies. Pour les chrétiennes, elle restera, pendant des siècles, un modèle. Des légions de femmes écouteront, fascinées, l'histoire de sa vie. Elles comprendront très vite que, pour elle et pour ses sœurs en virginité, la chasteté était un style de vie libérateur qui les délivrait de l'ennui et des corvées féminines et leur garantissait une vie excitante, la liberté de voyager, le luxe de l'étude et de la discussion et une vie simple et sans risque parmi des femmes tenant l'amitié en haute estime. Les miracles de Mélanie prouvent que Dieu lui accordait ses faveurs — d'où sa glorification posthume dans la littérature chrétienne. Mélanie a dirigé, seule, chacun de ses pas tout au long du chemin de la sainteté, acceptant ce qu'elle estimait valable et rejetant toute idée, aussi sage fût-elle, qui se heurtait à ses convictions.

CHAPITRE III

Le christianisme tardif

Le célibat ecclésiastique

Les monastères médiévaux en Orient

Certains moines sont des solitaires, ou anachorètes. Ils sont convaincus que seul l'isolement permet d'atteindre la perfection, tout en préservant des tentations. La plupart, cependant, se rassemblent en petits groupes placés sous la direction spirituelle de saints hommes — comme Antoine l'Ermite ou Pacôme le Cénobite, les fondateurs des deux branches maîtresses du monachisme chrétien.

La vie dans une communauté du désert — même petite et peu organisée — tourne autour de l'autorité spirituelle d'un *abba* (abbé), « vieil homme » appelé aussi « ancien » en raison de son expérience. Les pères qui combattent quotidiennement les démons ne peuvent échapper à ces puissants ennemis qu'en ouvrant leur cœur au vieil homme. « Car, explique l'un d'eux, rien ne déplaît plus au démon de la luxure que la révélation de ses œuvres, et rien ne lui donne de plus grand plaisir que leur dissimulation[1]. »

Origène, grand penseur chrétien réputé pour son enseignement et ses travaux scripturaires, théologiques et ascétiques — et aussi connu pour s'être fait émasculer afin de devenir un « eunuque pour le Royaume des Cieux » —, est le premier à insister sur l'importance du cœur, « point de rencontre entre le corps et l'âme, entre le subconscient, le conscient et le supraconscient, entre l'humain et le divin[2] ».

Le monachisme chrétien est un mouvement révolutionnaire qui jette le discrédit sur toute existence autre que monastique. Ses stratèges croient qu'il ne peut exister de vie authentiquement chrétienne sans chasteté et sans détachement du monde, « en dehors de ces grands monastères entourés de murs défensifs [...] de ces groupes de cellules bâties, comme autant de tombeaux anciens, au sommet des collines et sur les plateaux de sable égyptiens [...] ». Il n'y a de vrais chrétiens que « perchés sur des colonnes, ou rassemblés au cœur des petites cités [...] ou emmurés dans des grottes creusées dans les falaises et dans les étranges formations rocheuses des grands ravins[3] ».

Il est certain que le monde, avec ses débauches, sa corruption, ses gouvernants dévoyés, tolère difficilement les individus qui ne répondent de leurs actes qu'à Dieu. Mais les chrétiens doivent-ils pour autant renoncer totalement au monde et se réfugier dans les monastères ? Un nouvel ordre — la chrétienté (*christianitas*) — ne doit-il pas prévaloir et transformer la société en un immense monastère, dirigé par un abbé universel à qui tous voueront obéissance ?

Le monachisme, et toute la réflexion théologique qui en découle, a certes joué un rôle de premier plan dans le développement du christianisme. Mais ce ne sont pas les moines errant dans le désert égyptien, ni les ermites reclus dans des grottes, ni les anachorètes vivant dans des huttes accrochées aux flancs des montagnes qui ont inspiré la création des monastères. L'honneur revient aux cénobites, qui se regroupent autour d'un guide spirituel afin de bénéficier de ses conseils. Ces moines, qui vont bientôt s'installer dans des établissements communautaires bien organisés, diffèrent grandement des premiers Pères du désert, les *monachos* (du grec *monos*, « seul »).

« Pour sauver les âmes, dit Pacôme[4], le père des cénobites, il faut les rassembler. » Pacôme a un don : son regard perçant lui permet de scruter les cœurs. Lorsque ceux-ci sont purs, le moine peut y voir « le Dieu invisible [...] comme dans un miroir[5] ». Pour accéder à cette pureté, qui ne peut être atteinte, selon lui, qu'avec d'autres moines, Pacôme fonde à Tabennêsi ce que l'on considère aujourd'hui comme le premier monastère chrétien.

L'établissement compte une trentaine de maisons, abritant chacune quarante moines. Un grand nombre de règles gouvernent leur conduite. La chasteté est le précepte clé, et la plupart des prescriptions sont conçues pour la préserver. Le silence monastique est destiné à prévenir une trop grande intimité entre les moines. En outre, il incite à l'introspection et favorise la prière ambulatoire. D'autres règles concernent directement la chasteté.

Dans ses *Préceptes,* Pacôme expose clairement quelle doit être la conduite fraternellement chaste du cénobite. La grande règle est de ne jamais tenter un compagnon. Le moine doit observer les précautions suivantes : garder les genoux bien couverts lorsqu'il est assis à côté d'un frère ; faire en sorte que le bas de sa tunique ne remonte pas en arrière lorsqu'il se penche sur un baquet de lessive ; baisser les yeux et éviter de regarder un compagnon pendant le travail ou les repas, qui doivent être pris en silence ; ne pas emprunter et ne pas prêter ; ne pas solliciter de faveurs et ne pas en accorder ; ne jamais consentir à un geste intime, comme retirer une épine du pied d'un frère ; ne pas le laver ni le huiler, non plus que se laisser laver ou huiler ; ne jamais se trouver seul avec un autre moine, que ce soit dans une cellule, sur les paillasses des terrasses ou dans une embarcation ; ne jamais monter à deux sur un âne ; ne pas se parler dans l'obscurité, ne pas se tenir les mains ; maintenir une distance de la longueur d'un bras entre soi-même et autrui ; ne jamais verrouiller la porte de sa cellule ; toujours frapper avant d'entrer chez un frère ; et, enfin, s'abstenir de prendre part aux jeux et aux amusements des enfants élevés au monastère.

Ces obligations et ces interdits, qui s'ajoutent au régime ascétique sur lequel repose l'existence du monastère, ne concernent que les tentations érotiques et les défaillances sexuelles. Pacôme entend faire régner à tout prix la chasteté dans son saint établissement.

Le régime alimentaire est tout aussi strict, bien que moins sévère que celui des Pères du désert. Le jeûne est une habitude quotidienne. Un seul repas est servi, à base de pain et de sel. Les moines qui ne peuvent attendre jusqu'au coucher du soleil sont autorisés à se sustenter également en début d'après-midi. Mais leur ration n'est pas plus grosse pour autant : elle est tout simplement divisée en deux.

Le repas du soir permet aux frères de dormir sans être incommodés par les crampes d'un estomac qui crie famine. En hiver, Pacôme ne mange que tous les trois jours. Cette sous-alimentation est un principe essentiel dans sa lutte pour la chasteté. Elle éteint, dit-il, tout désir sexuel.

Un autre *abba,* Dioscore de Thébaïde, justifie son ascétisme extrême à l'aide d'une rhétorique dont l'écho se fait encore entendre aujourd'hui. « Un moine est censé ignorer complètement les appétits des sens, déclare-t-il. S'il en est autrement, en quoi diffère-t-il des hommes vivant dans le siècle ? » En fait, un moine au ventre vide n'est pas plus affamé que ses compatriotes. Un villageois ou un fermier absorbent à peu près les mêmes portions que lui, du moins en nombre de calories. Lorsque des novices de bonne famille s'asseyent à la table du monastère pour y prendre leur premier repas, le choc causé à leur organisme est considérable, alors que leurs frères de condition modeste trouvent leur portion bien suffisante. Un ancien sénateur qui se plaint auprès d'un berger de son nouveau régime entend ce dernier lui répondre que les repas dont il parle lui paraissent plus généreux et de meilleure qualité que tous ceux qu'il a pu manger dans sa vie. Dans une société où riches et pauvres ont une existence radicalement différente, le syndrome du sénateur et du berger n'est pas rare. Il est même si courant que les moines sont tentés de croire que ce sont les rigueurs économiques, et non l'idéal monastique et religieux, qui poussent les nouveaux venus à demander asile aux monastères. Quelques établissements en viennent d'ailleurs à exiger des périodes de probation afin d'éliminer les postulants à vocation douteuse.

En dépit d'un mode de vie austère, de règles strictes et d'exigences élevées sur le plan spirituel, les moines maîtrisent très difficilement leur sexualité. Le nombre de ceux qui se livrent à des abus sexuels sur des novices est si élevé que l'on dit : « Avec le vin et les garçons qui les entourent, les moines n'ont plus besoin du Diable pour les tenter[6]. »

Les monastères occidentaux

En Occident, on s'intéresse de plus en plus au monachisme égyptien. Les moines orientaux, même d'origine modeste, prouvent de façon irréfutable que l'on peut vivre dans une continence permanente. Mais comment faut-il s'y prendre ? demandent nobles et intellectuels occidentaux à leurs médecins. Les récits relatant la vie de certains moines deviennent populaires. Des érudits font des recherches sur le terrain ; ils vivent avec les ascètes égyptiens, observent leurs moindres faits et gestes. Ils rassemblent et publient les « sentences des Pères », dont les lecteurs s'emparent, les tenant pour d'incontestables vérités.

À la fin du ve siècle, l'Occident transplante en le modifiant cet ascétisme oriental basé sur la vie dans le désert. Les monastères apparaissent au vi[e] siècle. Les abbés établissent leurs propres règles. Celle de saint Benoît de Nursie, qui comprend 73 chapitres, fait de lui le père du monachisme occidental.

Le monastère idéal de Benoît est un simple bâtiment dirigé par un abbé élu. Les frères qui entrent à l'abbaye renoncent à toute propriété privée et font vœu de pauvreté, de chasteté et d'obéissance. L'abbaye de Benoît devient un camp d'entraînement pour les soldats du Christ. « Nous devons créer une *scola* [milice] pour le service de Dieu », écrit-il[7].

Dans cette nouvelle forme de vie monastique, « l'on se gardera bien d'instaurer des règles trop rigoureuses et trop exigeantes[8] », ajoute Benoît. Le fondateur des Bénédictins bannit l'ascétisme oriental excessif qui déplaît aux Occidentaux. (Les bénédictins maintiendront cette tendance antiascétique pendant des siècles, même lorsque des critiques affirmeront que le confort de leurs abbayes va à l'encontre de la pauvreté évangélique à laquelle les moines sont censés se vouer. Ce n'est pas notre avis, répondront-ils. Pourquoi, dans un monde où le christianisme est maintenant un fait acquis, un moine devrait-il endurer les mêmes privations qu'à l'époque des persécutions païennes ?)

En dépit de certains traits communs — silence, chasteté, humilité et obéissance — la version bénédictine du monachisme diffère sensiblement de celle qui a cours en Orient et qui semble contraire à l'esprit de l'Église romaine. Benoît s'adapte à son siècle et aux conditions de vie propres à l'Occident. Pour lui, le cœur et le corps du moine ne sont pas le parfait miroir de sa spiritualité. Les abbayes s'allient à l'Église, et la papauté profite grandement de l'intérêt marqué de ces institutions pour la propriété et les biens temporels, qu'elle appuie et encourage. Les mœurs de la plupart des abbayes ne tardent pas à dégénérer. Ces lieux ne sont bientôt plus que des foyers de corruption où règnent, à l'instigation d'éminences grises, les intrigues politiques, le népotisme et — ce qui est tout à fait contraire à l'esprit même du monachisme — une paillardise à grande échelle.

Comparons ces monastères à ceux de l'Orient, où les moines ne succombent qu'occasionnellement aux tentations de la chair avec une villageoise, un joli garçon ou un frère. Dans le désert, les pères se tourmentent à chacune de leurs faiblesses, puis ils redoublent de vigueur dans leur quête de pureté. En Occident, ces incidents sont si courants qu'on les considère comme des fautes acceptables dans le cadre d'une vie communautaire. Certaines abbayes ont du reste à leur tête un laïque qui y vit avec sa famille et sa suite : femme, maîtresses, enfants, soldats et chiens de chasse. Comment dès lors s'étonner que des moines, fascinés par ce faste séculier et ce laxisme sexuel, et persuadés de la légitimité de l'attachement aux biens de ce monde, imitent l'exemple de leurs supérieurs, dans le bien comme dans le mal. Les moines de l'abbaye italienne de Farfa vivent maritalement avec leurs concubines. Pierre Abélard, qui a été chanoine de Notre-Dame de Paris, révèle que les moines français de Trosly sont presque tous mariés, et que les frères de Saint-Gildas-de-Rhuys, dont il est devenu l'abbé, subviennent eux-mêmes à leurs besoins et à ceux de leurs concubines et de leurs enfants. Abélard sera castré par des agents du puissant chanoine Fulbert, pour avoir séduit, fécondé et épousé secrètement la nièce de celui-ci, Héloïse, dont il était le précepteur[9].

L'homosexualité est très courante dans ces cloîtres où règne la dépravation et où la chasteté est, au mieux, une lueur vacillante, au pire, une mèche éteinte. La Règle de Benoît multiplie pourtant les observances censées prévenir tout ce qui peut induire les moines en tentation. Il est interdit à deux frères de dormir dans le même lit; les lampes ne peuvent jamais être éteintes; les frères doivent rester habillés en tout temps. Le bain, qui demande que le corps soit dénudé, est déconseillé. Il n'est permis qu'à une seule condition: les vêtements doivent être enlevés séparément, afin que le corps ne soit jamais entièrement nu.

(Plusieurs siècles plus tard, les séminaires italiens feront usage de la «palette de pureté», objet en bois ressemblant à une petite spatule dont le moine se sert pour rentrer sa chemise dans son pantalon. Ce stratagème empêche la main de s'approcher trop près des parties génitales. La palette remplit son office tout en gardant les doigts aussi loin que possible de ces régions intimes et sensibles que l'on ne saurait voir ni toucher.)

Bernard de Clairvaux se singularise, semble-t-il: il est chaste et apparemment immunisé contre les attraits de son propre sexe, ainsi que le révèle une anecdote (dont l'authenticité est douteuse). Un marquis bourguignon implore l'abbé de guérir son fils malade. Bernard demande à rester seul avec l'enfant, puis il s'étend sur lui. Le gamin est arraché à la mort. L'important, dans cette histoire si souvent racontée, n'est pas la guérison miraculeuse, mais le fait que Bernard ait pu accomplir son acte salvateur sans avoir d'érection. «Il était sûrement le plus fortuné des hommes, ironise le poète satirique Walter Mapes. Je n'ai jamais entendu parler d'un moine qui, couché sur un garçon, ne s'est pas immédiatement *levé*[10].»

Une grande partie du problème réside dans le fait qu'un trop grand nombre d'abbayes ont oublié leur idéal religieux. Les richesses et les biens matériels y pénètrent en abondance. Certains moines deviennent de riches propriétaires fonciers disposant de vastes terres cultivables et d'une main-d'œuvre dévouée et gratuite. Les moines issus de familles riches, ainsi que certains chrétiens pieux, lèguent des fortunes et des terres immenses aux abbayes. Les biens du clergé demeurent intacts, car ils ne sont pas susceptibles d'être divisés à la suite de querelles entre héritiers, contrairement aux biens séculiers qui sont souvent l'objet de conflits. Les abbés qui dirigent ces empires religieux doivent être des saints — quelques-uns le sont, heureusement — pour résister à l'attrait du pouvoir et du luxe qui s'attache à leur position. Dès lors que le supérieur d'un monastère délaisse la spiritualité et la sagesse au profit des mondanités et du cynisme, les âmes dont il a la charge sont fatalement exposées aux assauts des démons.

En 813, un synode d'évêques est convoqué dans la ville de Tours. Les prélats y déplorent la corruption qui règne dans la plupart des monastères. Dans toute la chrétienté, des réformateurs tentent d'enrayer la progression du mal. Le roi Louis le Pieux impose la Règle de Benoît dans les établissements de l'empire franc, mais après sa mort, les luttes qui dressent ses fils les uns contre les autres entraînent leur sécularisation. Les énormes et riches entreprises que sont devenues les abbayes ne bénéficiant d'aucune protection temporelle, la manœuvre est aisée. Pour les rois et les nobles, les moines sont des proies faciles ; ils les terrorisent, démantèlent leurs abbayes et s'emparent de leurs richesses.

À partir du VIIIe siècle, les relations civiles et militaires entre les abbayes, les rois et les nobles sont typiquement féodales. Les abbés sont les vassaux des seigneurs et assument des responsabilités judiciaires, militaires et politiques. Un duc normand peut toujours compter sur ses neuf monastères pour lui fournir les quarante chevaliers qui l'aideront à satisfaire son humeur belliqueuse. Les abbés allemands se montrent particulièrement enthousiastes dès qu'il est question de leurs obligations militaires : en 981, ils envoient à l'armée de Otto II des centaines de chevaliers, qui s'ajoutent à ceux fournis par les vassaux laïques du souverain.

Sur les plans politique et diplomatique, les abbés et les moines deviennent les conseillers les plus appréciés des monarques. Ils sont très influents. Le moine Alcuin conseille Charlemagne ; Benoît d'Aniane,

Louis le Pieux; l'abbé de Fulda, Henri IV d'Allemagne; l'archevêque Lanfranc de Canterbury et son successeur Anselme, abbé de Bec, Guillaume le Conquérant, puis son fils Henri Ier.

La survie des abbayes semble dépendre de leur alliance avec le pouvoir temporel. Mais en se livrant à toutes sortes de compromissions, les abbés condamnent leurs établissements à n'être plus que la caricature de ce qu'ils ont été. Les moines possèdent même leurs propres églises, ce qui prouve leur allégeance à ce clergé officiel qu'ils ont pourtant fui à l'origine, allant même jusqu'à se cacher dans le désert pour échapper au conformisme débilitant et aux querelles cléricales[11].

Ce cheminement historique tortueux de l'Église et des monastères médiévaux éloigne les moines de leur idéal et de leur mode de vie initial. Un tel relâchement des mœurs mène tout droit à la réforme. En 1073, le bénédictin Hildebrand devient le pape Grégoire VII et impose son programme radical à tout son troupeau: chasteté totale pour tous les chrétiens.

Grégoire vient de Cluny, où la règle de Benoît est rigoureusement appliquée. L'abbaye de Cluny relève uniquement de l'autorité papale. Pour les clunisiens, le christianisme exige que les moines renoncent au monde et que tous les chrétiens adoptent l'idéal monastique. Cette doctrine, surgie dans un monde tombé dans un hédonisme débridé, séduit tant de fidèles que des monastères clunisiens satellites apparaissent un peu partout. C'est ainsi que Cluny devient l'institution religieuse la plus importante d'Occident.

Cette réussite spectaculaire va, bien sûr, aboutir au scénario habituel: la possession de terres et de biens. Plus la vocation ascétique et apostolique de l'ordre attire de fidèles, plus Cluny s'éloigne de sa mission. C'est le dégoût suscité par ces flagrantes contradictions qui provoque la réforme, dont les instigateurs ne cessent d'insister sur la pureté initiale de l'abbaye soumise à la règle de saint Benoît.

La réforme grégorienne du XIe siècle est révolutionnaire. Elle l'est peut-être autant que le sera la réforme protestante du XVIe siècle, la révolution libérale du XVIIIe siècle et la révolution communiste du XXe siècle. Le but des grégoriens est tout simplement d'abolir les vieilles hiérarchies séculières et de créer un nouvel ordre universel basé sur la primauté du pape. Ainsi, la chrétienté sera libérée du joug du pouvoir temporel et placée sous l'autorité du pontife. Pour Grégoire VII, ce nouvel ordre — *christianitas* — exige l'instauration d'un monde chrétien ascétique et monastique où prime le renoncement aux biens terrestres — avec, aux gouvernes, un abbé vassal du pape.

Après cinq décennies de crise, d'agitation, de lutte et de répression, il devient évident que la réforme grégorienne a échoué. Les âmes les plus authentiquement religieuses se sont réfugiées dans des abbayes cisterciennes rappelant les monastères de l'ancienne Égypte, où elles sont à l'abri du « siècle ». Le sévère et irascible Bernard de Clairvaux, imperméable à la tentation, fait partie de ces puristes, même s'il ne peut résister à l'envie de faire des prosélytes pour le nouvel ordre de Grégoire. Dans ses moments de réflexion, toutefois, Bernard comprend combien ce détachement des ambitions terrestres doit sembler absurde à la plupart des fidèles, sauf peut-être à ses compagnons à l'âme innocente.

> Que croient-ils que nous faisons, ces gens imbus du monde, sinon nous amuser lorsque nous fuyons ce qu'ils désirent le plus au monde, et lorsque nous désirons ce qu'ils fuient ? Nous sommes comme des bouffons et des acrobates qui, la tête en bas et les pieds en l'air, attirent tous les regards […] Notre jeu est joyeux, honnête, grave et admirable ; il enchante ceux qui nous regardent du haut des cieux[12].

À ce jeu, joyeux ou pas, les grégoriens ont perdu. La *christianitas* est morte, mais le principe de chasteté survit non seulement dans les abbayes cisterciennes et dans d'autres ordres religieux, mais aussi dans le monde. Un grand nombre de laïques l'adoptent et s'y conforment. Ceux qui n'en ont pas la force se consolent en pensant que l'Église accepte la sexualité dans le cadre du mariage — à condition, bien entendu, que le but de l'union soit la procréation.

Quelques siècles plus tard, les monastères reviendront à cet ascétisme, à la fois corporel et spirituel, qui, à l'origine, a aidé les moines à poursuivre leur quête de pureté et de perfection.

Martin Luther et les pollutions nocturnes

Dans les monastères du xvie siècle, les prieurs imposent une règle stricte à leurs moines : toute activité charnelle, quelle qu'elle soit, est rigoureusement interdite, y compris les éjaculations nocturnes ! Bien que les moines fassent de leur mieux pour réprimer toute pensée susceptible de provoquer cette abomination, les rêves redoutés s'introduisent malgré tout dans leur sommeil innocent.

Le matin, au réveil, après avoir découvert sur leurs cuisses la preuve humide et collante de leur péché, les religieux s'abstiennent de célébrer la messe, se conformant ainsi à la discipline de leur ordre.

Cette situation tourne toutefois à la crise : les fidèles, s'avisant de ce qu'un nombre tout à fait inhabituel de moines s'absentent du saint lieu, ont vent du problème et de ce qui le cause. Très embarrassés, les prieurs s'empressent de changer leurs directives. « Il est [désormais] permis à tous les moines de célébrer la messe, même après une éjaculation nocturne[13]. »

L'affaire des pollutions nocturnes fait une profonde impression sur Martin Luther, qui examine attentivement la question et finit par conclure que les éjaculations non provoquées sont naturelles et par conséquent excusables. Par contre, celles qui surviennent à la suite d'une pensée ou d'un geste conscients sont blâmables, excepté dans le cadre du mariage. Ces questions amènent le maître de philosophie à réfléchir sur différents aspects de la sexualité. Luther se prononce ainsi sur les diverses activités sexuelles et affirme qu'il est dangereux de priver le corps d'une fonction naturelle voulue par Dieu. Petit à petit, mais de façon irréversible, ses idées sur la chasteté vont entrer en contradiction avec les préceptes catholiques en matière de sexualité.

Scuthin met sa chasteté à l'épreuve

Même si elles en ont vu d'autres — conduite répréhensible de certains moines, actes honteux qui s'accomplissent parfois dans les cellules des abbayes —, les autorités religieuses sont frappées de stupeur lorsqu'elles apprennent le comportement scandaleux de Scuthin, un saint homme irlandais. Ce qu'on nous a révélé est-il vrai ? se demandent les prélats. Est-il possible que ce Scuthin partage son lit, chaque nuit, avec deux séduisantes jeunes femmes ? Ils chargent Brendan le Navigateur d'aller enquêter.

L'affaire se corse lorsque, à la nuit tombée, deux jolies filles pénètrent dans la chambre de Brendan. Ce dernier est au lit. Le duo se glisse sous les draps et se blottit contre l'homme, lui déclarant que c'est ce qu'elles font chaque nuit avec Scuthin.

Le malheureux ne peut fermer l'œil. Il se tourne et se retourne sur sa couche, torturé par le désir. Les femmes finissent par se plaindre : l'agitation de Brendan les empêche de dormir. « Notre compagnon habituel ne réagit pas de la sorte, expliquent-elles, même s'il lui arrive de bondir hors du lit pour aller prendre un bain froid. » Sidéré, Brendan comprend que Scuthin a été injustement accusé d'inconduite sexuelle.

Plus tard, il rencontre l'homme qu'il a été chargé d'espionner. Scuthin lui révèle qu'il passe la nuit avec les deux tentatrices aux seins généreux afin de mettre sa chasteté à l'épreuve. Ainsi, sa victoire sur la tentation charnelle n'en est que plus éclatante. Brendan est totalement gagné à la cause du valeureux moine. Les deux hommes deviennent amis.

Quelques siècles plus tard, l'Église fera de Scuthin et de Brendan des saints. Dans un siècle turbulent et indiscipliné, Scuthin a mis à l'épreuve sa vertu et, en résistant aux tentations de la chair, a fortifié sa spiritualité. Au XXᵉ siècle, le Mahatma Gandhi fera de même avec ses techniques de *brahmacharya*, version hindoue raffinée des procédés du bon chrétien Scuthin.

Faut-il ou ne faut-il pas convoler ?

À l'opposé des religieux vivant dans des couvents ou dans le monde, pour lesquels la continence absolue est une obligation, les prêtres, au cours des siècles, ne cessent de résister aux injonctions de l'Église. Ces hommes sont totalement différents des Pères du désert et des moines, qui mettaient la spiritualité au premier plan et considéraient la chasteté comme un terrain sur lequel leur foi pouvait être mise à l'épreuve. Pour ces premiers chrétiens, seul comptait le salut, auquel ils étaient prêts à sacrifier leur vie entière.

Qu'en est-il des autres âmes ? Qui va s'occuper d'elles jusqu'à l'avènement du Royaume ? Qui va enseigner, guider, réprimander et punir ceux qui ont fauté ? Pour la vaste majorité de l'humanité pécheresse, les prêtres sont indispensables.

Ces prêtres ne sont pas des ascètes comme les moines, ce sont des individus ayant de hautes aspirations spirituelles, un sens aigu du devoir et le désir de servir. Au début, le clergé n'est pas formé pour accomplir sa mission. On y trouve des hommes tout simples, qui vivent et travaillent avec leurs semblables et se conduisent comme eux. Ce qui veut dire, entre autres, qu'ils sont mariés. Pendant les premiers siècles de la chrétienté, les prêtres partagent donc leur lit avec une femme, et ont des enfants avec elle.

Dès les débuts du christianisme, la chasteté permanente a été une préoccupation majeure — mais la plupart des païens et des juifs considéraient cette chasteté comme bizarre et contre nature, nuisible à la société et à l'espèce humaine. La loi exigeait du reste que les prêtres païens se marient, et la plupart des chefs religieux juifs prenaient femme, ne se privant de relations sexuelles qu'avant et pendant certaines fêtes et rituels — lors des sacrifices, par exemple. À présent que la chrétienté qui a lutté pour sa survie commence à faire de nombreux adeptes, les autorités ecclésiastiques décrètent que les prêtres doivent vivre, eux aussi, dans le célibat et dans une chasteté perpétuelle.

L'idée est loin de susciter l'enthousiasme, surtout chez les prêtres mariés et, comme on peut le supposer, chez leurs femmes. (De nos jours encore, la chasteté des prêtres est un problème épineux et une pomme de discorde dans l'Église de Rome, la seule Église chrétienne qui l'exige. Nous verrons plus tard pourquoi, au XXᵉ siècle, la prêtrise et la vie religieuse ont progressivement été désertées, alors qu'elles pouvaient auparavant compter sur un flot apparemment intarissable de jeunes gens appelés par la vocation ou poussés par leur famille à embrasser ce mode de vie.)

Les premières tentatives concertées visant à imposer le célibat ecclésiastique remontent au IVᵉ siècle. En 250, quelques prêtres sont célibataires par choix personnel, lequel est parfois renforcé par un décret qui appuie, recommande ou exige le célibat. Mais un grand nombre de prêtres sont mariés et comptent bien le rester.

Cette volonté est exprimée avec force par Synésios, évêque de Ptolémaïs. Dieu, la loi et «la main sacrée de l'évêque Théophile» lui ont donné une épouse, déclare-t-il; il n'a pas l'intention de la quitter et d'entretenir avec elle des relations clandestines — ce qui ferait de l'institution du mariage une mascarade. D'ailleurs, Synésios espère avoir avec sa femme de nombreux enfants. L'évêque refuse catégoriquement de recourir aux honteux subterfuges dont font usage un si grand nombre de ses confrères. Pour conserver leur fonction, ces imposteurs prononcent de faux vœux de chasteté, puis se glissent la nuit dans le lit de leur femme en priant — s'ils l'osent — qu'un enfant ne fasse pas éclater la vérité sur cet arrangement conjugal prétendument chaste.

La bataille destinée à imposer le célibat et la chasteté aux prêtres va durer plus de mille ans et se terminer de façon triomphale au XIIIᵉ siècle. La lutte commence au sommet de la hiérarchie. Elle vise d'abord les prélats, puis s'étend progressivement à tous les prêtres et diacres.

Cette lutte acharnée va perpétuer et accentuer les tensions dans le christianisme, avec, d'un côté, le célibat triomphant — du moins en théorie — à Rome et, de l'autre, le non-célibat accepté, en théorie aussi bien qu'en pratique, par l'Église d'Orient. Mais jusqu'au XIIIᵉ siècle, même pour les ecclésiastiques et décideurs occidentaux en désaccord sur la question, la chasteté reste avant tout une affaire de moines.

Ce qui importe vraiment dans ce débat n'est pas tant son déroulement et ses étapes — avis, décrets, manquements aux règles, compromis, laisser-aller, attaques renouvelées, soumission forcée, non-respect sournois — que ses bases doctrinales et le contexte social dans lequel il s'inscrit. Nous connaissons le dénouement du grand schisme de l'Église : la Réforme protestante et, moments clés de cette réforme, les attaques au vitriol de l'ex-moine Martin Luther contre le célibat religieux. « Rien, tonne-t-il, ne sonne plus faux à mon oreille que les mots "nonne" et "prêtre"[14]. »

Qu'est-ce qui sous-tend ce combat passionné ? Au premier plan, la conviction que la chasteté est l'un des éléments fondamentaux du « bon » christianisme. Dans leurs écrits, leurs prédications et leur enseignement, les Pères de l'Église, dont l'influence est grande, véhiculent cette notion auprès d'un public large et réceptif. Ils donnent personnellement l'exemple : la plupart sont de chastes célibataires. Ils se servent des Écritures pour renforcer leurs arguments, citent les paroles du Christ et des apôtres — ainsi que l'histoire d'Adam et Ève racontée dans la Genèse — pour appuyer leurs thèses.

Un tournant décisif est pris lorsque l'empereur Constantin proclame, en 313, un édit légitimant le christianisme. À cette époque, la pensée des Pères s'est déjà emparée — à leur insu — de l'imagination populaire. Leur ascétisme et leur idéalisation de la chasteté absolue fascinent ; leur influence est immense. Le mouvement monastique qui s'est développé à partir de petits groupes de croyants fervents a révolutionné la pensée chrétienne — et aussi, dans une certaine mesure, la pensée païenne. Ainsi en est-il des *Confessions* et des fameuses leçons du rhéteur Augustin d'Hippone, dont l'enseignement va droit au cœur de tant de pécheurs. Quant à Constantina et à Hélia, les vierges héroïques, et à l'ex-prostituée convertie Marie l'Égyptienne, elles inspirent aux femmes et à quelques hommes une dévotion exaltée envers la chasteté, considérée comme un idéal propre au christianisme.

Une des conséquences majeures de ces convulsions théologiques, politiques et spirituelles est que les laïques commencent eux aussi à embrasser le célibat et la chasteté. Ils mènent, dans des communautés laïques, une vie aussi pure, sur le plan spirituel, que celle prônée par les Pères et Augustin. En fait, la pureté qui règne dans ces communautés fait souvent honte à la religion établie et, pendant les périodes où la dégradation des mœurs et l'apostasie se répandent dans les monastères et les cloîtres de femmes, ces chrétiens chastes et engagés brillent — métaphoriquement du moins — d'un éclat virginal.

C'est sur cette tapisserie à trame très lâche que s'élabore à grands points, de façon hésitante et un peu au hasard, la position de l'Église à l'égard de la chasteté. Pendant les premiers siècles, les décisions les plus importantes concernent essentiellement le statut des membres du haut clergé. Mais en 305, le synode d'Elvire adopte un canon disciplinaire défendant à tous les ecclésiastiques — des évêques aux diacres — d'avoir des relations sexuelles et de procréer, même avec leur propre femme. La sanction, pour ceux qui passent outre à l'interdiction, est l'obligation de défroquer.

Sur les quatre-vingt-un canons approuvés à Elvire, la moitié, ou presque, concerne la sexualité et réserve des punitions plus sévères pour un péché de fornication que pour une hérésie ou tout autre manquement grave. Un grand nombre d'ecclésiastiques étant mariés, les croisés du célibat font le procès des relations charnelles, mais n'osent pas bannir le mariage lui-même. Les sanctions sont écrasantes. Pour la plus petite infraction, les prêtres et les laïques risquent l'exclusion de la communion eucharistique.

Cette ordonnance du synode d'Elvire est d'une sévérité excessive et, si l'on tient compte des réalités du temps, irrationnelle et presque inapplicable. D'ailleurs, deux décennies plus tard, le concile de Nicée la révoquera. Paphnuce, martyr égyptien qui a préféré devenir borgne sous la torture plutôt que de renoncer à la foi chrétienne, rejette vigoureusement l'obligation du célibat pour les prêtres. La chasteté, dit-il, est beaucoup trop contraignante pour la plupart des hommes ; en outre, le mariage est un mode de vie tout à fait respectable. La force de caractère et le bon sens de ce saint ont une influence déterminante sur un grand nombre de chrétiens, d'autant plus que Paphnuce est célibataire et ne défend la cause du mariage que par principe. D'autres synodes et conciles vont encourager cette attitude tolérante. En 345, à Gangra, un jugement blâme des fidèles qui ont refusé un sacrement parce qu'il était administré par un prêtre marié.

Mais les grands idéaux de chasteté et de célibat monastique soulèvent une puissante lame de fond en faveur du célibat des prêtres. L'argument des ecclésiastiques qui sont favorables au célibat est simple : comment les prêtres se distingueront-ils du commun des mortels s'ils s'abaissent à cette activité triviale que sont les rapports sexuels ? En outre, certains commencent à accréditer l'idée que les soucis liés au mariage et à la paternité empêchent l'homme d'Église de se concentrer sur son ministère et sur une spiritualité qui doit servir d'exemple.

La richesse croissante des abbayes, des couvents et de l'Église en général est une autre raison importante qui milite en faveur de l'institution du célibat chez les religieux. Le célibataire ne laissant pas d'héritier, il ne sera pas tenté de partager les biens qu'il administre et ceux-ci seront remis tels quels à la génération suivante de moines et de religieux. (Comme nous le verrons plus loin, le même raisonnement sera utilisé — en Perse à propos des responsables administratifs et militaires, et en Chine à propos des gardiens de harems — pour créer une catégorie sociale aberrante : les eunuques, des hommes irrémédiablement mutilés.)

À partir de 370, des prescriptions papales interdisent aux ecclésiastiques de s'adonner aux plaisirs charnels. Mais elles sont généralement considérées comme inexécutoires, et la plupart des prêtres mariés continuent à faire l'amour avec leur femme. Pour les ecclésiastiques, ces décrets papaux interdisent simplement au prêtre de se marier après l'ordination. Ils n'ignorent pas non plus que les hommes célibataires seront préférés à ceux qui sont mariés. En conséquence, le célibat est une bonne stratégie pour ceux qui veulent s'élever dans la hiérarchie.

La campagne en faveur du célibat va bon train. En 401, à Carthage, le clergé exhorte les prêtres à faire vœu de chasteté. C'est la première fois qu'une telle demande est faite. Dans toute l'Église, la vie privée du prêtre est dès lors — en théorie du moins — surveillée de très près. Son épouse doit arriver vierge au mariage et le rester après les noces. Elle ne partage pas la chambre de son mari, et encore moins son lit. Elle passe ses nuits dans un autre lieu, sous la surveillance d'un chaperon, tandis que le prêtre demeure avec d'autres religieux. Si elle perd son mari, la veuve n'est pas autorisée à se remarier. Une autre ordonnance va exiger un plus grand sacrifice : une fois ordonnés, les prêtres mariés doivent quitter leur femme.

Ordonnances, jugements, décrets papaux se succèdent, une pléthore de décisions parfois contradictoires et souvent mesquines qui débouchent inexorablement (dans l'Église occidentale mais pas dans celle d'Orient) sur l'extension du célibat à tous les clercs, des évêques aux diacres. Les politiques varient selon le lieu et l'époque, mais leurs effets sont souvent négligeables. En 400, toutefois, l'abstinence sexuelle est imposée à tous les prélats de l'Église occidentale. En 450, le filet est lancé si loin qu'il prend dans ses mailles jusqu'aux sous-diacres. Mais, en dépit des décrets officiels, la campagne en faveur de l'imposition du célibat se heurte à une opposition persistante. En 483, puis en 535, deux élections papales plutôt embarrassantes la compromettent : les papes Félix II et Agapit Iᵉʳ sont tous deux fils de prêtres.

La théologie, le monachisme ascétique et des considérations pratiques et économiques favorisent le célibat des prêtres, mais d'autres facteurs entrent également en ligne de compte. L'Église en pleine expansion veut offrir des messes quotidiennes. Comment ces messes pourraient-elles être célébrées par des prêtres qui, quelques heures plus tôt, se sont contorsionnés dans un lit avec une femme, se livrant avec elle à des gestes immoraux ?

En fait, ces pratiques sont monnaie courante, et la réalité des faits se heurte quotidiennement aux interdits. Bien entendu, ces derniers ne concernent pas les ecclésiastiques riches et de haute naissance, mais les simples prêtres qui constituent la partie la plus importante du corps clérical. Dans l'Occident de la fin du Bas-Empire et du début du haut Moyen Âge, l'existence est si rude et si pénible que même des hommes dénués d'esprit religieux se réfugient, malgré les règles de chasteté qui y sont imposées, dans des monastères. Leur objectif est de manger, purement et simplement. Ce sont encore les difficultés de la vie quotidienne qui poussent des prêtres à se marier pour assurer leur subsistance. Les femmes mettront des enfants au monde, cultiveront la terre paroissiale et s'occuperont de nourrir et de vêtir mari et enfants. Des prêtres plus ambitieux s'arrangent pour épouser des femmes pourvues d'une dot, propriétaires d'une terre ou d'un petit commerce — sans se préoccuper du temps que leur exploitation exigera. Les affaires de la religion passent après les affaires tout court.

Une simple énumération des décrets et des ordonnances de l'Église donnerait l'impression — fausse — que la chasteté est pratiquée par tous les ecclésiastiques. Mais elle pourrait aussi laisser entendre que tout n'est peut-être pas pour le mieux dans le meilleur des mondes. Prenons, par exemple, la liste des pénitences prévues : les religieux qui ont commis le péché de chair seront condamnés à l'emprisonnement, au pain sec et à l'eau. Un prêtre ordonné sera fouetté jusqu'au sang, mais il pourra aussi subir d'autres châtiments, tous à la discrétion de l'évêque. En tout état de cause, il passera deux ans en prison. Les religieux et les moines, quant à eux, seront traités avec plus d'indulgence — trois séances de fouet suivies de diverses punitions qui leur seront administrées pendant l'année qu'ils passeront au cachot. Le sort des femmes et des enfants est pire : ils seront vendus comme esclaves.

Ces mesures paraissent bien sévères, voire effrayantes, mais elles ne sont appliquées que lorsque la transgression est flagrante. Comment pourrait-il en être autrement dans une Église où, au VIIIe siècle, un évêque missionnaire — l'homme sera canonisé plus tard sous le nom de saint Boniface — en est réduit à solliciter les directives du pape au sujet de diacres qui, depuis l'adolescence, se vautrent dans la débauche et la paillardise et souillent le saint ministère en entretenant quatre ou cinq concubines ?

La réponse du pape Zacharie est un modèle de diplomatie : si les ecclésiastiques sont adultères ou ont plus d'une épouse, Boniface est autorisé à leur interdire d'exercer leurs fonctions sacerdotales. Il est évident qu'un prêtre s'acquitterait difficilement de son devoir si toutes les règles prévues, notamment en matière de sexualité, étaient mises en application.

Boniface et d'autres prélats désespèrent d'être jamais en mesure de faire concorder réalité et idéal. Leur correspondance fait plus souvent état de leurs problèmes avec des religieux dont la conduite est scandaleuse que de la vertu de leurs frères plus tranquilles et plus soumis. Les fidèles, quant à eux, médisent sans vergogne et jugent durement, suspectant tous les prêtres d'être des gredins et des fripouilles.

Un des passe-temps favoris de cette époque consiste à rapporter des activités honteuses dans l'espoir de voir les autorités sévir. Le commérage — *dénonciation* est le mot qui convient — étant un moyen particulièrement vil de fournir des renseignements, un grand nombre d'évêques s'emploient à le faire disparaître parce qu'il est aussi préjudiciable au dénonciateur qu'à celui qui est dénoncé.

Certaines accusations se justifient, surtout lorsque des prêtres et des évêques procréent. La plus grande crainte — que des scandales subséquents vont justifier — est que les ecclésiastiques accaparent les richesses matérielles de l'Église et les lèguent à leur progéniture. Exiger de ces hommes qu'ils vivent avec leur épouse « comme si elle n'était pas une épouse » c'est leur demander d'administrer ces biens comme s'ils ne possédaient rien — ce qui est le cas[15]. Le fait de dénoncer les prêtres et les évêques qui font fi des prescriptions de l'Église en ayant ne fût-ce qu'un enfant est motivé non par le dépit, mais par le souci d'assurer l'avenir matériel de la communauté chrétienne.

Les sources crédibles étant rares, il est difficile d'émettre un jugement d'ensemble sur le célibat sacerdotal. En outre, la chasteté, qui appartient à l'être intime, est peu documentée. Est-elle largement répandue ? Les évaluations sur ce point varient énormément. Toutefois, Peter Brown, une autorité dans le domaine du christianisme primitif, nous apprend que, vers la fin du VIe siècle, peu de prêtres ont une épouse et qu'il en est de même des évêques, qui, pour la plupart, sont d'anciens moines qui ont quitté la vie cénobitique pour occuper des fonctions d'administrateurs dans les villes. Cela dit, un grand nombre d'exemples précis de violations manifestes et répétées montrent à l'évidence que, bien que le célibat soit devenu la norme — dans le haut comme dans le bas clergé —, des choix de vie excluant délibérément la continence continuent à défier la ligne de conduite officielle.

Au Xe siècle, par exemple, un certain nombre de prêtres ruraux et citadins, ainsi qu'un petit nombre d'évêques ont manifestement, si l'on en juge par la ribambelle d'enfants qui les entourent, une vie de couple sexuellement active. La *focaria,* c'est-à-dire la maîtresse du prêtre, est l'un des personnages types de la littérature médiévale[16].

Au XIe siècle, à l'époque de la réforme grégorienne, les prêtres mariés continuent à exercer leur ministère. La plupart affirment être chastes, et c'est peut-être le cas. La loi civile reconnaît leur union comme légitime, mais, selon le droit canon, leur femme est une « concubine » et leurs enfants des « bâtards » inhabiles à hériter. En outre, leurs fils seront automatiquement exclus de la prêtrise.

Ces restrictions sont aisément contournées. Les fils et les filles sont présentés comme des neveux et des nièces élevés par le prêtre et sa femme. Si un « bâtard » se sent appelé à la prêtrise, un évêque peut, à la condition d'avoir l'approbation du pape, lui accorder une dispense. En 1398, parmi cinquante garçons illégitimes qui obtiennent une dispense, on trouve dix fils de prêtres.

La réforme grégorienne serre pourtant la vis à ceux qui ne respectent pas le célibat, et les XIe et XIIe siècles résonnent des âpres combats qui opposent un clergé sexuellement actif aux prêtres qui observent la doctrine. Des ecclésiastiques qui affichent leur non-respect de la chasteté sont harcelés ; certains d'entre eux perdent leur ministère, tandis que d'autres le gardent en cachant leur mode de vie. Il ne fait aucun doute que la réforme pousse les prêtres à adopter le célibat et vise à attirer dans les monastères et les couvents des hommes et des femmes davantage tournés vers l'ascétisme. En fin de compte, le mouvement réformateur est freiné par la désobéissance notoire de prêtres, d'évêques, et même de papes, ainsi que par le concert de protestations qui s'élève, niant ouvertement que le célibat soit une forme de vie valable, même pour les ecclésiastiques.

Les manquements individuels à cette chasteté imposée avec une force nouvelle sont extraordinairement nombreux, même chez les plus hauts dignitaires de l'Église. Le pape Jean XIII commet l'adultère et l'inceste. En 1171, l'abbé élu de Saint-Augustin, à Canterbury, est le père de dix-sept enfants dans un seul village, mais cet exploit n'est rien auprès de celui d'un évêque de Liège du XIIᵉ siècle, qui perd son siège parce qu'il a engendré soixante-cinq marmots. Le cas le plus ridicule de la fin du XIIᵉ siècle est celui du pape Innocent VIII, père béat qui reconnaît publiquement ses bâtards, puis est pardonné parce qu'il a fait preuve d'honnêteté !

Le célibat reste un problème épineux au cours de la Réforme de Martin Luther, qui enfonce une lame chauffée à blanc dans le catholicisme malade, cautérisant les plaies de l'Église et sectionnant les éléments qui, au fil du temps, ont abîmé son image. L'opération va donner naissance au protestantisme. La Réforme donne une réponse décisive — en fait, deux réponses tout à fait opposées — à la question du célibat des prêtres. La perspective protestante valide le potentiel spirituel des prêtres qui veulent se marier, alors que le point de vue catholique réaffirme la nature sacrée du célibat ecclésiastique.

Le 31 octobre 1517, lorsqu'il affiche ses 95 thèses sur les portes du château de Wittenberg, Martin Luther a clarifié ses idées sur la chasteté. Il considère que, d'un point de vue théologique, la chasteté est aberrante, car elle est considérée comme un sacrifice que l'on s'impose en vue de gagner les faveurs divines. Mais le Dieu des chrétiens ne se laisse pas acheter par des manœuvres aussi basses et aussi dérisoires. Dieu ne donnant le salut qu'en réponse à la foi, le célibat obligatoire, que Luther considère pourtant comme une honnête tentative, n'a aucun sens d'un point de vue moral, ni pour Dieu, ni pour le célibataire contraint et forcé.

Luther est loin d'être un adversaire de la chasteté, mais il croit que Dieu n'accorde ce don qu'à certains êtres. « C'est la voie du Christ », écrit-il. Lorsque les apôtres affirment que la chasteté est une si grande vertu que les hommes ne doivent pas se marier, le Christ leur rappelle que tous les êtres ne sont pas capables d'observer ce précepte. La volonté du Seigneur, selon Luther, est qu'un petit nombre seulement s'engage dans le célibat. Quant aux autres, ils sont appelés par Dieu à suivre le chemin le plus fréquenté. Pour sa part, Luther se marie (avec Katharina von Bora, qui a été nonne) et fait généreusement l'éloge de l'union conjugale, dont il apprécie les nombreux bienfaits, notamment les enfants.

Les idées de Luther sur le célibat, comme celles d'Augustin et des premiers Pères de l'Église, ont de profondes conséquences sur la vie des chrétiens. Martin Luther et Jean Calvin, grand réformateur lui aussi, considèrent malgré tout le célibat comme supérieur au mariage, mais à la condition qu'il soit un don de Dieu. Autrement dit, la chasteté ne doit pas être imposée, ni adoptée imprudemment par des chrétiens incapables de respecter leur engagement, qu'ils soient laïques ou religieux. « Estimez-vous heureux, dit Luther à un prêtre qui vient de convoler, de l'avoir emporté, par un mariage honorable, sur cette chasteté incertaine et répréhensible qui provoque soit une brûlure constante, soit des pollutions impures[17]. »

La Réforme est en quelque sorte un grand nettoyage qui libère des milliers de religieux d'une chasteté forcée et sanctionne l'union de couples déjà mariés. Le courant est endigué par la Contre-Réforme — l'« autoguérison » du catholicisme —, qui réaffirme le célibat religieux avec une vigueur et un aplomb sans précédent. La nouvelle Église catholique, plus modeste mais plus forte, cesse d'être aux prises avec les débats qui ont opposé les ecclésiastiques, entraînant le mépris des fidèles. Le ver a été ôté du fruit. L'achat d'indulgences ne remplace plus la pénitence. La politique de l'Église ne peut plus être contestée ni méprisée. La chasteté absolue, qui constitue désormais un élément séparant radicalement le rite catholique du rite protestant, ne sera plus jamais remise en cause. Plusieurs siècles passeront — près de six, pour être précis — avant que les ecclésiastiques ne lancent une nouvelle attaque concertée contre cette chasteté perpétuelle considérée comme indispensable dans leur engagement au service de Dieu.

Les femmes apôtres

À l'aube de la Renaissance, lorsque l'Europe est balayée par de grandes vagues de ferveur religieuse, des chrétiennes pieuses cherchent avidement un moyen d'exprimer leur spiritualité. Le plus évident est le cloître. Quelques monastères sont doubles ; un complexe d'habitations est destiné aux femmes, un autre aux hommes. Cela permet aux religieuses de bénéficier de guides spirituels, de ressources matérielles et de moyens de défense. En 514, on trouve déjà des abbesses à la tête de couvents, mais contrairement aux premières femmes cloîtrées, qui acceptaient l'autorité de n'importe quel abbé comme elles acceptaient la parole de Dieu, ces abbesses suivent soit la règle sévère de Colomban (540-615), soit celle de saint Benoît.

Un grand nombre de femmes ont cependant besoin d'un exutoire plus puissant pour leur ferveur spirituelle. Ces chrétiennes aspirent à vivre comme le Christ et les apôtres, chastes et pauvres, dévouées à leurs frères et sœurs les plus humbles. Elles préfèrent vivre librement avec les démunis plutôt que d'être enfermées dans des couvents. C'est de l'aspiration collective de ces femmes apôtres que va jaillir le grand mouvement religieux connu sous le nom de béguinage.

Les béguines

Bien que les origines exactes du béguinage et son évolution ne puissent être datées et documentées aussi précisément que celles d'autres institutions, les historiens s'accordent à dire qu'il apparaît au XIIᵉ siècle. Les béguines (le mot est probablement une déformation de « albigeois », du nom de la secte hérétique à laquelle ces femmes sont accusées d'appartenir) sont plus faciles à décrire qu'à définir. Ce sont des groupes de femmes qui ont fait vœu de chasteté et de pauvreté, mis leurs biens en commun et formé des communes spirituelles dans lesquelles elles résident pour la plupart, alors que certaines d'entre elles continuent à vivre chez leurs parents. Elles ne sont soumises à aucune règle conventuelle et ne créent pas de liens avec les institutions sœurs. Les béguines travaillent, prient et se consacrent en groupe au service apostolique. Il arrive qu'elles acceptent la présence d'hommes dans leurs communautés.

Il est toujours intéressant de connaître les fondateurs de mouvements (Pacôme, par exemple, est le personnage que l'on associe au cénobitisme). En ce qui concerne le béguinage, les noms les plus souvent mentionnés sont ceux de Lambert le Bègue et de Marie d'Oignies, tous deux Belges. C'est du reste en Belgique que sont apparus les premiers béguinages. Lambert le Bègue a fondé le premier béguinage à Liège, destiné aux femmes désirant vivre dans la chasteté, l'austérité et la charité chrétienne.

Marie d'Oignies, la plus connue des premières béguines, naît en 1176 dans une famille aisée[18]. Quatorze ans plus tard, elle est mariée. Son mari et elle s'engagent à rester chastes. Ils quittent le pays pour aller servir dans une léproserie. Après un certain temps, Marie ne tient plus en place ; elle aspire à une vie plus austère et à une spiritualité plus élevée. Elle se défait de ses biens personnels, quitte le lazaret et se joint à un ordre augustinien sans affiliation, qui admet des femmes aussi bien que des hommes. Ce béguinage convient à Marie. Elle y restera jusqu'à sa mort, en 1213.

Comme elle ne fait partie d'aucun cloître, Marie jouit d'une certaine liberté. Elle est réputée pour ses visions extatiques, son adoration de l'eucharistie et un ascétisme si rigoureux qu'il comporte de douloureuses mortifications et même des sévices corporels (elle s'enlève un morceau de chair au couteau[19]). Son engagement envers la chasteté, renforcé par son rejet du mariage (rappelons qu'elle a un époux), exerce une grande influence sur les femmes de son entourage. Sa volonté de vivre dans la pauvreté apostolique et dans l'humilité, ainsi que son zèle à soigner les lépreux, ces parias de la société, font d'elle un bel exemple de sainteté. Les personnes impressionnées par l'aventure spirituelle de Marie peuvent remercier son excellent biographe : le récit émouvant que ce dernier a fait de la vie de cette femme exceptionnelle — et hypersensible : Marie est sujette à d'incontrôlables crises de larmes — a répandu la notoriété de la sainte bien au-delà des frontières belges.

La Belgique est donc le lieu de naissance de ce mouvement apostolique féminin, qui va se répandre le long des routes commerciales du nord de l'Europe et devenir très vigoureux à Cologne. Contrairement aux religieuses, généralement nées dans des familles riches, les béguines proviennent de toutes les classes de la société. Les femmes de haut rang prédominent au début du mouvement, mais par la suite des filles issues des classes laborieuses s'y joignent en grand nombre. À la fin du XIIIe siècle, ces femmes démunies sont si nombreuses dans les béguinages que ces derniers sont considérés comme des refuges pour les pauvres.

Le béguinage se démarque totalement du monachisme et des établissements dont les membres ont fait vœu de clôture, de chasteté, de pauvreté et d'obéissance. Les béguines ne font certes pas fi de ces préceptes, mais elles se contentent de les observer sans prononcer de vœux solennels. Comme le fait remarquer un évêque belge, un de leurs grands admirateurs, les béguines «font le choix d'être éternellement chastes plutôt que de faire le vœu de chasteté perpétuelle». Elles obéissent au lieu de jurer obéissance, vivent frugalement et disposent en philanthropes de leur fortune personnelle plutôt que de se défaire de leurs biens. En fait, les quatre piliers du mouvement sont le célibat, la pauvreté, l'humilité et la charité, cette dernière étant entièrement exercée au bénéfice des pauvres.

Quel aimant attire les femmes dans les béguinages? Une combinaison de facteurs, sans doute, dont le plus important est le fervent désir d'exprimer sa dévotion en s'engageant sur le chemin apostolique de la chasteté et de la pauvreté. Rois et nobles, impressionnés par la chasteté authentique des béguines, dotent leur institution[20]. À l'instar des apôtres, ces femmes pieuses ne s'enferment pas dans des cloîtres. Elles vivent sans crainte dans le siècle, parmi ceux qu'elles servent: pauvres, malades, orphelins et déshérités. Le mouvement est si peu formaliste que certaines continuent à vivre avec leurs parents, alors que d'autres s'installent ensemble dans une maison ou une communauté plus large. Certaines béguines gagnent leur vie dans la société, où leurs occupations leur permettent d'obtenir le mince salaire réservé aux femmes; d'autres mendient. D'autres encore disposent librement des revenus appréciables que leur procure une fortune personnelle.

Les béguines sont mi-religieuses, mi-laïques, mais, en matière de piété, elles n'ont rien à envier à leurs sœurs cloîtrées. Leurs vœux de chasteté et d'obéissance sont temporaires, mais elles les renouvellent constamment. Le mode de vie de ces femmes procède d'un choix délibéré, dans le cadre duquel les contraintes propres aux couvents n'existent pas. La béguine peut, si elle le veut, et en toute liberté, retourner à sa vie passée. En bref, c'est une femme indépendante qui n'a jamais l'impression d'être piégée dans le mode de vie qu'elle s'est choisi.

Les béguines belges portent des vêtements simples de couleur neutre. Aucun ornement ne s'y ajoute, mis à part une corde de pénitent en laine brute, d'un brun gris, nouée autour de la taille. Elles sont pauvres, de naissance ou par choix, et vivent avec les pauvres dont elles prennent soin. Contrairement aux religieuses cloîtrées, les béguines restent dans le siècle et n'ont pas à briser leurs liens affectifs avec leur parenté.

Plusieurs éléments extérieurs exercent une influence sur le mouvement, dont les réalités démographiques et la politique des corporations.
À cette période du Moyen Âge, guerres et croisades provoquent un tel
déséquilibre numérique entre les sexes que beaucoup de femmes ne
peuvent espérer trouver un époux. En outre, le célibat, volontaire ou
imposé, éloigne certains hommes du mariage, tandis que d'autres
entrent dans des monastères pour y trouver la pureté spirituelle qu'ils
recherchent. Par ailleurs, les règles rigides des corporations interdisent
aux apprentis de se marier, ce qui force un grand nombre de travailleurs
à adopter le célibat. Ces circonstances défavorables condamnent une
quantité énorme de femmes à rester seules.

Dans certaines régions de France et d'Espagne, les Albigeois misent
sur cet état de choses, rebattant les oreilles à ceux qui veulent les entendre de leur haine du mariage. Ils espèrent ainsi attirer des femmes célibataires dans leur secte. Cette situation explique en partie la suspicion
qui pèse sur les béguines — ces célibataires de vocation. Beaucoup de
gens les soupçonnent de souscrire à l'hérésie albigeoise. Les membres
de la secte affirment que le mariage et les rapports sexuels empêchent
les êtres humains de faire leur salut et considèrent ceux qui ont des
enfants, qui ont, bien entendu, déjà forniqué, comme autant d'âmes
damnées. Il y a tout lieu de supposer que la secte des Albigeois a poussé
des femmes en quête de pureté à se détourner du mariage.

Nul besoin d'ailleurs de persuader les femmes qu'il est préférable
de refuser le mariage. Ayant vécu pour la plupart à l'étroit dans leur
famille, sans aucune possibilité de s'isoler, elles savent très bien, pour
avoir observé de près la vie de leurs parents, ce qui les attend si elles
convolent en justes noces. Plusieurs siècles auparavant, Ambroise lui
aussi a convaincu beaucoup de filles de ne pas abandonner l'état virginal. Dans des mots succincts et éloquents, il leur a énuméré les calamités qui leur pendent au nez : « grossesse, enfants piailleurs, tourments
suscités par l'existence éventuelle d'une rivale, corvées ménagères ». Ce
sont souvent les femmes qui souffrent le plus cruellement de la perte
de cette virginité qu'elles ont sacrifiée dans le mariage. Pas étonnant
qu'elles soient les plus ferventes avocates de cette continence qui, si
elles pouvaient y revenir, restaurerait un minimum de sérénité dans
leur vie par trop agitée[21].

L'Église sonne le glas des béguinages lorsqu'elle décide de les soumettre à des règles. Ces communautés révolutionnaires qui ont surgi

dans les centres urbains de toute l'Europe du Nord irritent les autorités ecclésiastiques. Les hauts dignitaires sont agacés par ces femmes qui travaillent, enseignent, expriment vigoureusement leurs opinions, lisent les Écritures et choisissent elles-mêmes leurs guides spirituels, tout cela sans consulter le clergé officiel! Que sont donc ces femmes, sinon des religieuses non cloîtrées?

L'Église au grand complet se lance dans une répression systématique de ces célibataires entêtées. En 1312, le haut clergé ordonne aux béguines d'entrer dans des couvents. Cette décision, simple sur le plan dogmatique, mais exposée en termes ambigus et trompeurs, traduit bien le scepticisme de l'Église. Les prélats refusent de croire que des adeptes du célibat aussi libres que ces femmes puissent pratiquer la continence dans un monde aussi dépravé. Il faut donc, pour leur sauvegarde, les enfermer dans des couvents. Il leur sera de plus interdit de faire des vœux personnels de pureté; désormais, le serment prononcé sera officialisé. Dans les couvents, ces femmes seront coupées du monde et à l'abri de la tentation de renoncer à leurs vœux.

Au début, l'Église se heurte à une forte résistance — contrôler les béguines n'est pas chose facile, car elles sont séparées, dispersées, jamais réunies en association. Mais, à la longue, incapables de résister aux assauts répétés de leurs censeurs, ces dernières capitulent les unes après les autres. Elles s'institutionnalisent, s'enferment dans des couvents, se soumettent aux autorités ecclésiastiques.

C'est au XIVe siècle que le contrôle de l'Église se resserre et modifie radicalement l'essence même du béguinage. Le mouvement devient chose du passé. Plus rien ne subsiste, que ce soient les vêtements, les conditions d'admission, les coutumes et les rituels quotidiens. Les interdits de l'Église vont à l'encontre de la vocation du béguinage, faite de volontarisme, de simplicité, de respect des liens familiaux et de dévouement aux pauvres. Les infirmières, enseignantes et travailleuses sociales sont chassées des rues où elles œuvrent et poussées dans des cloîtres, loin de leurs protégés, et donc de leur raison d'être. Il leur est défendu d'enseigner aux adultes; seuls les enfants peuvent bénéficier de leur savoir — entre les murs des couvents. L'Église leur interdit de fabriquer des objets destinés à être vendus. Les uns après les autres, les ordres capitulent. C'est ainsi que la vie apostolique des béguines est brisée par une hiérarchie cléricale dominatrice, rigide et ambitieuse, par des hommes qui, se conformant à la tradition des premiers Pères

— qui écrivaient que « le péché est venu d'une femme, et le salut d'une vierge » — vénèrent les vierges autant qu'ils haïssent les femmes[22].

La normalisation et la prise de contrôle des béguinages, cette invention purement féminine, va coûter très cher aux femmes. Ce mouvement leur a permis de transmuer leurs élans de piété en volonté passionnée d'imiter le Christ. Elles ont pu vivre, comme lui, dans la chasteté, parmi les pauvres, partageant leur misère et pourvoyant à leurs besoins. En fin de compte, l'Église écrase ce qui est peut-être le mouvement féminin le plus important qui ait jamais existé, une entreprise qui découle d'un besoin collectif de mener une vie productive, charitable, indépendante et chaste. Pendant plus d'un siècle, le chaste célibat des béguines a donné pleins pouvoirs aux femmes tout en leur permettant de prendre soin de leurs compatriotes démunis. Hélas ! après avoir démontré leur attachement indéfectible à leur promesse de chasteté et survécu aux rigueurs de la rue, les béguines ont été brisées par la hargne jalouse d'une Église autocratique qui a arraché ces anges de miséricorde à leurs protégés indigents, puis les a emmurées dans des cloîtres.

Des femmes retirées du monde

Un désir ardent de retourner à la pureté apostolique anime l'Europe du début de la Renaissance. Si les béguines jouent sans conteste un rôle de premier plan dans le mouvement qui traduit cette aspiration, d'autres femmes se distinguent elles aussi dans le bénévolat. Elles habitent généralement avec leurs parents. D'autres occupent une chambre ou un semblant de cellule. À l'extérieur, seules ou en compagnie de leurs sœurs, elles se consacrent aux démunis. À Milan, on les appelle les *umiliati* (les « humbles ») et, en Espagne, les *beatas* (les « saintes »)[23]. Les *beatas* prononcent des vœux officieux de chasteté et se disent à l'abri des passions sexuelles. Elles se vouent à des œuvres charitables et s'adonnent à une piété de visionnaires. Un certain nombre d'entre elles finissent par entrer dans des couvents, soit dans le tiers ordre des Franciscains, soit, comme Catherine de Sienne, dans le tiers ordre de saint Dominique[24].

Au XVIe siècle, Angèle de Mérici fonde un ordre féminin non cloîtré, la congrégation de Sainte-Ursule. Selon la légende, Ursule, fille d'un roi chrétien breton, subit le martyre aux mains des envahisseurs huns alors qu'elle se rend, accompagnée de 11 000 vierges*, à la cérémonie de son mariage avec un prince païen. Le choix d'Angèle est significatif : la virginité est la pierre de touche de son ordre, et le service social, l'enseignement et les soins aux malades, sa mission. Les novices, qui ne sont admises dans l'ordre qu'à partir de douze ans — l'âge légal pour se marier — doivent avoir reçu le consentement de leurs parents. Angèle leur ordonne de préserver leur virginité, qu'elle associe à l'état angélique.

Les jeunes femmes, « vierges consacrées », continuent à vivre sous le toit familial. Elles s'adonnent à la prière et se mettent au service des pauvres. Les femmes dont la situation familiale laisse à désirer sont placées, par les soins d'Angèle, dans un foyer convenable. Elles paient leur pension en faisant office de gouvernante ou de préceptrice. Deux fois par mois, les « filles » se rassemblent, d'abord à l'hôpital des Incurables, puis dans le bâtiment édifié par leur ordre, afin de s'y s'entretenir avec les « mères ». Ces dernières, plus âgées et plus sages, sont leurs conseillères spirituelles.

Angèle a organisé la congrégation de manière que les filles riches et les filles démunies jouissent de la même considération. Contrairement à la coutume des couvents, où l'on n'accepte les filles pauvres qu'à contrecœur, la fondatrice accueille ces dernières à bras ouverts. En outre, elle veille à ce qu'elles ne soient victimes d'aucune discrimination. Du reste, toutes les sœurs portent le même habit, vêtement très simple qui proclame au monde leur désir de pauvreté, d'humilité et de modestie. En fait, la congrégation est une solution de rechange au couvent, avec cette différence essentielle que les sœurs ne sont pas cloîtrées.

Grâce aux relations d'Angèle et, après sa mort, à la résistance acharnée de son secrétaire et confident, le prêtre Gabriel Gozzano, les Ursulines échappent à la claustration imposée aux béguines et à d'autres ordres religieux. Curieusement, la réputation de sainteté d'Angèle et les solides arguments de Gozzano étouffent dans l'œuf les manœuvres du clergé. L'Église primitive n'avait ni cloîtres ni couvents : la congrégation de Sainte-Ursule se contente tout simplement de perpétuer la tradition.

L'ordre (comme fondation laïque) survit jusqu'en 1810. Les sœurs, magnanimes, resteront reconnaissantes à l'Église de leur avoir accordé

---

* Ce chiffre impressionnant est probablement dû à une erreur d'interprétation de l'inscription romaine trouvée près des ossements attribués aux vierges martyres. XIMV a été lu comme XI Mille Vierges, alors qu'il fallait lire XI pour « onze », M pour « martyres » et V pour « vierges ».

la permission de respecter leur vœu de chasteté dans le « siècle », entourées de leur parenté, de leurs voisins et des pauvres qu'elles se sont engagées à servir.

Marie Ward, « qui était plus qu'une femme »

L'Église ne se montre pas aussi indulgente envers l'Anglaise Mary Ward, clarisse, érudite et éducatrice de génie. En 1609, Mary fonde un réseau européen d'écoles modelées sur le collège des Jésuites de Saint-Omer. Toutes les enseignantes de ces établissements sont laïques et font partie de l'Institut de la Sainte-Vierge-Marie. Des écoles s'ouvrent dans plusieurs villes européennes. En 1631, l'ordre compte trois cents membres. Quelques-unes des écoles ont des centaines d'élèves ; certaines d'entre elles accueillent également des pauvres qui suivent les cours gratuitement.

« Il semble que le sexe féminin doive et puisse [...] se lancer dans des entreprises extraordinaires, écrit Mary. Nous désirons, nous aussi [...], mettre nos faibles capacités au service d'œuvres de charité chrétienne, ce qui nous serait interdit si nous vivions dans un couvent[25]. »

Filles et garçons étudient la religion, le latin, le grec, le français, les dialectes et les mathématiques. Les filles apprennent en outre la tapisserie et la musique. Ensemble, ils montent et jouent des pièces en latin. Les listes de cours témoignent de l'idée que Mary se fait de l'éducation des femmes. Bien qu'elle admette la supériorité de l'homme dans la conduite de la famille et de l'Église, elle est convaincue que les femmes peuvent faire « tout le reste ».

> En quoi sommes-nous si inférieures aux autres créatures qu'elles disent, parlant de nous : « ce ne sont que des femmes » ? Que pensez-vous d'ailleurs de cette expression : « ce ne sont que des femmes », qui laisse entendre que nous sommes inférieures à d'autres créatures, que je présume être des hommes ? Ce qui, j'ose l'affirmer, est un mensonge[26].

Parmi les choses que peuvent faire les femmes figure une vie chaste et pieuse à l'extérieur d'un cloître. Les membres de l'ordre peuvent également élire leur supérieure, se livrer, dans des vêtements modestes plutôt que dans une tenue sévère, aux tâches qui leur sont attribuées et se fréquenter mutuellement tout en étant en contact avec la société laïque.

Pour le clergé, ce mode de vie est dangereux. Les prélats sonnent un double hallali, celui de l'Institut de la Sainte-Vierge-Marie et celui de l'autre Marie si téméraire. En 1631, l'Église dissout l'Institut et renvoie ses trois cents sœurs enseignantes en Angleterre. Ce qu'ils réservent à Mary est plus cruel encore : elle est accusée d'hérésie et enfermée, heureusement pour une courte période, dans un couvent munichois[27].

En infligeant ce traitement à Mary Ward, l'Église entend donner une leçon à toutes les dévotes célibataires. Quand ces femmes sont, par surcroît, indépendantes, ambitieuses, visionnaires et résolues, les prélats considèrent leur vertu comme encore plus problématique — le sort réservé aux béguines en témoigne. Les motivations de ces femmes sont suspectées, leur apport à la société passé sous silence, leurs succès dédaignés, leurs communautés démembrées ; on les confine dans des cloîtres. L'ironie, dans tout cela, c'est que la claustration dans les couvents provoque souvent la révolte redoutée par l'Église. Lorsque nous examinerons le sort des femmes cloîtrées contre leur gré, nous verrons que le premier objectif des rebelles est de manquer à la chasteté qui leur est imposée.

Les fiancées du Christ

Les femmes pieuses qui se vouent à la chasteté, à la spiritualité et au service de Dieu et de leurs semblables n'ont pas nécessairement le désir de mener une vie apostolique, comme les béguines et d'autres sœurs. Sur certaines de ces femmes, c'est l'ascétisme qui exerce un irrésistible attrait. La raison en est simple : pratiqué avec une rigueur extrême et renforcé par la grâce divine, cet ascétisme peut les mener à la sainteté. Pour la chrétienne ambitieuse aspirant à une union totale avec le Christ, ce chemin spirituel est évidemment plus attirant qu'une vie de maternité docile et de soumission à un mari.

Quelques femmes particulièrement déterminées se lancent dans des marathons d'ascétisme. Elles jeûnent jusqu'à l'inanition, mortifient leur chair, s'infligent des privations sensorielles et vont même jusqu'à inventer des macérations si rebutantes qu'elles peuvent avoir la certitude que personne ne les imitera. Aucune béguine ni aucune religieuse ordinaire n'aurait eu l'idée de boire le pus d'un cancéreux ou de l'eau ayant servi à laver les chairs pourrissantes d'un lépreux.

Parvenir à la sainteté n'est pas une mince affaire. Des débuts du christianisme au xve siècle, 3276 personnes seulement deviennent saintes après leur mort. De 1350 à 1500, 87 atteignent ce statut. Au cours de cette même période, la proportion homme/femme, d'abord de 5 à 1, descend à près de 2,5 à 1. De 1350 à 1500, les femmes laïques devancent donc les hommes en matière de sainteté, en dépit du fait que, dans le monde religieux, le nombre d'hommes, plus important que celui des femmes, donne un net avantage aux premiers. Pour les candidates à la sainteté, c'est le moment ou jamais[28].

La sainteté est la grande aspiration de cette époque — comparable au désir actuel de gagner aux Olympiques ou de recevoir le prix Nobel. Pour les femmes, sévèrement limitées dans des vocations autres que celles du travail domestique et de la maternité, la perspective de devenir expertes en dévotion est particulièrement tentante, surtout pour des perfectionnistes aussi intelligentes et avisées que Catherine de Sienne. La vie remarquable de cette femme, aussi brève que mouvementée, va lui assurer la sainteté.

Catherine de Sienne

Catherine de Sienne, née Caterina Benincasa en 1347, est la vingt-deuxième des vingt-cinq enfants de Lapa de Piagenti et de son époux Giacomo, teinturier prospère. Elle est aussi la jumelle d'une petite fille malade, Giovanna, qui a été confiée à une nourrice tandis que Lapa prend soin elle-même de la robuste Catherine. Giovanna passe de vie à trépas, tandis que Catherine continue à profiter du lait de sa mère : Lapa va la nourrir pendant un an, soit beaucoup plus longtemps que ses autres enfants, en fait jusqu'à ce que la source se tarisse. Inutile de préciser qu'elle est à nouveau enceinte.

En 1348, l'année où Catherine est sevrée, l'Italie est décimée par la peste bubonique. La famille Benincasa en sort indemne, mais la terreur et la panique qui se sont emparées du peuple ne l'épargnent pas. Catherine souffre-t-elle plus que les autres ? Non, sans doute, bien que sa mère ne cesse de lui rappeler qu'elle est une petite fille privilégiée à qui Dieu a permis de vivre alors qu'il a repris sa sœur jumelle. Catherine jeûne de façon normale pour une petite fille pieuse ; elle profite de son enfance, joue, rit, gambade à l'extérieur. À cinq ans, il lui arrive de s'agenouiller sur chaque marche de l'escalier menant à sa chambre et de réciter un « Je vous salue Marie ». Elle a un culte tout particulier pour Euphrosine, vierge légendaire qui a échappé au mariage en vivant déguisée en homme dans un monastère.

À six ou sept ans, Catherine a une première vision de Jésus et de plusieurs saints. Pendant des années, elle va s'interroger sur le sens de cet événement. Avec ses petites amies, elle fonde une sorte de club dont les membres se réunissent pour se flageller avec une corde à nœuds. En incitant ses compagnes à s'adonner à cette pratique, Catherine donne un aperçu de la profondeur de sa religiosité, mais, à cette époque pieuse, cette occupation suscite assez peu de commentaires.

Lorsque sa fille arrive à l'adolescence, Lapa commence à lui inculquer les rudiments de son futur métier de femme. Catherine doit se laver soigneusement la figure, se maquiller, teindre ses cheveux en blond et les faire friser. Tout cela en prévision d'un mariage éventuel, bien sûr. Mais à quatorze ans, l'adolescente a une autre vision. Cette fois, Jésus l'épouse en des « noces mystiques dans la foi » lors d'une magnifique cérémonie à laquelle assistent la Vierge Marie, Jean l'Évangéliste, saint Paul, saint Dominique et le roi David. Ce dernier porte le psautier. Jésus, qui tient les alliances, en glisse une au doigt de Catherine. C'est un anneau d'or orné de perles et de diamants. « Maintenant, psalmodie-t-il, je te fiance à moi dans une foi qui, à partir de cette heure jusqu'à tout jamais, restera immuable, jusqu'à notre glorieux mariage céleste, qui se fera en parfaite conjonction avec moi dans un second mariage éternel, lorsque face à moi tu seras autorisée à me voir et à jouir de ma présence[29]. » Ivre de bonheur, la petite fiancée du Christ s'engage à rester vierge pour son époux divin.

À quinze ans, l'univers de Catherine s'effondre. Bonaventura, sa sœur aînée qu'elle adore, meurt en couches. Peu après, Giovanna, une sœur à qui l'on a donné le nom de la jumelle morte, quitte également ce monde. Catherine s'accuse de cette mort : une fois encore, elle a été choisie de préférence à une autre. Elle vit, alors que d'autres meurent. Ses convictions religieuses, de ferventes, deviennent obsessionnelles. C'est alors qu'elle se jette dans l'ascétisme qui va la tuer à trente-trois ans, l'âge où le Christ est mort. Elle ne mange plus que du pain, des légumes crus, ne boit que de l'eau. Lapa et Giacomo n'en placent pas moins tous leurs espoirs dans leur unique fille survivante. Ils sont convaincus que la mission de Catherine est de renforcer, par un beau mariage, la position sociale de la famille. Et quel meilleur choix que le veuf de Bonaventura ?

Catherine déteste son beau-frère, qu'elle trouve vulgaire et grivois. L'idée d'épouser cet homme lui répugne. Elle défie ses parents, invoquant son vœu de virginité perpétuelle et son mariage mystique avec le Christ. De violentes querelles s'ensuivent, qui ne font que fortifier sa résolution de refuser toute union avec un mortel. Un prêtre devient son allié et lui suggère de prouver sa détermination en se coupant les cheveux. Catherine sacrifie allégrement sa crinière blonde.

Lapa et Giacomo sont livides de colère. « La plus infâme des filles ! Tu as coupé tes cheveux ! Crois-tu qu'à cause de cela tu ne feras pas ce que nous avons décidé ? » persifle la mère. « Tes cheveux repousseront et, même si ton cœur doit se briser, nous te forcerons à prendre époux[30]. »

Dès lors, Catherine est privée de ses privilèges. La perte la plus grave est sa chambre, dans laquelle elle se flagelle en secret, veille des nuits durant et se livre à d'intenses prières et à de profondes méditations. Catherine partage désormais celle de ses frères et, « jusqu'à ce qu'elle reprenne ses esprits », est tenue de s'acquitter de toutes les corvées domestiques.

La jeune fille accepte calmement ce châtiment et se met au service de sa famille comme si cette dernière était celle du Christ — ses parents étant Marie et Joseph, et la horde bruyante de ses frères les saints apôtres. Cette représentation symbolique lui permet de continuer librement ses dévotions. Quelques mois plus tard, elle fait une déclaration qui va enfin ébranler la volonté de ses parents. « Je ne me marierai jamais, leur dit-elle, et vous perdez votre temps en essayant de m'y contraindre. Il n'est pas question que je me soumette par complaisance. C'est à Dieu que je dois obéir, non aux hommes. »

Troublé, Giacomo murmure : « Dieu veille sur toi, ma douce fille. Fais ce qu'il te plaît et obéis aux ordres du Saint-Esprit[31]. »

Lapa permet à sa fille de récupérer sa chambre, où Catherine s'impose des austérités de plus en plus dures. Elle se flagelle trois fois par jour pendant une heure et demie, se meurtrit les chairs en s'entourant les hanches d'une chaîne de fer. Elle n'ouvre la bouche que pour se confesser, ne dort qu'une demi-heure toutes les deux nuits, sur une planche étroite. Elle ne mange même plus de pain. La belle jeune fille est devenue d'une maigreur squelettique.

« Ma fille, je te vois déjà morte », se lamente Lapa. Son angoisse devant l'amaigrissement de sa fille la rend folle. « Tu vas te tuer, j'en suis sûre. Pauvre de moi ! Qui m'a volé ma fille[32] ? »

Catherine sait qu'il lui reste de longues années avant de mourir de faim. Elle se résout à les passer dans un couvent du tiers ordre dominicain, où les sœurs, tenues de faire une promesse qui fait écho aux vœux des moniales, ne sont cependant ni cloîtrées ni soumises au régime strict imposé aux communautés conventuelles. Ce sont néanmoins des religieuses, et leur vocation exige qu'elles renoncent à toute offre de mariage.

La pauvre Lapa réussit à emmener sa fille dans une station thermale avec le fol espoir que les eaux curatives lui apporteront la guérison et lui feront oublier le couvent. L'entêtée ne tarde pas à tromper sa surveillance. Elle se précipite dans un endroit interdit du bassin et se brûle avec l'eau sulfureuse qui, diluée et refroidie, guérit les patients.

Les deux femmes rentrent à Sienne. Là, Catherine harcèle sa mère jusqu'à ce que cette dernière accepte de la ramener aux sœurs du couvent. Lapa se résigne, mais les sœurs, elles, ne veulent plus de Catherine. Cette vierge trop jeune, qui pourrait s'écarter du chemin de la vertu, ferait une mauvaise novice. Elles préfèrent nettement les veuves, plus sages. Catherine est terrassée. Elle brûle de fièvre, des furoncles la défigurent. Plus manipulatrice que jamais, elle profite de ces misères physiques pour supplier Lapa de faire une demande d'admission auprès des sœurs de la Pénitence. Si vous refusez, dit-elle, Dieu et saint Dominique, qui me veulent pour accomplir l'œuvre sacrée, feront en sorte qu'il m'arrive quelque chose de terrible.

Lapa se précipite au couvent et supplie ardemment les sœurs. Cette fois, elle est sincère. Les nonnes l'écoutent, puis lui répondent que Catherine, trop jolie, pourrait être cause de scandale — sans doute provoqué par un homme. Mais le ravissant visage de la jeune fille n'est plus qu'un souvenir, et pour une fois la mère s'en réjouit. «Venez et voyez par vous-mêmes», implore-t-elle. Un groupe de sœurs, choisi parmi les veuves les plus avisées, accompagne la mère aux abois jusqu'au chevet de Catherine. Après avoir questionné la malade, elles en arrivent à la conclusion qu'elle est simple et pieuse. Elles l'autorisent à vivre au couvent. Catherine recouvre la santé et revêt l'habit noir et blanc de l'ordre.

Catherine est donc parvenue à ses fins : être acceptée dans un lieu habituellement réservé à des femmes de haute naissance. Mais ce n'est pas à cause de ses origines modestes qu'elle se joint à un tiers ordre. La raison de ce choix est qu'elle n'a nulle envie d'être cloîtrée, ni de se soumettre à la discipline d'une mère supérieure autoritaire. Ce qui ne signifie pas qu'elle redoute les rigueurs de la vie religieuse, bien au contraire, le régime qu'elle a l'intention de s'imposer est d'ailleurs si radical qu'elle sait qu'aucune abbesse ne pourrait le tolérer. Il faut qu'elle reste libre afin de pouvoir réaliser ses projets les plus ambitieux.

Catherine a entrepris de mortifier le peu de chair qui lui reste. Elle a confié sa survie au Saint-Esprit. La jeune femme n'est plus qu'un paquet d'os ; elle ne boit que de l'eau, n'absorbe que des herbes amères. Il est rare qu'elle prenne de la nourriture. Du reste, les aliments la rendent malade. Lorsqu'elle mange, son estomac rétréci se contracte et la fait tant souffrir que, écrit son confesseur, « toute nourriture ingérée ressort en prenant la voie par laquelle elle est entrée ». Il arrive que la manière d'agir de Catherine, « mastiquer et recracher », ait des ratés. Un peu de nourriture — disons une fève — descend alors dans son estomac. Elle vomit aussitôt. Mais comme elle ne peut le faire à volonté, elle prend la douloureuse habitude de s'enfoncer des tiges de fenouil dans la gorge afin que ces dernières provoquent les spasmes qui la feront vomir. (La grande Thérèse d'Avila utilisait un rameau d'olivier dans le même but.)

Si elle avait vécu aujourd'hui, Catherine aurait été hospitalisée et alimentée de force, mais elle serait morte quand même. Au XIVe siècle, elle est critiquée, calomniée — on la soupçonne de manger en cachette. On l'accuse même d'être une sorcière. Mais son confesseur et ses compagnes la « comprennent » et la vénèrent comme une sainte qui obéit aux ordres de Dieu, même les plus mystérieux.

Un jour où elle se trouve au chevet d'une pauvre femme qui se meurt d'un cancer du sein, Catherine est dégoûtée par l'odeur de la chair en putréfaction. Sa répulsion est si forte qu'elle y voit un dilemme moral à résoudre. La faim et le désir sexuel l'ont depuis longtemps abandonnée, mais la voici aux prises avec une terrible répugnance. Comment la surmonter ? La réponse lui apparaît, évidente : elle remplit une louche de pus nauséabond et l'avale.

Cette nuit-là, le Christ lui apparaît. Lorsqu'il lui montre le trou que le centurion a percé dans son flanc, Catherine est dévorée du désir de poser les lèvres sur la blessure sacrée. Dieu ne permet pas qu'elle s'en tire à si bon compte : il inflige à la jeune femme une douleur chronique aiguë dans la poitrine. À partir de ce moment, incapable de digérer quoi que ce soit, Catherine refuse toute nourriture.

Jamais elle n'est la cible de la moindre allusion à quelque inconduite sexuelle, en dépit — ou à cause — de la présence de son confesseur, le père Raymond de Capoue, qui a été chargé par le pape de veiller sur elle et de la guider. Catherine refuse toujours le mariage, et une jeune femme de son milieu ne peut envisager la sexualité en dehors de cet état. Mais les grossesses continuelles de Lapa, la mort en couches de Bonaventura et le décès de tant de frères et de sœurs l'ont sans doute amenée à abandonner l'idée que, toute jeune, elle se faisait du mariage. Elle en a conclu que la sexualité tue plus vite une femme que la faim, sans aucun bénéfice pour la victime. La sainte anorexie de Catherine a éliminé en elle le moindre picotement de désir, la transformant en eunuque pour le Royaume des Cieux. Catherine est une célibataire délibérément abstinente qui sacrifie sans hésiter sa vie sexuelle pour obtenir les merveilleuses récompenses d'un au-delà infiniment meilleur.

L'extravagant ascétisme de Catherine de Sienne[33] tue non seulement toute pulsion sexuelle dans son corps famélique, mais il tue à petit feu son être physique. Son cœur s'arrête plusieurs fois de battre. Un jour où ce phénomène se produit, elle s'imagine que le Christ lui a sauvé la vie en échangeant son cœur sacré contre le sien. Dans un moment d'exultation, elle raconte qu'il l'a souvent soulevée de terre et qu'elle a alors senti son âme en parfaite communion avec la sienne. Tout idée érotique subsistant dans ce corps ravagé est sublimée et offerte au Christ.

Une des ambitions les plus récurrentes de Catherine est de prêcher comme le font les prêtres. Elle domine si parfaitement sa féminité qu'elle y réussit. Dieu l'a préparée à cette tâche, lui affirmant qu'il lui est aussi facile de créer des anges que des insectes. Avec une énergie incroyable chez un être détruit par la malnutrition, elle se lance dans une campagne pour faire triompher ses causes : paix et réformes dans l'Église, retour du pape à Rome et croisade contre les musulmans.

Catherine est un porte-parole et une recruteuse dynamique et intrépide. Elle admoneste les gouvernants, les seigneurs et les prélats, exigeant d'eux des réformes religieuses, municipales et étatiques. Elle réprimande même le pape — qu'elle appelle *babbo,* « papa » —, le pressant de lutter contre les iniquités de l'Église ou de démissionner afin de laisser à un autre le soin de mettre fin à ces injustices. Sa réputation de médiatrice et de réconciliatrice grandit : elle est, sans aucun doute, le diplomate le plus écouté de l'Italie du xive siècle.

Catherine est certes un personnage flamboyant, mais cela ne l'empêche pas d'accomplir son humble mission d'infirmière dans des hôpitaux publics, où elle est la *mamma* de ses patients, qu'elle appelle « fils ». Elle

est aussi le guide spirituel des condamnés à mort. Le jour de l'exécution de l'un d'eux, qui meurt en murmurant : « Jésus, Catherine », elle
se tient si près de lui que le sang du supplicié éclabousse sa robe. Plus
tard, tandis qu'elle se réjouit à la pensée que l'âme du défunt est en
repos, elle regarde son vêtement souillé et ne peut se décider à le laver
de ce sang « odorant ».

Catherine persévère dans son régime létal et, à trente-trois ans, se
prépare à un trépas glorieux et à son union avec l'Époux, mort lui aussi
à cet âge. Elle a aspiré à ce moment comme au couronnement de sa
mission. Les terribles privations qu'elle s'est infligées l'ont élevée bien
au-dessus de toute autre expérience humaine ; elle a rarement été tourmentée par un désir de nourriture, et le plaisir charnel ne l'a quasiment
jamais effleurée. Catherine a réussi à établir un équilibre très subtil entre
l'anesthésie de ses sens et leur annihilation presque totale. Et elle a décidé
avec précision du jour où elle rendrait son dernier soupir, s'attardant
dans la vie jusqu'à l'âge où est mort le Christ, son divin époux.

Ses disciples se mettent presque immédiatement en campagne pour
obtenir sa canonisation. Catherine a accompli ce pour quoi elle a lutté :
être la plus sainte des saintes, vivre en fiancée du Christ, dans une stricte
continence, refuser à son corps toute nourriture et le flageller pour le
soumettre à son ardente volonté.

Intelligente, déterminée, audacieuse, voire scandaleuse, Catherine est
un exemple d'authentique « fiancée » du Christ. Son triomphe est total.
Pourtant, la compétition est féroce. Colomba da Rieti se mutile elle
aussi avec des chaînes munies de pointes de fer qu'elle serre autour de
ses hanches et de sa poitrine. Sa peau, à vif et couverte de cloques,
épouvante des hommes qui l'ont dépouillée de ses vêtements pour la
violer. Ils ne peuvent consommer l'acte. Angèle de Foligno boit à longs
traits l'eau dans laquelle elle a lavé les chairs putréfiées d'un lépreux.
Quant à Brigitte de Suède, devenue la fiancée du Christ après la mort
de son époux terrestre, elle est l'égale de Catherine et sa collaboratrice
en matière de diplomatie. Elle gourmande elle aussi le roi et harcèle le
pape. Brigitte atteint le but qu'elle s'est assigné : créer l'ordre des
Brigittines, cette communauté féministe idéale dirigée par une femme
et soumise à une règle aussi raisonnable que rigoureuse.

Ces femmes et leurs contemporaines sont les grandes vedettes du
Moyen Âge. Leurs efforts surhumains, leur habileté et leur entregent
leur permettent d'exercer une énorme influence — chose inconcevable

pour les femmes de cette époque, vouées de façon irrémédiable au mariage et à la maternité. Dans la plupart des cas, leur commun dénominateur est une chasteté ascétique couronnée par une union mystique avec le Christ. Du XIIIᵉ au XVIIᵉ siècle, 30 % des saintes italiennes observent un régime qui les conduit à l'inanition. Tandis que leur corps émacié et asexué protège leur chasteté, elles subliment toute pensée érotique par le fantasme d'une union — physique aussi bien que spirituelle — avec l'époux divin. Leur chasteté, si farouchement préservée, est la condition essentielle qui permet à ces ascètes de triompher dans la voie difficile qu'elles se sont choisie.

Hildegarde de Bingen désapprouve le jeûne

Parmi les femmes qui se livrent à un ascétisme poussé à l'extrême, Hildegarde de Bingen fait figure d'exception. Celle que l'on appelle la sibylle du Rhin est une aristocrate pieuse, érudite, d'une grande intelligence, compatissante et curieuse des êtres et des choses. Elle fonde une communauté bénédictine, dont elle devient l'abbesse. Elle écrit énormément, entretient une volumineuse correspondance et publie des ouvrages de science médicale et d'histoire naturelle, ainsi que des vies de saints. Ses visions surnaturelles occupent une place centrale dans ses écrits. Les chants liturgiques de cette grande compositrice sont les plus beaux et les plus originaux du Moyen Âge.

Comme Catherine de Sienne et Brigitte de Suède un siècle et demi plus tard, cette « pauvre petite femme chétive[34] », comme elle se décrit elle-même, exerce une influence étonnante sur des êtres appartenant aussi bien à la classe dirigeante laïque qu'au haut clergé. Empereurs, rois et reines, moines, évêques et papes sollicitent ses conseils. Elle fustige le saint empereur romain Frédéric Barberousse, le traitant de fou parce qu'il protège les papes schismatiques. Elle maudit un ordre monastique, qualifiant ses moines de fils de Satan parce qu'ils se sont querellés pour de sordides questions d'argent. Son enseignement est en grande partie basé sur ses visions. C'est donc Dieu, et non Hildegarde, qui est responsable du contenu de son enseignement.

Dans ses lettres à Élisabeth de Schongau, Hildegarde déplore l'ascétisme excessif de son amie. Avec tendresse, elle la supplie de ménager son pauvre corps. Ces conseils, inspirés par une vision, arrivent malheureusement trop tard : Élisabeth rend l'âme[35]. Le corps est comme un champ cultivé, a écrit Hildegarde et, de même qu'une pluie torrentielle ou la négligence détruisent la récolte, de même des contraintes excessives détruisent l'être physique.

« Le Diable, cet oiseau noir comme suie, explique-t-elle, s'attaque aux pécheurs et aux êtres rongés par les désirs érotiques. Il leur dit : "Piétinez votre corps sans relâche avec vos chagrins, vos larmes et vos combats." Cette suggestion démoniaque vise à faire croire que cette manière d'agir permet d'expier le péché. » En fait, ajoute Hildegarde, ce qui arrive ensuite, c'est que l'ascète zélé s'affaiblit, se lasse et perd le goût de vivre et de persévérer dans sa sainte mission spirituelle. Et c'est précisément ce que le Diable voulait. Cette crise, Élisabeth de Schongau l'a sans doute traversée, et l'on se demande si le conseil énergique d'Hildegarde a touché la mourante.

Quelle critique provocante de l'ascétisme excessif ! Hildegarde, qui ne prône qu'une seule privation, celle du plaisir charnel, a d'autres pensées tout aussi pessimistes et définitives sur le sujet. Selon elle, les victimes de cette austérité galopante sont coupables du péché d'orgueil, car elles ont la conviction d'être meilleures que d'autres personnes tout aussi bonnes. Les grandes ascètes comme Catherine de Sienne n'ont sans doute pas lu Hildegarde, et si elles l'ont fait elles ont cru que ses conseils s'adressaient à des intellectuelles privilégiées qui, par la seule entremise d'une plume agile et d'un esprit puissant, pouvaient atteindre la sainteté. Pour les femmes moins douées, la mortification reste la meilleure ligne de conduite.

Kateri Tekakwitha, sainte mohawk

Dans le Nouveau Monde, la plus extraordinaire des fiancées du Christ est sans conteste Tekakwitha — jeune Iroquoise qui sera honorée par l'Église catholique comme « bienheureuse » et deviendra une des héroïnes — fascinante et tragique — d'un roman de Leonard Cohen, *Les perdants magnifiques*. Tekakwitha vient au monde en 1656[36] à Ossernenon, dans l'État de New York. Son père est sous-chef du clan, sa mère une Algonquine chrétienne capturée dans un village voisin. Lorsque Tekakwitha atteint ses quatre ans, une épidémie de variole décime son village. Ses parents et son petit frère en meurent. La petite fille guérit, mais la maladie lui a abîmé la vue et la laisse défigurée[37].

L'orpheline vit avec un oncle et une tante, des traditionalistes qui résistent à la vague de conversions au catholicisme. Ils inculquent les valeurs et les coutumes mohawks à leur nièce, l'emmènent à la grande chasse annuelle et la préparent à sa vie de femme indienne. Tekakwitha ramasse du bois pour le feu et travaille dans les champs de maïs. Elle aime se parer des costumes traditionnels des femmes de la tribu.

L'enfant a dix ans lorsque des soldats français gagnent une bataille décisive contre les Iroquois. Le traité de paix qui s'ensuit oblige ces derniers à permettre aux missionnaires jésuites d'exercer leur ministère sur leur territoire. Un an plus tard, trois « robes noires » arrivent au village. En dépit de la haine que l'oncle de Tekakwitha professe à l'égard de ces émissaires de l'ennemi, sa position de responsable l'oblige à les accueillir avec civilité. Il ordonne à sa nièce de se mettre à leur service pendant les trois jours que durera leur visite. Plus tard, revenu au village, l'un des jésuites s'intéresse tout particulièrement aux Hurons et aux Algonquins, qui sont souvent des convertis au christianisme.

Tekakwitha se souvient-elle de la foi chrétienne de sa mère ? Sa famille traditionaliste lui en fait-elle reproche ? L'adolescente est-elle intriguée ou simplement attirée par les nouveaux venus ? L'on peut supposer que sa fascination de longue date pour le christianisme commence à s'exprimer au grand jour lorsque la puberté l'introduit dans le monde adulte où l'on peut faire ses propres choix.

Quelle que soit l'origine de sa conversion intérieure, Tekakwitha la révèle à son oncle et à sa tante lorsque ceux-ci décident de lui trouver un mari. La coutume, chez les Mohawks, est immuable : le mari chasse, rapporte la viande au logis, et contribue à l'entretien de la maison à laquelle appartient sa femme. Mais la jeune fille refuse d'envisager le mariage et, selon le récit d'un jésuite, ne cède pas, même lorsque ses proches, furieux, la châtient avec violence.

Le conflit s'intensifie. D'un côté, l'adolescente au visage enlaidi par les marques indélébiles de la variole, mais toujours aussi résolue et vertueuse, et de l'autre, ceux qui l'ont recueillie et ont pris soin d'elle après la mort de ses parents. Elle continue pourtant à leur résister, se dressant même contre son oncle. Celui-ci, au fond, ne fait pourtant que son devoir : trouver un brave homme qui acceptera d'épouser sa nièce, fille sans charme et affligée de strabisme.

Tekakwitha a d'autres projets. Elle est irrésistiblement attirée par la religion de sa mère et « brûle d'un intense désir de se convertir au catholicisme[38] ». Des captives chrétiennes du village lui parlent des chrétiens. Le père de Lamberville, un jésuite, l'invite à suivre le catéchisme. Elle devient sa meilleure élève. Le religieux questionne des villageois sur sa moralité. Les avis sont unanimes : « Elle n'a aucun des défauts des filles de son âge. » Il est vrai que la jeune fille mène « une vie si pure qu'elle constitue un reproche muet pour les [Iroquois] dépravés[39] ».

En 1676, à Pâques, le père de Lamberville baptise la jeune fille. Elle a vingt ans. Elle portera désormais le nom de Kateri, ou Catherine. En l'admettant dans le sein de l'Église, les jésuites font un incroyable accroc à la règle, qui est d'attendre que l'Indien soit mourant, ou d'acquérir l'absolue certitude qu'il ne replongera pas dans ses superstitions. « On voit des sauvages retomber presque immédiatement après le baptême. Ils n'ont pas le courage de braver l'opinion des leurs, qui, pour ces gens, est la seule loi », explique un jésuite[40].

Les pressions exercées sur Kateri sont particulièrement fortes. Les chamans la ridiculisent, les villageois l'accusent de sorcellerie. On la pourchasse ; sa tante la traite de séductrice et de dévergondée. « Catherine, dont vous admirez tant la vertu, n'est qu'une menteuse et une hypocrite », crie-t-elle au père de Lamberville. « Elle a osé, devant moi, inviter un homme marié à pécher[41]. »

Le père de Lamberville ne s'est pas trompé. La nouvelle chrétienne ne renie pas sa foi. Mais les lignes de combat ont été tracées, chacun a choisi son camp. Au cœur du conflit se tient Kateri, vivant symbole du triomphe des jésuites sur le chef de clan et sur les gardiens de la tradition. La bataille promet d'être âpre. Le père conseille à sa protégée de se réfugier à la mission Saint-François-Xavier, près de Montréal. Un jour où son oncle parlemente avec des marchands hollandais, Kateri s'enfuit.

À la mission, elle s'éprend d'une grande affection pour deux jeunes Indiennes converties, la veuve Marie-Thérèse Tegaigenta et Marie Skarichions. Les trois novices rêvent de fonder leur propre couvent, mais le directeur de la mission les en dissuade. Elles cultivent alors leur amitié mutuelle et suivent l'exemple des religieuses de l'hôpital de Québec qui ont pris soin de Marie-Thérèse lorsqu'elle était malade. Pauvreté, chasteté et obéissance à l'autorité de l'Église — ces vertus qu'elles ont acceptées avec tant d'ardeur — constituent désormais leur unique idéal. C'est alors que, influencée par une convertie plus âgée, Kateri devient obsédée par la pénitence.

Les mortifications en vogue au XVIIᵉ siècle — jeûne, privations, flagellation, sévices corporels — sont, pour Kateri et ses amies, autant de moyens de partager l'agonie du Christ. Ces souffrances rappellent à

Catherine celles que Catherine de Sienne s'est infligées. À son instigation, les trois complices aménagent un lieu de culte dans les bois et s'y cachent pour faire pénitence. Dans cet endroit secret, Kateri fouette ses compagnes et est fouettée par elles. Elle insère des braises incandescentes entre ses orteils, les applique sur la plante de ses pieds, comme font les Mohawks lorsqu'ils torturent prisonniers et esclaves. Elle marche pieds nus dans la neige et sur la glace, passe trois nuits d'affilée sur un lit d'épines, mêle de la cendre à sa nourriture frugale. Affaiblie par le jeûne et les macérations, Kateri n'en accomplit pas moins sa part des travaux quotidiens, comme les autres pensionnaires.

Les mortifications qu'elle s'inflige deviennent si extravagantes que Marie-Thérèse craint pour sa vie. Elle confie ses inquiétudes à un jésuite, le père Cholenec. Ce dernier est consterné. Il invite les jeunes filles à modérer leurs transports.

Mais Kateri a d'autres problèmes, le premier étant d'échapper au mariage. Sa sœur, une enfant adoptée avec laquelle elle partage son logis, et Anastasie Tegonhatsiongo, sa conseillère spirituelle, la pressent de prendre époux. Kateri persiste dans son refus. Mais, cette fois, elle a une contre-proposition à faire : offrir sa virginité au Christ.

Le moment est venu de choisir entre le Christ et un Mohawk. Le père Cholenec, à qui les conseillères de Kateri demandent d'intervenir, trouve la tâche bien difficile. La vie dans les missions est dure. Survivre aux hivers implacables, aux maladies et aux escarmouches entre Indiens et soldats est un combat de tous les instants. Il faut trouver de la nourriture en quantité suffisante pour affronter un froid féroce. Pour une Indienne vivant loin de la famille qui pourrait la protéger, un mari est un atout majeur. Le père Cholenec demande à Kateri de réfléchir à sa décision.

« J'ai suffisamment réfléchi, répond la jeune fille. Je me suis entièrement consacrée à Jésus, fils de Marie. Je l'ai choisi comme époux et lui seul me prendra pour femme[42]. »

La détermination de Kateri, sa ténacité, ébranlent le père Cholenec et les prêtres de la mission. En 1679, le jour de l'Annonciation, ils président à une cérémonie au cours de laquelle la jeune fille s'engage à rester vierge et se donne au Christ comme épouse. L'Église catholique fait de Kateri Tekakwitha la première vierge iroquoise consacrée.

Dans la société iroquoise du XVIIe siècle, il est tout à fait inhabituel de s'engager à rester vierge. La virginité n'est qu'un concept — et elle est loin de jouir de la vénération que le catholicisme lui porte. Les légendes iroquoises font parfois mention d'une société de vierges, mais cette dernière se situe dans un passé lointain. Quoi qu'il en soit, aucune Indienne ne souhaite rester vierge.

La continence volontaire est pourtant, chez les Indiens mâles, une tradition respectée. Elle constitue en fait une condition indispensable pour s'assurer une bonne chasse ou un bon combat, mais elle est purement stratégique et passagère. Lorsqu'il s'agit d'un état permanent — par exemple chez les jésuites —, les Indiens la trouvent très bizarre. Lorsque les religieux tentent de l'imposer aux Iroquois, la réaction des hommes va d'une incrédulité perplexe à la colère ou à la raillerie.

À l'époque de Kateri Tekakwitha, la virginité prescrite par l'Église n'a pas que des connotations religieuses. Dans la turbulence des relations franco-indiennes, la chasteté résolue de Kateri, à laquelle elle s'est engagée devant témoins, a une double portée — et des conséquences à l'avenant. C'est, d'une part, une déclaration personnelle de réappropriation du corps et de l'âme — deux entités que Kateri dérobe à sa communauté pour les offrir à un dieu étranger — et, d'autre part, une victoire significative pour les jésuites, ces intrus qui se glorifient dans leurs lettres à leurs bienfaiteurs français de la célérité avec laquelle la jeune Iroquoise a dévié de la ligne habituelle de sa race : une sexualité sans frein. On pourrait dire que le vœu de virginité de Kateri porte le score à 1 pour les jésuites, 0 pour les Iroquois.

Ces derniers n'acceptent pas volontiers que Kateri passe à l'ennemi. Certains d'entre eux prétendent même que sa chasteté est une imposture, qu'elle a des rendez-vous galants dans les bois avec un homme marié. L'on connaît la destination des excursions sylvestres de Kateri : le lieu de culte qu'elle s'est aménagé, où elle peut se livrer en secret aux mortifications les plus sévères.

Les jésuites, quant à eux, ne prennent pas à la légère cette dévotion hors du commun. Ils ont compris très vite qu'ils avaient affaire à une personnalité exceptionnelle, extrêmement forte et déterminée, mais ils savent aussi que Kateri peut se montrer malléable. Ils sont maintenant en mesure de glorifier la supériorité de leur enseignement. Le corps frêle et virginal de la jeune fille prouve à quel point leur prosélytisme est efficace.

Les bons pères sont, bien sûr, moins enthousiastes lorsqu'il est question des châtiments atroces que s'inflige la jeune femme. Mais ils sont déterminés à changer les coutumes sexuelles indiennes et à remplacer les structures familiales traditionnelles par un patriarcat à la française. Fidèles au mot d'ordre du fondateur de leur ordre — la fin justifie les moyens —, ils ferment les yeux sur l'esprit rebelle de Kateri. Ils savent que sa virginité perpétuelle et son mariage mystique avec le Christ mettent merveilleusement en valeur leur enseignement. En conséquence, ils se gardent bien de critiquer les moyens utilisés par la jeune fille pour témoigner de sa foi. Les jésuites ignorent — ou ne comprennent pas — dans quelle mesure la virginité de Kateri est aussi un symbole d'indépendance. Si elle leur avait désobéi comme elle a désobéi à ses parents, ils auraient certes regardé son obstination à rester chaste avec moins de bienveillance.

Kateri la vierge passe la dernière année de son existence comme elle a vécu celles qui se sont déroulées depuis son arrivée à la mission. Elle se lance à corps perdu dans tous les rituels du catholicisme, trouvant un réconfort particulier dans la sainte eucharistie. Elle persiste dans ses macérations, expiant ainsi, pour Jésus son époux supplicié, les péchés horribles commis par son peuple.

En février 1680, de terribles maux d'estomac lui annoncent que sa fin est proche. Elle souffre en silence pendant deux mois, refusant de mettre un frein à ses dangereuses mortifications. Aux derniers jours de son agonie, elle est si affaiblie qu'elle ne peut même plus quitter sa demeure. La coutume veut que les Indiens convertis soient portés aux jésuites sur leur lit de mort pour les derniers sacrements. Le père Cholenec fait une entorse à la règle et se rend auprès de la mourante. Pour la dernière fois, il entend la confession de sa protégée. Puis il lui donne l'absolution qui va lui permettre d'entrer au Royaume des cieux. « Jésus, je t'aime », murmure Kateri.

Les jésuites sont-ils vraiment peinés lorsque la mort leur ravit Kateri? On peut se le demander, car son décès fait enfin taire colporteurs de ragots et parents belliqueux. Kateri peut alors devenir une arme puissante dans la guerre sainte pour l'évangélisation des Indiens. Vivante, elle embarrassait ses protecteurs, en raison des accusations d'apostasie portées contre elle. On disait qu'elle se cachait dans les bois pour s'y livrer à Dieu sait quelles pratiques, et qu'elle avait la manie, en plein hiver, d'ôter ses vêtements pour se planter au pied d'une croix dans un cimetière.

En outre, les jésuites se disent qu'elle se serait peut-être rebellée contre eux comme elle s'est rebellée contre sa famille. Forte de son ascétisme, de sa chasteté et de son union avec le Christ, elle aurait pu se dresser contre ses bienfaiteurs, tout comme Catherine de Sienne s'est dressée contre le pape[43]. Il aurait suffi d'un litige à propos de l'un des principes qu'elle défendait avec passion. Heureusement pour les pères, Kateri a quitté ce monde sans avoir eu l'occasion de se révolter contre leur autorité.

Le nom de Kateri va acquérir une résonance qu'il n'a jamais eu du vivant de la jeune Indienne. En souvenir d'elle, des Iroquois semblent adopter eux aussi la continence. C'est du moins ce que rapporte le père Cholenec : « Des gens mariés se séparent par consentement mutuel ; beaucoup de jeunes veuves font des vœux définitifs de chasteté ; des femmes mariées promettent de faire de même si elles perdent leur époux[44]. »

La sainteté ne se fera pas attendre. Certaines personnes ont des visions de Kateri. Elle intercède en faveur de ceux qui la supplient, fait des miracles par le truchement de la terre de sa tombe ou d'autres reliques. En 1943, celle que l'on appelle désormais le « lys des Mohawks » est déclarée vénérable. Elle est béatifiée en 1980.

L'ironie, dans tout cela, c'est que, contrairement à Catherine de Sienne, à Margery Kempe et à un grand nombre de saintes femmes, Kateri Tekakwitha ne visait pas la sainteté. En fait, la jeune Indienne ne s'est emparée du christianisme et du renoncement à la chair que pour se rebeller contre sa famille et les valeurs iroquoises. Son clan voulait qu'elle se marie, elle a catégoriquement refusé, se servant de sa foi ardente pour défier le village tout entier. Ce qui est impardonnable de la part des prêtres qui l'ont encouragée à la révolte et utilisée comme instrument de prosélytisme, c'est de lui avoir refusé l'accès au couvent, son plus cher désir. Pour se consoler, il n'est plus resté à Kateri qu'un faux cloître où les pénitences étaient par trop excessives : la forêt sauvage où son âme fébrile et exaltée pouvait s'élever vers le ciel.

La jeune vierge au corps torturé est morte victime de la politique des jésuites à l'égard des Indiens et de l'intensité de sa dévotion aux idéaux chrétiens — en particulier cette chasteté qui mettait son peuple en fureur. Si la Vierge Marie de chair et d'os a été déformée par des siècles d'interprétation théologique parfois délirante, Kateri Tekakwitha, femme tout aussi réelle, a été déformée par sa propre interprétation de la doctrine chrétienne, son attitude exaltée, son identification à sainte Catherine de Sienne et les manœuvres de ses conseillers spirituels. En fin de compte, les jésuites, sans doute bien intentionnés au départ, ont utilisé la jeune Indienne, symbole de cette chasteté dont ils déploraient l'absence chez son peuple.

Des sœurs engagées

Les hommes entrent généralement dans les ordres par choix ou parce que leurs parents donnent un fils à l'Église. Par contre, un grand nombre de femmes sont cloîtrées contre leur volonté et doivent faire vœu de chasteté — une chasteté qu'elles assument de différentes manières : obéissance passive, rébellion ouverte, violente révolte ou consentement maussade.

Pour les femmes appelées par Dieu à la vocation plutôt que poussées dans des couvents par des parents avares ou appauvris par des revers de fortune, le vœu obligatoire de chasteté est rarement un sacrifice. Cette abstinence consentie est au contraire un instrument de foi et d'indépendance personnelle.

Les couvents de la joie

Comme Catherine de Sienne et toutes les saintes femmes qui se consacrent à Dieu, les religieuses engagées font sans hésitation le vœu de chasteté. Il faut dire que les pressions morales qu'elles subissent sont très fortes : la virginité est une obsession récurrente chez les penseurs et auteurs religieux. Au XIIIᵉ siècle paraît un essai venimeux contre la sexualité et le mariage, destiné aux jeunes vierges[45]. *Hali Meidenhad* — littéralement *Le saint hymen* — nous dit que la virginité est « une vertu au-dessus de toutes les vertus et, pour le Christ, la plus précieuse de toutes ». Par contre, la sexualité conjugale est impure, détestable et bestiale. C'est une « brûlure indécente de la chair [...] un coït immonde, un débordement d'ordures puantes et de contorsions disgracieuses ». En bref, la couche conjugale est, tout simplement, « un lit de malades dans lequel tombent les faibles, qui ne peuvent se tenir droit sur la haute colline, près du ciel, là où se tient la vertu de virginité ». Pour achever de convaincre les lectrices vierges, l'auteur conclut par cette vibrante exhortation : « Ne rompez pas ce sceau qui vous scelle toutes ensemble ! » Amen.

Les descriptions de *Hali Meidenhad* ont sans doute un effet presque aussi terrifiant sur les candidates au mariage que sur les mal mariées.

(L'essai surpasse — en hargne mais non en style — *La sonate à Kreutzer*, de Tolstoï, dont on connaît la virulente condamnation du mariage.) Les rares époux heureux, déclare l'auteur de *Hali*, se tourmentent à l'idée qu'ils perdront un jour leur conjoint. Mais la plupart des couples se haïssent, et la femme au foyer n'est qu'une bête de somme qui, lorsque son compagnon « pose son regard sur elle, est atterrée, car le sourire hilare de la brute et son comportement grossier la remplissent d'horreur ». Mais ce n'est pas tout : le mari se moque de sa femme ; il la bat, la roue de coups ; elle devient son esclave.

Coucher avec ce goujat est, faut-il le préciser, obligatoire. Et la conséquence de cette activité est, bien sûr, la grossesse. Alors, le visage de l'épouse devient « verdâtre » ; elle a les yeux affreusement cernés ; elle souffre de douleurs lancinantes à la tête. L'haleine de la malheureuse est fétide, car son estomac, en proie à de terribles haut-le-cœur, vomit tout ce qu'elle essaie d'ingérer. Jamais une description aussi peu ragoûtante de la grossesse et des nausées matinales n'a été couchée sur le papier avec un tel luxe de détails. Nul doute qu'elle ne fasse une profonde impression sur les lectrices.

Une partie appréciable de la littérature populaire a également pour thème la virginité, et les récits très prisés des vies de saintes sont particulièrement édifiants. Comme les femmes mariées, les vierges consacrées font elles aussi de mauvaises rencontres, non pas avec un mari bestial, mais avec des souverains malveillants, des bêtes sauvages et de très vilains soldats. Mais, pour en revenir à *Hali*, dont la puissance évocatrice est indéniable, il faut préciser que les descriptions qu'on y trouve, si outrées qu'elles soient, reflètent quand même dans une certaine mesure la vie d'innombrables conjoints. Dans leur foyer, où très peu d'activités peuvent se dérouler à l'insu des autres membres de la famille, les lectrices consternées retrouvent sans doute des circonstances analogues à celles qui présidaient à la vie de leurs parents : accouchements douloureux et dangereux pour la mère, tyran domestique au lieu d'un père.

À cette époque, même les filles de familles riches vivent entassées les unes sur les autres dans l'appartement des femmes, où elles ne peuvent même pas éviter les hommes ni, bien sûr, la domesticité. Elles n'ont pas un instant de solitude, vivent dans une promiscuité cauchemardesque. La gent féminine n'a pas accès à certaines pièces de la maison et est plus souvent assise par terre sur une paillasse que dans un fauteuil. Les femmes ne possèdent rien — pas même elles-mêmes. Il leur est interdit de voyager seules, d'étudier et surtout de critiquer l'autorité masculine. Elles ne peuvent ni enseigner, ni soigner, ni administrer, ni gérer. En bref, elles ne sont maîtresses d'aucun élément de leur existence et disposent encore moins de leur avenir. Le sinistre portrait que leur trace l'auteur de *Hali Maidenhad* rappelle sans nul doute à un grand nombre d'entre elles la dure réalité, les incitant à reconsidérer les deux choix qui s'offrent à elles — le mariage ou le chaste célibat que l'auteur les presse si vivement d'adopter.

Une fois disparue cette vision idyllique du mariage qui aurait pu les amener à convoler, les femmes qui penchent vers la spiritualité ne tardent pas à penser, puis à aspirer à la vie conventuelle. La chasteté constitue presque toujours un attrait primordial pour ces femmes. En faisant vœu de pureté, elles suppriment d'éventuels désirs coupables, échappent au rôle traditionnel d'épouse et de mère et reçoivent, en échange, l'amour du Christ et le respect de la société. « Tu chantes un chant nouveau, s'extasie un grand théologien français du xve siècle. Au paradis, tu seras choisie et couronnée d'un diadème divin [...] Le chant ardent de la contemplation fera de toi la reine de la terre et des cieux[46]. »

La chasteté n'est pas seulement affaire d'abstinence sexuelle, elle possède une qualité mystique globale, qu'un auteur espagnol du xvie siècle décrit avec lyrisme : « La virginité du corps est sans valeur si l'esprit n'est pas pur lui aussi. S'il l'est, rien n'est plus agréable à Dieu et à la Vierge, la très sainte Mère de notre Seigneur[47]. »

La virginité, fortement recommandée par l'Église, garantit une vie future parmi les anges. Elle permet d'échapper à un mauvais mariage, à des enfantements douloureux et au chagrin provoqué par la maladie et la mort de jeunes enfants. Mais la fille peut difficilement espérer conserver sa virginité si elle reste au foyer, car ses parents la harcèlent pour qu'elle prenne un mari. Il arrive toutefois que la chance soit de son côté : on se débarrasse d'elle en l'envoyant dans un couvent, où la chasteté est une vertu cardinale.

Dans un cloître sérieux et adapté aux besoins d'une jeune fille dévote et résolue, c'est le ciel qui constitue, au propre et au figuré, la frontière suprême. Les récompenses spirituelles que la vierge tire de son état sont triples : une union mystique avec le Christ, une place garantie au paradis et peut-être la sainteté, à condition que sa virginité soit accompagnée de certaines actions et accomplissements. Le monde extérieur lui prodigue respect et admiration ; ainsi, les religieuses d'exception comme Catherine de Sienne, Brigitte de Suède et Hilde-garde de Bingen ont le pouvoir d'intervenir dans les affaires de l'État. Plus que toute autre institution, plus même que la famille, le couvent donne aux Européennes la liberté de s'instruire et de s'exprimer. Les chrétiennes douées pour le commandement peuvent exercer leur talent à l'intérieur du cloître — mais elles n'ont pas accès aux débouchés séculiers ouverts aux religieux de l'autre sexe.

Au couvent, une novice peut recevoir l'instruction qu'on lui refuse à l'extérieur; du reste, seules les femmes cloîtrées peuvent s'instruire. Celles qui ont des aspirations plus poussées en matière d'érudition peu-vent aisément les satisfaire, alors que, dans le siècle, les femmes savan-tes sont rares et souvent objet de risée, la femme vouée à l'étude étant considérée comme une aberration. Les cloîtres offrent donc l'instruction, l'accès aux archives et aux bibliothèques et la possibilité de correspondre avec des théologiens réputés. (Des hommes d'Église fanatiques décon-seillent ces activités aux nonnes, mais quelques confesseurs les encou-ragent, et les religieuses intelligentes apprennent très vite à contourner les obstacles.)

Le couvent permet aussi, d'une façon tout à fait légitime, de fuir les complications, le désordre et les conflits qui caractérisent la vie à la mai-son paternelle. La novice peut remplacer avantageusement sa famille par des relations intimes, voire passionnées avec d'autres nonnes. En outre, la cellule ou la chambre privée ont sur la maison paternelle l'avantage de procurer la solitude, ce qui est impossible au foyer pater-nel. Cette cellule est minuscule, mais elle contient tout ce dont a besoin son occupante : une table, une chaise, un lit et un crucifix. Dans ce petit domaine, elle peut prier, méditer, réfléchir ou écrire pendant des heu-res sans risquer d'être importunée. En somme, une vierge épouse du Christ peut alors entrer dans un univers qui, autrement, lui serait inter-dit. Mais il s'agit là, bien sûr, d'une vision idéalisée de la vie cloîtrée. La réalité est parfois tout autre, car le couvent est aussi peuplé de femmes inaptes sur le plan spirituel, des femmes qui n'y sont entrées que parce qu'elles n'avaient rien de mieux à faire. Ces femmes considèrent la vie conventuelle comme une sorte de carrière, qu'elles acceptent à défaut d'autre chose. Leurs parents ou leurs tuteurs ont fait don à l'établisse-ment de la somme exigée, et il ne reste plus à ces femmes qu'à trouver des moyens de passer agréablement le temps. « La majorité des nonnes ne sont pas touchées [...] par la ferveur évangélique », se lamente une religieuse[48]. C'est dans ce royaume rien moins que sacré qu'atterrit parfois une chaste et ardente novice. En fait, chaque religieuse perçoit le couvent d'une façon différente. Pour l'une c'est une carrière, pour l'autre une vocation, pour une autre encore une prison ou un refuge[49].

Les quelques religieuses appelées par Dieu à la vocation se démarquent du tout venant et s'élèvent souvent à des positions d'autorité qui leur permettent de façonner le climat moral du couvent. Lorsqu'elles ont la chance d'avoir des parents compréhensifs, ces derniers se font un devoir d'épauler le choix de leur fille en la pourvoyant de la dot nécessaire. D'autres femmes, cependant, ne poussent les portes du couvent qu'au terme d'une lutte acharnée avec leur famille.

Les veuves forment un important contingent de religieuses zélées. Beaucoup considèrent le cloître comme une maison de retraite dispensatrice de paix. D'autres y ont aspiré tout au long d'une union imposée par des parents intraitables. Dorothée de Montau, sainte femme allemande, est mariée à seize ans à un homme qui pourrait servir de modèle au goujat de *Hali Meidenhad*. Il meurt après la naissance d'un neuvième enfant. Dorothée se réfugie dans une cathédrale, où elle va vivre enfermée dans une cellule.

Angèle de Foligno est, sur le plan spirituel, la veuve la plus joyeuse du monde. Sa mère, en qui elle a toujours vu le principal obstacle à sa liberté, a la bonne idée de trépasser. Peu après, c'est au tour du mari et des enfants. Après ces morts en série, pour lesquelles elle avoue avoir prié, Angèle ressent un sentiment de « grande consolation ». « Je pensais que désormais, après avoir reçu de Dieu toutes ces choses [ces paroles donnent le frisson, mais elles ont le mérite d'être honnêtes], mon cœur serait toujours dans le cœur de Dieu, et que le cœur de Dieu serait toujours dans le mien[50]. »

Pour les femmes dont la foi est profonde et constante, l'impulsion nécessaire pour prononcer les vœux commence par une chasteté libératrice. La pauvreté apostolique, l'humilité et l'obéissance ont également leurs récompenses. Pour ce qui est des nonnes engagées, explique une abbesse anglo-saxonne, on peut affirmer que la tranquillité et les habitudes établies du cloître les libèrent au lieu de les contraindre. Mais ce n'est pas cette libération que les autorités ecclésiastiques masculines ont en tête, tant s'en faut. Lentement mais sûrement, le haut clergé resserre son emprise sur le petit monde des religieuses. Il démantèle les monastères doubles où la communauté féminine est dirigée par une abbesse. En 1215, il interdit la fondation de tout nouvel ordre et adopte d'autres restrictions concernant les couvents. La misogynie des prélats est si forte qu'ils décrètent que les femmes chastes qui se consacrent au Royaume des Cieux doivent vivre, exilées du monde, sous l'autorité masculine. Autrement dit, une religieuse qui veut se mettre au service de ses semblables ne peut prodiguer ses soins et son enseignement à ses élèves et à ses patients que dans son couvent. Pas question qu'elle s'expose aux tentations de la vie séculière.

À l'intérieur du cloître, les épreuves quotidiennes, les rébellions et les vicissitudes de la vie communautaire constituent le pain quotidien de la nonne. Seules quelques intellectuelles perspicaces et, bien sûr, des historiens ayant une bonne connaissance du passé peuvent examiner la vie conventuelle selon une perspective plus large et plus analytique. Mais le vécu quotidien du couvent, insignifiant par certains côtés, a heureusement été capté pour l'éternité dans les poèmes et les textes d'une abbesse exceptionnellement talentueuse et pleine d'esprit, Marcelle de Saint-Félix, fille illégitime du grand dramaturge Lope de Vega (dont les pièces sont des monuments de la littérature espagnole de la fin du XVIe siècle.)

Les pensionnaires des couvents ne sont pas épargnées par les tracas-series de l'existence cloîtrée. Marcelle parle des visiteuses indésirables — « ces puissantes cohortes de poux, de punaises et de puces » — et des querelles incessantes de ces femmes obligées de vivre ensemble pour une durée illimitée, livrées aux tensions, à l'hypocondrie, aux crises de nerfs, à l'autorité arbitraire, aux rivalités et à la déloyauté qui survien-nent immanquablement dans ces lieux clos que sont alors les couvents. L'ambition suprême de chacune est de surpasser ses compagnes dans l'ascétisme. C'est là un problème majeur, qui provoque moultes frictions :

> De telles peines, de telles privations,
> vous les trouverez en toute chose,
> il semble que ce triste monde doive finir.
> Toutes pleurent, chacune sanglote.
> Seule sœur Joanne se réjouit
> parce qu'elle voit déjà
> ses souffrances canonisées[51].

Les commentaires ironiques de Marcelle concernant les repas sont particulièrement évocateurs. Au couvent, c'est la nourriture qui occupe l'essentiel des pensées. Alors que la concupiscence tourmente moines et prêtres, l'envie de manger obsède les nonnes. La faim est beaucoup plus difficile à dominer que les appétits sexuels. Les moniales jeûnent toutes, mais la plupart tombent dans des excès et souffrent de la faim. Ainsi, les vierges pâles et minces des Pères de l'Église se transforment en ano-rexiques au teint blafard qui n'ont plus de menstruations, n'éprouvent plus de désirs charnels et ne peuvent plus en inspirer.

Certaines d'entre elles réduisent à ce point leur alimentation qu'elles se délectent de l'hostie et de la goutte de vin de la sainte eucharistie. Cette maigre bouchée remplace les délices de la table. En outre, pour certaines religieuses, avaler l'hostie est un acte d'une sensualité inouïe, car elles ingèrent ainsi le corps du divin époux, à qui elles ont aban-donné leur être tout entier. Certains confesseurs abusent de leur pou-voir en interdisant à leurs ouailles d'aller chaque jour à la sainte table. Ils les privent ainsi du « doux plaisir » de la communion avec le Christ et renforcent leur tyrannie morale.

Mais les récompenses qui attendent ces femmes engagées l'empor-tent de loin sur les privations qu'elles s'imposent. Pour Marcelle comme pour les autres nonnes, la plus grande consolation est d'avoir une rela-tion ininterrompue avec Dieu, que la merveilleuse solitude de leurs cellules (pourtant peuplée de punaises) leur apporte et nourrit. Pour ces religieuses, le monde, entre les murs du couvent, est un temple et un lieu sanctifié où Dieu leur manifeste sa compassion. Lorsque, à l'épo-que de la Réforme, des gens enfonceront les portes des cloîtres pour « libérer » les nonnes, ces dévotes refuseront de quitter le havre dans lequel Dieu les a placées afin qu'elles soient tout entières à son service.

Des nonnes réfractaires

Les couvents médiévaux sont de vastes établissements qui accueillent un pourcentage important d'Européennes de bonne famille. À Florence, au xvie siècle, la moitié des filles de la noblesse sont cloîtrées. Au milieu du xviie siècle, à Venise, les religieuses (trois mille en tout) comptent pour 3 % de la population. Elles proviennent presque toutes de familles aisées. Pour quelle raison des femmes jouissant de tels privilèges de fortune et de naissance acceptent-elles de s'enfermer dans des établisse-ments religieux ? La richesse et un rang social élevé ne sont certaine-ment pas des facteurs de conversion à la chasteté, à la pauvreté et à l'obéissance.

La réalité est que des milliers de filles et de femmes sont forcées par leur famille à prendre le voile. Elles ont beau pleurer, argumenter, protester, elles n'en sont pas moins enfermées dans des couvents. C'est la solution classique utilisée à l'époque par les parents à qui la présence d'une fille pose des problèmes.

Pour les familles qui considèrent la régulation des naissances, l'infanticide et la mise en adoption comme des solutions inacceptables, et dont la fortune risque d'être dilapidée par la nécessité de partager un héritage entre plusieurs filles ou de constituer plusieurs dots, le cloître est une excellente solution. Dans une chanson populaire, une nonne réfractaire se lamente en ces termes :

> Ma mère voulait que j'entre au couvent
> Pour arrondir la dot de ma sœur
> Et moi, pour obéir à maman
> Je me suis coupé les cheveux
> Et je suis devenue nonne[52].

L'entretien d'une fille bâtarde est coûteux et crée des problèmes tout aussi épineux. Le meilleur moyen de se débarrasser de la gêneuse est de l'envoyer au couvent. Même chose pour les veuves et les vieilles filles, qui rognent elles aussi la bourse familiale. La dot demandée pour une novice est plus modeste que celle exigée par un mari. Une fois cette dot payée, la religieuse est uniquement à la charge du couvent.

De mauvais placements, un goût trop prononcé pour le jeu, des alliances politiques malavisées ou des extravagances personnelles peuvent également inciter le chef de famille à se débarrasser de filles ou de femmes « excédentaires » en les plaçant, après les avoir munies d'un petit pécule, au service de Dieu. Les filles qui ont droit à un héritage sont souvent expédiées dans un cloître. Aux yeux de la loi, une nonne est une morte : privée de droits civils, elle ne peut réclamer sa part de biens. Les rois peuvent eux aussi envoyer leurs épouses ou leurs filles rebelles au couvent — un châtiment bibliquement justifié par le fait qu'il efface le péché des pères.

Il arrive qu'une jeune fille s'échappe. Margaret de Prestiwych n'a que huit ans lorsqu'elle est enfermée dans un cloître. Pendant des années, elle refuse de prononcer ses vœux. Un jour, on la traîne de force, hurlante, dans la chapelle. Elle crie sa révolte, mais le moine qui dirige la cérémonie ne bronche pas : il la déclare dûment consacrée. La pauvre enfant finit par échapper à sa prison. Elle retourne dans le monde, se marie, a des enfants. Puis elle en appelle à l'Église et parvient à faire annuler ses vœux. Le cas de Margaret est l'exception qui confirme la règle. Les héritières emprisonnées dans un couvent y demeurent généralement leur vie entière.

Certains parents n'hésitent pas à se débarrasser de filles infirmes, difformes ou sourdes et muettes. Mais les abbesses et les prieures hésitent souvent à les admettre, en particulier les attardées et les malades mentales. Un avantage financier appréciable peut toutefois les convaincre. C'est ainsi que des malheureuses irresponsables ou incapables de comprendre la portée de leurs actes font des vœux solennels de chasteté, de pauvreté et d'obéissance. Un poème populaire souligne cette triste aberration :

> De la terre à la terre,
> des murs du couvent à la terre du cimetière.
> Je n'étais pas assez bonne pour un homme,
> Alors on m'a donnée à Dieu[53].

Troubles civils, guerres, danger et insécurité poussent des milliers de femmes à se réfugier dans des couvents. Des fillettes de cinq ou six ans sont cloîtrées. En Italie, l'âge normal est de neuf ans. Une loi vénitienne du xve siècle déplore que l'on se soit débarrassé de tant de filles nobles, les « emprisonnant dans des abbayes, où elles n'ont que leurs yeux pour pleurer ». L'un des thèmes préférés de la poésie médiévale[54] est la nonne contrainte et forcée. Les *chansons de nonnes* racontent les tourments de ces femmes. C'est un ordre parental péremptoire : « Tu entres au couvent ! » qui condamne ces pauvres héroïnes à l'enfermement à vie.

La chasteté à la pointe du fusil

À cette époque, les sœurs qui s'engagent volontairement dans la vie religieuse, comme cette mère Marcelle évoquée plus haut, font figure d'exception. Jusqu'au xviiie siècle, les cloîtres sont des dépotoirs pour femmes encombrantes. Leur existence dans ce lieu implacable et austère est, au mieux, d'un vide mortel, au pire, misérable — quand l'endroit ne devient pas la scène d'une imprudente rébellion. Mère Marcelle comprend très bien le tragique de cette situation et, dans ses poèmes, met filles et femmes en garde contre la claustration forcée :

Car la cellule matérielle
Devrait servir d'écrin
À la cellule intérieure
Où repose le cher Époux.

Car si l'esprit est absent
Et que nulle prière n'habite l'âme,
Au lieu d'une sainte Sœur,
Il n'y aura dedans qu'une femme[55].

Et qu'y a-t-il dedans ? Pour les pensionnaires contraintes et forcées, le couvent est une effroyable prison dans laquelle le temps est divisé en fractions minuscules d'un ennui écrasant, où elles sont vouées à un isolement terrible et victimes d'incessantes cruautés. La chasteté forcée augmente leur angoisse, car elles doivent affronter simultanément des désirs sexuels qu'elles ne peuvent ni exprimer ni satisfaire, et la certitude que le mariage et la vie de famille leur sont définitivement interdits. Libération ou évasion sont de rares possibilités. La plupart des nonnes endurent leur sort en silence, dans le désespoir, mais quelques-unes laissent des témoignages de leur affliction. Dans l'une de ses pièces, *L'amour de la vertu,* la religieuse florentine Béatrice del Sera fait dire à l'un de ses personnages : « Moi, pauvre et seule, emmurée dans ce rocher [le couvent], je mets mes espoirs dans les bienfaits que me réserve la vie future. »

Arcangela Tarabotti, incarcérée dans son couvent vénitien de Sainte-Anne pendant trente-deux ans — jusqu'à sa mort — déverse sa rage dans l'écriture. Son œuvre maîtresse, *La simplicité trahie,* est une attaque cinglante contre les pères qui emprisonnent leurs filles dans des cloîtres afin de prévenir l'effritement ou le partage du patrimoine. Votre manque de cœur, fustige-t-elle, est plus grave que celui de Néron ou de Dioclétien, « car s'ils ont torturé et tué le corps de saintes martyres, ils n'ont pas, comme vous, torturé leurs âmes ». Le pire des tourments est la trahison. Ces hommes s'attendrissent lorsque leur tendre petite fille prononce ses premiers mots, gambade avec grâce, gazouille joyeusement. Puis, « avec fourberie, ourdissant la toile de la trahison, ils n'ont plus d'autre souci que de les éloigner au plus tôt de leur vue et de les enterrer vivantes dans des cloîtres pour le restant de leurs jours, attachées à cet endroit par des liens indissolubles[56] ».

La vie conventuelle est contraire à la nature, clame Arcangela. La gentille petite fille qui va vivre cloîtrée doit couper ses longues tresses, symbole de sa liberté. On lui fait ôter sa jolie robe et revêtir un habit de toile grossière. Elle est tenue de se plier à la règle du cloître, c'est-à-dire manger, prier et méditer quand on le lui ordonne. Les yeux baissés, elle doit se taire, réprimer tous ses sentiments, même son chagrin d'avoir été éloignée de sa maison et de sa famille. Elle sait que cette existence est la sienne pour toujours et que cette condamnation ne sera jamais abrogée. « Sur la porte de l'enfer, on peut lire cette inscription : "Toi qui entres ici, abandonnes tout espoir." La même mise en garde devrait figurer sur la porte du monastère. Ou plutôt, il serait plus douloureusement approprié d'y inscrire une des paroles réservées aux mourants : "Les tourments de la mort m'entourent. Les tourments de l'enfer m'entourent"[57]. »

Ne devrait-on pas tuer tous les nouveau-nés de sexe féminin ? suggère amèrement Arcangela. Au moins, l'âme pure des petites innocentes monterait droit vers le ciel. Car la nonne enterrée vivante plongera, elle en est sûre, dans les profondeurs embrasées afin d'y retrouver son père ; et pour cet homme, la simple vue du visage accusateur de sa fille sera infiniment plus terrible que tous les tourments de l'enfer.

Maltraiter ainsi votre fille, continue Arcangela, la jeter dans un couvent et dans une vie pour laquelle elle n'est pas faite n'a en vérité d'autre but que de lui dérober son héritage afin de le donner à celui ou à celle que vous lui préférez. Cette accusation n'est pas exagérée. Un Anglais expédie ses filles encombrantes dans un couvent européen, où elles se languissent, misérables et solitaires. Coupées de leur foyer, elles écrivent à leurs parents pour les supplier de leur conserver leur amour et leur demandent de répondre à leurs missives. Certainement pas, répond le père. Un message par année suffira.

Ces adolescentes cloîtrées — parfois des enfants — sont dressées pour devenir des nonnes. À seize ans, ou même plus tôt, elles prononcent leurs vœux. Certaines le font de bonne grâce, ou du moins sans grande résistance, d'autres, un grand nombre, ne s'inclinent que parce qu'elles craignent d'être battues ou parce qu'elles n'ont pas le choix. Dans les couvents où la discipline est stricte, l'obéissance est durement inculquée. Les punitions sont dégradantes, brutales — on piétine les filles, on les traîne sur le sol, on leur crache à la figure, on les met en quarantaine, on les humilie et on les prive de nourriture[58]. Sainte Douceline (!) bat jusqu'au sang une petite de sept ans et la menace de mort parce qu'elle a jeté la vue sur un journalier qui travaille au couvent[59]. Celles qui s'évadent sont généralement reprises et corrigées. On les fouette et on les enferme, parfois pendant des années, souvent enchaînées, toujours au pain sec et à l'eau. Elles sont réduites au silence et placées au dernier rang dans le chœur ou à la chapelle.

Maude de Terrington s'enfuit. On la retrouve après des années de vie dissolue. Il lui est désormais formellement interdit de mettre les pieds hors du couvent ; elle n'a plus le droit de fréquenter ses compagnes, sauf dans le chœur ; on la bat chaque jour, on l'humilie. Elle ne mange pas la même nourriture que ses sœurs ; elle est privée de ses chaussures deux jours par semaine. Il lui est défendu d'avoir des contacts ou d'entretenir une correspondance avec des gens de l'extérieur. Le traitement est très dur, mais il n'a rien d'inhabituel : l'inobservance des règles compliquées et des rituels de cette vie contre nature ne reste jamais impunie.

La chasteté est au cœur même de la vocation religieuse, et le vœu prononcé par la novice a de lourdes conséquences. Pour les filles consentantes, l'engagement est aisé à respecter. Pour les réfractaires, c'est une autre histoire — à l'instar des moines et des prêtres récalcitrants, il leur est difficile de tenir promesse. La nonne dévouée envisage le problème de la chasteté selon plusieurs perspectives. Sa détermination ne peut qu'être renforcée par la promesse des nombreux bienfaits spirituels qui l'attendent. En se pliant à ses devoirs sacrés de fiancée du Christ et en repoussant les pensées impures, elle sublime ses appétits sexuels dans une fervente adoration du Seigneur. Au couvent, la sexualité et le mysticisme se mêlent à un torrent d'effusions frénétiques, de transes, de crises de larmes, de cris, autant de manifestations solennellement reconnues par les plus hautes autorités ecclésiastiques — qui y voient les effets de la possession divine.

La nonne non consentante refuse de faire abstraction de sa nature féminine dans le seul but de remplir des obligations qui lui déplaisent. Une laïque de bonne naissance prête au mariage admet de bonne grâce la nécessité de la virginité prénuptiale. Mais la nonne, incarcérée dans un monde dans lequel le mariage n'existe pas, n'a pas même la consolation. Sa chasteté ne lui assurera pas un bon mariage. Qu'a-t-elle donc à perdre, elle qui a déjà tout perdu ?

Aux yeux de ces religieuses contraintes et forcées, les privations et pénitences que s'imposent leurs compagnes consentantes n'ont rien de glorieux. Les repas sont bien assez maigres, pourquoi se priver du petit plaisir de déguster des friandises les jours de fête ? Pourquoi se flageller quand la vie ne cesse de vous châtier ? Et pourquoi obéir à une mère supérieure dominatrice dont le cœur de pierre ne s'attendrit jamais devant la misère de ses captives effrayées, amères et sans espoir ?

Bien que la majorité des nonnes demeurent chastes, une minorité significative faiblit et succombe au péché de la chair. Dans les couvents bien réglés, fauter est difficile, donc rare, mais lorsque les abbesses elles-mêmes ont été cloîtrées de force, le couvent risque fort de devenir un lieu de débauche. Une abbesse anglaise du XVIIᵉ siècle a, dit-on, douze enfants ; une prieure dote sa fille en vendant des biens appartenant à son couvent. Les monastères doubles sont réputés pour les liaisons qui s'y forment entre moines et nonnes. Les évêques promulguent régulièrement des ordonnances interdisant tout rapport entre hommes et femmes.

Les religieuses de certains couvents aux mœurs relâchées ont des servantes. Elles se font préparer des repas fins, transforment leurs toilettes pour les mettre à la mode, promènent leur petit chien de salon, déambulent en dehors des murs du couvent ou se font conduire en ville. Elles reçoivent la visite d'hommes, sans chaperon, ont des relations sexuelles, sont complices de fugues amoureuses. Des témoins affirment que des hommes ont leurs entrées au cloître et que les religieuses peuvent en sortir à leur guise.

Les pires excès se commettent à Venise, où les couvents ressemblent davantage à des maisons de tolérance qu'à des lieux de piété. Au XIVᵉ siècle, des procès sont intentés à trente-trois établissements qui tolèrent, et parfois encouragent le commerce sexuel entre religieuses et visiteurs mâles. Le couvent bénédictin de Sant' Angelo di Contorta est le plus scandaleux, bien que — ou parce que — ses pensionnaires proviennent de la bonne société vénitienne. Les nonnes et les deux abbesses ne jugent même pas utile de faire preuve de discrétion lorsqu'elles satisfont leurs appétits charnels au cours de pique-niques ou dans leur cellule. Des bébés sont conçus et mis au monde. Des amants jaloux se querellent. Le pape fait fermer le couvent en 1474, mais Sant' Angelo est loin d'être le seul lieu à abriter des mœurs aussi dissolues.

Le couvent anglais de Cannington, dans le Somerset, a incontestablement des allures de lupanar. L'établissement est petit et pauvre mais les pensionnaires sont des filles de très bonne famille. Une des coupables s'appelle Maude Pelham, religieuse contre son gré. Son partenaire est Hugh Willynge, le chapelain, dont on dit qu'il est lubrique et « aussi chaud qu'un lapin [...][60] ». Maude se livre avec frénésie à tous les excès de la chair. Elle s'emporte contre ceux et celles qui osent les lui reprocher et « se conduit comme une virago avec la prieure et ses compagnes qui abhorrent les débordements susmentionnés [...] Maude menace de les égorger[61]. »

La liberté dont jouissent certaines nonnes anglaises est telle que leur vie sociale est trépidante. Elles participent à des fêtes, reçoivent des amis ou leur rendent visite, assistent à des spectacles de ménestrels. Les femmes sexuellement actives prennent l'initiative dans les aventures amoureuses. Alors que quelques rois anglo-saxons sélectionnent leurs maîtresses dans les cloîtres et que les chapelains ne dédaignent pas de séduire les jeunes âmes qui leur sont confiées, les laïques, eux, se montrent parfois timides. Les religieuses organisent des rencontres dans le couvent et hors les murs. Avant d'aller retrouver leur amant, elles échangent souvent leur habit monastique contre des vêtements séculiers. Au XVIe, XVIIe et XVIIIe siècle, en France et en Italie, de jeunes galants hantent les couvents en quête de la novice nubile dont ils feront leur maîtresse.

Les rapports documentés sur les transgressions sexuelles et les grossesses — les recherches contemporaines concernant les couvents anglais font état de cinq contrevenantes sur cent, chiffre beaucoup trop modeste (si la recherche avait été faite dans les couvents français, allemands et italiens, elle aurait donné un nombre beaucoup plus élevé) — sont une condamnation sans appel de la chasteté forcée[62]. Il n'est pas surprenant que là où il y a une forte concentration de nonnes contraintes gouvernées par des abbesses rebelles au cloître, souffle un vent de mondanité et de sexualité. Ce qui est étonnant, c'est qu'un si grand nombre de nonnes réfractaires incarcérées dans des couvents stricts et sous haute surveillance aient le courage de rompre leur vœu le plus fondamental, au risque d'être humiliées, battues et de finir leur existence dans la honte.

À force de vivre avec des sœurs aussi tourmentées qu'elles par des rêves obsédants ou par les images diaboliquement tentantes nées de leurs frustrations, les religieuses contraintes à la chasteté ne connaissent plus que les démangeaisons brûlantes de leur bas-ventre. Leur désespoir et leur révolte devant l'injustice qui leur a été faite, leur mépris envers leurs geôliers, leur ardent besoin d'affection sensuelle et de plaisir charnel, leur envie d'avoir des enfants et de mener une existence normale finissent par avoir raison du vœu qu'on leur a extorqué. Ces femmes s'adonnent, dans leur désert aride, à des évocations d'oasis sexuelles ; elles conspirent, intriguent, complotent, prennent des amants, risquant ainsi les flammes de l'enfer pour une euphorie charnelle passagère.

Un amour tranché net

Au XII⁰ siècle, à la requête de l'archevêque Henri d'York, une fillette de quatre ans — dont le prélat connaît probablement les parents — est enfermée dans le couvent anglais de Watton, dans le Yorkshire. En dépit de cet environnement peu propice, l'enfant se développe harmonieusement et se transforme en belle jeune fille frivole et coquette sans la moindre vocation religieuse. Elle prononce cependant ses vœux, mais cette profession de foi n'a aucun effet sur ses dispositions naturelles. Un beau journalier rencontré dans le couvent fait battre son cœur. Elle le couve des yeux ; il répond à ses regards. Bientôt, ils communiquent par signes et finissent par arranger une rencontre, la nuit. L'amoureux signale sa présence en lançant des cailloux contre la fenêtre de la chambre de la jeune femme.

Le plan se déroule sans accroc. Plus tard, quelqu'un dira : « Elle est sortie du monastère comme une vierge fiancée au Christ, elle y est revenue en femme adultère. » Les amants se retrouvent aussi souvent que possible. Hélas ! après quelques pluies de cailloux, les religieuses commencent à se poser des questions. Elles se concertent, découvrent le pot aux roses. Alors elles s'emparent de la pécheresse, la battent comme plâtre, la traînent dans sa cellule et, après lui avoir enchaîné les pieds, lui arrachent son voile et l'enferment à double tour. La malheureuse est condamnée au pain et à l'eau. Si ses compagnes ne se livrent pas à d'autres sévices, c'est parce que la pauvre fille est enceinte et repentante.

La religieuse de Watton finit par révéler l'identité de son amant ainsi que l'endroit où il vit. Mais le jeune homme est en fuite. Déterminées à châtier le coupable, les nonnes demandent à des moines d'un établissement tout proche de le retrouver. L'un d'eux se déguise en nonne. La ruse porte ses fruits. Informées de la capture, les religieuses ordonnent aux chasseurs de leur livrer le jeune homme, qu'elles souhaitent questionner. L'interrogatoire du prisonnier, maintenu à plat sur le sol et ligoté, tourne à la torture. Puis on traîne l'amante enceinte sur les lieux du supplice, où l'implacable abbesse lui met un couteau entre les mains.

La pauvre femme crie, pleure, essaie de résister. On la force à trancher dans le vif. Alors, l'une des assistantes de cette brutale castration s'empare des organes génitaux « dégoulinant de sang » et les enfonce dans la bouche du coupable.

Le jeune eunuque est libéré ; sa maîtresse horrifiée est réexpédiée dans sa cellule. Folle de douleur, elle maudit l'archevêque Henri d'York, qui s'empresse de lui apparaître en rêve. « Pourquoi me maudis-tu ? demande-t-il. — Parce que tu m'as envoyée dans ce couvent démoniaque. — Confesse tes péchés et demande pardon, je verrai ce que je puis faire pour toi. »

La nuit suivante, deux anges assistent à la naissance des jumeaux que la jeune femme a conçus. Puis, les envoyés célestes s'en vont, emmenant les nouveau-nés avec eux. Trouvant leur sœur dévoyée seule dans sa cellule, les nonnes de Watton l'accusent d'avoir tué son bébé. Pourtant, rien, ni sur le corps de la malheureuse ni dans la cellule, n'indique que la naissance a eu lieu. Le plus curieux, c'est que les chaînes qui maintenaient la malheureuse se sont défaites. Les nonnes consultent leur conseiller spirituel, qui subodore une intervention divine. « Ce que Dieu a rendu propre, ne l'appelez pas impur, dit-il, et ce qu'il a absous, ne l'attachez plus. » La nonne est pardonnée et bénie. Le chaos et la discorde qui régnaient au couvent font place à une atmosphère plus paisible.

Si l'on tient compte des coutumes de l'époque, la castration est un châtiment normal pour le séducteur d'une religieuse. La punition est en tout cas plus douce que la pendaison ou la décapitation, qui étaient de rigueur aux siècles précédents. L'élément nouveau dans cette affaire est la participation forcée de l'amante à la mutilation, ainsi que la conclusion sanglante du drame : les testicules placées dans la bouche de la victime.

Ce récit est une illustration violente de ce qui peut advenir lors de la claustration forcée d'enfants et de jeunes filles. La nonne de Watton n'a ni vocation ni inclination à la spiritualité. Elle tombe amoureuse d'un homme, pour elle le plus séduisant des êtres dans le monde exigu qui est le sien. Et l'inévitable se produit : la malheureuse se fait prendre. Enfermée dans sa cellule, elle ne cesse de maudire son ennemi l'archevêque, responsable de sa cohabitation avec des femmes cruelles et vindicatives. Le reste de l'histoire est enveloppé dans la légende — réponse toute médiévale à une question troublante.

La violence des religieuses procède d'une sublimation sadique qui évoque davantage l'hystérie ou la folie collective que l'amour de la chasteté. La jeune nonne persécutée n'a jamais accepté sa virginité. Elle a tout simplement été piégée dans un mode de vie qui ne lui convenait pas. Une image atroce va désormais la hanter : chaque fois qu'elle maudira l'archevêque d'York de l'avoir enterrée vivante, elle verra le sang de son amant couler sur ses doigts.

La chasteté laïque et l'amour charitable* et désintéressé

La prévention contre la sexualité, qui va de l'annihilation de toute pensée charnelle à la vénération de la virginité et fait de la virginité le vœu le plus sacré, occupe une place si fondamentale dans la théologie chrétienne que l'Église ne peut se permettre d'oublier les gens mariés. Les Pères de l'Église sont de plus de plus en plus obsédés par l'idée que les chrétiens les plus vertueux se livrent parfois à la fornication.

Les conclusions s'imposent d'elles-mêmes. Cette virginité si difficile à préserver — et qu'une seule défaillance peut vous faire perdre — doit être redéfinie. Après sept ans de chasteté pénitente, une mère (être « sexué » par excellence) peut redevenir une vierge. Côté masculin, des conseillers spirituels commencent à interroger de jeunes hommes. Leur question, qui auparavant ne concernait que les filles, est aussi simple qu'essentielle : « Êtes-vous vierge ? »

Petit à petit, l'Église en vient à exiger la continence à certaines occasions : pendant le carême ; le dimanche et si possible le samedi soir ; chaque nuit précédant la communion ; et durant les menstruations. Cette chasteté épisodique est censée purifier l'âme et dégager la voie qui permet de communiquer avec Dieu. L'on croit en outre que le fait de s'abstenir pendant les menstruations et les jours saints empêche la procréation de lépreux, d'épileptiques et de rejetons « entachés » mentalement ou physiquement.

Les Pères s'en prennent également à la nuit de noces, où le coït semble, hélas ! inévitable. Ils n'en conseillent pas moins vivement aux époux de passer cette première nuit, et si possible les trois ou quatre suivantes,

---

* Nous traduisons *agape love* par « amour charitable », *agape* étant une translittération (due à Tertullien) du mot grec *agapè*, qui signifie « charité ».

dans la continence. Au Moyen Âge, beaucoup de diocèses demandent aux fiancés impatients qui veulent passer outre à cette prescription de faire un don en argent aux autorités ecclésiastiques. (C'est sans doute de cet astucieux chantage pécuniaire que découlent la coutume du *jus primae noctis* — que l'Église utilise afin de remplir ses coffres — et, plus tard, le droit de cuissage du seigneur féodal.)

Ultérieurement, les obligations liées à la chasteté se multiplient. Maris et femmes doivent s'abstenir trois fois par an pendant une période de quarante jours — autrement dit, un tiers de leur vie conjugale est chaste. De plus en plus de chrétiens observent ces règles. Une régression notable de la natalité en résulte, aussi bien qu'un accaparement des biens par un nombre moindre de personnes. Le principal bénéficiaire de ces mesures est l'Église. Dans les profondeurs secrètes de leurs locaux administratifs, des financiers avisés ont très vite compris que la chasteté des laïques avait des retombées appréciables sur la prospérité ecclésiastique.

L'étape suivante consiste, bien entendu, à étendre à l'infini la règle de chasteté — jusqu'à l'avènement du « mariage spirituel ». Ce sont les ascètes chrétiens fanatiques qui ouvrent la voie, n'hésitant pas à proférer des attaques de plus en plus fielleuses contre les femmes, qu'ils qualifient de tentatrices et de filles d'Ève, portées par leur nature à la lubricité et au mal. Des couples non mariés renoncent aux plaisirs charnels ; leur union est pure, désintéressée, pieuse. Le scepticisme de certains prélats est cocasse : les ecclésiastiques qui mettent leur vertu en doute sont souvent les mâles les plus obsédés par la luxure. Est-ce pour cela qu'ils affirment avec une telle véhémence qu'un homme et une femme ne peuvent partager une maison et un lit sans se livrer à la fornication ?

Ils se trompent. Le mariage chaste existe. Certaines unions sont même très harmonieuses. L'exemple classique est évidemment celui de Marie et Joseph. Lorsque le dogme entourant la virginité de Marie trouve sa forme définitive, il est admis qu'elle a non seulement conçu Jésus sans accomplir l'acte charnel, mais qu'elle l'a mis au monde sans que son hymen soit déchiré et qu'elle n'a jamais, ultérieurement, commis le péché de chair ni mis au monde d'autres enfants.

Le couple de Marie et Joseph est un exemple pour les ménages chrétiens abstinents, tout comme celui du riche sénateur Paulin de Nole, dont le mariage chaste impressionne tant saint Augustin. Paulin se marie à quarante ans, engendre un fils qui meurt en bas âge, se défait de tous ses biens, renonce à la chair et se retire, avec Thérasia, son épouse soumise, dans une propriété familiale.

Mais les évêques reconnaissent que certaines dispositions doivent être prises pour éviter qu'une union continente ne soit souillée par des écarts de conduite. Lorsqu'un des partenaires, en général la femme, refuse son corps, les évêques la critiquent, car elle encourage ainsi « l'adultère, la fornication et les querelles domestiques ». Basile d'Ancyre, cependant, explique clairement de quelle manière les femmes réticentes peuvent parer aux désirs sexuels de leur époux : il leur suffit, dit-il, de s'éloigner en esprit de cet épisode désagréable — une forme de dérision dévastatrice qui amènera souvent leur véritable époux, Jésus-Christ, à frapper leur compagnon terrestre d'une impuissance se traduisant par un pénis flasque et inopérant.

À travers la chrétienté et les siècles, l'approbation d'Augustin en matière d'amour conjugal chaste en séduira plus d'un. Quelques époux détestent, ou même abhorrent la sexualité — lorsqu'ils ne craignent pas tout simplement des naissances à répétition. D'autres chérissent avant tout la spiritualité et désirent mener une existence pure que les activités bestiales de l'érotisme ne souilleront jamais. L'union chaste, au XVe siècle, de John et de Margery Kempe est inspirée par une combinaison de facteurs, en particulier la brûlante ambition, typiquement médiévale, que nourrit Margery envers la sainteté.

Après la naissance de son premier enfant, Dieu lui apparaît pour lui révéler son amour. Il lui demande de s'abstenir de toutes relations sexuelles. Margery essaie d'obéir à l'ordre divin, mais c'est compter sans son époux. John adore sa jolie, exubérante et riche épouse. Il lui fait allégrement treize enfants. Finalement, il cède devant ses supplications répétées et le couple fait vœu de chasteté. Bien que l'Église le lui ait interdit, Margery revêt alors le vêtement blanc des veuves chastes. Brûlant d'atteindre à une intimité spirituelle avec Dieu, comme son modèle Brigitte de Suède, elle effectue plusieurs pèlerinages afin d'exalter sa piété. Margery doit cependant lutter contre de terribles tentations, en particulier une forte attirance pour deux jeunes hommes. Heureusement pour son âme, ces derniers repoussent ses avances.

Vers la fin de sa vie, Margery doit interrompre sa quête de l'union mystique pour s'occuper de John, gravement malade. Le malheureux est devenu malpropre et incontinent. Elle se met ensuite à embrasser des lépreux et se livre à des activités tout aussi périlleuses que méritoires.

Grâce à l'autobiographie minutieusement détaillée que cette femme illettrée a fait consigner par écrit dans sa vieillesse, la saga conjugale des Kempe est étalée au grand jour pour le bénéfice des générations futures[63].

Une multitude d'hommes et de femmes voient dans la vie monastique un moyen de poursuivre librement leurs idéaux religieux. Dans les cloîtres et les abbayes, ils ont tout le loisir de nourrir leur spiritualité. Leur but est de parfaire leur union avec Dieu et leur communion avec les saints. Ils fuient généralement tout attachement aux biens de ce monde. Comme nous l'avons vu, la chasteté fait partie intégrante du système monastique ; elle est considérée comme le bien absolu et on l'exalte en tant que telle. L'Église l'exige, car elle constitue l'instrument essentiel pour parvenir à la pureté spirituelle. Mais cette vertu est rarement le motif qui pousse des gens à s'enfermer dans des cloîtres. S'ils le font, c'est parce qu'ils y voient un moyen infaillible de parvenir à la sainteté.

Il arrive que le célibat et la chasteté soient à la base d'un mouvement religieux. Ses adeptes renoncent alors à la société pour adopter la vie communautaire. Ce fut le cas pour les esséniens. Plus récemment, des sectes chrétiennes, comme les shakers et les Peace Mission Angels, ont fait de la chasteté la pierre angulaire de leur système de croyance. Les architectes de ces mouvements, totalement en accord avec le principe chrétien voulant que la sexualité soit la source de tout mal, n'en tirent pas moins des conclusions tout à fait opposées sur le sens à donner à ce postulat. La perspective d'une humanité clivée, avec d'un côté les filles d'Ève tentatrices et, de l'autre, les faibles fils d'Adam, ne leur sied pas du tout. Ils préfèrent glorifier la continence en tant qu'état rédempteur et élaborer de puissantes doctrines dont les fondements sont proprement des valeurs féministes.

Les shakers

Ann Lee, fondatrice du mouvement shaker américain, vient au monde en 1736 à Manchester, ville anglaise affligée par la misère. Après huit années d'une enfance sans joie, sans éducation ni instruction — Ann ne fréquente pas l'école —, la fragile petite fille se joint aux enfants ouvriers d'une usine textile.

L'univers d'Ann est représentatif de sa classe et de son époque : la vie y est dure, la nourriture insuffisante ; l'endroit où elle vit est un cloaque. Les toilettes sont à ciel ouvert, la maison n'a qu'une seule chambre, dans laquelle s'entasse toute la famille. Le nuit, elle ne peut fermer l'œil, car ses parents copulent à côté d'elle sans se soucier de sa présence. Le jour, elle est pourchassée par son père, la mère refusant de céder aux avances de ce mâle insatiable. Très tôt, Ann développe une répulsion, profonde et définitive, pour la sexualité. Cette répugnance n'est pas inhabituelle dans son milieu, où les enfants voient quotidiennement les adultes se livrer à la fornication et n'ignorent rien des dures réalités de la grossesse et de l'enfantement. Les filles surtout ne ressentent que peur et dégoût à la perspective de ce qui les attend.

L'adolescente se transforme en jolie fille convoitée par plusieurs hommes. Mais elle veille jalousement sur sa virginité. Ses intérêts sont spirituels, non sensuels. À l'âge de vingt ans, elle se joint aux Shaking Quakers, secte dissidente des quakers dirigée par Jane Wardley, une femme douée d'un grand charisme. Les rituels de la secte comprennent des séances de cris frénétiques, de tremblements (*shakers* veut dire «trembleurs»), et des danses. Ces transes procurent à Ann la sérénité qui lui est nécessaire et neutralisent sans aucun doute ses pulsions sexuelles.

Malgré les supplications répétées d'Ann, son père l'oblige à se marier. Devenue l'épouse du forgeron Abraham Stanley, la jeune femme se plonge dans les corvées conjugales si redoutées. Trois bébés ne tardent pas à venir au monde, pour le quitter prématurément — le sort de la moitié des enfants de Manchester. Lorsqu'une fillette de six ans succombe elle aussi, Ann se sent prise de remords. Elle souffre beaucoup de cette perte et, après une période de profond repentir, en arrive à la conclusion que la source de sa tragédie personnelle et la cause de tous les maux de l'humanité est la sexualité.

Son mentor, Jane Wardley, abonde dans ce sens. «James et moi vivons ensemble, dit-elle à sa protégée, mais nous ne nous touchons pas plus que si nous étions frère et sœur.» Un mariage sans rapports sexuels entre deux époux si estimables, quelle révélation pour Ann! Une révélation qui reconstruit son unité personnelle et la convainc de se tenir loin du lit conjugal, «comme s'il était rempli de charbons ardents».

Stanley proteste avec véhémence et fait appel à des prêtres anglicans afin qu'ils ramènent Ann à la raison. Les clercs rappellent à la malheureuse le commandement de saint Paul : «Épouses, soumettez-vous à vos maris comme vous vous soumettez au Seigneur.»

Ann puise sa réponse chez le même auteur. Paul n'a-t-il pas dit : « L'homme qui n'est pas marié a souci [exclusivement] des affaires du Seigneur [...] Mais celui qui est marié a souci des affaires qui sont de ce monde et veut plaire à sa femme[64] ? »

En dépit de la passion de Stanley pour sa belle compagne aux yeux bleus — « il passerait à travers le feu pour moi, si j'acceptais seulement de vivre avec lui dans la chair » —, Ann reste inébranlable. Pour ne pas perdre sa femme, l'époux accepte finalement la continence et le mouvement shaker[65].

Pour Ann, c'est une renaissance. Libérée des obligations sexuelles qui lui répugnent, elle se lance dans la prédication. Son discours est si clair, elle se montre si convaincante qu'elle convertit son père et deux de ses frères ! Mais l'Angleterre patriarcale est hostile aux femmes qui prêchent, et encore plus aux hérétiques. Les persécutions commencent, allant jusqu'à l'emprisonnement. Dans la méchante geôle où on l'a enfermée, Ann a une vision : Adam et Ève, dans le jardin d'Éden, ont des rapports sexuels ; alors Dieu les soustrait à sa vue. Ann est persuadée qu'il s'agit là d'une révélation divine. C'est la sexualité qui a éloigné l'humanité de Dieu. En conséquence, la chasteté est essentielle si l'on veut renaître sur le plan spirituel.

Ann construit son credo. Son interprétation de la chute diffère radicalement de celle de l'Église. Elle croit que Dieu a puni autant Adam qu'Ève : ce sont les plaisirs de la chair auxquels ils se sont livrés ensemble, et non la seule malice d'Ève, qui ont provoqué la fureur divine. Jamais Ann ne ferait de reproches aux femmes, elle met tout sur le compte du mal suprême, la sexualité.

Les rêves apocalyptiques et les terribles épreuves d'Ann Lee la transforment en militante infatigable. Hommes et femmes se bousculent à ses assemblées, où les pécheurs confessent leurs fautes, y compris leurs « abominations les plus secrètes ». Ces abominations, ils les décrivent en détail au cours de réunions que l'on pourrait qualifier de séances de « voyeurisme verbal ». Mais cette présentation spectaculaire ne séduit que les amateurs de sensationnel. Les vrais convertis sont ceux que touche l'étonnant message d'Ann : il faut être chaste, même dans le mariage.

Les femmes ont leurs propres raisons d'accueillir la chasteté à bras ouverts. Ne disposant d'aucun moyen de limiter les naissances — hormis l'abstinence —, elles assimilent davantage la sexualité aux grossesses répétées qu'au plaisir, et la plupart en ont peur, à juste titre. L'enfantement est souvent atrocement douloureux — quant on n'en meurt pas. Le taux de mortalité, en ce qui concerne les mères et les nouveau-nés, est extrêmement élevé. Les femmes accouchent sur des sièges gynécologiques crasseux ou accroupies dans la paille. La fièvre puerpérale les tue en série. Une alimentation insuffisante ayant déformé leur bassin, le bébé reste souvent coincé dans le canal de naissance. Les sages-femmes se servent de crochets pour le sortir — souvent en morceaux. Et les enfants qui survivent sont promis à cette sinistre pauvreté à laquelle leurs parents n'ont jamais pu échapper.

L'abstinence est donc la principale autodéfense des femmes, mais ni les maris, ni les prêtres ni la société ne la tolèrent. Le renoncement charnel de Mother Ann a un tout autre sens. Sa continence est une forme de dévotion, un devoir envers Dieu, un refus de succomber à l'odieuse faiblesse sensuelle. Ce renoncement, dit-elle, confère aux croyantes l'autorité morale nécessaire pour résister à toute opposition, y compris à celle des maris mécontents. Petit à petit, le nombre de shakers augmente[66].

La haine des autorités civiles à l'égard de la secte grandit en même temps que la renommée de son inspiratrice. Les représentants de l'ordre l'emprisonnent de temps à autre et se gardent bien d'intervenir lorsque des citoyens enragés la pourchassent, la frappent ou lui jettent des pierres. Les souffrances d'Ann ne font qu'intensifier sa foi et renforcer sa théologie de la libération. Jésus lui apparaît et lui révèle qu'elle est un Christ au féminin. Les déclarations d'Ann n'en deviennent que plus scandaleuses. Elle jubile. « Je suis mariée au Seigneur Jésus-Christ, dit-elle. Il est ma tête et mon époux, je n'en ai nul autre. »

Il y a des siècles que des religieuses font ce genre de déclaration, mais Ann est mariée, ce qui donne à sa chasteté une allure très différente. Alors que les nonnes se conduisent comme des fiancées amoureuses vivant dans l'attente de l'ultime consommation spirituelle, Mother Ann considère son union avec le Christ comme la preuve de son statut privilégié de femme à qui ont été confiées des vérités et une sagesse divines.

La hiérarchie spirituelle shaker s'élargit afin d'inclure dans la secte une mère et un père divins — dont Mother Ann et le Christ sont les incarnations. Les femmes étant les égales des hommes, les anciennes et les diaconesses officient, tout comme les anciens et les diacres. Non seulement la chasteté shaker est en elle-même gratifiante, mais elle permet d'obtenir des fonctions et des honneurs réels.

L'égalitarisme féministe d'Ann Lee est trop provocateur pour être toléré par le courant dominant. En 1774, Ann en arrive à la conclusion que sa secte sera plus à sa place en Amérique, où de vertueux colons se révoltent contre l'oppresseur anglais et où la liberté religieuse s'épanouit. Cet été-là, elle s'embarque pour le Nouveau Monde avec huit de ses fidèles et fonde, dans l'État de New York, près d'Albany, une communauté qui prendra le nom de New Lebanon. La secte ne tarde pas à faire des adeptes.

Dès le début, Mother Ann fait en sorte que la disposition des bâtiments témoigne de la chasteté qui est le noyau idéologique du mouvement. Hommes et femmes vivent dans des quartiers différents ; ils ne se retrouvent jamais seul à seule. Ils assistent aux services religieux assis face à face, séparés par un espace.

Mais Ann est trop sage pour croire qu'une séparation arbitraire peut prévenir tout écart de conduite. Le désir charnel, elle ne le sait que trop bien, est une force puissante : son époux Abraham la désire ardemment depuis des années. En fait, l'ardeur inextinguible de son mari est l'un des premiers problèmes contre lesquels elle doit se battre à son arrivée en Amérique. Elle arrive cependant à le persuader qu'elle ne se laissera jamais fléchir. Lassé, l'époux mortifié finit par s'en aller[67].

Mother Ann, qui a si souvent lutté contre un mari harcelant, fait preuve d'une sorte de génie lorsqu'elle imagine des moyens de canaliser et de sublimer la sensualité. Les vêtements des shakers — fonctionnels, ternes, et dissimulant soigneusement formes et rondeurs — aident à prévenir toute attirance sexuelle. Les voisins des shakers se moquent surtout des femmes. Un certain Artemus Ward dit qu'elles ont « l'air d'une tige de haricot de l'an dernier emballée dans de la toile à sac [...] c'est contre nature, déraisonnable et lugubre [...]. » Et il ajoute : « Vous avez tout l'air de broyer du noir et votre existence est tout simplement misérable[68]. »

Les rapports sociaux se résument à des réunions tri-hebdomadaires au cours desquelles les shakers dansent, lisent ou chantent. Les hommes sont, bien entendu, assis en face des femmes, pas à côté. Les membres se libèrent de leurs tensions en se livrant à un discours incompréhensible*. Cette curieuse façon de parler dissipe les désirs qui les tenaillent.

---

* *Speaking in tongues* : expression orale délibérément privée de sens, utilisée par les shakers et autres sectes au cours de leurs réunions.

La forme la plus puissante de sublimation est sans doute la danse. C'est là où le shaker est le plus théâtral — comme David lorsqu'il a dansé « avec toute son énergie devant l'Arche du Seigneur » afin de célébrer sa victoire sur Goliath. Les shakers dansent avec une frénésie extatique, virevoltant, claquant des mains, martelant le sol et chantant. Comme des créatures en transes, ils « passent et repassent vivement les uns devant les autres comme des nuages poussés par un vent vif et puissant[69] ». Ils secouent les mains comme pour éloigner le péché et le mal, font mine d'attirer vers eux ce qu'ils appellent des bénédictions, ou semblent pousser celles-ci vers un frère ou une sœur. Un de leurs refrains dit :

Ho ! ho ! Je vais y arriver,
Je vais me courber, me plier,
Virevolter, tourbillonner, me contorsionner,
Secouer ma raideur et ma rigidité[70] !

Cette sublimation de groupe fonctionne : les danseurs shakers restent célibataires et chastes. Jamais l'on n'entendra parler d'un scandale d'ordre sexuel dans la secte — bien que des voisins hostiles, ou des shakers apostats en procès pour la garde d'enfants restés avec un parent, accusent le groupe de comportements licencieux. Personne ne pourra jamais fournir de preuves à l'appui de ces accusations. La sublimation sexuelle, également orchestrée dans la vie quotidienne, fait de la chasteté un état joyeux pour la plupart des fidèles, et tolérable pour ceux qui ne parviennent pas à calmer les réclamations de leur bas-ventre. Mother Ann, si aimable et compatissante, se montre intraitable dès qu'il est question de défaillance sexuelle. « Tu n'es qu'une sale putain, dit-elle un jour à une fille qui a fauté[71]. »

La vigueur de la rage antisexe de Mother Ann est l'une des caractéristiques du mouvement — ainsi que le penchant de sa fondatrice pour un langage excessif. Si les shakers pratiquent, à bien des égards, un minimalisme austère, ils font preuve, dans l'expression de leurs sentiments, d'une imagination débordante. Leur métaphore pour la chasteté : « se soumettre au "couteau du circoncis" » est aussi forte qu'éloquente.

La littérature shaker, elle aussi, met davantage l'accent sur l'imagerie que sur des allégories inspirées de la vie quotidienne. Les femmes shakers aux habits tristes et ternes — tchador à l'américaine — rêvent de créatures célestes « revêtues d'atours chatoyants aux riches couleurs, brillant comme de la soie, [tandis que d'autres] se voient enveloppées de tissus aussi doux que de la fourrure et aussi blancs que neige [...]

Certains vêtements sont même rehaussés de diamants, d'étoiles et de pierres précieuses[72] » — ces joyaux qui n'ornent jamais, au grand jamais, un cou shaker, un doigt ou des lobes d'oreilles.

La sublimation par le biais de la danse et de l'imagerie mentale ne suffisant pas pour maintenir en vie une communauté de célibataires chastes, Mother Ann a recours à des méthodes qui ont fait leurs preuves dans d'autres communautés, notamment les cloîtres : sevrer les adeptes « du monde » dont ils ont fait partie pour s'assurer de leur indéfectible loyauté. Ann et ses shakers abolissent et condamnent le fondement même de la société orthodoxe : la famille traditionnelle.

> Parmi tous ceux que j'ai fréquentés
> C'est ma vieille parenté de chair qui est la plus éloignée de moi,
> Si méchants, si laids, si remplis de haine
> Que de les voir et de les honnir augmente ma ferveur.
> Oh ! comme ils sont laids !
> Comme ils sont laids !
> Comme ils sont vilains !
>
> Je laisserai le monde derrière moi, je le ferai,
> Et leurs immondes vies charnelles
> Et leurs maris et leurs femmes.
> Je laisserai tout derrière moi, je le ferai.
>
> (Deux hymnes shakers)

Une fois séparés, ceux qui étaient unis par le mariage vivent comme frères et sœurs. Pour ceux qui étaient malheureux en ménage, l'annulation pure et simple de l'union est considérée comme un cadeau du ciel. Les couples heureux, tout comme les célibataires, acceptent eux aussi la chasteté comme une privation nécessaire à leur salut. Mais l'abstinence ne suffit pas, car la fidélité entre époux risque d'abîmer le tissu étroitement serré de la communauté shaker.

Cette conception shaker du célibat englobe aussi les enfants. Les parents sont tenus de confier les leurs à la communauté, afin qu'ils soient élevés avec des orphelins adoptés par la secte. Un shaker apostat déclarera un jour qu'« aucune compassion, dans leurs actions et dans leurs règles, ne se manifeste jamais envers leurs proches[73] ».

Mother Ann veille à ce que la vie de ses adeptes soit bien remplie. Les loisirs libres sont dangereux. Pour compenser l'abolition des liens du sang, elle fait en sorte que ses disciples aient le sentiment d'appartenir à une famille spirituelle. Ainsi, 30 à 150 personnes sont prises en charge par deux anciens et deux anciennes. Ces figures d'autorité possèdent des pouvoirs étendus, entendent les confessions (obligatoires), ouvrent le courrier et séparent filles et garçons qui semblent éprouver une attirance mutuelle. Les anciens châtient fautes et défaillances en frappant les coupables d'ostracisme ou en les soumettant à des insultes publiques. Sans enfermer pour autant les membres fautifs, ils les tiennent soigneusement à l'écart afin de prévenir tout risque de contagion. Ils s'efforcent également d'affirmer le principe d'égalité des sexes cher au mouvement — ce qui constitue une formidable récompense pour les femmes qui ont dû se battre pour sauvegarder leur chasteté.

Les membres des deux sexes, de plus en plus organisés, motivés et efficaces, reçoivent d'autres gratifications. Dans les débuts du mouvement, la vie était difficile et les pionniers aussi pauvres qu'ils l'étaient dans le « monde ». Le démembrement de leur famille, les réalités de la communauté sociale et économique et l'autorité inhabituelle des femmes créaient de graves tensions. Et comme si cela ne suffisait pas, les shakers devaient faire face aux persécutions de compatriotes qui les traitaient de briseurs de ménage. En 1810, une salle de réunion de l'Ohio est assiégée par la populace. Cinq cents hommes en colère envahissent les lieux[74].

Après six années de problèmes épineux, l'équilibre s'installe enfin dans la communauté. Les shakers s'américanisent. De nouveaux rituels apparaissent, de nouvelles traditions remplacent celles qui se sont perdues ; une harmonie interne se développe. Et, grâce à l'ingéniosité et au travail assidu des shakers, la pauvreté fait place à la prospérité et à la sécurité financière.

Mis à part leurs nuits solitaires, les shakers vivent sensiblement comme leurs voisins du dehors, mais ils consacrent beaucoup de temps à la prière. Les femmes s'activent dans les cuisines et les laiteries ; elles tissent et filent. Les hommes s'occupent des fermes, des tanneries et des forges. Les shakers travaillent sans interruption et évitent l'ennui en changeant souvent d'occupation. Ils sont encouragés à déployer les trésors de leur imagination dans tous les domaines pratiques. La liste de leurs inventions est impressionnante. Parmi celles-ci, la pince à linge, la scie circulaire, le clou coupé, le balai plat, le four tournant et une machine servant à peler les pommes, à en extraire le cœur et à les couper en quartiers.

Au cours des années subséquentes, toutefois, les fondements mêmes du mouvement shaker sont secoués. L'ambivalence et la franche rébellion des jeunes shakers ne peuvent s'expliquer uniquement par le décès d'Ann Lee, en 1784. Il est fort probable que la fondatrice aurait été impuissante à conjurer le déclin du mouvement. Les shakers, comme toutes les communautés de célibataires chastes, ne peuvent se maintenir et se développer qu'en se livrant au prosélytisme. Hélas! loin de faire de nouveaux adhérents, ils ne parviennent même pas à convaincre leurs adolescents de rester. La pomme de discorde est la continence, le dogme fondamental de la secte, qui dicte aux shakers leur organisation, leurs règles de conduite et leur mode de vie.

Lorsque les dissensions s'installent, les shakers, en proie à la panique, utilisent plusieurs tactiques pour empêcher l'effondrement de la communauté. Quelques-uns s'adonnent à d'intenses manifestations culturelles. D'autres arrachent leurs vêtements miteux et dansent nus afin, disent-ils, de reconquérir leur fierté. Un petit nombre refuse d'aller dormir après avoir dansé. À l'instar des religieuses médiévales, ils tentent de réprimer l'appel des sens en se couchant « sur des chaînes, des cordes, des bouts de bois. C'est à qui prendra la position la plus mortifiante[75]! »

Le XIXe siècle voit apparaître d'autres modifications dans les rituels. Le *midnight cry*, qui dure deux semaines, est une marche frénétique qui commence à minuit. Les shakers portent des chandelles et chantent. Quant aux *mountain meetings*, ils rappellent les cérémonies vaudou. Des esprits — Mother Ann ou Napoléon, par exemple — s'introduisent dans le corps des médiums. Une fois sortis de leur transe, ces derniers rapportent les révélations que les grands personnages leur ont faites. Ces communications dénoncent souvent la chasteté[76].

Les anciens sont conscients du fait que cette révolte, qui tourne principalement autour de la continence, s'intensifie. Au lieu d'insister sur les avantages de la chasteté, ils se contentent de constater qu'elle devient la cause majeure de l'insatisfaction générale. Ceux qui sont tout à fait déçus s'en vont, malgré de nouvelles adhésions. Le nombre de défections est si élevé que l'arrivée de nouveaux adeptes ne comble plus les vides laissés par les apostats.

La chasteté qui a inspiré le mouvement shaker semble maintenant le détruire. Ce n'est pas le principe lui-même qui fait ce travail de sape, mais la façon dont l'abstinence est perçue. En prospérant sur une terre fertile, les shakers ont sans doute oublié d'où ils venaient et de quelle misère matérielle ils ont souffert dans le passé. Une meilleure alimentation et une santé plus solide ont diminué les risques de la grossesse, lesquels n'étaient évités dans le passé que par la seule chasteté. L'égalité des sexes a été reconnue. Et bien que des femmes charismatiques continuent à prêcher et à pratiquer l'abstinence comme l'a fait Mother Ann, le mouvement cesse, en fin de compte, d'offrir suffisamment d'avantages et de bienfaits pour garder ses membres ou en attirer d'autres en quantité suffisante. Finalement, la secte est réduite à une poignée d'irréductibles.

L'échec le plus important du mouvement est son incapacité à retenir les enfants et les adolescents, dont la plupart finissent par rejeter une religion et un mode de vie par trop austères. À New Lebanon, entre 1821 et 1864, sur les cent quarante-quatre garçons présents dans la secte (certains sont des enfants trouvés, d'autres sont entrés avec leurs parents), huit meurent, dix sont « enlevés », deux sont renvoyés et vingt-deux seulement deviennent des membres. Cent deux s'en retournent dans le « monde » parce qu'ils n'acceptent pas que les liens entre parents et enfants soient détruits — liens que la doctrine de la secte va jusqu'à nier, même lorsque ceux-ci sont forts. Ces liens familiaux, on le sait, sont pourtant essentiels dans le développement d'un individu. Ce qui est difficile à comprendre, c'est que les shakers, qui ignorent en quelque sorte leurs enfants, s'attendent ensuite à ce que ceux-ci adoptent aveuglément le mode de vie qu'ils préconisent — mode de vie hostile si l'on considère les besoins et les attentes de la jeunesse. Des adolescents dont le système hormonal regimbe devant le régime strict qui leur est imposé n'ont rien à quoi se raccrocher dans la secte. Mais ils y ont acquis de bonnes habitudes de travail, et les aptitudes qu'ils ont développées leur ont donné confiance en leurs capacités. En conséquence, ils sont certains de réussir à l'extérieur. Comment s'étonner dès lors que leur rite de passage vers la maturité se traduise par la volonté de fuir leur communauté pour aller se mêler à un monde qu'ils refusent de condamner ?

Father Divine

« *Peace !* » est le mot d'ordre de l'univers dans lequel George Baker voit le jour, en 1879, à Rockville, dans l'État du Maryland[77]. Le fondateur des communautés les plus prospères du XXe siècle aux États-Unis est le fils d'esclaves affranchis. Son maigre salaire d'enfant ouvrier est bien utile à sa famille, qui lutte durement pour assurer sa subsistance. Mais George fréquente l'école assez longtemps pour devenir un lecteur avide et un digne émule de ses professeurs, qui prônent la ponctualité, la propreté, la tempérance et le travail acharné.

L'Église méthodiste Jérusalem de Rockville est le lieu d'une autre expérience formatrice. Les prêcheurs laïques noirs, qui sont pour George une source profonde d'inspiration, l'accueillent dans leur communauté prudemment repliée sur elle-même, le protégeant ainsi de ceux qui se moquent de sa petite taille : George ne dépassera jamais 1 m 60.

Nancy Baker, quatre cent quatre-vingts livres, « la plus grosse femme du comté, sinon de l'État », selon le journal local, quitte ce monde lorsque son fils est encore dans l'adolescence. Peu après, l'orphelin part pour Baltimore, rompant ainsi définitivement avec sa famille et son passé.

George est en quête de *sa* vérité.

Le nouveau venu ne tarde pas à s'apercevoir que la misère endémique de son Maryland rural n'a rien à envier à la pauvreté, au travail harassant en usine et au racisme qui règnent à Baltimore. Mais Dieu n'a pas abandonné la mauvaise ville. George y trouve refuge dans des églises de fortune, où il développe ses aptitudes oratoires et approfondit son engagement religieux. Petit à petit, il édifie une théologie associant spiritualité afro-américaine et pensée positive, auxquelles s'ajoutent la nécessité de ne faire qu'un avec Dieu, de pratiquer la chasteté et d'anéantir non seulement le racisme, mais aussi le concept même de race. Pour George Baker, le racisme est une aberration, car, dit-il, il n'existe aucune différence entre les peuples[78].

La piété intense de George débouche sur une expérience mystique grâce à laquelle il parvient à un niveau plus élevé de l'être. Il devient alors le Messager. « En 1907, écrit son biographe Jill Watts, le Messager croyait qu'il était le fils de Dieu et que sa destinée était de répandre sa parole et de la communiquer aux ignorants et aux "non rachetés"[79]. »

Une fois de plus, le Dieu de la chasteté choisit comme représentant un laissé-pour-compte, un homme issu d'un peuple tout récemment affranchi de l'esclavage et encore marqué par la peur et la rage, les méfaits de l'histoire, les préjugés, les lois iniques et les répressions les plus sauvages, dont le lynchage est l'expression la plus ignoble.

La mission antiraciste du Messager le conduit dans le Sud. Son but est d'y neutraliser la discrimination ethnique — « même s'il m'en coûte la vie », déclare-t-il. Le lynchage, souvent précédé d'une castration, est le sort commun de Noirs malchanceux ou imprudents. Au mépris du danger, le Messager poursuit sa route jusqu'en Géorgie. Là, l'électrisant prêcheur itinérant exhorte son public à suivre le Dieu aimant qui a créé un monde où le sexe et la race sont des appellations dénuées de sens.

Comment appréhender ce monde ? Comment défier les distinctions arbitraires entre les sexes et les races ? Par la pensée, répond le Messager. Car la pensée, clarifiée par la chasteté, aidera à franchir les obstacles érigés par la discrimination raciale et sexiste. Ce message, aussi sérieux qu'original, est délivré avec bienveillance : c'est en surmontant vos envies les plus pressantes et les plus élémentaires, dit le Messager, que vous transformerez la société.

En contestant la notion de race, George Baker s'attaque aux bases mêmes de la société américaine. Sa propre adhésion à la chasteté tempère l'hérésie contenue dans son message : elle démolit la légende, à la fois irritante et effrayante pour les Blancs, d'une sexualité noire débridée. Le Messager, séduisant prédicateur noir adoré des membres de sa congrégation, est si scrupuleux en matière de pureté personnelle que nul ne peut le prendre en défaut.

Les disciples de George trouvent parfois ses restrictions en matière de sexualité un peu trop exigeantes. Mais sur les Noires accablées de travail, épuisées par une vie entière de corvées ingrates et éreintantes, l'abstinence exerce un attrait aussi irrésistible que la continence prêchée par Ann Lee quelques générations plus tôt. Un grand nombre de femmes tentent de rompre toutes relations sexuelles avec leur mari. Plusieurs d'entre elles vont jusqu'à quitter leur foyer afin de rejoindre le Messager, qui, par l'entremise de la chasteté, les libère et les accueille dans sa communauté improvisée.

Des maris frustrés et des leaders religieux afro-américains se regroupent pour lutter contre le séduisant petit prédicateur. Il a jeté un sort aux femmes et aux mères de sa communauté, affirment-ils, et elles ont perdu l'esprit. « Si des mesures ne sont pas prises, la secte tout entière va devenir folle. » La police se rend sur les lieux, accompagnée d'accusateurs noirs. Leurs forces associées l'emportent sur la phalange de femmes furieuses qui veulent protéger le Messager. Ce dernier est jeté en prison.

Sa renommée ne s'en répand que davantage. Les visiteurs envahissent sa cellule et se convertissent en masse, même des Blancs, « qui semblent être aussi fous de lui que les nègres », fait remarquer un gardien. Dans une petite ville ségrégationniste de Géorgie, cet événement tient quasi du miracle. Il témoigne en tout cas du charisme du Messager[80].

Une fois sorti de prison, George entraîne ses adeptes — en majorité des femmes — vers le Sud, dans un périple ardu qui va durer cinq ans. Son but : faire des prosélytes. En 1917, au terme d'une longue marche exténuante, il s'installe à Brooklyn avec la poignée de fidèles qui a pu le suivre. Il épouse la plus pieuse des femmes de son entourage, la majestueuse Penniniah, qui va vivre avec lui dans une chasteté partagée et satisfaite.

Pourquoi ce célibataire vierge qui a toujours proclamé le caractère sacré de l'abstinence éprouve-t-il soudain le besoin de lier sa vie à celle d'une femme ? Des sceptiques mettent, bien sûr, en doute la pureté de l'union, mais tout laisse supposer que les deux conjoints sont chastes. D'autre part, il est vraisemblable que le Messager, figure plus grande que nature (du moins au figuré), voie en Penniniah la compagne officielle qui va le protéger des jolies femmes qui l'entourent. Elle apporte en outre une forte crédibilité à la mission de son mari, et sa propre ferveur religieuse attire un grand nombre de disciples dans la secte.

C'est à cette époque que le Messager adopte le nom de Révérend Major Jealous Divine, qui évoque à la fois l'autorité religieuse et militaire du chef, la jalousie du Dieu biblique et le charisme du leader. Ses adeptes abrègent l'appellation en « Father Divine ». Ils chantent : « Dieu est sur terre aujourd'hui. Father Divine est son nom. » Penniniah, on s'en doute, devient Mother Divine.

Peu après, Father Divine arrive à rassembler une somme de 700 $ et obtient une hypothèque afin d'acquérir une propriété à Sayville, dans Long Island, où il installe sa communauté. Pour permettre à son organisation de survivre, il ouvre une agence, la Busy Bee Employment Agency, qui propose au voisinage les services de bons travailleurs.

Tout le monde s'active dans ce grand foyer, où les soirées et les dimanches sont consacrés aux services religieux. En plus de ses lourdes obligations pastorales, Father Divine s'occupe personnellement d'un élevage de poulets et d'un potager. La différence entre ce nouveau mode de vie et le précédent est que, grâce à ses qualités d'administrateur, Father est en mesure d'offrir aux *busy bees* de beaux logements, dans une belle demeure, ainsi qu'une alimentation abondante et une existence à l'abri de tout risque. Les membres de la secte savent très bien que, livrés à eux-mêmes, ils n'auraient jamais joui d'un tel confort.

Comme les vieilles communautés shakers, la maisonnée de Father Divine est dotée de structures rigides. En outre, elle est soumise à une étroite surveillance afin qu'une stricte abstinence sexuelle y soit respectée. Il en est de même des observances en matière de religion et de travail, conditions nécessaires à une prospérité partagée. Le tabac, l'alcool, les drogues et les jurons sont prohibés. La demeure est «le paradis», et Father Divine son «dieu». Ses disciples, les «anges», disposent tous d'une chambre privée — un luxe pour la plupart d'entre eux. Hommes et femmes sont séparés, sauf lorsque les offices religieux et le travail exigent leur collaboration mutuelle[81].

Dans la communauté céleste de Father Divine, comme chez les shakers, l'expression verbale est soumise à certaines règles. Le pasteur défend à ses anges d'utiliser certains mots, qu'il considère comme négatifs. Il interdit *hell* et *devil*, et même *hello* qui, selon lui, vient de *hell*. Father Divine est à l'origine de l'emploi de l'accueillant «*peace*», si répandu aujourd'hui, et du mantra «*It's wonderful*», qui repousse les idées négatives et suscite la pensée positive censée mener le monde à la paix.

Comme les shakers, la secte accueille parents et enfants, mais son leader continue à croire que ces derniers sont le fruit du péché de chair, qui prive le corps de son «énergie spirituelle». Il exige de ses disciples qu'ils renoncent à toutes relations amoureuses, y compris le mariage, pour les remplacer par des contacts purement fraternels avec les autres anges.

À l'instar de Mother Ann, Father Divine met au point un mécanisme de renforcement de la chasteté. Ce dernier procure à ses adeptes l'exutoire qui leur permet de sublimer leur sexualité. On ne s'étonnera pas, si l'on se souvient de l'obésité de Nancy Baker, d'apprendre que son fils est obsédé par la nourriture, qu'il utilise du reste comme un instrument dans son ministère. Les mets savoureux présents sur sa table bien garnie consolent, soignent et convertissent : ses «banquets de la sainte communion», modelés sur la dernière Cène, sont légendaires. Quelques décennies plus tôt, il les a inaugurés dans le Sud et chacun y apportait ce qu'il pouvait. Les agapes nourrissent maintenant les Afro-Américains sous-payés qui se pressent en si grand nombre à sa table qu'il est obligé de prévoir plusieurs services afin de ne refuser personne. Il arrive, le samedi et le dimanche, que Father Divine consacre douze heures d'affilée à ces repas. Les banquets, on s'en doute, ne tardent pas rembourrer ses anges. Un de leurs appétits terrestres est comblé.

Manger est une passion dévorante pour le pasteur. Deux fois par semaine, il pèse ses anges et réprimande ceux qui ont perdu du poids. Mais comment les anges perdraient-ils du poids ? Un banquet typique de la sainte communion, en ce temps de crise économique, réunit les mets suivants : macaroni, riz, pommes de terre, pois, tomates, navets, haricots blancs en sauce, dinde et côtelettes de porc, pain de maïs, gâteaux, tartes, pêches, thé, lait et boisson à base de céréales.

Après ces festins, les invités repus se mettent à chanter et à prier. Ils témoignent et se confessent, crient, dansent et baragouinent. Comme Mother Ann, Father Divine encourage ces effusions épuisantes qui aident à dissiper les pensées érotiques que la gloutonnerie n'a pas effacées.

Sur un point important, la communauté de Father Divine diffère de celle de Mother Ann. Alors que la secte fondée par Ann Lee est essentiellement rurale, celle de George Baker est urbaine, et sa communauté est établie dans le voisinage de Blancs. Malheureusement, après une période initiale de tolérance, les voisins décident tout à coup qu'ils détestent vivre à proximité d'une communauté noire aussi nombreuse et aussi pétulante. Ils se mettent alors en campagne, utilisant d'abord les fausses rumeurs. Le seul scandale qui ait jamais sali le paradis de Father Divine est dû à un disciple blanc, « John le Révélateur », un millionnaire californien qui attire une gamine de dix-sept ans dans la secte. L'homme rebaptise la jeune fille du nom de « Vierge Marie », la séduit, puis confesse son infamie. Father Divine le chasse de la communauté, le séparant ainsi de sa victime. Hélas ! en dépit de l'indéniable intégrité de son fondateur, la secte céleste est irrémédiablement souillée. Des sceptiques médisants vont jusqu'à mettre en doute la chasteté personnelle du fringant petit prédicateur.

L'hostilité des voisins, qui coïncide avec une croisade intensive du leader et de ses disciples dans la ville de New York, oblige finalement les membres à se replier sur Harlem. Ils y sont bien accueillis. L'affluence de prosélytes transforme la secte en mouvement. De nouveaux anges fondent ailleurs d'autres communautés. La croisade, qui se poursuit, porte désormais le nom de Peace Mission.

C'est l'entrée de la mission de paix dans le monde des affaires, de la côte est à la côte ouest, qui va précipiter le déclin du mouvement. Le noyau principal de la secte est toujours constitué de Noirs pauvres, mais un petit nombre de Blancs riches s'est également joint au groupe. L'un des problèmes de la secte est que le public surestime le nombre des membres, prêtant ainsi à Father Divine une influence excessive. En conséquence, la Mission est de plus en plus souvent entraînée dans des débats politiques et des combats idéologiques avec d'autres mouvements noirs. Ces derniers déplorent le refus catégorique de Father Divine de se faire le champion des Noirs. Comment le pourrait-il puisque le fondement même de son credo est que la race n'existe pas ?

À la fin de la Crise, la Peace Mission est restructurée et devient une Église. Le nombre de membres diminue, mais de nouveaux ordres voient le jour. D'une branche californienne particulièrement fervente jaillissent les Rosebuds (« boutons de rose »), jeunes filles qui font vœu de chasteté perpétuelle, portent des uniformes ornés de la lettre V (pour « virginité ») et célèbrent la gloire de Father Divine par des chants frénétiques. Les croisés masculins, quant à eux, ne sont pas nécessairement vierges, mais ils font vœu de continence et d'obéissance aux préceptes du pasteur.

Hélas, l'asservissement volontaire des Rosebuds — qui s'efforcent d'être « soumises, dociles et douces, car leur cœur n'entend que la voix du Christ » — et le militantisme des croisés se heurtent à l'enseignement de Father Divine, qui nie la différence entre les sexes. Ils sont célibataires mais loin d'être égalitaristes. En 1943, lorsque Penniniah quitte ce monde, Father Divine et son Église sont en chute libre.

En 1946, le Messager aggrave la situation en convolant de nouveau ! Il épouse cette fois Edna Rose Ritchings, alias Sweet Angel, jolie Canadienne blanche de vingt et un ans. Father Divine justifie cette entreprise risquée en affirmant que la nouvelle Mother Divine est une réincarnation de Penniniah et de la Vierge Marie. Il compare cette union au « mariage du Christ à son Église ».

Quel homme, ce Father Divine ! Voilà qu'à soixante-sept ans il est soudainement saisi d'une irrésistible envie de se réincarner dans la peau du jeune George Baker. Quoi qu'il en soit, selon l'opinion générale, le second mariage est aussi réussi que le premier. La nouvelle Mother Divine se développe aussi harmonieusement que Penniniah et s'astreint à la même discipline : elle est manifestement chaste. Father Divine a du reste écarté toute possibilité de suspicion en lui assignant un « ange gardien », une Noire qui peut témoigner de l'absolue pureté de Sweet Angel.

En dépit de cette précaution, le remariage discutable du leader n'aide pas la Peace Mission à survivre. Toutefois, la cause première du déclin est tout autre. Dans une ère qui voit s'épanouir la permissivité sexuelle et le mouvement pour les droits civils, et où la limitation des naissances est de plus en plus largement répandue, la chasteté est difficile à imposer, sauf peut-être à ceux qui sont convaincus qu'elle constitue un impératif moral. La vie communautaire des membres de la Peace Mission paraît trop rigoureuse, trop restrictive et même bizarre. En outre, l'accent mis sur la nécessité de briser le lien entre parents et enfants a de sérieuses implications psychologiques et judiciaires. À sa mort, en 1965, George Baker laisse une Église chancelante, que personne ne pourra jamais relever.

Bien qu'ils n'aient pas survécu très longtemps à leurs fondateurs, le mouvement shaker et la Peace Mission sont loin d'être des expériences manquées. L'héritage laissé par un mode de vie fondé sur des principes qui vont à l'encontre de la discrimination sexiste et raciale perdure. L'immigrante illettrée Ann Lee et le Noir opprimé George Baker ont refusé leur condition, rejeté l'ordre établi et conféré à leurs fidèles l'égalité et la dignité personnelle que la loi leur refusait. Pour un temps, la chasteté, associée à une discipline stricte et à un travail acharné, a permis à des milliers d'Américains dénués de tout pouvoir et issus pour la plupart de classes inférieures, de mener une vie décente et valorisante.

CHAPITRE IV

Autres religions et rites

L'hindouisme, le bouddhisme et le jaïnisme* comptaient déjà, à la naissance du Christ, des millions d'adeptes en Asie. Ces trois religions exaltent la continence, qu'elles considèrent comme l'une des expressions les plus nobles de l'existence humaine et comme un élément primordial dans une vie consacrée à tenter de dominer les passions et le besoin de posséder. La sexualité dans ces religions n'est donc qu'une dimension accessoire des relations humaines. Si l'hindouisme prescrit le mariage à certaines périodes de l'existence, si le bouddhisme le tolère, le jaïnisme prône un ascétisme total. Mais, quel que soit le degré de l'interdit, le désir charnel doit à tout prix être étouffé. La chasteté est en outre une condition essentielle pour échapper au cycle des renaissances (réincarnations) et atteindre la « délivrance », le *moksha*, ou nirvana. Cette libération spirituelle doit être le premier objectif du croyant. Dans chacun des trois systèmes, la continence constitue un outil essentiel pour accéder à la réalité ultime.

Dans l'hindouisme, où la conception de la physiologie humaine et du développement moral est axée sur la rétention du sperme, la chasteté a une dimension autant physique que spirituelle. Pour les hindous, la semence est une substance riche et dotée d'un grand pouvoir. À ce titre, elle doit être préservée. L'adhésion à ce précepte amène le croyant à s'abstenir de rapports sexuels qui réduiraient sa précieuse réserve de liquide séminal. Au lieu de gaspiller son sperme dans la concupiscence,

* L'hindouisme, la plus ancienne des religions vivantes, remonte à 4500 ans av. J.-C., le bouddhisme à 500 ans av. J.-C. et le jaïnisme à près de 1000 ans av. J.-C. (Peter B. Clarke, *Le grand livre des religions du monde*, Solar, Paris, 1995.)

il conserve ainsi en lui cette substance énergétique qui augmente sa vigueur intellectuelle, son endurance physique et sa force morale. La semence est un élixir si puissant qu'il peut même retarder la vieillesse.

Dès qu'il est question des femmes, l'hindouisme, le bouddhisme et le jaïnisme traditionnels partagent le jugement négatif et suspicieux qui va caractériser, quelques siècles plus tard, une grande partie de la pensée chrétienne. Pour les trois religions orientales, les femmes sont des êtres d'un érotisme débridé et d'une grande faiblesse morale, des tentatrices dont le pouvoir de séduction défie la volonté d'abstinence de l'homme.

Les trois religions exigent de leurs filles qu'elles restent vierges. Comme dans le christianisme, la chasteté — qui garantit qu'une fille est digne de se marier — investit la jeune femme d'un certain pouvoir. Ceci est particulièrement vrai pour les moniales, à qui leur engagement volontaire ouvre les portes du nirvana. Il les libère aussi du fardeau du mariage et de la maternité, leur donne accès aux études supérieures et leur permet d'occuper, dans les services publics, des postes généralement réservés aux hommes. Dans le cas des brahma-kumari (kumari signifie « jeune princesse »), une secte hérétique hindoue, la chasteté inverse complètement le statut de la femme. Considérant que l'infériorité de cette dernière découle du mal qui sous-tend les rapports sexuels, les penseurs de la secte recommandent à leurs adeptes féminines la chasteté absolue. Celles qui observent une stricte continence peuvent se hisser à des sommets jamais atteints par les femmes dans la religion hindoue traditionnelle.

L'hindouisme, le bouddhisme et le jaïnisme, qui dérivent d'anciennes philosophies religieuses, offrent une explication métaphysique du monde qui, à plusieurs égards, diffère totalement de celle donnée par le christianisme et les traditions dans lesquelles ce dernier s'est enraciné. Au cours des siècles, l'hindouisme et le bouddhisme ont fait des milliards d'adeptes, le jaïnisme des millions. Leurs doctrines sont subtiles, sectaires et infiniment complexes. Tandis qu'elles évoluent à travers le temps et l'espace géographique, elles continuent à se modifier et à se diversifier. Les considérations qui suivent, toutes basées sur le seul point de vue de la chasteté, ne permettent fatalement qu'un survol limité de chaque religion. Elles nous révèlent néanmoins que la continence est au cœur même de ces croyances et, en conséquence, au cœur de la morale de leurs innombrables fidèles.

L'hindouisme

Shiva, dieu sensuel et chaste

Dans le panthéon hindou, le dieu Shiva est puissant, populaire et hautement vénéré. On l'appelle le « grand ascète ». Les mendiants religieux et les yogis, qui lui vouent un culte, voient en lui un modèle de chasteté et de pouvoir ascétique. Et pourtant, la sensualité de Shiva est intense. Dans la pensée hindoue, cette dualité n'est nullement contradictoire. La nature de Shiva, à la fois chaste et sensuelle, est « un concept unifié propre à la pensée indienne depuis la préhistoire[1] ».

Du point de vue hindou, la chasteté et la sensualité de Shiva sont parfaitement compatibles. Continence et érotisme ne sont pas considérés comme des éléments contraires — comme le haut et le bas, le chaud et le froid, etc. — qui par définition ne peuvent coexister. La sensualité et la chasteté de Shiva sont envisagées comme deux sortes de chaleur : le *kama*, chaleur de la passion et du désir, et le *tapas*, chaleur de la créativité. Le *kama* et le *tapas* ont chacun leur valeur intrinsèque, mais le *tapas*, associé à l'ascétisme, est beaucoup plus important, car il engendre des pouvoirs extraordinaires et suscite un immense respect.

L'un des mythes de Shiva raconte l'affrontement violent entre le seigneur de la chasteté et Kama, le grand dieu du désir et de l'amour physique — le seul qui puisse éventuellement renverser la puissante déité, célèbre pour son engagement au *brahmacharya*, ou abstinence sexuelle. Kama est rusé. Il choisit comme appât l'irrésistible Parvati, dont le superbe postérieur rend Shiva fou de désir. Le dieu Shiva résiste aux charmes de la belle divinité, mais les insolentes machinations de Kama le plongent dans une terrible fureur. Pour se venger, il incinère son ennemi avec son « troisième œil », protubérance incandescente qu'il porte au milieu du front. L'ironie veut que ce troisième œil, instrument de destruction qui va anéantir Kama, personnification de la lubricité, ait été engendré par le *tapas* de la chasteté volontaire de Shiva.

Mais l'histoire n'est pas terminée. Shiva est si troublé par la violence de son acte qu'il redonne vie au scélérat qui voulait le pousser à sa perte. Kama réapparaît sous une forme invisible, plus que jamais possédé par le désir de pervertir son chaste adversaire. La littérature hindoue regorge de récits dans lesquels Shiva ne cesse d'éviter les nouveaux pièges tendus par son ennemi. Finalement, séduit par le charme de la ravissante Parvati et par la force de son *tapas*, il l'épouse. C'est de cette histoire que découle le concept singulier de la chasteté des divinités hindoues (mais non des mortels)[2]. Malgré l'ambiguïté apparente de la situation — Shiva a de temps à autre une relation érotique avec Parvati —, le dieu n'en reste pas moins la chasteté incarnée, un dieu puissant, capable de sublimer la force considérable de sa virilité dans un *tapas* tout aussi puissant.

Les images traditionnelles de Shiva expriment bien sa nature énigmatique. Souvent, ce parangon de chasteté prend pour signe distinctif le *linga*, emblème phallique. Ce linga dressé ne symbolise ni l'érotisme ni la sexualité. C'est un phallus gonflé par la semence que Shiva a amassée grâce à sa continence. Et s'il est dressé, c'est pour que le sperme ne puisse s'en écouler. Un autre symbole populaire de la chasteté de Shiva, un croissant bosselé ou à cornes, orne sa tête. Le fluide précieux de Shiva est monté le long de sa colonne vertébrale jusqu'à ces protubérances. Dans toutes les effigies, la chasteté si vantée du dieu couronne ce dernier d'un diadème empli de semence brûlante.

La chasteté par étapes

L'hindouisme constitue un système de croyances éminemment complexe. Ses doctrines et ses pratiques reflètent les distinctions culturelles et régionales de l'Inde, mais, à l'opposé du christianisme sectaire et semeur de discorde, elles sont un facteur d'unification. Le panthéon hindou accueille des centaines de divinités d'importance inégale. Les pratiques religieuses sont tout aussi variées. Alors que le christianisme défend et, chaque fois qu'il est possible, impose une unité de doctrines et de pratiques, l'hindouisme se montre d'une remarquable souplesse. Il ne partage pas le concept chrétien qui assimile la dissension à l'hérésie. En raison de cette flexibilité idéologique, tenter d'expliquer l'hindouisme, même en se limitant au point de vue de la chasteté, est une tâche extrêmement difficile.

Pour généraliser, disons que l'hindouisme vise à libérer l'être humain de ses afflictions, dont les racines plongent dans le cycle perpétuel de la naissance, de la mort et de la renaissance. Au centre même de ces afflictions se trouve le corps, entité à la merci de la nature et, simultanément, illusion qui occulte à la fois l'immortalité de l'homme et sa divinité latente. Le but des pratiques hindouistes est d'éliminer la misère de la mort en mettant fin au cycle des réincarnations et en révélant à chaque être son caractère divin.

L'homme doit parcourir les *ashramas*, soit les quatre âges de la vie, qui caractérisent l'existence idéale. Dans trois d'entre eux, la chasteté est primordiale. Ce cheminement est nécessaire pour parvenir au nirvana, libération spirituelle qui est le but ultime de l'existence. Les renaissances sont déterminées en partie par le karma, loi de causalité fondée sur le principe de la rétribution des actes —, sorte de système judiciaire spirituel qui décide de la succession des réincarnations. Pour les hindous, ces renaissances ne sont pas des miracles de vie éternelle, comme ils le seraient pour les chrétiens, mais plutôt le prix à payer pour des actions mauvaises commises dans des vies antérieures.

Le moyen de mettre fin à ce cycle perpétuel de renaissances est d'oblitérer les appétits et les aspirations terrestres, y compris le *kama* ou désir sexuel, afin de progresser vers des états de conscience plus élevés. C'est une formule simple qui englobe une vie de labeur et d'efforts. La voie menant à la délivrance finale, bien que semée d'obstacles, est clairement définie comme un cheminement en quatre étapes : *brahmacharya*, le temps de l'apprentissage ; *grihastha*, le temps de la fondation d'une famille ; *vanaprasthya*, le temps de la retraite (littéralement, « séjour dans la forêt ») ; et *sannyasa*, le temps du renoncement total au monde, ou de la mendicité religieuse. Chaque *ashrama* évoque « le labeur et les souffrances », étapes du processus graduel de purification commencé à partir de la « souillure terrestre[3] ». À la dernière étape, le pèlerin mérite enfin d'entrer dans son foyer spirituel.

Ces *ashramas*, cela va sans dire, sont plus souvent un idéal qu'un objectif réel à atteindre. Peu d'hindous deviennent des habitants de la forêt ou des mendiants religieux. Des membres des castes privilégiées, toutefois, deviennent des *brahmacharin*, et ceux qui ne peuvent atteindre ce statut, des *grihastha*. Les femmes sont largement exclues de ce voyage spirituel[4]. Ce sont les hommes, presque exclusivement, qui accomplissent les *ashramas*.

Idéalement, un garçon entre en *brahmacharya* entre huit et douze ans. Il peut y rester pendant une période allant de neuf à trente-six ans — mais quitter après l'âge de douze ans est coutumier. Quelques fervents restent des *brahmacharin* toute leur vie, qu'ils consacrent à l'étude des textes sacrés. Dans le passé, le *brahmacharin* vivait dans la forêt avec son gourou, mais l'urbanisation a favorisé l'apparition de gourous citadins. Les élèves font désormais la navette entre la maison de leurs parents et celle de leur guide. L'objectif du *brahmacharya* n'a pas changé pour autant : le gourou forme le corps et l'esprit du garçon afin qu'il se transforme en adulte vertueux, qui aura de bonnes manières et fera preuve de bon caractère — tout cela parce qu'il a pratiqué l'auto-discipline, s'est livré à une stricte continence et a acquis des connaissances sacrées.

Cet engagement envers l'abstinence sexuelle est si entier que le mot *brahmacharya* est devenu synonyme de chasteté. Il exige un contrôle absolu de soi-même, afin que l'esprit rationnel puisse étouffer les appétits charnels. Seul un homme purifié de cette manière peut atteindre le dépassement de soi — et avoir en réserve la quantité de sperme nécessaire à l'accession à l'ultime réalité (le Brahman).

Dans les temps anciens, le jeune homme qui s'adonnait au plaisir charnel était sévèrement puni. Manu, le premier législateur hindou, avait décrété que le coupable serait tenu de passer une année dans l'humiliation, revêtu d'une peau d'âne. Il devrait mendier sa nourriture dans sept maisons différentes, révéler sa faute à leurs habitants, ne prendre qu'un seul repas quotidien et se baigner trois fois par jour.

Le chaste *brahmacharin* absorbe une grande quantité de connaissances durant son apprentissage, basées sur les textes et rituels védiques. On lui enseigne ses responsabilités et ses devoirs sociaux et religieux envers sa caste, ainsi que des codes de conduite. Cette éducation lui permet d'emprunter le chemin qui lui révélera l'entité suprême, but ultime de l'hindouisme. La chasteté est un instrument essentiel de sa formation. En conjonction avec d'autres pratiques austères, elle l'aide à exercer un contrôle parfait sur tous ses sens.

La maîtrise des pulsions sexuelles permet au *brahmacharin* de se concentrer sur ses études, ses obligations et sa volonté de se rapprocher de l'entité suprême. Il apprend aussi que la chasteté est mentale autant que physique, et qu'elle est un moyen d'atteindre le *moksha*, ou libération ultime.

L'énergie créée par l'abstinence a une dimension tangible : la semence[5]. Il n'existe aucune autre religion dans laquelle le pouvoir du sperme est aussi évident que dans l'hindouisme et les traditions religieuses qui lui sont apparentées. Le sperme est un fluide vital ; il est l'essence même de la vie. Dans les dialogues des *Upanishad*, textes sacrés hindous, la perte de semence est déplorée comme une sorte de mort. La semence est *la* force créatrice. Les sages disent que soixante gouttes de sang sont nécessaires à la production d'une seule goutte de sperme. En gardant en eux leur semence, les ascètes produisent du *tapas* — cette chaleur intérieure dont Shiva s'est servi pour détruire Kama — ainsi que l'énergie qui transmet certaines qualités divines aux mortels[6]. En raison de la valeur et du pouvoir accordés au sperme, éjaculer constitue, au mieux, un sérieux gaspillage, au pire, une perte nuisible. Le *brahmacharin* qui conserve précieusement sa semence et dirige son pouvoir « vers le haut » acquiert la puissance personnelle et spirituelle et le niveau élevé d'agilité mentale et physique qui sont les outils indispensables de sa réussite.

Le *grihastha*, temps du mariage et de la fondation d'une famille, est la seule étape durant laquelle la continence n'est pas souhaitable. Le mari et la femme ne se contentent pas d'avoir des rapports sexuels, ils peuvent y prendre plaisir. En dépit de cette approche heureuse de la sexualité, certains couples pratiquent le *brahmacharya*. Le Mahatma Gandhi, qui mettait souvent sa détermination à l'épreuve en dormant aux côtés de jeunes filles nues, en est l'exemple le plus célèbre. Comme beaucoup d'hindous, Gandhi assimilait l'érotisme à une passion animale. « Un homme qui n'est pas chaste, disait-il, perd son endurance, s'inflige une sorte d'émasculation, devient lâche […] et incapable d'efforts de volonté[7]. » À cette étape de sa vie, l'époux, dûment marié selon le rite, se préoccupe des choses de ce monde, soit le succès professionnel et les avantages matériels. Il prend soin des siens et s'acquitte de ses devoirs envers la société.

Le chef de famille se montre particulièrement zélé dans l'accomplissement de ses obligations spirituelles envers les dieux et ses ancêtres. Il exécute les rituels religieux imposés par la coutume, engendre des fils à qui il inculque des devoirs, notamment les offrandes funéraires aux ancêtres. La procréation est au cœur du mariage. Du reste, les dieux hindous sont mariés et habituellement représentés avec leur épouse. Les hindous pratiquants ne voient pas le mariage comme une concession à la faiblesse humaine, mais comme une étape dans le long voyage du développement spirituel.

Le *grihastha* doit prendre fin, écrit Manu, lorsque la peau du chef de famille commence à se friper et que ses cheveux deviennent gris. L'*ashrama* suivant est le *vanaprasthya*, ou temps de la retraite dans la forêt. La femme du fidèle peut alors faire vœu de chasteté afin de pouvoir accompagner son époux. Peu d'hindous, de nos jours comme par le passé, passent par cette étape. Ceux qui le font sont traités de fanatiques, bien que l'on respecte leur ascétisme et leur obéissance aux idéaux.

Celui qui se retire dans la forêt s'engage à vivre en ascète. Sa nourriture se limite aux légumes, aux fleurs, aux racines et aux fruits. Dans la chaleur de l'été, il lui est loisible d'augmenter son inconfort physique en allumant des feux. En hiver, il peut porter ses vêtements mouillés pour souffrir davantage du froid. Il récite à longueur de journée les textes sacrés des Veda et s'efforce « de contenir ses émotions, de se montrer amical et posé, d'être celui qui donne et non celui qui prend, et de faire preuve de compassion envers tout ce qui vit[8] ». L'habitant de la forêt renonce aux plaisirs de la chair et pratique une chasteté stricte, comme il l'a fait dans son jeune âge. Il anéantit ainsi tous ses appétits sensuels afin de conserver la semence qui lui reste et de se consacrer à la découverte de sa divinité et à la quête de la fusion avec l'Être suprême.

Le quatrième *ashrama*, le temps du renoncement, est pratiqué plus rarement encore que le troisième. Le but du renonçant, selon la *Bhagavad-Gita*, est de devenir « celui qui n'aime ni ne hait rien », condition préalable pour échapper au cycle des renaissances et atteindre le *moksha* ou délivrance spirituelle. Cette profonde indifférence, conçue pour effacer la marque fatidique du karma, se prolonge jusqu'au corps et au statut social du *sannyasin*, irradiant vers le passé comme vers l'avenir. Le renonçant doit se livrer à de grandes austérités, allant jusqu'à se priver de la chaleur d'un feu en hiver. Il cesse de sacrifier aux dieux. Ses objectifs ne sont plus terrestres. La survie de cet errant dépend de ceux qui veulent bien le nourrir. Il n'a plus ni biens matériels, ni attentes, ni obligations, ni orgueil. Il passe son temps à méditer sur Dieu. Alors, comme le dit un des textes sacrés : « Les vies s'identifient au Moi éternel et ne voient plus rien d'autre[9]. » Cette unité permet au *sannyasin* d'échapper enfin au cycle des réincarnations.

L'hindouisme classique, même pratiqué sommairement, n'en constitue pas moins la vision que des millions d'hommes et de femmes ont de la nature humaine et divine et du sens de l'existence. La chasteté est le noyau dur de cette métaphysique. Elle permet de conserver cette précieuse force de vie qu'est la semence, afin de la transformer en énergie créatrice. Elle est aussi le seul moyen de transcender les aspirations terrestres afin d'atteindre le *moksha*, fusion totale avec l'Être suprême.

Le célibat moderne dans les ordres sannyasins

Tout comme la vie apostolique est au cœur du christianisme, l'ascétisme est au cœur de l'hindouisme et de la culture indienne. Il y a toutefois une différence fondamentale entre l'ascétisme hindou et l'ascétisme chrétien — pas nécessairement en pratique mais dans l'intention — dans la mesure où l'ascétisme hindou n'est pas enraciné dans un dualisme corps-esprit. Les ascètes hindous ne nient pas le corps, ils le soumettent au contraire à des disciplines qui rehaussent leurs qualités mentales et leur spiritualité. Pour créer le *tapas*, l'énergie interne qui va les aider à libérer leur âme, les adeptes ont souvent recours au yoga, qui « immobilise le corps, immobilise la respiration et, finalement, immobilise l'esprit[10] ».

De nos jours, quelques *sannyasins* adeptes de cet ascétisme extrême vivent dans des ashrams. D'autres choisissent la solitude. Les femmes peuvent elles aussi devenir des « renonçantes ». On les nomme alors *sadhvis*, ou *sannyasinis*. Qu'ils vivent seuls ou en communauté, ces ascètes adoptent un vêtement distinctif, une robe de couleur ocre. Leurs cheveux sont longs et emmêlés — quand ils ne sont pas rasés. Tout, dans leur allure, traduit leur indifférence au statut social et à l'esthétique.

Lorsque les sannyasins entrent dans un ordre, ils choisissent un gourou qui, à leurs yeux, a atteint la perfection et est doté de grands pouvoirs. Ils lui jurent alors une obéissance inconditionnelle. Chaque ordre possède sa propre doctrine, qui a elle-même ses propres objectifs. Les disciples sont tenus d'observer les règles et les principes de base de leur ordre, fondés sur « la pureté morale, l'aspiration authentique à la réalité ultime et une confiance entière dans le gourou[11] ». La continence est, bien sûr, une dimension essentielle de la pureté morale.

L'ordre ramananda est né à l'aube du XIVᵉ siècle. Ses membres sont des adeptes du seigneur Rama et de son épouse Sita, deux divinités importantes de la mythologie hindoue. Les moines accueillent des individus de toutes les castes. Jadis, ils autorisaient des femmes à se joindre à eux. Ces moines — ils sont des milliers — sont souvent zélés, mais ils manquent d'instruction. Durant les rituels d'initiation, ils marquent dans leur chair, au fer rouge, le nom de Rama et ajoutent le suffixe *das* (esclave) à leur nom de famille. Un grand nombre de moines s'occupent des étables qui accueillent les vieilles vaches sacrées.

Cette dévotion fervente à leurs principes religieux leur est surtout inspirée par le seigneur Rama. Bien qu'il aime sa femme, ce personnage fait preuve d'un grand détachement dans ses relations conjugales. Rama et Lakshmana, son frère célibataire, sont présentés dans les textes sacrés comme « des ascètes vivant dans la jungle du désir où règnent des démons[12] ». La discipline ramananda du corps et de l'esprit reflète ce détachement à l'égard des sens et des aspirations terrestres.

Chaque disciple doit choisir le gourou qui l'initiera afin qu'il puisse faire partie du chaste clan de Dieu. Il peut se joindre à l'un des trois sous-ordres : *tyagis*, *nagas* ou *rasiks*. Les moines *tyagis* parcourent la campagne en groupes et font preuve d'une farouche abstinence, au point de se castrer eux-mêmes. Ils accordent une importance primordiale à l'énergie spirituelle positive engendrée par la rétention du sperme. Ce *tapas*, accumulé grâce à un régime ascétique draconien, donne aux *tyagis* un pouvoir particulier, surnaturel, appelé *shakti*. Leur chasteté leur permet également d'unir en eux les aspects féminin et masculin qui existent chez tous les humains.

Le sous-ordre des *nagas* a des objectifs radicalement différents. Les *nagas* sont des ascètes qui pratiquent l'art de la lutte ou sont engagés dans des activités militaires. Dans la mesure où ils considèrent la continence comme une condition préalable à l'entraînement physique, ils conservent leur semence plutôt que de la répandre. Il s'agit là pour eux d'un geste essentiel pour acquérir un pouvoir spirituel. L'idéal militariste des *nagas* se retrouve dans leur discipline, qui les incite à former des régiments, voire des armées. Pendant les grandes fêtes, ils défendent leurs frères des ordres plus vulnérables.

Le troisième sous-ordre, celui des *rasiks*, est formé d'esthètes célibataires qui, contrairement aux membres des deux premiers ordres, vivent dans des communautés situées autour d'un sanctuaire. Ils expriment leur dévotion au seigneur Rama par le truchement d'un jeu théâtral rituel. Ils retiennent également leur sperme, non pour créer du *tapas*, mais pour sublimer leur continence dans un amour altruiste inspiré par Dieu. Les *rasiks* croient que leur semence accumulée va transformer leurs qualités masculines en qualités féminines. Cette féminisation est si importante que beaucoup de *rasiks* portent des vêtements de femme. Ils veulent ressembler à Sita, l'épouse de Rama.

Le dénominateur commun des trois sous-ordres est l'accent mis non seulement sur la continence et la rétention de la précieuse semence, mais sur la capacité d'intégrer la nature transcendantale de Rama. Dans la doctrine ramananda, comme dans l'hindouisme en général, le sperme est une force de vie qui, lorsque la semence est adéquatement conservée, transforme l'énergie sexuelle en énergie spirituelle et investit les fidèles de pouvoirs particuliers. Instrument crucial pour atteindre certains objectifs spirituels, la chasteté tient également lieu de frontière sociale entre moines et laïques. Elle est essentielle pour la survie institutionnelle de l'ordre.

La suprême importance de la semence, dans ce système religieux, exclut, bien sûr, les femmes, qui ne peuvent devenir des initiées à part entière. Des moniales peuvent faire partie de l'ordre, mais elles sont considérées comme des disciples plutôt que comme des saintes femmes. Elles ressemblent tellement aux nombreuses veuves qui se rassemblent dans les lieux sacrés pour attendre la mort qu'il est difficile de les en distinguer. Les couvents portent le nom de *maiwaras*, « là où vivent les mères ». En fait la pensée hindoue considère les femmes comme inaptes à la vocation religieuse, à la fois en raison de leurs passions incontrôlables et parce que leur rôle principal dans la vie est de procréer, fonction qui exclut la chasteté. Les sages hindous ayant renoncé aux femmes, ces dernières ne peuvent se joindre à eux.

Les filles de Brahma

Le noyau spirituel de la seule secte qui accueille les dévotes hindoues est la chasteté, non la semence. La secte moderne des Brahma-kumari compte actuellement une centaine de milliers de membres, en majorité des hommes. Son fondateur est Dada Lekhraj, riche joaillier originaire de la province du Sind (qui faisait partie du nord de l'Inde avant d'être intégrée au Pakistan).

Avant de fonder le mouvement en 1937, Lekhraj offre l'image d'un homme pieux et d'un bon père de famille qui se distingue peu de l'homme ordinaire. Mais sa profession lui permet de rencontrer un grand nombre de clientes — entre autres les occupantes du quartier des femmes des palais de quelques rajahs et maharajahs. C'est en fréquentant ces femmes que lui viennent les idées qui vont lui permettre de construire sa doctrine. Cette dernière, qui remet en question la nature et le statut de la femme, va scandaliser son entourage et se heurter aux positions de l'hindouisme traditionnel.

L'élite et les marchands qui vivent dans l'opulence ont organisé l'univers de leurs épouses selon le modèle typique de la classe et des castes supérieures, basé sur des siècles de tradition. Les hommes sont vénérés tels des dieux et des sages. Ils maintiennent ce statut prestigieux en veillant à ce que leurs épouses et leurs filles ne reçoivent qu'une maigre instruction et ne sortent que rarement de leurs appartements. Cet enfermement est la règle, même lorsque les affaires du chef de famille l'éloignent de la maison pendant plusieurs mois, voire des années. Les femmes sont censées rester à la maison pour y chérir le souvenir de l'époux absent.

Mais petit à petit, insidieusement, une rumeur persistante a commencé à empoisonner cette belle harmonie domestique. On dit que, contrairement à leurs épouses chastes et isolées du monde, les maris voyageurs mènent une vie de débauche et entretiennent des maîtresses. Les épouses légitimes sont mûres pour la révolte. Furieuses de n'être que des jouets destinés à combler les caprices sexuels des hommes, elles cessent de les vénérer comme des dieux ou des gourous.

Quelques-unes de ces femmes sont des clientes de Lekhraj. Elles se confient à lui, avouent leur chagrin et leur insatisfaction. Le joaillier les écoute, sans rien laisser paraître pendant de longues années. Tout bascule lorsque, à soixante ans, il commence à avoir des visions. Les dieux Vishnu et Krishna lui apparaissent. Puis une succession d'images apocalyptiques lui dépeint la destruction du monde par la guerre civile et plusieurs catastrophes naturelles. Il voit les âmes des morts s'envoler par millions, « comme des papillons de nuit voletant en direction de la lumière ».

Ces visions font de lui un nouvel homme. Profondément ébranlé, il liquide son commerce de bijoux. Les visions s'intensifient. Sa femme et sa belle-fille le trouvent un jour en transe, les yeux rougeoyant comme des braises entretenues par un feu intérieur. Puis Lekhraj affirme que l'Être suprême lui a donné l'ordre de « faire un monde comme celui-là ».

Métamorphosé, l'homme se fait prédicateur. Une foule de gens se rassemblent pour l'écouter, surtout des femmes riches de son entourage. En 1937, il nomme plusieurs d'entre elles membres de son conseil d'administration — le noyau des Brahma-kumari. Peu après, il transfère sa fortune personnelle dans la secte.

La communauté sindi réagit très mal. Lorsque le bruit commence à se répandre que de jeunes épouses fréquentent l'ashram de Lekhraj et que des vœux de chasteté y sont prononcés, « les maris manifestent vivement leur désaccord. [...] Une véritable clameur s'élève dans la ville

et dans la province[13]. » En demandant aux filles et aux femmes mariées
— qui forment la majorité féminine — de faire vœu de chasteté, les
Brahma-kumari ont déclaré la guerre à l'hindouisme traditionnel.

Non seulement l'enseignement de Lekhraj, dont est tirée la doctrine
du mouvement, accorde une place centrale à la chasteté, mais il condamne les rapports sexuels, cette perversion qui a transformé le paradis
en enfer. (Il s'agit peut-être d'une allusion à la chute, mais elle reste
isolée ; aucun autre élément, dans le système de la secte, ne suggère une
croyance du même ordre.) Les Brahma-kumari croient que chaque être
humain est une âme unie à un corps et que cette fusion s'insère dans
un déroulement temporel de cycles historiques, chacun s'étalant sur
cinq mille ans, divisés en quatre âges.

Au commencement, les âges sont caractérisés par la pureté et la
perfection. Hommes et femmes sont égaux ; il n'existe ni adversité ni
affliction. Cette perfection est due avant tout à l'absence de relations
charnelles, que le pouvoir de se reproduire sans rapports sexuels grâce
au yoga rend inutiles. Mais vient un temps où apparaissent les accou-
plements érotiques. Petit à petit, les êtres dégénèrent, moralement et
physiquement, jusqu'à ce que la corruption et le tourment entament
leur œuvre destructrice. Le paradis devient l'enfer. Les désirs charnels
finissent par dominer le monde.

La dégradation des valeurs humaines va de pair avec l'asservissement de la femme, réduite en esclavage par la lubricité masculine.
Épouses et mères sont particulièrement vulnérables ; elles subissent les
misères et les indignités qui découlent de leur statut inférieur. Le but
des Brahma-kumari est de mettre fin à ce cycle néfaste. Les membres de
la secte doivent se purifier afin d'accéder au commencement immaculé
d'un nouvel âge. Ils veulent échapper à la réincarnation pour ne plus
naître dans le péché. Le seul moyen d'atteindre ce but est de renoncer
au mal, autrement dit aux rapports sexuels, et d'adopter une stricte
abstinence.

Aux femmes frustrées qui rongent leur frein sous la domination d'un
époux jouissant d'une liberté totale, la chasteté promet d'énormes
récompenses. D'une part, elle est la condition nécessaire pour assurer
des renaissances parfaites ; d'autre part, elle délivre les femmes mariées
de leurs liens et les femmes seules de leur situation ignominieuse. Puri-
fiées par la chasteté, les femmes trouvent leur authentique identité spirituelle et brisent les chaînes qui les emprisonnent dans un monde
matériel et impie.

Le mouvement des Brahma-kumari répond parfaitement au mécontentement des femmes sindi. Quelques hommes, convaincus eux aussi des vérités essentielles véhiculées par la secte, ne tardent pas à s'y joindre. Mais cette conception radicale qui réévalue les femmes et donne d'elles l'image positive qui leur assure un statut plus élevé va à l'encontre de la pensée hindoue qui, comme le christianisme classique, dépeint les femmes comme inférieures et comme causes de tout mal. En termes religieux, le mouvement affirme que la société peut changer. En termes sociaux, il offre aux femmes brimées des possibilités nouvelles. Elles peuvent, dans le cadre du mouvement, être enseignantes ou guides spirituels. Elles y trouvent également des moyens de revendiquer ce statut féminin que la secte a réévalué avec une détermination si provocante.

L'enseignement scandaleux des Brahma-kumari provoque, chez les hommes en général et chez les époux en particulier, une réaction violente. Des femmes sont battues, chassées de leur foyer ou enfermées à double tour. D'autres sont poursuivies en justice par leur mari, qui exige le rétablissement de ses droits conjugaux. Les familles font pression. Certains membres de la secte sont menacés d'expulsion par leur caste. Lekhraj lui-même est accusé de tous les vices, de la sorcellerie à la luxure.

Le mouvement résiste. Lekhraj soustrait ses adeptes à leurs persécuteurs et les emmène à Karachi, où il les installe dans un ashram bien organisé. Ce lieu devient leur univers. Vous avez subi une renaissance, qui est une « mort dans la vie », dit le guide à ses fidèles. En raison de cette renaissance qui fait de vous les enfants d'une « famille divine », je vous donnerai un autre nom. Dans le même élan, le fondateur révèle à ses adeptes qu'il est Brahma, l'Être suprême de l'hindouisme.

La vie dans la communauté obéit à une routine quotidienne stricte faite d'exercices de yoga, de rituels religieux, de sermons, de révélations divines et de chasteté parfaite. La discipline y est quasi militaire. Les membres se considèrent comme des frères et sœurs placés sous la tutelle d'un gourou. Les Brahma-kumari sont devenues les filles de Lekhraj-Brahma.

En 1947, après la partition de l'Inde et du Pakistan, le mouvement déménage à nouveau. Il s'installe en Inde, où Lekhraj se rend compte qu'un ordre de célibataires ne peut se maintenir s'il s'obstine à vivre dans l'isolement, en méprisant le monde extérieur. Le prosélytisme est essentiel à la survie du mouvement qui, en 1969, à la mort de son fondateur, est prospère et en expansion. Bien que, de nos jours, la majorité des membres soient des hommes, les femmes y occupent toujours des positions importantes. Certaines sont mariées, mais elles vivent dans l'abstinence avec leur époux. Le célibat occupe toujours une place essentielle dans le programme spirituel de ces femmes qui croient et enseignent que la chasteté est la vertu qui est à l'origine de toutes les vertus.

Chez les Brahma-kumari, le concept de chasteté s'est transformé pour devenir une sorte d'état d'innocence présexuelle. Ses adeptes renaissent spirituellement en tant qu'enfants et revendiquent le droit de vivre dans la pureté de l'enfance. La sexualité, qui empoisonne le corps et le rend vulnérable aux maladies a fait de cette planète un taudis. Les Brahma-kumari comparent l'acte sexuel à une descente dans un égout.

L'amour sexuel n'a rien de positif. Aimer véritablement quelqu'un, c'est aimer l'essence de cette personne — autrement dit son âme. La sexualité gaspille une énergie précieuse (pour les Brahma-kumari, cette énergie n'est pas le sperme). Les femmes en sont les principales victimes, car la lubricité masculine leur fait perdre leur pouvoir spirituel. En renaissant à la pureté de l'enfance et, par conséquent, en renonçant à la sexualité, elles se libèrent de leur esclavage et s'approprient le pouvoir énorme que procure une chasteté absolue.

Le bouddhisme

Bouddha et ses préceptes

Le bouddhisme, qui prend naissance au VIe siècle av. J.-C., est un système métaphysique indien imprégné d'hindouisme — un hindouisme que son fondateur, Siddharta Gautama, étudie avec attention avant d'en faire la critique et de le rejeter. D'après la tradition, Siddharta est un prince indien, fils d'un souverain de la lignée des Shakyas, de la caste kshatriya dont les membres — nobles, guerriers et hommes politiques — viennent immédiatement après les brahmanes. Le jeune prince prend en horreur le matérialisme de son univers privilégié, si opposé aux idéaux hindous de l'ascétisme et du renoncement aux plaisirs. Lorsqu'il atteint sa trentième année, il rejette sa vie oisive, abandonne son existence somptueuse et quitte son épouse et son fils pour s'immerger dans une existence d'ascète errant en quête d'éveil spirituel. Six années passent, au cours desquelles il parcourt l'Inde dans l'espoir qu'une existence austère lui permettra de découvrir les vérités qu'il recherche.

Ces vérités tardant à lui apparaître, le prince en conclut que les austérités excessives ne sont pas la voie de la sagesse. Il médite pendant quarante-huit jours sur les mystères profonds de la vie, sans résultat apparent. Mais soudainement, alors qu'il est assis sous un figuier, il reçoit l'illumination à laquelle il n'a cessé d'aspirer. Siddharta — devenu le Bouddha, c'est-à-dire « l'Éveillé » — comprend enfin la nature et les causes de la souffrance humaine.

Il commence alors à prêcher. Ses enseignements, complexes et étroitement reliés entre eux, forment une sorte de collier métaphysique sur lequel sont enfilés trois joyaux. Le Bouddha en est le premier, le second est sa loi, et le troisième la communauté. Les femmes et les hommes qui font partie de cette communauté s'engagent à suivre la doctrine du Bouddha et à respecter ces trois fondements. Avant que le troisième joyau ne soit enfilé sur le collier, le Bouddha énonce et décrit en détail les croyances auxquelles ses disciples devront consacrer leur existence.

Le premier sermon du Bouddha, « la mise en mouvement de la roue de la loi », entame le processus en articulant le credo — les quatre nobles vérités — qui est au cœur de son enseignement. En bref, ces vérités affirment que la vie est placée sous le signe de la souffrance et que cette souffrance est causée par le désir engendré par l'ignorance, désir dont l'individu doit se libérer afin d'accéder à la connaissance de la vraie nature de la réalité. Il entrera alors dans la voie du salut.

Le salut, ou nirvana, procure aux adeptes l'assurance d'échapper au cycle des renaissances — un concept semblable à celui de l'hindouisme dans lequel Siddharta a été élevé. Mais, en cette matière, le bouddhisme se démarque entièrement de l'hindouisme en ce qu'il nie la croyance voulant que les divinités gouvernent le cosmos et les mortels. Pour le bouddhisme, ce sont les êtres humains qui commandent à leur propre destinée par le choix qu'ils font de leur manière de vivre.

Ce précepte est particulièrement révolutionnaire dans l'Inde structurée par les castes. Le Bouddha rejette du reste ce système. Celui qui était un prince dans la seconde caste en importance en Inde accueille non seulement ceux qui se trouvent au bas de l'échelle, mais il le fait dans la langue du peuple, le pali, et non en sanskrit, l'idiome des initiés. Lorsqu'ils apprennent qu'ils peuvent eux aussi aspirer au nirvana et échapper aux restrictions et humiliations subies en raison de leur statut misérable, des membres des castes inférieures abandonnent l'hindouisme et se convertissent au bouddhisme.

Le chemin qui conduit à l'éradication de la souffrance et au nirvana est le « noble octuple sentier » — ou, plus simplement, la voie du juste milieu (entre la vie de plaisir et les mortifications excessives). Les huit principes à respecter sont empreints d'une sagesse toute pragmatique. Les croyants doivent mener une existence faite de modération et d'harmonie, ce qui signifie qu'ils doivent rectifier — afin de la rendre bienveillante, honnête et véridique — leur éthique de vie : jugements, aspirations, paroles, conduite, moyens d'existence, relations avec les autres et méditations. Pour se conformer à ces préceptes, ils doivent respecter leurs vœux de *brahmacharya* (abstinence à l'égard des passions qui consument le corps et l'âme), d'*ahimsa* (non-violence) et d'*aparigraha* (pauvreté). Le but ultime est le nirvana, délivrance totale du cycle des renaissances et de toutes les souffrances qu'il engendre.

La simplicité de la voie du juste milieu réside en partie dans son austérité. La bonne conduite, par exemple, signifie que l'on renonce aux appétits terrestres. En ce sens, le bouddhisme, comme l'hindouisme, fait de la luxure un mal à enrayer et du *brahmacharya* le remède pour y parvenir. Autrement dit, la chasteté est une nécessité pour quiconque aspire au salut.

C'est dans son discours sur l'abstinence que le Bouddha ressemble le plus à l'hindou qu'il a été. Un bouddhiste doit s'éloigner des plaisirs charnels comme il s'éloignerait d'une « fosse remplie de cendres brûlantes ». Mais la nature du désir en général, et celui des femmes en particulier, rend cette entreprise extrêmement difficile[14]. Les femmes, dit le Bouddha, sont plus luxurieuses et plus faibles que les hommes ; elles ne cessent d'intriguer pour les séduire et pour venir à bout de leurs hésitations. Malgré cela, les hommes doivent renoncer à leurs désirs sexuels, les femmes à leurs artifices, et chacun doit observer une stricte continence.

Le Bouddha reconnaît que la chasteté conjugale peut être difficile, voire impossible à respecter. Il exhorte alors les époux à être fidèles et à s'efforcer d'être abstinents durant certaines périodes. Il admet que la plupart des gens mariés ne peuvent vivre dans la continence et il tolère le mariage sexuellement actif et parfois même le concubinage. Toutefois, les adeptes qui veulent atteindre le nirvana n'y arriveront que s'ils renoncent à l'érotisme.

Il semble que le rejet du système des castes ait atténué les effets des idées négatives du Bouddha sur les femmes. C'est du reste ce qui explique pourquoi des femmes des castes inférieures se convertissent en si grand nombre à la nouvelle religion libératrice. Nous sommes peut-être des séductrices, se disent-elles, mais cela ne nous empêche pas d'être, sur le plan spirituel, les égales de nos sœurs des castes supérieures. Lorsqu'elles prononcent des vœux de chasteté, de non-violence et de pauvreté, les femmes peuvent devenir des moniales bouddhistes. Tout en assurant leur salut spirituel, elles échappent ainsi aux fardeaux et aux obligations du mariage et de la maternité. Certaines rêvent même d'une existence vouée à l'enseignement et à la prédication.

Moines et moniales bouddhistes

Le bouddhisme est, par tradition, une religion monastique. La *sangha*, communauté des fidèles, troisième fondement du bouddhisme, est aussi son troisième (et dernier) joyau. La *sangha* s'inscrit logiquement après le second joyau, la loi ou *dharma*, qui prône un style de vie sobre et frugal incompatible avec les us et coutumes de la société et de la vie conjugale. Faire partie d'une *sangha* facilite l'accession au nirvana. Les individus qui se joignent à une communauté y entrent sans doute dans ce but. Mais on ne soulignera jamais assez l'attrait que la *sangha* exerce sur les membres des classes inférieures. En entrant dans une communauté, ces femmes et ces hommes savent qu'ils échappent à la vie misérable qui seraient immanquablement leur lot à l'extérieur.

Cette réalité est plus cruciale encore pour les femmes. La moniale bouddhiste échappe aux corvées qui jalonnent la vie conjugale, la maternité et, souvent, le veuvage. Alors que le bouddhisme déborde les frontières de l'Inde et pénètre en Chine, au Népal et au Tibet, des femmes de haut rang et leurs sœurs moins privilégiées commencent à comprendre ce que l'existence monastique peut leur offrir[15] — diverses possibilités de s'accomplir, notamment par l'éducation, habituellement inaccessibles aux femmes et à la plupart des hommes.

La vie dans la communauté est soumise à des règles strictes. Elle est gouvernée par le *vinaya*, texte sacré qui définit les règles de la vie monacale et celles de la conduite quotidienne. Les novices prononcent dix vœux, qui comprennent les cinq prescriptions morales des bouddhistes laïques : ne tuer aucune créature vivante (ce qui conduit au végétarisme) ;

ne rien prendre qui ne soit donné ; ne pas tenir de discours mensongers ; ne pas se livrer aux plaisirs charnels ; ne pas consommer de drogue ou de boisson enivrante. Les autres vœux ont trait à des petites choses de la vie : ne pas danser, ne pas chanter, ne pas assister à des spectacles, ne porter ni bijoux ni maquillage, ne pas se parfumer, ne pas dormir ni s'asseoir dans un lit ou un fauteuil luxueux, ne pas toucher de l'or ni de l'argent, ne pas manger après midi. Une fois ordonnés, les moines s'engagent à respecter deux cents préceptes. Les moniales font de même, mais doivent se soumettre à un total ahurissant de trois cents préceptes.

La plupart de ces préceptes supplémentaires ont trait aux conduites considérées comme impures pour une moniale. Les pires transgressions sont les relations sexuelles et ce qui les entoure : se faire la complice d'un homme afin de le rencontrer ; flirter ou avoir un contact charnel dans un but érotique ou sentimental ; aider ou ne pas dénoncer une nonne coupable de ce genre de transgression. Pour ces fautes, de même que pour une foule d'autres péchés, le châtiment est l'expulsion de l'ordre. Dans la mesure où cette exclusion, en particulier pour les femmes, équivaut à la mort sociale, on peut dire que le bouddhisme punit ses religieux coupables de faiblesses sexuelles beaucoup plus durement que le christianisme[16].

En Chine, où le bouddhisme a lutté contre le confucianisme avant de s'imposer, les monastères sont des havres dans lesquels hommes, femmes et enfants peuvent se mettre à l'abri de l'agitation sociale, de la guerre et de la pauvreté. Les sans-abri et les orphelins y trouvent refuge. Les règles sont certes plus strictes à l'égard des moniales, mais il n'en reste pas moins que les communautés de femmes sont des abris idéaux pour celles qui veulent échapper à un mariage non désiré. Ces refuges leur apportent la sécurité lorsqu'elles n'ont personne pour les protéger ; ce sont aussi les seuls lieux où elles peuvent satisfaire leurs ambitions intellectuelles. Dans la société chinoise, où les femmes sont presque toutes illettrées, les moniales bouddhistes peuvent apprendre à lire et à écrire. Il leur est même loisible d'entreprendre des études plus poussées, ce qui leur serait impossible autrement.

Comme les religieuses chrétiennes, les moniales bouddhistes chinoises sont souvent issues des classes supérieures. Ce sont leurs biographies, et non celles de leurs sœurs moins privilégiées, qui occupent les rayons des bibliothèques. En conséquence, il est difficile de se faire une idée de la vie des moniales de naissance modeste. Nous savons cependant que

la méditation, l'étude et la lecture de textes sacrés, le chant et l'ascétisme sont fondamentaux dans leur existence. Ces récits de vie montrent également à quel point la vie communautaire peut être libératrice.
Des dons particuliers pour l'enseignement et la prédication ont rendu
célèbres certaines moniales. Ces femmes n'auraient certainement pas
pu s'illustrer de la sorte si elles étaient devenues mères au foyer.

Seize siècles plus tard, l'importance métaphysique de la chasteté n'a
rien perdu de sa force. Les nonnes observent toujours leurs rigoureuses
prescriptions. Pour lutter contre les dangers de la sexualité et en prévenir les conséquences, elles adoptent une allure androgyne. Leur tête est
rasée ; les jeûnes répétés ont transformé leur corps ; le soupçon de poitrine qui a résisté à leur régime austère est dissimulé sous un vêtement
drapé qui cache toute rondeur. Les moniales mènent une existence disci-
plinée, faite de méditation, de prières, de rituels et de jeûnes périodiques
au cours desquels elles doivent garder le silence. La chasteté est une
condition absolue pour rester dans l'ordre.

Les moines bouddhistes font eux aussi vœu de continence. Ils s'ingénient à respecter cet engagement, mais, contrairement aux moniales,
un grand nombre d'entre eux trouvent la lutte difficile. On peut lire des
témoignages de leurs combats dans une chronique thaïlandaise du
début du xxᵉ siècle. Les histoires mettent en scène des *thudong*, moines
de la forêt. Ces hommes ne possèdent presque rien en propre ; ils errent
jour et nuit dans la nature sauvage ou hantent les cimetières. Ils ne
mangent qu'une fois par jour. Durant la saison des pluies, ils se réfugient parfois dans des monastères. D'autres y habitent en permanence,
mais ils passent un temps considérable à l'extérieur, aidant les villageois
aux travaux des champs. Ces contacts entre moines des forêts et laïques
sont interdits par les règles strictes du bouddhisme, qui ordonnent aux
deux sexes de vivre séparés et mettent les hommes en garde contre les
femmes tentatrices. En dépit de ce précepte, ces moines thaïlandais
n'hésitent pas à fréquenter l'autre sexe, allant même jusqu'à batifoler
avec de joyeuses personnes lors des courses traditionnelles de bateaux
qui ont lieu pendant les fêtes du riz. Selon des observateurs venus de
Bangkok, ces écarts scandaleux sont monnaie courante.

D'autres indices sérieux permettent de croire que les moines thaïlandais trouvent l'érotisme beaucoup plus difficile à surmonter que la
faim, la vie recluse et la solitude. Les femmes — ou du moins leurs
attraits irrésistibles — sont l'ennemi par excellence. Waen et Fan, deux

moines errants, combattent avec acharnement les indésirables pulsions sexuelles qui les tourmentent. Se trouver face à une femme, si l'on en croit ces âmes troublées, est « pire que se trouver devant un tigre, un ours, ou un esprit du mal[17] ». Lorsque Waen est la proie de désirs charnels, il médite longuement, puis a recours au jeûne. Il va jusqu'à imaginer le corps de l'objet de son désir dans un état de décomposition avancé. Fan lutte seul et d'arrache-pied. Mais en vain ; il ne peut hélas ! chasser les pensées qui le ramènent sans cesse à la femme qu'il désire. Son guide spirituel l'enferme un jour dans un temple. Le malheureux s'y languit d'amour et y médite pendant une semaine. Il réalise finalement que la femme qu'il aime a sans doute été sa compagne dans une autre vie, et parvient enfin à l'oublier.

À l'occasion, des moines taraudés par des pulsions sexuelles impossibles à juguler doivent se résoudre à défroquer — quand ils ne sont pas chassés de leur ordre. D'autres s'esquivent de temps à autre pour voler quelques instants de plaisir clandestin. Curieusement, les moines plus âgés sont plus souvent victimes de pensées érotiques que les jeunes à qui ils dispensent des conseils. L'âge dangereux, affirme l'un de ces guides, se situe entre quarante-cinq et soixante ans, lorsque le corps vieillissant se rebelle contre la dégénérescence inévitable qui va mettre fin à la possibilité même d'avoir des rapports sexuels. Alors, le moine vertueux se répand en invectives contre son propre corps. Parfois, il succombe à la chair et défroque, au propre et au figuré. Il s'attire alors le mépris des laïques et des religieux, qui trouvent ce spectacle dégradant.

Les moines errants réfractaires à la règle de chasteté restent cependant des exceptions. Dans l'ensemble, les moniales et les moines bouddhistes sont rigoureusement abstinents et combattent les tentations à l'aide de stratégies généralement efficaces : méditation et privations. Les femmes sont davantage poussées à observer la chasteté : elles ont trop à perdre si elles succombent, et beaucoup à gagner si elles triomphent. D'autre part, leur vie monacale est réglée de telle sorte qu'elles se trouvent rarement dans des situations qui risqueraient de compromettre leur détermination.

À ce bref survol du bouddhisme, il convient d'ajouter une sorte de post-scriptum démographique démontrant à l'évidence que ce système de croyance est l'un des plus importants au monde. Tandis qu'augmentait le nombre de ses adeptes, la doctrine s'est mise a exercer une grande influence sur l'hindouisme. Des responsables hindous, envieux et inquiets, ont alors fait campagne pour chasser les bouddhistes du sol indien. Au XIIIe siècle, près de deux millénaires après sa naissance, le bouddhisme a pratiquement disparu de sa terre d'origine. Mais il s'est répandu au Népal, au Tibet, en Chine, au Japon et dans une grande partie de l'Asie du Sud-Est. Il continue à faire d'énormes percées et son influence religieuse domine dans l'Orient d'aujourd'hui. En 1954, les bouddhistes ont été invités à revenir en Inde. Ceux qui ont accepté de revenir constituent aujourd'hui une minorité modeste, mais qui ne cesse de croître[18].

Le jaïnisme

La plus célèbre représentante occidentale du jaïnisme est sans doute Merry Levov, l'adolescente rebelle et famélique qui vient troubler la vie idyllique de ses parents dans le roman de Philip Roth, *Pastorale américaine*. D'une propreté douteuse (se laver tue les micro-organismes qui circulent dans l'eau), le nez et la bouche couverts d'un vieux bas de nylon (afin de ne pas aspirer par mégarde de minuscules insectes ni exhaler sur eux une bouffée d'haleine mortifère), amaigrie par les privations d'un régime végétarien strict, Merry est un avatar du jaïnisme à la sauce américaine.

Plus de trois millions de fidèles vivant presque tous en Inde professent les mêmes croyances et préceptes que Merry, notamment la chasteté. En Amérique du Nord, les jaïns sont surtout connus pour leur végétarisme et en raison des proportions extrêmes que prend chez eux l'*ahimsa*, un principe de non-violence qui s'applique à toute forme de vie. Cette doctrine conduit, par exemple, à imaginer des chaussures comme celles que l'on peut voir au musée Bata, à Toronto : les semelles compensées sont creuses et seuls leurs bords touchent le sol, ce qui permet d'écraser le moins d'organismes vivants possible.

L'histoire du jaïnisme est enveloppée de mystère. C'est, indiscutablement, une très vieille religion. Ses adeptes font remonter ses origines à plusieurs milliers d'années avant le bouddhisme — même si Jina Mahavira, considéré comme le fondateur de la tradition, était un contemporain du Bouddha. Le jaïnisme partage un grand nombre des principes fondamentaux du bouddhisme et de l'hindouisme. Les jaïns veulent eux aussi se délivrer du cycle de la transmigration des âmes, libération que seuls le *moksha* et le nirvana peuvent accomplir. Ils mettent l'accent sur la chasteté en tant qu'instrument de cette délivrance, de même que sur le renoncement aux plaisirs et aux désirs terrestres.

La non-violence, essentielle dans le jaïnisme, est à la base de presque toutes les autres prescriptions. Tout comme Merry Levov, la plupart des jaïns se couvrent la bouche d'une sorte de masque, le *muhpatti*. Ils évitent de manger une fois la nuit tombée, car le feu allumé pour préparer le repas attirerait des insectes vers une mort certaine. Lorsque les moines mendiants s'arrêtent de marcher pendant les quatre mois de la mousson, ce n'est pas pour se protéger des pluies torrentielles, mais pour épargner toutes les formes de vie grouillantes qui émergent du sol et se développent durant cette saison. Pour la même raison, ils ne se baignent pas, car des micro-organismes évoluent dans l'eau. Bien sûr, ce respect fanatique pour toute forme de vie ne pouvait mener les jaïns qu'au végétarisme le plus strict.

Les jaïns croient que le temps est une sorte de roue à six rayons qui représente six âges. Chaque fois que la roue tourne, vingt-quatre chefs spirituels apparaissent pour enseigner la vie vertueuse qui conduit au *moksha*. Le dernier et le plus vénéré de ces grands maîtres est un membre de la caste des nobles et des guerriers, né au VIᵉ siècle av. J.-C. Marié et père d'une fille, Mahavira décide, à l'âge de trente ans, de renoncer au monde. Après s'être dépouillé de ses habits élégants, il arrache lentement sa chevelure. Puis il parcourt la campagne comme un mendiant (nu, semble-t-il). Il endure de mauvais traitements, médite et affronte divers dangers. Douze ans plus tard, alors qu'il est en méditation dans le champ d'un fermier nommé Samaga, il reçoit le *kevala*, connaissance suprême ou illumination qui, pour les jaïns, est l'omniscience.

La haute position de Mahavira est attestée dans la littérature jaïne. On peut y lire que sa peau jamais lavée est inodore et d'un blanc de lait (tout comme son sang. Son haleine a le parfum du lotus. Le maître répand sa sagesse et les grandes vérités qui lui ont été révélées. Il prononce les cinq vœux de la secte : n'attenter à la vie d'aucune créature vivante ; ne pas mentir ; se détacher de tous les biens matériels ; renoncer aux plaisirs des sens ; et observer une chasteté parfaite.

La chasteté des jaïns est liée à la non-violence. Comme les organes génitaux féminins et masculins sont remplis de micro-organismes, faire l'amour est une activité meurtrière.

Pendant trente ans, Mahavira fait des prosélytes, voyageant et prêchant sans trêve. Il ne s'arrête que pendant la mousson. Dans sa soixante-douzième année, après avoir prononcé plus de cent exhortations à la pureté absolue et en dépit des effets débilitants d'un jeûne constant, il atteint son but, le *moksha*. Lorsqu'il accomplit le *salla khana*, suicide rituel qui consiste à se laisser mourir de faim, le vénérable ascète parvient à la perfection et à l'ultime délivrance.

Après la mort de Mahavira, la secte se sépare en deux branches. L'un des éléments qui différencient ces dernières est le code vestimentaire. Les moines *digambaras*, « qui sont vêtus de ciel », affirment qu'ils sont fidèles à la nudité de Mahavira et se promènent nus*; alors que les *shvetambaras*, « qui sont vêtus de blanc », ne considèrent pas les vêtements comme un obstacle au salut. Les *digambaras* voient dans l'habit des *shvetambaras* un bien matériel dont il faut se détacher — un habit qui, en outre, met en danger les insectes qu'il attire dans ses fibres. Leur détachement matériel est si radical qu'ils refusent de transporter des bols à quêter et se servent, en guise de contenant, de leurs mains jointes en forme de coupe pour recueillir la nourriture qu'on leur offre.

Le statut des femmes constitue une autre différence majeure entre les deux groupes. Selon la doctrine *digambara*, il est impossible aux femmes d'atteindre le nirvana. Elles peuvent toutefois devenir des moniales — mais la nudité leur est évidemment interdite, les formes féminines ne pouvant être exposées. Les *shvetambaras* ont des vues plus positives sur les femmes. Ces dernières leur rappellent que, dans les hordes de convertis de Mahavira — ascètes ou laïques —, on comptait plus de deux femmes pour un homme. Ils n'oublient pas non plus que Malli, un de leurs guides pleins de sagesse, était une femme.

Les moniales, comme les moines, prononcent les cinq grands vœux. Elles jurent obéissance à leur supérieure et s'engagent à ne pas manger une fois la nuit tombée. Les restrictions concernant les contacts entre moines et moniales sont très sévères.

L'objectif de la vie religieuse est le nirvana, qui ne peut être atteint qu'après un long cheminement. Les ascètes abandonnent biens et famille, et s'efforcent de devenir indifférents à tout ce à quoi leurs sens aspirent : plaisirs charnels, confort physique, aliments savoureux. La méditation est primordiale. Le fidèle doit éviter de blesser tout ce qui vit. Les seuls biens du moine *digambara* — qu'il porte toujours sur lui — sont la *rajoharana*, petite plume de paon destinée à éloigner les insectes sans leur faire de mal, et une gourde pour l'eau. Les moines *shvetambaras*

---

* De nos jours, les *digambaras* doivent se couvrir en public.

possèdent trois rechanges de vêtements, un bol à quêter, une couverture, un bâton de pèlerin, un *muhpatti* pour se couvrir la bouche, quelques volumes des textes sacrés et un *rajoharana* fait d'une touffe de laine.

L'attrait qu'exerce le monachisme jaïn est profondément spirituel. Contrairement au monachisme chrétien et bouddhique, il constitue rarement un refuge pour échapper à un sort peu enviable. Seules quelques femmes se joignent à la secte afin d'éviter le mariage ou pour échapper à la honte et à la misère qui sont le lot des veuves. Des hommes trouvent certains rituels « irrésistibles », comme la cérémonie de l'« arrachage des cheveux ». À la différence des bouddhistes, les jaïns accueillent rarement des membres de castes inférieures parmi leurs initiés. Ce mouvement ne représente donc pas un échappatoire pour les membres des castes opprimées.

Dans la religion jaïne, les préceptes de non-violence, de dépouillement et de chasteté sont si inextricablement liés que chacun définit et explique l'autre. Le religieux chaste est le symbole du credo jaïn. Nu ou légèrement vêtu, traversant villages et forêts, le moine est l'incarnation de sa foi lorsqu'il mendie sa maigre ration de nourriture auprès des habitants des villages. Si des insectes bourdonnent autour de sa nourriture ou se posent sur son corps émacié ou son crâne chauve, il les écarte gentiment de son *rajoharana*. Il se garde bien d'écraser le plus petit insecte et, avant de boire, inspecte attentivement sa gourde afin de s'assurer qu'aucune bestiole n'y est entrée. Lorsqu'une tentation charnelle se présente, il imagine les innombrables organismes microscopiques qui vivent dans les organes sexuels et qui seront pulvérisés s'il se livre à la copulation.

Le moine mendiant sait que l'homme qui ne respecte pas la chasteté n'atteindra jamais le nirvana. Il a renoncé non seulement aux biens matériels, mais au désir de s'emparer d'un autre corps. Il a fait le serment de repousser toutes les passions humaines, même les formes les plus bénignes de la volupté. Il a juré de se conformer aux préceptes de Mahavira, le plus grand des maîtres jaïns, qui accordait une telle importance à la chasteté qu'il a fait d'elle un vœu à part. Pour le grand ascète et ses disciples, la continence est une discipline mentale, un instrument de non-violence et une condition indispensable pour atteindre le nirvana.

Étant donné la place essentielle de la chasteté dans le jaïnisme, les Occidentaux pourraient se demander quelles stratégies les fidèles entendent utiliser pour recruter de nouveaux fidèles ou garder leurs adeptes. La logique interne de la religion répond très subtilement à cette question. Les textes sacrés jaïns enseignent que le nombre de fidèles va diminuer jusqu'au cinquième rayon de la roue du temps. Les derniers jaïns seront un moine et une moniale, un laïque et sa femme, et le dernier roi jaïn. Ce groupe d'élus mourra et renaîtra dans différents lieux de paix, et le sixième rayon du temps tournera. Un brasier apocalyptique consumera les restes déchiquetés de l'humanité et le monde tel qu'on le connaît cessera d'exister[19].

La chasteté rituelle

Dans les religions primitives, où les dieux omniprésents résident dans les arbres, les rochers, les fleuves, la terre et les animaux, les chamans doivent s'acquitter d'une tâche délicate : communiquer, au-delà des frontières terrestres, avec le règne du surnaturel. La plupart de ces élus découvrent leur vocation de la manière suivante : des esprits maîtres de la nature leur apparaissent en rêve pour les inviter à être leurs intermédiaires. Ces hommes et ces femmes sont doués d'une sensibilité hors du commun. Leur initiation exige une intense concentration, une profonde spiritualité et une pureté mentale et physique qu'ils ne peuvent atteindre que par la purification rituelle. Cette purification les oblige à se retirer de la vie quotidienne et à se soumettre à un régime alimentaire frugal ou au jeûne. Une période de chasteté est généralement exigée. Loin de ses relations humaines intimes, le chaman, investi d'une spiritualité plus élevée, peut se rapprocher des esprits. C'est ainsi qu'il se prépare à sa mission.

La chasteté enchante les chamans

Au XIXe siècle, dans le Grand Nord désolé, le paradis imaginé par les membres de la tribu inuit du Caribou est un lieu sans neige, sans gel et sans tempêtes, et l'enfer n'est que blizzards, épaisses ténèbres et blocs de glace pétrifiés. Chaque objet est régi par des forces invisibles. Les esprits peuvent être contactés par des sages, ou chamans. Cette communication ne peut se faire que lorsqu'un chaman encapuchonné, aux mains enfouies dans de grosses moufles, s'assied sur le sol et, prenant bien soin de ne pas se déganter et de ne pas cracher, entre en transe. Il

lui arrive, pendant cette séance, d'avoir des visions ou de voir apparaître les esprits qu'il a appelés à l'aide. Les rites de passage sont si rigoureux que les chamans manquent parfois de mourir de froid, de faim ou
de noyade. Le puissant Igjugarjuk, dont on a dit qu'il était « exceptionnellement habile », a décrit les souffrances qu'il a accepté d'endurer
pendant ces rites initiatiques.

Igjugarjuk subit « les deux calamités les plus dangereuses pour nous
humains […] la faim […] et le froid ». Il n'interrompt que deux fois son
jeûne d'un mois — doublement préjudiciable à sa santé en raison du
froid arctique — pour absorber une simple cuillerée d'eau chaude. Au
cours de la seconde année de son initiation, il ne mange que certains
aliments. Puis arrive l'étape de l'exposition aux esprits. Délaissant sa
couverture en peau de caribou, il s'installe sur un morceau de fourrure
et reste assis là pendant un mois. Il lui est interdit de se coucher. L'igloo
isolé dans lequel il a pris place est situé au bord d'une saillie exposée
à tous les vents. Les rites d'initiation ont lieu au plus fort de l'hiver.
« Moi qui me trouvais ainsi sans rien pour me couvrir et qui ne pouvais
bouger, j'avais très froid, et c'était si fatigant pour moi de rester assis
sans jamais oser me coucher que j'avais parfois l'impression de mourir
un peu. » Cette torture terminée, Igjugarjuk n'a même plus la force de
se tenir debout. « Je n'étais plus très vivant, raconte-t-il, et j'étais si
émacié qu'on ne voyait presque plus les veines de mes mains et de mes
pieds[20]. »

Pendant une année entière, Igjugarjuk s'abstient de faire l'amour
avec sa femme. Cette ségrégation s'étend aux repas, que l'épouse prépare dans deux chaudrons. Personne n'est autorisé à partager la nourriture du futur prêtre-sorcier. Lorsque prend fin le rituel d'initiation,
l'homme, qui a retrouvé sa vigueur et observé une stricte abstinence
sexuelle, reçoit enfin sa récompense : son village le reconnaît comme
chaman.

Dans la culture inuit, d'aussi longues périodes de chasteté sont
extrêmement rares. La continence est toutefois observée par les gens
ordinaires pendant des laps de temps plus courts, après un deuil par
exemple, ou durant la saison de la chasse à la baleine, ou encore pendant la fête de la vessie. Les esprits, pendant cette fête, se montreraient
très offensés par toute violation des interdits en matière de sexualité. La
fête de la vessie dure un mois, au cours duquel les hommes s'installent
dans la maison de la danse. Les femmes ne leur rendent visite que pour

leur apporter leurs repas — à la condition toutefois de s'être lavées puis emmitouflées dans un vêtement imperméable. Si ces précautions ne sont pas respectées, le monde des esprits provoquera la famine. Lorsque ces derniers exigent que les mortels s'abstiennent de rapports sexuels, tout manquement à ce commandement est considéré comme suicidaire.

Les épreuves initiatiques vécues par Igjugarjuk sont exceptionnellement dures. Ainsi le veut la coutume. Quant à l'isolement sexuel, il est le lot des prêtres-sorciers dans toutes les sociétés chamanistes. Dans la plupart d'entre elles, ils sont les seuls à exercer des fonctions religieuses. C'est en se soumettant corps et âme à des expériences aussi terrifiantes qu'épuisantes qu'ils affinent leur aptitude à communiquer avec les esprits. L'autre dénominateur commun propre aux chamans de toutes les cultures est la chasteté, toujours exigée au moins pendant de courtes durées, mais plus souvent durant de longues périodes, parfois même des années. Bien loin du Grand Nord, les chamans de la forêt amazonienne se plient à des obligations similaires. La stricte observance de la chasteté est un facteur crucial, car la continence trempe le caractère du candidat et lui permet de jouer son rôle d'intermédiaire entre mortels et esprits.

Comme les terres nues d'Igjugarjuk, l'univers du chaman de la forêt amazonienne est hanté par les esprits, les forces surnaturelles, les mondes célestes et infernaux. Les Jivaros de l'Équateur croient que les pratiques de sorcellerie provoquent la plupart des maladies et que la vie éveillée, quotidienne, n'est qu'illusion — « un mensonge[21] ». La réalité est surnaturelle et les drogues hallucinogènes sont les clés pour la percevoir.

Seuls les chamans peuvent traverser la frontière entre monde humain et surnaturel, et neutraliser les esprits malfaisants. Le chaman exerce les fonctions de sorcier et de guérisseur. Pour s'investir du pouvoir de pénétrer et d'interpréter le monde surnaturel, les chamans ont recours au *natema*, concoction faite de plantes hallucinogènes. Cette potion induit la transe qui sert de lien entre le monde habituel et le monde « réel », celui des initiés. Ces concoctions, très faciles à fabriquer, permettent à qui le souhaite de faire l'expérience de l'extase.

Les chamans utilisent les *tsentsaks*, esprits auxiliaires ou protecteurs dotés de pouvoirs magiques. Pour les appeler, le sorcier se drogue avec du *natema*. Aussitôt que les esprits apparaissent, ou plutôt lorsque le chaman est suffisamment drogué pour les apercevoir, il les dirige vers le corps de ses ennemis pour les empoisonner ou les tuer.

Les chamans enseignent ce qu'ils ont appris. Ils accueillent des novices, les aident à découvrir leurs dons et leur transmettent leurs connaissances. Lors de l'initiation, le sorcier vomit une substance brillante qui contient des esprits auxiliaires. Une fois celle-ci durcie, il en casse un morceau, qu'il fait ingérer à l'aspirant, expérience douloureuse pour l'estomac du novice. Après s'être exécuté, ce dernier reste étendu pendant dix jours sur sa couche, tout en continuant à prendre la drogue.

Pour se fortifier en vue des combats à mener contre le monde des esprits, le novice doit se reposer pendant trois mois et s'abstenir de toute relation charnelle. S'il est trop faible pour maîtriser ses pulsions sexuelles, il sera un chaman fragile et malhabile. À l'issue du premier mois, il crache un esprit auxiliaire. Il doit alors faire un choix : s'il succombe au désir d'envoyer son *tsentsak* pour ensorceler quelqu'un, il deviendra un chaman jeteur de sorts ; s'il résiste à ce désir et avale le *tsentsak*, il deviendra un chaman guérisseur.

La chasteté joue un rôle primordial dans la vie du chaman. Un jeteur de sorts doit la respecter pendant cinq mois s'il veut acquérir le pouvoir de tuer. Quant au guérisseur, il doit être continent aussi longtemps s'il veut déjouer les machinations d'un sorcier. Les chamans qui veulent disposer de grands pouvoirs doivent rester chastes pendant une année.

La période de chasteté n'est pas du temps perdu. Le novice utilise l'énergie qu'il emmagasine pour faire la collecte des matériaux nécessaires à sa tâche : insectes, plantes, vers, etc. — matériaux qu'il transformera en *tsentsaks* et utilisera pour blesser, tuer ou guérir.

Une fois la période d'abstinence terminée et les instruments de son pouvoir rassemblés, le nouveau chaman doit accomplir deux opérations : envahir un autre corps et envoyer des esprits sucer les mauvais *tsentsaks* qu'un sorcier a logés dans un malade. Cinq ans après son noviciat et l'absorption de son premier *tsensak*, le chaman doit se soumettre à une série d'épreuves afin de voir si ses pouvoirs sont intacts. Si ce n'est pas le cas, il doit s'engager dans un nouveau cycle initiatique.

Ailleurs en Amazonie, dans les vallées du Rio Donachui de la Sierra Nevada de la Colombie du Nord, « là où les rayons du soleil animent la nature et le monde d'en bas », les peuples Ika et Kogi font appel aux prêtres du soleil, les *mamas*, afin que ces derniers les guident dans un univers compliqué et déroutant[22]. Les *mamas* ne choisissent pas leur vocation, elle leur est révélée par divination à la naissance. L'enfant destiné à être un *mama* devient le pupille d'un initié. Ce dernier l'enlève

à ses parents pour l'emmener dans les hautes montagnes, où ils passeront ensemble plusieurs années de préparation.

Le *mama* et sa femme élèvent l'enfant dans l'obscurité. Il est interdit
au petit de regarder le soleil et la lune lorsqu'elle est pleine. Il dort le
jour et se lève la nuit pour manger et apprendre tout ce que son maître
est chargé de lui enseigner : chants, danses, légendes, secrets sacrés, ainsi
que le langage des initiés. Cet apprentissage dure neuf ans et est suivi
d'une instruction plus poussée concernant les mystères de la terre et du
ciel.

Durant cette période, les repas du futur *mama* sont, selon la tradition,
très frugaux et sans sel. Il ne mangera de la viande qu'à la puberté. Au
cours de son adolescence, tandis qu'il s'imprègne de la sagesse de son
mentor, ce dernier le tient scrupuleusement à l'abri de toute tentation.
Un matin, à l'aube, après dix-huit ans d'apprentissage, le jeune homme
est emmené au dehors et, pour la première fois, voit la lumière du jour.
Il est prêt à recevoir la connaissance et à entrer dans son nouvel état.

Les prêtresses vierges du soleil

LES *ACCLAS* DE L'EMPIRE INCA — Les pères jésuites qui accompagnent
les conquérants espagnols sont autant affligés que scandalisés lorsqu'ils
découvrent que les filles incas sont loin d'être semblables aux jeunes
Européennes et que la virginité est loin d'être aussi prisée dans l'empire
andin qu'en Europe. Les jeunes femmes y sont aussi libres que les hommes de se livrer au badinage amoureux. « Les femmes, se lamente le
père Costa, y ont moins de valeur lorsqu'elles sont vierges. Alors elles se
donnent au premier venu chaque fois que cela est possible[23] ! »

L'approche pragmatique de la sexualité telle qu'on la retrouve dans
l'institution des *acclas* (« femmes choisies »), intrigue et fascine. Au
premier abord, ces vierges cloîtrées semblent être la version inca des
vestales. Mais la réalité est tout autre. Les *acclas* ont certes un rôle religieux comparable à celui de leurs consœurs romaines, mais elles ont de
plus un rôle politique déterminant.

En 1532, lorsque Pizarro et ses conquistadors envahissent le pays
et se préparent à soumettre ses habitants, l'empire inca s'étend de
l'actuelle Quito, en Équateur, jusqu'au centre du Chili. Régnant sur une
mosaïque de peuples, les impérialistes incas font face à une opposition
endémique — qui va de la lutte sourde à la rébellion ouverte. Mais le
génie administratif des Incas leur permet de mettre sur pied un appa-

reil administratif qui intègre les différentes ethnies dans une structure politique cohésive permettant de les gouverner aisément.

L'Inca lui-même, souverain absolu et descendant du dieu Soleil, brille au sommet de la pyramide. Viennent ensuite les dignitaires, nobles cultivés et privilégiés dont les postes sont héréditaires et dont les enfants sont envoyés à Cuzco, la capitale administrative, pour y suivre une formation officielle. Ces *curacas* sont très bien rémunérés et, contrairement aux paysans qui travaillent dur, ils ne paient pas de taxes.

L'ingéniosité du système de gouvernement inca repose sur la cooptation des membres de l'élite intellectuelle et des souverains détrônés des peuples conquis. Beaucoup de *curacas* appartiennent à des peuples vaincus. En les traitant avec de tels égards, les Incas leur accordent le statut enviable d'Inca par privilège, qui n'est pas très différent de celui d'Inca de naissance. Plus ces citoyens se montrent doués et loyaux, plus nombreux sont les présents et les promotions qu'ils reçoivent.

Ces structures rigoureusement hiérarchiques permettent à la bureaucratie d'imposer les exigences et les normes impériales — entre autres de lourdes taxes — à des millions de paysans andins. Ces mesures n'éliminent pas les dissensions, mais elles facilitent grandement l'administration — et les profits — de l'empire.

Les ressemblances entre la fonction des *curacas* et celle des *acclas* sont frappantes. Une différence cependant : le pouvoir des *acclas* relève d'une sphère tout à fait différente, la religion. La vie inca baigne dans les rituels religieux. Cérémonies et sacrifices garantissent la richesse des récoltes, la fécondité des animaux et la santé des humains qui veillent sur la bonne marche des affaires de l'empire. Le panthéon inca est surpeuplé. Inti, le dieu Soleil, fondateur de la dynastie, fait partie des divinités les plus vénérées.

En tant que descendant terrestre du dieu Soleil, l'Inca a des exigences particulières. Contrairement aux autres hommes, il veut que ses futures épouses soient vierges. Lorsque le temps est venu, il envoie son homme de confiance, dans toute la munificence et l'éclat voulus par la tradition, à la recherche des plus belles vierges des provinces. Mais les Andines, on le sait, n'ont pas de prédilection pour la chasteté. Les filles élues sont donc fatalement des enfants. Certaines ont tout juste dix ans.

Ces petites filles, futures *acclas*, sont choisies pour leur beauté, leur rang et, bien entendu, leur pureté. Elles ne peuvent refuser — non plus que leurs parents — l'honneur qui leur est fait. La nouvelle *accla* doit quitter sa famille et sa communauté. Elle appartient désormais au dieu Soleil, et à lui seul[24].

Séquestrées dans des couvents appelés *acclahuasi*, les jeunes filles sont initiées aux tâches qui leur seront dévolues. Les *mamacunas*, vieilles *acclas* promues au rang d'enseignantes, président à cet apprentissage. Quatre ou cinq ans plus tard, l'Inca lui-même fait son apparition et choisit quelques novices en guise d'épouses. Ce choix exempte, bien entendu, ces dernières de l'obligation de rester vierges. Les épouses n'en restent pas moins des objets d'émerveillement et de respect : « Hommes et femmes les vénèrent grandement[25]. »

La plupart des autres *acclas* sont rituellement offertes au dieu Soleil, devenu leur divin époux. Elles partagent sa divinité et on parle d'elles comme de « saintes femmes ». Comme les femmes de l'Inca, elles sont l'objet d'un grand respect dans tout l'empire. Un mythe populaire dit que ces vierges sont pénétrées d'une telle spiritualité qu'elles ne se sustentent que du parfum d'un fruit particulier.

La vie quotidienne dans l'*acclahuasi* est très organisée et très active. Cette diligence est en parfait accord avec les us et coutumes incas. Les *acclas* apprennent comment s'acquitter de leurs devoirs religieux et de leurs tâches féminines, elles aussi reliées au culte. Les futures prêtresses filent et tissent les belles étoffes qui serviront à parer les idoles et à vêtir l'Inca ; elles fabriquent l'alcool de *chicha*, préparent les repas et, une fois le soleil levé, les offrent à leur dieu : « Soleil, mange cette nourriture que tes épouses t'ont préparée[26]. » La chair des sacrifices nourrit les prêtres du Soleil, leurs assistants, les gardes de l'*acclahuasi* et les *acclas* elles-mêmes. Comme les vestales, ces dernières gardent le feu du temple, qu'elles alimentent avec du bois peint et sculpté.

En raison de leur âge, les *mamacunas* ont des responsabilités plus grandes encore. Au cours du mois consacré aux cérémonies du nouvel an, elles distribuent une grande quantité de miches de pain cuites dans le sang des animaux sacrifiés lors des rituels religieux. Elles en offrent de petits morceaux à tous les habitants étrangers de Cuzco et en envoient de plus grosses portions aux prêtres de tous les temples disséminés dans l'empire, ainsi qu'à plusieurs *curacas*. Ce faisant, elles soulignent leurs liens politiques et leur loyauté au dieu Soleil et à l'Inca. Par ce rituel simple et d'une grande portée symbolique, ces femmes vénérées démontrent qu'elles jouent un rôle essentiel dans les stratégies politiques destinées à renforcer les liens existant entre Cuzco et les provinces.

Toute la vie des *acclas* est tributaire de leur virginité. Les *acclahuasi* sont sévèrement gardés et les jeunes filles ne peuvent en sortir que pour accomplir leurs devoirs liturgiques, les processions par exemple. Il arrive toutefois que le désir charnel les obsède et que les gardiens de la porte, ces hommes chargés de veiller sur leur pureté, leur dérobent leur vertu. Quatre *acclas* ont ainsi des relations sexuelles avec des hommes postés à l'entrée de l'*acclahuasi*. Lorsqu'on découvre que les jeunes filles ont trahi leur vœu sacré, elles sont arrêtées avec leurs complices et condamnées à mort par les grands prêtres. Les pauvres filles étaient prévenues. « Vous êtes les fiancées du Soleil, leur avait-on dit. Votre époux divin exige de vous la chasteté perpétuelle[27]. »

De temps à autre pourtant, l'Inca lui-même se glisse à l'intérieur d'un *acclahuasi* et goûte aux plaisirs de la chair avec une *accla* virginale. À l'issue de l'un de ces épisodes amoureux, un vieux garde s'approche de l'Inca, saisit avec respect un bout de sa robe et murmure : « Inca, la nuit dernière, tu es allé dans la maison du Soleil et tu as été avec une des femmes. » « J'ai péché », répond le souverain d'une voix étouffée. Le garde s'en va rassuré. Il ne sera pas exécuté pour avoir relâché sa surveillance[28].

La plupart des jeunes filles ne succombent ni à l'Inca ni à leurs propres passions. Elles mènent « une vie de reine, de grande dame, une vie extrêmement agréable. Chacun les tient en haute estime, et elles jouissent du plus grand respect. Elles sont aimées de l'Inca et des grands seigneurs[29]. » Ces vierges, agents d'unification et de réconciliation entre l'empire et les peuples soumis, sont si efficaces qu'à deux reprises, lors du sac de Cuzco, les conquérants n'épargnent que deux endroits : le temple du Soleil et les *acclahuasi*, foyer des vierges incas.

Les *acclas* sont encore bien vivantes, du moins dans la légende. Un conte populaire péruvien met en scène une *accla* amoureuse d'un paysan. Lorsque l'Inca apprend que la jeune fille a violé son serment de chasteté perpétuelle, il condamne la coupable et son amant à être enterrés vivants.

Cette nuit-là, les éléments sont déchaînés. Les fleuves et les rivières se vident ; les étoiles se déplacent dans le ciel. Le sol est pollué par des éléments mystérieux — sauf à l'endroit où les amants sont ensevelis. Les prêtres ont peur. Ils décident alors de déterrer les corps pour les incinérer. Mais il n'y a plus de corps. Là où ils étaient étendus, on ne trouve que deux tubercules.

Ce sont les premières pommes de terre. Ainsi, un des aliments de base les plus appréciés dans le monde entier serait le fruit du châtiment divin infligé à une *accla* pécheresse et à l'amant avec lequel elle a rompu son vœu sacré de virginité perpétuelle[30].

LES *NADITUS* DE BABYLONE — En Babylonie, des cloîtres peuplés de femmes riches sont consacrés au dieu solaire Shamash. On en trouve dans plusieurs villes, mais seul le cloître de Sippar exige la chasteté de ses *naditus*. L'institution *naditu* existait déjà dans le vieil empire babylonien et atteint son apogée sous Hammourabi et son fils Samsu-Iluna (1792-1712 av. J.-C.). En fait, Hammourabi accordait une attention toute particulière aux cloîtres, car sa sœur Iltani était une *naditu*.

La *naditu* vouée au culte du dieu Shamash jouit du statut le plus prestigieux parmi les prêtresses. Son rôle dans les affaires économiques de l'État est tout à fait inhabituel pour une femme — tout comme l'était celui des vestales de la Rome antique. Une fille devient *naditu* par suite d'une décision familiale, non par vocation. Les filles sont désignées à la naissance, puis sont ensuite « élevées pour le dieu » jusqu'à leur entrée au cloître.

Les *naditus* sont initiées vers l'âge de quinze ans. L'apprentissage commence durant les trois premiers jours du mois babylonien de Tebet, qui correspond à notre mois de décembre ou de janvier. Le premier et le troisième jour, des offrandes sont faites à Shamash et à sa femme Aja. Le deuxième jour, on célèbre la mémoire des *naditus* mortes ; la journée se termine par un banquet. Un fil symbolisant l'union future des *naditus* avec le dieu Shamash est placé sur la main des aspirantes. Les femmes du cloître leur font un présent nuptial composé de nourriture, de boisson et d'un métal précieux, l'argent. D'autres cérémonies commémorent le souvenir de *naditus* de haut rang, comme la princesse Iltani. Le but de ces festivités est d'obtenir le consentement divin avant la consécration des novices.

L'initiation des *naditus*, comme celle des vestales, comprend d'importantes transactions financières entre la famille de la novice et les responsables du cloître. La dot est impressionnante. Elle comprend une partie de la propriété paternelle, des bijoux, des meubles, de la vaisselle, un métier à tisser, des vaches et des moutons. Dans un récit, on rapporte qu'une *naditu* a reçu neuf femmes esclaves, vingt-quatre robes, quarante-deux couvre-chef et même son voile funéraire.

La *naditu* initiée possède le pouvoir légal d'administrer ses propres biens, quand elle ne délègue pas cette tâche à ses frères. Une prêtresse dont la dot ne comprend pas de terres a le droit de partager, à parts égales, les propriétés de son père avec ses frères.

Les places étant rares, la plupart des novices ne peuvent entrer au cloître que quelques années après leur initiation. La raison en est simple : au lieu de bâtiments communautaires — comme l'Atrium Vestae des prêtresses romaines —, les *naditu* vivent dans des maisons individuelles formant un complexe entouré de murs. Ces maisons sont coûteuses. Comme certaines *naditus* en achètent plusieurs, les autres doivent vivre dans des appartements loués.

Le cloître accueille de cent à deux cents prêtresses. Elles quittent rarement ce lieu, bien que les sorties ne soient pas défendues. Quelques administrateurs y vivent également. Les visites de parents de sexe masculin y sont courantes. Les *naditus* sont toutefois tenues de pratiquer la chasteté tout au long de leur vie. Le châtiment, en cas de transgression, est cependant moins sévère que celui réservé aux grandes prêtresses ou aux épouses, qui sont exécutées.

La vie quotidienne de la *naditu* se compose d'activités religieuses et profanes. Elle fait des offrandes deux fois par jour et, le vingtième jour du mois, consacré à Shamash, elle est tenue de faire oblation d'une plus abondante quantité de viande et de bière. Elle participe également aux sept fêtes annuelles et à plusieurs banquets religieux.

La *naditu* consacre généralement beaucoup d'énergie à l'administration de ses biens. Elle vend et achète de l'argent et de l'orge ; elle loue ce qu'elle possède : champs, vergers, maisons, granges, magasins, esclaves et bœufs. Un grand nombre de prêtresses font partie de coopératives, elles achètent des terres avoisinantes qu'elles gèrent en copropriété.

Bien que ces femmes représentent une grande force économique, leur pouvoir et leur statut privilégié remplissent parfois de hargne leurs associés de l'autre sexe. Il arrive même qu'un mécontent, insatisfait du marché conclu avec l'une de ces redoutables femmes d'affaires, se jette sur elle pour la rouer de coups.

Les *naditus* n'ayant pas d'enfants, elles sont autorisées à adopter des novices ou de petites esclaves — qui prendront soin d'elles lorsqu'elles seront âgées. Cette précaution s'impose, car les *naditus* vivent généralement jusqu'à un âge avancé (pour l'époque). La princesse Iltani sera attachée au culte pendant soixante ans avant que « ses dieux ne l'invitent à partager leur festin ».

Les *naditus* cloîtrées vont survivre pendant plus de trois siècles. En raison de leur lien étroit avec les divinités qu'elles servent, Shamash et Aja, elles assurent une sécurité spirituelle à leur famille. Les avantages séculiers qu'elles offrent ne sont pas non plus négligeables. Le célibat des *naditus* est une sorte de garantie contre la surpopulation qui, en raison des lois sur la succession, peut amener le morcellement de grandes propriétés. En échange, les *naditus* jouissent d'un statut prestigieux, de privilèges et d'une indépendance financière unique parmi les femmes babyloniennes.

Les religions favorables à la sexualité

Le judaïsme

Le judaïsme et l'islam sont les deux seules grandes religions qui n'ont jamais encensé la chasteté. Si l'une et l'autre se montrent strictes dès qu'il s'agit de la virginité des filles[31], elles exaltent le mariage et ses dimensions érotiques. Le judaïsme enseigne que Dieu est juste, désire le bonheur de l'homme et ne le fait pas souffrir inutilement. En conséquence, les humains doivent expérimenter tous les aspects merveilleux de la vie — y compris les plaisirs de la chair. Cela ne signifie pas pour autant que l'amour peut être libre. Dans le judaïsme, la sexualité doit se vivre dans le cadre du mariage.

Une fois mariées, les juives peuvent savourer le plaisir érotique, mais dans certaines limites. La masturbation et les relations sexuelles pendant les menstruations sont interdites, et l'éjaculation ne peut avoir lieu que dans le vagin[32]. Le judaïsme considère la semence comme le véhicule de la procréation et déplore son gaspillage. Mais la relation sexuelle a pour but le plaisir *autant que* la procréation. Cette conviction provient en partie d'une vieille sagesse médicale juive qui considère que le plaisir sexuel de l'homme et de la femme est essentiel pour concevoir un enfant sain. En outre, le commerce charnel peut se prolonger dans la vieillesse, comme il s'est prolongé entre le vieil Abraham et sa femme Sarah.

La seule forme de continence permise est celle qui protège la virginité avant le mariage, virginité sur laquelle les juifs veillent avec la plus grande vigilance. Mais tout le monde doit se marier, et goûter ensuite ce que les rabbins appellent la « satisfaction physique légitime ». Le mariage a en outre l'avantage de garantir le salut spirituel de l'époux et de l'épouse. Grâce à cette institution, ils ne commettront ni l'adultère ni le péché de chair. La mariage sert aussi le grand dessein de Dieu : la perpétuation du genre humain. Et il fait de la famille une unité sociale[33].

Une union féconde procure bien d'autres avantages. Pour ce peuple si souvent voué à l'exil, au rejet et à d'autres calamités, le mariage est un instrument d'unité, car il réalise la fusion de la famille et de la spiritualité. Cette notion est si bien enracinée que la loi juive prohibe le célibat. Ce dernier fait plus qu'enfreindre le commandement du premier chapitre de la Genèse : « Soyez féconds, multipliez, emplissez la terre [...] » En fait, il s'agit d'un crime analogue au meurtre. La tradition n'exige-t-elle pas que chaque juif mâle engendre au moins un fils et une fille ? Au Moyen Âge, des tribunaux rabbiniques utilisaient tous leurs pouvoirs pour forcer des célibataires à se marier et à fonder une famille, n'hésitant pas à leur infliger des amendes, à les chasser de leur communauté, ou même à les fouetter[34].

Les interprétations juives de l'événement survenu dans le jardin d'Éden mettent en relief la perception différente que les juifs et les chrétiens ont de la sexualité et, par conséquent, de la chasteté. Les textes rabbiniques voient Adam et Ève comme un couple qui consomme son union au Paradis. Le serpent, passant par là en toute innocence, les voit accomplir l'acte et devient follement amoureux d'Ève. Cette interprétation primitive des événements ne peut pas avoir été concoctée dans le but de rectifier la version chrétienne qui lui est postérieure. En fait, elle ne fait que refléter les conceptions favorables au mariage du judaïsme, tout en éclairant le ton et le style des bénédictions anciennes : « Puisses-tu rendre aussi joyeux ces époux bien aimés que tu as rendu joyeuses les créatures du jardin d'Éden. [...] Béni sois-tu, ô Seigneur, toi qui as permis que le futur époux et la future épouse se réjouissent. »

Une autre bénédiction exalte le rire éclatant et la jubilation des jeunes époux tandis qu'ils dansent et chantent : « Béni sois-tu, ô Seigneur, qui permets au jeune marié de se réjouir avec la jeune mariée[35]. »

Pourtant, en dépit de cette approbation sans réserve du mariage, quelques juifs sont attirés par la continence. Une grande partie des textes talmudiques traitent de la supposée chasteté de Noé et de Moïse. Les porte-parole du hassidisme médiéval, secte juive orthodoxe, doivent concilier l'impératif de la procréation dans le cadre du mariage avec l'idée misogyne et diabolique qu'ils se font des femmes. En tant que juifs, il leur est interdit de proscrire les rapports sexuels, mais ils peuvent exiger que l'acte s'accomplisse sans désir et sans plaisir. Ils recommandent alors aux hommes de ne voir en leurs femmes qu'un instrument de procréation. Le marchand qui a besoin de son cheval pour se rendre au marché « doit-il pour autant aimer le cheval[36] », demandent-ils. La misogynie de certains est telle qu'elle les conduit tout droit à la chasteté, mais, du point de vue de la loi judaïque, cette abstinence n'en reste pas moins une anomalie.

Une situation plus délicate et plus ambiguë survient lorsque plusieurs rabbins font vœu de chasteté afin de se consacrer entièrement à l'étude du Talmud, recueil des livres saints et des enseignements des grands rabbins contenant la loi juive, juridique et rituelle. L'exemple le plus célèbre est Simon 'Azzaï, un rabbin du IIe siècle, qui fustige la chasteté dans ses textes, mais la pratique dans la vie quotidienne. Lorsque ses collègues lui demandent d'expliquer cette contradiction, 'Azzaï répond : « Que puis-je faire ? Mon cœur désire la Torah ; je laisse aux autres le soin de peupler le monde[37]. »

En période économique difficile, de pieux étudiants de la Torah — les cinq livres de la loi mosaïque — sont autorisés, tout au long de leurs études, à s'abstenir de relations sexuelles et sont exemptés de leur devoir de procréation. Un spécialiste de la loi judaïque peut même rester célibataire afin de se consacrer à sa tâche. Contrairement au christianisme, le judaïsme ne tolère pas le monachisme. La notion de chasteté est étrangère aux juifs, elle a très peu de valeur à leurs yeux. Ainsi que le dit un rabbin : « Nous sommes saints et plus vertueux, car nous portons des enfants et multiplions la semence dans le monde[38]. »

L'islam

Au sujet de la chasteté, l'islam partage les vues du judaïsme. Le prophète Mohammed a plusieurs épouses et s'adonne joyeusement aux plaisirs de la chair. « Ô vous, jeunes hommes ! je vous recommande les relations sexuelles », dit-il. Ce conseil est loin d'être anodin, car Mohammed ajoute : « Il n'est pas dans l'islam de maison plus belle aux yeux d'Allah que celle qui abrite des époux. [...] Celui qui suit ma tradition [...] doit savoir que le mariage vient de ma tradition[39]. » Il est indiscutable que l'islam considère que les relations charnelles avec les femmes sont fondamentales.

Cette exubérance amoureuse découle du récit que fait le Coran de la création. Allah crée l'homme avec de la poussière, de la terre, quelques gouttes de semence et du sang coagulé — substances qui le composent, lui, Allah. Certains que le sperme est un attribut divin, les fidèles pensent que le mariage est le bien le plus précieux. En fait, Mohammed s'oppose expressément au célibat et presse tous les hommes de se marier si rien ne les en empêche.

L'islam n'encourage pas pour autant toute licence. Des règles de conduite existent. L'une d'elles, que l'on trouve également dans le judaïsme, prescrit l'abstinence pendant les menstruations. Les relations sexuelles ne peuvent reprendre qu'après un rituel de purification. Car «Allah aime vraiment ceux qui se tournent vers lui et qui se soucient d'être propres[40]».

L'islam prône la satisfaction raisonnable des besoins sexuels. L'attrait entre les sexes est considéré comme naturel; c'est un don de Dieu, un «souhait divin et universel». «L'amour est une imitation de l'acte de création de Dieu.» Le mystère de la sexualité est également salué comme le point culminant de l'œuvre d'Allah. Quant à l'orgasme, phénomène qui tient du merveilleux, l'islam l'a intégré dans le «moi transcendant[41]».

Comme les sages juifs, le Prophète condamne la chasteté et le monachisme. Lorsque la femme d'Othman ibn Mazoun, un de ses amis proches, se plaint de ce que son époux est devenu un ascète qui jeûne et pratique la continence, Mohammed est furieux. Il ne prend même pas le temps de se chausser et court pieds nus à la maison de l'abstinent. «Othman! crie-t-il, Allah ne m'a pas envoyé sur terre pour la vie monacale [...] Je jeûne, je prie et j'ai aussi des relations intimes avec ma femme[42].»

Les femmes, de même que les hommes, sont encouragées à se marier. Un saint homme musulman réprimande une croyante qui s'est faite ascète afin de gagner la faveur de Dieu. L'ascétisme n'est pas la voie pour plaire à Dieu, lui dit-il. Pour le Prophète, les célibataires occupent un rang inférieur dans l'échelle de la sainteté, alors que «ceux qui se marient se sont déjà assurés de la moitié de leur religion. En conséquence, ils ne doivent craindre Allah que pour l'autre moitié[43].» Autrement dit, comme les maris et les femmes peuvent s'adonner légitimement à leurs désirs érotiques, aucun obstacle ne leur barre la route vers la spiritualité.

Constituant l'exception à cette règle, une secte musulmane défie cet enseignement. Il s'agit du mouvement soufi, dont les membres prêchent et pratiquent l'abstinence sexuelle. Les soufis sont des mystiques qui fuient les femmes, qu'ils comparent à Satan et assimilent aux forces du mal.

Dans l'islam comme dans le judaïsme, la chasteté est considérée comme un concept étranger ; elle est donc peu pratiquée. Les théologiens des deux religions s'en méfient grandement. La virginité des filles non mariées est farouchement préservée, mais le mariage est exalté comme une vertu et la procréation, génératrice de joie et d'épanouissement, est considérée comme la première raison d'être de l'union. C'est ainsi que Dieu, qu'on le nomme Yahvé ou Allah, l'a voulu.

CHAPITRE V

S'abstenir pour conserver la semence

L'interdit catholique concernant la masturbation — pratiquée par Onan dans la Bible* — est si strict que les prélats condamnent en bloc la masturbation, les pollutions nocturnes et la plupart des méthodes contraceptives, y compris le coït interrompu. L'Église refuse également le sacrement du mariage aux hommes qui n'éjaculent pas. C'est pourquoi les eunuques ne peuvent se marier et la non-consommation d'une union pour cause d'impuissance constitue un motif d'annulation valable.

Partout dans le monde, des philosophes, des médecins, des réformateurs sociaux, des penseurs religieux et des entraîneurs sportifs manifestent un intérêt obsessionnel pour la nature et les propriétés du sperme. Le phénomène de la semence est au cœur de deux des plus grandes religions, le christianisme et l'hindouisme, ce dernier mettant l'accent, comme nous l'avons vu, sur l'importance cruciale de la préservation de ce fluide, gage de santé et de développement moral et spirituel.

Les propriétés du sperme suscitent également l'intérêt des médecins, d'Hippocrate, au ${IV}^e$ siècle av. J.-C., à William Acton, au ${XIX}^e$ siècle. Depuis plus de deux millénaires, des athlètes luttent avec acharnement contre leurs désirs charnels afin de répondre aux exigences d'entraîneurs qui leur interdisent toute activité sexuelle avant une performance sportive. Peu de jeunes hommes vigoureux osent prendre le risque d'une défaite en répandant imprudemment leur précieux liquide séminal.

---

* Onan laisse « perdre à terre » pour ne pas avoir de descendance avec la veuve de son frère, qu'il a été forcé d'épouser pour obéir à la loi du lévirat.

Ce chapitre examine l'importance de la rétention du sperme selon plusieurs perspectives : celle de la médecine, de l'Antiquité jusqu'à nos jours ; celle des mouvements de pureté morale du XIXe siècle aux États-Unis ; celle des lutteurs indiens motivés par leur anticolonialisme et leur ferveur nationaliste ; et enfin celle du Mahatma Gandhi qui, lors de ses fameuses expériences de *brahmacharya*, met son détachement sexuel à l'épreuve avec un groupe de jeunes femmes toutes à sa dévotion.

Totus homo semen est

Conserver la force vitale

Au cours de l'histoire, la sexualité masculine a été perçue à la fois comme un problème moral et un phénomène physique. Le point de vue moral englobe la passion et le désir, la séduction et la conquête, la licence et la faiblesse. Quant aux manifestations physiques, elles ont deux acteurs principaux, le pénis et la semence, dont le rôle éjaculatoire se décline en termes de fécondation, d'assouvissement du désir, d'onanisme.

Qu'est-ce que le sperme ? Dans les temps anciens, les Chinois, les Indiens et les Grecs le définissent comme une substance ou une humeur essentielle. Les physiciens grecs peaufinent cette définition et disent que la semence, les jus intestinaux et la lymphe font partie d'une catégorie de fluides qui se distingue du sang, du mucus et de la bile jaune et blanche. D'après eux, une bonne santé dépend du dosage adéquat de ces différents liquides.

Hippocrate, grande autorité médicale de son temps[1], prône la modération sexuelle et non l'abstinence. Il nous apprend que les femmes continentes souffrent atrocement, car leur utérus desséché par le manque de sperme ne cesse de sauter et de bondir dans leur corps. Lorsqu'une femme hystérique rend visite à un disciple d'Hippocrate, ce dernier examine d'abord son appareil génital. Pour le médecin, la cause des symptômes est à coup sûr un utérus qui proteste contre un manque d'activité sexuelle. La prescription, bien sûr, recommande rapports sexuels et grossesse.

Pour Hippocrate, un autre mal peut accabler la femme : l'accumulation et le blocage du sang menstruel qui opprime le cœur, centre de la conscience, provoquent la folie et suscitent des pensées suicidaires. Une fois de plus, les rapports sexuels sont le remède. Les femmes mariées confirment d'ailleurs les bienfaits du commerce charnel en déclarant

que les souffrances dues à leurs crampes menstruelles sont moins fortes. En bref, la virginité et la chasteté sont nuisibles, l'activité sexuelle
bienfaisante.

Le message d'Hippocrate aux hommes est différent. Il leur conseille
de garder leur semence, car celle-ci alimente leur corps en énergie.
L'activité sexuelle, salutaire pour les femmes, est préjudiciable aux
hommes, car elle provoque l'écoulement et la perte d'un fluide vital. En
guise de mise en garde, Hippocrate expose le cas d'un jeune homme
trop porté sur les activités sexuelles qui trépasse dans un grand délire
lorsque le simple mal d'estomac dont il souffre se transforme en maladie mortelle. L'imprudent a trop affaibli son organisme en épuisant
inconsidérément ses réserves de sperme.

Dans la mesure où ce qui est bénéfique aux femmes nuit fortement
aux hommes, le sens des recommandations d'Hippocrate reste passablement obscur. En fait, sa sagesse médicale reflète tout bonnement le
mépris dans lequel les femmes sont tenues en Grèce : on les considère
comme des créatures d'une espèce inférieure que les hommes doivent
domestiquer par l'entremise du mariage et de la maternité. En pratique, cette dichotomie ne pose aucun problème : la santé masculine
étant la grande priorité, ce sont les hommes qui prennent l'initiative de
l'acte sexuel ou choisissent l'abstinence en fonction de leurs convictions ou de leurs besoins personnels. S'ils décident que le rapport sexuel
— l'éjaculation — est bénéfique pour leur santé, ils n'hésitent pas à
copuler ; si la rétention de sperme leur paraît plus souhaitable, ils optent
pour l'abstinence.

Au début du IIe siècle, cet ascétisme larvé est critiqué dans les textes
médicaux. Les conclusions de Galien, grand médecin grec qui va voler
à Hippocrate le titre de génie de la médecine, se heurtent aux préceptes
du temps. Personnellement, Galien préfère la continence, que ce soit
pour les hommes ou pour les femmes, mais il s'inquiète des désordres
qu'elle peut provoquer. Lorsqu'une trop grande quantité de sperme
est retenue dans l'organisme, le fluide risque de pourrir, entraînant
de sérieux problèmes de santé comme l'indolence et l'apathie. Galien
prescrit donc l'activité sexuelle. Ce conseil s'applique également aux
femmes, qui, selon Galien, produisent aussi du sperme. Il ajoute toutefois, en guise d'avertissement, que la perte de semence — de *pneuma*,
ou souffle de vie — est épuisante. En outre, l'orgasme affaiblit l'organisme en échauffant le sang. Le corps des jeunes hommes qui abusent
du commerce charnel se dessèche et doit être constamment réhydraté.

Selon Galien, il est préférable, pour des raisons de santé, de considérer l'activité sexuelle comme un devoir à accomplir avec modération plutôt que de prôner une chasteté absolue. Équilibre et tempérance sont les grands principes à respecter.

Les pollutions nocturnes, ces éjaculations involontaires qui tourmentent tant d'hommes, de saint Augustin à Martin Luther, font aussi partie de la discussion sur les fluides. Les réactions vont de la condamnation pure et simple à la bienveillance. Soranos, médecin de l'empereur Hadrien, note simplement qu'« en général, au début, la pollution nocturne n'est pas une maladie […] Elle est la conséquence d'une aspiration à la jouissance sexuelle […] ou bien le résultat d'une continence ou d'une longue interruption de l'activité sexuelle[2]. » La sagesse monastique (basée sur une longue expérience) considère que deux ou trois pollutions nocturnes par mois sont moralement acceptables, dans la mesure où elles sont inévitables.

En fin de compte, pour les médecins, toutes ces discussions sur la sexualité et la chasteté tournent autour du fait que la semence est considérée comme une substance vitale. Les problèmes moraux et sociaux — la dynamique des relations entre hommes et femmes, par exemple — ne sont même pas envisagés. En fait, la chasteté et le commerce charnel ne sont que des prescriptions relatives à la santé, au même titre que des exercices physiques ou un bon régime alimentaire. L'importance accordée au sperme dans la plupart des sociétés a une énorme influence sur les décisions masculines en matière de continence. (Ce point de vue offre un contraste frappant avec le débat chrétien sur le célibat sexuel, qui néglige la perspective corporelle pour ne se fonder que sur une aspiration spirituelle.)

Quelque mille ans plus tard, au XIIe siècle, on ne peut pas dire que la médecine ait beaucoup progressé. Les hommes de science croient toujours qu'une « force vitale » anime l'organisme humain et peut soit l'unifier, soit l'affaiblir par ses propriétés de cohésion ou de dispersion. Selon eux, cette force vitale s'apparente à un magnétisme, à l'électricité, à la chaleur animale, à l'énergie ou à une force nerveuse. Le point commun de ces différentes appellations est qu'elles considèrent toutes que c'est la force vitale qui transmet la vie par l'intermédiaire de l'énergie sexuelle.

L'un des principaux défenseurs de cette école de pensée est le médecin suisse Samuel A. Tissot. Le traité de Tissot sur l'onanisme, paru en

1758, est un classique du genre qui a inspiré la pensée médicale presque jusqu'au xxᵉ siècle. Il contredit l'opinion médicale antérieure voulant que l'orgasme soit sain et que la chasteté soit, en conséquence, déraisonnable. Tissot prétend que la semence est une énergie vitale concentrée, pure et naturelle, que le sang sécrète pour produire de nouvelles vies — concept résumé dans le fameux *Totus homo semen est* («la semence est l'homme tout entier»). Le sperme, explique Tissot, est «l'huile essentielle des liqueurs animales [...] le souffle transformé, dont la dissipation rend les autres humeurs faibles, et dans un certain degré altérées [...] [La] perte d'une once de cette humeur affaiblit plus que [la perte de] quarante onces de sang[3].»

Au cœur de cette théorie se trouve une croyance, commune à Hippocrate, à Galien et aux philosophes grecs, en particulier Pythagore : chaque organisme masculin ne dispose que d'une certaine quantité de fluide vital, réserve précieuse qui diminue à chaque éjaculation. D'autres théories apparentées affirment que la semence conservée dans un corps chaste est réabsorbée par l'organisme et revitalise le cerveau. En conséquence, la continence sexuelle est la seule discipline logique pour vivre en bonne santé. Celui qui gaspille sa force vitale en ayant trop souvent des rapports sexuels — par exemple, plus d'une fois par mois! — risque d'épuiser sa réserve de vie. Un affaiblissement progressif et fatal s'ensuit immanquablement. (Au milieu du xixᵉ siècle, un mouvement radical américain recommande d'avoir un rapport sexuel... tous les deux ans.) Les rapports sexuels ne sont pas seuls à être condamnés, on bannit aussi les pollutions nocturnes et la masturbation qui dispersent de précieuses onces de sperme. La chasteté n'est pas présentée comme un choix moral, mais comme une nécessité physiologique.

En Angleterre, à la fin du xixᵉ siècle, le rapport sexuel — considéré en termes d'éjaculation de sperme et non en termes de relation amoureuse — fait également l'objet de débats aux accents médicaux, généreusement agrémentés de maximes morales et de métaphores inspirées par les modèles économiques contemporains. La chasteté est en vogue au nom du principe de l'«économie du sperme»; elle caractérise le comportement du «gentleman respectable». Une grande croisade sanitaire est entreprise, menée par John Locke et William Pitt.

Quelques auteurs médicaux sérieux, voire austères, déclarent que même les pollutions nocturnes sont malsaines. «Les hommes conscients et scrupuleux [...] les considèrent comme les manifestations d'une impureté d'esprit dont ils doivent se guérir », déclare sir James Paget. Le célèbre docteur T. L. Nicols apporte sa petite pierre à l'édifice de la culpabilité. Il définit les pollutions nocturnes comme une maladie symptomatique due, à 90 %, à la masturbation. « Des centaines de jeunes hommes sont poussés au suicide par cette maladie. Un homme qui a un sens aigu du bien et de son devoir d'abstinence, qui préserve la pureté de son corps et de son esprit, et respecte la chasteté de toutes les femmes, doit se conduire pareillement dans ses rêves[4]. »

Ce genre de chasteté est pratiquement impossible à mettre en pratique, même par ceux qui souscrivent à ces principes moraux. Associer la moralité à un processus purement mécanique la déprécie et, pis encore, en fait un objet de risée. C'est ce qui arrive lorsque des jeunes hommes aussi névrosés que déterminés s'ingénient à contrecarrer des réactions nocturnes incontrôlables en entourant leur pénis d'une ficelle pour prévenir une érection involontaire.

Les « gentlemen respectables » (c'est ainsi qu'on les nomme) sont encouragés à adopter un régime qualifié non pas d'ascétique mais d'énergétique. Le docteur William Acton, champion britannique de la « chasteté respectable », recommande des bains quotidiens, un matelas dur, un régime fade et sans alcool, des stimulants intellectuels, l'étude de la religion et de rigoureux exercices physiques. Ses idées sont incorporées avec enthousiasme dans les programmes scolaires sous l'appellation de *Muscular Christianity* — un christianisme « musclé » qui met l'accent sur la santé du corps.

À la fin de l'ère victorienne, des adeptes de la chasteté respectable élaborent un raisonnement non médical basé sur un modèle économique courant. Ce raisonnement relève d'une idéalisation générale de la maîtrise de soi dans tous les domaines et prétend que, comme l'austérité budgétaire, la continence sexuelle est bonne et peut être atteinte grâce à la maîtrise de soi et à la sublimation — de préférence en employant efficacement son temps. Ce type de chasteté a pour but l'accumulation d'un capital, tandis qu'une sexualité débridée est accusée de provoquer des mariages hâtifs condamnés à la pauvreté.

Jusqu'à un mariage tardif (ou plutôt, jusqu'à ce que des fonds suffisants aient été amassés pour acquérir une demeure convenable), la chasteté fait donc partie intégrante des mœurs de la nouvelle société industrielle anglaise. La continence sexuelle et l'industrie ne sont-elles pas associées dans un système de valeurs unique ? Appliqué à la réserve de sperme de chaque homme, le fameux principe d'économie qui a bâti l'empire industriel britannique peut stabiliser la société et produire des citoyens supérieurs — bien qu'en nombre limité.

Au XIXe siècle, une version rurale de l'évangile de l'économie du sperme compare ce fluide à de la semence — métaphore agraire courante dans les temps bibliques. Dans cette perspective, le sperme ne doit plus être thésaurisé. Les semences pourrissent si elles ne sont pas mises en terre, les fermiers pauvres considèrent donc que le sperme est inutile lorsqu'il est inutilisé. Les graines qui ne prennent pas racine sont perdues ; c'est pourquoi les paysans attendent souvent que leur future femme devienne enceinte avant de l'épouser. Ainsi le principe bourgeois d'économie du sperme n'a aucun sens pour les fermiers et les cultivateurs, qui placent leur confiance dans un ventre rebondi fertilisé par leur semence[5].

En Amérique du Nord, tout comme en Europe et en Inde — où l'on a recours à la méthode rigoureuse et sophistiquée du *brahmacharya* pour conserver la semence —, différents mouvements sociaux se développent en réponse au prosélytisme insistant de défenseurs de la tempérance. Le Male Purity Movement (mouvement pour la pureté masculine) y sévit pendant plusieurs décennies, jusqu'à ce que, comme une réserve de précieux sperme, il finisse lui aussi par se tarir.

Davy Crockett et le Male Purity Movement

Ah ! chère Amérique victorienne, que de refoulements délicieusement torturés tu évoques !

Le Nouveau Monde s'en prend aux jeunes hommes célibataires, et non aux seules victimes coutumières de la répression sexuelle, ces femmes aux jupes froufroutantes qui, lorsqu'elles ne sont pas très bonnes sont forcément très mauvaises. Pour comprendre ce mouvement, nous avons choisi de présenter un célibataire égaré avant qu'il ne trouve le salut.

Appelons-le — il aimerait cela — Davy[6], en hommage à Davy Crockett, son idole. Notre Davy connaît très bien son homonyme : il lit religieusement les *Almanachs* de Crockett et meurt d'envie d'égaler son héros. Il ne se lasse pas des récits interminables relatant les prouesses de ce casse-cou astucieux, hâbleur, coureur de jupons et ivrogne qui a fui le bâton d'un père brutal pour se jeter à corps perdu dans une vie palpitante.

L'existence de notre Davy, quant à elle, n'est pas palpitante. Il a quitté la ferme peu florissante de son père, en Nouvelle-Angleterre, pour échouer dans une ville portuaire où il espère être embauché comme docker. L'histoire se déroule au début du XIXᵉ siècle, avant la terrible guerre de Sécession. Davy n'a trouvé qu'un travail de manœuvre dans une usine. Il partage un taudis avec quelques compagnons. La nuit, plutôt que d'y rentrer, il erre sans but dans les rues éclairées par les lampes au gaz.

Il arrive que Davy soupe dans une gargote. Il y absorbe une nourriture bizarre, trop piquante, trop épicée, qu'il arrose d'un bol de café fort. Puis il traîne à nouveau dans les rues, chiquant son tabac, fredonnant et crachant sur le trottoir crasseux — le plus loin possible. Hélas ! il ne lui reste pas assez de sous pour répondre aux avances que lui font les femmes de mauvaise vie qu'il croise. Davy est-il sur le chemin de la perdition ?

Heureusement, la rédemption n'est pas loin. Range ton almanach, jeune homme, et procure-toi quelques ouvrages édifiants. Pourquoi ne pas choisir les *Lectures to Young Men on Chastity* (« Discours sur la chasteté adressés aux jeunes hommes ») de Sylvester Graham, ou *Hints for the Young* (« Recommandations à la jeunesse ») de S. B. Woodward, ou peut-être le *Young Men's Guide* (« Guide des jeunes hommes ») de William Alcott ?

Graham, Woodward et Alcott font partie des fondateurs du Male Purity Movement, créé en 1830, tandis que Davy et ses semblables commencent à affluer dans les villes de la Nouvelle-Angleterre. Le désordre, la confusion et les changements de toutes sortes qui bouleversent l'Amérique horrifient ces parangons de vertu[7]. Ils pensent que l'autorité des pères sur les fils s'érode et, avec elle, la discipline, la virilité et la moralité. L'apprentissage, système de formation traditionnel, est en train de disparaître. Sans qualifications, sans attaches, ne possédant rien et n'ayant rien à perdre, Davy et ses camarades ressemblent fâcheusement à une bande de voyous. Les amis de la pureté masculine les suspectent même, tous autant qu'ils sont — étudiants, vendeurs, employés et ouvriers —, de se masturber !

Le Male Purity Movement ne réussit pas à convaincre tous les Américains d'observer une chasteté prénuptiale. Mais il en influence un grand nombre — difficile à évaluer avec précision — et constitue la seule campagne de chasteté concertée visant les hommes célibataires.

Toutefois, un mouvement parallèle s'en prend aux femmes, auxquelles il prêche la pureté dans un contexte de piété, de soumission et de vie domestique. Seule la maternité peut justifier le commerce charnel pour une femme — dans le cadre du mariage, bien entendu. Une femme pure mérite l'homme pur que les réformateurs s'efforcent de créer.

Les tenants de la pureté prêchent la tempérance, le végétarisme, les réformes morales et la chasteté avant le mariage. L'alcool et les aliments riches et épicés sont déconseillés parce que trop stimulants. Ils exacerbent les pulsions charnelles et l'érotisme — sources de corruption, de troubles mentaux, de maladie et du déclin de la société tout entière.

L'orgasme chez l'homme est décrit dans des termes particulièrement terrifiants. C'est, selon Graham, « un paroxysme convulsif associé à l'assouvissement des appétits sexuels [...] [causant] la plus forte agitation à laquelle le système puisse être soumis. Il secoue le cerveau, le cœur, les poumons, le foie, la peau et d'autres organes avec la violence destructrice d'une tornade[8] ».

En dépit de cette terrible description, Graham ne considère pas la sexualité comme tout à fait nuisible. Ce qu'il préconise, c'est tout simplement l'utilisation de la raison et de certains moyens pour préserver une ressource limitée. Plutôt que de dilapider, en quelques secondes de plaisir charnel, la force vitale que constitue la semence, mieux vaut la canaliser dans ce que l'historien canadien Michael Bliss appelle le « refoulement sexuel créatif ». La semence est exclusivement réservée à la procréation. Elle doit sinon être mise en réserve en tant qu'énergie nécessaire à l'accomplissement d'objectifs plus élevés.

Le Male Purity Movement juge inutile d'enrôler les femmes dans sa campagne : leur cycle d'ovulation met ces malheureuses à la merci de leurs pulsions, il leur est donc impossible de résister aux cajoleries masculines. Mieux vaut aller droit à la source — Davy et ses semblables — en sonnant le clairon de la chasteté masculine. La peur de la maladie et de la folie fait partie du message. Le régime alimentaire — « régime qui guérit de la sexualité » — comprend des légumes non assaisonnés, du pain nutritif mais insipide, des biscuits de farine complète et, enfin, les céréales du docteur John Harvey Kellogg, les fameux *corn flakes*, que la publicité décrit comme un moyen naturel de refréner l'érotisme. (Aujourd'hui, ces mêmes flocons de maïs sont présentés comme un aliment sain permettant d'élaborer un régime nutritionnel équilibré, ce qui est plus juste[9].)

La masturbation est condamnée, car elle est dangereuse et peut causer des « troubles mentaux et physiques insupportables[10] », comme la paralysie infantile et le rhumatisme. Elle est en outre à l'origine d'une maladie mortelle atrocement douloureuse, la spermatorrhée. Elle a aussi la réputation de provoquer l'homosexualité (« masturbation » est souvent un euphémisme pour « homosexualité »). Graham et ses compères sont persuadés que les jeunes hommes qui se livrent ensemble à cette pratique honteuse finissent la plupart du temps par devenir des partenaires sexuels et sont dès lors perdus pour le mariage.

Le fameux Davy Crockett était — si notre Davy en croit ce que lui apprennent les livres édifiants des réformateurs — « sans délicatesse, irréfléchi et imperméable aux conseils[11] ». On regrette qu'il n'ait pas saisi le danger qui le guettait et accepté de modifier ses habitudes malsaines — avaler des litres de café fort, se doper aux épices, vivre dans l'homoérotisme. Dès les dangereuses années d'adolescence, il aurait dû se préparer au mariage pendant une bonne quinzaine d'années, courtisant chastement une fille modeste. Lorsqu'il aurait finalement épousé sa très convenable et frigide moitié, il aurait pu, enfin, s'octroyer quelques plaisirs charnels. Pas plus de douze fois l'an, cependant, car des éjaculations plus fréquentes auraient mis sa santé en péril, chaque once de sperme perdu équivalant à quatre onces de sang précieux (notons que c'est tout de même trente-six onces de moins que dans le rapport de Tissot). Cette restriction à un rapport mensuel n'aurait du reste pas constitué une bien grande privation, le devoir conjugal devenant très ennuyeux lorsque mari et femme « sont mutuellement habitués au corps de l'autre et que rien dans ce corps n'éveille plus en eux d'idées impures[12] ».

Le Male Purity Movement va son chemin pendant plusieurs décennies, faisant des prosélytes chez les jeunes célibataires, chez leurs parents et même, pour une brève période, chez les médecins. À la fin des années 1860, lorsque notre Davy — qui a, grâce à Dieu, survécu à la guerre de Sécession — s'est transformé en un époux scrupuleux qui gère précautionneusement sa réserve de sperme, la croisade a atteint un sommet malgré le fait que les jeunes hommes étaient toujours encouragés à retenir leur semence. En dehors de son foyer austère, Davy n'entend plus souvent les leçons de prudence, mais ses enfants ou ses petits-enfants seront également averti des dangers de la licence lorsqu'ils s'enrôleront dans le scoutisme ou qu'ils mettront la main sur l'un ou l'autre des ouvrages édifiants de l'Église protestante.

Ces « livres purs sur des sujets cachés » — comme les présentent certains textes publicitaires — abordent la délicate question de la sexualité selon une perspective masculine et féminine. *What a Young Boy Ought to Know* (« Ce qu'un jeune garçon doit savoir »), *What a Young Man Ought to Know* (« Ce qu'un jeune homme doit savoir »), *What a Young Husband Ought to Know* (« Ce qu'un jeune marié doit savoir ») et *What a Man of 45 Ought to Know* (« Ce qu'un homme doit savoir à 45 ans ») sont les titres offerts aux hommes par le pasteur luthérien Sylvanus Stall[13]. Le prêtre y dénonce la masturbation comme une calamité qui cause débilité, santé déficiente « et, dans les cas extrêmes, imbécillité et folie ». Les masturbateurs dont le corps s'est épuisé sont condamnés à la consomption et à une mort certaine.

Pour imprimer dans l'esprit des jeunes lecteurs les conséquences fatales de l'autoérotisme, Stall explique de quelle manière certains parents affrontent le problème. Ces géniteurs déterminés attachent les mains de leur fils derrière son dos ou à la tête de son lit ; ils vont même jusqu'à l'immobiliser dans une camisole de force[14]. Les garçons doivent comprendre que les parties génitales doivent servir uniquement à « expulser les urines hors de l'organisme [...]. Le seul fait de les toucher est nocif et pathogène[15]. »

Stall donne aussi aux jeunes un sérieux avertissement concernant les pollutions nocturnes. « Peu d'hommes sont en mesure de supporter plus d'une émission de sperme toutes les deux semaines sans risquer des problèmes graves. » En conséquence, il faut faire des exercices physiques et mentaux appropriés afin de se débarrasser pour toujours de cette mauvaise habitude. Douches froides chaque matin, friction vigoureuse avec une serviette rugueuse, ingestion modérée de viande et de mets épicés et fréquentes défécations sont hautement recommandées.

Le mariage lui-même ne doit pas être considéré comme autorisant une sexualité débordante. L'homme ne fabrique qu'une quantité limitée de sperme ; s'il gaspille ce fluide, il risque l'épuisement. Un rapport sexuel par semaine constitue le maximum autorisé, mais on recommande de se limiter à une seule fois par mois, l'idéal étant l'abstinence complète. Seul l'accouplement destiné à la procréation est souhaitable. Bien qu'il soit difficile aux hommes d'observer ces prescriptions, Dieu dans son immense sagesse a fait les femmes passives et indifférentes sur le plan sexuel.

Les femmes reçoivent un enseignement analogue. *What a Young Wife Ought to Know* (« Ce qu'une jeune mariée doit savoir ») les met en garde contre une activité sexuelle qui ferait du mariage un état « à peine différent de la prostitution ». L'auteur explique que « la production et l'expulsion du fluide séminal exige une grande quantité de force vitale. Gaspiller le sperme dans l'incontinence, comme tant de gens le font, et le prostituer pour la simple obtention de plaisirs charnels affaiblit et déprave. Conservé […] le fluide permet de s'élever à un niveau supérieur[16]. »

Lorsqu'il atteint l'âge de quarante-cinq ans, l'homme doit bannir toute activité sexuelle, car la moindre petite goutte de sperme serait alors « dépensée à mauvais escient ». Heureusement, le désir charnel diminue et disparaît avec l'âge, ce qui rend l'abstinence plus aisée. Redevenus chastes, les hommes ressentiront « un bienheureux soulagement lorsque la tension provoquée par les pulsions sexuelles commencera à s'atténuer[17] ».

Le Male Purity Movement[18] — comme le Moral Purity Movement (Mouvement pour la pureté morale) qui lui est associé et qui inclut les femmes dans son cercle — exerce une influence idéologique importante sur la société américaine. L'ardeur et le ton autoritaire de ses partisans sont très convaincants. Le prestige de la plupart des militants et le fait qu'à une certaine époque un grand nombre de médecins encouragent le mouvement rendent l'entreprise tout à fait crédible. Ses bases chrétiennes et ses méthodes rigoureuses séduisent tous ceux que la turbulence d'une Amérique en mutation inquiète. Aujourd'hui, un siècle et demi plus tard, l'écho de ses pressants messages se fait entendre dans le programme de la Moral Majority, des Promise Keepers et chez les jeunes adeptes de True Love Waits.

Le régime antisexe de John Harvey Kellogg

Ils ne craquent pas, ne sautent pas, n'éclatent pas, les *corn flakes* Kellogg, car le bon docteur les a conçus pour inhiber les papilles gustatives et calmer toute la personne, de la tête aux pieds. J. H. Kellogg, médecin prospère, adventiste du Septième Jour très influencé par Sylvester Graham, professe une telle aversion pour la sexualité qu'il va passer les quatre-vingt-dix années de son existence sans se livrer au moindre attouchement. « L'acte reproducteur, déclare-t-il, est le plus épuisant de tous les actes vitaux. Chez un adolescent en formation, il entraîne un retard de la croissance, un affaiblissement de la constitution et une atrophie de l'intellect[19]. »

Kellogg ne prend jamais ce risque, même durant sa lune de miel. Sa femme et lui passent les six semaines qui suivent leurs noces plongés dans les livres du médecin, *Plain Facts About Sexual Life* («La vrai réalité de la vie sexuelle») et *The Proper Diet of a Man* («Le juste régime d'un homme»). L'ascète ne faiblit pas davantage par la suite. Lorsque la tentation l'assaille, il l'écarte en recourant à l'une des nombreuses mesures qu'il préconise: régime alimentaire sain et sans épices, exercices physiques réguliers, travail acharné, bain quotidien, pratiques religieuses. Pour sa part, il y ajoute un petit coup de fouet absent de la liste: un lavement froid, administré chaque matin après déjeuner par l'un des infirmiers du prestigieux sanatorium de Battle Creek. D'après les spéculations de son biographe, John Money, cette pratique serait peut-être un symptôme de clystérophilie, «anomalie du fonctionnement sexuel et érotique remontant à l'enfance, dans laquelle le lavement sert de substitut au rapport sexuel. Pour le clystérophile, le fait de faire entrer son pénis dans un vagin est une action pénible, dangereuse et sans doute répugnante[20]. »

Peut-être Money se trompe-t-il lorsqu'il parle de clystérophilie, mais on peut se demander pourquoi, malgré un régime aussi sain, Kellogg a besoin de ces irrigations. Peut-être a-t-il tout simplement peur d'être constipé, ce qui, enseigne-t-il, cause une «excitation locale», les fèces non expulsées comprimant l'appareil génital.

Kellogg n'en est pas moins un penseur et un praticien brillant dont les écrits sur la sexualité influencent considérablement ses pairs. Il apparaît assez tard sur la scène de la pureté morale, mais sa contribution raffine et amplifie les théories initiales du mouvement, notamment celles de Sylvester Graham.

Les causes de l'incontinence sexuelle, selon Kellogg, s'inscrivent dans un éventail très large. L'hérédité en est une. Les autres sont les stimulants et les condiments qui «irriguent les nerfs et troublent la circulation», excitant directement les organes sexuels en provoquant une augmentation de l'afflux de sang dans les parties génitales. Certains aliments provoquent effectivement la métamorphose de pieux ecclésiastiques en coureurs de jupons qui se jettent sur leurs paroissiennes, lesquelles viennent, en toute innocence, de leur servir le motif de leur chute sous la forme «du gâteau le plus riche, de la gelée la plus fine, de la sauce la plus relevée et des pâtisseries faites de la farine la plus raffinée». Qui pourrait résister à de telles tentations? «Les pasteurs ne sont pas immaculés», rappelle Kellogg à ses lecteurs.

D'autres obstacles à une chasteté quotidienne sont plus évidents que les savoureux petits pains briochés. Le tabac et l'alcool, par exemple, transforment un jeune homme en « véritable volcan de désir » ; les revues pornographiques l'encouragent à la lubricité. L'oisiveté, mère de tous les vices, mène à la dépravation, surtout lorsqu'on traîne dans les bars ou que l'on se prélasse sur un canapé en lisant des romans d'amour.

Chez la gent féminine, les vêtements sont particulièrement dangereux. Un goût excessif pour la mode condamne les jeunes femmes à sacrifier leur vertu aux hommes qui peuvent leur offrir la possibilité d'acquérir les toilettes dont elles rêvent. Les corsets poussent le sang vers le bas, « vers les organes délicats de la procréation » et excitent l'appareil génital. Les vêtements trop lourds sous la taille produisent une « chaleur locale artificielle ». Pour Kellogg, une femme trop serrée dans son corset et dont la jupe est taillée dans un tissu trop épais est une parfaite candidate à la nymphomanie.

D'autres éléments et activités posent de sérieux problèmes : la valse, qui stimule les passions et fait naître des désirs impurs ; le fait de rester trop longtemps assis ; les pièces surchauffées ; la plupart des divertissements publics ; les pensées sensuelles et les rêveries amoureuses ; les histoires scabreuses que se racontent les garçons. Kellogg stigmatise aussi les remarques voilées des femmes qui cachent, « sous de vagues insinuations, plus d'obscénités que ce que peuvent exprimer de simples paroles[21] ».

Au cours de sa longue existence et de sa longue vie de couple, Kellogg met en pratique ce qu'il prêche. Après avoir été abandonné par une jolie jeune femme, il demande soudainement la main d'Ella Eaton, une intellectuelle. Ella est une aimable personne qui fait son stage de formation d'infirmière au sanatorium de Battle Creek. La lune de miel n'engendre que des versions corrigées des manuscrits de l'époux. Peu après, les chastes Kellogg sans progéniture annoncent qu'ils projettent d'ouvrir leur foyer à de jeunes enfants. Parmi ceux-ci, des Mexicains, des Noirs et des Portoricains. Quarante-deux enfants plus tard, la famille Kellogg constitue une petite société. Mais la compassion de Kellogg et son enseignement moral peuvent-ils sauver des enfants maltraités sortis tout droit des taudis ? La réponse est, hélas ! négative : la plupart des petits protégés qui s'en tirent viennent de bonnes familles ; les autres sont des cas désespérés qui se jettent, une fois adultes, dans une vie dissolue.

Ella et John vivent chastement dans leur manoir. Leur respect mutuel s'exprime en public, leur affection en privé. Plusieurs facteurs s'ajoutent aux quarante-deux petites personnes recueillies pour resserrer leurs liens : un christianisme engagé, une obsession pour le végétarisme et la préparation adéquate des aliments, un profond intérêt pour l'éducation des enfants. Après vingt ans de mariage, Ella tombe malade et se retire dans ses appartements privés. Rien ne laisse croire que sa virginité l'ait tourmentée — et cette supposition est tout aussi valable pour John. Les Kellogg ont bâti une relation conjugale unique basée sur un respect mutuel, un idéal, des objectifs partagés et une volonté inébranlable d'éviter tout commerce charnel. Ils meurent aussi chastes que des nouveau-nés.

Le pouvoir énergisant du sperme dans le sport

Dans une scène de *Raging Bull,* Robert de Niro et sa partenaire se mesurent dans une escarmouche sexuelle où tous les coups sont permis. L'homme et sa séduisante adversaire s'en donnent à cœur joie. (Le boxeur a pourtant prévenu sa douce moitié qu'il s'abstiendrait de toute activité sexuelle plusieurs semaines avant chaque match.) Le couple se tortille sur le lit conjugal, il semble que le boxeur soit sur le point de défaillir... Mais, au moment où il est prêt de succomber, il repousse l'objet de sa passion et se précipite dans la salle de bain. Là, il remplit une cruche d'eau glacée et, le visage légèrement crispé, en verse le contenu sur son pénis tumescent.

Dans la scène suivante, on le voit sur le ring, acclamé par des spectateurs très excités, tandis qu'il bourre sauvagement de coups son adversaire.

Raging Bull raconte très fidèlement la vie du boxeur Jake LaMotta. La scène où le boxeur est aux prises avec son excitation sexuelle se répète depuis l'Antiquité, opposant les athlètes à leurs partenaires féminines. Eubatus de Cyrène — qui devient l'homme le plus rapide du monde lorsqu'il remporte la victoire aux 93es jeux d'Olympie dans une course équivalant à notre cent mètres — aurait certainement sympathisé avec le héros de *Raging Bull.* Sa némésis sexuelle est la superbe hétaïre Laïs, courtisane de haut rang qui s'est mise en tête de séduire le héros olympique. Eubatus est aussi inquiet de déplaire à la belle que de sacrifier sa victoire en couchant avec elle. Il sort de l'impasse en lui promettant de l'accueillir chez lui après la course. Une promesse dont le fourbe s'acquitte en se faisant apporter le portrait de Laïs ! Le chaste coureur (par ailleurs marié) est fermement convaincu que, s'il gaspille son sperme énergisant dans des jeux sexuels, il ne pourra sortir vainqueur de la compétition.

Les athlètes sont et ont toujours été réputés pour les excès auxquels ils sont prêts à se livrer pour renforcer leur vigueur. Un entraînement rigoureux, une diète particulière, des heures de sommeil régulières et parfois l'absorption de substances stimulantes — comme les stéroïdes — font partie intégrante de leur programme quotidien. L'abstinence, nécessaire pour éviter les conséquences débilitantes et les débordements d'émotions liés à la sexualité, est un élément crucial de leur discipline sportive. Cette pratique est répandue, entre autres, dans la Grèce ancienne, dans les sociétés victoriennes et chez les Cherokees. Elle reste en vigueur chez les lutteurs indiens, les joueurs de football et les boxeurs.

L'athlète grec : un esprit sain dans un corps chaste

Eubatus est un superbe athlète qui « sait » ce que « savent » tous les athlètes : la semence est un fluide vital et la laisser couler affaiblit l'organisme. Il n'a peut-être pas étudié les grands philosophes ni les médecins qui, dans leurs écrits, dispensent cette sagesse, mais il a assimilé leur enseignement. Il en est de même des entraîneurs, qui apprécient les conseils précis de ces penseurs et élaborent des programmes destinés à maximiser les performances des sportifs qui leur sont confiés. Dans l'univers férocement compétitif de l'athlétisme, où les gagnants deviennent les superstars de la cité et où l'issue de la compétition a des conséquences sur le plan international, la barre est placée très haut.

L'athlète grec est l'exemple vivant de ce que l'on appelle un esprit sain dans un corps sain. Il est adulé (quand il gagne) par ses compatriotes et admiré (même dans la défaite) par les philosophes, qui louent son immense discipline et conseillent aux simples mortels de l'imiter. Sa chasteté, en particulier, jouit d'une grande estime. Platon, par exemple, parle avec enthousiasme du vainqueur olympique Ikkos de Tarente qui, « en raison de son désir de remporter la victoire, avec un cœur courageux et un sang-froid à toute épreuve [...] n'a pas touché une femme, ni un garçon, tout au long de son entraînement ». Il en est de même, ajoute le philosophe, de plusieurs autres athlètes remarquables, en dépit du fait qu'ils viennent de cités moins raffinées qu'Athènes et «ont des pulsions sexuelles plus fortes[22]».

Les athlètes des jeux Olympiques sont si désireux de préserver leur chasteté que certains d'entre eux pratiquent la *ligatura praeputii* («ligature du prépuce sous le gland»). Le membre viril de ces hommes a sans doute triste apparence. Dionysos le leur fait remarquer dans le *Theori Isthmiastae* d'Eschyle: «*Cum decurtatas, tanquam murium caudas, mentulas vobis video*» («Je vois vos bites rapetissées comme des queues de souris»). «Vous avez durement travaillé [...] vous ne vous êtes pas relâchés, vous vous êtes magnifiquement entraînés[23].» Dionysos parle en connaissance de cause, car, mis à part les premiers temps, où ils portaient un pantalon court, les athlètes grecs sont fiers de courir nus.

Cette chasteté tant vantée n'est pas la seule stratégie utilisée par les Grecs pour exceller dans les sports. Pendant des siècles, durant tout le mois qui précède une compétition, ils observent le même régime végétarien austère composé de figues et de fromage. Ils font de l'exercice, se reposent, suivent un horaire comparable à celui de tout athlète déterminé à remporter la victoire. Mais leur abstinence est particulièrement importante. À mesure qu'ils s'entraînent et concourent, leur conviction se renforce: le sperme retenu accroît leur puissance musculaire. Selon un expert du Ier siècle, cette puissance les rend «intrépides, audacieux et forts comme des fauves[24]». Ils savent aussi qu'un athlète sexuellement actif, même s'il est particulièrement bien bâti et possède des capacités supérieures, est si affaibli par la perte de sperme qu'il devient «inférieur aux inférieurs». Car c'est la semence, source de l'énergie vitale, qui fait l'homme viril, «acharné, les membres solides, poilu, doué d'une voix sonore, fougueux, prompt à penser et à agir[25]».

Le pouvoir du sperme dans l'athlétisme, comme dans la vie, a plusieurs sources théoriques. Du VIe siècle av. J.-C. aux premiers siècles de notre ère, les philosophes grecs et les chercheurs en médecine élaborent des théories sur le sperme et sur l'affaiblissement dû à la perte du précieux liquide. Les pythagoriciens et les penseurs de l'école médicale Kroton localisent le sperme dans le cerveau et dans la colonne vertébrale, ce qui veut dire que son émission mine précisément ces deux régions vitales. La théorie de la pangenèse de Démocrite opte pour une hypothèse qui veut que la semence soit présente dans toutes les parties du corps, ce qui explique que son excrétion dilue la force générale de l'homme. La troisième grande théorie, avancée par plusieurs auteurs, d'Aristote à Galien, est hématologique : la semence est composée des meilleurs éléments du sang, qui est peut-être la substance qui contient et convoie l'esprit humain. L'effet évident de la perte d'un fluide aussi indispensable est d'affaiblir sévèrement l'organisme. Quelle que soit la thèse adoptée par le sportif et par son entraîneur, la conclusion est la même : la chasteté est essentielle aux performances sportives.

Ces théories présupposent toutes qu'il est débilitant et dégradant de faire l'amour avec une femme. C'est là une raison suffisante pour qu'un jeune Grec ambitieux opte pour l'abstinence. L'amour avec un jeune garçon ne présente pas le même inconvénient, mais il est également dangereux puisqu'il entraîne lui aussi une perte séminale. Quant aux pollutions nocturnes, elles drainent l'énergie de l'homme qui en est victime. Dans *Sur l'athlétisme,* le philosophe Philostratos conseille à ceux qui ont ce problème de s'entraîner avec modération et de reconstruire leurs forces en se montrant conscients du « déficit de leur système[26] ».

Certains grands athlètes grecs sont réputés tant pour leur triomphe sur la sexualité que pour leurs victoires aux jeux Olympiques. Ikkos de Tarente, vainqueur du pentathlon en 472 av. J.-C., devenu ensuite entraîneur, est cité en exemple par Platon. Cleitomachus de Thèbes, qui remporte trois couronnes olympiques dans des compétitions de lutte et de *pankration* — sport ancien qui combine lutte et boxe — et bat, en 216 av. J.-C., ses propres records en gagnant trois compétitions le même jour, est renommé pour sa chasteté. On dit que le jeune athlète refuse d'écouter des propos obscènes et fuit l'endroit où l'on se prépare à raconter une histoire grivoise. Il est même dégoûté par le spectacle de chiens s'accouplant dans la rue.

Le grand interprète des rêves, Artémidore de Daldis, conclut un ouvrage sur les songes par un récit édifiant ayant pour sujet un jeune athlète qui rêve qu'il s'émascule et remporte ensuite une éclatante victoire. Pour ce jeune homme, le rêve signifie qu'il doit observer une stricte abstinence. Par la suite, il gagne beaucoup d'autres prix, jusqu'au jour où, trop sûr de lui, il ne craint plus de succomber à la tentation. Résultat : sa veine gagnante se tarit et il se « retire sans gloire » de l'univers de la compétition.

L'athlète grec triomphant, superbe dans sa chaste nudité, est donc à l'origine d'une croyance encore vivace aujourd'hui : la certitude qu'en retenant son sperme on augmente sa force physique et améliore ses performances sportives. L'athlète n'est toutefois tenu de réfréner ses ardeurs que jusqu'à l'issue de la course. Il est alors autorisé à donner libre cours à ses pulsions. Le citoyen grec ordinaire n'aspire pas à la chasteté, pas plus qu'il ne l'admire, mais il la considère comme un atout majeur dans la vie des meilleurs athlètes de la cité. Les champions qui, comme Cleitomachus, abhorrent la sexualité sont l'exception, tout comme les philosophes et leurs disciples qui idéalisent l'abstinence. Quant aux femmes, exclues de toute cette affaire ou réduites au rôle de séductrices à éconduire, elles peuvent tout juste se rincer l'œil, comme la jolie Laïs.

Plus de deux mille ans plus tard, chaque fois que le flambeau olympique donne le signal de l'ouverture de nouveaux jeux, de jeunes compétiteurs, brûlants de désir mais abstinents, se conforment sans le savoir aux doctrines des Grecs de l'Antiquité.

La société victorienne pratique un christianisme « musclé »

Le jeune Davy rencontré plus tôt connaît — ou du moins devrait connaître — les grands dangers de la sensualité, les pires étant la masturbation et les relations extraconjugales. Le jeune homme prend aussi grand soin — ou du moins devrait le faire — de son sperme, cette précieuse réserve de fluide vital qu'il se doit de répandre avec modération afin qu'il dure toute sa vie d'homme.

Cette idéologie de l'« économie séminale » — économisez votre sperme et dépensez-le judicieusement — va durer un demi-siècle. C'est l'un des credos de la Muscular Christianity (le christianisme musclé).

De 1850 à 1890, les collèges nord-américains et anglais réservent aux matchs sportifs une part importante dans leur programme. La place prépondérante du sport dans ces cultures remonte à cette époque. Les activités sportives développent les liens de camaraderie entre jeunes gens tout en leur apprenant à « devenir des hommes ». Elles leur inculquent aussi l'idée qu'ils sont, sur le plan biologique, supérieurs aux femmes et à leurs congénères moins virils.

Le sport, activité où la rétention du sperme donne des résultats extraordinaires, est également associé à l'ascétisme moral, une tempérance qui, dans la conception propre au XIXe siècle, consiste à éviter tous les démons, en particulier l'alcool et les femmes. « Qu'est-ce que vous dirigez au juste : un cours de catéchisme ou une équipe de base-ball ? »

demande King Kelly, joueur étoile des Cubs de Chicago, à son directeur A. G. Spalding[27], un puritain bon teint. Peut-être ce dernier a-t-il répondu que l'un et l'autre sont inséparables, que la pureté morale et l'esprit sportif sont les deux côtés de la même médaille. Spalding loue les services de détectives de Pinkerton qui surveillent les activités des joueurs hors du terrain. Dans les cours de recréation et sur les terrains de sports professionnels, le code de conduite du sportif est le même : pas de tabac, pas d'alcool, pas de jeu, pas de femmes, pas de comportements discourtois. Et, pour couronner le tout, pas de masturbation. Le péché le plus implacablement proscrit est l'onanisme, qui répand en pure perte l'irremplaçable semence.

En 1889, l'équipe de base-ball de Brooklyn, les Bridegrooms (Jeunes Mariés), fait la une des journaux. Dans l'espoir de remporter le championnat, les joueurs ont fait de l'abstinence collective leur talisman. Il s'agit là, il faut bien le dire, d'une mesure désespérée pour une équipe désespérée. Mais en dépit du grand nombre de joueurs tout juste mariés, d'où le nom de l'équipe, tous les membres se sont soumis de bonne grâce. Ils évitent leurs épouses jusqu'à la fin des éliminatoires. Le lanceur Bob Carruthers pousse si loin la tempérance qu'il ne va pas voir son bébé nouveau-né — une conséquence, bien tangible, de son incontinence d'avant la saison. L'équipe remporte le championnat.

Petit à petit, l'idéologie du christianisme musclé décline. Aujourd'hui, elle imprègne encore quelques sports, en particulier la boxe et le football (soccer). On la retrouve dans quelques équipes de football américain, dont les joueurs veulent exploiter toutes leurs possibilités physiques et psychiques. Partout et de tout temps, des hommes ont spéculé sur leur virilité, et leur conclusion a souvent été unanime : le sperme est une substance infiniment précieuse qui joue un rôle de premier plan dans les activités masculines, intellectuelles aussi bien que corporelles — le sport étant sans doute la plus répandue et la plus appréciée de celles-ci.

Les Cherokees jouent à la balle

Chez les Cherokees, le jeu de balle — *anetsâ* dans leur langue — est si populaire que, dans l'État de la Géorgie, on raconte que ces Indiens ont gagné de vastes étendues de terres appartenant aux Creeks à la suite d'un pari fait à l'occasion d'un match. Un grand nombre de lieux témoignent, par leur nom même, de l'importance du jeu dans les États du Sud : Ball Flat, Ball Ground, Ball Play etc.

L'*anetsâ* est un jeu très brutal ressemblant à la crosse*. Il se joue avec une balle en peau de daim que les participants, qui jouent nus, doivent attraper et lancer avec deux bâtons. Ces derniers ont près d'un mètre de long et se terminent par une crosse en bois à laquelle est fixée un filet de corde ou de lanières formant réceptacle. L'objectif des joueurs d'*anetsâ* est de marquer des buts. Un anthropologue américain décrit le jeu comme un mélange de base-ball, de football et d'un jeu historique connu sous le nom de *shinny***. Les règles de l'*anetsâ* permettent à peu près tous les coups, sauf tuer. Blesser les meilleurs joueurs de l'équipe rivale fait partie de la stratégie — ce qui veut dire, par exemple, plaquer un adversaire au sol afin de lui briser quelques os. Si cela arrive, le jeu ne s'arrête pas pour autant. La fin du match n'a lieu que lorsque douze buts ont été marqués. Du lever au coucher du soleil — le jeu peut durer toute une journée —, les athlètes ne mangent strictement rien et boivent une aigre concoction faite de raisins verts et de pommes sauvages. Les perdants abandonnent aux vainqueurs leurs biens les plus précieux, dont la liste a été dressée avant la compétition. Ensuite, les gagnants se livrent à des rituels afin d'apaiser le désir de vengeance de leurs adversaires.

Les participants misent énormément sur l'issue du match. Les deux équipes font souvent partie de bandes ou de tribus rivales. Tout ce qui a de la valeur aux yeux des membres d'une équipe est misé — fusils, couvertures, chevaux et même parcelles de territoire. Ces préparatifs s'étalent sur plusieurs semaines ; les chamans, les anciens de la tribu et les danseurs rituels y participent. L'entraînement est intense. Les joueurs sont, obligatoirement, les jeunes hommes les plus athlétiques de la tribu, car l'*anetsâ* exige rapidité, agilité et une solide musculature — trois éléments qui, associés, forment une formidable combinaison. La gloire d'un joueur, comme dans la Grèce antique, est presque aussi enviable que celle d'un guerrier.

L'entraînement commence environ quatre semaines avant la saison, qui s'ouvre en septembre après la récolte du maïs. Il consiste en cérémonies secrètes et en incantations rituelles. Les joueurs jeûnent et font des ablutions. Il leur est interdit de manger du lapin, animal timide ; des grenouilles, dont les os sont fragiles ; et toute créature craintive et de nature timorée. Les joueurs doivent renoncer aux aliments salés ou

* Ou «lacrosse». Jeu que pratiquaient les Indiens d'Amérique du Nord à l'époque de l'arrivée de Jacques Cartier.
** Hockey rudimentaire.

épicés. L'*anetsâ* est un sport essentiellement viril. Les Cherokees croient que, si une femme se hasarde à toucher le bâton d'un joueur, elle portera malheur à toute l'équipe. C'est la raison pour laquelle les athlètes sont tenus d'observer une stricte abstinence sexuelle. Avant l'arrivée des Blancs, le châtiment réservé à celui qui violait ce tabou était parfois la mort.

L'aspect résolument misogyne de l'*anetsâ* s'étend jusqu'à la grossesse. L'époux d'une future mère est banni du terrain de sport. Comme sa femme, qui porte l'enfant qu'ils ont conçus, il est trop lourd et trop mou pour lutter dans un jeu aussi dur et épuisant que l'*anetsâ*.

D'autres rituels prennent place avant le jeu. Les membres de l'équipe doivent se soumettre à un supplice atroce au cours duquel l'assistant du chaman les griffe près de trois cents fois avec un peigne à sept dents fabriqué à l'aide d'esquilles d'os de pattes de dinde. Après quoi le sang est rincé. Ce traitement « énergise » le joueur en vue du combat brutal qui l'attend.

Ces descriptions rappellent étrangement les préparatifs des anciens jeux d'Olympie, où le prestige de la nation reposait sur des athlètes rigoureusement entraînés et sur leurs performances sportives. La nudité orgueilleuse, la nature brutale de l'événement, l'importance primordiale du jeu pour le groupe tout entier et l'abstinence sexuelle obligatoire évoquent autant les jeux grecs que ceux des Cherokees.

Les traditions de ces deux peuples sont cependant différentes. L'idéologie des Cherokees n'est pas basée sur la rétention du sperme, même si les Indiens considèrent ce dernier comme un fluide aussi puissant que le sang et les sécrétions féminines. Les Cherokees croient que le liquide séminal peut faire beaucoup de mal à un joueur si ses ennemis l'utilisent dans des maléfices dirigés contre lui. Le pouvoir qu'ils attribuent au sperme est d'un ordre qui n'appartient qu'à eux, mais l'obligation d'abstinence qui en découle justifie que l'on donne à ce peuple la place qui est la sienne dans cette petite histoire de la chasteté dans les sports.

Les chastes athlètes d'aujourd'hui

Pendant les six semaines qui précèdent un combat, Mohammed Ali s'efforce de rester chaste. Pour le boxeur, se priver de rapports sexuels pendant un certain temps est un excellent moyen de se mettre en colère, de devenir agressif et de se comporter comme un véritable guerrier. Le champion n'est pas le seul, parmi les athlètes modernes, à avoir épousé la chasteté pour l'amour du sport, mais ses raisons s'apparentent davantage à celles des Grecs anciens qu'à celles des adeptes du christianisme musclé du mouvement Athletes for Abstinence (Athlètes en faveur de l'abstinence) fondé par A. C. Green[28] ou des Life Athletes (Athlètes pour la vie). Ces deux mouvements comptent un grand nombre de sportifs professionnels et olympiques qui ont fait vœu de virginité prénuptiale et de pureté morale. Des stars comme Andy Pettitte, des Yankees de New York, se sont engagées à respecter la charte des Life Athletes, dont les préceptes sont les suivants :

1. Je me conduirai décemment, même si cela m'est difficile.
2. Je ne me donnerai qu'à la personne à qui je m'unirai pour la vie par les liens du mariage.
3. Je respecterai la vie de mes semblables, en particulier celle des enfants à naître et des personnes âgées.
4. Je ne capitulerai pas devant l'échec, et je ne me trouverai pas d'excuses pour le justifier. Je persévérerai dans mon effort.

« Nous existons, proclament les Life Athletes, pour survivre dans un monde où l'usage abusif de la sexualité a porté atteinte à un grand nombre d'entre nous. Nous ne voulons pas que la maladie, le divorce et la mort nous empêchent d'obtenir ce que nous désirons dans cette vie. » Ce retour à l'abstinence est une position morale propre à l'âge du sida. Il diffère fondamentalement du point de vue traditionnel qui considère l'activité sexuelle comme un obstacle à la performance athlétique. Comme leurs ancêtres du christianisme musclé, les Life Athletes et les Athletes for Abstinence entendent bien rester chastes jusqu'au mariage.

L'idée que l'activité sexuelle compromet la performance sportive est ancrée dans la mentalité des athlètes et des entraîneurs. « Il est notoire, écrivent deux experts (en 1995), que l'on conseille aux athlètes américains de s'abstenir de relations sexuelles avant une compétition sportive[29]. » De nombreuses recherches, dont celle menée en 1968 par William Masters et Virginia Johnson, ont révélé qu'il n'y avait probablement pas de lien entre la sexualité et la performance. Toutefois, la notion de pureté morale — ou de supériorité morale — accroît l'estime de soi de l'athlète et le pousse à exceller. D'autre part, le fait de savoir qu'un concurrent se plie à un régime ascétique peut effrayer un sportif moins discipliné au point de lui faire perdre ses moyens, comme s'il concédait d'avance la victoire à son rival.

La théorie de l'abstinence comme panacée a la vie dure, elle résiste au temps et aux démentis. Les entraîneurs continuent à la défendre parce qu'ils sont convaincus que la sexualité dévore l'énergie et a un effet débilitant sur l'organisme. Selon eux, elle réduit la concentration, la force musculaire, la combativité et la volonté de gagner. Ils considèrent l'activité sexuelle prénuptiale et la masturbation comme plus amollissantes que les rapports sexuels conjugaux. Plus la discipline sportive est exigeante et compétitive, plus ils ont tendance à imposer une stricte ligne de conduite. Les entraîneurs des boxeurs, des haltérophiles et des footballeurs sont plus susceptibles d'exiger la chasteté de leurs poulains que ceux qui s'occupent des navigateurs et des golfeurs. Cette attitude se prolonge sur le terrain. À l'université, les footballeurs sont plus enclins à croire que la chasteté leur garantira une meilleure performance que les joueurs de base-ball. Ils sont convaincus qu'elle augmente leur force physique parce qu'elle leur permet de garder intacte leur énergie.

Au football (soccer), le sport le plus populaire du monde, l'abstinence fait partie de l'entraînement. Les supporters péruviens sont convaincus que la défaite de leur équipe lors de la coupe du monde de 1982 est attribuable au fait que les joueurs ont brisé l'interdit sur les rapports sexuels la veille du match. Des entraîneurs du monde entier ont admis avoir imposé l'abstinence à leurs joueurs avant les matchs de la coupe du monde de 1998. Épouses et petites amies brésiliennes ont reçu l'ordre de se tenir loin de leur homme pour ne pas le distraire. Les joueurs chiliens et écossais se sont pliés à une période « sans sexe ». Seul l'entraîneur anglais, Glenn Hoddle, désireux de créer une atmosphère joyeuse dans son équipe, a refusé d'adhérer à l'interdit. Il a même encouragé les rapports sexuels en payant le billet d'avion aux épouses et aux petites amies des athlètes. Contraste frappant avec l'année 1966, où l'Angleterre a observé la consigne de l'abstinence et gagné sa première et unique coupe du monde !

Au football, ce parti pris en faveur de la continence, qui se base sur une croyance — de plus en plus discréditée — dans le pouvoir énergisant du sperme, est beaucoup plus qu'une curiosité anachronique. Le football est l'un des sports les plus populaires au monde ; il ne cesse de faire de nouveaux adeptes. En Europe et en Amérique du Sud, les footballeurs sont des dieux dont la renommée surpasse souvent celle des vedettes de cinéma et autres célébrités. Leur carrière professionnelle est

scrutée à la loupe et leur vie personnelle passée au crible pour l'édifica-
tion de leurs adorateurs. Considérés comme des représentants de la
nation, ces demi-dieux portent une énorme responsabilité sur les épaules. Lorsqu'ils remportent la coupe du monde, leur gloire rejaillit sur
leurs compatriotes ; inversement, lorsqu'ils perdent, surtout lorsque la
catastrophe a lieu au début de la série, ils couvrent leurs concitoyens
de honte. Quand ils rentrent au pays, les perdants sont hués ; on va
même jusqu'à les bombarder de détritus. Étant donné l'importance et
le prestige qui entourent le football, comment s'étonner que joueurs et
entraîneurs s'emparent de tous les moyens susceptibles de les mener à
la victoire ?

Les entraîneurs voient également dans l'abstinence une solution aux
problèmes qui guettent les joueurs. Faire l'amour, expliquent-ils, implique une relation affective, un engagement et les complications qui en
découlent. La sexualité exige du temps et de l'énergie ; elle est souvent
associée à l'alcool et à la vie nocturne. « Ce n'est pas le sexe qui ruine la
santé des gars, dit Casey Stengel, ce sont les nuits qu'ils passent à courir
après[30]. » Ces aspects de la sexualité constituent en eux-mêmes des obstacles au conditionnement physique et à l'entraînement des athlètes et,
en fin de compte, à leurs performances.

Au cœur de tous ces débats (la chasteté ne fait pas l'unanimité), une
certitude demeure partagée par tous : la conviction qu'en raison de la
perte de sperme les rapports sexuels sont particulièrement débilitants
sur le plan physiologique. Il faut pourtant noter que les femmes athlètes, qui n'ont pas ce type de problème, sont soumises à la même ligne
de conduite. Une étude sur le sujet démontre que les entraîneurs considèrent que les femmes sont aussi vulnérables que les hommes, car
elles vivent les relations sexuelles sur un plan émotionnel, ce qui draine
tout autant leur énergie.

C'est la fascination de plus en plus grande pour le football qui garde
la chasteté sous les feux de la rampe. Des sportifs d'autres disciplines y
ont aussi recours, en général quelques semaines avant une compétition.
Les boxeurs l'observent par tradition. Quelques joueurs de football
américain s'abstiennent au moins la nuit précédant un match. La continence, disent-ils, leur permet de rassembler leurs forces et leurs énergies.
Pour ces sportifs, la chasteté est à la fois une discipline et un rituel. Sur
le plan psychologique, elle les rend plus forts et ils bénéficient de cette
force au niveau physique. Elle donne aussi à leur vie l'élan, l'idéalisme

et la supériorité morale qui siéent aux héros populaires. Même si les théories sur le pouvoir du sperme ne sont plus que des échos du passé, il n'en reste pas moins que, dans leur abstinence temporaire, les sportifs respectent l'héritage des athlètes légendaires de jadis.

C'est ce que font aussi, à leur manière, les hommes et les femmes d'une nouvelle école purement moraliste, les Life Athletes and Athletes for Abstinence. Eux aussi voient dans le sport une vocation empreinte de noblesse et parlent avec le plus profond respect du « cœur de l'athlète », entité qui évoque le sacrifice individuel consenti dans le but d'atteindre des objectifs plus élevés dans tous les sens du terme. Le fait que les femmes font partie de ce mouvement élimine d'office la croyance en la magie du sperme ainsi que la misogynie qui sous-tend historiquement la chasteté sportive. Les héritiers du christianisme musclé se tiennent fraternellement et chastement la main et s'engagent à vivre dans la vertu et la pureté sexuelle.

Les lutteurs indiens

Sur un autre continent, le pouvoir du sperme maintient son emprise. Dans l'Inde d'aujourd'hui, les lutteurs sont particulièrement attentifs à préserver et à enrichir leur sperme, et ils observent une fervente abstinence. « La chasteté est, pour le lutteur, le moyen suprême de tremper son caractère », écrit un champion moderne du *brahmacharya*, cet élément clé de la pensée religieuse hindoue[31].

La lutte indienne — *bharatiya kushti* — est extrêmement populaire et très différente de son équivalent américain, un spectacle conçu pour en mettre plein la vue. Le *bharatiya kushti* est à la fois un sport et un mode de vie, dans lequel la chasteté et la maîtrise de soi doivent être absolues. Les lutteurs — *pahalwans* — sont en quelque sorte des *brahmacharin*[32] ascétiques et vertueux, des hommes extraordinairement robustes en quête du détachement qui les mènera à la connaissance de la vérité pure. Avec encore plus de conviction que les autres *brahmacharin*, les *pahalwans* accordent une extrême importance à la rétention du sperme, qui, selon les Hindous, est l'essence même de la vie. La perte d'une petite goutte de cette substance lors d'une pollution nocturne alarme le *pahalwan*, pour qui la semence est un élément fondamental de la vocation athlétique. Il frémit car cette simple goutte équivaut à soixante gouttes de sang. Le sperme n'est pas un simple fluide, c'est un distillat de sang, de moelle, d'os et d'autres substances organiques, dont le composé constitue l'essence même de l'existence humaine.

« Un homme doit conserver son sperme comme un joaillier conserve ses diamants les plus précieux », explique un expert indien. Un autre poursuit sur le même thème, dans un style tout aussi imagé : « Nous accordons un grande importance au *brahmacharya*. C'est l'essence même du pouvoir, de la force, de l'endurance, de la beauté […] Le *brahmacharya* donne un velouté particulier aux lèvres, aux joues, un éclat particulier au corps et une brillance unique au regard[33]. »

Les *pahalwans* ont élaboré une méthode minutieuse pour procéder à la rétention du sperme, dont ils possèdent, dit-on, une bonne provision. Ils sont grands et robustes, et leur réserve séminale est à la mesure de leur taille et de leur force. Lorsqu'ils luttent, ils portent un *langot*, string qui maintient leurs organes génitaux serrés entre leurs jambes. Les lutteurs ne prononcent pas de paroles impures, n'ont pas de fréquentations avilissantes, et ils se tiennent loin des femmes. Ils repoussent les pensées érotiques et ne donnent leur amitié qu'à des hommes ayant les mêmes aspirations qu'eux. L'austérité est leur lot, la chasteté leur règle. Ils psalmodient, méditent et prient. Ils sont convaincus que la foi dans la divinité suprême est à la base de toute réussite spirituelle.

L'existence des *pahalwans* est sévèrement réglée. Flâner ou rêvasser leur est interdit. La masturbation, qui entraîne une perte massive de fluide séminal, est strictement défendue. Il en est de même des pollutions nocturnes, contre lesquelles on peut prendre une série de mesures : uriner aussitôt que le besoin s'en fait sentir, se laver les pieds dans l'eau chaude avant le coucher et surtout pratiquer la méditation.

Le régime alimentaire est d'une importance capitale. Le *pahalwan* doit faire beaucoup plus que conserver sa semence : il doit l'augmenter et l'enrichir. Le lutteur type est un costaud qui peut boire des seaux de lait. Il intensifie ainsi sa virilité. Des mythes hindous décrivent du reste ce précieux liquide, en particulier le lait de vache, comme la boisson idéale.

Le *ghi*, ou beurre clarifié, produit aussi du sperme, un sperme particulièrement puissant qui procure la force physique, morale et spirituelle. Cet aliment est une source encore plus importante de sperme que le lait. « Tout comme le *ghi* alimente en combustible les *dias* (« lampes ») de l'adoration religieuse, la semence alimente le feu qui est en chacun de nous », explique un gourou[34].

Les *pahalwans* dévorent une grande quantité d'amandes concassées et réduites pour former une pâte épaisse à laquelle ils ajoutent lait et miel. Après leurs exercices, ce mélange est un remontant parfait. Certains broient et absorbent du haschisch, qui calme et atténue les passions. Ils ne mangent que des aliments légèrement assaisonnés, évitent les légumes marinés, le tabac et les condiments qui stimulent la sensualité.

Les lutteurs ne boivent jamais d'alcool — particulièrement dommageable. « Les hommes se montrent unanimement affirmatifs dans leur plaidoyer pour la tempérance », écrit Joseph S. Alter, spécialiste du sujet. « Ils frémissent littéralement à la pensée que leur sperme, porteur d'un tel potentiel énergétique pour la croissance et le développement de la nation, pourrait être ainsi gaspillé[35]. »

La chasteté du *pahalwan* découle de l'importance qu'il accorde à la rétention du sperme. La lutte étant un des meilleurs moyens de rester chaste, elle est hautement recommandée. Des adolescents et des jeunes hommes au début de la vingtaine désireux de repousser leurs pensées érotiques sont tout naturellement amenés à opter pour ce sport. Selon la croyance populaire, le *brahmacharya* est si puissant que même un garçon frêle ou malade peut, grâce à lui, se métamorphoser en champion[36].

La lutte proprement dite se déroule dans un *akhara*, simple gymnase dont le sol a été creusé en son milieu. C'est là que les hommes se mesurent. On y trouve également une salle pour l'entraînement, un puits et un temple au seigneur Hanuman, dieu chaste. L'entrée de l'*akhara* est permise à tous sauf aux parias, aux musulmans et, bien sûr, aux femmes, à qui tous les locaux sont interdits. Le directeur et propriétaire de l'établissement est un gourou qui enseigne la lutte à ses disciples et conçoit un mode de vie particulier pour chacun d'eux, dans lequel il dose conditionnement physique, régime alimentaire et repos. Il est également leur conseiller spirituel.

Les *pahalwans* se considèrent comme des « hommes extraordinaires qui font des choses extraordinaires à leur corps et avec leur corps[37] ». Avant l'indépendance de l'Inde, la lutte a été un véhicule important pour l'idéologie nationaliste. Aujourd'hui, elle est devenue une activité physique dont les règles sont semblables à celles de la lutte olympique. C'est aussi une quête spirituelle : celle d'hommes voués à l'intégrité physique, à la chasteté, au devoir, à l'obéissance, à l'honnêteté et à l'humilité. Le rôle de la religion est si prépondérant dans ce sport que les *akharas* sont pourvus de temples ou d'autels et que l'on compare les *pahalwans* au dieu hindou Hanuman, qui lutte lui aussi contre des ennemis démoniaques.

Le *pahalwan* ne vit pas dans l'*akhara*. Il habite sa propre maison, travaille ou va à l'école. Idéalement, il se lève à trois heures du matin — la plupart des lutteurs sont debout entre quatre heures trente et cinq heures. Après avoir pris un verre d'eau ou de jus de citron vert, il fait ses ablutions dans la forêt ou dans la jungle. Il veille soigneusement à avoir une bonne défécation quotidienne, qui lui permet d'avoir un contrôle absolu sur sa réserve de sperme. À neuf heures, le *pahalwan* entre dans l'*akhara* spacieuse et bien aérée, s'entraîne, lutte et accomplit une série d'exercices. Après quoi, il quitte ce lieu pour se mêler à la vie du dehors. Les lutteurs devraient se reposer, manger et dormir pendant le reste de la journée, mais en pratique cela leur est impossible.

Le mode de vie du *pahalwan* est austère, mais il est aussi complexe, car le lutteur doit s'accommoder des obligations de la vie quotidienne. Au cœur de son existence règnent la puissante chasteté et la rétention du sperme, que l'homme ne se contente pas de préserver, mais qu'il régénère grâce à un régime soigneusement élaboré. La discipline personnelle, associée aux conseils du gourou et à la camaraderie des autres lutteurs, les exercices quotidiens, l'observance des règles prohibant les pensées sensuelles, l'autoérotisme et les pollutions nocturnes permettent au *pahalwan* d'observer cette chasteté stricte qui augmente et enrichit le fluide séminal — force vive de l'existence humaine.

Le *brahmacharya*

Le chaste détachement

En lui-même, le mot hindi *brahmacharin* évoque surtout ces ascètes hindous en *dhoti* qui évitent le regard des femmes et s'abstiennent de toute activité sexuelle. Mais il suffit d'associer la pratique au Mahatma Gandhi pour que surgissent un kaléidoscope d'images. La plus étonnante est celle de ce petit vieillard noueux, aux oreilles en feuilles de chou, étendu nu près d'un groupe de très belles jeunes femmes en costume d'Ève, tendres et confiantes. C'est en leur compagnie que le grand sage et le grand homme d'État vérifie la solidité de son vœu de *brahmacharya*.

Que l'on voie dans cette attitude un penchant pour la lubricité ou au contraire une merveilleuse innocence, elle est d'abord et avant tout une représentation parfaite de l'idéal plutôt complexe du *brahmacharya*, qui, bien au-delà de la simple abstinence, vise la maîtrise parfaite des sens. Recommandé avec insistance aux couples mariés — Gandhi y voyait « la seule méthode noble et honnête de contrôle des naissances[38] » —, il incarne un mode de vie où une profonde maîtrise de soi permet à la raison de réprimer les appétits charnels. Ainsi purifié, l'homme — car les *brahmacharin* sont par définition des hommes — peut atteindre au détachement qui conduit à la connaissance parfaite et à la félicité.

Le *brahmacharya* est basé sur la pensée traditionnelle et sur des textes médicaux, dans lesquels le *brahmacharin* est décrit comme un homme vertueux dont le corps suprêmement sain doit, paradoxalement, être purifié. Cette purification peut s'accomplir grâce à la maîtrise des désirs charnels au moyen de l'ascèse, de l'exercice physique et de la continence. Dans ce mode de vie, la forme physique du *brahmacharin* doit beaucoup à la rétention du sperme, principe essentiel de vie. Mari sexuellement actif et *brahmacharin* troublé par ses pollutions nocturnes, Gandhi estime — et déplore — avoir gaspillé une énorme quantité de sperme. Il se considère du reste comme « un *brahmacharin* imparfait [...]. Cette insuffisance qui est mienne est de notoriété publique[39]. »

« Le but global du *brahmacharya*, explique l'anthropologue américain Joseph S. Alter, est d'accumuler une réserve suffisante de sperme afin que le corps — dans un sens holistique, psychosomatique — irradie la vitalité et la force[40]. » Les hommes sensuels sont faibles et incapables de diriger. Selon Gandhi, « la chasteté est l'une des plus grandes disciplines, sans laquelle l'esprit ne peut acquérir la fermeté qui lui est nécessaire. Un homme luxurieux perd sa résistance, devient efféminé et poltron. Son esprit étant livré aux passions animales, il est incapable d'un véritable effort[41]. »

Mais une telle vigilance ne représente qu'un progrès de quelques pas sur le chemin de l'illumination. Les étapes sont faciles à énoncer, affreusement difficiles à franchir. Gandhi a donné quatre instructions quant à la marche à suivre. Tout d'abord, l'homme doit comprendre le caractère essentiel du *brahmacharya* ; puis il doit prendre graduellement le contrôle de ses sens — en particulier par le jeûne et un régime excluant toute chair animale ; ensuite, il ne doit fréquenter que des hommes et des femmes propres, que ce soit dans ses contacts ou dans ses lectures ; et enfin, il doit prier.

Le but du *brahmacharya* est l'illumination, mais l'abstinence sexuelle seule ne suffit pas pour y parvenir. Un vrai *brahmacharin* ne s'autorise aucune rêverie érotique. Ce qui ne veut pas dire qu'elles ne s'insinuent pas dans sa pensée. La solution est alors de les repousser. « On finit par vaincre, écrit Gandhi, quand on refuse de coopérer avec l'esprit dans ses vagabondages pervers. » C'est ce qui explique et éclaire ses expérimentations controversées de *brahmacharya*.

Les femmes de Gandhi

« La chasteté […] c'est comme marcher sur le fil du rasoir », explique Gandhi ; car elle exige une « vigilance de tous les instants[42] ». Le partisan le plus célèbre et le plus flamboyant de l'abstinence n'a pas eu le bonheur de naître avec une propension à la vertu. Que ce soit dans son jeune âge ou dans sa vieillesse, Gandhi est tourmenté par un appétit sexuel débridé.

Mohandas Karamchand Gandhi est le plus jeune fils d'un premier ministre provincial. C'est un enfant comblé, le préféré de son père. À treize ans, on le marie à Kasturbaï Makanji, une gamine du même âge, qu'il considère au premier abord comme « une drôle de petite fille avec qui jouer[43] ». Deux ans plus tard, sous la houlette de sa belle-sœur et en dépit du manque d'enthousiasme manifeste de Kasturbaï, il se jette dans la vie sexuelle, laissant libre cours à sa lubricité d'adolescent. Plus tard, dans un repentir rétrospectif, il avouera que l'urgence de ses désirs sexuels l'a souvent aveuglé.

Trois ans après les noces, le père de Gandhi tombe gravement malade. Un jour où l'adolescent masse les jambes du vieil homme, son oncle entre dans la chambre et lui propose de prendre un peu de repos. Gandhi ne se le fait pas dire deux fois. Il se précipite en toute hâte vers sa femme enceinte et s'impose à elle. Au beau milieu de cet épisode, une servante frappe à la porte. Le mourant vient de rendre l'âme.

L'événement va marquer Gandhi pour la vie. Il ne cessera jamais de se reprocher cet appétit charnel qui l'a empêché d'être près de son père au moment ultime. Sa culpabilité ne fait que croître lorsque, quelques mois plus tard, Kasturbaï accouche d'un enfant mort-né. Gandhi est dévasté. « Quelle autre issue pouvions-nous espérer ? » dit-il. Il est convaincu que la mort de l'enfant est une conséquence de sa sensualité coupable[44].

Deux ans après, Gandhi part seul pour un séjour de trois ans en Angleterre, armé de la promesse qu'il a faite à sa mère : il fuira le vin et les femmes et ne consommera pas de viande. Il obéit. Un jour, tenté par sa logeuse, une femme qui aime s'amuser, il trouve la force de s'en éloigner. Au lieu de succomber à ses désirs charnels, il recherche la sagesse spirituelle chez différentes personnes, dont quelques prêtres chrétiens. Il se penche longuement sur ces vers de la *Bhagavad-Gita* :

L'homme accorde continûment sa pensée
aux objets des sens ;
il s'ensuit qu'il s'attache à eux.
De l'attachement naît en même temps le désir ;
au désir s'ajoute la colère.

De la colère vient l'égarement complet.
De l'égarement, le bouleversement de la mémoire ;
du désordre de la mémoire, la ruine du jugement et de la décision.
De la ruine du jugement, la perte de l'homme[45].

Revenu en Inde, Gandhi persévère dans sa chasteté. La jalousie le tourmentant sans relâche, il renvoie sa femme chez ses parents pour une période d'un an. Il passe beaucoup de temps avec un gourou. Les vues de ce dernier sur la chasteté influencent l'impressionnable disciple. Puis Gandhi reprend la vie conjugale jusqu'à ce qu'il reparte, en Afrique du Sud cette fois. Il supplie Kasturbaï de ne pas l'accompagner, du moins pas tout de suite. Il convainc sa jeune épouse que l'argent qu'il lui enverra lui permettra de vivre, en Inde, sur un grand pied. Mais la vraie raison est qu'il aspire à mener une vie chaste, sans la femme qui, sans le vouloir, enflamme ses désirs.

Kasturbaï n'apprécie pas la séparation et rejoint son époux en Afrique du Sud, où il a fondé un ashram basé sur le *brahmacharya*, l'*ahimsa* (« non-violence ») et la *satya* (« vérité »). Son premier vœu chancelant de chasteté, qui remonte à 1901, est suivi en 1906 d'un vœu de chasteté définitive. Tout concourt à cette décision : une vie de réflexion imprégnée de la culpabilité ressentie devant les résultats de sa lubricité (la mort de son père et celle de son enfant), des traditions culturelles puissantes prônant la continence, une connaissance de l'ascétisme chrétien et diverses influences, dont la conversion de Léon Tolstoï.

Gandhi connaissait les tendances hédonistes de Tolstoï, ses fêtes, ses maîtresses, sa dépendance vis-à-vis de l'alcool et du tabac. Lorsque l'écrivain russe renonce aux plaisirs terrestres pour mener une vie consacrée à l'ascèse et à la prière, le jeune Indien devient l'un de ses plus fervents admirateurs. Mais quand le grand écrivain russe se montre incapable de soutenir ce mode de vie vertueux, Gandhi se garde bien de le condamner. Il explique aux critiques que Tolstoï est le seul à savoir avec quel acharnement il s'est battu pour parvenir à la pureté spirituelle, le seul à savoir combien de fois il a triomphé de la tentation.

(Tolstoï n'a pas réussi à mettre en pratique l'admirable plaidoyer contre le mariage que constitue *La sonate à Kreutzer*. Enceinte pour la sixième fois, sa femme écrit d'un ton amer et sarcastique que cette nouvelle grossesse est « le véritable épilogue de *La sonate à Kreutzer*[46] ». Mais Gandhi comprend le grand maître russe, qui ne sera libéré de ses pulsions charnelles qu'à l'âge de quatre-vingt-deux ans.)

Le *brahmacharya*, dont n'a pas bénéficié le couple Tolstoï, préserve les relations harmonieuses de Gandhi et de sa femme. Kasturbaï se montre compréhensive et le Mahatma cesse de lui reprocher ses chastes refus. « Je n'ai pu m'introduire dans le cœur de ma femme, écrit le mari autrefois despote, que lorsque j'ai décidé de la traiter différemment. Je lui ai restitué tous ses privilèges en me dépossédant moi-même de mes supposés droits d'époux[47]. »

Le *brahmacharya* de Gandhi, qui dérive de la culture hindoue, est modifié par ses préceptes personnels et par le christianisme. Gandhi aspire à devenir un « eunuque pour le Royaume des Cieux », selon la métaphore chrétienne. Il associe aussi la chasteté au jeûne et à un régime alimentaire particulier, obsession qui le poursuivra toute sa vie. « L'expérience m'a permis de découvrir que la chasteté devient relativement facile lorsqu'on acquiert la maîtrise de son palais[48]. »

De temps à autre, les oignons, le sel, le sucre, les dates, les raisins secs, le lait et certains condiments sont bannis de la cuisine de l'ashram. Les disciples — plusieurs d'entre eux en tout cas — passent un peu trop de temps à discuter de nourriture et des heures adéquates pour les repas. « Parfois, je pense qu'il serait préférable que nous mangions n'importe quoi sans même y penser », fait remarquer l'un d'eux[49]. Le jeûne est fréquent. C'est un élément important dans la répression de l'appétit sexuel.

Gandhi trouve son combat pour la chasteté plus ardu et décourageant que la bataille pour l'indépendance de son pays — la mission qu'il s'est fixée en rentrant en Inde. Il faut dire qu'il viole couramment la précaution d'usage : éviter la tentation en évitant le sexe opposé. Il suscite au contraire cette tentation par son intimité constante avec les femmes qu'il accueille à l'ashram, n'hésitant pas à attiser les émotions qui se bousculent dans leur cœur.

Il aime se promener avec ses jeunes favorites, un bras posé sur leur épaule. La jalousie, parmi ses disciples, est féroce. Les femmes tiennent une comptabilité de ses faveurs et se querellent. Une nouvelle adepte, Prema Kantak, est blessée par les railleries des autres filles de l'ashram. « Bapuji ne met pas la main sur ton épaule ! » lui fait-on cruellement remarquer. L'admirable jeune femme est dévastée lorsqu'elle découvre la règle de l'ashram : Bapu ne peut embrasser que les filles de moins de seize ans. Elle en a sept de plus ! Prema confie son chagrin à Gandhi, qui lui conseille de demander une permission à la personne qui dirige l'ashram. Cette idée heurte la fière jeune femme : « Pourquoi devrais-je aspirer si fort à votre main que cela me pousse à demander une permission ? » réplique-t-elle.

Une nuit cependant, elle entend le bruit d'une chute. Gandhi est tombé près des toilettes. Une forte diarrhée, due à une nouvelle expérience diététique, l'a considérablement affaibli. Prema l'aide à marcher jusqu'à sa chambre. Le corps amolli de l'homme s'effondre légèrement sur elle. Le lendemain, la règle de l'ashram semble oubliée : Bapu emmène souvent Prema dans sa promenade du soir. Un jour, elle prend sa main, l'embrasse et se met à pleurer : « La main qui a fait trembler le trône britannique repose sur mon épaule[50] ! »

Comme ses rivales — et elles sont légion —, Prema vit dans l'angoisse. Toutes s'efforcent d'obtenir la faveur de leur bien-aimé Bapu. Dans *Intimate Relations,* le psychanalyste Sudhir Kakar se penche sur les tactiques de Gandhi. Ce dernier s'efforce d'intensifier l'intimité entre lui et ces femmes exceptionnelles, puis il se replie dès que l'une d'elles sollicite un rapprochement. Il s'agit pour lui de ne pas franchir la ligne invisible qu'il a tracée entre son être et ces jeunes personnes. Tentant alors de juguler la souffrance de la femme repoussée, il fait en sorte qu'elle ne s'éloigne pas de lui, car il veut que la relation se poursuive. Les bouleversements constants infligés à ces femmes et parfois à sa propre personne font monter la tension émotionnelle de l'ashram. De fréquentes explosions s'y produisent.

Gandhi tolère et encourage ce climat passionné. Ce qui ne l'empêche pas de rappeler à ceux qui l'entourent combien le *brahmacharya* et la vie à l'ashram sont étroitement liés et dans quelle mesure cette réalité est cruciale pour le développement des femmes.

Aussitôt qu'elle entre à l'ashram, la femme respire un air de liberté et chasse toute peur de son esprit. Je crois que l'observance du *brahmacharya* contribue largement à cet état de choses. Les femmes adultes vivent comme des vierges à l'ashram. Nous savons que cette expérience est remplie de risques, mais nous avons le sentiment que la femme ne pourra pas atteindre l'éveil spirituel si elle ne prend pas ces risques[51].

Quelques-unes de ces femmes vont toutefois décider de vivre différemment. Après des années de troubles émotifs, Prema, victime des manipulations incessantes de Gandhi — allant du rejet gentiment moqueur à de cajoleuses invitations —, quitte l'ashram pour fonder son propre établissement. Elle accuse Gandhi de se livrer à des stratégies de séduction et de piéger son entourage féminin. Il nie, tout en ajoutant que, s'il en était ainsi, elle devrait simplement garder confiance en elle-même.

Une autre « victime » est Madeline Slade. Madeline est une aristocrate anglaise qui pénètre un jour, avec un enthousiasme irrépressible, dans l'ashram et dans la vie de Gandhi. Le Mahatma ne tarde pas à répondre à cet empressement. Pendant les vingt-quatre années qu'ils vont passer ensemble, ils se comporteront, tout en restant chastes, comme des amants torturés. Lorsque la tension devient intenable, Gandhi éloigne Mira (nom porté par Madeline à l'ashram). Incapable de supporter ces séparations déchirantes — que Gandhi considère comme autant de combats spirituels —, Mira fait plusieurs dépressions nerveuses. Mais elle revient toujours à l'ashram, pour en être bannie à nouveau.

Gandhi adoucit les exils de Mira par de tendres missives qui ressemblent à s'y méprendre à des lettres d'amour. « La séparation d'aujourd'hui a été triste, j'ai vu que je te faisais de la peine. Je te veux parfaite [...] sans défauts », écrit-il après un adieu tumultueux[52]. Une autre fois, il écrit : « Je ne peux me retenir de t'envoyer un message d'amour [...]. Je me suis senti très triste après t'avoir laissée partir[53]. » Un jour, il griffonne ces quelques mots sur une carte postale : « Ce petit mot pour te dire que je ne peux t'éloigner de mon esprit. Un chirurgien administre un onguent calmant après une grave opération. Voici mon onguent [...][54]. » Dans une autre lettre, il s'afflige : « Je n'ai jamais été aussi impatient d'avoir de tes nouvelles, car je t'ai renvoyée trop vite [...]. Tu as hanté mon sommeil la nuit dernière. Les amis chez qui tu es allée m'ont dit que tu avais déliré, mais que c'était sans gravité[55]. »

C'est avec ce raffinement exquis que Gandhi se conduit à l'égard des femmes de son « harem » — une entreprise de séduction très particulière.

Prema et Mira mènent le peloton des favorites, deux femmes intelligentes et pleines de ressources auxquelles le Mahatma ne veut ni ne peut renoncer, pas plus qu'il ne souhaite les libérer des liens indestructibles de son amour. Tout cela au prix de la sérénité, celle de toutes ces femmes y compris son épouse, car la fougueuse, aimante et loyale Kasturbaï est témoin de ces débordements. Malgré sa propre intimité avec Gandhi, elle reste, à juste titre, jalouse de ses adoratrices.

La conception et la pratique du *brahmacharya* chez Gandhi sont loin d'être orthodoxes. Bien qu'il s'emploie à exercer un contrôle sur ses sens, il ne ressent aucun besoin de refréner ses émotions passionnées. Il s'autorise d'intenses relations avec plusieurs femmes et ne tente jamais de sublimer ses sentiments, qu'il exprime ouvertement. Il cultive et attise l'amour dans le cœur ardent d'une série de disciples, amour qu'il n'hésite pas à étouffer chaque fois qu'il menace de se déchaîner.

Ses fameuses expériences avec des jeunes femmes nues sont en fait bien moins dangereuses que ses relations sentimentales, qui font de l'ashram un foyer de querelles et de rivalités. Mais Gandhi ne semble pas très atteint par ces tensions. Il se vante auprès de Prema de la manière avec laquelle il a résisté à la tentation de faire l'amour avec les milliers de femmes qui l'ont désiré. C'est Dieu qui a sauvé ces femmes, dit-il, tout en me sauvant.

Le Mahatma considère ces rapports passionnés sans union charnelle comme autant de victoires sur ses sens et ses émotions. Il les compare au comportement plus prudent d'hommes qui, ayant les mêmes inclinations, se contentent d'éviter les femmes. Ces *brahmacharin* ont la maîtrise de leur corps, mais pas de leurs passions. Ils ne répandent pas leur sperme, mais ils sont remplis de désir. Gandhi, lui, pratique la pureté en pensées, en paroles et en actions.

Ces pratiques ne sont pas éloignées d'une coutume tantrique indienne qui enseigne à l'homme comment accomplir l'acte d'amour sans désir ni éjaculation. Elles sont plus proches, dans leur dessein, des stratégies utilisées par d'illustres saints hommes hindous, en particulier Ramananda, qui avait coutume de se mettre à l'épreuve avec deux belles prostituées du temple, pour finalement triompher. Seul avec elles dans un jardin isolé, Ramananda les déshabillait, les oignait d'huile et les baignait — sans jamais ressentir d'excitation sexuelle. Dans des temps plus anciens, le philosophe Viswanatha avait réussi, en respectant les instructions de son gourou, à vivre chastement avec son épouse.

Vues sous cette éclairage, les expériences de Gandhi étonnent moins[56]. En fait, ces exercices commencent alors que des «accès de frissons» s'emparent de sa personne. Il demande à quelques jeunes filles — des vierges adolescentes et de jeunes épousées — de dormir auprès de lui pour le réchauffer. Sushila Nayar, qui deviendra plus tard son médecin, sa masseuse et sa secrétaire, n'est pas troublée par ces nuits auprès de l'homme que ses compagnes et elle appellent affectueusement Bapu. Lorsque le petit neveu du Mahatma apprend que Abha, sa jeune épouse de seize ans, devra elle aussi ôter ses vêtements afin que Gandhi puisse s'assurer — comme le faisait Ramananda avec la fille du temple — qu'il est suffisamment chaste pour ne pas broncher devant sa nudité, il est si bouleversé qu'il s'offre pour prendre la place de sa femme. Il promet de garder le vieil homme au chaud toute la nuit. Mais non, Gandhi préfère nettement Abha.

Dans la mesure où Gandhi est le plus grand sage et le guide le plus respecté de l'Inde moderne, l'homme qui a inspiré des millions d'êtres dans leur lutte pour l'indépendance, on peut affirmer que son *brahmacharya* n'est ni une excentricité ni une curiosité. Ses compatriotes considéraient cette pratique comme un instrument essentiel dans le cadre de sa préparation à la croisade pour l'indépendance. L'anéantissement des désirs charnels, le rejet de toute nourriture épicée, de la richesse et des biens matériels constituent une étape cruciale dans ce processus. Gandhi a franchi cette étape. Ce faisant, il a accompli le *brahmacharya*, qui lui a permis d'œuvrer dans les sphères politiques les plus élevées et, en particulier, de développer le concept de non-violence militante qui a inspiré la lutte indienne pour l'indépendance et lui a conféré le titre de Mahatma — «la grande âme». Gandhi est devenu, pour le monde entier, le modèle de tous ceux qui militent pour la justice sociale et l'indépendance.

La chasteté de Gandhi est diamétralement opposée à celle pratiquée par ces premiers chrétiens qu'il admirait. Contrairement à eux, il refuse de renoncer aux relations intenses et intimes qu'il entretient avec des femmes séduisantes, dont la plupart sont sans conteste amoureuses de lui. Gandhi pratique sa propre version, unique, du *brahmacharya* indien, dans lequel l'esprit domine le corps. L'abstinence sexuelle n'est qu'une dimension de cette pratique. La maîtrise de soi étant primordiale, il est logique de se mettre à l'épreuve afin de vérifier si elle est bien réelle. C'est sur ce terrain que Gandhi justifie son besoin d'être entouré de jolies jeunes femmes et de compagnes de lit. Il n'en reste pas moins qu'il exploite leurs sentiments. Le chantage émotionnel qu'il fait subir à Kasturbaï, à Prema, à Mira et à une foule d'autres femmes constitue un abus pour le moins discutable.

En dépit du traitement — généralement ignoré du grand nombre — réservé par Gandhi aux femmes qu'il aime et qui l'aiment, sa chasteté joue indéniablement un rôle dans l'amélioration de la condition féminine en Inde. Le fait de vivre dans l'intimité de tant de femmes, y compris la sienne, lui permet de ressentir une forte empathie pour le sexe féminin. Il fera du reste remarquer que, sur le plan mental, il est devenu une femme. Gandhi dénonce surtout énergiquement le mariage entre hommes âgés et petites filles, si commun en Inde. « Débauche » est, selon lui, le mot exact pour décrire ce type d'union.

Gandhi admire également la « résistance » initiale de son épouse devant son attitude dominatrice. Cette résistance a instillé en lui un profond respect pour les femmes. Il déclare : « Si seulement elles pouvaient apprendre à dire non à leur mari lorsqu'ils leur font des avances sexuelles ! Je voudrais que les femmes apprennent le droit primordial de "résistance". » Gandhi ne se fait pas l'avocat du mariage chaste, mais plutôt d'une relation « désexualisée » dans laquelle la première fonction de la femme est la maternité. Bien sûr, en idéalisant la maternité — peut-être parce qu'il a tant idéalisé sa jeune mère —, Gandhi nie implicitement la sexualité des femmes, en dépit des preuves quotidiennes qui lui en sont données à l'ashram[57].

Il est inutile de dire que le *brahmacharya* ne concerne pas la femme, qui n'a pas de semence à préserver. Gandhi croit cependant souhaitable que les femmes optent pour la chasteté — bien que la plupart d'entre elles soient destinées à devenir épouses et mères. La version personnelle et originale de Gandhi, en matière de *brahmacharya*, est, plus encore qu'un modèle d'abstinence, un instrument d'action politique que l'on pourrait comparer aux grèves de la faim de ceux qui protestent contre certaines injustices. Un individu transforme radicalement son style de vie — de façon définitive dans le cas de Gandhi, temporaire dans le cas des grévistes — pour défendre ses principes. La différence est que le *brahmacharya* ne peut être accompli qu'à l'issue d'une lutte constante, et que même une vie entière d'efforts n'en garantit pas l'obtention.

La philosophie, la tradition, les légendes et le système de valeurs qui sous-tendent le *brahmacharya* élèvent cette pratique au plus haut niveau de perfection du comportement humain. La force que cette discipline a injecté dans le psychisme de Gandhi et le prestige énorme qu'elle lui a apporté dans son pays sont ses dimensions les plus extraordinaires. Le fait que le Mahatma a ainsi associé une philosophie de non-violence militante au *brahmacharya* démontre la puissance que peut insuffler un mode de vie chaste à un processus créateur — dans ce cas, la formation d'un mouvement politique.

Le sperme comme élixir patriotique

Dans l'Inde moderne, le *brahmacharya* s'est donné d'autres objectifs. Ce nouveau programme, inspiré par les traditions et la philosophie indiennes, ne repose plus comme avant sur un principe essentiellement pédagogique. Il n'a pas été conçu comme règle morale. « Ce qui est bon pour une personne n'est pas nécessairement bon pour tout le monde, surtout lorsqu'il est question d'abstinence », explique l'anthropologue Joseph S. Alter.

Dans le nord de l'Inde, le *brahmacharya* est basé sur un concept postcolonial et antioccidental spécifiquement conçu pour neutraliser la modernisation, qui entraîne le relâchement de la pratique religieuse et une activité sexuelle débridée attribuée aux influences occidentales. L'un des partisans de ce type de résistance écrit, à propos d'une situation qui pourrait, du moins le souhaite-t-il, être rectifiée par le *brahmacharya* :

> Les jeunes d'aujourd'hui, qui gaspillent leur sperme, frôlent le pire des désastres et seront bientôt condamnés quotidiennement à l'enfer [...]. Mère nature se tient devant eux, un bâton à la main, observant leur abominable conduite, et pour chaque goutte de sperme répandue, elle les fustige et frappe leurs organes vitaux [...]. Maintenant, dites-moi, quel avenir ont de tels êtres[58] ?

Les textes sur le *brahmacharya* s'adressent à des adolescents et à des collégiens. On les trouve sur les rayons des bibliothèques scolaires, où ils n'ont pas le temps de se couvrir de poussière. Des jeunes gens les lisent et associent leur message aux hommes chastes qu'ils admirent — ces lutteurs populaires dont le programme d'entraînement est centré sur la pratique du *brahmacharya*, élément important de la vieille tradition ascétique de l'hindouisme.

On trouve, parmi ces textes, des manuels de *brahmacharya* portant sur les bienfaits de l'abstinence. Ils contiennent des instructions explicites sur la manière de contrôler les désirs charnels et de rester en bonne santé. Les lutteurs sont exemplaires à cet égard. En conservant leur sperme, ils renforcent leur caractère et leur corps, ce qui leur permet d'accomplir des prouesses qui, sans cela, leur seraient impossibles.

Le nouveau *brahmacharya* a un aspect scientifique qui se base sur la physiologie de la sexualité masculine. Les livres sur le sujet, précise Alter[59], « analysent la mécanique, l'hydraulique et la chimie du sexe en mettant un accent particulier sur les propriétés diverses du sperme, ce dernier étant considéré comme le fluide vital essentiel ». Un auteur moderne se montre dithyrambique : « Pour dire le vrai, la semence est un élixir[60]. »

Les textes sur le *brahmacharya* comprennent des passages alarmants dans lesquels sont décrits de quinze à trente symptômes dont peut souffrir un homme dont la production de sperme est déficiente : posture affaissée, regard fuyant, transpiration constante, irritabilité, yeux enfoncés dans les orbites, agitation, gingivite, mauvaise haleine, carie dentaire, dépendance vis-à-vis de l'alcool, du tabac et de la drogue, habitude de mordiller des crayons, de la craie, des choses sales et du papier, pertes de mémoire, dépression, mollesse, angoisse et démence.

Selon Alter, les auteurs de ces ouvrages ont été inspirés par leur sentiment d'impuissance devant les profonds changements sociaux et moraux. Leur retour à la tradition est à la fois délibéré et désespéré. Consacré par l'usage, le *brahmacharya* est la voie holistique vers la pureté terrestre et l'arme la plus noble et la plus puissante pour contrer l'exploitation sexuelle et la dépravation venue d'Occident.

L'impérialisme britannique — dont il reste des traces — a écrit sa propre histoire de l'Inde coloniale. Si l'on en croit ce récit, les puissants hommes blancs ont triomphé d'Indiens mous, décadents, incapables de se protéger et de protéger leurs femmes des forces supérieures qui les écrasaient. Ces explications impérialistes ont une connotation indiscutablement sexuelle. La virilité, métaphore d'un pouvoir politique et culturel, se dote des attributs physiques des conquérants : les Britanniques sont plus virils que les Indiens vaincus. La mesure du pouvoir, explique Alter, réside, au propre et au figuré, dans la capacité d'un homme de gaspiller du sperme. Pour les impérialistes, répandre le sperme a une signification diamétralement opposée à celle que les Indiens attribuent à ce geste : aux premiers il apporte la puissance, aux seconds l'affaiblissement.

Prolongeant la métaphore dans la vie réelle, le mépris des Anglais pour les Indiens s'est étendu aux Indiennes, dont ils ont fait des objets érotiques qu'ils traitaient selon leurs caprices, parcourant toute la gamme de l'humiliation : viol, séduction, prostitution, concubinage et même mariage. Répandant sa semence de la façon la plus dévergondée, le conquérant mesurait sa valeur à la quantité de femmes qu'il avait souillées.

Dans le nord de l'Inde, en particulier, les intellectuels ont surmonté leur amertume et leur désespoir en contre-attaquant. Le *brahmacharya* est l'arme parfaite : c'est un choix de vie honorable, concret, global, que les lutteurs ont même mis à la mode ; c'est une façon typiquement indienne d'évaluer la vertu, un régime fait de maîtrise de soi, d'équilibre, de vérité intuitive et de fusion du corps et de la nature, dans lequel le sperme est conservé comme une ressource vitale qui permet à l'homme de s'assumer. Le gaspillage à la mode coloniale est loin. L'un des défenseurs du *brahmacharya* se fait pressant :

> Ouvrez les yeux et prenez la résolution de reconquérir la gloire du passé grâce à la continence. Celui qui est capable de retenir une seule goutte de sperme est capable de dominer toutes les mers. Il n'est rien en ce monde — ni objet ni condition — qu'un homme chaste ne puisse vaincre[61].

CHAPITRE VI

Dépasser les limites
de la féminité

Travestie pour vaincre au combat

Jeanne d'Arc

Un brasier furieux consume Jeanne d'Arc, guerrière non conformiste et l'une des vierges martyres les plus célèbres du monde. La jeune femme a été condamnée à mourir sur le bûcher non parce qu'elle prétendait être chaste — sa virginité a été officiellement authentifiée —, mais parce qu'elle portait des vêtements d'homme : un somptueux habit de chevalier en armes. On peut lire, dans les minutes du procès :

> Elle avait les cheveux courts, coupés en rond au-dessus des oreilles comme un jeune élégant. Elle portait une chemise, des hauts-de-chausses, un pourpoint et des jambières fixées audit pourpoint par vingt attaches, des houseaux lacés vers l'extérieur, un mantelet allant presque jusqu'aux genoux, un chaperon à visière pointue, des bottes lacées très serré, de longs éperons, une épée, une dague, un pectoral et une lance, bref tout l'attirail propre aux gens d'armes[1].

Est-il hautement condamnable d'avoir les cheveux coupés comme un page, de porter une tenue de chevalier et de posséder les accessoires indispensables du combattant, l'arbalète et l'épée ? Oui, *si* vous êtes une jeune paysanne française du début du XVe siècle, *si* vous recevez vos ordres directement du ciel et *si* les voix qui vous parviennent vous pressent de défier l'interdit explicite du Deutéronome : « Une femme ne portera pas un costume masculin, et un homme ne mettra pas un vêtement de femme ; quiconque agit ainsi est en abomination à Yahvé ton Dieu[2]. » Une femme qui porte des habits d'homme est donc sacrilège aux yeux de la culture médiévale et des normes religieuses. Les autorités considèrent que l'habillement de Jeanne menace l'ordre moral, social et politique.

Au cours de l'automne 1428, trois voix célestes — sainte Marguerite d'Antioche, sainte Catherine d'Alexandrie et saint Michel Archange — s'adressent de temps à autre à Jeanne, adolescente de seize ans, lorsqu'il vente ou que sonnent les cloches de la petite église de son village. « Va, Jeanne, murmurent-elles, va voir Charles, le dauphin. Il te donnera une armée afin que tu puisses bouter les envahisseurs anglais hors de France. » Et la belle grande fille vêtue d'une robe rouge se prépare à partir, persuadée que tout va se passer comme les voix le lui ont dit.

Jeanne ne se trompe pas. D'abord, elle arrive à convaincre le gouverneur local de lui prêter une escorte pour traverser le territoire occupé et la conduire au dauphin. Elle coupe ses longs cheveux noirs et revêt un pourpoint, une courte tunique et une toque de même couleur. Lorsqu'elle arrive au palais du prince, ce dernier fait d'abord vérifier la véracité de ses dires. Il la place sous haute surveillance pendant plusieurs semaines. Une commission ecclésiastique la soumet à un interrogatoire intensif qui dure deux semaines, puis la reine et deux matrones lui font subir un examen gynécologique.

L'hymen intact de la jeune paysanne joue un rôle crucial dans l'enquête royale. Jeanne explique que sa virginité n'est pas un effet du hasard. Ses mentors divins ont commencé à lui parler lorsqu'elle avait treize ans ; c'est alors qu'elle a promis à sainte Catherine et à sainte Marguerite de rester chaste « pour aussi longtemps qu'il plaira à Dieu[3] ». (Elle raconte aussi qu'elle s'est défendue avec succès devant un consistoire dirigé par l'évêque de sa région, qui l'accusait d'avoir épousé un garçon de son village.)

Ces preuves de la pureté de Jeanne persuadent le dauphin que cette dernière a une mission divine à remplir. Il lui confie ses soldats les plus valeureux afin qu'elle puisse réaliser son premier objectif : lever le siège d'Orléans et le mener, lui, Charles, à Reims afin qu'il y soit couronné. Jeanne livre bataille, triomphe et, à la tête de son armée, fait traverser le territoire occupé par les Anglais au dauphin escorté de douze mille guerriers. Le prince est couronné dans la cathédrale de Reims et devient Charles VII.

L'héritier du trône de France a pris un risque ahurissant. Aucune femme n'a jamais commandé de troupes pendant la guerre de Cent Ans.

Jeanne n'a aucune expérience du combat. Elle n'a, pour seules armes, que sa détermination, son inébranlable confiance en elle-même, une histoire convaincante à raconter et une virginité confirmée. Les soldats l'accueillent avec enthousiasme. « Ils avaient tous grande confiance en Dieu et en la bonne justice de leur roi et de leur seigneur », note un témoin. Un chroniqueur ajoute : « Tous la considéraient avec une grande affection, hommes autant que femmes et petits enfants. Il y avait de fortes bousculades parmi les gens qui voulaient la toucher, ou même toucher son cheval[4]. »

La loyauté de ses soldats perdure pendant la brève carrière militaire de Jeanne, bien qu'elle leur interdise de voler et de piller — ce qui les prive de leur butin de guerre. Pour compenser cette perte matérielle, la sainte femme — la *muliere santa* — leur offre le salut et les éblouit par sa virtuosité militaire.

Sur le champ de bataille, Jeanne est prodigieuse. Ses dons de guerrière tiennent du miracle. Elle commande aux armées, conforte ses soldats et élabore des stratégies comme si elle n'avait fait que cela toute sa vie. Le duc d'Alençon déclare : « chacun s'émerveille […] de la voir faire la guerre aussi intelligemment et avec une telle précision, comme si elle était un capitaine de trente ans d'expérience ; surtout dans le déplacement de l'artillerie, domaine dans lequel elle se montre magnifique[5] ».

Les valeurs religieuses de Jeanne s'ajoutent à son génie et à son courage. Elle se refuse à faire couler le sang et, dans la bataille, aime mieux brandir sa bannière que son épée. Elle évite de combattre le jour de l'Ascension, prie assidûment, entend la messe chaque jour et communie souvent. Elle a banni le blasphème et le jeu, et interdit la présence des filles à soldats autour des camps.

Le rayonnement spirituel de Jeanne est si intense qu'il masque sa beauté aux yeux des hommes ; ils en oublient l'attirance sexuelle qu'ils pourraient ressentir. Elle craint si peu leurs assauts qu'elle ne prend aucune précaution pour dissimuler ses charmes. Elle dort près de Jean de Mertz, qui jure n'avoir « jamais éprouvé aucun désir ou sentiment charnel pour elle ». Le duc d'Alençon est plus précis encore : « Parfois, sur le champ de bataille, j'ai dormi sur une paillasse avec Jeanne et des soldats. Il m'est arrivé d'être là quand elle se préparait pour la nuit, de voir ses seins, qui étaient beaux. Néanmoins, je n'ai jamais ressenti de désir charnel pour elle. »

Les témoignages se succèdent. Les combattants sont unanimes. Ils disent « qu'il est impossible de la désirer ». Mieux encore : en sa présence, ils cessent de penser aux femmes. Cette sensation est si forte que certains s'inquiètent de cette absence de réaction virile.

La belle Jeanne travestie reste à l'abri de la concupiscence des hommes, mais pas des aléas de la guerre. Le 23 mars 1430, alors qu'elle défend la ville de Compiègne, au nord de Paris, les Bourguignons la font prisonnière et la vendent à leurs alliés anglais pour la coquette somme de deux mille couronnes.

Les Anglais la mettent au cachot et la forcent à porter des habits de femme. Ils la calomnient, prétendent qu'elle fait partie des ribaudes qui suivent les hommes d'armes. Jeanne demande à subir un nouvel examen gynécologique. La duchesse de Bedford s'acquitte de cette tâche et confirme la virginité de la prisonnière. En fait, la jeune femme fait une telle impression sur la noble dame que cette dernière interdit à tout homme, y compris les gardes et les soldats, de toucher la captive. Elle envoie chercher un tailleur, Jeannotin Simon, afin qu'il fasse une robe à la jeune femme. Pendant une séance d'essayage, Simon « met doucement une main sur la poitrine de Jeanne ». Elle le gifle. Privée de son costume guerrier, elle n'est plus protégée de la concupiscence masculine[6].

On la transfère à Rouen. De février à avril 1431, plus de cent ecclésiastiques, membres d'un tribunal de l'Inquisition, dont l'évêque de Beauvais et le vicaire papal de l'Inquisition, accusent Jeanne d'être hérétique et sorcière. Le procès, interminable, épuise la jeune femme. Tandis que passent les semaines, ses juges semblent de plus en plus obsédés par ce qu'ils appellent son culte idolâtre des faux dieux — les trois saints dont elle entend les voix. Ils l'accusent d'avoir voulu se transformer en idole masculine — un « faux mensonge » — en portant pourpoint et hauts-de-chausses.

Ce qui en fin de compte va discréditer Jeanne, c'est que, contrairement à certaines vénérables saintes travesties, qui masquaient entièrement leur identité de femme afin de pouvoir vivre dans des monastères, elle ne dissimule en aucune façon ses attributs féminins. Parfois elle montre même son corps. Un jour, elle dénude sa jambe blessée afin que son écuyer puisse oindre la plaie d'huile d'olive et de graisse de bacon. Lorsqu'elle se déshabille pour la nuit, elle ne s'inquiète aucunement de la présence des soldats. Personne ne croira jamais que Jeanne est un homme.

Jusqu'au jour de sa condamnation à mort, la jeune femme semble incapable de saisir la gravité du « péché » dont on l'accuse : se travestir

en homme. « L'habit importe peu, si peu. » Ne porte-t-elle pas les vêtements de son activité militaire ? « Jamais, clame-t-elle, je ne m'engagerai
à ne pas prendre les armes et à ne pas porter des habits d'homme[7]. »
Jeanne justifie son attirail masculin par le fait qu'elle doit mener des
troupes. Mais, ainsi que l'inquisiteur le fait remarquer avec force, cela
n'explique pas pourquoi elle persiste à se travestir en prison, à l'église et
au tribunal.

Confrontée à l'implacable logique de ses juges, qui refusent de
l'autoriser à recevoir le sacrement de l'eucharistie tant qu'elle ne portera
pas une robe, Jeanne invoque une autorité supérieure : « Il plaît à Dieu
que je sois ainsi vêtue. Je le fais sur l'ordre de Notre Seigneur et pour
son service […] Quand j'aurai terminé ce pour quoi Dieu m'a envoyée,
je reprendrai mes habits de femme[8]. »

Pourquoi, alors qu'elle est si gravement menacée, Jeanne se montre-
t-elle si têtue ? Dans sa geôle, enchaînée et gardée uniquement par des
hommes, elle risque constamment d'être violée. Mais elle n'affirme
jamais qu'elle porte des vêtements d'homme dans le but de se protéger.
Elle défend son choix en expliquant qu'elle obéit aux instructions
divines et qu'il s'agit là d'un moyen de définir son statut de soldat.
Dans le monde médiéval qui est le sien, son serment de chasteté et ses
choix vestimentaires précisent son identité sexuelle plus qu'ils ne la
dissimulent.

Le choix de son épithète — « la Pucelle » plutôt que « la Vierge » —
est révélateur. Le mot « vierge » a une connotation religieuse et sainte,
alors que « pucelle » fait référence à la virginité qui précède le mariage et
accompagne souvent le veuvage. Jeanne ne considère pas son sexe comme
un obstacle spirituel nécessitant un changement d'habit. Contrairement aux saintes travesties, que leur chasteté et leur déguisement
autorisent à s'enterrer dans un monastère, elle utilise sa virginité et son
habit masculin pour mieux s'intégrer au monde militaire qui est devenu le sien.

Au cours de son procès, la jeune guerrière attribue aussi bien sa
chasteté que son habillement à la volonté de Dieu — bien qu'elle dise
un jour, spontanément, qu'elle préfère les vêtements d'homme aux
vêtements de femme. Elle est très claire sur ce point. Jeanne rejette les
occupations féminines, prétendant qu'« il y a assez de femmes pour s'en
acquitter[9] ». Grâce à l'éducation que sa mère lui a donnée, elle peut coudre aussi bien qu'une autre fille, mais elle préfère honorer les instructions

divines qu'elle a reçues et sauver la France. La virginité est une condition essentielle à la vie qu'elle a choisie. Une femme sexuellement active n'aurait pas tenu un seul jour à la tête d'un bataillon d'hommes.

Le 23 mai, le tribunal de l'Inquisition fait la liste des « défauts, crimes et erreurs » de l'accusée et l'exhorte « à se corriger et à se réformer ». Le 24 mai, dans le vieux cimetière de Saint-Ouen, Jeanne, prise de panique, abjure. Elle signe un document dans lequel elle avoue « adorer et faire appel aux mauvais esprits, désobéir à la loi divine, aux Saintes Écritures et au droit canon […] [et violer] la décence naturelle » en portant des vêtements masculins. Pour prouver son repentir, elle enlève ses habits d'homme, enfile une robe et livre sa tête au coiffeur qui la rase pour supprimer sa coupe de cheveux masculine[10].

Rassurés, les membres du tribunal commuent la sentence de mort en emprisonnement à vie. Dans sa cellule, la jeune femme broie du noir, mais elle prie, suppliant Dieu et ses mentors spirituels de la guider. Sainte Marguerite et sainte Catherine accèdent à sa demande, elles lui reprochent d'avoir abjuré pour sauver sa vie. Le 28 mai, les geôliers découvrent que leur célèbre prisonnière a, une fois de plus, revêtu ses habits d'homme. Le 29 mai, après un nouveau procès, sa culpabilité est confirmée. Le 30, Jeanne est abandonnée « à la discrétion du bras séculier ». On lui enfonce un couvre-chef en forme de mitre sur la tête, où l'on a fait broder les mots suivants : hérétique, idolâtre, apostate, relapse. Puis, sur le bûcher élevé au milieu de la place du Vieux-Marché, les juges font brûler la pucelle guerrière.

La virginité de Jeanne, prouvée à maintes reprises — deux fois encore pendant le procès de l'Inquisition —, ne suffit pas à la sauver du péché mortel dont elle s'est rendue coupable : s'être travestie en homme. Jusqu'à sa capture, cette virginité dûment certifiée, associée au fait de porter un habit masculin avec désinvolture, permet à la combattante d'évoluer dans les plus hautes sphères. Elle jouit de grands honneurs, de la confiance du roi et de l'obéissance de ses soldats. Lorsque les troupes ennemies faiblissent et s'inclinent devant sa force et ses dons de stratège, sa virginité légendaire tue tout désir chez les hommes. Dans son armure de chasteté et son mantelet de chef de guerre, Jeanne, qui a troqué le dé à coudre et les casseroles contre l'épée, la dague, le pectoral et la lance, défie l'ordre naturel du mariage et de la vie conjugale.

Une Crow androgyne

Au début du XIXᵉ siècle, des guerriers crow capturent une gamine de dix ans dans une tribu des Prairies, les Gros-Ventres. Comme le veut la coutume, l'enfant est confiée à une famille crow et en devient la fille adoptive. Ce « garçon manqué » — que l'on appellera un jour Woman Chief — ne tarde pas à trouver inintéressantes les occupations féminines (tannage, couture, confection de couvre-chefs en plumes et de vêtements brodés et ornés de perles). Par contre, elle aime monter à cheval, tirer à l'arc et chasser. Son père adoptif est si fier d'elle qu'il lui confie les chevaux de la famille, responsabilité qui revient généralement aux garçons. Ce choix n'étonne pas les autres membres de la tribu : les Indiens des Plaines autorisent les filles qui jurent n'avoir jamais été menstruées à oublier qu'elles sont nées femmes et à se conduire en garçons. Nous ignorons, toutefois, si Woman Chief a déclaré être atteinte d'aménorrhée.

Avec le temps, Woman Chief devient plus grande et plus forte que la plupart de ses compagnes. Les hommes lui apprennent à se servir d'un fusil ; elle devient une tireuse d'élite. Bientôt, elle égale et surpasse même les braves de la tribu. Elle se montre infatigable et déterminée. Elle abandonne la chasse aux petits oiseaux pratiquée dans son enfance pour traquer chevreuils et mouflons, qu'elle dépèce sur place avant d'emporter la viande sur son dos. Cette fille téméraire participe également à la chasse au bison et rapporte régulièrement à sa famille adoptive la viande et la peau de quatre ou cinq de ces énormes bovidés.

Bien que Woman Chief ne soit pas désagréable à regarder, les jeunes hommes ne ressentent aucune attirance pour elle. Cette indifférence est réciproque. Lorsque son père adoptif quitte ce monde, la jeune femme assume tout naturellement le rôle de chef de famille. C'est le produit de sa chasse qui nourrira désormais ses beaux-frères, ses belles-sœurs et sa mère.

Woman Chief est une guerrière valeureuse. Après un raid sanglant des Pieds-Noirs contre le campement des Crow, près d'un poste fortifié avec lequel ceux-ci font du commerce, la jeune Amérindienne se porte volontaire pour engager des pourparlers avec l'ennemi, dont elle comprend le langage. Lorsqu'elle arrive au lieu du rendez-vous, les sentinelles des Pieds-Noirs lui tirent dessus. « Arrêtez ! » crie-t-elle à plusieurs reprises. Ils continuent. Elle met un homme en joue, le tue, puis en abat deux autres avec son arc et ses flèches. Deux des rescapés foncent vers leur campement pour demander des renforts. Un groupe de Pieds-Noirs enragés poursuit Woman Chief jusqu'aux portes du fort, dans lequel elle trouve refuge, acclamée par les Blancs et les Autochtones.

Cette équipée téméraire vaut à Woman Chief le titre de « brave », ordinairement réservé aux hommes (les femmes ne sont admises sur les champs de bataille que comme cuisinières ou domestiques). Un an plus tard, la guerrière participe à sa première escarmouche avec les Pieds-Noirs. Sa bande vole soixante-dix chevaux et s'empare de deux ennemis. Woman Chief abat et scalpe l'un d'eux et désarme l'autre. Sa réputation grandit. Elle accumule une série de victoires, sans jamais être blessée. Les Crow, impressionnés, lui rendent des honneurs tout particuliers. Ils composent des chants sur son courage et l'invitent à faire partie du conseil de la tribu. Lors d'une réunion, elle occupe la troisième place parmi quelque cent soixante chefs de famille.

À cette époque, Woman Chief est déjà riche. Elle possède plusieurs centaines de chevaux capturés aux Pieds-Noirs et en troque un ou deux, à l'occasion, contre une arme ou un objet de valeur. Elle est extrêmement généreuse et partage son butin de guerre avec ses amis. Un jour, elle décide d'augmenter sa fortune en se lançant dans la fabrication et la vente de vêtements de cuir traditionnels. Comme elle se refuse à pratiquer cet art féminin qui consiste à transformer des peaux brutes en belles vestes brodées, elle doit puiser dans ses réserves afin d'acheter une épouse qui fera le travail à sa place. Le commerce des vêtements est très lucratif. Quelques années plus tard, Woman Chief achète trois autres épouses.

Pendant les vingt années suivantes, l'Indienne vit en guerrière célibataire, avec quatre épouses qui prennent soin d'elle et travaillent pour son négoce. Rien ne laisse supposer qu'elle a des relations sexuelles avec l'une ou l'autre de ces femmes. Woman Chief continue à jouir de la haute considération de la nation crow. Chacun admet de bonne grâce le style de vie qu'elle s'est choisi, même si, d'habitude, les femmes qui vivent en homme épousent malgré tout des hommes. Son peuple sait qu'aucun brave ne s'est proposé pour l'épouser. Quel guerrier voudrait d'une femme qui l'emporte dans tous les exploits masculins et refuse de mettre la main aux travaux féminins, quels qu'ils soient ?

En 1851, un observateur décrit Woman Chief comme une femme « ni sauvage ni belliqueuse […] Elle doit avoir quarante-cinq ans et fait preuve de modestie dans ses manières. Elle est d'un bon naturel et peu prompte à se quereller[11]. »

C'est peu après cette rencontre que la courageuse Indienne est tuée. Une paix provisoire existe entre les Crow, les Pieds-Noirs et d'autres bandes, y compris les Gros-Ventres, la tribu dans laquelle elle est née. Comme elle parle encore leur langue, elle a décidé de s'aventurer dans leur territoire pour discuter de plusieurs problèmes importants pour chacune des tribus. En dépit des avertissements de vendeurs de fourrures, elle se met en route. Plus tard, tandis qu'elle parlemente et fume avec des Gros-Ventres, elle décide de leur révéler sa véritable identité. Cette erreur lui sera fatale. Les Gros-Ventres connaissent Woman Chief de réputation, ils savent combien de guerriers de leur tribu elle a tués. Sa présence leur est insupportable. Ils l'exécutent, ainsi que ses quatre compagnons crow.

Comme Jeanne d'Arc, Woman Chief défie l'ordre naturel de la société en devenant une guerrière. Mais sa motivation est différente. L'Indienne n'est pas inspirée par des voix célestes, elle n'a pas de mission divine à remplir. Elle a tout simplement une préférence marquée pour les occupations viriles et une profonde répugnance pour les tâches féminines. Et, contrairement à Jeanne, elle ne se travestit pas. Tout au long de sa carrière militaire, elle porte la robe des femmes crow. Mais ses accessoires sont l'arc, les flèches et le fusil.

Le chaste célibat de Woman Chief découle à la fois d'un choix et des circonstances. Elle n'exprime jamais le désir d'épouser un des braves avec lesquels elle chasse ou fait la guerre; elle ne fait pas la moindre tentative pour attirer des prétendants — ni avec des artifices féminins, ni en démontrant ses talents domestiques. Woman Chief se satisfait tout simplement du respect et des honneurs que les hommes lui témoignent, et de la bonne grâce avec laquelle ils acceptent son commandement. Chef de famille, cette femme courageuse dirige son foyer de façon compétente et subvient aux besoins de tous. La femme crow qui désire se marier doit faire en sorte de plaire à un homme: Woman Chief s'en garde bien.

Cette guerrière de profession se conforme aux plus hauts critères d'excellence de sa tribu et atteint la réussite professionnelle et sociale[12]. Est-elle célibataire faute de propositions de mariage? C'est peu vraisemblable. Disons plutôt qu'elle a choisi le célibat parce que son existence virile de chef militaire et de chef de famille lui procure une satisfaction personnelle intense, de grands honneurs et d'appréciables avantages pécuniaires.

Les amazones de l'ancien Dahomey

Les légendaires Amazones d'Asie mineure et de Scythie ont nourri la mythologie. Ces redoutables guerrières, objets de nombreux fantasmes sont aussi belles qu'imposantes, aussi courageuses que féroces. Elles se battent comme des lions, gouvernent seules leurs villages, capturent les hommes qui vont leur servir d'étalons et se conduisent avec une superbe témérité. La plupart d'entre elles ne possèdent qu'un sein : elles ont brûlé l'autre afin de bander plus facilement leur arc.

Au XVIIIe siècle, d'autres amazones semblent vivre dans l'ancien Dahomey, en Afrique de l'Ouest. Mais, hormis quelques soldats européens et quelques vendeurs d'esclaves qui ont dit les avoir vues et s'être parfois battus avec elles, il existe peu de témoignages crédibles de leur existence.

C'est en 1727 que le capitaine William Snelgrave fait pour la première fois allusion à un groupe de guerrières. Il vient de s'aventurer dans les forêts du Dahomey pour y prendre contact avec le roi. Snelgrave envoie des esclaves aux Antilles et le roi est mêlé à l'enlèvement des individus destinés à ce trafic. Sa Majesté reçoit le capitaine, entourée de sa garde d'élite, des amazones nues jusqu'à la ceinture, les bras ornés de bracelets d'or et armées de mousquets.

Les amazones sont des guerrières si fiables que le souverain et ses successeurs élargissent leur rôle militaire. Au milieu du XIXe siècle, Frederick Forbes, un militant antiesclavagiste, s'enfonce dans les profondeurs du Dahomey pour y rencontrer ces femmes soldats. « Les amazones ne se marient pas, observe-t-il. Elles prétendent avoir changé de sexe. "Nous sommes des hommes, disent-elles, pas des femmes"[13]. » Elles portent une sorte d'uniforme, mangent ensemble et possèdent les mêmes armes — qu'elles entretiennent à la perfection. Elles vivent dans leurs propres quartiers, où des eunuques prennent soin d'elles. Forbes estime leur nombre à près de deux mille quatre cents. Elles sont à la fois l'élite de l'armée et les gardes du corps du roi.

D'autres voyageurs anglais décrivent le costume des amazones et leur rôle militaire. Elles portent un pantalon court sous une robe de coton rayée bleu et blanc, sans manches et coupée aux genoux. Chacune des trois brigades royales a sa propre coiffure. Les cheveux sont parfois coupés ras, hormis quelques mèches épaisses agencées avec soin.

On dit que les Gbeto, ou chasseuses d'éléphants, sont les plus audacieuses. Il arrive que des pachydermes blessés les attaquent. Elles arborent alors fièrement les cicatrices de leurs blessures de chasse. Les Nyekplehhentoh, ou «femmes rasoir», poursuivent de leur haine le chef de leurs ennemis. Elles portent une épée articulée d'un pied et demi de long. De très jeunes filles peuvent devenir des amazones. Elles sont alors des Gohento, ou archères. Bien qu'elles aient, elles aussi, des armes — un arc, des flèches empoisonnées et un petit couteau attaché à la ceinture —, on les envoie rarement au combat. Elles sont plutôt porteuses ou éclaireuses.

Le pouvoir des amazones atteint son apogée en 1850, sous le roi Gezo, qui leur attribue un statut égal, voire supérieur, à celui de ses soldats de l'autre sexe. Il les recrute tous les trois ans. Pour ce faire, il enjoint ses sujets de lui amener leurs filles adolescentes afin qu'il choisisse celles qui constitueront sa garde et son armée.

Selon certains observateurs, la chasteté est une obligation stricte pour les amazones. Le châtiment, en cas de violation, est la mort de la guerrière et de son amant. Des Dahoméens railleurs disent volontiers qu'un soldat trouve plus souvent la mort en escaladant le mur d'un quartier d'amazones qu'en combattant. Pour l'explorateur Richard Burton, la chasteté des amazones est à la source de leur férocité. «Elles sont aussi enragées que des gorilles blessés, et de loin plus cruelles que tous leurs frères d'armes[14].» Le roi interdit toute relation sexuelle à ses amazones parce qu'il croit que seule une femme abstinente peut lui offrir une loyauté et une dévotion à toute épreuve. Il n'exempte de cette chasteté obligatoire que quelques femmes, ses concubines. Ce sont les «épouses du Léopard».

En 1892, en dépit des efforts acharnés des amazones, le royaume du Dahomey tombe aux mains des Français. Les célèbres combattantes passent alors à l'histoire. Moins spectaculaires que leurs sœurs qui peuplent les mythes, ce sont les seules amazones dont l'existence est historiquement prouvée. Leur rigoureuse chasteté, gage d'allégeance à un souverain qui leur permet d'accomplir de grands faits d'armes, constitue sans doute leur caractéristique la plus glorieuse[15].

Défier l'ordre naturel

Élisabeth Ire, la Reine vierge

La virginité d'Élisabeth Tudor a tant marqué son règne que, lorsque Sir Walter Raleigh suggère de nommer, en son honneur, une colonie américaine du nom de « Virginie », la reine accueille de bonne grâce sa proposition. Cela n'empêche cependant pas ses contemporains de se livrer à des commérages. Jusqu'à la mort de leur souveraine, ils spéculeront sur sa chasteté et calomnieront allégrement une femme dont tous les témoins confirment pourtant la virginité. La correspondance de douzaines de diplomates bien informés concorde sur cette question : Élisabeth est bien, comme elle le prétend, la Reine vierge.

Pourquoi cette ambitieuse jeune femme, belle, intelligente et accomplie, dont les sentiments passionnés et exclusifs vont devenir légendaires, ne succombe-t-elle jamais à ses soupirants ? Ses raisons sont à la fois psychologiques et politiques. Tout au long de son enfance, Élisabeth voit en quelle piètre estime Henri VIII, son père, tient l'institution du mariage. Tout commence quand elle a deux ans et demi, lorsque le roi cesse d'aimer sa mère, Anne Boleyn. Le cœur volage du souverain s'est épris de Jeanne Seymour, la dame d'honneur d'Anne, jeune femme élancée d'une beauté éclatante, aussi docile que rusée. L'impétueuse Anne, vaniteuse et un peu sotte, a surpris Jeanne sur les genoux de son époux. Peu de temps après, la reine met au monde, avant terme, un fils mort-né. Au lieu de partager avec sa femme le chagrin de cette perte, Henri entre, vociférant, dans sa chambre et l'accuse de l'avoir privé d'un héritier. Le divorce « style Henri VIII » est proche.

Les ennemis d'Anne forgent des preuves d'adultère contre elle. Henri, qui aspire à trouver un bon prétexte pour se débarrasser de sa femme, fait semblant d'être outré de sa trahison. Anne est emprisonnée pendant une brève période à la Tour de Londres. À l'issue d'un simulacre de procès[16], elle est condamnée à être décapitée. Elle nie son infidélité jusqu'à son dernier souffle. Élisabeth, isolée dans la nursery du palais, à Hunsdon, ne reverra jamais sa mère. Avant son exécution, Anne a simplement laissé des instructions concernant l'éducation religieuse de sa fille. Peut-être est-elle morte en gardant rancune à d'avoir causé sa perte en n'étant pas un garçon !

Cette disparition laisse la petite princesse en grand danger, tout comme Marie, sa demi-sœur, l'a été quand Anne Boleyn a remplacé sa mère, l'Espagnole Catherine d'Aragon. Les gouvernantes d'Élisabeth savent combien sont sort est précaire[17]. Elles ont peur pour l'enfant — à juste titre puisque, comme il l'a fait pour Marie, le roi fait déclarer par le Parlement que l'enfant est une bâtarde. Les deux petites filles vivront désormais ensemble.

Lorsque Élisabeth atteint ses quatre ans, la nouvelle reine, Jeanne Seymour, met au monde Édouard, le fils héritier tant attendu par le roi. Par la fenêtre du coche qui la conduit, avec sa sœur Marie, à la cérémonie de baptême, Élisabeth voit défiler, accrochées aux murs, aux monuments, suspendues aux poutres des ponts et plantées sur des pieux, des têtes coupées. Le sol est jonché de restes pourrissants et noircis, car on a fait bouillir les condamnés dans la poix. Ce spectacle insoutenable est destiné à rappeler au peuple la férocité des représailles du souverain. Ses plus récentes victimes sont les rebelles du Pèlerinage de grâce. Les ex-petites princesses, déclarées bâtardes, tremblent et pleurent. Henri VIII, leur père, qui a fait exécuter leurs mères, est capable des crimes les plus horribles.

Élisabeth reçoit une autre leçon sur le mariage lorsque Henri reprend femme après la mort prématurée de Jeanne Seymour. En voyant sa promise, Anne de Clèves, dont on lui a affirmé qu'elle était belle, il fulmine : « Elle n'est pas blonde, beugle-t-il, […] elle a la peau brune. […] Elle n'est point à mon goût. » Il ne peut cependant se dérober à cette union, mais il refuse de partager le lit de sa femme et divorce très vite.

Pour se remarier aussitôt ! Cette fois, la jeune épousée est Catherine Howard, une orpheline dont le passé est assombri par le fait qu'elle a été séduite par un être obscène, Francis Dereham, l'homme d'âge mûr qui l'a prise en charge. La pauvre fille commet l'erreur fatale de tromper le roi avec Thomas Culpepper, un courtisan. La trahison ne tarde pas à être révélée au souverain par des conspirateurs. La reine est décapitée. On dit que la malheureuse a murmuré, avant de rendre l'âme : « Je meurs reine d'Angleterre, mais j'aurais préféré mourir épouse de Culpepper. » Cette rumeur mensongère ne manque pas d'attiser la haine que le peuple porte à la défunte.

La dernière femme du roi, Catherine Parr, s'est spécialisée dans les vieux maris[18] ; Henri est le troisième. Mais elle se montre bonne envers Élisabeth, si négligée jusque-là. Elle l'installe à la cour et devient sa protectrice. Henri, cette fois, n'a pas le temps de se fatiguer de sa nouvelle épouse : il meurt. Élisabeth est rétablie dans son premier statut de princesse. Elle a treize ans. Ses devoirs comprennent l'obligation de s'agenouiller devant Édouard, son petit frère, déjà odieux à neuf ans.

L'adolescente n'en a pas fini avec les leçons de mariage. Lorsqu'elle a quatorze ans, la veuve Catherine Parr épouse l'amiral Thomas Seymour. Alors que sa femme est enceinte et approche de la délivrance, l'amiral subtilise la clé de la chambre d'Élisabeth et y entre, tout gaillard et sans invitation. Il la sort du lit, l'enlace et l'embrasse, lui tape sur les fesses en lui contant des blagues grivoises. (Dans les premiers temps, il a même réussi à convaincre Catherine de se joindre à lui dans son passe-temps favori : chatouiller Élisabeth dans son lit. Un jour, Catherine va jusqu'à immobiliser sa belle-fille tandis que Seymour découpe sa robe en petits morceaux.)

La jeune princesse s'efforce de résister au séducteur. Chaque fois qu'il entre dans la pièce où elle se trouve, elle se plonge dans un livre ou se cache derrière les tentures si elle en a le temps. Mais l'amiral est de plus en plus émoustillé. Il se glisse dans la chambre de la princesse, jambes nues, en chemise de nuit. La cour fait des gorges chaudes. Un jour, Catherine surprend Élisabeth dans les bras de son mari. Elle éloigne aussitôt l'adolescente. Cette dernière, précoce et très avertie, comprend très bien les raisons de cet exil. Lorsque Catherine meurt, un an plus tard, la jeune fille refuse d'écrire une lettre de condoléances à l'amiral. « Je n'en ferai rien, car il n'en a pas besoin[19] », déclare-t-elle.

En dépit de la mort de Catherine, le scandale continue à poursuivre Élisabeth. L'affaire a été beaucoup plus loin qu'une tentative de séduction. Même si ses principes moraux et son amitié pour Catherine l'ont poussée à résister au séduisant et jovial Seymour, Élisabeth a vraiment ressenti une attirance pour lui. Son bannissement de la cour la bouleverse. Elle se sent humiliée. En outre, elle n'ignore pas les dangers d'une telle situation. Les courtisans médisent à qui mieux mieux — on dit que Seymour espérait la mort de Catherine afin de pouvoir épouser la petite princesse ; on prétend qu'Élisabeth a eu un enfant illégitime de l'amiral et est de nouveau enceinte. La princesse apprend une autre dure leçon de la vie ; son flirt avec Seymour n'est plus une affaire de cœur, c'est une affaire d'État.

Il est vrai que le veuf trop joyeux souhaite l'épouser. Mais il est accusé de haute trahison et Élisabeth doit répondre aux questions qui lui sont posées sur sa participation aux plans de son soupirant. Elle a la présence d'esprit d'écrire au régent afin de se disculper. Elle qualifie les rumeurs de « honteuses diffamations » et offre d'apparaître au tribunal, où son ventre plat confirmera son innocence. Elle précise aussi qu'elle ne se mariera pas sans l'approbation du conseil privé du souverain britannique — décision sur laquelle elle ne reviendra jamais. Seymour est condamné et décapité, Élisabeth est acquittée. Les rumeurs ne cessent pas pour autant. Pendant deux ans, son demi-frère, le roi Édouard, refuse de la recevoir à la cour.

Élisabeth tire une précieuse leçon de cette aventure. Elle sait qu'elle a été trahie par ses suivantes. Aucun de ses gestes n'est ignoré de ces espionnes en puissance qui passent presque toute la journée avec elle. (Une fois reine, elle aura dix-huit femmes à son service.) La princesse ajuste sa conduite en conséquence.

Elle comprend également que son corps ne lui appartient pas, mais qu'il appartient à l'Angleterre, et que son mariage sera un événement politique décidé et approuvé par des conseillers gouvernementaux. Lorsqu'il en sera réellement question, elle devra être vierge, une vierge immaculée et inattaquable. En outre, les multiples mariages de son père l'ont définitivement convaincue que le moindre soupçon d'infidélité peut être fatal à une reine. Face à toutes ces menaces, la virginité s'impose donc à elle comme l'unique voie de salut.

La formidable intelligence et la vaste érudition d'Élisabeth renforcent son sentiment d'indépendance et son ambition. Au cours de son enfance traumatisante, elle a eu d'excellents précepteurs, venus de Cambridge. Elle parle couramment cinq ou six langues, a étudié la littérature classique, est experte en peinture et en poésie. (Dans les dernières années de son règne, elle deviendra la protectrice de Shakespeare.) Sa calligraphie est exquise ; elle danse à ravir ; c'est une excellente musicienne. Élisabeth aborde l'histoire, la politique et la diplomatie de façon protocolaire, mais elle sait ce qui se trame en coulisse. Elle est à l'aise dans le domaine des finances et de la comptabilité. La jeune femme pratique à merveille l'art de la répartie et rédige sa correspondance dans un anglais élégant et raffiné.

La princesse peut se montrer inflexible. Elle possède une volonté de fer, forgée par les épreuves et le passage du temps. Les gouvernantes de son enfance ne le savent que trop bien. Elle jure, crache, donne des coups de poing quand on l'ennuie, hurle de rire lorsque quelque chose l'amuse. Elle aime la chasse et ne déteste pas faire des plaisanteries. Elle mange avec modération et se maquille outrageusement, s'enduisant le visage de fard et de poudre. Ses vêtements sont extravagants, ses perruques compliquées, ses bijoux très précieux.

Élisabeth est une experte dans l'art de rester célibataire. Après l'échec des plans faits par Henri pour la fiancer durant son enfance, la reine Marie — rebaptisée Marie la Sanglante en raison des persécutions auxquelles elle s'est livrée sur les non-catholiques — a tenté à son tour, assez maladroitement, de trouver un prince catholique pour sa demi-sœur. Mais Élisabeth, habituée à se battre pour survivre, a fait le serment « de ne jamais [se] marier, dût-on [lui] offrir le fils du roi ». Marie et son époux espagnol n'en continuent pas moins de chercher un mari pour la princesse — qui persiste dans son refus.

En 1558, Marie Tudor quitte ce monde, minée par la maladie et la neurasthénie provoquée par une succession de grossesses nerveuses. Élisabeth devient reine. Elle est le plus bel atout de la chrétienté. Son éventuel mariage devient un problème politique et diplomatique de la plus haute importance. Le Conseil et la Chambre des communes discutent de la question *ad nauseam*. C'est sans aucun doute, dans toute l'Europe, le sujet de conversation le plus à la mode. Les conseillers d'Élisabeth n'évaluent les qualités personnelles des candidats que pour la forme, éliminant seulement les hommes laids, contrefaits ou stupides[20]. Ils accordent beaucoup plus de poids aux liens familiaux ou nationaux, à la richesse, à l'appartenance religieuse et à l'expérience du pouvoir. Élisabeth se délecte de ces intrigues et encourage ses conseillers à lui soumettre le plus de noms possible. Elle fait naître les espoirs, suscite la panique, alimente les commérages. Finalement, la Chambre des communes intervient, priant instamment la reine de se décider. L'inquié-tude des parlementaires est compréhensible : si la reine ne convole pas, il n'y aura pas d'héritier et leur souveraine risque d'être assassinée ou renversée par l'un des prétendants au trône — à commencer par sa parente Marie, reine d'Écosse, qu'Élisabeth fera exécuter en 1587.

La réponse de la souveraine est courtoise et sans équivoque. Elle abandonnera le célibat lorsque Dieu le jugera bon et, jusque-là, gou-vernera l'Angleterre sans jamais perdre de vue les intérêts du pays. Contrairement à d'autres souverains — on ne peut s'empêcher de pen-ser au mariage de sa défunte demi-sœur Marie avec un catholique —, elle est déterminée à ne jamais sacrifier les intérêts nationaux, politi-ques et religieux à une union conjugale. « En somme, ajoute-t-elle avec une remarquable prescience, il me plairait qu'une dalle de marbre puisse dire un jour que la reine, ayant régné si longtemps, a vécu et est morte vierge[21]. »

Derrière ces arguments se cachent des mobiles beaucoup plus com-pliqués. Élisabeth est tout à fait consciente des conséquences d'un choix conjugal aussi imprudent que celui de sa sœur. Elle sait aussi quel pouvoir politique et diplomatique peuvent lui attirer ces éternelles négociations de mariage. Faire naître, puis anéantir les espoirs d'un prétendant lui confère une autorité à laquelle elle tient. En outre, que peut lui offrir le mariage sur le plan personnel ? Elle est déjà reine, elle est immensément riche et à l'abri de tous les besoins. Élisabeth est habile à susciter l'admiration et la dévotion, feintes ou sincères, des courtisans mâles qui l'entourent. Un mariage ne ferait que compromettre son indépendance, restreindre son pouvoir et mettre sa patience à l'épreuve. Il menacerait aussi la stabilité nationale — comme cela s'est produit lorsque Marie Tudor a épousé Philippe II.

Si aucun homme ne peut espérer obtenir la main de la reine, il n'en est pas de même de son cœur. Elle tombe souvent amoureuse, passionnément, d'hommes fringants et plus jeunes qu'elle. Sa plus longue idylle, jamais consommée, la lie à Robert Dudley, futur comte de Leicester. Dudley est marié. La mort apparemment fortuite de son épouse — elle se brise accidentellement le cou tandis que son mari se trouve avec Élisabeth — soulève un tas de rumeurs malveillantes.

L'amour d'Élisabeth pour son « doux Robin » dure trente ans. Lorsque son bien-aimé meurt, en 1588, la reine s'enferme dans sa chambre et refuse de voir quiconque. En désespoir de cause, ses plus fidèles conseillers ordonnent que l'on enfonce sa porte. Elle consent à leur parler.

Le profond attachement d'Élisabeth pour Robert Dudley ne l'a pas empêchée d'envisager, pour des raisons diplomatiques, d'unir ce dernier à Marie Stuart, reine d'Écosse. Car Élisabeth ne compte absolument pas l'épouser. « Il n'y aura jamais ici qu'une maîtresse, et pas de maître », lui crie-t-elle au cours d'une querelle[22]. De son côté, Leicester n'espère pas ce mariage ; il sait qu'à huit ans la petite Élisabeth a juré de rester célibataire. « L'idée du mariage me répugne pour des raisons que je n'avouerais même pas à une âme sœur[23] », confie-t-elle un jour à lord Sussex. Ces raisons demeurent mystérieuses, mais il est aisé d'en deviner quelques-unes.

Tout au long de son existence, Élisabeth affiche une chasteté terriblement alléchante, jouant au chat et à la souris avec les diplomates étrangers qui lui soumettent des offres de mariage. Avant chaque proposition, la vertu de la reine est soigneusement vérifiée auprès de ses femmes de chambre, de ses dames de compagnie et de courtisans toujours disposés à dévoiler ce qu'ils savent. Le verdict est invariablement le même : Élisabeth est vierge. « Elle a toujours été louée et portée aux nues pour sa dévotion à la royauté et à la virginité, et [...] l'on ne peut rien dire contre elle ; et toutes les calomnies ne sont que le produit de l'envie, de la méchanceté et de la haine[24]. »

Élisabeth se plie aux vérifications, mais elle repousse tout arrangement en vue d'un mariage. Le Parlement et les conseillers royaux, qu'inquiète l'absence d'un héritier, prétendent que le mariage de la reine concerne l'Angleterre et non la souveraine. Ils la pressent de s'incliner.

Les arguments de la reine sont simples : elle veut rester vierge et célibataire. Elle déclare être une Anglaise loyale à son pays et ajoute : « [je me marierai] aussitôt que je le pourrai de façon commode [...] et bien que je sois une femme, j'ai autant de courage qu'en avait mon père, et je suis tout aussi digne que lui d'être votre souveraine[25]. »

La Reine vierge développe sa stratégie. Elle encourage ses soupirants, n'hésitant pas à leur accorder de longs entretiens, puis les écarte. Cette attitude ne lui apporte que des avantages sur le plan politique : il ne viendrait jamais à l'idée de ses prétendants de causer la moindre contrariété à celle qu'ils rêvent d'épouser. Cette tactique inflexible ne connaît qu'une exception : François, duc d'Alençon. Le jeune homme a vingt-trois ans lorsqu'ils se rencontrent. Elle en a le double. Pendant onze ans, la reine oscille entre l'amour et l'indifférence. Finalement, elle consulte ses conseillers. Devant le tiède assentiment de ces derniers, et craignant d'offenser son peuple par une union mal assortie, elle renonce au beau Français.

Vers la fin de sa vie, la vierge qui a si souvent aimé et été aimée, qui a flirté, courtisé, aguiché, qui s'est querellée et a même fait exécuter quelques-uns de ses soupirants, dit adieu à son plus grand amour, le Parlement anglais. « Aucun prince n'aime ses sujets autant que moi, déclare-t-elle, et aucune reine n'a jamais été plus heureuse de donner sa vie pour eux comme je l'ai fait. » Les Anglais savent que Dieu a accordé à cette femme un cœur viril, qui n'a jamais craint aucun ennemi.

Le 23 mars 1603, Élisabeth, mourante, fait appeler l'archevêque Whitgift, son « petit mari noir », à qui elle a toujours accordé un traitement de faveur parce qu'il est resté célibataire comme elle[26]. Whitgift s'agenouille à son chevet, lui tient la main et prie jusqu'à ce qu'elle s'endorme. La reine meurt dans son sommeil. Les baladins chantent :

> Elle a gouverné cette nation toute seule
> Et n'est redevable à aucun homme,
> Elle a tenu le gouvernail, traité toutes les affaires
> Et pourtant elle n'était qu'une femme[27].

Cette chansonnette résume joliment la vie d'Élisabeth. Cette femme est d'abord et avant tout la reine d'Angleterre. Elle sait que, contrairement à son père, qui peut se marier et divorcer à sa guise, un conjoint risque de la détruire, d'amoindrir son pouvoir, de diviser son peuple, de l'humilier et de la blesser. Tout comme les religieuses sont les fiancées du Christ, Élisabeth est la fiancée de l'Angleterre — une fiancée cependant toujours à l'affût d'une jolie figure masculine, de beaux muscles et d'une langue flatteuse et convaincante. Mais elle est beaucoup trop intelligente et ambitieuse pour se soumettre à un homme et utilise sa célèbre virginité comme un rempart pour décourager ceux qui se mettent en tête d'entrer dans sa forteresse et de s'emparer des rênes du pouvoir. En s'obstinant à défier ses conseillers et le Parlement, qui veulent un héritier pour le trône, elle consolide son pouvoir et réalise ce qu'aucune autre femme n'a jamais fait avant elle : donner son nom à une époque.

Florence Nightingale

« Ma vie est la plus douloureuse de toutes les vies douloureuses, n'est-ce pas, Seigneur ? » écrit Florence Nightingale, désespérée par la futilité de son existence. Tout comme sa mère Fanny et sa sœur Parthe, la jeune femme mène une vie que l'on dit privilégiée, vouée à une ronde sans fin de visites mondaines, de thés et de réceptions. Florence abomine cette existence, de même que les bals et les concerts « de charité », où « les gens embobinent leur conscience et s'aveuglent eux-mêmes[28] ».

Dix ans plus tôt, le 7 février 1837, Dieu lui a parlé et l'a appelée à son service. Contrairement au message reçu par Jeanne d'Arc, celui de Florence était vague et ne spécifiait pas quel genre d'action le Seigneur attendait d'elle.

Les parents Nightingale ne veulent pas entendre parler du désir qu'a leur fille d'exercer une profession. Dans l'Angleterre victorienne, les demoiselles comme Florence sont censées se marier. La jeune femme constitue un excellent parti : elle est séduisante, riche et intelligente ; elle parle plusieurs langues, a beaucoup lu ; elle est dynamique et spirituelle. Florence « adore » son soupirant de toujours, Monckton Milnes. Pourtant, après neuf ans de fréquentation, elle le repousse. Elle souffre terriblement de sa décision, mais elle ne la regrettera jamais. Monckton aurait certes pu combler sa nature passionnée et ses aspirations intellectuelles, mais cela ne suffit pas. « J'ai aussi une nature morale, une nature portée vers l'action, qui demande à être satisfaite et qui n'aurait pu l'être dans une vie avec lui […] J'aurais peut-être pu me contenter d'une vie commune dans laquelle nous aurions associé nos aspirations et nos forces pour servir quelque but noble, mais ma nature ne peut s'accommoder d'une vie mondaine et de préoccupations domestiques. »

Dieu, croit-elle, l'a désignée pour qu'elle devienne une des femmes qu'il « organise […] selon leur vocation[29] ». Les Nightingale sont furieux. Florence a éconduit l'époux parfait. Les querelles s'enveniment, se transformant en amers conflits.

Le jour de son trentième anniversaire, la jeune femme fait le point sur sa vie. « Aujourd'hui, j'ai trente ans — l'âge auquel le Christ a commencé sa mission. Désormais, je bannirai toute frivolité de mon existence. Plus d'amour, plus de mariage. Seigneur, permets-moi de ne plus penser qu'à ta volonté, Seigneur, ta volonté, ta volonté[30]. » Petit à petit, le dessein de Dieu lui est révélé : elle consacrera sa vie aux malades. Florence sera infirmière, la profession des souillons, des ivrognesses, des prostituées, des criminelles.

Les hôpitaux de l'époque sont des cloaques. Les malades y vivent dans la crasse, la déchéance, les mauvais traitements ; ils y meurent. Il faut être indigent ou désespéré pour accepter de vivre dans un lieu où le sol est couvert de vomissures, d'excréments et de sang, où les patients sont entassés les uns sur les autres, où les lits sont dépourvus de draps, où les médecins passent leur temps à séduire des infirmières dévergondées.

Les parents de Florence s'opposent, bien entendu, à la requête de leur fille. Ils refusent même d'en discuter avec elle. Une fois de plus, la jeune femme est poussée au désespoir. « Dans ma trente et unième année, je n'ai plus rien à désirer que la mort, écrit-elle. Pourquoi, mon Dieu, ne puis-je me satisfaire de la vie qui semble convenir au commun des mortels ? […] Mon Dieu, que vais-je faire[31] ? »

Florence se rebelle. Elle harcèle ses parents pour obtenir l'autorisation de se rendre à un stage de formation en Allemagne, à l'institut Kaiserwerth, près du Rhin. Sa famille résiste. Un jour, sa sœur lui jette ses bracelets au visage avec une telle violence que Florence perd connaissance. Mais elle finit par se rendre à Kaiserwerth.

À l'institut, les cours commencent à cinq heures du matin. La journée se termine par une lecture de quelques chapitres de la Bible. La nourriture est exécrable, les chambres spartiates, l'instruction pratiquement nulle. Florence ne s'en inquiète pas outre mesure, car c'est grâce à ces conditions difficiles qu'elle est maintenant sûre de sa vocation. «Ceci est la vie, écrit-elle à sa mère. Maintenant je sais ce que c'est que vivre et aimer la vie [...] Je n'aspire à aucune autre terre, à aucun autre univers[32]. »

En rentrant chez elle, Florence retrouve intacte l'opposition de sa famille. Mais elle va bientôt en triompher. En 1853, on lui propose de diriger l'Institution for the Care of Sick Gentlewomen, un hôpital pour femmes invalides. Bien qu'elle n'ait que mépris pour les dames charitables qui en sont les responsables — elle les appelle les «*fashionable asses**» —, Florence fait fi de l'hostilité de sa famille et accepte le poste. Une fois la jeune femme installée dans ses fonctions, les «*fashionable asses*» sont horrifiées par son zèle et par son énergie. Florence réorganise l'établissement selon un principe révolutionnaire pour l'époque : le patient est de la plus haute importance. Elle force les responsables de l'hôpital à accepter *toutes* les femmes malades — pas seulement les anglicanes.

Elizabeth Gaskell, écrivain bien connu à l'époque, décrit l'infirmière comme une sorte de sainte dynamique et compatissante, mais froide. Sa voix douce et ses manières discrètes démentent son caractère inflexible et la force irrésistible de sa personnalité. Florence a des causes plutôt que des amis. En bref, elle plane, conclut Elizabeth Gaskell, quelque part entre Dieu et le reste de l'humanité.

L'une des caractéristiques de l'infirmière est son célibat, choix capital mais qui semble lui être facile. Pour elle, c'est un prix léger à payer pour sa liberté. Elle incorpore harmonieusement la chasteté et la pratique de la profession à laquelle Dieu l'a destinée à un style de vie de plus en plus austère. Même ses relations intenses avec les hommes qui la vénèrent semblent privées de dimension sexuelle. Elle fait toujours en sorte que leur admiration se sublime en d'inlassables efforts en faveur des causes qu'elle défend. Cette ferveur peu menaçante permet à Florence de négocier avec des personnalités importantes — médecins, politiciens et officiers de l'armée — sans que se glisse jamais la moindre bouffée de scandale dans ces relations. Il en est de même de ses rapports avec Monckton Milnes, qui a épousé sa sœur Parthe parce qu'elle l'a éconduit.

---

* Que l'on pourrait traduire par «idiotes distinguées».

Florence en arrive à la deuxième étape de sa mission. Elle orchestre une série de changements radicaux dans son existence qui vont la mener de Harley Street à Scutari, en Turquie, où elle va diriger le contingent d'infirmières d'un hôpital. En 1854, accompagnée d'un groupe de religieuses et d'infirmières, elle débarque dans un édifice où des soldats blessés se meurent de malnutrition, de gangrène et d'infections diverses. Les rats grouillent dans les salles, des ordures pourrissantes traînent sur le sol ; les arrivantes y trouvent même un corps qui se décompose lentement. L'endroit manque de meubles, de tables d'opération, de vaisselle et de provisions. Dans le sous-sol, deux cents femmes sales et querelleuses meurent de faim, entassées les unes sur les autres. Dehors, des latrines bouchées débordent et empoisonnent l'air.

En dépit de ces conditions épouvantables, le pire ennemi de Florence reste la bureaucratie. Les médecins vont jusqu'à refuser de reconnaître son existence et lui interdisent l'entrée des salles où sont installés les malades. Mais son heure arrive. Après la bataille de Balaklava, un afflux de blessés oblige les médecins hostiles à accepter son aide. Les blessures de guerre, le choléra, les engelures et la dysenterie ravagent les troupes. Près de trois soldats sur quatre sont malades ou blessés. Florence se lance dans une lutte acharnée pour les sauver. Elle les lave, les nourrit, les apaise, les écoute et rassemble de l'argent pour eux. La nuit, elle leur rend visite avec une lanterne turque — on l'appelle « la Dame à la lampe ». Finalement, le taux de mortalité à l'hôpital de Scutari passe de 42 à 2,2 %.

Pour ses patients et pour la population, Florence est une héroïne. Elle sait cependant que, sans le soutien des gens ordinaires, qui empêchent le ministère de la Guerre de se débarrasser d'elle, beaucoup de médecins militaires et d'officiels la sacrifieraient comme Jeanne d'Arc. Elle accomplit des miracles, ne fût-ce qu'en défiant constamment les autorités. Elle fait appel à l'aide de personnes influentes, dont la reine Victoria, et impose son système et ses valeurs avec une main de fer.

Mais Florence Nightingale met son corps fragile à rude épreuve. Elle est usée par les nuits blanches, une alimentation insuffisante, un travail acharné, car elle est à la fois infirmière et administratrice. Les intrigues la minent. Elle tombe malade à deux reprises, victime d'une névrose post-traumatique dont elle ne se remettra jamais vraiment[33]. Rentrée en Angleterre, elle adopte un costume quasi religieux — une simple robe noire et une coiffe sévère. La maladie et un régime par trop frugal l'ont amaigrie. Le souvenir de tous les soldats qui reposent dans leur tombe en Crimée est indélébile ; Florence ne peut oublier la guerre. Mais les blessures, le sang, la dysenterie, la faim, les froids implacables et les chaleurs infernales ne la hantent pas autant que « l'alcoolisme, la brutalité éthylique, le découragement, la maladie, la lâcheté, le désordre régnant parmi les subordonnés, la jalousie, la dureté, l'indifférence et la brutalité égoïste des administrateurs[34] ».

À demi invalide, Florence passe la seconde moitié du siècle sur un canapé ou au lit, entourée de ses chats persans, souvent tourmentée par la présence envahissante de sa mère et de sa sœur — deux femmes qui lui semblent insensibles. « L'occupation principale de Parthe et de maman est de rester couchées sur un canapé à se dire qu'il ne faut surtout pas qu'elles se fatiguent à mettre des fleurs dans un vase[35]. » Le contraste entre ces femmes et Florence est saisissant. L'infirmière, qui n'a jamais cessé de critiquer leur oisiveté, attend de ses amis et admirateurs une loyauté absolue, et exige autant d'eux qu'elle exige d'elle-même.

Jusqu'à la fin de sa vie, Florence poursuit ses croisades depuis son lit. Elle rédige des rapports et des exposés, prépare des projets — construction d'hôpitaux, promotion de la santé publique en Inde, réforme dans les hospices. Elle élabore le premier programme de formation pour la profession d'infirmière. Elle transforme ce métier, considéré comme honteux et réservé aux bons à rien, en une vocation respectable, voire noble. Elle écrit un livre, *Notes on Nursing : What It Is, and What It Is Not**, qui reste un des meilleurs ouvrages sur le sujet.

Jusqu'à la fin de sa longue existence, cette femme hors du commun n'aura jamais le moindre regret d'avoir choisi d'être infirmière plutôt que maîtresse de maison. Elle n'en conseille pas moins énergiquement aux femmes « de se méfier du [...] verbiage portant sur les "droits de la femme", qui presse ces dernières de faire tout ce que font les hommes tout simplement parce que les hommes le font [...], et d'un autre verbiage qui presse les femmes de ne rien faire de ce que font les hommes tout simplement parce qu'elles sont des femmes [...]. Une femme doit, bien sûr, mettre ce qu'elle possède de meilleur, *quel que soit* ce meilleur, au service de Dieu, mais elle ne doit pas prêter l'oreille à ce genre de discours[36]. »

---

* Les principaux chapitres de cet ouvrage ont été traduits dans le livre de Mme Édouard Krebs-Japy intitulé *Florence Nightingale : sa vie et son œuvre et notes sur le soin des malades* (Paris, A. Poinat, 1932).

Vers la fin de sa vie, son esprit analytique toujours en éveil perd patience devant l'idéologie et les idées reçues. Florence paye très cher ses réussites, mais lorsqu'elle quitte ce monde, à quatre-vingt-dix ans, on peut dire qu'elle a d'énormes réalisations à son actif.

Florence Nightingale suscite l'admiration des personnalités les plus éminentes de son époque — y compris la reine Victoria — et entretient avec elles une vaste correspondance. Elle mesure ses amitiés et sa vie à l'aune des objectifs réalisés — rien d'autre ne compte. La vie n'est pas un voyage mais une destination. Ce mot d'ordre s'impose à elle dès sa jeunesse, quand elle refuse de s'enliser dans un mariage victorien et qu'elle défie l'ordre naturel de la société distinguée à laquelle elle appartient en embrassant la chasteté et la liberté.

La chasteté au service d'un idéal

Des vieilles filles anglaises font la grève du sexe

Il n'y a pas grand-chose de neuf sous le soleil. Qui n'a pas souri du « mal de tête » légendaire qui saisit les femmes mécontentes, en colère, épuisées ou dégoûtées lorsque leur époux veut faire l'amour ? Une femme, ou même des milliers de femmes se retranchant derrière un malaise physique au moment fatidique ne constituent pas une société abstinente, mais lorsque les femmes agissent sciemment et que la migraine devient un instrument politique collectif plutôt qu'un stratagème individuel, le moment est venu de se poser des questions.

Souvenons-nous de *Lysistrata,* pièce dans laquelle un groupe de femmes lasses de la guerre s'unissent afin de forcer leur mari à cesser les hostilités. En refusant toutes relations sexuelles jusqu'à ce que les mâles belliqueux déposent le glaive, elles utilisent la stratégie de la chasteté portée à son plus haut degré — pour la grande cause de la paix.

À la fin du XIXe siècle, des milliers de femmes britanniques jouent dans leur vie quotidienne leur propre version de *Lysistrata*, mais, à la différence de leurs consœurs grecques, elles sont toutes célibataires et considèrent leur état comme une grève délibérée et permanente, destinée à protester contre la position inférieure de la femme.

La féministe Lucy Re-Bartlett exprime cette révolte en termes vibrants : « Aujourd'hui, dans le cœur de beaucoup de femmes s'élève un cri qui ressemble à ceci [...] : Je ne connaîtrai pas d'homme et je ne porterai pas d'enfant jusqu'à ce que cette apathie soit anéantie et ces injustices réparées [...]. C'est la "grève silencieuse", qui se déroule partout dans le monde[37]. »

Quel peut bien être le rapport entre une « grève silencieuse » et le chaste célibat d'un groupe ? Mis à part la sensibilisation politique et le courage moral, quelles réalités se cachent derrière la détermination agressive de toutes ces femmes ?

Les réponses sont nombreuses et se répercutent, bien au-delà de l'Angleterre, jusqu'en Amérique du Nord. La première raison est tout simplement démographique : près d'une femme sur trois est célibataire et une sur quatre le restera. En raison de l'immigration et parce que l'espérance de vie des hommes est plus courte, la population masculine est sensiblement moins nombreuse. À partir de l'année 1821, où un recensement britannique fait état de 1036 femmes pour 1000 hommes, ce déséquilibre augmente pour atteindre, après la Première Guerre mondiale, une proportion de 1096 femmes pour 1000 hommes[38].

Mais ces chiffres sont loin d'être la cause évidente du phénomène. Le déséquilibre numérique a un effet indéniable sur les chances de chaque femme de trouver un mari, mais l'enjeu est beaucoup plus fondamental.

Dans les années 1880, on observe un relâchement de quelques-unes des lois qui condamnaient les femmes à une dépendance sociale et économique. Ce changement touche particulièrement les femmes des classes privilégiées. Les études supérieures, par exemple, leur sont plus accessibles, ainsi que certaines professions. Les emplois se multiplient à tel point que quelques femmes arrivent à se faire engager. En raison du Married Women's Property Act (loi sur le droit de propriété pour les femmes mariées), les femmes peuvent disposer de leur salaire et ne sont plus tenues de le remettre à leur mari. La perspective d'un emploi rémunéré est plus attrayante que jamais.

Il ne s'agit pas de cadeaux offerts par un gouvernement qui veut faire preuve de munificence. Ces progrès sont le résultat de décennies d'agitation, souvent provoquées par des femmes de la moyenne et de la haute bourgeoisie luttant contre l'oppression qu'elles subissent. Un grand nombre d'entre elles prennent également fait et cause pour leurs sœurs des classes laborieuses — femmes dont l'oppression se manifeste différemment, mais découle, elle aussi, du système de domination patriarcale.

Si les lois et les usages avaient évolué au même rythme, offrant aux travailleuses la même indépendance légale qu'aux hommes, le célibat n'aurait pas paru aussi tentant. Ce qui reste exaspérant, c'est qu'une femme, lorsqu'elle se marie, échange tout simplement l'autorité de son père contre celle de son mari. Il est vrai que le Married Women's Property Act, dûment révisé et amélioré en 1882, autorise les femmes à disposer de leurs biens, mais, sur d'autres plans tout aussi cruciaux, elles restent juridiquement soumises à leurs époux. Trop souvent, passant de l'autorité du père à celle du mari, les filles sont victimes d'un marché malheureux.

Dix ans avant ces bouleversements, une équipe de recherche féminine expose ainsi la situation : « Une femme ne devrait pas oublier [...] qu'en se mariant elle abandonne un grand nombre d'avantages. Elle renonce, bien entendu, à son indépendance en posant tout simplement le geste officiel qui fait d'elle la propriété d'un homme. Ses habitudes, ses objectifs, la société qu'elle fréquente, et parfois même ses amis, devront souvent s'incliner devant cette nouvelle réalité. »

Florence Nightingale, quelques années plus tôt, n'affirme-t-elle pas que les femmes qui se marient « doivent sacrifier toute leur existence » ? Ne pose-t-elle pas cette question cruciale : « Les femmes doivent-elles annihiler toutes leurs aspirations au profit de la carrière d'un mari[39] ? » Comme beaucoup d'autres femmes de son rang, Florence reste célibataire — et chaste — afin de sauvegarder l'indépendance personnelle qui lui est indispensable pour accomplir sa mission et satisfaire ses ambitions.

Certes, les statistiques et les différents facteurs qui empêchent les femmes de dénicher un époux convenable font qu'un grand nombre d'entre elles se languissent dans un célibat méprisé par la majorité. Elles se désolent à l'idée de ne jamais avoir d'enfant ; elles souffrent du dédain de ceux qui se sentent tenus de les héberger après la mort de leurs parents ; et, au bout du compte, elles se croient condamnées à mener une existence d'un ennui mortel. (Les plus sensées d'entre elles auraient probablement vu les choses autrement si elles avaient su quel sort déchirant était réservé aux petites veuves hindoues.)

La pénurie d'hommes en Angleterre n'explique certainement pas pourquoi un quart des femmes ne se sont jamais mariées — en réalité, même aux époques les plus difficiles, il n'y a jamais plus de onze femmes pour dix hommes. Et celles qui veulent se marier peuvent toujours émigrer en Australie, un continent majoritairement peuplé d'hommes — parfois certes peu recommandables.

Comment expliquer alors une telle vague de célibataires parmi les femmes de la classe moyenne? Dans *Marriage as a Trade,* la dramaturge Cicely Hamilton prétend qu'il s'agit d'une tactique politique destinée à rallier un grand nombre de femmes célibataires prêtes à contester la domination mâle et à lutter contre de prétendus «sévices sexuels». Car, mis à part les femmes qui ont une relation charnelle avec d'autres femmes — un petit pourcentage —, les célibataires considèrent la chasteté comme un instrument indispensable de leur campagne[40].

Une de ces vieilles filles par vocation note que «là où un si grand nombre de femmes ont des rapports sexuels que le célibat en devient pratiquement inexistant, la position de ces dernières, sur le plan social, économique et intellectuel, est de second ordre[41]».

À la fin du XIXe siècle, la plupart des célibataires sont des femmes de la bourgeoisie — socialement frustrées, révoltées et très averties sur le plan politique — qui ont délibérément choisi ce statut. Selon elles, les rapports sexuels avec un homme entraînent la perte de leurs droits juridiques et, malgré la nouvelle loi de 1882, constituent une atteinte à leurs droits de propriété, ainsi qu'une abdication de leur indépendance personnelle. Pour elles, le célibat sexuel est une stratégie destinée à améliorer la condition féminine. Avec une tranquille détermination, elles décident de subvenir elles-mêmes à leurs besoins et refusent tout bonnement de convoler.

Vieilles filles unies

«Cherche communauté spirituelle pour professionnelles résolument célibataires, rebelles et très avisées sur le plan politique.» La toile de fond de cet avis de recherche est l'Angleterre de la fin du XIXe siècle. Les protagonistes sont des femmes semblables aux «grévistes silencieuses» décrites plus haut: de jeunes personnes instruites qui ont opté pour le célibat en signe de protestation contre le système du «deux poids, deux mesures» qui entrave l'ensemble de leur existence, que ce soit sur le plan juridique, politique ou, plus généralement, social.

Dans les années 1880, une nouvelle génération de femmes décident de prendre leur vie en main. Dans l'un de ces groupes ambitieux et plein de vitalité évoluent l'écrivaine activiste Beatrice Potter[42] et les romancières Margaret Harkness, Amy Levy et Olive Schreiner. Ces femmes aventureuses n'ont pas quitté le toit paternel (et l'autorité patriarcale) pour s'installer dans des résidences communautaires réservées aux femmes — comme l'a fait une première vague d'enseignantes, d'infirmières et de travailleuses sociales —, elles ont choisi d'habiter dans des logements individuels.

Comparé à la confortable résidence du quartier chic de leur enfance, leur nouveau foyer est très modeste. Il se trouve au centre de Londres, loin de la demeure traditionnelle, à l'abri des questions et des critiques familiales. L'endroit permet une grande liberté de mouvement tout en préservant l'anonymat. Mais son atout le plus précieux, c'est qu'il rassemble une grande quantité de femmes partageant les mêmes idées. Elles forment ainsi, au cœur de la fourmillante métropole, une communauté d'âmes sœurs dont la solidarité mutuelle est un rappel constant des buts qu'elles poursuivent.

Le choix du célibat et ses conséquences ne facilitent pas la vie de ces femmes. Indépendante ou pas, une jeune personne convenable ne se promène pas seule et mange en compagnie. « Certains quartiers de Londres, écrit Virginia Woolf dans *The Pargiters,* sont aussi infranchissables qu'un marais grouillant de crocodiles — sauf si l'on est accompagnée de sa mère. » « Être vue seule dans Picadilly [...] équivaut à traverser Abercon Terrace [un quartier résidentiel] en peignoir, une éponge à la main[43]. » En dépit des contraintes, ces jeunes femmes téméraires s'installent dans le centre-ville, bien décidées à mener, en célibataires, une existence autonome et digne d'être vécue.

À la différence des milliers d'employées abstinentes qui subviennent à leurs besoins et vivent loin des leurs, le célibat de ces femmes résulte d'une position purement politique. Leur chasteté n'a rien à voir avec la morale, ni avec la peur d'une grossesse, ni avec le désir de rester pure jusqu'à ce que le Prince Charmant se matérialise — avec une proposition de mariage en bonne et due forme. Parfois elles s'étonnent elles-mêmes d'avoir rejeté mariage bourgeois et maternité pour tenter de se faire une place dans la dure réalité d'une ville sale et cruelle. C'est le cas de Beatrice, une travailleuse sociale, qui note ses réflexions dans son journal intime.

> « Qui l'aurait cru ? » — C'est ce que nous nous demandons [Maggie et moi] quand nous repensons à notre enfance, lorsque nous étions deux écolières nous promenant dans la lande près de Bournemouth [...], discutant de nos problèmes religieux, donnant libre cours à nos inquiétudes sur l'avenir du monde et prophétisant que, dix ans plus tard, nous ne parle-

rions plus que de problèmes domestiques et de linge de bébé [...] Qui aurait pu imaginer cet avenir qui est maintenant le nôtre[44]?

Enhardies et profondément influencées par leurs idées et leurs expériences mutuelles — et par les histoires de Beatrice sur les indigents dont elle s'occupe —, ces femmes abattent un travail impressionnant. Elles écrivent sur la réalité des pauvres à Londres et rejettent l'attitude condescendante des bourgeoises qui barbotent dans les œuvres charitables. Leurs personnages sont présentés avec lucidité et sensibilité.

Dans son roman *Out of Work,* Maggie Harkness n'essaie même pas de cacher qu'elle décrit le quartier pauvre dans lequel elle vit. Elle dépeint de façon émouvante la vie des dockers. Dans *Reuben Sachs,* Amy Levy, tourmentée et dépressive, condamne les valeurs bourgeoises juives. Elle écrit de courageux poèmes qui mettent en scène des amoureux platoniques :

Avant que le monde entier ne soit devenu si morne,
Quand j'étais jeune et que tu étais là [...]
Et que toutes nos observations portaient
Sur les Arts et les Lettres, la Vie et l'Homme,
Fièrement, nous trônions tous deux,

Du haut de notre Objectivité ;
À peine amis, pas amants (chacun l'affirmait),
Plutôt asexués, Philosophes à l'abri de tout risque[45].

Il est intéressant de voir que les romans de Maggie et d'Amy sonnent d'autant plus justes que leurs héroïnes leur ressemblent. La narratrice, Mary Cameron, alter ego de Maggie, vit à Ladies Chambers, « un drôle d'endroit plein d'étudiantes en médecine — qu'elle appelle "garçons manqués" — de journalistes, d'artistes et de veuves ». Mary orne sa chambre « de vaisselle et de bibelots japonais, d'objets d'artisanat et de ces babioles dont s'entourent les étudiantes et leurs consœurs[46] ». Depuis qu'elle a quitté le presbytère de ses parents, à la campagne, elle gagne sa vie en corrigeant des épreuves et enseigne la sténographie et la dactylographie. En d'autres mots, Mary personnifie parfaitement Maggie et ses amies.

Mary et les personnages féminins des autres romans sont une justification de la vie chaste des femmes qui les ont imaginés, une vie délibérément choisie et soigneusement organisée. Ces dernières ne se contentent pas de sonder et de décrire la vie des pauvres et de s'inspirer de la rude existence des ouvrières, elles ont aussi un talent qui leur permet de vivre de leur plume.

Leur fière chasteté ne les obsède pas. Elles sont trop occupées à faire leurs propres expériences, à travailler et à profiter de la vie. Ce qui n'exclut pas les idylles. Beatrice, par exemple, badine (chastement, bien entendu) avec le politicien radical Joseph Chamberlain, dont elle repousse la demande en mariage. L'engagement collectif de ces femmes ne fait que consolider davantage leur complicité et les empêche de succomber à la domination masculine. Beatrice, pourtant très attirée par Chamberlain — un homme puissant, prospère et plus âgé qu'elle —, est un parfait exemple de cet engagement. En dépit de ses sentiments, elle se dérobe lorsqu'elle découvre que cet homme a une personnalité dominatrice : « Si le destin nous unissait (contre *ma volonté*), toute joie et légèreté d'esprit me déserteraient. Je devrais m'absorber dans la vie d'un homme dont les objectifs ne sont pas les miens, qui me refuserait toute liberté de pensée, et à la carrière duquel je devrais soumettre toute ma vie, mentale et physique[47]. »

Malgré son succès, cette communauté spirituelle de femmes célibataires est aussi vulnérable que les autres. Le problème n'est pas tant le célibat qui la fonde, que les aléas de la vie : problèmes financiers et professionnels, émigration et, dans le cas d'Amy Levy, une profonde et incurable mélancolie. Après dix ans à peine, les femmes se séparent, fermant pour toujours les portes de leur communauté célibataire extraordinairement productive[48].

Leur union n'a pas échoué, elle s'est desséchée, comme une vigne se racornit, indifférente aux abeilles pollinisatrices et imperméable à la pluie bienfaisante. Dans les premiers temps, elle a porté des fruits abondants. Ses succulentes grappes ont fermenté et produit des vins capiteux. Les femmes qui en faisaient partie avaient banni de leur vie toute forme de pusillanimité. Leurs idées ont donné naissance à la prose et à la poésie, devenues la raison d'être de la communauté — preuve évidente que, au sein d'un groupe de célibataires, des femmes indépendantes peuvent créer et réussir. Quant à leurs héroïnes, fidèles reflets de ces romancières, elles continuent à vivre de manière fictive dans leurs communautés de célibataires, touchant le cœur d'autres femmes et les encourageant à prendre leur avenir en main.

La sexologie contre « le dard porteur de mort »

La « grève silencieuse » et son contingent de vieilles filles fières et indomptables ont des conséquences inévitables : la sexologie, dernière née des champs d'investigation « scientifique », et le mouvement en faveur de la maternité. Les pères fondateurs de la sexologie, l'Anglais Havelock Ellis et les Allemands Iwan Bloch et August Forel[49], mettent d'abord l'accent sur les différences biologiques entre l'homme et la femme. Selon Ellis, « la sphère particulière de la femme est de porter les enfants, de les élever et de s'occuper du foyer. La sphère première de l'homme reste l'exploration de la vie hors du foyer, que ce soit dans l'industrie, les inventions ou les arts[50]. »

Camouflant cette déclaration sous un jargon scientifique, Ellis extrapole et livre ses conclusions. L'une d'elles affirme que la relation sexuelle idéale découle d'un accord parfait entre la domination masculine et la soumission féminine. Une autre exclut que la femme idéale, parangon de la maternité, puisse être une « vieille fille » — expression qui accentue la connotation malsaine associée aujourd'hui autant qu'hier à ce triste état.

Comme tant d'admirateurs de la maternité, Ellis se targue d'avoir un programme féministe. Son éloge du merveilleux travail des mères ne peut que servir la gloire de la femme. Le sexologue semble sincère, puisqu'il prêche en plus l'idée nouvelle que la femme doit, ou du moins devrait, prendre plaisir à l'acte sexuel. Finie la position du missionnaire, mâchoire et poings serrés, et l'invasion génitale bi-mensuelle que l'on supporte pour la plus grande gloire de l'Angleterre et de l'Empire. (Signalons qu'Ellis a perdu une maîtresse qu'il aimait parce qu'il n'a pu atteindre une érection complète lors d'un rapport sexuel avec elle. Son passe-temps favori est de regarder une femme uriner, obsession qui lui vient tout droit d'un souvenir d'enfance inoubliable : maman qui fait pipi dans le jardin.)

L'adhésion d'Ellis à la grande cause de la maternité — appelée *Mutterschutz* en Allemagne — explique en partie l'énorme influence du sexologue. À partir des années 1880, la natalité est en baisse et la mortalité infantile monte en flèche. Des examens médicaux révèlent la santé déficiente d'un grand nombre d'écoliers, et un taux élevé d'aspirants sont refusés par l'armée en raison de leurs nombreuses infirmités. La situation est inquiétante — les autorités, en tout cas, se disent que quelque chose ne tourne pas rond. La solution semble reposer sur de super-mères, qui inverseront cette désastreuse tendance. Selon Ellis, les femmes doivent entreprendre la « régénération de la race » et participer à l'« évolution d'une super-humanité ».

Les femmes, elles aussi, investissent dans l'idéal de la maternité. Certaines pensent ainsi valider le rôle qu'elles ont choisi ou que l'on a choisi pour elles. D'autres, persuadées que la sexologie est une science, adhèrent aux conclusions que ses théoriciens exposent d'une façon si convaincante. Celles-ci s'opposent aux convictions féministes, soutenues par la « grève silencieuse » de ces vieilles filles déterminées qui ont décidé de prendre en main leur existence et de refuser d'abdiquer leurs droits en faveur d'un mari.

Censurer ces célibataires devient l'idée fixe des antiféministes. Pour dénigrer les vieilles filles, une adepte de la maternité n'hésite pas à employer la métaphore de la ruche, dans laquelle l'ouvrière stérile représente la « femme superflue » qui a refusé de se marier ou n'a pas trouvé de prétendant. Comme l'abeille inutile, les vieilles filles qui renoncent au « pouvoir de donner la vie » sont armées d'un « dard meurtrier ».

Un antiféministe brandit, quant à lui, la menace d'une guerre civile entre épouses et femmes célibataires, qualifiées de « rebut de la population féminine ». Dans *Modern Woman and How to Manage Her,* l'auteur considère que les vieilles filles sont des « femmes qui condamnent les hommes » ou des « femmes qui haïssent les hommes ». « Ces femmes qui sont "indépendantes des hommes", cette foule disparate, pathétique dans son défi contre le premier principe de la nature et insignifiante sur le plan biologique et social. » Il va même jusqu'à proposer la polygamie comme solution au « célibat volontaire » au nom du droit à vivre sa vie — but ultime d'un grand nombre d'Anglaises révolutionnaires[51].

Des années plus tard, des allégations de lesbianisme et de frigidité, l'un et l'autre causés ou aggravés par le célibat, renforcent les attaques contre les femmes célibataires et indépendantes. Étant donné qu'en Angleterre la population féminine dépasse de deux millions la population masculine, il s'agit là d'une charge passablement lourde. Les célibataires sont considérées — de façon négative, bien sûr — comme les forces motrices qui se cachent derrière les réformes en rapport avec toutes les espèces, humaines et animales. Charlotte Haldane, une antiféministe virulente, dénonce « le fanatisme et l'excentricité » de ces vierges dangereuses, animées de sentiments qui les poussent à embrasser sans réserve « une science bizarre, des religions bizarres et une philanthropie bizarre », à s'engager sans discernement dans des croisades aussi méprisables que le combat contre la vivisection — fléau du progrès scientifique en Angleterre —, la création de foyers pour les chats et les chiens, les activités missionnaires et la propagande « anti-plaisir »[52].

En outre, « on en sait suffisamment [à propos des effets psychologiques d'une virginité définitive], affirme Haldane, pour être conscients de l'imprudence qu'il y a à confier certaines responsabilités, notamment envers des individus et envers l'État, à des vierges d'un certain âge ».

Les lesbiennes, appelées femmes « intermédiaires », sont encore plus suspectes. On ne devrait leur confier que des tâches subalternes, car, en tant qu'éducatrices, infirmières ou médecins, elles pourraient faire énormément de mal[53].

Travesties par les sexologues et leurs alliées du mouvement pour la maternité, la chasteté que des femmes en quête d'indépendance ont un jour adoptée avec enthousiasme et détermination est considérée comme une souillure, une cape de sorcière portée par des folles en puissance, une mascarade de lesbiennes. La société continue à exiger que les fiancées restent vierges, mais cette virginité n'est rien d'autre que l'offrande suprême qu'elles font à des hommes qui les manipulent ensuite tout le reste de leur vie. Les « filles » moins jeunes et les femmes non mariées sont des objets de pitié. Les célibataires volontaires sont violemment condamnées, quelle que soit la noblesse de leurs raisons. Leur féminisme est vilipendé. C'est un phénomène antisocial, une malédiction qui ne mérite aucune considération. Le célibat est devenu aussi détestable que ses objectifs : l'indépendance et l'accomplissement individuel de la femme.

CHAPITRE VII

Un devoir féminin

La chasteté comme garantie

Une paternité assurée

Où et quand le concept de chasteté a-t-il été formulé pour la première fois ? Était-ce à l'origine une pratique de chamans, récupérée par des chasseurs et des guerriers ambitieux ? A-t-elle d'abord été imposée aux filles nubiles afin que leur corps reste vierge pour l'homme avec lequel elles allaient procréer ? L'histoire de la chasteté, sous les traits de la virginité et de la continence, se perd dans la nuit des temps. Celui qui s'entête à vouloir en percer les secrets doit d'abord réunir toutes sortes de vestiges préhistoriques, de témoignages historiques et de supputations, dans l'espoir que des miettes de vérité en sortiront.

D'innombrables données confirment la subordination quasi universelle de la femme dans les époques primitives de l'humanité. En dépit du mythe consolateur des grands matriarcats, les communautés dans lesquelles la femme est l'égale de l'homme sont rares. Une étude faite par un chercheur sur plus de huit cents sociétés révèle l'ahurissante suprématie des hommes dans les postes de commande — y compris dans les groupes familiaux[1]. La Chine est tout à fait représentative de cet état de choses. Ce pays a toujours déprécié les femmes. Même aujourd'hui, le taux de suicide féminin dans les régions rurales est de 40 % supérieur à celui des hommes[2]. Les mécanismes de cette entreprise mondiale d'« infériorisation » ne sont pas clairs, mais une chose est certaine : contrairement aux sociétés de chasseurs-cueilleurs et d'horticulteurs, la plupart des sociétés d'agriculteurs sédentarisés basent largement leur continuité sociale et leur stabilité interne sur la chasteté féminine — la meilleure garantie pour un transfert génétique réussi[3].

Les rares exceptions à cette règle ne font que confirmer son universalité. Les hommes vierges de la petite société anga, chez les Papous de Nouvelle-Guinée, sont de parfaits exemples d'un phénomène rare : la virginité masculine obligatoire. Inversement, certaines cultures accordent une importance si essentielle à la procréation que les hommes refusent tout commerce charnel avec des femmes qui n'ont pas prouvé leur fécondité en ayant au moins un enfant[4]. Mais nous verrons que ces cultures sont elles aussi des exceptions.

Moins rare est la norme sociétale qui accepte, et souhaite parfois, qu'il y ait relations sexuelles prénuptiales entre futurs époux, et grossesse rapidement suivie de noces. Un exemple européen de cette coutume nous est donné par l'Angleterre georgienne du XVIIIᵉ siècle où, dans les nombreuses paroisses rurales, seulement 3 % des naissances illégitimes ne sont pas suivies de mariage. Il est manifeste que, dans la plupart des cas, les relations sexuelles prénuptiales sont acceptées et que la grossesse précipite la cérémonie[5].

Néanmoins, beaucoup de sociétés qui tolèrent une chasteté relative chez les femmes des classes inférieures exigent de leurs sœurs de plus haut rang la virginité prénuptiale. En resserrant les règles de conduite des femmes de la haute société, ce critère de classe contribue à faire valoir leur supériorité morale. Paradoxalement, une tendance inverse est observée chez les hommes de haute naissance, qui sont parfois autorisés, et même encouragés, à avoir des expériences sexuelles avant le mariage.

Le deuxième intérêt majeur de cette exaltation de la chasteté est d'ordre religieux[6]. Parallèlement au cheminement de l'humanité, les religions et les croyances ont évolué. Nous avons vu de quelle manière les valeurs spirituelles s'accommodent de la sexualité et régissent ses modes d'expression. Dans la plupart des religions, la chasteté a ses défenseurs et ses pratiquants, entre autres les veuves, les chamans et les prêtres. La continence n'est donc pratiquée que de façon sélective — sauf dans les communautés isolées —, car on sait qu'une chasteté systématique serait un suicide génétique. Mais la virginité de la future épouse n'en reste pas moins l'idéal religieux dans la grande majorité des cultures[7].

Le troisième intérêt — et peut-être le moteur de cette politique de chasteté — est économique. Dans beaucoup de sociétés, la fille d'un homme riche fait partie du patrimoine familial et occasionne, par son mariage, soit la perte des terres et des biens paternels qui constituent sa dot, soit l'acquisition des propriétés et des biens déposés par le futur époux dans la corbeille de mariage. La chasteté, qui symbolise la nature pure et virginale des biens, occupe une place de premier plan dans la liste des qualités nécessaires à la fiancée marchandise.

Une brève analyse des considérations les plus importantes qui sous-tendent cette obsession de la virginité révèle que la pureté de la jeune mariée apporte plusieurs garanties à son époux : 1) les enfants que sa femme mettra au monde — en tout cas le premier — seront bien ses rejetons[8] ; 2) elle ne l'a pas déshonoré en permettant à un autre homme de la déflorer et d'avoir un commerce charnel avec elle ; 3) le fait qu'elle a pu refouler ses désirs sexuels prouve qu'elle est capable de rester fidèle dans la vie conjugale ; 4) en obéissant aux ordres de sa famille, de sa culture et/ou de sa religion, elle a démontré son sens du devoir et sa soumission à l'autorité d'un mari ; 5) en entrant dans le mariage sans le fardeau d'un enfant, elle a mis sa dot et son énergie à l'exclusive disposition de la famille qu'elle va fonder.

La famille de la jeune mariée et celle de son époux retirent également des bénéfices de cette pureté : 1) la virginité de la fiancée permet à sa famille de négocier le mariage de la manière la plus fructueuse qui soit ; 2) elle n'a jamais fait honte ni à sa famille ni à celle de son mari par un comportement répréhensible ; 3) elle n'a pas violé le commandement contre la sexualité prénuptiale — ce qui aurait fait tomber sur sa famille le châtiment divin. Pour tous ces motifs, la défloration acquiert un sens quasi mystique.

Il n'en est pas moins vrai que la plupart des sociétés qui exigent la virginité féminine prénuptiale savent que cette dernière n'est pas naturelle. Elles doivent donc l'imposer. Pour ce faire, des méthodes énergiques sont mises au point — entre autres le bandage des pieds et la mutilation génitale féminine. Le principe de virginité est inculqué aux filles dès leur enfance ou prescrit comme une obligation religieuse. Les sociétés punissent les contrevenantes, parfois sévèrement, ou exigent que les filles se marient alors qu'elles sont encore trop jeunes pour avoir des désirs sexuels. Enfin, elles récompensent les vierges et leur famille. Une jeune femme qui sacrifie un plaisir intime immédiat peut bénéficier d'une compensation économique et sociale considérable : un mari qui subvient à ses besoins et qui peut même offrir à sa famille un cadeau de mariage substantiel en échange de sa virginité. Cet échange lucratif a ses dimensions ironiques. La sexualité que la vierge doit juguler faisait jadis partie d'une stratégie évolutionniste destinée à attirer les mâles les plus forts et les plus productifs. Et voici que la femme poursuit le même but en réprimant cette sexualité, se servant de sa virginité pour attirer le conjoint qui va l'acquérir au prix d'un serment de mariage. En 1981, lorsque la royauté britannique arrête son choix sur Diana Spencer pour devenir l'épouse de l'héritier du trône, elle laisse entendre au monde entier que la virginité tant vantée de la jeune fille est l'un de ses principaux atouts.

Une telle mentalité fait peser une énorme responsabilité sur les épaules des femmes. Lorsque, par faiblesse ou par choix, une fille succombe à ses désirs charnels, elle risque fort de détruire son avenir et de devenir la honte de sa famille.

Vierges et filles déshonorées

Essayons d'appliquer ces principes généraux à quelques sociétés bien réelles : la Chine traditionnelle contemporaine, la Grèce antique et quelques pays du Moyen-Orient musulman d'aujourd'hui. Ces trois sociétés exigent des fiancées qu'elles offrent leur virginité à leurs futurs époux.

Pendant de longues périodes de leur histoire, les Chinois ont maintenu la chasteté de leurs filles sur une grande échelle en leur bandant les pieds dès leur plus jeune âge. Une fois nubiles, ces malheureuses peuvent à peine clopiner d'une pièce à l'autre dans la maison — et encore moins passer la grille du jardin où les attendent des plaisirs interdits. Il arrive cependant que des femmes célibataires — estropiées ou pas — ne soient pas chastes. Certaines s'arrangent pour cacher leurs écarts de conduite. La femme qui est prise sur le fait est donnée en pâture au jugement public. Lorsqu'elle se marie, il arrive que le jeune marié se précipite hors de la chambre nuptiale en bêlant qu'il a épousé un « oiseau aux ailes brisées[9] ». Ces défaillances s'inscrivent dans les schémas habituels : les femmes sont séduites, refusent de se soumettre à la règle ou succombent à la tentation. Même les femmes aux pieds bandés n'échappent pas à ces risques.

Sur le plan spirituel, ces filles « indignes » n'ont pas mauvaise conscience, car leur infraction n'a aucune répercussion religieuse. (Ne

sont-elles pas considérées comme des êtres inférieurs aux hommes[10] ?)
Mais elles n'en ont pas moins violé le principe suprême du yin et du
yang, l'harmonie essentielle qui gouverne la société. Celles qui sont prises en flagrant délit doivent affronter les conséquences de leur acte :
enfreindre la règle de chasteté entraîne le déshonneur de toute la famille.
La culture traditionnelle du *mianzi*, qui veille au prestige de la famille,
a été profanée.

Ces peccadilles coûtent très cher aux femmes. Il est difficile, voire
impossible, à une fille souillée de dénicher un mari, sauf en usant de
subterfuges pour se faire passer pour vierge. Par ailleurs, l'homme qui
accepte d'épouser une fille déshonorée n'est pas tenu d'envoyer à sa
famille les présents coûteux qu'il est censé, en d'autres circonstances,
offrir cinq ou six fois par année.

Bien que le communisme et la modernité aient modifié les attentes
culturelles, les anciennes valeurs sont toujours présentes dans la Chine
d'aujourd'hui. En 1985, une enquête faite par Xiao Zhou dans le village
de Tongxi révèle que les femmes, aussi bien que les hommes, pensent
que la virginité féminine est primordiale dans une relation amoureuse.
À Tongxi, la famille d'un futur époux — nous parlons de familles
moyennes — débourse quatre mille yuans pour les noces, alors que
tous ses membres réunis ne gagnent que mille neuf cents yuans par
année. Le *mianzi* n'a rien perdu de son importance. Mais une fiancée
souillée ne mérite pas un mariage fastueux, et les cadeaux offerts à sa
famille sont moins beaux et moins nombreux. Elle-même reçoit des
articles de qualité inférieure : du coton par exemple, au lieu du précieux
polyester.

Selon un curieux retournement des valeurs, le matérialisme l'emporte parfois sur le *mianzi*. Dans ce cas, la famille du jeune homme a
recours à ce que l'on pourrait appeler la « chausse-trappe maternelle ».
Après avoir calculé la différence entre le prix de l'honneur et celui du
déshonneur, la famille du marié choisit le second. La mère enferme alors
son fils et sa fiancée dans une chambre, dans l'espoir que le « pire »
arrivera. Si l'acte est consommé, les noces qui s'ensuivront ne seront
pas très coûteuses. En outre, et ce n'est pas l'aspect le moins intéressant
de l'affaire, la belle-mère pourra impunément tourmenter sa belle-fille
en lui rappelant à tout bout de champ son écart de conduite.

Tout comme en Chine, la chasteté dans la Grèce antique est également
une vertu essentiellement féminine. Nous l'avons vu précédemment :

bien que les Grecs n'accordent aucune valeur à la chasteté, ils veulent que leurs filles restent vierges. Dans la mesure où la femme, pour eux, est un être lascif, des noces prématurées leur semblent préférables — les filles disposent alors de moins de temps pour succomber à la tentation avant le mariage. Ainsi, les adolescentes de quatorze ans sont considérées comme bonnes à marier et les hommes qu'elles épousent sont, bien entendu, beaucoup plus âgés[11].

Mais il arrive que les noces n'arrivent pas assez tôt pour prévenir un « accident ». Quand la jeune fille est prise sur le fait, on peut dire qu'elle a un sérieux problème. Son père est obligé de la chasser du toit familial. L'une des solutions courantes est de la vendre comme esclave. Un haut fonctionnaire athénien aurait pris des mesures encore plus draconiennes : il donne sa fille « déshonorée » à un cheval en rut ; comme aucun homme ne voudra d'elle, elle n'est plus bonne qu'à satisfaire les appétits d'une bête.

Il est dès lors naturel qu'une jeune femme fécondée par un amant clandestin lutte avec l'énergie du désespoir contre l'affreux destin qui la guette. Le stratagème le plus courant est de jurer que la semence qui est en elle est sacrée car c'est un dieu qui l'a déposée dans son ventre. La fille qui réussit à faire croire à ce genre de fable — et quelques-unes y parviennent — n'est pas seulement sauvée. Elle est traitée avec tout le respect dû à une mortelle choisie par une puissance divine. Punir une *parthenos* (c'est le nom que l'on donne à la fille déflorée par un dieu) provoquerait inévitablement un châtiment divin.

Les musulmans palestiniens rappellent les Grecs dans leur obsession de la virginité prénuptiale. S'il leur arrive de suspecter la vertu d'une fille ou d'une sœur, le père et les frères prennent des mesures immédiates. Ils n'hésitent pas à la tuer. Ce sont les « meurtres d'honneur[12] ». Souvent, le corps de la victime est brûlé. D'éventuelles preuves sont ainsi supprimées et le meurtre peut être travesti en accident. En 1991, dans la ville israélo-arabe de Ramle, la police israélienne détient une jeune fugueuse arabe de seize ans arrêtée alors qu'elle se trouvait avec un homme marié dans une voiture volée. La fille les supplie de ne pas prévenir ses parents ; elle affirme qu'ils la tueront. La police ne tient pas compte de ses prières et appelle la famille. « Votre fille est au poste. Elle a très peur. Promettez-nous de ne pas lui faire de mal. » Les parents promettent et viennent chercher leur fille. Peu après, elle est assassinée[13].

On découvre tant de victimes de meurtres d'honneur perpétrés par des fanatiques religieux que Souheir Azzouni Mahshi, directrice du comité des Affaires féminines à Ramallah, en Cisjordanie, estime qu'une femme est tuée chaque semaine à Gaza et en Cisjordanie. « Ils considèrent que les filles doivent avoir à cœur de rester vierges jusqu'au mariage et qu'elles ne doivent pas faire l'amour à droite et à gauche », explique-t-elle[14].

Ces cas ne sont pas isolés dans le monde arabe. En 1977, une princesse d'Arabie saoudite, Mishaal, acculée à un mariage arrangé, décide de fuir sa famille et son pays avec Khalid Muhallal, l'homme qu'elle aime. Avant de quitter le pays, les jeunes gens doivent passer plusieurs nuits dans un hôtel. Mishaal se déguise en homme et ils quittent l'établissement. Lorsqu'ils arrivent à l'aéroport de Jedda, la fille est reconnue par la police et livrée à sa famille.

Il n'y a pas de procès. Mais l'attitude de défi de Mishaal et surtout le fait qu'elle a jugé bon (mais peut-être n'avait-elle pas d'autre choix) de se réfugier dans un hôtel avec Khalid ont compromis sa virginité — qu'elle l'aie perdue ou pas. Coupable ou non coupable, Mishaal s'est condamnée elle-même. Bien que les membres de sa famille ne s'accordent pas sur la punition à infliger, les suppliques de ceux qui demandent qu'on lui laisse la vie sauve sont ignorées. Elle est tuée par balles dans un terrain de stationnement. Quant à Khalid, il a la tête tranchée[15]. La chasteté de Mishaal, comme celle d'autres filles infortunées, a été jugée plus importante que sa vie[16].

L'hymen, gage de virginité

À travers les âges et partout dans le monde, la virginité est essentielle chez les femmes non encore mariées. La culture, la religion ou les valeurs sociales l'exigent ; la loi veille à ce que la règle soit respectée. Mais comment faire la preuve de cette virginité ? En l'absence d'une méthode plus efficace, beaucoup de cultures ont recours à l'examen de l'hymen — examen qui est loin d'être facile et concluant car cette membrane est mal connue[17]. Bien souvent, c'est au petit bonheur la chance.

Dans « Cette très fine membrane appelée honneur », un chapitre du livre de N. El Saadawi, *La face cachée d'Ève,* on trouve une liste des différents types d'hymen. Onze pour cent des filles ont un hymen élastique, 16 % un hymen délicat susceptible d'être aisément endommagé, 31 % un hymen épais et élastique, et 41 % un hymen dont on pourrait dire qu'il est normal.

Cette insaisissable membrane dont l'aspect est si différent d'une femme à l'autre a toujours été l'objet d'examens minutieux. Seuls des médecins très expérimentés peuvent interpréter correctement ce qu'ils voient ou palpent. Pour chaque examen, il y a contre-examen, et il existe autant de gens spécialisés dans la réparation d'hymens brisés que de gens capables de détecter ces subterfuges. Dans ce concours opposant les deux groupes d'« experts », la question morale de la virginité tourne à l'absurdité.

Un test courant et qui va de soi consiste à enfoncer un doigt indiscret dans le vagin soumis à l'examen. Dans *Breath, Eyes, Memory*, un roman émouvant qui raconte l'histoire d'une jeune Haïtienne, l'auteur, Edwidge Danticat, décrit les « examens » en question. « Quand j'étais petite, raconte une mère à sa fille, ma mère vérifiait souvent si nous étions encore vierges. Elle entrait son doigt dans nos parties intimes pour voir s'il allait s'enfoncer plus loin. […] Une mère est censée faire ça jusqu'à ce que sa fille se marie, elle est responsable de sa pureté[18]. »

Les évangiles apocryphes racontent comment Salomé, la sage-femme qui a aidé Marie à mettre Jésus au monde, se montre sceptique à propos de la virginité de la jeune mère (qui serait restée vierge après la naissance de son fils). Pour vérifier la chose, elle enfonce son doigt dans le vagin de Marie. Mais avant même qu'elle puisse toucher l'hymen, elle ressent une brûlure au doigt qui l'empêche de poursuivre l'examen[19]. La signification divine de cet incident apparaît clairement à la sage-femme. Même après son accouchement, Marie a réussi le test[20].

Les Zoulous et d'autres tribus d'Afrique du Sud ont fait renaître ce rituel, pourtant disparu depuis plusieurs décennies. Avec le fléau du sida et des maladies sexuellement transmissibles, la cote de la virginité a soudainement remonté. L'examinatrice est souvent une guérisseuse qui, pour une modeste rémunération, examine ses clientes et délivre un certificat de virginité à celles qui, selon elle, n'ont pas eu de rapports sexuels. Dans le passé, c'est le test de virginité qui décidait du prix de la fiancée — une vierge valait une vache de plus, par exemple. Aujourd'hui, la virginité a des conséquences décisives sur la santé. Mais beaucoup de Sud-Africaines s'inquiètent : les vierges certifiées risquent fort d'être violées, car on croit qu'un rapport sexuel avec une vierge guérit du sida.

Au cours de nuits de noces, partout dans le monde, la preuve de la virginité est presque universellement exigée. La plus courante est le drap tâché de sang, que l'on agite fièrement devant l'assistance inquisitrice. Ce que ces gens ne savent pas — ou ne veulent pas savoir — c'est que l'épreuve du drap est la plus facile à déjouer. Les Soudanaises pauvres, y compris les vierges désireuses de prendre des précautions supplémentaires, achètent la complicité de *dayas,* sages-femmes locales qui pratiquent également la mutilation génitale féminine. Pour un peu d'argent, une *daya* falsifie ses divinations et fait en sorte que la date des noces coïncide avec les menstruations de la femme. Si cela n'est pas possible, elle insère dans le vagin de sa cliente, à la dernière minute, un petit sac de sang de poulet — qui remplacera le sang de l'hymen si celui-ci ne saigne pas ou s'il est déjà brisé. Une variante de cette méthode, la boule de sang coagulé de mouton, est utilisée un peu partout[21].

Dans la Grèce ancienne, où l'on croyait que l'hymen était une muqueuse propre à plusieurs organes à l'exception du vagin, différents types d'examens ont été mis au point. Hérodote décrit une fête au cours de laquelle deux groupes de supposées vierges armées de bâtons et de pierres se battent férocement. «Celles qui meurent de leurs blessures sont appelées "fausses vierges" [22]. »

En Algérie, des femmes plus âgées prétendent qu'elles peuvent détecter la virginité en observant la démarche d'une fille ou en écoutant le bruit qu'elle fait en urinant[23]. Certaines sages-femmes algériennes se vantent de pouvoir la déceler d'après la coloration des parties génitales. Des médecins sont parfois consultés par des parents inquiets qui désirent produire une *qamija,* ou certificat médical. Truquer cet examen est chose aisée. Il suffit de présenter une vraie vierge au médecin et de faire rédiger le certificat au nom de la fille absente.

D'autres médecins se font parfois complices. Au Soudan, par exemple, des gynécologues acceptent de reconstituer la membrane déchirée de jeunes filles riches. Dans la Grèce antique l'on a recours à des pessaires parfumés censés « rajeunir » le vagin[24].

Hymens retapés, vagins rajeunis, virginité truquée — la conspiration du subterfuge agit. Il faut qu'il en soit ainsi, car les femmes ont gros à perdre. Les conséquences d'un manquement à la pureté sont inimaginables. C'est pourquoi les mesures préventives sont si dures : réclusion, mutilation génitale, pieds bandés, campagnes de terreur.

Le paradoxe, dans cette histoire, c'est que les contraintes et les tortures sont orchestrées pour que des jeunes femmes nubiles, dont la vie hormonale est à son apogée, résistent à leurs instincts charnels et restent vierges jusqu'à ce que l'homme idéal — selon leurs parents — se présente. S'il ne se présente pas — par exemple dans une société où il y a un déséquilibre numérique entre les sexes, ou lorsqu'une jeune fille doit attendre qu'une sœur peu attrayante trouve mari —, la virginité forcée peut durer toute la vie.

Le vierges, hélas ! sont plus souvent contraintes que consentantes et convaincues. Elles savent très bien que manquer au commandement de la chasteté est grave. Elles ont parfois vu ce qui arrive aux femmes dont la faute éclate au grand jour. Le message revient comme un leitmotiv : un terrible châtiment t'attend si tu te fais prendre. La problématique est formulée dans une rhétorique dont le thème est la honte et le déshonneur de la famille — le *mianzi* est traduit dans presque tous les langues de la planète. Il est rarement, sinon jamais, abordé selon la perspective de la jeune femme.

Paradoxe encore : la femme, ce membre de moindre valeur de la société, est la personne dont la vertu est cruciale pour assurer l'honneur et la prospérité de la famille. Elle-même se considère comme inférieure, plus faible dans tous les domaines, moins digne d'une bonne alimentation, d'une bonne éducation, de loisirs agréables. En outre, on lui dénie toute possibilité de faire ses propres choix. Les tentations abondent pourtant. Son cœur lui joue des tours, son ventre palpite. Des mâles enjôleurs lui tournent autour. Si elle défaille et est prise en flagrant délit, elle est reniée, exilée, vendue comme esclave ; son frère la fait lapider, son père offre son corps à un cheval « affamé ».

Le scénario est intemporel et planétaire. Il traduit cette énigme culturelle et morale sur laquelle nos sociétés sont bâties. Les nations occidentales n'ont élargi leur jugement et relâché les règles établies à l'égard des femmes célibataires non chastes que tout récemment. Presque partout ailleurs, les anciennes coutumes prévalent.

Deux cas d'espèce :
les Aztèques et les Angas de Papouasie

Bien que la virginité prénuptiale des femmes soit l'un des grands communs dénominateurs de toutes les cultures, la plupart des sociétés imposent également des normes de conduite aux jeunes hommes. Ces normes vont de la stricte continence aux expérimentations licencieuses, souvent avec des prostituées ou des femmes de rang inférieur qui peuvent être séduites sans risques de représailles pour le séducteur. Curieusement, la plupart des cultures désapprouvent la masturbation ou la condamnent carrément, soit en tant que gaspillage du fluide vital ou comme manquement grave à la décence.

D'une façon tout à fait révélatrice, les sociétés qui imposent la virginité aux jeunes gens n'interviennent qu'avec modération — quand elles interviennent — lorsque ces derniers désobéissent. À différentes époques, au xixᵉ siècle et au début du xxᵉ siècle par exemple, apparaissent en Angleterre et Amérique du Nord des mises en garde contre la sexualité mâle prénuptiale. Mais ces préceptes moraux ne pénètrent pas la culture dominante et aucun châtiment n'est prévu en cas d'offense. Les seules tentatives dans le but de faire respecter la chasteté masculine — parmi lesquelles le Male Purity Movement fait preuve de la force de persuasion la plus énergique et la plus répandue — sont basées sur les pressions morales ou sur la crainte : crainte de la maladie, de la stérilité, de la perte de force vitale ou de dommages permanents aux délicats organes.

Deux sociétés, l'une cosmopolite et raffinée, l'autre isolée et primitive, constituent des exceptions à la règle : les Nahuas, Aztèques du Mexique, et la tribu anga de Papouasie-Nouvelle-Guinée. Comme la plupart des autres cultures, celle des Aztèques repose sur la domination masculine, mais, en ce qui concerne ses célibataires, elle se comporte différemment. Les Aztèques vénèrent la chasteté chez l'homme et chez la femme, mais à l'instar de certains Grecs, ils croient qu'elle a des effets secondaires dangereux. La fille vierge d'un dignitaire aztèque, se trouvant un jour devant un homme nu, conçoit un vif désir pour lui. Peu après, elle tombe malade et son corps se met à enfler. Il s'agit là d'un conte moral illustrant un dilemme pour lequel les Aztèques n'ont pas de solution toute faite.

La société aztèque reflète cette dichotomie. La chasteté est exigée des jeunes de familles de haut rang, que l'on distingue, bien sûr, des gens du peuple, dont les faiblesses sexuelles sont le signe de leur infériorité. Dans les classes privilégiées, la chasteté est strictement imposée aux jeunes hommes aussi bien qu'aux filles. Des punitions corporelles sévères sont le lot des contrevenants, mais la conviction que les pratiques impures entravent la croissance et le développement du cerveau est suffisamment dissuasive pour convaincre les jeunes gens de rester purs. À cela s'ajoute la crainte d'être découvert durant les exercices pénitentiels.

Les garçons honorent les dieux en perçant leur pénis. Ceux qui s'évanouissent pendant l'opération sont automatiquement classés parmi les débauchés.

La continence est également imposée aux étudiants du *calmecac,* le temple. Les jeunes privilégiés des familles qui en font partie doivent faire serment de chasteté. Ceux qui ne respectent pas leur promesse — filles aussi bien que garçons — sont exécutés : soit étranglés, brûlés vifs, ou transpercés de flèches.

La virginité féminine est portée aux nues. La déchirure de l'hymen est comparée à la perte d'un bijou précieux. On fait appel à la fierté de la jeune femme afin qu'elle préserve ce trésor et on n'hésite pas à renforcer sa détermination en agitant le spectre du châtiment. Les dieux dégoûtés feront pourrir sa chair ; son époux pourra la répudier s'il découvre que son hymen n'était pas intact le jour des noces.

S'il y a répudiation, celle-ci a lieu le sixième jour des festivités du mariage. L'époux déçu annonce la mauvaise conduite de sa femme en faisant servir le repas aux invités dans de la vaisselle trouée. La jeune mariée n'est pas lapidée à mort, comme c'est la coutume en cas d'adultère, mais elle doit s'attendre au divorce ou à une vie misérable avec un mari éternellement suspicieux.

En réalité, cet événement est rare, car les jeunes filles aztèques sont copieusement endoctrinées depuis l'enfance. Le lyrisme d'un récit traditionnel traduit bien les conseils angoissés d'un père aimant à sa fille : « Mon collier précieux, ma précieuse plume de quetzal, ma création humaine, mon fruit. Tu es mon sang, ma couleur, mon image est en toi. » Puis il lui donne cet avertissement : « Ne donne pas ton corps en vain, ma petite fille, mon enfant, ma petite colombe, ma petite fille [...] Si [...] tu cesses d'être vierge [...] tu seras perdue [...] tu ne seras plus jamais sous la protection de celui qui t'aime vraiment [...]. L'extase de l'acte d'amour sera ton souvenir le plus amer et te hantera pour toujours, parce que ton mari doutera éternellement de ta chasteté[25]. »

La préoccupation des Aztèques pour la chasteté prénuptiale découle de leur vision du monde et de leurs convictions religieuses ; elle se situe dans un juste milieu, entre l'excès et l'abstinence. En éliminant les rivalités sexuelles, elle réduit dans une large mesure les tensions entre les militaires et les ouvriers agricoles qui travaillent pour la collectivité. Un autre trait important de la virginité est qu'elle met l'accent sur la différence entre la jeunesse et la maturité. Les Aztèques craignent que

l'attachement émotionnel résultant d'une expérience sexuelle prématurée n'encourage l'individualisme ou une indépendance rebelle. Cet
état de choses risquerait de nuire gravement aux relations des jeunes
avec leur famille et compromettrait leur avenir de citoyens dans une
société très hiérarchisée soumise à des règles strictes.

La petite société anga des régions montagneuses de Nouvelle-Guinée
exige elle aussi, mais pour des raisons différentes, la virginité des jeunes
gens non mariés. Après un demi-siècle de contacts avec les étrangers,
souvent des anthropologues australiens et américains, la population
anga, qui vit sur le flanc ouest de la chaîne des monts Hagen, est évaluée
à environ 180 000 âmes. Les Angas sont des fermiers qui se spécialisent
dans la culture des patates douces et dans l'élevage des porcs, pour eux
un symbole de richesse et de prestige. Ils ont un système religieux qui
incite les hommes célibataires à rester chastes. En fait, ce précepte est si
profondément enraciné chez eux que très peu ont le moindre désir de
désobéir.

Le créateur suprême des Angas est Aitawe, qui habite le monde d'en
haut avec les êtres célestes, les *yalyakalis*. Le monde d'en bas est peuplé
de spectres, ou *timangos*, esprits puissants qui se mêlent sans cesse des
affaires des hommes et tuent parfois en mordant. Les Angas consacrent
beaucoup de temps à tenter de les apaiser. Pour ce faire, ils s'attachent
à bien observer les traditions. Lorsqu'un *timango* veut punir un membre du clan pour une transgression, il s'attaque au clan tout entier.

Les Angas doivent manœuvrer entre les pôles positifs et négatifs de
leur univers. Les forces négatives sont les femmes, les mères, les grands-
mères, les vagins et les fantômes ; les forces positives sont les hommes,
les pères, les grands-pères, les pénis et les divinités célestes. Le mariage,
en conséquence, est l'union de deux potentialités. Il est souvent contracté entre membres de clans ennemis : « Nous marions ceux que nous
combattons ! » clament-ils[26].

Ce choix n'est pas aussi bizarre qu'il y paraît à première vue, car la
notion que les Angas ont de la guerre est plus symbolique et stylisée que
réaliste. Un anthropologue décrit leurs batailles comme des « spectacles
de ballet[27] ». Pour un œil étranger, un combat entre Angas ressemble à
un tournoi d'escrime. Le sang ne coule pas souvent et la mort y est rare.
Après une journée de bataille, les combattants se lancent dans une rhétorique rituelle. Plus tard, les grands chefs des deux clans ennemis se
rendent visite avec une quantité impressionnante de présents et de
viande de porc. C'est ainsi qu'ils fêtent le retour de la paix.

Les hommes se marient entre vingt et trente ans, les femmes entre quinze et dix-huit. Les futurs doivent arriver chastes au mariage : la fiancée afin que son clan puisse arranger un mariage qui lui convienne, le fiancé parce qu'il pourra, grâce à ce chaste mariage, se prévaloir d'une protection magique contre les conséquences dangereuses de relations sexuelles avec d'autres femmes ou d'un contact avec la sienne lorsqu'elle aura ses menstruations. Le célibataire « sait » que toucher une femme qui a ses règles « en l'absence de cette protection magique le rendra malade. Il sera pris de vomissements, son sang deviendra noir, ses fluides vitaux putrides. Alors, sa peau noircira, se ridera, tandis que sa chair dépérira et que son esprit s'engourdira pour toujours. Ce qui le mènera à une lente décrépitude, puis à la mort[28]. »

Cette « connaissance » préside aux autres rituels. Vers l'âge de quinze ans environ, les garçons angas se joignent à des associations de célibataires et en restent membres pendant environ une décennie, en fait jusqu'à leur mariage. Ils prennent des bains rituels qui les protègent des influences féminines, assistent à des cérémonies dont le but est de préserver la flore qui fait partie de l'héritage de leur sous-clan. Les retraites rituelles finissent par changer l'aspect physique du jeune célibataire ; son abondante chevelure devient un symbole de virilité et d'énergie. Elle ne pourra jamais être coupée, ni même coiffée, sans le consentement du jeune et fier initié.

Une quelconque activité sexuelle d'un célibataire mettrait tous ses compagnons en danger et détruirait la précieuse flore du clan. Les contrevenants sont battus et doivent offrir un porc pour compenser les déprédations dont ils sont responsables. Les jeunes hommes évitent de regarder les parties génitales de leurs compagnons et se montrent si prudes qu'ils ne parlent jamais de sexualité ni de fonctions corporelles. Lors de retraites de quatre jours, consacrées surtout aux rituels de purification[29], les jeunes Angas reçoivent un enseignement sur les coutumes et les rituels magiques de leur clan. On leur apprend aussi à préparer les perruques et les costumes cérémoniels.

Les célibataires participent également à d'ennuyeux cérémonials de bienséance au cours desquels ils font leur cour à une jeune fille flanquée d'un chaperon. Lors de ces rencontres, les hommes gardent la main gauche sur leur pénis afin de le protéger des pouvoirs fertilisants de leur main droite, contaminée par les touchers féminins[30]. Dans la mesure où tous les adultes, à l'exception des infirmes, doivent se marier, ces activités préparatoires sont obligatoires, et les jeunes Angas les prennent très au sérieux.

Pendant les première semaines qui suivent les noces, les époux gardent leurs habits et parures de cérémonie. Ils restent chastes. La femme doit entretenir de bonnes pensées sur son compagnon afin de le protéger des effets contaminants de son sexe et des rapports charnels qu'ils auront bientôt. Pour renforcer cette attitude, les membres du clan du mari lui rendent visite la nuit pour lui chanter les vertus de son époux. Ils la gardent volontairement éveillée. Pendant ce temps, le mari — absent durant les séances de chant et pendant une grande partie de la journée — s'emploie à apprendre les rites magiques qui le protégeront des périls du coït et des menstruations de sa compagne.

Lorsque le mari tout neuf et encore vierge est devenu assez habile dans les rituels de magie pour copuler, il emmène sa femme dans un champ, où ils se livrent enfin aux plaisirs de la chair. Ce rituel se poursuit pendant quatre ou cinq jours. Puis le mari et les hommes de son clan s'en vont chasser l'opossum. Les bêtes tuées seront offertes au beau-père en guise de « paiement pour la vulve de la femme[31] ».

La chasteté prénuptiale anga est entièrement liée aux *timangos* enragés qui supervisent toutes les activités humaines et s'introduisent dans les pensées des êtres. Sans la pratique des rituels magiques destinés à parer aux conséquences de sa sexualité conjugale et de ses contacts avec d'autres femmes, l'homme anga se sentirait vulnérable et potentiellement responsable des malheurs qui pourraient s'abattre sur son clan. La chasteté avant le mariage peut également servir un autre objectif, celui-là non exprimé : limiter les naissances — une nécessité dans un territoire étroit n'offrant que des ressources limitées. Toutes ces précautions s'étendent aux habitudes sexuelles des époux. Ces derniers ne font pas souvent l'amour et, mis à part leur accouplement initial, ne le font jamais à proximité de leurs champs cultivés de peur d'une contamination qui nuirait à leur fertilité.

L'irritant « deux poids, deux mesures »

Le système du « deux poids, deux mesures » est universel et se présente sous diverses formes. Ce qui vaut pour l'un ne vaut pas nécessairement pour l'autre. Ainsi, une putain est une délinquante alors que son micheton est un client ; une femme doit arriver vierge au mariage et rester fidèle à son mari, alors que l'époux peut butiner à droite et à gauche. En d'autres mots, la chasteté fait essentiellement partie du domaine féminin.

La plupart des sociétés humaines pratiquent ce système du « deux poids, deux mesures ». Même dans le monde occidental moderne et néolibéral, les femmes aux mœurs dissolues ou qui sont simplement portées sur la chose, sont jugées avec beaucoup plus de sévérité que des hommes dont la conduite est identique. À d'autres époques, la discrimination a été flagrante. On la prêchait en chaire et au parlement, et on l'enchâssait dans le droit.

Ce système du « deux poids, deux mesures », qui résume en quelque sorte l'insigne inégalité des sexes, est d'autant plus infamant qu'il admet la prostitution sous le prétexte qu'elle sert d'exutoire à la concupiscence masculine. Bien que l'on considère les prostituées comme des rebuts de la société, les livrant ainsi à la déchéance, aux dangers et aux maladies, on approuve leurs activités pour des raisons évidentes : sans prostitution, les hommes dépravés séduiraient les jeunes filles de leur classe sociale au lieu de les épouser. On frémit d'indignation quand on pense que l'Église catholique, à partir de saint Augustin, approuve ce manque d'équité et, même si elle le fait à contrecœur, endosse cette absurdité voulant que la chasteté soit impossible sans prostitution.

Ce conflit moral est évident dans l'Église catholique aussi bien que dans le droit canonique — ce mélange de théologie morale et de pensée légaliste romaine qui a pris forme au milieu du XIIe siècle dans le *Décret* du moine Gratien[32]. Même lorsqu'on les examine froidement, les principes de base de l'Église sont ambigus et hautement contestables sur le plan moral. Les lois obligent les femmes à se conformer à des critères plus sévères que les hommes en matière de conduite sexuelle. Le haut clergé dénonce la prostitution, mais en la disculpant partiellement, car elle est la soupape de sécurité qui permet de sauvegarder la pureté des filles et des femmes honnêtes.

Les enseignements de l'Église en cette matière renforcent les principes moraux qui caractérisent plusieurs siècles de civilisation chrétienne. Comment s'étonner, dès lors, que l'injustice fasse partie du code de conduite sexuel, qui exige des femmes la chasteté et, simultanément, approuve, ou du moins tolère, que les appétits charnels masculins soient satisfaits grâce à la prostitution, même si cela implique que l'on sacrifie certaines femmes à des hommes à la sexualité débridée.

Dans la société anglaise du xixe siècle, la règle du « deux poids, deux mesures » s'applique aussi aux classes sociales. Alors qu'une jeune femme privilégiée est déshonorée lorsqu'on découvre qu'elle n'est plus chaste[33], les travailleuses agricoles et les ouvrières d'usine sont soumises à des contraintes beaucoup moins rigides. En 1843, un pasteur rural déclare devant une commission royale que les femmes ont si peu de vertu qu'elles ne comprennent même pas le sens du mot chasteté. En fait, dans les campagnes et dans le prolétariat urbain, la sexualité pré-nuptiale entre amoureux responsables est courante et acceptée, et la procréation est antérieure plutôt que subséquente au mariage. Le pau-vre pasteur, qui n'a rien compris à cette réalité, confond manifestement engagement sincère et dévergondage sexuel.

Toutefois, les usages ne mettent pas les travailleuses à l'abri des effets néfastes de l'inégalité entre les sexes et entre les classes. Tous les hommes ne respectent pas l'obligation d'épouser la femme qu'ils ont fécondée. Et lorsqu'il s'agit d'hommes ayant un statut social plus élevé, ils ne la respectent pour ainsi dire jamais. Les servantes et les vendeuses sont leurs proies de prédilection. Ce qui attend les malheureuses qui tombent enceintes n'est pas un heureux mariage, mais la perte de leur emploi et la misère.

Dans les classes moyennes et dans la haute société, cette inégalité porte atteinte à la simple décence sociale. Cet état de choses a atteint un sommet désespéré quelques siècles plus tôt, pendant la Restauration, inaugurée par le retour triomphal de Charles II à Londres en mai 1660. Après Cromwell et ses quatorze années de gouvernement parlemen-taire, après le puritanisme qui interdit toute activité sexuelle avant le mariage (même aux hommes), on apprend aux jeunes femmes comment piéger un mari potentiel sans lui donner un avant-goût des délices charnels qui l'attendent. Frustrés devant cet implacable mur de chas-teté, les hommes réagissent et se lancent dans une croisade impie dont le but est de séduire de jeunes vierges. « Résistez, résistez ! » disent les aînées aux plus jeunes. « Dites tout simplement un "non" catégorique à vos soupirants rusés et menteurs[34]. » Mais en même temps, Mesdames, pardonnez à ceux qui essaient de vous séduire. Ce système du « deux poids, deux mesures » est nécessaire, car la nature des hommes les pousse à satisfaire par tous les moyens leurs désirs urgents et irrépressibles.

Si la prostitution ne peut que prospérer dans une Angleterre hypo-crite et luxurieuse, les prostituées, ou « *stews* », comme on les appelle, y sont rarement prospères. Du règne de Henri II à celui de Henri VIII, les maisons de tolérance possèdent une licence officielle. Lorsque l'évêque de Winchester est chargé de leur surveillance, les prostituées sont rebaptisées « *Winchester geese*[35] ». Le xviiie siècle ne voit aucun changement : les filles de joie continuent à exercer leur métier auprès de clients qui doivent payer leurs services sexuels, ou s'en passer jusqu'à ce qu'ils puissent épouser leur chaste fiancée.

Ces légions de prostituées, communes dans toute l'Europe mais particulièrement nombreuses en Angleterre, jouent un rôle crucial dans le respect de la chasteté. Quatorze siècles plus tôt, saint Augustin a magistralement exprimé cette réalité (« Supprimez les prostituées des affaires humaines et la lubricité souillera le monde[36] »).

L'historien classique de la morale européenne, W. E. Lecky, a commenté le concept augustinien et décrit, avec beaucoup de sensibilité, la prostituée comme « la plus triste et, à certains égards, la plus imposante » figure tragique du théâtre de la moralité humaine.

> Elle-même le type suprême du vice, elle est, en fin de compte, la gardienne la plus efficace de la vertu. Sans elle, la pureté indiscutable qui règne dans d'innombrables foyers heureux serait souillée [...] Elle reste, tandis que naissent puis s'écroulent les croyances et les civilisations, l'éternelle prêtresse de l'humanité, flétrie pour les péchés du monde[37].

Lecky ne s'y trompe pas. Les prostituées, pourtant si vilipendées, soulagent suffisamment la concupiscence mâle pour permettre aux « filles pures » de le rester. Cette réalité fait de la prostitution un service essentiel, sans lequel le niveau de moralité de la société s'effondrerait sous le poids des désirs refoulés.

Courtisanes à louer

La proposition la plus frappante élaborée à partir de l'équation « pas de prostitution, pas de chasteté » est l'œuvre d'un médecin et écrivain du xviiie siècle, Bernard Mandeville. Dans *A Modest Defence of Public Stews: or an Essay upon Whoring* (« Un plaidoyer modeste pour les filles publiques. Essai sur la prostitution »), Mandeville propose de protéger un grand nombre de filles pures en légalisant les activités d'un nombre limité de prostituées. Il justifie son raisonnement en faveur de ce triage moral — une courtisane à gauche, trois vierges à droite — et recommande un système de prostitution publique sous la surveillance de l'État — autrement dit, des fonctionnaires du sexe.

La prostitution, explique Mandeville, est si répandue que des sociétés pour la réforme de la moralité, groupes d'autodéfense qui pourchassent et punissent les pécheurs, ont surgi partout.

> Une des conséquences les plus graves [...] est le *French pox* (la syphilis, ou petite vérole) qui, en l'espace de deux siècles, a fait de tels ravages dans toute l'Europe [...] Les innocents en sont aussi bien atteints que les coupables : les maris le donnent à leur femme ; les femmes à leur mari, ou même à leurs enfants [...] ainsi, ni l'âge, ni le sexe, ni le rang social ne mettent personne à l'abri de la contamination[38].

D'autres conséquences aussi abominables de cette « débauche incontrôlée » sont que les « enfants bâtards » sont mis à mort, que des jeunes gens concupiscents hésitent à se marier parce qu'ils préfèrent s'adonner à des relations sexuelles avec des filles de joie et que des unions sont détruites à cause de la conduite licencieuse de certains maris. Des jeunes filles qui ont été séduites sombrent dans le déshonneur lorsqu'« un écart de cette nature est découvert », car elles n'ont désormais plus aucune chance de trouver un mari et n'ont souvent d'autre recours que la prostitution.

Au fond, explique Mandeville, c'est la nature humaine qui est la vraie coupable, car les hommes aussi bien que les femmes sont désespérément luxurieux. « Hélas ! ce violent amour envers les femmes est né et a grandi avec nous ; il est même absolument nécessaire pour notre survie. » Les femmes ont été elles aussi bâties, physiquement, pour la passion érotique : « Toutes nos récentes découvertes en anatomie n'accordent aucune autre utilité au clitoris que celle de stimuler les désirs féminins par ses fréquentes érections qui sont, sans aucun doute, aussi irrésistibles que celles du pénis, dont le clitoris est du reste une parfaite copie, bien qu'en miniature[39]. »

Lorsqu'un couple est sous l'emprise de « la violence du désir féminin », comment s'étonner que la femme prenne n'importe quel risque pour le satisfaire ? Même « la honte et la misère qui peuvent s'ensuivre sont considérées comme sans importance ».

Pour faire contrepoids à cette sensualité irrépressible, des pressions sociales sont exercées :

> Toutes les jeunes femmes possèdent de solides notions d'honneur qui leur ont été inculquées dans l'enfance. On apprend aux jeunes filles la haine des prostituées avant même qu'elles ne sachent ce que ce mot veut dire ; et lorsqu'elles grandissent, elles découvrent que leur renommée en ce monde

repose sur le prestige que leur apporte la chasteté. Ce sens de l'honneur et de la renommée est ce que nous pourrions appeler une chasteté artificielle. C'est sur ce composé de chasteté naturelle et artificielle que s'appuie la véritable chasteté de la femme[40].

Cette analyse pénétrante de la séduction et de ses rituels, qui rappelle tristement certaines opinions exprimées — avec moins d'intelligence, il faut l'admettre — dans de nombreux magazines féminins modernes, montre bien comment et pourquoi les femmes se laissent si aisément convaincre qu'elles garderont l'amour de leurs prétendants aussi longtemps qu'elles parviendront à leur résister.

Avant de trouver la solution au problème causé par l'incapacité des femmes à résister aux pressantes sollicitations des hommes, Mandeville aborde la question de la virginité masculine, qu'il déconseille aussi fortement qu'il recommande la pureté féminine. Les fiancés vierges, déclare-t-il, sont, pendant leur nuit de noces, « extrêmement désappointés ». Un homme qui a eu des expériences sexuelles a des réactions tout à fait différentes : « Lorsqu'il entre dans le mariage, il est prévenu contre toute forme de déception [...] et il est prêt à se montrer indulgent envers les défaillances et les imperfections qui sont le lot de la race humaine. Cela est si vrai que les femmes ont une maxime disant que les débauchés font les meilleurs maris[41]. »

Mandeville entre ensuite dans le vif du sujet : « Le seul moyen de préserver la chasteté féminine est de faire en sorte que les hommes ne puissent y porter atteinte. Les *public stews* constituent le seul moyen d'empêcher les hommes de l'assiéger. En conséquence, cette solution est la seule qui puisse préserver la chasteté féminine[42]. »

Légiférer contre l'inconvenance sexuelle, explique-t-il, ne servirait pas à grand-chose, mais « une licence en faveur des filles publiques qui constituerait une sorte d'évacuation légale » procurerait aux hommes concupiscents un exutoire propre et sûr. Ils « préféreront l'étreinte immédiate et volontaire d'une courtisane à la perspective aléatoire et lointaine de caresser une honnête demoiselle, dont la réserve demande beaucoup d'efforts aussi bien que de temps pour être vaincue ; et quand elle l'est, elle occasionne des malaises et leur apporte plus de problèmes après le plaisir qu'ils n'en ont eus avant[43]. »

Un de ces « problèmes » est la maladie vénérienne. Selon l'expérience clinique de Mandeville, les jeunes filles qui succombent une fois à la tentation se mettent à faire l'amour avec une telle désinvolture qu'elles contractent des maladies. Pour cette raison seule, il faut les éviter. Une fille publique, par contre, se soumettra à des examens médicaux réguliers, signalera tout symptôme suspect dont elle souffre et sera soignée gratuitement.

En tant qu'examen froid et constat de ce système du « deux poids, deux mesures » dont Mandeville connaît bien les conséquences — maladies vénériennes, avortement, infanticide, jeunes femmes déshonorées —, *A Modest Defence of Public Stews* est un essai brillant. Plus confondante encore est la sincérité de l'auteur lorsqu'il propose comme solution une prostitution soigneusement contrôlée. L'inégalité sociale restera tout aussi forte, mais la décriminalisation de la profession la rendra tolérable.

Les effets de cette discrimination décrite par Mandeville se font sentir encore aujourd'hui. Le médecin approuverait sans doute cette déclaration de l'écrivaine féministe Naomi Wolf : « Toutes les femmes souffrent des séquelles laissées par l'opposition traditionnelle entre épouses, religieuses et vierges d'une part, prostituées et courtisanes d'autre part [...]. Pratiquement chaque femme qui n'était pas une aristocrate devait épouser l'idéologie de la respectabilité et de la chasteté afin de se distinguer de la prostituée[44]. »

Femmes offensées exigent hommes chastes

Malgré les recommandations de Mandeville, la prostitution se développe et prospère en tant qu'entreprise privée. Beaucoup d'hommes de l'époque victorienne acceptent et honorent le code de chasteté prénuptiale, mais un grand nombre le trahit. Ces gaillards émoustillés ne voient pas la nécessité de réprimer leurs désirs érotiques. Lorsque des femmes de leur classe sociale se refusent, ils s'arrangent pour trouver ailleurs une fille vulnérable et consentante. C'est parfois une servante, qu'ils forcent à se plier à leurs désirs, ou une vendeuse qu'ils paient en argent ou en flatteries pour en obtenir quelques minutes de plaisir illicite. La servante ou la vendeuse compromise deviendra peut-être une fille publique, le jour où elle n'aura plus d'autre choix.

Pour les femmes désespérées, téméraires ou déshonorées, l'appel de la rue est irrésistible. La prostitution permet d'arrondir le salaire de misère qu'elles reçoivent pour leur travail. Henry Mayhew, journaliste d'enquête dont le compte rendu de l'existence des classes laborieuses dans la Londres grouillante du milieu du XIXᵉ siècle provoque toujours la même indignation, découvre qu'une couturière qui assemble des pantalons en moleskine gagne cinq shillings et six pence par semaine — à peine de quoi survivre — à la condition de travailler seize heures par jour. En période creuse, elle a le choix de crever de faim ou de « tourner mal », c'est-à-dire de vendre son corps[45].

Il y a tant de femmes qui se prostituent pour arriver à subsister que la compétition devient féroce. Les rentrées d'argent sont médiocres. Les arrestations et l'emprisonnement de filles de la rue sont fréquents. Leur corps épuisé et sous-alimenté est la proie toute désignée des maladies vénériennes. Quelques-unes réussissent à survivre grâce à la prostitution seule ; d'autres, plus chanceuses ou plus avisées, font coup double : elles utilisent leurs talents de courtisane pour convaincre un homme de les épouser. « Pourquoi pas nous ? demande une fille. Nous sommes jolies, bien habillées, nous avons de la conversation et nous pouvons nous insinuer dans le cœur des hommes en éveillant leurs sens et en attisant leurs désirs[46]. »

Dans la seconde moitié du XIXᵉ siècle, les maladies vénériennes font d'innombrables victimes parmi le nouveau contingent des *Winchester geese*. La prostitution devient alors le souci des réformateurs en tout genre. Au cours des siècles précédents, en dépit des cris d'alarme de Mandeville, un nombre peu important de décès ont été attribués au *French pox* — nom que les Anglais donnent à la syphilis. Dans la ville de Londres, selon les registres de mortalité, elle a fait onze victimes en 1813, quatre-vingt-six en 1817, et seulement dix-neuf et quatorze en 1818 et 1819. Les prostituées et leurs clients, ainsi que les personnes infectées par la suite, endurent certes les effets de symptômes désagréables et débilitants, mais les médecins peuvent leur prescrire des traitements efficaces et leur rendre la santé. Pendant des siècles, les maladies vénériennes sont un problème fâcheux mais pas critique.

Un changement radical survient en 1864, lorsque des médecins de l'armée révèlent, scandalisés, que la gonorrhée et la syphilis affectent plus de 30 % des soldats cantonnés dans les garnisons et dans un grand nombre de ports britanniques. L'efficacité des forces militaires de la nation est remise en question. Entre 1864 et 1869, lors de campagnes désespérées pour juguler ou au moins maîtriser ces maladies chez les soldats et les marins, le Parlement fait passer plusieurs lois sur les maladies contagieuses. Ces lois autorisent la police urbaine, que l'on a dotée d'importantes installations militaires, à appréhender les prostituées suspectes et à les obliger à se soumettre à un examen gynécologique toutes les deux semaines. Les femmes infectées (mais pas les hommes) peuvent être enfermées dans des hôpitaux pour une période allant parfois jusqu'à neuf mois[47].

Diminuer l'épidémie en soumettant les prostituées à une étroite surveillance est une chose, mais persécuter des milliers de femmes, sexuellement actives ou pas, en est une autre. Car c'est bien de cela qu'il s'agit : toute femme qui se trouve seule dehors sans excuse valable est une cible. Des filles sans domicile fixe doivent subir des examens gynécologiques douloureux (une veuve se suicide après une telle humiliation[48]). Les femmes qui ont assez de cran pour résister sont traînées devant les tribunaux, où leur parole ne vaut pas grand-chose contre celle d'un espion du gouvernement en civil. En outre, ce sont toujours les prostituées, et jamais leurs clients, que l'on voit en Cour d'assises. « Vous trouvez ça normal d'envoyer une fille à Bridewell [une prison] et de laisser en paix le gaillard qui l'a débauchée, alors que la fille est souvent célibataire et l'autre marié ? » demande un opposant au système du « deux poids, deux mesures »[49].

Jusqu'à l'adoption des lois sur les maladies contagieuses, la duplicité morale de ceux qui stigmatisent la prostitution n'a que des contestataires silencieux. Mais avec les lois, qui incarnent les pires aspects de l'injustice et de la partialité, des protestations soutenues et générales s'élèvent. Un groupe de critiques propose une solution innovatrice que le docteur Mandeville a laissé inexplorée dans son essai sur la prostitution endémique : *que les hommes se retiennent !* Pourquoi diable les hommes ne peuvent-ils pas se maîtriser et *se* dire tout simplement « non » ?

C'est ce que pense la Church of England Purity Society, aussi bien que des milliers de féministes activistes de la fin de l'ère victorienne. La société a été fondée à l'instigation de Jane Ellice Hopkins, célibataire de vocation qui veut mettre fin à la dégradation des femmes obligées de se prostituer et prône une réforme de la conduite masculine. Jane Hopkins travaille auprès de jeunes femmes susceptibles de finir dans la rue. Outre ses conseils, elle leur fournit des vêtements, un logement et la possibilité de consulter des listes d'offres d'emploi sérieuses — et non les annonces trompeuses qui dupent des filles crédules, désespérées et sans travail, et les plongent dans les servitudes de la courtisanerie.

Des ligues de chasteté pour hommes, déclare Jane Hopkins, devraient être créées pour endiguer la « cause réelle » de la prostitution endémique et de la dégradation morale. « Ce que je souhaite ardemment, écrit-elle, c'est insuffler dans le cœur des hommes volages un sentiment de justice, bon, fort et ardent, qui leur permettra de comprendre ce qu'il y a de méprisable dans le fait de souiller une femme, lui infligeant ainsi un destin pitoyable qu'ils se garderont bien de partager. » Ces hommes se laissent aller à leurs instincts puis retournent à leur vie de plaisirs, à leurs amis joviaux, à leur « agréable » demeure et à leur carrière, leurs « chances de faire un bon mariage » absolument intactes. Derrière eux gisent les victimes de leurs batifolages sexuels, mises au ban de la société, exclues du havre du mariage et des joies de la maternité. Sans compter que ces femmes ont parfois contracté une « affreuse » maladie et ne peuvent dès lors s'attendre qu'à « une vie de honte et à une mort impie, sans Dieu et sans espoir de pardon[50] ».

Après que Jane Hopkins eut dénoncé le triomphalisme de l'Église anglicane et sa complicité tacite dans la perpétuation de l'injustice, le clergé réagit en créant sa société pour la pureté. Les bulletins d'adhésion (qui ressemblent de façon frappante à ceux des Promise Keepers d'aujourd'hui), signés par des centaines d'hommes, reprennent les cinq obligations des membres : respecter toutes les femmes et empêcher qu'on leur fasse du mal ; bannir tout langage grossier et toute plaisanterie déplacée ; considérer que la pureté sexuelle est un but aussi bien masculin que féminin ; répandre ces principes autour de soi ; rester pur.

Contrairement au docteur Mandeville et à sa proposition d'instaurer un fonctionnariat sexuel bien structuré, Jane Hopkins a la prostitution en horreur. Elle accuse les hommes d'y pousser les femmes et d'être ainsi responsables de « leurs maladies, de leur déchéance, de leur alcoolisme, de leur désespoir, de leur pitoyable destin ». « D'accord, je sais que ce sont souvent les femmes qui tentent ; mais ces pauvres créatures ont-elles vraiment le choix ? Ou elles se prostituent ou elles crèvent de faim. Mais le vrai problème est ailleurs : ce sont les hommes qui sont à la base de la dégradation des femmes, car ce sont eux qui, en faisant la demande, créent l'offre[51]. » Puis elle ajoute, vibrante d'émotion : « Est-il juste que vous, les hommes, qui pouvez exiger un salaire décent pour votre travail, portiez des jugements sur les femmes et rejetiez la faute sur elles[52] ? »

Le projet de Jane Hopkins — mettre fin à la prostitution en la privant d'effectifs — consiste en la création de trois sociétés municipales œuvrant de concert. La première serait composée de ligues de pureté masculines destinées à apprendre aux hommes à maîtriser leurs pulsions, la seconde serait constituée de comités de surveillance habilités à engager des poursuites contre ceux qui fautent, et la troisième serait formée d'associations de femmes travaillant avec des filles à risques. La proposition de Jane Hopkins est aussi radicale que celle de Mandeville. Chaque individu mâle convaincu de sa culpabilité pourrait ainsi être amené à réparer les torts qu'il a causés et à cesser de pécher contre les bonnes mœurs.

Un autre groupe, la Moral Reform Union, fondée en 1881, rejette également le système du « deux poids, deux mesures ». Son principe de base est que les hommes et les femmes doivent se plier aux mêmes règles de moralité. Les membres de l'union, convaincus que les uns et les autres peuvent être chastes, dénoncent le principe séculaire défendu par Mandeville — à savoir que la prostitution doit être pratiquée par quelques-unes pour sauver la moralité de la majorité. Il s'agit là d'une invention impie. Ce que vise l'union morale, c'est tout simplement la vertu et la rectitude masculines[53]. Les lois sur les maladies contagieuses sont des lois inéquitables basées sur cette hypothèse révoltante voulant qu'un groupe de femmes se vendent afin que la société fonctionne harmonieusement. Et sus au docteur Mandeville[54] !

Quelques décennies d'indignation intense et continue contre cette odieuse affirmation et contre les lois elles-mêmes provoquent leur suspension en 1883 et leur abrogation trois ans plus tard. Les féministes pures et dures se réjouissent, mais leur joie est ternie par une triste réalité : la prostitution se développe, la dégradation de la femme devient cauchemardesque. On continue à jeter à la rue les bonnes et les domestiques séduites ; les prostituées des trottoirs que l'on prend en flagrant délit de sollicitation se retrouvent au cachot. Si la bataille contre les lois sur les maladies contagieuses a été gagnée, la grande guerre contre la prostitution et l'injustice est loin de l'être.

Les partisans de la pureté morale attaquent le problème sur plusieurs fronts. Ils veulent d'abord détruire cette conception du désir sexuel masculin comme trop fort et trop pressant pour être refréné. Depuis des siècles, ce besoin masculin irrépressible semble justifier la prostitution et d'autres violences sexuelles. Si ce besoin pouvait enfin être

décrit pour ce qu'il est — une affabulation sans aucune valeur scientifique —, la maîtrise de soi offrirait de toutes nouvelles possibilités, dans
la mesure où les hommes (et les femmes) apprendraient à considérer
l'appétit sexuel masculin comme un besoin analogue à tout autre appétit.
Un homme qui domine une femme vulnérable par la force de ses muscles ou par de belles paroles serait considéré comme aussi répugnant
que le goinfre qui enfourne de la nourriture avant le bénédicité ou
dérobe des morceaux de viande dans l'assiette du voisin. Ainsi que le
dit une militante : « L'homme et la femme incapables de maîtriser leurs
pulsions sexuelles devraient marcher à quatre pattes, car cette incapacité est incompatible avec la nature humaine[55]. »

L'autre mythe à combattre est que la chasteté affaiblit l'organisme
masculin car, curieusement, alors que des milliers d'hommes se tracas-
sent lorsqu'ils perdent ne serait-ce que quelques gouttes de sperme,
d'autres surveillent avec anxiété leur chaste pénis avec la hantise qu'il ne
s'atrophie[56]. Le corps médical revient aussi sur ses positions. Quelques
médecins admettent publiquement que la pensée scientifique moderne
se heurte à une superstition qui a la vie dure, à savoir que la continence
est dangereuse pour l'homme. (Même de nos jours, le vieille hérésie
perdure, des femmes et des hommes continuant de jouer les croquemi-
taines : « Si tu ne t'en sers pas, tu le perds. »)

Plus d'un siècle et demi après la parution de *A Modest Defence of
Public Stews* de Mandeville, le mouvement de pureté morale revient sur
le même problème, mais propose des solutions diamétralement opposées. Pour ses membres, la chasteté, chez une jeune femme vulnérable,
est un droit qu'un homme égoïste met en péril. La continence masculine,
d'autre part, est une admirable mesure morale qui constitue la meilleure
protection possible contre la violence sexuelle faite aux femmes.

*Une vierge à cinq livres fait pencher la balance
en faveur de la justice*

Après l'abrogation des lois sur les maladies contagieuses, les défenseurs
de la moralité et autres réformateurs concentrent leur attention sur
l'âge légal des prostituées. En Angleterre, l'âge légal est de douze ans.
Certains adultes convoitent sans le moindre scrupule des filles prépu-
bères. Ils savent qu'ils ne seront pas inquiétés par les autorités. Certains
d'entre eux sont des pédophiles, mais pas la majorité. En fait, beaucoup

d'hommes ont surtout le souci de se protéger des maladies vénériennes, dont les petites vierges sont préservées. En conséquence, on voit arriver sur le marché une réserve de très jeunes filles — souvent de fausses vierges.

L'opposition à ce changement d'âge est forte et persistante. Beaucoup de législateurs sont eux-mêmes des habitués impénitents des bordels. Ils résistent à toutes les incitations à modifier la législation. En 1875, ils se laissent légèrement fléchir et augmentent l'âge légal du consentement à treize ans. Les réformateurs de la moralité y voient une réaffirmation cynique du système du « deux poids, deux mesures ». Les filles au-dessus de treize ans qui proviennent des classes inférieures sont pratiquement sans défense. Les hommes de toutes les classes sociales les considèrent comme des proies idéales.

Pendant une décennie entière — en fait, tant que le feu des projecteurs est braqué sur les lois sur les maladies contagieuses —, rien ne change. Mais en 1875, les efforts herculéens des réformateurs et d'un journaliste militant, William Thomas Stead, finissent par convaincre les législateurs réticents de porter l'âge du consentement à seize ans.

William Stead est le fils d'un pasteur de l'Église congrégationaliste et le papa gâteau de six enfants. À l'âge de soixante-deux ans, candidat au prix Nobel, il périra sur le *Titanic*, sur lequel il s'est embarqué pour aller assister à une conférence sur la paix. Dans sa jeunesse, Stead est rédacteur en chef du *Pall Mall Gazette* et écrit des articles dans lesquels il dénonce les iniquités et les vices de la société dans laquelle il vit. La campagne journalistique sensationnaliste qu'il entame un jour en faveur des filles détruites par la prostitution va surprendre par son caractère non orthodoxe[57]. Tout d'abord, le journaliste déniche un officier de police londonien qui accepte que l'on publie ce qu'il pense de la manière honteuse avec laquelle les autorités protègent les filles. Lorsque Stead a demandé au policier : « Est-il vrai que si je me rendais à ce moment même avec une bonne recommandation dans certaines maisons de prostitution, la tenancière me fournirait, contre paiement, une très jeune fille — je veux dire une vraie jeune fille, pas une prostituée rafistolée en vierge, mais une fille qui n'a jamais été déflorée ? » « Assurément », a répondu le policier.

Après avoir établi les faits, Stead va apporter des preuves de ce qu'il avance d'une manière qui va dépasser de loin les techniques d'investigation journalistiques coutumières. Par l'entremise d'une patronne de bordel, il négocie avec une certaine dame Armstrong, la mère alcoolique d'une «jolie fillette pleine de vivacité qui a eu treize ans à Noël». Il achète la gamine pour cinq livres. Eliza est à lui. Mais avant de remettre la totalité de la somme à la mère, Stead fait examiner l'enfant par une professionnelle, une certaine Madame Mourez, sage-femme et avorteuse «dont le talent à déceler les preuves physiques de la virginité est reconnu par la profession». Après un bref examen, madame Mourez rédige un certificat de virginité. Elle va jusqu'à déclarer à Stead, dont elle présume qu'il est l'homme qui va déflorer la petite Eliza : «Elle est si petite, sa douleur sera extrême. J'espère que vous ne serez pas trop cruel avec elle.»

Entraînant la petite vierge certifiée dans son sillage, Stead s'écarte délibérément de la pratique journalistique normale pour pénétrer dans le monde souterrain de la quasi-criminalité. Son attitude se justifie sur le plan moral et sa tactique est sensée, mais la manœuvre n'en est pas moins indéfendable sur le plan juridique. Stead ordonne à l'envoyé de la tenancière du bordel d'emmener Eliza dans une maison de tolérance de Regent Street. Là, «en dépit de son extrême jeunesse, la gamine est acceptée sans le moindre problème». Une comparse la déshabille, la met au lit, la tranquillise avec du chloroforme aimablement vendu par Madame Mourez qui le recommande avec enthousiasme en cas de défloration. Stead entre dans la chambre, ferme la porte à clé. Silence. Alors, gémissant «comme un agneau épouvanté», la petite fille à moitié endormie crie : «Il y a un homme dans la chambre! S'il vous plaît, ramenez-moi à la maison, oh! ramenez-moi à la maison!»

Eliza n'a rien à craindre, elle ne court aucun risque d'être violée. Elle n'est que l'agneau sacrificiel dans la furieuse croisade de réforme des lois sur l'âge du consentement. Aussitôt son jeu dramatique terminé et documenté, Stead s'arrange pour que la petite quitte l'impitoyable Angleterre et passe en France. Puis il s'installe à son bureau et fait le récit de l'aventure d'Eliza.

«The Maiden Tribute of Babylon» (La Pucelle de Babylone) fait sensation. «Un tremblement de terre a secoué les fondations de l'Angleterre», déclare l'évêque de Truro[58]. L'ironie, c'est que Stead va bientôt remplacer Eliza en tant que victime. Il est inculpé, accusé et condamné à trois mois de prison pour avoir fait passer une mineure à l'étranger sans le consentement parental. Stead est amer mais pas surpris. «Pouvait-on s'attendre à autre chose?» demande-t-il. Comment s'étonner, en effet?

Il ne faut pas oublier que certains des législateurs dont il attend des réformes sont eux-mêmes des clients du bordel de Madame Jeffries, à Chelsea, ou chez Berthe, rue Milton. Les révélations du journaliste provoquent une explosion de colère publique. Une pétition est produite qui, déroulée, fait près de quatre kilomètres de long et contient quatre cent mille signatures. Les législateurs cèdent. Ils haussent l'âge légal du consentement à seize ans[59]. Bien que les filles de plus de seize ans restent sans protection devant les prédateurs sexuels, cette législation porte néanmoins un coup terrible au système du « deux poids, deux mesures » si bien enraciné dans l'histoire de la Grande-Bretagne.

Les lois obtenues à l'arraché en Amérique du Nord et dans une grande partie de l'Europe vont établir des mesures égalitaires en vue de corriger les manifestations les plus flagrantes de l'injustice et de la partialité. Aujourd'hui, les féministes des deux sexes se livrent à une surveillance vigilante afin de s'assurer que les vieux schémas de pensée et de comportement ne se glissent pas de nouveau dans les habitudes — et surtout dans la loi. Même à l'heure actuelle cependant, des vestiges de ces mœurs passées subsistent. En matière de relations extraconjugales, si les hommes aussi bien que leurs partenaires sont entraînés par la recherche du plaisir sexuel, le plus souvent ce sont les femmes qui sont traitées de « salopes ». La chasteté reste une affaire de femme.

Femme blanche, homme noir

Le sud des États-Unis connaît le système du « deux poids, deux mesures », mais la société très particulière qui le compose — Blancs et Noirs, libres, affranchis et esclaves — embrouille tellement les données que la question doit être abordée différemment, et cela en dépit du fait que le système racial présente des éléments de division de classes assez comparables à ceux qui existent ailleurs. En outre, l'esclavage étant une institution légale, ce n'est qu'après son abolition, à l'issue de la guerre civile, que les inégalités seront remises en question.

Délicate comme le lys, pure comme la colombe, lisse comme l'albâtre et fragile comme la porcelaine, la femme blanche ne peut vivre que sur un piédestal. Dans le Sud d'avant la guerre de Sécession, c'est dans ce rôle qu'elle est confinée. On ne veut pas savoir qu'elle est de chair et de sang ; ses passions et sa sexualité sont niées. En Géorgie, un observateur fait ce commentaire ironique : « Une femme n'est censée savoir qu'elle est vierge que le jour où elle perd sa virginité[60]. »

La pureté des Blanches a un si grand prix qu'y porter atteinte entraîne une amende. Une femme de Caroline du Nord reçoit d'un accusé de condition modeste mille dollars de dédommagement parce que ce dernier a terni sa réputation. Dans le Sud, des gentlemen séducteurs — une contradiction dans les termes — ne sont jugés coupables que d'avoir trahi le code d'honneur de leur société. Leurs victimes, par contre, sont accusées de les avoir aguichés. La vie d'une femme séduite est définitivement brisée, et cela sans rémission, même si sa conduite est redevenue irréprochable.

Jusqu'ici, rien de neuf. Mais dans le sud des États-Unis, l'esclavage et le racisme ont démultiplié l'injustice. La tension ne se fait pas sentir seulement entre Blancs et Blanches, mais entre Blancs et Noires, Blanches et Noirs. (Les hommes et les femmes de couleur suivent leur propre code de conduite, obéissant aux coutumes de l'Afrique occidentale qui sont inscrites dans leur mémoire. Ils s'opposent autant que possible aux prédations sexuelles de l'homme blanc.).

Les Blancs, ceux-là mêmes qui ont juché leurs épouses, leurs filles et leurs sœurs sur un piédestal de pureté, n'ont pas grand intérêt à pratiquer la chasteté. Contrairement aux Cheyennes, par exemple, qui coincent leurs femmes dans des ceintures de chasteté et restent abstinents eux aussi, les sudistes éteignent le feu de leur concupiscence sur la chair fraîche de leurs captives noires, qui sont bien mal armées pour leur résister. Un voyageur britannique résume parfaitement la situation : « Les hommes du Sud, en particulier, sont plus grossiers en pensée et dans leurs manières que n'importe quel Européen ; ils font étalage d'un mélange répugnant de pruderie et de licence [...] un des effets de l'esclavagisme, qui mène inéluctablement à une promiscuité sexuelle perverse[61]. »

En fait, le métissage de la population du sud des États-Unis est presque exclusivement le produit des relations sexuelles entre Blancs et Noires, bien que quelques Blanches de classe inférieure se rebiffent contre les normes et couchent avec des Noirs — et vont même jusqu'à les épouser[62].

Les « mélanges raciaux », expression péjorative pour désigner le métissage, représentent de 4 à 8 % de toutes les naissances chez les esclaves durant les années 1850. Un planteur de Louisiane déclare que, dans son État, il est impossible à une jolie Noire de ne pas devenir la concubine d'un Blanc[63]. (Ce phénomène est moins étendu dans les autres États esclavagistes.) Il est néanmoins essentiel que la liaison reste secrète ou tout au moins discrète. Richard Johnson, un politicien du Kentucky qui a vécu avec sa gouvernante mulâtre bien-aimée, Julia Chinn, et élevé leurs filles avec elle sans se soucier de respectabilité, n'a pu faire avancer la cause démocrate dans le Sud en raison de son « mépris de la discrétion[64] ».

En général, les rejetons d'une Noire et d'un Blanc sont tout simplement traités comme des esclaves, l'enfant d'une esclave héritant du statut légal de sa mère. Certains sont parfois affranchis et pris en charge, mais ils sont maintenus dans la servitude malgré leur peau plus claire. Dans son journal intime, la maîtresse de plantation Mary Boykin Chestnut le déplore amèrement :

> Que Dieu nous pardonne, mais ce système est odieux. C'est une honte, une iniquité ! Comme les anciens patriarches, les hommes vivent dans la maison avec leur femme et leurs concubines ; et les petits mulâtres ressemblent aux enfants de la famille. La dame de la maison peut vous dire qui est le père des mulâtres de tous les autres foyers — mais elle se garde bien de parler du sien. Elle a tout l'air de penser que les enfants de sa maison sont tombés du ciel[65].

Cet héritage de l'esclavage aura une mort lente. Willie Morris, écrivain du XXᵉ siècle né au Mississippi, se souvient qu'il avait déjà douze ans lorsqu'il a compris que les relations sexuelles ne relevaient pas exclusivement de la passion animale entre femmes noires et hommes blancs, mais que les Blanches, elles aussi, étaient des êtres sexués[66].

Le système du « deux poids, deux mesures » appliqué dans les États du Sud, alliant la chasteté de la femme blanche à la lubricité de l'homme blanc dirigée avant tout vers la femme noire, signifie que les Noires et les Blanches ont de la sexualité des expériences diamétralement opposées. La Blanche est tenue de préserver sa chasteté à tout prix, tout en étant consciente que son mari assouvit ses appétits sensuels avec des Noires, sans même prendre la peine de dissimuler son infidélité. Le mythe de l'innocence de la belle du Sud doit certainement être exaspérant pour la femme dont l'époux est obsédé par l'esclave noire avec laquelle il couche à l'intérieur même du foyer familial. Les Noires, pour leur part, doivent s'accommoder à la fois de leur partenaire noir et de l'agresseur blanc. Certaines d'entre elles arrivent à repousser les avances redoutées, mais il arrive que des Noirs meurent en défendant leur femme. Le taux élevé de métissage, toutefois, prouve que l'esclavage

358 HISTOIRE UNIVERSELLE DE LA CHASTETÉ ET DU CÉLIBAT

augmente le pouvoir des hommes blancs au détriment de toute autre personne[67].

Le problème de l'esclavage, qui va conduire à la guerre de Sécession, soulève une question dérangeante : que se passera-t-il si des Noirs se mettent soudain — Dieu et la loi nous en préservent — à lorgner nos femmes blanches ? Et si — question souvent posée par les esclavagistes aux abolitionnistes — un Noir désire épouser la fille d'un Blanc ?

Les abolitionnistes répondent du tac au tac. Quelques-uns, dont William Lloyd Garrison, ne mâchent pas leurs mots : « Ceux qui possèdent des esclaves devraient être les derniers à se poser ce genre de questions, car ils semblent particulièrement séduits par le mélange des races[68]. » D'autres prétendent que les Blancs ont fait tellement de mal aux Noires qu'ils ont mis leurs propres épouses et leurs filles en danger d'être attaquées par des Noirs assoiffés de vengeance. L'abolition de l'esclavage va précipiter l'issue de cette situation intolérable et libérer aussi bien les Blanches que les esclaves noires. En fait, c'est l'un des contre-arguments les plus solides des abolitionnistes devant les vaines terreurs des esclavagistes qui craignent un déchaînement de la sexualité noire masculine.

Une autre stratégie des abolitionnistes est de consolider leur propre moralité par l'intermédiaire d'une stricte adhésion aux principes de la pureté morale, allant de la suppression des désirs charnels à la diminution des appétits physiques à l'aide de fades préparations à base de farine Graham. (Certains croient fermement aux propriétés purificatrices de la farine — bien que cette dernière n'améliore en fin de compte que la qualité des selles). Les abolitionnistes aspirent à éradiquer non seulement l'esclavage et le racisme, mais également l'inégalité entre les sexes[69]. Les Blanches du Sud, toutefois, n'accordent pas leur soutien à cette campagne. Elles souhaitent, bien sûr, que l'on mette fin à l'injustice sexuelle, qui supprimera la jalousie et les pénibles humiliations qui en découlent, mais la plupart ne montrent aucun intérêt pour l'abolition de l'esclavage, cette institution qui les exempte des corvées ménagères que leurs rivales sexuelles accomplissent à leur place.

Tous les sudistes ne sont pas des coureurs de jupons invétérés. Dans *Roll, Jordan, Roll,* Eugene Genovese cite David Gavin, célibataire de quarante-quatre ans inquiet des problèmes de santé que lui cause sa chasteté chronique. Ce puceau est sans doute une exception, mais son état n'a rien d'insolite. Il existe en tout cas suffisamment d'hommes qui pratiquent une chasteté prolongée pour que les rédacteurs du *New Orleans Medical and Surgical Journal* publient un article mettant leurs lecteurs en garde contre les conséquences de l'abstinence : « irritation des testicules, maux de tête, malaises, etc., et émissions nocturnes ». Le Sud change, tout comme le Nord. « Au début du XIXe siècle, écrit Genovese à la fin de son livre, la plupart des propriétaires d'esclaves sont devenus prudes, mais il y a suffisamment d'exceptions à la règle pour agiter les quartiers des esclaves[70]. »

Dans le Sud, le système du « deux poids, deux mesures », qui allie le sexisme au racisme dans une mixture assez indigeste, survit et prospère après l'émancipation des Noirs. Le malaise ressenti avant la guerre de Sécession envers les Noirs s'intensifie et finit par provoquer une paranoïa collective. Des siècles de méfaits sexuels ont convaincus les Blancs que les Noirs sont eux aussi concupiscents et qu'ils fantasment sur les femmes blanches. Il en résulte qu'un Noir suspecté d'inconduite avec une Blanche est un candidat à la justice pratiquée par les groupes d'auto-défense. (C'est l'ambiance hostile et suspicieuse dans laquelle Father Divine a dû vivre pendant ses années de prosélytisme dans le Sud.)

Avant 1880, les lyncheurs sont souvent des tueurs qui ne font pas de discrimination entre Blancs et Noirs. Après cette date, environ 80 % des victimes sont des Noirs. Les lynchages, qui ont principalement lieu l'été, sont souvent accompagnés de tortures. La castration est coutumière. En 1934, à Marianna, en Floride, le lynchage de Claude Neal se déroule de façon typique : « Après avoir traîné le nègre dans les bois [...] ils lui ont coupé le pénis. Puis ils le lui ont fait manger. Ensuite, ils lui ont coupé les testicules et les lui ont fait manger aussi, l'obligeant à dire qu'il aimait ça. Après un supplice interminable et effroyable, Neal a rendu l'âme[71]. »

Dans la mentalité des lyncheurs, tout métis ne peut être que le rejeton d'une Noire et d'un Blanc, non d'une Blanche et d'un Noir. Les accusations d'inconduite sexuelle ne sont pas la seule cause des 2 805 lynchages qui ont eu lieu dans les États du Sud entre 1882 et 1930. Mais la mutilation qui précédait si souvent les exécutions en dit long sur l'obsession des Blancs envers la sexualité masculine noire et montre clairement que la terreur coupable peut se métamorphoser en haine féroce. Non seulement l'abolition de l'esclavage n'a-t-elle pas réussi à anéantir la discrimination raciale et sexiste qui régnait dans le Sud, mais elle l'a intensifiée et durcie, dans toutes ses complexités.

Auxiliaires de chasteté

Les ceintures de chasteté

À peu près tout le monde a entendu parler, habituellement sur le ton de la plaisanterie, des ceintures de chasteté. On peut même faire une description approximative de ces dispositifs que l'on boulonnait autour des reins et du bas-ventre des femmes comme d'énormes serviettes hygiéniques de métal. Les maris jaloux y avaient recours, dit-on, lorsqu'ils partaient pour de longs voyages : des croisés, souvent, qui quittaient l'Europe civilisée pour aller convertir les barbares. À moins que ces monstruosités exotiques aient plutôt été rapportées dans leurs bagages.

En fait, les ceintures de chasteté sont excessivement rares. Ce ne sont pas des objets mythiques — elles existent réellement —, mais elles sont plus courantes dans la littérature et dans l'imagination populaire que dans la réalité. En Europe, seuls les plus cruels et les plus obsessionnels des hommes obligent leurs épouses à en porter. Ces femmes malchanceuses se comptent néanmoins par centaines. La gêne, le désagrément, l'humiliation et l'insupportable irritation cutanée dont elles souffrent sont le terrible prix à payer pour garantir à leur époux l'accès exclusif à leur corps.

Les ceintures de chasteté européennes ont été conçues pour obliger les femmes à être fidèles. Elles se distinguent par là des ceintures de lanières de cuir des Cheyennes et d'autres interventions comme les pieds bandés chinois et la mutilation génitale féminine, qui sont utilisés, d'abord et avant tout, pour protéger la virginité des filles.

La plupart des ceintures de chasteté authentiques proviennent de la fin du xvie et du début du xviie siècle. Les informations dont nous disposons sur ces appareils proviennent de plusieurs sources : des spécimens sont exposés dans des musées à travers l'Europe, certains situés dans de petits villages ; des documents historiques et des dossiers de procès en justice en font état ; ils sont représentés dans la littérature et les arts. Le British Museum, par exemple, possède une copie d'une gravure de Heinrich Aldegreyer représentant un jeune couple amoureux. L'homme et sa compagne sont nus, à l'exception de la ceinture de chasteté portée par la femme. Elle tient dans une main la clé qui sert sans aucun doute à ouvrir le cadenas. Elle semble hésiter, tandis que les yeux de son partenaire la supplient. Osera-t-elle, n'osera-t-elle pas ? La question reste sans réponse.

Enfin, on peut se demander dans quelles conditions se portait la ceinture. Si elle était, comme on le croit souvent, une cotte de mailles génitale, comment la malheureuse qui l'endurait faisait-elle ses besoins ? Que faisait-elle pendant ses règles ? Comment se lavait-elle ?

Les ceintures qui ont survécu au temps sont toutes légèrement différentes mais elles sont pareillement conçues. Elles sont faites de quatre à dix bandes attachées l'une à l'autre par des joints de métal. La portion qui passe entre les jambes remonte derrière le postérieur de la femme. Les fabricants accordent une certaine attention à la décoration de l'objet et au confort de celle qui va devoir l'endurer. Des motifs sont gravés sur la surface visible, l'intérieur est rembourré de velours ou de soie. Une fente est aménagée à l'avant pour permettre l'écoulement du sang et de l'urine, et un trou, souvent en forme de cœur, est découpé à l'arrière pour les excréments. Ces ouvertures sont souvent entourées d'une bordure dentée, qui lacérerait ou hacherait littéralement tout pénis qui tenterait de s'y insérer.

Le problème, c'est que le métal s'enfonce dans la chair, la mord — ou au moins l'irrite. À moins que la femme ne puisse uriner ou déféquer avec une précision toute particulière, l'intérieur de la ceinture ne tarde pas à prendre une odeur fétide. Le temps passé au lit doit être un cauchemar car la ceinture presse sur les chairs. Laver les parties intérieures est impossible car les dents de métal aiguisées qui ornent toutes les ouvertures sont aussi dangereuses pour les doigts, même entourés d'un linge, que pour un pénis.

Dans la littérature et la culture populaire, la ceinture de chasteté, qui met à la torture des femmes de chair et de sang, émoustille des millions de gens. En tant que bouclier génital, elle garde la femme chaste. En tant que symbole, elle rappelle à des millions de femmes l'importance de la chasteté — et à quels procédés les hommes sont prêts à faire appel pour que leur compagne la respecte. Les ceintures, bien entendu, n'ont rien à voir avec l'aspect positif de la chasteté et sont plutôt associées au concept de la domination mâle sur le corps féminin.

Il est clair que l'idée de s'assurer de la vertu des femmes en mettant sous clé leurs parties génitales exerce un attrait universel sur des hommes pétrifiés de peur à la perspective d'être trompés. En Amérique du Nord, les Cheyennes ont eux aussi inventé une ceinture de chasteté. L'idée que se fait ce peuple de la chasteté prénuptiale est si radicale qu'une jeune femme n'a aucun espoir de faire un mariage respectable si un garçon a ne fût-ce que touché ses parties génitales ou sa poitrine. La virginité, chez les Cheyennes, est une affaire sérieuse. Aussitôt qu'une fille a ses premières règles, elle ajuste autour de sa taille une ceinture de chasteté en corde et en lanières de peau tressées. Deux bandes de cette ceinture passent entre ses jambes et s'enroulent autour de ses cuisses jusqu'au dessus du genou. Ce dispositif enferme ses parties génitales mais ne la gêne pas. Elle peut donc marcher normalement. Elle porte toujours sa ceinture la nuit et lorsqu'elle se trouve hors de chez elle, le jour. Même après le mariage, son époux peut l'obliger à la garder durant ses longues absences, pendant les périodes de chasse ou de guerre[72].

Les Cheyennes considèrent la ceinture comme une protection parfaite. Chaque homme sait que, s'il tente de la défaire, les hommes de la parenté de sa victime le tueront et que les femmes détruiront tous les biens de sa famille. C'est ce qui arrive à un certain Lone Elk lorsqu'il ose défaire la ceinture d'une fille. Les femmes en furie se précipitent dans sa tente, détruisant tout ce qui leur tombe sous la main, et tuent ses chevaux. Puis elles courent à la tente de ses parents, où le père, se conformant à la tradition, les laisse saccager tous ses biens.

La ceinture de chasteté cheyenne est moins répugnante que le modèle européen. En outre, elle est portée par toutes les femmes et, par tradition, assure leur inviolabilité, donc leur chasteté. Les hommes respectent cette tradition. Le châtiment de tout transgresseur est si terrible qu'il force ce respect. Il en résulte que les femmes cheyennes sont réputées pour leur chasteté. Celles qui succombent sont déshonorées pour la vie.

Cette austérité sexuelle se prolonge dans le mariage. Les maris cheyennes punissent leur femme infidèle en « l'envoyant dans la prairie », une forme de viol de groupe institutionnalisée, parfois suivie du sectionnement du nez. Un viol collectif se déroule de la sorte : « Trente jeunes hommes sont postés sur la route où va passer la femme [...] Le mari fait partie de l'embuscade. Quand sa femme arrive, il lui dit : "Comme je sais que tu aimes les hommes, je t'offre un festin — avale tout." Les cris de la malheureuse sont inutiles ; quelques hommes la maintiennent à terre, et ils la prennent les uns après les autres[73]. » (Les vierges qui refusent de se marier sont menacées d'être soumises à la même violence sexuelle. On espère ainsi les faire changer d'avis.)

La société cheyenne se distingue aussi par le fait que la chasteté masculine y jouit d'une grande considération. (Le sujet sera traité au chapitre suivant, « S'abstenir pour une bonne cause ».) Il est évident qu'une société dans laquelle pratiquement aucune femme n'est libre développe une philosophie de la chasteté que tout le monde partage — ce qui, au moins à cet égard, fait contraste avec le système du « deux poids, deux mesures ».

La mutilation génitale féminine

Les ceintures de chasteté étaient une invention haïssable mais au moins on pouvait les défaire ou les mettre en pièces. Une fois ôtées, les plaies guérissaient et les femmes pouvaient retrouver une vie normale. La mutilation génitale féminine est par contre irréversible. Et elle force, d'une manière tragique, à la chasteté prénuptiale des millions de femmes qui auraient tout aussi bien pu l'adopter en vertu de prescriptions religieuses ou morales. L'intervention chirurgicale consiste à amputer une partie ou la totalité des organes génitaux qui jouent un rôle dans les rapports sexuels. La procédure s'appelle « mutilation génitale féminine[74] ».

Il existe trois formes de mutilation génitale féminine. Par ordre croissant de brutalité, il y a d'abord la circoncision primaire, ou clitoridectomie ; la circoncision secondaire ; et l'infibulation pharaonique. Les descriptions qui suivent sont tirées du documentaire d'Alice Walker, *Warrior Marks : Female Genital Mutilation and the Sexual Blinding of Women* (« Les marques du guerrier : la mutilation génitale féminine et l'insensibilisation sexuelle des femmes ») :

Excision ou clitoridectomie : ablation du clitoris et de tout ou d'une partie des petites lèvres.

Circoncision secondaire : ablation du clitoris, de tout ou d'une partie des petites lèvres et parfois d'une partie des grandes lèvres.

Infibulation ou circoncision pharaonique : ablation du clitoris, des petites lèvres et d'une grande partie des grandes lèvres. Les côtés restants de la vulve sont suturés afin de fermer le vagin, à l'exception d'une petite ouverture gardée ouverte avec des éclats de bois ou des allumettes[75].

Dans les parties du monde où la mutilation génitale est florissante, rien n'a changé dans ce domaine depuis des siècles. Des vieilles femmes aux mains d'une propreté douteuse[76] continuent à découper les organes génitaux des petites filles, sans anesthésie, avec des pierres ou des couteaux aiguisés (ou pire, émoussés). Puis elles raclent les chairs restantes, parfois avec leurs ongles, et recousent la plaie avec des épines, insensibles aux hurlements des petites « patientes » qui délirent de douleur ou agonisent, tout simplement[77]. *The Economist* estime que, chaque jour, six mille fillettes sont mutilées.

P. K., une Malienne, se souvient de l'expérience endurée dans son enfance[78]. Sa mère, qui savait quelles douleurs atroces sa fille allait connaître, était terriblement anxieuse. L'exciseuse était une vieille femme de la caste des forgerons. P. K. avait très peur. Elle avait vu tout récemment des petites filles qui venaient d'être excisées, elle les avait vues marcher. « Ce n'était pas un spectacle réjouissant. Vues de dos, elles avaient l'air de petites vieilles courbées par l'âge essayant de marcher avec une règle calée entre les chevilles. »

Les femmes mentent à P. K., elles lui disent que l'excision ne sera pas douloureuse. Puis elles s'emparent d'elle et, après lui avoir ouvert les jambes, versent du sable sur ses parties génitales, peut-être pour étancher le sang. La petite sent une main s'emparer de son sexe, puis une douleur atroce la déchire. P. K. reste étendue, sans défense. Le supplice lui semble interminable, et bien que les filles de son âge soient censées cacher leurs larmes, elle pleure et elle crie. Elle sent la tiédeur du sang qui jaillit des plaies béantes. Les femmes étanchent le liquide avec une concoction faite de beurre et d'herbes médicinales, mais la souffrance est toujours aussi atroce et ne s'atténue pas. Après la mutilation, P. K. connaîtra des moments plus terribles encore chaque fois qu'elle devra se vider les intestins.

Le pourcentage de décès consécutifs aux mutilations génitales féminines n'a pas été établi mais il semble qu'il soit élevé, et les femmes mutilées risquent beaucoup plus que les femmes intactes de mourir pendant un accouchement. Chez les survivantes, les effets à long terme de la mutilation sont énormes. L'élimination de l'urine à travers l'ouverture minuscule dont la chair est à vif est souvent pénible ; les menstruations le sont toujours. Selon le docteur Saïda, gynécologue soudanaise, « le sang ne peut s'écouler normalement. Il stagne pendant longtemps à l'intérieur du vagin et la douleur provoquée par cette stagnation est vive [...] Le sang est noir et rempli de caillots au moment où il s'écoule[79]. »

D'autres problèmes peuvent survenir sans que le médecin puisse rien faire. Le docteur Saïda explique qu'un examen gynécologique incluant un frottis vaginal est impossible, de même que l'introduction d'un cathéter. Et même si un médecin arrive à jeter un regard à l'intérieur des parties génitales de la femme mutilée, cette région est si déformée qu'il ou elle risque de faire un mauvais diagnostic[80].

La mutilation génitale féminine peut également être un facteur de transmission du sida. Comme les exciseuses pratiquent leur intervention sans stériliser la lame ou le couteau servant à l'incision, le virus peut se transmettre aisément d'une fillette à une autre. Dans la mesure où le nombre d'enfants séropositifs de parents sidéens augmente, on peut dire que le sida, aussi bien que la chasteté, est une des conséquences de la mutilation génitale féminine.

Le but ultime de ces interventions barbares est de rendre les sujets pratiquement incapables d'activité sexuelle illicite. Comme les jeunes épousées qui ont subi une infibulation pharaonique le découvrent lors de leur nuit de noces, toute activité sexuelle est accompagnée de terribles souffrances. Le mari ne peut pénétrer sa femme que de force. « Il ne nous reste rien pour éprouver du plaisir », dit Fatima, l'épouse cultivée d'un fonctionnaire du gouvernement soudanais éduqué aux États-Unis. « C'est comme si on prenait une tige de bois et qu'on l'enfonçait dans un morceau de cuir[81]. »

Ahmed, un jeune vétérinaire, décrit une nuit de noces typique avec une femme comme Fatima. D'abord, la pénétration, pendant la première nuit, « est pratiquement impossible. Vous vous trouvez devant des cicatrices qui ont bourgeonné, et ce dont vous vous servez pour pénétrer votre femme, ce n'est pas un bout de fer mais un bout de chair[82]. » Traditionnellement, les hommes « ouvraient » leur épouses terrifiées avec un couteau ou la pointe d'une épée. S'ils ne le faisaient pas, ils ressortaient de la chambre nuptiale avec des élancements dans un pénis souvent écorché. Ces lunes de miel risquées se terminaient souvent, pour la femme autant que pour l'homme, à l'hôpital. Dans la culture soudanaise d'Ahmed, l'activité sexuelle de la nuit de noces est si périlleuse qu'elle exige parfois une intervention médicale.

Il est, bien sûr, invraisemblable que des femmes aussi « impénétrables » se livrent au vagabondage sexuel avant le mariage, ou même qu'elles soient la proie de violeurs, qui sont tout aussi mal équipés que les maris. La mutilation génitale féminine assure la chasteté des jeunes filles, mais à un prix inimaginable. « L'infibulation pharaonique, explique Fatima, vise essentiellement à avoir le contrôle sur un désir que les filles sont censées, selon la croyance populaire, être incapables de réprimer. Autrement dit, on les prive de la libre expression de leur sexualité[83]. »

Fatima est une femme éduquée. La plupart des femmes mutilées ne le sont pas, et elles n'ont pas la moindre idée de ce que cette pratique signifie. Deux semaines après leur excision, deux jeunes Gambiennes ont répondu aux questions de l'auteure américaine militant contre la mutilation génitale féminine Alice Walker. « On ne nous a pas dit pourquoi nous avions été excisées », lui apprennent les deux filles. « On nous a simplement dit que c'était la tradition. Même si on questionnait nos parents, ils ne nous diraient rien, et de toute façon nous ne voulons pas savoir. Nous ferons cela à nos petites filles, tout comme nos grands-mères l'ont fait à nos mères, et comme nos mères nous l'ont fait à nous. Nous savons que des gens partout dans le monde n'observent pas cette tradition, mais nous continuerons à la respecter[84]. »

Ainsi, ces filles mutilées souffrent le martyre et ne savent même pas pourquoi ! Lorsqu'elle se trouvait coincée dans sa ceinture de chasteté, l'Européenne ou la Cheyenne savait à quoi servait cette invention et pourquoi elle avait été conçue de telle manière. Mais la mutilation génitale féminine, l'outil de chasteté le plus barbare qui soit, a fini par n'avoir plus d'autre raison d'être que la tradition. Dans un grand nombre de sociétés, elle représente la vie de famille, la continuité — ce qui, semble-t-il, compte plus que tout le reste dans ces cultures.

La mutilation génitale féminine est une vieille pratique qui remonte probablement à l'Égypte ancienne. La variante pharaonique semble s'être répandue à travers l'Afrique sur le chemin des caravanes qui traversaient le continent de l'est à l'ouest et du nord au sud. De nos jours, elle est surtout pratiquée en Somalie (où les femmes sont appelées les « femmes cousues »), au Soudan (où l'on dit que les filles « sont comme des melons d'eau parce qu'on ne peut pas les ouvrir[85] »), et dans une quarantaine de pays, dont l'Éthiopie, l'Égypte, le Kenya, une grande partie de l'Afrique de l'Ouest et la péninsule arabique[86]. Les animistes africains et les chrétiens la pratiquent, mais on l'identifie aussi à l'islam, bien que le Coran ne la mentionne pas et que Mohammed, dans ses hadiths, se montre très ambigu sur ces questions. « Si vous excisez, écrit le Prophète, ne coupez qu'un petit morceau, gardez-vous de couper une trop grande partie du clitoris [...] La femme aura un visage heureux et l'œil brillant, et sera plus accueillante envers son mari si son plaisir est complet[87]. »

Dans l'islam, toutefois, la chasteté féminine incarne l'honneur de la famille, et les femmes suspectées d'inconduite sont sévèrement punies.

En fait, il n'est pas du tout inhabituel que les hommes de la famille administrent eux-mêmes la peine de mort et justifient celle-ci en l'appelant « meurtre d'honneur ». Dans cette culture, la mutilation génitale féminine est l'auxiliaire infaillible du voile, de la ségrégation et de la réclusion, qui garantissent que les vierges resteront vierges et les femmes mariées fidèles.

La clitoridectomie — comme la ceinture de chasteté, le purdah, le voile et les petits « lotus d'or » (les pieds infirmes des Chinoises) — est la réponse du mâle aux impératifs de la Virginité, de la Continence et de la Chasteté — la trinité antisexe qui forme le noyau dur d'un grand nombre de cultures. Ceux qui appliquent ces mesures croient que les femmes ne se conformeront aux règles que si elles sont emprisonnées dans leur propre chair mutilée. Pour quelles raisons prendraient-ils la peine d'expliquer à ces malheureuses pourquoi elles doivent endurer la mutilation de leurs parties génitales ? Le mantra de la tradition suffit amplement, ainsi que la complicité des vieilles, silencieuses lorsqu'on étend la petite fille à terre pour la découper, grondeuses quand elle crie sa douleur et son angoisse. La chasteté sera leur récompense.

Les pieds bandés

Le bandage des pieds, souvent décrit à tort comme du fétichisme ou comme une forme d'esthétisme, est en fait l'équivalent de la ceinture de chasteté. Comme la clitoridectomie, cette pratique mutile, provoque d'atroces souffrances et est irréversible. Des femmes mûres figées dans leurs certitudes l'infligent à des petites filles au nom de la communauté et de la tradition. Lorsque ces fillettes deviennent femmes, les moignons de douze centimètres d'os et de tendons écrasés qui leur tiennent lieu de pieds garantissent à leur futur époux qu'elles n'ont jamais quitté la maison familiale pour aller goûter à des plaisirs illicites, et que, pour les mêmes raisons, elles ne quitteront jamais le foyer conjugal.

La coutume remonte probablement à la fin de la dynastie T'ang (618-907), lorsque les pieds des danseuses des palais sont comprimés plutôt que bandés. Au XIIe siècle, pendant la dynastie Sung, on commence à exhiber à la cour des pieds de femmes que l'on s'efforce de rendre de plus en plus petits. Cette mode douloureuse devient un trait propre à la société impériale. La coutume se répand dans les classes supérieures, mais aussi dans les inférieures. La plus misérable des paysannes porte elle aussi des bandages, bien que plus légers.

L'admiration des Chinois pour les pieds minuscules et pour les femmes qui marchent à petits pas délicats remonte à l'antiquité. Les pieds larges ne suscitent que dédain ; on les trouve laids, grossiers. Par contre, les petits pieds sont beaux, érotiques ; ils sont la quintessence de la noblesse et de l'élégance. Les hommes fantasment sur les petits pieds nus, qu'ils appellent « lotus d'or ». Un médecin taïwanais a tenté de donner une explication à cette fascination pour les pieds bandés : la difformité modifie la posture de la femme lorsqu'elle se déplace ; elle provoque une tension dans le bas du corps et un raffermissement de la peau et de la chair des jambes et du vagin. La crispation, lors de la marche, a aussi un effet sur les fesses, qui deviennent renflées, ce que les hommes trouvent particulièrement attirant. Lors des préliminaires amoureux, les petits pieds estropiés, bien lavés et parfumés, sont sucés, mordillés, caressés, bécotés. Le reste du temps, ils restent sagement enfermés dans leurs chaussons de soie brodée, même au lit. Certains hommes sont tellement excités par leur odeur et leur difformité qu'ils ne peuvent se lasser de les caresser. D'autres font même du petit trou qui s'est formé lors de la torsion du talon et du gros orteil un orifice sexuel. Des passionnés jurent que ces lotus d'or — ce nom provient d'une vieille fable indienne — sont les appendices les plus délicieux du monde. Quelle ironie : ces symboles de chasteté féminine sont devenus des objets de fétichisme sexuel !

Au début, lorsqu'ils n'étaient qu'une fantaisie de cour, les pieds bandés étaient une curiosité esthétique. Lorsque le rituel s'est répandu, une interprétation philosophique s'est accréditée : « Pourquoi les pieds doivent-ils être bandés ? Pour empêcher de courir ça et là[88]. »

La dynastie Sung (960-1279), la grande époque des pieds bandés, est également le lieu d'une renaissance morale conservatrice qui se heurte aux attitudes tolérantes qui prévalaient auparavant en matière de chasteté, de divorce et de remariage. Des érudits et des philosophes recommandent une surveillance plus vigilante des femmes. Selon eux, elles devraient être moins éduquées et plus dociles. Ghu Hsi, philosophe Sung, exhorte les veuves à rester chastes. Il vaut mieux, dit-il, mourir de faim que de se remarier. Inutile de dire que Ghu Hsi est un partisan enthousiaste des pieds bandés, qu'il introduit du reste dans la province de Fukien, au sud. Pour lui, c'est un moyen de répandre la culture chinoise, qui prône la séparation entre les hommes et les femmes.

Ghu Shi se fait un allié idéologique en la personne de Chu Shi, gouverneur d'une préfecture de Fukien. Chu Shi, qui avait décelé une certaine lascivité chez les femmes de la province, a décrété que leurs pieds devaient être bandés afin qu'elles ne puissent plus se déplacer. Les pieds des femmes de Fukien sont si déformés qu'elles ne peuvent marcher qu'avec des cannes. Un rassemblement public, un enterrement par exemple, s'appelle d'ailleurs une « forêt de cannes ».

Ces infirmes, qui ne peuvent quitter la maison, deviennent forcément casanières. Quand elles se déplacent, vacillant sur leurs pauvres pieds, s'accrochant aux meubles ou à leurs compagnes pour ne pas tomber, leur époux observe sans doute avec admiration les jolis moignons — de neuf à douze centimètres — enveloppés dans des souliers de soie. Ces braves hommes se réjouissent : leur femme ne pourra jamais se balader comme ils le font, jamais elle ne pourra se déplacer sans aide.

Cet engouement se grave en profondeur dans la culture chinoise. Durant la dynastie Yüan (1271-1368), les pieds bandés sont considérés comme le moyen idéal de s'assurer de la chasteté féminine : les jeunes filles restent vierges, et les épouses fidèles. Un manuel à l'intention des femmes est distribué. Elles apprennent que leurs pieds ne sont pas bandés afin de devenir plus jolis, mais parce que l'on veut s'assurer qu'elles ne quitteront pas leur foyer pour se livrer au vagabondage sexuel. Ce qui était sans doute une mode ou une marotte a fini par devenir un attrait érotique — combiné à l'enfermement de la victime, forcée ainsi de rester fidèle à son époux. Une mère explique un jour à sa fille curieuse que l'on bande les pieds des jeunes filles des classes supérieures parce que les anciens recommandaient cette pratique. Ainsi, on s'assure qu'elles ne quitteront leur appartement que dans une chaise à porteurs couverte et sous surveillance. Leur vie se rétrécit, comme les pieds dont elles n'ont plus l'usage.

Les pieds bandés deviennent aussi un symbole de statut social. Le but ultime des classes supérieures, en matière de pied moignon, est le lotus d'or de neuf centimètres. L'infirmité des femmes ainsi estropiées est si radicale qu'elles dépendent entièrement de leur mari, qui baigne dans la gloire que lui procure le fait d'être assez riche pour se permettre d'entretenir une épouse aussi délicieusement inactive. Inversement, les filles des classes inférieures, qui accomplissent une partie essentielle des tâches ménagères, doivent se contenter de la version douze centimètres[89]. « Si tu as un fils, tu ne plaisanteras pas avec ses études ; si tu as une fille, tu ne plaisanteras pas avec le bandage de ses pieds », est le mot d'ordre des familles conservatrices[90].

À mesure que cette manie se répand dans toute la Chine, la pratique des pieds bandés prend un sens encore plus symbolique : elle met l'accent sur une différence physiologique supplémentaire entre les hommes et leurs femmes si petites et si fragiles. À l'époque des conquêtes mongoles, elle différencie également la femme chinoise aux petits pieds de la robuste Mongole aux pieds normaux.

Pendant la dynastie manchoue (1644-1912), le bandage des pieds devient un raffinement artistique. La plupart des mères bandent les pieds de leurs filles, malgré leurs hurlements et leurs protestations. L'expérience a appris que cinq ans, ou six, est l'âge idéal pour commencer l'opération, car les pieds des fillettes sont petits et malléables. Quant à ces dernières, qui entretiennent l'idée qu'elles seront un jour plus jolies et plus attirantes, elles endurent courageusement leurs souffrances.

Le premier jour est soigneusement choisi. Les parents font brûler de l'encens et prient. À Ta-t'ung, dans la province de Shan-hsi, réputée pour ses petits lotus d'or, on crève la panse d'un agneau et on y place les pieds de la petite fille. Ils resteront dans cette position pendant deux heures. Le pauvre animal bêle sa souffrance et agonise, l'enfant pousse des sanglots. Les pieds nappés de sang sont alors retirés du ventre de la bête et vivement bandés dans de la soie. L'enfant reste étendue pendant une semaine, à l'issue de laquelle ses pieds reçoivent un nouveau bandage. La peau du pied tombe, car la compression arrête la circulation sanguine. Madame Hsui-Chen se souvient que sa mère a commencé l'opération lorsqu'elle venait d'avoir sept ans. « J'étais habituée à ma liberté d'aller et de venir, mais ma mère n'a pas eu pitié de moi [...] "Même si tu as mal, je te défends de défaire le bandage." Moi qui avais toujours été si active, je suis devenue comme une larve, et c'est en pleurant que j'ai enduré la douleur[91]. »

La douleur, lorsqu'on manipule le pied de manière à ce qu'il prenne une forme grotesque, doigts ramenés vers la plante du pied — le gros orteil impossible à plier restant tendu vers le haut — est insoutenable. L'instrument de la torture est un bandage de quarante-cinq centimètres de long sur six centimètres de large. On commence à bander en partant de l'intérieur du coup de pied vers les orteils, que l'on plie vers la plante du pied. Puis on entoure le talon en tirant très fort sur le bandage de manière à rapprocher le talon des orteils. Et ainsi de suite, de plus en plus serré, avec les quarante-cinq centimètres de bandage... Sous les couches de tissu, les chairs se putréfient souvent, jusqu'à ce que des morceaux de la plante du pied, ou même un orteil ou deux, pourrissent et tombent. Au début, la douleur est insupportable, surtout lorsque la mère oblige sa fille à marcher sur ses pieds mutilés.

Une femme raconte que la douleur la tenait éveillée des nuits entières. Lorsque la circulation du sang s'est arrêtée, la souffrance a disparu et le membre a perdu toute sensibilité. Tous les trois ou quatre jours, la mère baignait les moignons ensanglantés avec de l'alun et épongeait le pus qui suintait. Elle battait sa fille quand celle-ci pleurait.

La puanteur des chairs putréfiées hante les filles. Les mères riches réduisent la transpiration et l'odeur avec de l'alun ; les pauvres utilisent une solution au borax. L'opération rend souvent les petites filles malades. En plus de la douleur incessante, elles ont de la fièvre et des maux d'estomac.

Après quelques années, lorsque le lotus d'or est devenu parfait, on l'exhibe fièrement dans les souliers miniatures que les jeunes victimes condamnées à rester assises ont passé des journées et des journées à broder. Elles peuvent fêter leur victoire sur la nature et sur la torture en participant à un événement annuel où elles exhiberont leurs petits pieds. Les compétitrices s'y disputent l'attention des spectateurs avec leurs chaussures minuscules ornées de clochettes et de papillons de soie aux ailes frémissantes. Plus tard, des filles iront jusqu'à teindre leurs pieds en rouge. Tandis qu'elles sautillent sur leurs talons — leurs orteils ne peuvent supporter le poids de leur corps — des hommes avides les regardent, béats d'admiration. Il leur est, bien sûr, interdit de toucher les ravissants moignons. Leur éblouissante beauté n'est-elle pas la preuve de la chasteté de la jeune femme ?

Comme la mutilation génitale féminine, les pieds bandés déforment, affaiblissent et handicapent. Le pouvoir de la culture et de la psychologie de masse ont fait des pieds bandés un idéal de beauté et un attribut érotique qui amènent des millions de femmes à endurer des supplices, la perte définitive de leur autonomie et une réclusion contre nature. La chasteté féminine occupant une place essentielle dans la société, les pieds sont bandés de plus en plus serrés. C'est ainsi que l'on sacrifie la chair et la santé des femmes au culte de la vierge enchaînée et de l'épouse dévouée qu'elle est censée devenir[92].

C'est en boitillant que la coutume des pieds bandés se dirige vers sa fin. En 1906, le gouvernement manchou ordonne aux femmes d'ôter leurs bandages… sous peine d'avoir les jambes coupées. Beaucoup de

femmes sont si horrifiées devant ce viol de la tradition qu'elles désobéissent ou replacent le bandage quelque temps après, une fois l'alerte
passée. Les autres se lancent dans le long processus de guérison. Hélas !
les onguents, les lotions et les massages ne donnent à leurs pieds qu'une
pitoyable ressemblance avec les pieds normaux. Cette réintroduction du
pied naturel dans les mœurs chinoises ne veut, bien sûr, pas dire que la
chasteté obligatoire est éliminée par la même occasion. Elle reste un
impératif culturel, qui exigera, pour être respecté, un nouvel endoctri-
nement et d'autres pressions sociales.

CHAPITRE VIII

S'abstenir
pour une bonne cause

L'abstinence volontaire est la forme de chasteté la plus simple. Elle est pratiquée dans le monde entier, pour de multiples raisons, dont la plus courante est qu'elle constitue une méthode de contraception libre et infaillible. On peut aussi y avoir recours pour stimuler la fécondité après un accouchement. Mais des femmes plus âgées la pratiquent aussi afin de ne plus avoir à élever des enfants. Il arrive qu'une épouse l'utilise pour protester contre la femme plus jeune que son mari a introduite dans le foyer conjugal. Enfin, la continence volontaire peut devenir, pour la femme, une sorte de bannière symbolisant sa volonté d'indépendance et son désir de changer de statut et de mode vie. L'abstinence peut également avoir des racines politiques, comme en témoignent les membres du Voluntary Motherhood Movement (Mouvement pour la maternité volontaire), qui n'acceptent d'avoir des rapports sexuels avec leur mari que dans le but de procréer.

Pas d'amour, pas de bébé

L'abstinence est le moyen le plus évident et le plus simple d'exercer un contrôle des naissances. En Inde, on encourage le *brahmacharya*, considéré comme la technique de contraception la plus naturelle et la plus subtile. L'Église catholique recommande une chasteté partielle, combinée à la méthode Ogino ou au système sympto-thermique. Le haut clergé interdit même toute autre forme de contraception. Laisser s'écouler le sperme dans un préservatif ou dans un diaphragme, ou tuer les spermatozoïdes au moyen d'un gel ou d'une douche vaginale sont des actes aussi répréhensibles que celui commis par Onan lorsqu'il répand sa semence sur le sol.

Il est intéressant de noter que la plus importante campagne de contrôle des naissances, le programme « un enfant par famille » lancé en Chine en 1979, ne recommande pas l'abstinence. Avant cette campagne, 5 % des couples utilisent des contraceptifs. En 1982, ce pourcentage s'élève à 70 %. La moitié des couples optent pour le dispositif intra-utérin (stérilet en cuivre) ; un quart, pour la ligature des trompes ; et un dixième, pour la vasectomie. Environ 8 % des couples mariés ont recours aux stéroïdes, 2 % aux préservatifs, et les 4 % restants au diaphragme ou au coït interrompu. Seul un pourcentage infime et non documenté de personnes pratiquent l'abstinence.

C'est l'esprit de la politique chinoise qui est à la base de cette situation anormale. Si les dirigeants lancent ce programme, c'est parce qu'ils le considèrent comme indispensable à la prospérité future du pays. L'opération « un enfant par famille » est littéralement conçue comme une opération chirurgicale implantée médicalement grâce à un vaste réseau de santé publique. C'est l'une des rares orientations qui survivront à la mort de Mao et au renversement de la Bande des Quatre.

Quatre-vingt-dix pour cent des municipalités chinoises possèdent leur centre médical, doté de son propre service de contrôle des naissances. On apprend aux médecins locaux à insérer des stérilets, à faire des ligatures de trompes, des vasectomies et des avortements par aspiration. Les dirigeants semblent avoir une foi inébranlable en ces méthodes et le système politique est parfaitement organisé pour les mettre en application et fournir l'équipement nécessaire.

Comment persuade-t-on la population d'y avoir recours ? En accordant des compensations particulièrement convaincantes : un congé payé de quatorze jours pour un avortement précoce, de trente jours pour un avortement à mi-course, de vingt et un à vingt-huit jours pour une ligature des trompes et de deux à trois jours pour un dispositif intra-utérin. Pourquoi une jeune femme féconde choisirait-elle l'abstinence alors que, en subissant une simple intervention médicale, elle peut obtenir des vacances payées ?

La gigantesque étude qui a permis de recueillir ces informations oublie les abstinents volontaires. Pourtant la nouvelle politique donne aux dirigeants chinois l'occasion d'étendre à la sphère conjugale l'interdit qui frappe la sexualité avant le mariage (chez les hommes et chez les femmes). « La sexualité est une maladie mentale[1] », lit-on sur les murs des usines. Mais il est clair que le gouvernement chinois, aussi autoritaire soit-il, ne peut imposer une chasteté systématique — généralement rejetée en tant que méthode de contrôle des naissances. Il faut dire que, comparée aux procédures médicales, la chasteté est moins facile à vérifier et à récompenser, car elle échappe à la vigilance des impressionnants services de soins de santé primaires chinois.

L'ironie, au bout du compte, c'est que le programme « un enfant par famille » — qui s'appuie sur la chirurgie et non sur la chasteté — provoque aujourd'hui une recrudescence de la continence forcée chez les hommes célibataires. Le taux des naissances a chuté, mais non sans discrimination. Des millions de couples obsédés par le désir d'avoir un fils ont recours à l'avortement lorsque l'échographie leur révèle que l'enfant à naître est une fille. S'ils n'ont pas bénéficié de cet examen et se trouvent confrontés à cette naissance intempestive, ils abandonnent ou tuent la petite fille qui vient de naître. Puisqu'ils ne peuvent avoir qu'un enfant, il faut, impérativement, que cet enfant soit un garçon.

Aujourd'hui, ces garçons ont une adolescence et une vie adulte alourdies par les frustrations. Leur trop grand nombre bouleverse l'équilibre entre les sexes. Même si des millions de Chinois trouvent une femme, un grand nombre restent sur le carreau. Certains rongent leur frein devant cette abstinence forcée. Régulièrement, la presse fait état des plans divers de ces laissés pour compte : importer des femmes de l'étranger ou utiliser d'autres stratégies afin d'amender le monde trop masculin que leurs parents ont involontairement créé.

Abstinence postnatale

Dans la culture occidentale moderne, obsédée par la sexualité, la chasteté est beaucoup moins courante en dehors des cloîtres et des ordres religieux que dans la très autoritaire société chinoise. En Occident, lorsque les femmes qui viennent d'accoucher interrogent leur médecin, ce dernier leur répond qu'elles pourront reprendre leurs relations sexuelles dès que la pénétration ne les fera plus souffrir. Les choses ne sont pas aussi simples dans le reste du monde. Une importante étude portant sur les coutumes sexuelles de huit cent soixante-trois sociétés révèle que l'abstinence sexuelle est pratiquée dans trois cent deux d'entre elles, habituellement après l'enfantement. Pour ces sociétés, il est tout à fait normal que, dans la fleur de l'âge, hommes et femmes renoncent aux relations sexuelles pour une période qui dure souvent plusieurs années.

Dans ces cultures, à la suite d'un accouchement ou pour d'autres raisons, l'abstinence est un rite de passage essentiel, une contrainte acceptée et respectée.

L'abstinence sexuelle postnatale est un phénomène largement répandu dans le monde. Elle a bien d'autres vertus que de prévenir les grossesses. Ce rituel observé après l'accouchement améliore considérablement la santé et les chances de survie du bébé : il permet de contrôler le rythme des naissances ; il laisse au corps de la mère le temps de se remettre de l'accouchement — repos qui accroît la fécondité du couple lors de la reprise des relations sexuelles.

Le fonctionnement de ces pratiques d'abstinence est complexe, et l'allaitement y joue un grand rôle. Dans de nombreuses cultures, la sexualité reste tabou tant que la mère allaite. Certaines femmes sont même convaincues que le lait maternel a des propriétés contraceptives. À ce titre, la lactation est plus efficace qu'aucune autre forme de contraception[2].

Ce n'est, bien sûr, pas le lait qui accomplit ce miracle, mais la lactation, qui prolonge l'aménorrhée postnatale. Lorsqu'une mère allaite, l'ovulation diminue. En cas de relations sexuelles, le risque de concevoir est beaucoup moins élevé.

Dans des centaines de sociétés traditionnelles non occidentales, le risque est nul, car les relations sexuelles sont interdites. L'abstinence accompagne toujours l'allaitement et ne prend fin que lorsque l'enfant est sevré. Comment des couples féconds supportent-ils cette chasteté prolongée ? Comment réagissent les mères qui allaitent ? Et leurs maris ? Un bref coup d'œil au comportement de plusieurs sociétés permet de découvrir un vaste éventail de réactions.

Au moins un peuple, les Kafas du sud de l'Éthiopie, croit que les périodes d'abstinence augmentent significativement les chances qu'a un homme d'engendrer un garçon. Les Kafas pensent que c'est la quantité de sperme, lors de l'éjaculation, qui détermine le sexe de l'enfant : une grande quantité de fluide séminal permettra de concevoir un garçon, une quantité moindre, une fille. Considérant que des rapports sexuels trop fréquents épuisent leur réserve de sperme, les hommes préfèrent observer une certaine modération sexuelle. Après tout, « les hommes veulent des garçons », et les femmes aussi. En conséquence, les uns et les autres adoptent la continence, ce bon moyen de faire des petits mâles.

D'autres peuples observent rigoureusement l'abstinence postnatale pour des raisons tout à fait différentes. Les Danis de la vallée Balien d'Irian Jaya, en Indonésie, par exemple, sont l'un des peuples les plus abstinents du monde[3]. L'anthropologue Karl Heider, qui a vécu parmi eux pendant deux ans et demi, raconte qu'après la naissance d'un enfant les parents n'ont pas de relations sexuelles pendant une période allant de quatre à six ans. Personne ne s'écarte de cette ligne de conduite, ni ne se met en quête d'un soulagement charnel en dehors du foyer. Les Danis ne semblent pas souffrir de ces longues périodes de continence. Et ils ne se lancent dans aucune activité destinée à sublimer leur énergie sexuelle refoulée.

Ce qui est plus surprenant encore, c'est que les Danis ne prêchent pas l'abstinence et ne réservent aucun châtiment à ceux qui transgressent la règle. Apparemment, la sexualité ne préoccupe pas ce peuple, qui ne l'encourage ni ne la condamne. Les mariages, par exemple, n'ont lieu que durant les grandes fêtes du cochon, qui se tiennent tous les quatre à six ans. Même alors, les nouveaux mariés doivent attendre deux ans avant de consommer leur union — ce qu'ils font après s'être prêtés à un rituel particulier[4]. Dans la société dani, la chasteté postnatale s'harmonise avec une sexualité discrète.

Les Cheyennes des plaines d'Amérique du Nord s'abstiennent pendant de plus longues périodes encore que les Danis : dix années après la naissance de chaque enfant. Le couple fait un vœu solennel de chasteté, qui est considéré à la fois comme un sacrifice et comme un engagement. Les époux voient manifestement dans cette chasteté une forme de contrôle des naissances. Ils disent qu'ils observent l'abstinence pour « donner des chances au premier enfant ». Comme le dit l'un d'eux : « Si j'avais eu trop d'enfants, j'aurais donné le fouet au premier, et puis aux autres aussi. » Les Cheyennes détestent toute forme de punition et ils considèrent comme beaucoup plus sage de « laisser le premier enfant grandir avant qu'il y en ait d'autres[5] ».

Les Sambias, farouches guerriers des régions montagneuses de l'est de la Nouvelle-Guinée, ont un moyen original d'exprimer le tabou dont fait l'objet, chez eux, la sexualité postnatale. Les hommes se montrent extrêmement méfiants à l'égard des femmes, car ils croient qu'ils peuvent être contaminés par leurs sécrétions vaginales. Pour éviter ce poison, ils divisent le village en deux secteurs, l'un réservé aux hommes, l'autre aux femmes. Même les sentiers sont tracés en fonction des deux sexes, et les pièces de la maison sont divisées dans le même but.

Les Sambias croient que le sperme est radicalement différent des liquides féminins. Loin d'être nocif, ce fluide est une force vitale, essentielle à la virilité. Selon cette perspective misogyne, les femmes ont également besoin de semence ; il leur faut l'absorber pour restaurer leurs forces, augmenter leur production de lait et faire des bébés. En bref, cela signifie que les rapports sexuels, du point de vue de l'homme, sont aussi débilitants que générateurs de plaisir.

Après la naissance du bébé dans la hutte menstruelle, le père sambia évite la mère et l'enfant pendant plusieurs mois. Il risquerait, d'un seul regard, de tarir le lait maternel. Il pourrait ressentir une telle excitation à la vue de sa femme allaitant qu'il risquerait de faiblir et violerait l'interdit postnatal. Par mesure de précaution, il se tient donc soigneusement à l'écart. Il ne reprend ses relations sexuelles avec son épouse que lorsque le petit marche — ce que ce dernier ne fait pas avant deux ou trois ans.

Le père devient souvent irascible pendant cette longue période de chasteté forcée. La mère, elle, s'épanouit dans une relation affectueuse avec son enfant, surtout si c'est un fils. Après sept à dix ans, cette période de joie et d'amour prend fin brutalement. Le jeune garçon lui est arraché. Elle a beau crier et pleurer, c'est la tradition. Pour les femmes sambias, cet attachement maternel, autant physique qu'émotionnel, compense largement l'absence de relations sexuelles avec leurs époux, qui se montrent, la plupart du temps, hostiles et violents.

Bien que les cultures dont nous parlons soient radicalement différentes les unes des autres, la longue abstinence postnatale qu'elles observent découle des mêmes raisons naturelles : la fragilité des enfants en bas âge — que l'on combat en permettant à la mère de n'allaiter qu'un enfant à la fois et de lui réserver des soins constants — et un environnement inapte à soutenir une augmentation de population. Ainsi, qu'ils apprécient l'abstinence ou non — et il est clair que les Sambias violents et suspicieux ne l'apprécient pas —, ils sont obligés de respecter le strict système de continence postnatale que leur société a instauré.

En Afrique, en particulier en Afrique de l'Ouest, la continence postnatale dure généralement plus longtemps que partout ailleurs dans le monde (sauf peut-être dans les petites nations de Nouvelle-Guinée et chez les Cheyennes de l'Amérique du Nord). On peut, grâce aux millions d'Africains qui observent l'abstinence postnatale, se faire une idée plus précise de la continence humaine en général. Cela est d'autant plus facile que les pratiques africaines sont relativement bien documentées.

La nature même des familles africaines, où l'enfant occupe une place primordiale, est un élément crucial dans la manière avec laquelle ces sociétés ont chacune façonné leur propre système de continence postnatale. La progéniture est, à plusieurs égards, le principal atout de la famille, et les parents s'emploient à ce qu'elle soit la plus nombreuse possible. Même lorsqu'ils sont encore petits, les enfants apportent une importante contribution économique à la maisonnée. Plus déterminant encore, dans ces cultures qui n'ont ni gouvernement ni régimes de retraite, les enfants devenus adultes aident leurs parents en cas de problèmes médicaux ou financiers et leur procurent une vieillesse confortable. Lorsqu'ils se marient, ils élargissent et renforcent les liens entre leur famille natale et leur belle-famille. Les enfants sont donc essentiels au maintien des liens entre générations qui étayent les structures sociales africaines.

Ces considérations expliquent non seulement le désir des parents d'avoir une progéniture nombreuse, mais aussi le souci qu'ils ont de ménager une période d'abstinence suffisamment longue entre les naissances. La mortalité infantile est souvent étroitement liée à une nutrition médiocre et à la faiblesse physique de la mère, conséquences de grossesses trop rapprochées. C'est pourquoi le respect d'un intervalle entre les naissances est devenu un objectif capital, bien qu'inavoué, des sociétés africaines. L'abstinence postnatale, conjuguée à la durée prolongée de l'allaitement, est un moyen essentiel d'espacer les naissances, de réduire la mortalité infantile, d'améliorer la santé des petits survivants et d'augmenter ainsi la fécondité des parents.

De toutes les tribus africaines, ce sont les Yorubas du Nigeria qui ont été étudiés le plus minutieusement. En général, ils observent environ trois ans de continence postnatale, n'y mettant fin que lorsque l'enfant est entièrement sevré. Des femmes plus âgées et des épouses de fermiers recommandent une abstinence encore plus longue. Les femmes yorubas n'ignorent pas que cet interdit sur la sexualité protège la santé de leurs enfants. Elles allaitent leur bambin jusqu'à ce qu'il commence à faire ses premiers pas, car elles savent que les propriétés nutritionnelles du lait maternel le protègent de la maladie, notamment du kwashiorkor, qui rend les cheveux des petites victimes rougeâtres et leur enfle le ventre, déformant leur corps squelettique privé de protéines.

Les Yorubas sont en outre persuadés que l'allaitement, comme la grossesse, épuise les forces de la mère. C'est là une autre raison importante de s'abstenir de relations sexuelles pendant cette période. Pour éviter que les femmes ne s'épuisent, les Yorubas restent habituellement continents pendant les six mois qui suivent le sevrage des petits.

L'abstinence postnatale des Yorubas a, au cours des générations, protégé les bébés et leurs mères de carences nutritionnelles. Elle a aussi instauré un échelonnement des naissances sur plusieurs années et, en conséquence, diminué le nombre d'enfants mis au monde par chaque femme. Les bénéfices de cette stratégie sont évidents : les chances de survie d'enfants nés dans de telles conditions sont largement plus élevées que celles de bébés mis au monde « à la chaîne » par des femmes épuisées et fragilisées[6].

Pendant ce temps, les hommes yorubas, qui sont polygames, n'hésitent pas à soulager leurs pulsions sexuelles avec une autre femme. Les mères n'ont pas cette possibilité, on s'en doute. Malgré cela, 15 % d'entre elles seulement se plaignent de cette chasteté prolongée. On peut comprendre cette indifférence lorsqu'on examine la nature du mariage chez les Yorubas. Les couples ne partagent pas la forme d'intimité dont jouissent les Occidentaux. Les femmes yorubas mangent très peu souvent avec leur époux. En fait, la moitié d'entre elles ne le font jamais. Les couples partagent rarement le même lit. Une vaste majorité d'entre eux ne dorment même pas dans la même chambre. L'absence de relations sexuelles entre époux n'a certainement pas les mêmes effets, sur le plan émotionnel, que la privation ressentie par des partenaires plus dépendants l'un de l'autre — comme les couples plus éduqués de l'élite yoruba, dont les relations sexuelles et affectives s'apparentent davantage à celles des Occidentaux. Les femmes, dans ces couples, s'abstiennent pendant une période beaucoup plus courte que leurs sœurs moins privilégiées. Elles prétendent pourtant souffrir davantage que ces dernières de la privation de relations sexuelles avec leur mari.

L'absence de plaisir éprouvé par certaines femmes est un autre facteur qui découle du fait que les Yorubas pratiquent la mutilation génitale sur leurs filles. La clitoridectomie ayant éteint leur appétit charnel, les femmes supportent beaucoup mieux que les hommes d'être privées de relations sexuelles.

Mais les temps changent. Des campagnes de publicité fortement occidentalisées vantent les mérites de la contraception et du lait en poudre, ce qui érode peu à peu la nécessité de l'abstinence postnatale.

Certains Yorubas de haut rang, qui peuvent s'offrir des moyens de contraception occidentaux, du lait en poudre pour leurs nourrissons et une nourriture riche et équilibrée pour leur femme, ne voient aucune raison de s'abstenir de relations sexuelles aussi longtemps que l'exige la tradition.

Il est intéressant de noter que les Yorubas et d'autres peuples africains sont arrivés à régulariser des naissances et à maîtriser la fécondité sans jamais avoir recours aux moyens couramment employés en Europe à une certain époque[7] : mariage tardif, avortement et infanticide. Pour les Africains, dont l'existence est centrée sur la progéniture, l'avortement et l'infanticide sont des actes d'une cruauté et d'une méchanceté inimaginables[8]. Grâce à la chasteté, les couples africains planifient dès leur mariage la naissance de leurs enfants et, grâce à l'allaitement, protègent ces petits si soigneusement programmés.

Plus de parties de jambes en l'air pour grand-maman

Ce que les anthropologues appellent « abstinence terminale » est un phénomène largement répandu chez les femmes d'Afrique tropicale. L'expression désigne la décision délibérée, et souvent mûrement réfléchie, de ne plus avoir de relations sexuelles conjugales. Ainsi, les femmes yorubas — mais pas les hommes — sont promises à une chasteté définitive. Parfois, ce sont les maris qui l'imposent, car ils souhaitent prendre une femme plus jeune ; mais le plus souvent, les femmes l'adoptent elles-mêmes — généralement lorsqu'elles passent de l'état de mère à celui de grand-mère.

Dans toute l'Afrique, et dans la société yoruba en particulier, on fait largement appel à la participation des grands-mères dans l'éducation des enfants. Mais le passage du rôle de mère à celui de grand-mère est complexe, car chacune a des obligations et des droits différents. Pour une femme d'un certain âge, le plus simple moyen — et le seul — de naviguer entre les conflits qui peuvent survenir est tout simplement de reconcer à la maternité. L'abandon des relations sexuelles n'est pas une trop grande privation : les plus grandes satisfactions d'une femme lui viennent de ses enfants et de sa famille, et non de l'histoire d'amour qui l'unit à son mari, fût-elle passionnée.

Lorsque l'épouse fait une déclaration d'abstinence définitive, pour protester contre la présence d'une nouvelle femme, ou parce qu'elle a déjà prouvé sa fécondité et qu'elle estime que le temps du repos est arrivé, cela ne veut nullement dire qu'elle rejette son mari. Elle souhaite simplement consacrer son énergie à d'autres activités. Pour les femmes qui se sont mariées dans l'intérêt de leur famille, et pour celles dont l'union signifie une maison pleine d'enfants plutôt qu'un attachement romantique à un homme, la chasteté définitive est plus un soulagement qu'une privation. En fait, dans la plupart des cas, ces femmes n'éprouvent aucun manque. Il en est de même pour les millions de malheureuses qui ont subi une mutilation génitale.

En Amérique du Nord, beaucoup de femmes vieillissantes (qui n'ont pas subi de mutilation génitale) s'affranchissent également du « service sexuel » sans le moindre regret. Pour certaines, la sexualité ne sert qu'à la procréation. D'autres estiment qu'à leur âge le commerce charnel n'est plus du tout nécessaire, ni convenable, ni digne. Beaucoup de femmes et d'hommes âgés affirment qu'ils doivent s'abstenir pour des raisons de santé — bien que, sur le plan médical, ni leur arthrite, ni leurs problèmes cardiaques, ni leur hypertension ne les y obligent vraiment. En fait, leur continence déguise souvent une antipathie pour la sexualité.

Maternité volontaire

À la fin des années 1870, lorsque la grossesse est encore une « position intéressante », lorsqu'on « s'éteint » au lieu de mourir et que les sous-vêtements sont des articles auxquels il est malséant de faire allusion, les féministes adoucissent astucieusement leurs revendications en faveur du contrôle des naissances — décider quand et à quel rythme elles feront des enfants — en se réclamant de ce qu'elles appellent la « maternité volontaire ». Après tout, l'expression « contrôle des naissances » a des connotations assez vilaines. Elle suggère notamment que l'on désire éviter les conséquences d'une « rencontre » ou, pour être plus clair, d'une union charnelle très intime.

Les féministes partagent les craintes inspirées par la contraception. Elles croient que celle-ci mène directement et inévitablement à une sexualité débridée. Les « douches, tisanes, toniques et autres techniques […] sont un reproche constant, une accusation lancée en permanence contre les Américaines », déclare une féministe, exprimant ainsi le dégoût partagé par la plupart des adversaires du féminisme. Cette inquiétude est si forte qu'une loi interdit de donner des informations sur le contrôle des naissances.

Par ailleurs, la contraception est critiquée pour son prosaïsme. On l'accuse de priver les relations amoureuses de tout romantisme, de toute spontanéité. Mais la plus grande peur des femmes est que l'essor de la contraception ne finisse par leur nuire. Après avoir si souvent répété à leur mari que l'amour entraîne la procréation, elles risquent de ne plus être capables de le tenir à distance. Elles associent aussi les méthodes contraceptives à une forme d'immoralité et de débauche sexuelle qui ne convient pas à des gens respectables menant des vies respectables. Ces pratiques encouragent les maris à fréquenter des « femmes perdues » — libérées de la crainte de tomber enceintes. Si la jalousie est un motif de méfiance, la peur des maladies vénériennes que les maris infidèles passent fréquemment à leurs épouses est un problème encore plus crucial. Pour toutes ces raisons, beaucoup de femmes, dont les partisanes de la maternité volontaire, n'acceptent le contrôle des naissances que sous une forme : l'abstinence sexuelle — la méthode de contraception la plus ancienne et la plus largement pratiquée.

Les adeptes de la maternité volontaire entendent avant tout être maîtresses de leur corps et de leur fécondité. Pour elles, l'abstinence est la seule façon moralement acceptable d'éviter une grossesse. Elles condamnent donc toutes les techniques artificielles de contrôle des naissances — instruments de débauche autorisant une pratique sexuelle libérée de tout risque. À une époque où les femmes ont peu de droits sociaux et juridiques, la volonté exprimée par certaines de contrôler leurs relations sexuelles conjugales paraît trop radicale. La promotion de la chasteté par le mouvement féministe adoucit à peine l'audace de cette exigence.

Pour respecter l'idéal de la maternité volontaire, l'abstinence d'un couple marié peut prendre deux formes : le choix concerté des deux époux ou la décision unilatérale de la femme. Le second cas est le plus fréquent. Dans le foyer conjugal devenu champ de bataille, la femme volontairement abstinente défie alors non seulement son époux et les normes de la société, mais aussi la loi qui exige qu'elle soumette à la fois son corps et sa volonté à son mari. Dans de telles circonstances, elle doit faire preuve d'un immense courage pour imposer ses choix sexuels et se refuser jusqu'à ce qu'elle se sente prête à faire un enfant. « Notre religion, nos lois, nos coutumes sont toutes fondées sur la conviction que la femme est faite pour l'homme », fait remarquer la féministe Elizabeth Cady Stanton[9]. « La féminité est l'élément fondamental. La vie d'épouse et la maternité sont accessoires [...] La jeunesse de la femme doit-elle être consacrée entièrement à cette fonction animale qui consiste à porter un enfant? N'y a-t-il pas de limites à sa capacité d'endurer ces pressions terribles sur son existence[10]? »

Comme une grande partie des femmes du XIXe siècle, Elizabeth Stanton n'entretient pas d'illusions romantiques sur les rapports sexuels. Ces derniers ne mènent qu'à des grossesses à répétition et, lorsque des mères désespérées essaient de savoir comment éviter de tomber enceintes, on ne leur donne que des informations fantaisistes. Le docteur Ezra Heywood, « expert » médical, affirme que l'on doit s'abstenir de rapports sexuels pendant dix ou douze jours après les menstruations. Cette ignorance crasse des cycles de fécondité induit les femmes en erreur, et elles tombent de nouveau enceintes. Comment s'étonner que la sexualité perde alors de sa magie? Trop souvent, elle épuise, appauvrit, mutile et tue. Une femme qui n'arrive pas à se remettre d'une fausse couche déclare: « J'étais presque brisée, détruite par [...] les rapports nocturnes, souvent répétés le matin. Ce sont eux et rien d'autre qui sont la cause de ma fausse couche [...] Il s'y met comme un homme qui fauche son champ et, au lieu du plaisir que cela devrait me donner, c'est une vraie torture[11]. »

Pour les adeptes de la maternité volontaire, qui veulent en finir avec ces tragédies par trop fréquentes, les femmes ont le droit de pratiquer la chasteté. Toute autre forme de contraception n'est pas seulement discutable sur le plan moral, elle prive la femme de sa capacité de décider du moment où elle désire avoir un rapport sexuel.

Le mouvement de la maternité volontaire est à la fois radical et relativement conservateur. À une époque où l'idée d'accuser un homme de violer son épouse semble risible — le mariage ne donne-t-il pas à l'époux un accès illimité au corps de sa femme? —, celles qui résistent au nom de principes idéologiques sont considérées comme des rebelles. Pour une femme, l'adhésion à la maternité volontaire et à l'abstinence — jusqu'à ce qu'elle soit prête à procréer — est le seul moyen d'acquérir un certain pouvoir sur son mari et, dans un sens plus large, sur sa progéniture, dans la mesure où elle réduit ses rapports sexuels afin d'espacer ses grossesses. Ce pouvoir, les femmes l'exercent également sur la société, dont elles défient si tranquillement les lois. Dans ce contexte, elles considèrent leur chasteté comme un instrument ou une arme destinée à défendre la plus noble des causes.

CHAPITRE IX

Chasteté contrainte
et forcée

Chasteté imposée

Le célibat est souvent imposé par les circonstances, notamment l'absence de partenaires. Dans la Chine moderne, il découle du déséquilibre entre les sexes provoqué par une mesure gouvernementale draconienne (un enfant par famille). En Afrique du Sud, l'*apartheid* et ses règlements rigides séparent de force certains partenaires. Puisqu'il est quasiment impossible de se déplacer sans permis, il arrive que l'un soit retenu dans une ville blanche et l'autre dans un ghetto noir. Aux États-Unis, la guerre de Sécession, qui a tué une génération entière de jeunes hommes, a condamné leurs sœurs à un célibat peu exaltant. Elles n'ont eu d'autre choix que de devenir des vieilles filles à la charge de leur famille ou, au mieux, des institutrices sous-payées.

Dans les sociétés régies par des normes sociales et morales strictes, les contraintes financières vouent également les filles au célibat. L'Angleterre victorienne exige des filles de la classe moyenne qu'elles restent pures jusqu'au mariage. La plupart d'entre elles s'inclinent et, lorsque arrive le grand jour, ce sont des vierges immaculées qui s'avancent chastement dans l'allée centrale de l'église. Mais une période extrêmement longue s'écoule parfois avant l'engagement sacramentel : le futur époux est censé accumuler, avant de se marier, l'argent qui lui permettra d'acheter une maison dans un quartier convenable. Comme le dit l'aphorisme : « La vertu est très bien, mais une maison à Belgravia est encore mieux[1]. » Pendant ces fiançailles prolongées, les jeunes hommes pratiquent la frugalité, mais pas toujours la chasteté. Cette licence toute masculine, typique du système anglais du « deux poids, deux mesures », est, bien sûr, responsable du pourcentage élevé de prostituées en Angleterre, plus nombreuses dans ce pays que partout ailleurs en Europe.

Au xxᵉ siècle, la Grande Dépression n'oblige pas seulement les gens à se serrer la ceinture, elle condamne des millions de personnes au chômage ou au sous-emploi. Cette pauvreté inexorable retarde des milliers de mariages, quand elle ne persuade pas certains hommes de rester célibataires plutôt que d'affronter le pire — une autre bouche à nourrir — alors qu'ils n'arrivent même pas à se sustenter eux-mêmes. Les gens des campagnes qui n'ont pas accès à des méthodes de contraception fiables ou qui respectent certains principes moraux ou religieux préfèrent donc attendre.

L'importance accordée à certaines obligations sociales peut, elle aussi, contraindre au célibat ou à l'abstinence. Dans les sociétés asiatiques, qui interdisent aux jeunes femmes de convoler avant que leurs sœurs aînées aient trouvé un mari convenable, la chasteté prénuptiale peut être prolongée indéfiniment, pour peu que ces sœurs plus âgées soient peu attrayantes, handicapées ou d'un caractère impossible. En Inde, les veuves hindoues ne peuvent se remarier lorsqu'elles perdent leur époux — même si elles sont encore toutes jeunes. Aujourd'hui encore, elles n'ont souvent d'autre choix qu'une vie solitaire. Dans certaines sociétés, l'impossibilité pour les parents de réunir une dot suffisante pour leur fille peut condamner cette dernière au célibat. Rappelons que les couvents médiévaux qui acceptaient sans se faire prier des dots que des époux auraient trouvées trop modestes augmentaient ainsi leurs effectifs et leurs richesses.

Il arrive aussi que le célibat soit imposé d'office aux hommes comme aux femmes. Il devient alors une geôle dans laquelle les plaisirs de la chair sont interdits. Jusqu'à la fin du xixᵉ siècle, être domestique en Europe entraîne le célibat, souvent pour la vie. En Angleterre, quelques serviteurs masculins peuvent convoler, mais les femmes n'en ont pas le droit parce que leurs employeurs craignent les inconvénients qui découlent fatalement d'un mariage : grossesses et bébés. La comtesse de Carlisle surveille avec acharnement ses servantes. Sa gouvernante a reçu l'ordre de les espionner pour voir si elles « lavent régulièrement des serviettes hygiéniques », « preuve qu'elles ne sont pas enceintes[2] ». Durant toute leur vie, beaucoup de femmes accomplissent chastement leur service, du moins quand elles réussissent à repousser les avances de maîtres libidineux et autoritaires.

Dans certaines professions, le célibat est obligatoire. Les apprentis ne peuvent se marier, même quand ils accèdent au statut d'artisan. Ils n'obtiennent la permission de convoler que lorsqu'ils deviennent maîtres artisans. Ce mariage tardif succède souvent à des années de continence amère ou de commerce sexuel avec des filles de joie. Au Moyen Âge, les serfs sont généralement célibataires à vie.

La tradition veut que les éducateurs, à tous les niveaux, soient souvent interdits de mariage. Le choix est simple : rester célibataire ou perdre son poste. Cette solitude, infligée contre leur gré à des universitaires occidentaux, est radicalement différente du *brahmacharya* indien. Jusqu'en 1882 — date à laquelle la discipline universitaire va se relâcher —, les professeurs d'Oxford et de Cambridge s'engagent, en acceptant leur poste, à rester célibataires et chastes. Certains rebelles manquent à leur promesse et prennent une maîtresse ou fréquentent des prostituées, mais la plupart sont des professeurs consciencieux, bien nourris et bien logés, qui vivent une chasteté empreinte d'érudition dans leur tour d'ivoire. Quant aux institutrices, elles affrontent, jusqu'au XXe siècle, partout en Europe et en Amérique du Nord, les restrictions que leur impose une bureaucratie rigide et misogyne. Les autorités grincent des dents à l'idée que l'on puisse confier à des femmes sexuellement actives ou au ventre déformé par la grossesse la responsabilité de former de jeunes cerveaux malléables.

Il ne s'agit ici que d'un minuscule échantillonnage. Ces cas de célibat imposé ou subi ne doivent pas être confondus avec la chasteté acceptée ou choisie. La jeune femme à la libido active qui reste chaste pour s'assurer un mariage convenable et l'athlète qui s'ingénie à rassembler ses forces pour une compétition ont des motivations radicalement différentes de celles des personnes qui vivent une abstinence contrainte et forcée.

Purger sa peine dans la continence

Dans la longue énumération des privations dont souffrent les détenus, l'absence de femmes se place sans doute en tête de liste[3]. Le prisonnier voit très peu de membres du sexe opposé, sauf peut-être une visiteuse occasionnelle, les gardiennes et les inspectrices, la femme aumônier, l'infirmière et la bibliothécaire — lorsque ces postes ne sont pas confiés à un homme. La position courante en matière d'incarcération consiste à approuver cette restriction : l'abstinence, affirme-t-on, fait partie de la punition. Quelques prisons, inquiètes de l'accroissement des pratiques homosexuelles au sein d'une population carcérale majoritairement hétérosexuelle, ont mis au point un programme de visites conjugales. D'autres établissements permettent un contact physique sous la surveillance vigilante des gardiens en charge du parloir. Un prisonnier peut ainsi embrasser sa famille, ses amis, et prendre ses enfants sur ses genoux.

Le problème le plus sérieux dans les prisons d'hommes — problème dont la gravité *devrait* être prise en compte — est le viol de détenus. Depuis la sortie, en 1971, de *Fortune and Men's Eyes* — film adapté de la pièce de John Herbert qui traite du sujet avec sensibilité et compassion et montre plusieurs viols sans rien cacher de leur insoutenable brutalité —, le public sait ce qui se passe « en dedans ». Un jeune détenu inexpérimenté et vulnérable est, dès son arrivée en prison, la proie de ses compagnons de geôle. S'il est séduisant, sa situation n'en est que pire. Consentant ou pas, il est condamné à devenir un « punk ». Il s'endort rarement, la première nuit de son incarcération, sans avoir été violé par celui qu'on appelle « daddy » ou par un groupe de détenus qui lui ôtent son pantalon, lui écartent les jambes, l'immobilisent et le sodomisent les uns après les autres.

Si l'on fait abstraction de la douleur physique, des blessures, du traumatisme psychique, de la honte permanente et de la certitude que cette agression n'est que la première d'une longue série, la victime et ses agresseurs viennent tout simplement de jouer la tragédie la plus courante dans les prisons d'hommes. Il faut souligner que les violeurs sont presque toujours des hétérosexuels. Au fond d'eux mêmes, ils préféreraient sans doute ne pas violer : ils savent qu'ils ne devraient pas le faire parce qu'ils ne sont pas homosexuels.

L'homme agressé est aussi profondément atteint que la femme violée. L'impuissance, l'horrifiante certitude que les autorités n'interviendront pas et l'idée que la victime se fait désormais de ce que sera sa vie en prison ne sont que les éléments coutumiers du drame[4]. Celui-ci prend une tout autre dimension lorsqu'on pense au nombre croissant de prisonniers séropositifs ou sidéens et que l'on réalise combien les probabilités de contracter le virus mortel en prison sont élevées.

Les agresseurs et leurs victimes ne sont pas majoritaires dans la population carcérale. Beaucoup de prisonniers désapprouvent le viol et sont parfaitement conscients qu'il s'agit de violence pure et simple. Du reste, il arrive que certains d'entre eux s'engagent dans des rapports sexuels avec un partenaire choisi, appelant « amour de prison » cette relation homosexuelle originale. Ces expériences peuvent aller d'un rapport de domination, où l'un est le maître et l'autre la « maîtresse » soumise, à une véritable affection mutuelle, faite non seulement de camaraderie, de soutien fraternel et de protection, mais aussi d'amour physique, avec baisers et étreintes en guise de prélude à la masturbation mutuelle ou à la pénétration.

Les autres détenus — environ la moitié ou un peu plus, selon les autorités — ne s'engagent dans aucune autre activité sexuelle que l'autoérotisme. Ces hommes acceptent et subissent l'absence de relations charnelles qu'impose l'état carcéral. Certains ont des épouses ou des maîtresses à l'extérieur, d'autres restent tout simplement fidèles aux valeurs que la plupart d'entre eux respectaient avant leur incarcération — dans les rues, les hommes ne se mettent pas en groupe pour attaquer un de leurs semblables et le violer[5].

L'abstinence de ces détenus est, pour les responsables du système carcéral, un bon argument pour fermer les yeux sur une situation intolérable. « Tous les détenus ne tombent pas dans l'homosexualité », disent les défenseurs du système correctionnel. En réalité, la plupart des « amoureux de prison » et des violeurs ne sont homosexuels qu'en raison des circonstances. Ils réagissent ainsi à la chasteté forcée que leur impose un système qu'ils abhorrent — système carcéral soutenu par le monde extérieur contre lequel ils se sont autrefois rebellés. Le fait que la sexualité se vit entre hommes n'est que le fruit de la nécessité et n'a strictement rien à voir avec l'homosexualité en tant que telle.

Agressions, insultes et humiliations constituent une forme de protestation contre l'incarcération et contre l'une de ses conséquences, la privation de femmes. Les violeurs se prouvent à eux-mêmes, ainsi qu'à leurs gardiens et à leurs codétenus, qu'ils ont gardé leur pouvoir et que, bien qu'ils soient quotidiennement humiliés, ils peuvent encore terroriser et dominer leurs semblables. Ces hommes veillent soigneusement à leur réputation — en prison, pour survivre, mieux vaut être connu pour sa brutalité — et font en sorte de ne pas devenir des victimes.

Les agresseurs se font une idée bien à eux de leur conduite, et la plupart n'ont pas conscience de leurs véritables mobiles. L'excuse ou l'explication qu'ils en donnent — à eux-mêmes aussi bien qu'aux autres — est qu'ils ont besoin d'un exutoire à leur énergie sexuelle. En fait, dans ces agressions, la violence et les brutalités sont plus importantes que l'éjaculation. Elles vont même jusqu'à remplacer les paroles et les gestes amoureux pour éveiller le désir et servir de préliminaires à l'acte sexuel.

Certains détenus utilisent la force pour faire d'un prisonnier plus faible leur esclave sexuel. Ils ne sont pas aussi brutaux que ceux qui violent en groupe, mais ils n'en développent pas moins une relation fondée sur la domination d'un jeune prisonnier, parfois soumis et sans défense, parfois rebelle et plein de rancœur. Cette domination doit être constamment réaffirmée.

Si le prix à payer est énorme pour le prisonnier dominé, qui perd toute estime de soi, il l'est aussi pour le « daddy ». Lorsque ce dernier est hétérosexuel — la grande majorité des détenus le sont —, il doit affronter ses propres conflits intérieurs et contrer le mépris que lui inspirent ses actes par son besoin de prouver que la prison ne lui a pas enlevé tout pouvoir. Il prétend qu'il n'est pas un « pédé », même s'il baise avec un homme — un homme qui peut, il est bien forcé de l'admettre, l'« exciter » sexuellement. Il se dit qu'au fond il ne fait que s'amuser avec cet « amour de prison », que « c'est le système qui veut ça ». D'ailleurs, les hommes de main, les gardiens et les matons, qui méprisent son homosexualité mais se gardent bien d'intervenir, sont aussi ses complices. Et il est exact que les autorités carcérales ne font absolument rien pour mettre fin aux agressions.

Il arrive, mais rarement, qu'un homme reconnaisse son besoin d'affection. « Vous croyez qu'il est possible de vivre sans toucher un être humain pendant vingt-trois foutues années ? » demande Carl Bowles, incarcéré au pénitencier à sécurité maximum de Leavenworth, au Kansas.

Bowles méprise les types qui n'ont pas de partenaire sexuel. « C'est parce qu'ils ont peur de devenir homosexuels ! Ils se disent : Oh, mon Dieu ! est-ce que je vais devenir gai ? Ils ont peur parce qu'ils ont envie de serrer un homme dans leurs bras, de le toucher ! Parce qu'ils veulent que quelqu'un les aime ! » Pour les autorités carcérales, Bowles est un « prédateur » ; lui se décrit comme un gars aimant, incompris, qui improvise du mieux qu'il peut dans un système inhumain.

Les prisonniers réagissent de façon diverse à leur continence forcée. Certains la supportent parce qu'ils n'ont pas le choix. D'autres se révoltent et subliment, dans une agression physique contre des plus faibles, leur rage contre les autorités, et sans doute contre la vie elle-même — cette rage qui a conduit la plupart d'entre eux en prison.

Ces détenus et les nonnes réfractaires des couvents médiévaux ont en commun leur rejet absolu de la chasteté et leur volonté de créer un mode de vie collectif tolérable en dépit de conditions pénibles. Plus la contrainte est brutale, plus l'opposition est audacieuse et déterminée. La chasteté des détenus et des nonnes réfractaires est partie intégrante d'un mode de vie étranger, qui n'apporte rien de positif. Ils ne peuvent s'y soumettre qu'à contrecœur.

Les vestales de Saint-Pétersbourg

La condition des enseignants dans la Russie tsariste ne diffère pas beaucoup de celle de leurs pairs dans d'autres pays. La profession est sous-évaluée et sous-payée ; les éducateurs sont surmenés et soumis à des règlements mesquins édictés par une bureaucratie qui les prend à la gorge. Le code juridique russe autorise même les responsables gouvernementaux à refuser à un soldat ou à un fonctionnaire la permission de se marier. Mais au XIXᵉ siècle, seuls les professeurs perdent, une fois mariés, leur logement, leur ancienneté, et même leur emploi.

En fait, ce sont les femmes que vise cette loi. Elles sont systématiquement renvoyées lorsqu'elles se marient, alors que les hommes le sont rarement. En 1897, la Douma (Chambre des députés) de Saint-Pétersbourg institutionnalise cette discrimination en votant une loi qui interdit l'embauche d'enseignantes mariées et démet de leurs fonctions les femmes qui convolent après leur nomination[6].

Dans la mesure où les jeunes femmes trouvent difficilement un emploi, les célibataires instruites sont heureuses de pouvoir enseigner. Comme leurs besoins d'argent sont moins élevés que ceux des hommes (c'est du moins ce que pensent les autorités), elles se contentent d'un salaire plus modeste. Enseigner à des jeunes leur paraît naturel et enviable, puisque cette fonction les prépare au mariage — ce mariage qui va provoquer leur renvoi ! En prenant époux, l'enseignante fait faire des économies à la Douma, car le mariage l'oblige à renoncer à ses allocations de retraite. Lorsqu'elle convole, elle est immédiatement remplacée par une autre jeune femme docile, ardente et travailleuse. La raison pour laquelle ces femmes doivent rester célibataires alors que les hommes mariés ont la permission d'enseigner est évidente. Les autorités considèrent qu'un homme n'a d'autre charge que de subvenir aux besoins matériels de sa famille, tandis qu'une mère a des responsabilités diverses : elle doit nourrir son bébé et rester chez elle lorsque son enfant ou son mari est malade. On craint qu'elle consacre à sa famille une partie des innombrables heures qu'exigerait son enseignement.

Les instituteurs des écoles primaires de Saint-Pétersbourg sont les mieux payés de toute la Russie. En outre, la vie culturelle de la grande ville, avec ses concerts, ses ballets et ses conférences, constitue un appât supplémentaire pour ces jeunes avides de culture. Leurs conditions de vie, par contre, sont moins attrayantes. Les classes se tiennent dans l'appartement du professeur, endroit généralement sombre, bruyant, encombré et dépourvu de matériel scolaire. La dispersion de ces logements dans toute la ville n'est pas favorable à un climat de camaraderie entre enseignants. Les contingents d'élèves affamés, misérablement vêtus, désespérément pauvres et parfois maltraités sont divisés en trois groupes, représentant chacun un niveau scolaire. Chaque professeur est responsable d'un niveau. Les enseignants sont censés prélever de l'argent sur leur propre salaire afin de soulager les privations des enfants qui leur sont confiés. Ils doivent leur fournir des vêtements, les nourrir en dehors des heures de cours et parfois même les héberger. Lorsqu'ils osent se plaindre, ce n'est pas de leur célibat forcé, mais de surmenage ou de fatigue nerveuse.

D'autres exigences leur compliquent la vie. Ils doivent présenter à leurs employeurs un certificat d'orthodoxie politique et, dans certaines régions (pas à Saint-Pétersbourg), les femmes sont obligées de fournir des preuves cliniques de leur virginité. À Moscou, les enseignantes ne peuvent sortir de chez elle après onze heures du soir. Ce couvre-feu fait l'objet d'une surveillance étroite. Les femmes doivent être célibataires *et* chastes. Leur vertu est de la plus haute importance.

Ces institutrices ne protestent que collectivement, par l'entremise de mouvements féministes et de sociétés d'entraide mutuelle. Une enquête de 1903 révèle qu'elles contestent la valeur du célibat comme condition d'exercice de leur profession. Beaucoup exècrent cette obligation, mais elles y adhérent parce qu'elles n'ont pas le choix. Un élu libéral souligne cette injustice : « Cette situation pèse lourdement sur les enseignantes des villes. C'est du servage, purement et simplement. Les enseignantes sont surtout des filles pauvres qui luttent pour leur subsistance. L'administration de la ville leur donne peut-être la possibilité de travailler et de ne pas mourir de faim, mais elle les soumet en contrepartie à des obligations qui les condamnent à un célibat perpétuel[7]. »

Trente-cinq enseignantes mettent leur soumission au célibat et à l'abstinence sur le compte de leur insécurité financière ; vingt-neuf ont peur de perdre leur emploi ; sept sont trop épuisées par leurs responsabilités pour avoir une vie privée ; sept autres travaillent trop pour avoir le temps de chercher un mari.

Seule une minorité accepte volontiers ce célibat imposé. Deux enseignantes n'ont jamais voulu se marier ; une autre a peur d'épouser un homme qui ne lui convient pas, ce qui, dit-elle, arrive souvent. Quelques femmes prétendent que l'enseignement les comble et qu'elles « ne ressentent nullement le besoin d'avoir des enfants ». Elles disent avoir « trouvé une famille parmi ceux que le Seigneur appelle ses pupilles[8] ». D'autres prétendent que l'enseignement leur assure l'indépendance et leur fournit une occupation agréable, sans les contraintes du mariage et des responsabilités parentales. Elles revendiquent ainsi leur chasteté et leur droit de refuser le mariage.

La grande majorité, cependant, aurait aimé se marier et avoir des enfants, et croit que les femmes mariées font de meilleures enseignantes. Une correspondante anonyme écrit : « Les vestales de la Douma ! Comme ces mots sonnent tristement, comme ils font pitié ! Quelle jeune femme intelligente abandonnerait son droit à la maternité ? Quelle jeune femme éduquée, qui a appris à connaître l'âme d'un enfant, abandonnerait le droit d'élever ses propres petits et de donner à la mère patrie de bons citoyens[9] ? »

Quelques femmes attribuent à cette chasteté imposée une série de problèmes physiques et émotionnels. « Le célibat a des conséquences néfastes sur la santé et sur le caractère, déclare l'une d'elles. Il rend nerveux, égoïste, irritable ; il empêche l'enseignante d'avoir une relation chaleureuse avec ses élèves[10]. » Un petit nombre de femmes se révoltent. Elles ont des aventures secrètes ou se marient en cachette. Lorsque leurs infractions sont découvertes, les pauvres filles sont renvoyées, sans autre forme de procès.

Ce mécontentement latent déborde vers la fin de l'année 1905, lorsque la Douma vote, par une majorité de une voix, le maintien de l'interdiction de mariage. Les autorités gagnent ainsi, de justesse, leur « bataille contre les lois de la nature[11] ». Huit ans plus tard, l'ordre naturel est rétabli par un vote presque unanime et l'interdiction est annulée. Le célibat n'est plus indispensable pour la femme qui veut enseigner.

Cette réforme, qui se joue de diverses manières dans tout le monde occidental — y compris au Canada —, est une condamnation du célibat imposé. La plupart des enseignantes l'observaient à contrecœur et avec amertume, dans le seul but de garder leur emploi. Les risques économiques et professionnels étaient trop grands ; elles savaient ce qui les attendait si elles étaient « prises en faute ». Cette crainte a permis au climat de peur de se maintenir. Loin de penser que leur solitude pouvait les combler, les enseignantes étaient persuadées que la plupart de leurs problèmes physiques et psychologiques découlaient de ce célibat contre nature. Quelques dissidentes y voyaient par contre un moyen d'exercer une profession indépendante et respectée dans un cadre de vie agréable et fécond.

La chasteté dans la Révolution culturelle de Mao

Mil neuf cent soixante-quatorze, dans la Chine communiste. Anchee Min, une élève de dix-sept ans, part pour la Red Fire Farm. Elle fait partie d'un convoi de onze camions. La jeune fille est tout excitée. C'est un grand honneur d'avoir été choisie pour une mission aussi prestigieuse. Hélas ! pendant son séjour à la coopérative, son équilibre émotionnel bascule. Ses certitudes morales et idéologiques s'effondrent lorsque le jeune amant de son amie Chao Ching est exécuté parce que le couple a été surpris en train de faire l'amour. Chao Ching, qui a dix-sept ans elle aussi, est d'une beauté à couper le souffle, mince comme le tronc d'un saule et rebelle. Elle recopie des fragments de textes littéraires interdits, qu'elle fait ensuite lire à son amie. Au lieu d'attacher ses tresses avec des élastiques, comme le font les autres filles, Chao Ching utilise des rubans de couleur. Elle se procure des morceaux d'étoffe et fabrique de jolis sous-vêtements sur lesquels elle brode des fleurs, des feuilles et des tourterelles. Dans le dortoir austère, sa lessive séchant sur le fil est aussi belle qu'une œuvre d'art.

Chao Ching transforme également son uniforme. Elle fait des pinces à ses chemises, ajuste ses pantalons afin de mettre ses longues jambes en valeur. Elle a les seins fermes et le sait. Lorsqu'il fait chaud, elle ôte parfois son soutien-gorge. Un soldat la trouve si belle qu'il fond en larmes le jour où il entend dire qu'elle est souffrante.

Une authentique camarade est censée consacrer toute son énergie et toutes ses pensées à la Révolution culturelle du président Mao. Jusqu'à la fin de la vingtaine, il est préférable qu'elle ne pense ni aux hommes ni au mariage. « Apprenons à avoir l'esprit pur ! » scandent les filles. Les pensionnaires de la Red Fire Farm s'efforcent de suivre l'exemple des héroïnes des opéras révolutionnaires, parangons de vertu qui n'ont jamais connu d'homme, que ce soit un mari ou un amant. Comment s'étonner, dès lors, que Chao Ching n'exprime jamais son intérêt pour l'autre sexe, même auprès d'Anchee Min, son amie la plus proche ? Elle est déjà suffisamment suspecte en raison de ses jolis sous-vêtements — qui ont du reste été critiqués lors d'une réunion du Parti.

Une nuit, alors qu'Anchee Min et ses compagnes sont à l'entraînement, elles reçoivent l'ordre de se regrouper pour une « sortie nocturne ». Silencieuses et attentives, munies de pistolets chargés, elles sont guidées à travers des roseaux, vers un champ de blé. On leur ordonne de se coucher sur le ventre et de ramper sans bruit. Les moustiques bourdonnent autour d'elles, les harcèlent, les piquent. Soudain, Anchee Min perçoit le murmure de deux voix, celle d'un homme et celle d'une femme : « J'ai entendu des cris étouffés. Puis ce fut le choc : la voix de la femme était celle de Chao Ching. »

La première pensée d'Anchee Min est de prévenir son amie — les représailles, quand on est surprise avec un homme, sont terribles. Chao Ching n'a jamais laissé entendre qu'elle avait une relation amoureuse. Pourquoi l'aurait-elle fait ? À la Red Fire Farm, un tel aveu n'apporte que honte.

Les trente membres de la brigade dirigent simultanément leurs lampes de poche vers le couple, exposant les fesses de Chao et le visage d'un jeune homme maigre à lunettes, un intellectuel, semble-t-il. On s'empare de Chao pour la ramener au camp. Un petit contingent de soldats reste sur place. Les hommes ont reçu l'ordre de rouer l'amant de coups. « Faites-lui bien comprendre qu'aujourd'hui les hommes lubriques ne peuvent plus agresser les femmes », dit Yan, le chef du groupe. Le jeune amoureux n'exprime aucun remords, mais ses traits se crispent lorsque les soldats commencent à le frapper. Le malheureux fait un visible effort pour ne pas crier.

Quatre jours plus tard, un procès public se tient à la cantine. Chao Ching, qui a été soumise à un « lavage de cerveau intensif », parle d'une voix chevrotante, lisant ses réponses sur la feuille qu'elle tient dans ses mains tremblantes. Elle la laisse tomber à deux reprises. Puis, d'une voix altérée, elle murmure : « Il m'a violée. » Ces mots condamnent le jeune amant. Il est exécuté[12].

La coquette jeune fille cesse de se laver. Elle met en pièces ses jolis sous-vêtements. Après quelques mois, ses compagnes commencent à se plaindre : Chao Ching pue. On l'envoie dans un hôpital de Shanghaï, où elle est soignée pour dépression nerveuse. Elle revient à la ferme gonflée comme une saucisse par les tranquillisants, le cheveu emmêlé et l'œil vague. Un jour, elle disparaît. On la retrouve morte, noyée dans un enchevêtrement de roseaux. Lors de l'éloge funèbre, Chao Ching est qualifiée de « camarade remarquable ». On l'accueille à titre posthume dans la Ligue des jeunes du Parti communiste. Sa grand-mère reçoit de l'argent en guise de condoléances.

À la Red Fire Farm, la chasteté est une obligation si stricte que les contrevenants sont exécutés. Chao Ching n'a été sauvée que parce que Yan, le chef du groupe, a insisté pour qu'elle se rétracte et accuse son amant. La jeune fille a obéi, mais l'angoisse dans laquelle elle a vécu ensuite l'a minée. La malheureuse Chao n'a jamais pu guérir. Elle est morte hantée par son histoire d'amour et par sa responsabilité dans la condamnation d'un jeune homme à la torture et à la mort.

La continence dans une union « encombrée »

Rahmé est une jeune Palestinienne de dix-sept ans. En 1972, cette jeune fille pieuse est mariée par sa famille à Mahmoud, de deux ans son cadet. Elle le suit dans son camp de réfugiés, en Cisjordanie. Des bébés ne tardent pas à naître. Rahmé est enceinte du quatrième lorsque Mahmoud tombe amoureux de Fatin, adolescente d'une beauté éblouissante. « J'adore Fatin, annonce-t-il à Rahmé. Elle a accepté ma proposition de mariage. Toi et moi, nous allons divorcer. »

Rahmé quitterait volontiers son mari tyrannique et emporté, mais la loi islamique exige, si elle s'en va, qu'elle lui laisse leurs enfants afin qu'ils soient élevés par la nouvelle épouse. « Je ne veux pas divorcer, répond Rahmé. Je veux rester avec mes petits. »

Mahmoud l'avertit qu'il la tiendra responsable de toute dispute avec Fatin. Il ajoute qu'il n'a nullement l'intention de la reprendre dans son lit. Si elle reste dans cette union « encombrée » — pour reprendre l'expression si bien choisie de la princesse Diana pour décrire son propre ménage à trois — Rahmé se condamne, à vingt-trois ans, à l'abstinence sexuelle. Elle se soumet pour ne pas perdre ses enfants.

Rahmé promet d'être discrète. Elle tient parole et coopère autant que possible avec Fatin. Onze enfants plus tard — ceux de Fatin —, l'épouse délaissée est toujours là, balayant, frottant, cuisinant et priant, le tout sans jamais se plaindre. Soutenue par son fils aîné — qui aime bien Fatin tout en la détestant, «pas pour ce qu'elle est, mais parce qu'elle est cause des souffrances de [sa] mère» —, elle supporte la situation avec patience parce qu'ils projettent de s'enfuir un jour. Mais il faut attendre que le jeune homme soit en mesure de subvenir aux besoins de sa mère et de ses petites sœurs.

Rahmé fait partie de ces millions de femmes qu'un mariage «encombré», voire un véritable harem, a condamnées à la continence. Le niveau d'endurance varie d'une femme à l'autre. Rahmé a une motivation simple, forte et inébranlable : elle a quatre enfants. Pour l'amour de ces derniers, elle accepte de partager une maison surpeuplée avec celle qu'aime son mari et les onze enfants qui sont le résultat de leurs ébats, dont elle a probablement entendu l'écho tandis qu'elle reposait, seule dans son lit, redevenue vierge malgré elle.

La continence due au déséquilibre numérique entre les sexes

La continence peut se faufiler partout, sous une infinité de formes. La disproportion entre les sexes est une réalité mondiale qui entraîne souvent une abstinence non désirée. L'équilibre numérique est rompu pour des raisons diverses. Les guerres contribuent pour une large part à ce phénomène, car elles tuent énormément d'hommes dans une classe d'âge assez étroite. L'infanticide des filles, dû à la préférence dont font l'objet les enfants mâles partout à travers le monde, a tellement déséquilibré certaines populations que les femmes y sont significativement minoritaires — la Chine moderne, avec 118,5 hommes pour 100 femmes, fait aujourd'hui l'expérience de cette réalité pour le moins gênante[13]. La continence est l'une des conséquences majeures de ce déséquilibre — qui ne fait qu'augmenter si l'on en croit les prévisions des fonctionnaires chinois. Ces derniers estiment que «le nombre de célibataires sans espoir pourrait atteindre bientôt les 80 millions[14]». (La polyandrie pourrait, dans ce cas, être une solution!)

L'âge amène aussi la continence, surtout chez les femmes dont les maris sont devenus impuissants — problème commun à beaucoup d'hommes âgés. À moins de se tourner vers des liaisons extraconjugales, ces femmes sont condamnées à la chasteté, tout comme des millions de

402 HISTOIRE UNIVERSELLE DE LA CHASTETÉ ET DU CÉLIBAT

veuves — autre phénomène courant. Leur situation ne leur attire que très peu de compréhension et de réconfort. La société a tendance à penser que les femmes et les hommes âgés sont devenus asexués. On est porté à les trouver ridicules, voire obscènes lorsqu'ils manifestent un quelconque intérêt pour les choses du sexe. Les maisons de retraite d'Amérique du Nord, par exemple, exigent souvent la chasteté de leurs pensionnaires. Au terme de leur existence, même ceux qui éprouvent encore des pulsions sexuelles sont obligés d'opter pour une abstinence qu'ils n'ont jamais recherchée ni appréciée.

Bien des enfants, qui se montrent souvent choqués, voire dégoûtés à l'idée que leur mère puisse avoir une activité ou des désirs sexuels, encouragent ce mode de vie. Ils trouvent l'érotisme des gens âgés inconvenant, menaçant, voire égoïste. Ils considèrent qu'une bonne mère doit se consacrer à sa famille. La société attend donc de la femme vieillissante qu'elle revienne à l'état immaculé de la petite enfance, lorsqu'elle était vierge, pure et asexuée[15]. Il en résulte que beaucoup de femmes étouffent leur sensualité. Et lorsqu'elles ne le font pas, on fait en sorte qu'elles se sentent assez coupables pour accepter enfin leur nouveau rôle.

La pénurie de partenaires « convenables » impose souvent la chasteté à des femmes d'un certain âge, même les plus sensuelles. Heureusement, la plupart d'entre elles ne sont forcées de l'adopter que relativement tard dans leur existence.

Chasteté des veufs et des veuves

Chaste veuvage des hindoues

De nos jours, le veuvage évoque la tristesse, le grand âge, les cheveux blancs et la fragilité des os vieillissants. Il existe, bien sûr, de jeunes veuves, mais elles peuvent se remarier comme les divorcées du même âge. Ce schéma correspond largement à la réalité actuelle, mais il n'en a pas toujours été ainsi. Avant que les progrès de la médecine deviennent accessibles à tous, il existait des veuves de tout âge. La mort ne faisait pas de différence entre la jeunesse et la maturité, emportant ses victimes à la naissance ou lors des grandes pestes, des épidémies, des sécheresses, des famines et des catastrophes naturelles.

Du point de vue de la chasteté, il convient d'examiner l'avenir de ces femmes — veuves à vie ou remariées. (Les veufs sont plus rares et plus susceptibles d'être encouragés à reprendre femme.) Chaque société a sa politique concernant le remariage des veuves : beaucoup l'autorisent, certaines vont même jusqu'à prendre des dispositions afin que la veuve épouse son beau-frère, qui prendra soin d'elle et subviendra à ses besoins et à ceux de ses enfants. Par contre, d'autres sociétés se montrent indifférentes, voire hostiles au remariage des veuves. Le christianisme primitif se place dans cette seconde catégorie. Prendre un autre époux, même après la mort du premier, est considéré comme licencieux. Le clergé désapprouve sévèrement cette pratique : les veuves doivent, ou devraient, rester perpétuellement chastes. La société confirme le droit du mari défunt à l'éternelle propriété sexuelle de son épouse. L'opinion générale est que la veuve qui se remarie viole cette propriété en la transférant à un autre homme. Cette façon d'agir est considérée comme une trahison à l'égard du premier époux.

Le point de vue de l'hindouisme sur le veuvage, qui associe une répugnance fondamentale pour la sexualité féminine à la doctrine de la réincarnation, débouche sur une condamnation sans pitié des veuves. Les hindous croient que la mort d'un homme — surtout lorsqu'elle est accidentelle ou consécutive à une maladie plutôt qu'à l'âge — est causée par la conduite immorale de sa femme dans une vie antérieure. Comment les veuves peuvent-elles lutter contre une conviction placée au cœur de la vision hindoue du monde ? Au lieu de témoigner de la sympathie aux femmes en deuil et de s'inquiéter de leur situation financière et du sort de leurs enfants orphelins, les hindous se dressent contre elles, accusateurs, et les vouent au mieux à une vie de misère, au pire à une mort atroce.

« Certains disent que le mariage avec des petites filles ne peut déboucher que sur le veuvage précoce, écrit un brahmane. J'affirme que le veuvage n'est pas causé par le mariage avec des petites filles, mais par ces petites veuves elles-mêmes, qui ont péché contre leur époux dans une vie antérieure. L'adultère, le flirt et l'inconduite sont peut-être la cause [de la mort de l'époux]. Le veuvage de ces enfants est horrible, sans doute, mais il est l'effet de la colère de Dieu[16]. »

Autrement dit, les petites veuves sont des criminelles, des meurtrières. Quelle sorte de vie méritent des créatures aussi diaboliques ? La plus dure et la plus abstinente. Manu, le législateur hindou, décrète qu'une veuve ne peut manger que des herbes, des racines et des fruits. La tradition exige qu'elle ne se sustente qu'une fois par jour, se contentant des aliments les plus frugaux. La malheureuse a toujours faim[17] ; on l'oblige à s'enlaidir ; on la condamne à toutes les tortures physiques ou psychiques possibles. Son crâne est rasé et le point rouge du mariage, le *tikala*, est effacé de son front. On lui enlève tous ses bijoux, ses boucles d'oreille, son anneau nasal, ses bracelets, ses colliers. Elle ne porte plus qu'un sari blanc, sans blouse, et marche nu-pieds. Pour s'assurer de sa chasteté et sauvegarder l'honneur de ses proches, on lui interdit de quitter la demeure familiale, sauf pour accomplir les corvées que personne n'accepte de faire. La veuve travaille comme une bête de somme ; elle est haïe de tous, on la maudit. Elle dort sur le sol ; parfois, on lui fait l'aumône d'une paillasse. Autrefois, elle devait s'enduire le crâne de boue et dormir sur un lit de pierres. Il lui est interdit de se joindre aux sorties familiales, aux cérémonies, aux fêtes.

Dans une chanson populaire, une veuve se plaint auprès de sa belle-mère : « Je serai seule dans mon lit, ô belle-mère, et pas seulement pour quelques jours. Trop jeune avant mon mariage, je n'avais pas la moindre expérience. Et maintenant, comment vais-je passer mes jours et mes nuits dans la solitude[18] ? »

Une veuve est, bien entendu, une proie facile, et le prédateur est souvent un homme de la famille. Comme le système du « deux poids, deux mesures » sévit aussi bien en Inde qu'ailleurs, on fuit la veuve qui tombe enceinte. Elle ne peut espérer aucune compassion. Son séducteur, quant à lui, échappe à toutes les conséquences de son acte. Du reste, même s'il le voulait, il ne pourrait épouser sa victime. Une veuve appartient pour toujours à son mari défunt.

Des millions de veuves endurent de terribles souffrances. Beaucoup ne sont que des enfants qui n'ont même pas vécu avec leur mari. Ce sont parfois de toutes petites filles. Le nombres d'enfants veuves, dans l'histoire indienne, est énorme. Le dernier recensement du XIXe siècle révèle que l'on trouve, dans la seule ville de Calcutta, 10 000 veuves de moins de quatre ans et plus de 50 000 qui ont entre cinq et neuf ans. Entre 1921 et 1931, dans le pays tout entier, le nombre d'épouses enfants passe de 8 565 357 à 12 271 595, ce qui fait des millions de petites veuves en puissance.

La religion hindoue apprend à ses adeptes que, avant le mariage et la procréation, les garçons et les filles doivent vivre pendant quelques années en chastes *brahmacharin*. Gandhi est tout à fait opposé aux mariages avec des petites filles. « Où sont les femmes courageuses, demande-t-il en 1926, qui accepteront de soutenir les épouses enfants et les veuves enfants, et ne laisseront les hommes en repos que lorsqu'il leur sera devenu impossible de se marier avec une petite fille[19]? » Il déplore aussi « le traitement inhumain souvent réservé [aux] veuves[20] ».

Inhumain, c'est exact, et solidement fondé sur les enseignements traditionnels. Ce ne sont pas là lectures plaisantes, comme en témoigne ce vieux dicton : « Un homme doté de mille langues mourrait avant de finir la liste des vices et des défauts des femmes, dût-il ne rien faire d'autre durant cent ans[21]. »

Et la litanie continue : « Les femmes ont en elles la cruauté de la lame du rasoir, du poison, du serpent et du feu. » Leurs défauts naturels sont « le mensonge, l'étourderie, la ruse, la sottise, une grande cupidité, l'impureté et la cruauté ». Elles sont « la lascivité, l'inconstance et la fausseté incarnées » et « ont le cœur de l'hyène[22] ». Le législateur Manu considère que « voler du grain ou du bétail, avoir des rapports sexuels avec une femme qui boit de l'alcool et *tuer une femme* sont des délits *mineurs*[23] ».

Les idées de Manu sont extrêmement importantes dans la mesure où elles ont exercé leur influence sur deux mille ans de législation et de coutumes. La femme n'a aucun droit et ne vit que pour servir son époux, qui peut la maltraiter, se débarrasser d'elle ou la vendre en toute impunité. Elle doit avant tout être chaste. La plus grande calamité qui puisse accabler une femme est de manquer à ce devoir. Le veuvage est par conséquent doublement accablant : il est la preuve irréfutable des fautes passées de la femme et de sa vulnérabilité. Son entourage est persuadé qu'elle sera plus que jamais tentée de s'écarter du droit chemin — car elle est faible, lascive et inconstante. Le traitement impitoyable réservé aux veuves est d'une logique parfaite : elles sont châtiées parce qu'elles ont tué leur époux et — comme lors d'une offensive militaire réussie — sont frappées et blessées avant même de pouvoir réagir et se révolter.

Le sati, *ultime ceinture de chasteté*

La misère de l'existence d'une veuve n'est pas la pire des conséquences de la mort de son mari. Après tout, elle est encore en vie — si l'on peut appeler cela vivre. Mais de nombreux hindous, des hommes pour la plupart, considèrent cette clémence comme une intolérable faiblesse. Ils croient que la femme ne peut être heureuse que si son mari l'est, qu'elle doit être triste quand il est triste et qu'elle doit mourir quand il meurt. Que l'on permette à cette femme, après la mort de son époux, de se traîner de corvée en corvée dans la maison de beaux-parents malveillants est un traitement beaucoup trop doux. La « bonne veuve » — une contradiction dans les termes pour les hindous — a beaucoup mieux à faire que d'imposer son être souillé à son entourage. Le *sati* — immolation rituelle par le feu sur le bûcher funéraire de l'époux — est là pour régler le problème.

« L'importance primordiale de la chasteté de la femme » est la raison principale du *sati*, bien que des considérations ayant trait à l'argent, aux biens et aux propriétés puissent également coûter la vie à une veuve gênante. Un militant anti-*sati* résume ainsi les craintes des parents et de la belle-famille : « S'il n'y a pas de crémation, les veuves vont peut-être s'écarter du droit chemin ; si elles brûlent, cette crainte disparaîtra et famille et relations n'auront plus aucune appréhension. » Vu sous cette angle, le *sati* devient « l'ultime ceinture de chasteté[24] ».

La veuve qui s'agrippe à son mari défunt et qui, tandis que l'on met le feu aux fagots, escalade allégrement le bûcher funéraire pour s'étendre à ses côtés est vénérée. Une fois son corps réduit en cendres, elle ne reçoit plus que louanges et devient un mythe, un peu comme les kamikazes musulmans qui acceptent de se transformer en bombes humaines pour monter droit au paradis. La grande différence cependant est qu'un grand nombre de veuves n'acceptent pas de si bonne grâce l'incinération.

Les jeunes femmes qui accomplissent ce rituel sont poussées soit par leurs convictions religieuses, soit — et c'est probablement souvent le cas — par leur désespoir à l'idée du sort qui les attend. Bien que le *sati* ait été officiellement aboli en 1829, il continue à sévir tout au long du xxe siècle — jusqu'en septembre 1987, où une adolescente, Roop Kanwar, est immolée aux côtés de son époux.

Pendant des siècles, des témoins font état de la force utilisée dans des *satis* soi-disant volontaires. À Lahore, au xviie siècle, le Français François Bernier observe quelques brahmanes et une vieille femme qui ligotent une veuve de douze ans, qui tremble et sanglote, puis la poussent sur le bûcher. Une *sati* qui tente d'échapper au supplice est repoussée dans les flammes par des hommes munis de longues perches. Au xviiie siècle, un Occidental dit avoir observé la scène suivante : une veuve est attachée sur un bûcher à côté du cadavre de son mari ; on met le feu au bois, mais dans l'obscurité de la nuit pluvieuse, la pauvre fille arrive à se dégager et à échapper aux flammes. Elle se cache. Lorsque les parents s'aperçoivent qu'il n'y a plus qu'un corps sur le bûcher, ils se mettent en chasse et retrouvent la malheureuse blottie sous un buisson. Son fils la traîne vers le bûcher et lui laisse le choix : se jeter dans les flammes, se noyer ou se pendre. « Si tu refuses, lui dit-il, je vais perdre ma caste et tu en seras responsable. »

Les histoires de ce genre abondent. Les veuves sont droguées, battues, maîtrisées, terrorisées, puis ligotées auprès de leur époux défunt. Les liens qui les tiennent prisonnières sont des tiges de bambou encore vertes, qui brûlent lentement et ne se détachent qu'après l'incinération. En 1835, en dépit des furieuses protestations d'un agent britannique, les cinq épouses d'un roi décédé sont portées, hurlant et se débattant, sur le bûcher funéraire. En 1959, une *sati* gravement brûlée s'échappe. Elle agonise pendant deux jours sous un arbre sans que personne lui porte secours.

Roop Kanwar a dix-huit ans lorsque son mari meurt d'une gastro-entérite à Deorala, un village du Rajasthan. Le couple était marié depuis huit mois. Quelques heures après le décès, en ce 4 septembre 1987, des hommes au visage menaçant, brandissant une épée, escortent Roop jusqu'à un bûcher hâtivement construit. Certains témoins remarquent la démarche chancelante de la jeune femme, ainsi que l'écume qui lui sort des lèvres. D'autres prétendent qu'elle est calme et joyeuse. (Ces déclarations ne peuvent être vérifiées, les participants étant peu désireux d'avouer qu'ils ont assisté à un événement interdit.) « Maman, papa ! » crie Roop en essayant d'éteindre les flammes avec ses mains. Le bûcher a été allumé par son beau-frère. Un choix commode : le garçon est trop jeune pour être passible de poursuites. Quant au papa et à la maman, ils n'ont pas été invités à la cérémonie. Ils n'apprendront la « courageuse décision » de leur fille qu'après sa mort.

Roop Kanwar est (espérons-le) la dernière victime d'une tradition qui a sévi pendant des siècles. Les autorités ne font rien pour empêcher la mort de la jeune femme. De bons citoyens saisissent même l'occasion pour attirer des pèlerins dans leur petit village. C'est bon pour le commerce. Tandis que la belle-famille de Roop se pavane, fière de son sens de l'honneur, le village de Deorala se taille tranquillement une place sur la carte religieuse de la région[25].

La chaleur d'un amour passionné est froide comme glace comparée à l'enfer brûlant du *sati*. Un grand nombre de veuves tremblantes vont sans doute volontairement à la mort, fières, ou du moins reconnaissantes, de l'honneur que leur sacrifice va faire rejaillir sur leurs proches ; mais des milliers de femmes sont jetées sur le bûcher par leur famille ou leur belle-famille. Déterminés à éliminer ces veuves indésirables, les proches s'assurent ainsi qu'elles ne les déshonoreront jamais par des attitudes et des actes impurs. Le *sati* est, en fin de compte, une mesure préventive pour se prémunir contre l'éventuelle impureté des veuves.

Chasteté des castrés

L'idée d'une chasteté imposée par la castration — excision des organes génitaux — met à dure épreuve nos sensibilités modernes. Pourtant, durant plus de quatre mille ans, des millions d'hommes ont subi cette mutilation. Il semble que les Perses en soient les initiateurs. Comme l'explique un érudit du xviiie siècle, « le mot latin *spade,* qui englobe plusieurs sortes d'eunuques, vient de Spada, le village perse où a eu lieu la première opération de cette nature [...] Le premier eunuque mentionné dans les Saintes Écritures est Putiphar [...] qui achète Joseph aux Ismaélites [...] et on dit que Nabuchodonosor a ordonné que tous les Juifs et autres prisonniers de guerre soient castrés ou émasculés[26]. »

Les eunuques sont, dans une large proportion, de jeunes garçons appartenant à des familles pauvres. En faisant castrer leur fils, les parents espèrent le préparer à l'une ou l'autre carrière fermée à tous sauf aux eunuques. Ces derniers sont engagés pour s'acquitter de certaines charges domestiques, chez des aristocrates ou à la cour. Ils peuvent aussi devenir des castrats d'opéra. En temps de guerre, des prisonniers sont émasculés et réduits en esclavage par leurs ennemis victorieux. C'est la politique de Nabuchodonosor : faire castrer les prisonniers de guerre afin « de n'avoir, à son service privé, que des eunuques[27] ».

Il arrive que des hommes plus âgés se portent volontaires pour la castration, presque toujours dans le but de gagner leur vie comme amuseurs ou comme fonctionnaires à la cour. Des adultes s'émasculent eux-mêmes pour des motifs religieux. Les plus fameux exemples de cette pratique sanglante sont les obscurs Valesii, membres d'une secte religieuse hérétique du iiie siècle dont on sait peu de choses, les Skoptes russes au xixe siècle et Origène, un des Pères de l'Église. Plus près de nous, les internautes du Heaven's Gate, qui accomplissent un suicide collectif en 1997, sont stérilisés. Dans un geste désespéré, Marshall

Applewhite, leur gourou, s'est fait castrer pour anéantir sa sexualité ambivalente.

Des centaines de milliers d'hommes sont émasculés en guise de châtiment pour des délits réels ou imaginaires, allant de la masturbation au viol. Des handicapés physiques et des retardés mentaux sont castrés afin qu'ils ne puissent se reproduire. Et des Afro-Américains sont sauvagement châtrés par des lyncheurs terrifiés par l'idée qu'ils se font de la sexualité des Noirs.

On ne peut que frémir lorsqu'on pense à la castration. L'émasculation s'attaque au noyau intime de l'existence humaine. L'opération est presque toujours une boucherie commise par des charlatans que leur inexpérience et leur incompétence rend responsables de la mort d'un grand nombre de jeunes hommes. Les conséquences d'une telle intervention, si la victime mutilée survit, sont visibles, définitives et d'une portée considérable. Elles modifient son apparence, sa posture et, par-dessus tout, son développement et son adaptation psychologiques. On connaît l'importance, probablement cruciale, du pénis dans le développement psychosexuel. Les leçons durement apprises à la « défaveur » de circoncisions qui ont mal tourné ont révélé que l'identité sexuelle n'est pas un élément variable que des médecins peuvent tout simplement modifier par une chirurgie radicale. Les effets de la castration sont connus et les documents que l'on peut lire sur les eunuques de la Chine médiévale et de l'Empire ottoman, ou sur les cobayes des médecins nazis, ne font qu'accroître l'horreur qu'inspire une coutume aussi barbare.

Les problèmes entourant l'émasculation sont complexes — et aussi passionnants que dérangeants. Les eunuques qui ont laissé des témoignages révèlent qu'ils ne peuvent distraire leur esprit des réflexions amères que leur inspire leur infirmité. Bien que le manque de documents de ce genre ne permette pas de faire une étude approfondie, tous les textes révèlent que la plupart des eunuques souffrent des effets physiques de la castration et de l'ostracisme qui pèse sur eux — même lorsqu'ils sont devenus de puissants commandants militaires dans l'Empire byzantin.

Certains eunuques exploitent une autre dimension de leur condition. Ils se servent de leur infirmité comme d'un outil pour accéder à certaines charges. Ces hommes échangent leur puissance sexuelle contre une promesse de réussite — pas toujours accomplie. Ils doivent néanmoins affronter les conséquences beaucoup moins enviables de leur mutilation :

humiliation permanente et chasteté forcée. En outre de nombreux indices prouvent qu'ils ont des pulsions sexuelles que leur corps mutilé ne peut satisfaire. Beaucoup d'eunuques arrivent néanmoins à rationaliser leur situation. Ceux qui sont victimes d'une agression brutale n'ont même pas cette consolation.

Les eunuques dans la mythologie grecque

Après que le chaos originel a donné naissance à Gaïa, déesse de la Terre, la création va bon train. La divinité, aussi virginale que la Vierge Marie, met au monde les océans, les montagnes et Ouranos, le ciel. Gaïa et Ouranos deviennent amants. De leur union naissent les Titans, Cronos et Rhéa, les parents de Zeus, et une pléiade d'autres divinités importantes, dont les trois Cyclopes et les trois monstres aux cent bras. Hélas ! ces rejetons sont, de l'avis de leur père Ouranos, des enfants à problèmes. La haine que ce dernier leur porte est intense : il décrète qu'ils ne verront pas la lumière. Pour accomplir ce dessein, il les replace dans les entrailles de la pauvre Gaïa — sans se soucier de la terrible douleur que cette intromission cause à la déesse.

L'insensibilité et l'esprit de domination d'Ouranos mettent Gaïa en fureur. Elle confie ses sentiments à Cronos et aux Titans, qui décident de la venger. La déesse donne une arme à Cronos — une lame d'acier qu'elle a forgée. Ses instructions sont implacables : la prochaine fois qu'Ouranos s'approchera d'elle pour la posséder, les Titans l'immobiliseront afin que Cronos puisse lui trancher les parties génitales.

Tout se passe selon le plan établi. Après avoir castré Ouranos, Cronos jette le membre viril dans les profondeurs marines, ainsi que la lame qui l'a sectionné. Tandis que l'écume salée bouillonne autour des parties tranchées, celles-ci se transforment miraculeusement en Aphrodite, déesse de l'amour. Les gouttes de sang de la blessure deviennent les trois Érinyes (les Furies chez les Romains), dont la mission est de punir les patricides, les matricides et les parjures. C'est ainsi que l'une des premières divinités des Grecs se métamorphose en eunuque et donne naissance à la déesse qu'aujourd'hui encore l'Occident vénère pour sa dévotion à l'amour.

Tandis qu'Ouranos l'émasculé reste dans le ciel, Cybèle, une divinité phrygienne, fait son entrée dans la mythologie grecque et offre aux eunuques un rôle beaucoup plus remarquable. Dans toutes les versions des légendes populaires, l'histoire de Cybèle est un délire de castration. Lorsqu'elle apparaît, créature étrange et hermaphrodite, elle fait si peur aux dieux qu'ils la châtrent. Elle devient alors la déesse Cybèle, la Grande Mère. Ses organes génitaux mâles se transforment en amandier.

Une amande tombe de l'arbre et imprègne une déesse-rivière, qui engendre un fils, Attis. Tout comme le font les Grecs qui veulent se défaire d'un enfant, la déesse abandonne son bébé sur le flanc d'une montagne, où un bouc le nourrit de son lait. Attis devient un jeune homme si beau que Cybèle conçoit une grande passion pour lui. (Elle ignore, bien sûr, qu'il est, par le truchement de l'amande tombée de l'arbre, ou bien son fils ou bien un clone issu de son membre amputé.)

Attis ne rend pas à la déesse son amour passionné. Il se déclare à la fille d'un roi. Folle de jalousie, Cybèle plonge le jeune homme et son futur beau-père dans la démence. Ils se châtrent. Attis meurt de sa blessure. Anéantie par la douleur, Cybèle change le corps de son bien-aimé en pin et décide que seuls des eunuques, les galles, pourront la servir dans son sanctuaire.

Le culte de Cybèle est introduit à Rome en 204 av. J.-C. Ses prêtres se châtrent eux-mêmes avec des instruments rudimentaires, pierres aiguisées ou fragments de poterie. Ils portent les cheveux longs, coiffés selon la mode féminine, et des vêtements de femme. Les Romains, à qui la loi ne permet pas de devenir prêtre ni de se castrer, se moquent de ces prêtres, en qui ils voient des demi-hommes. Le poète Martial accuse même les galles de pratiquer le cunnilingus, activité sexuelle inconvenante. Il écrit ces vers dédaigneux :

> Ils ne t'ont pas coupé la bite pour que tu baises ainsi,
> Adorateur du con : ce qui doit maintenant être coupé est ta tête.
> Car, alors que ton membre manquant ne peut que défaillir,
> Ta langue continue à enfreindre la loi de Cybèle : elle est mâle[28].

L'empereur Julien, quant à lui, considère les membres coupés comme une « moisson sainte et ineffable[29] ». D'autres Grecs disent des galles qu'ils sont les Sages, les Purs, les Saints. Leur castration a été un acte de purification, qui les a dotés de l'innocence des vierges et des enfants — seuls des hommes chastes peuvent accomplir certains rites. Les prêtres de Cybèle ne sont pas les seuls eunuques du monde classique. Les prêtres qui servent Hécate à Lagine et les megabyzis qui servent Artémis à Éphèse sont eux aussi émasculés. Ces eunuques sont relativement rares, se châtrent eux-mêmes et sont d'une pureté parfaite. Leur pouvoir est empreint d'une spiritualité beaucoup plus grande que celle des abstinents, qui peuvent succomber à tout moment. En prenant leur destin en main, ces hommes se libèrent de leur attachement au monde et acquièrent une supériorité immédiate sur tous les autres mortels.

L'eunuque chinois fait carrière

Le dernier eunuque chinois meurt en décembre 1996, mettant ainsi fin à une tradition vieille de plusieurs siècles — tradition qui a poussé des hommes désireux d'occuper de hauts postes de fonctionnaires[30] à se soumettre à la castration. L'origine divine de cette coutume relève de l'astrologie. Pour les Chinois, la présence de certaines étoiles indique que l'on aura accès à un brillante carrière en devenant eunuque.

Depuis la dynastie des Qin (221-206 av. J.-C.) — et peut-être même depuis celle des Zhou (1027-256 av. J.-C.) —, les eunuques sont serviteurs au palais de la ville interdite dont l'empereur ne peut sortir[31]. Au début, les eunuques sont des sentinelles qui gardent le palais impérial, les *an jen*, ou qui surveillent les femmes du harem et punissent celles qui s'écartent du droit chemin, les *ssu jen*. Les eunuques sont castrés sans leur consentement. Ce sont soit des hommes choisis dans les peuples conquis, soit des contrevenants condamnés à perdre leurs organes génitaux parce qu'ils ont séduit une fille non mariée (la victime, elle, est enfermée pour le restant de ses jours).

Le grand avantage de l'eunuchisme est qu'il empêche de procréer. Les eunuques ne sont jamais obsédés par les ambitions qu'ils ont pour leur progéniture. Isolés de leur parenté, dont les membres ne peuvent entrer au palais, ils considèrent souvent l'empereur comme un substitut à leur famille. C'est pour ces raisons qu'ils font preuve d'une grande loyauté dans les affaires qui leur sont confiées par le souverain. S'il arrive parfois à un eunuque de détourner l'une ou l'autre somme d'argent, l'empereur peut au moins être sûr qu'il ne complotera jamais contre lui pour servir les intérêts d'un fils ou de fils qu'il n'aura jamais. À supposer qu'un eunuque ait une relation sentimentale ou même charnelle — les eunuques ont encore des désirs sexuels — avec une des concubines dont il a la surveillance, on peut être assuré qu'une grossesse n'en résultera pas. En bref, ces hommes qui n'en sont pas jouent parfaitement le rôle d'intermédiaires entre les citoyens et l'empereur, être divin qui évite les contacts avec les simples mortels de crainte que ces derniers ne s'aperçoivent qu'il est, lui aussi, un homme ordinaire.

Des Chinois ambitieux ne tardent pas à comprendre que de formidables possibilités de carrière s'ouvrent aux eunuques. Ils se font alors castrer ou font castrer leurs fils — un peu comme on passe un examen d'admission quand on postule un emploi. Au Xᵉ siècle, une forme particulière de castration est officialisée. Les aspirants approuvés doivent se rendre dans un *ch'ang tzu,* petite baraque se trouvant en dehors du palais, où les attendent un expert indépendant, agréé par le gouvernement, et ses apprentis.

L'abdomen et le haut des cuisses du patient sont entourés d'un bandage très serré. Les parties génitales sont mises à macérer à trois reprises dans de l'eau additionnée de poivre rouge, anesthétique trop faible pour être efficace. Puis le futur eunuque s'étend sur un lit inclinable et préchauffé. Les assistants de l'expert en castration le maintiennent par la taille et immobilisent ses jambes. Debout devant son client, une petite lame recourbée à la main, le « castrateur » demande, de façon rituelle : « Regretterez-vous votre décision ? » Au moindre signe d'hésitation, l'opération est annulée. Si le patient semble déterminé, le praticien se penche, pratique son excision, et le tour est joué ! Un nouvel eunuque vient de naître.

Une fois les testicules et le pénis sectionnés, l'expert obture l'urètre. Ses apprentis recouvrent la blessure de papier absorbant et l'entourent d'un pansement. L'eunuque doit alors se lever. Soutenu par les assistants, il tourne autour de la baraque pendant deux ou trois heures avant de pouvoir s'étendre pour récupérer un peu. Comme il ne peut boire aucun liquide pendant trois jours, une soif terrible s'ajoute à la douleur cuisante qui ne le quitte pas. Après quoi l'urètre est débouché. Si l'urine jaillit, cela signifie que l'opération est réussie. Si rien ne se passe, le malheureux meurt dans d'atroces souffrances.

Arrive alors un moment crucial : la préservation du *pao,* ou trésor — mot utilisé pour les organes génitaux massacrés. Tous les « castrateurs » qui connaissent leur métier prennent soin de conserver précieusement ces restes. Ils savent que, sans eux, un eunuque ne peut espérer aucun avancement dans la carrière. L'eunuque aura également besoin de ses attributs desséchés à l'heure de la mort, afin de pouvoir accéder à l'étape suivante de son existence en homme « complet », malgré l'amputation.

Souvent, le traumatisme et le supplice subis lors de la castration chassent le souvenir du *pao* de l'esprit de l'eunuque. Il oublie de le réclamer. La dépouille revient alors à celui qui a pratiqué l'intervention. Il la revendra un jour à son propriétaire pour une somme huit fois supérieure au coût de l'opération. Si le *pao* est perdu ou volé, l'eunuque doit acheter ou louer celui d'un autre, condition essentielle pour continuer à pratiquer sa profession.

Cent jours après l'émasculation, la blessure est généralement guérie — à condition que le patient survive, bien entendu. Le praticien a alors le droit de réclamer son salaire. La somme est si énorme que les eunuques, qui sont souvent démunis, ne s'acquittent de leur dette qu'en plusieurs versements, prélevés d'avance sur leur salaire au palais. L'eunuque typique est un homme ou un adolescent de famille pauvre. La perte de sa virilité est le prix qu'il paie pour une prospérité et un pouvoir qu'il ne pourrait espérer autrement. (Contrairement à l'homme de haut rang et éduqué, il ne peut même pas tenter de passer l'examen d'État pour être admis à un poste supérieur.) Après sa convalescence, l'eunuque est envoyé au palais. La date de sa castration devient celle du début de sa nouvelle vie.

Mais rien ne garantit au malheureux qu'il obtiendra le poste dont il rêve. L'eunuque rejeté doit affronter la vie misérable des mendiants ou des petits malfaiteurs, méprisé par la société parce qu'il n'est qu'un demi-homme. En 1644, à la fin de la dynastie Ming, vingt mille aspirants castrés se disputent trois mille postes. La situation est si critique que le gouvernement aménage des habitations dans un parc pour ces pauvres créatures qui ont sacrifié en vain leur virilité.

Les eunuques ne s'habillent pas comme les autres hommes et ne leur ressemblent en aucune manière. Ils sont vêtus d'un pantalon noir, d'une veste grise et parfois d'un manteau bleu foncé. Ils portent une calotte en guise de couvre-chef. Leur voix est haut perchée. La plupart sont imberbes et ils sont plus grassouillets que les hommes ordinaires. Les plus jeunes ont tendance à mouiller leur lit. Les Chinois ont du reste inventé l'expression : « aussi puant qu'un eunuque ».

Pour ce qui est du caractère, les eunuques ont la réputation d'être très émotifs et d'avoir bon cœur. Ils ont un faible pour les chiens de salon. Une sorte de camaraderie professionnelle les rapproche, qui se transforme parfois en complicité quand ils s'adonnent à des intrigues politiques. On dit qu'ils se montrent si susceptibles dès qu'on fait allusion à leurs organes génitaux manquants que leurs proches ne se risquent même pas, en leur présence, à parler d'une théière sans bec ou à un chien sans queue.

Les eunuques se voient attribuer différentes tâches, allant de l'ingénierie à la décoration intérieure, en passant par l'agriculture, le nettoyage, la cuisine, les activités musicales, la tenue d'entrepôts et même la fabrication de papier hygiénique ou le soin des chats impériaux. La plupart de ces activités sont modestes. Cependant, le plus humble des eunuques peut aspirer à l'un des postes les plus prestigieux de la Cité interdite, ce qui le place en contact direct avec l'empereur.

Le *ching shih fang* surveille de près les relations sexuelles de l'empereur avec l'impératrice et avec ses concubines. Il note la date de leurs rapports sexuels afin de confirmer la paternité de l'empereur si une grossesse survient. Au dîner, le *ching shih fang* sélectionne vingt petites plaques portant le nom d'une concubine et les offre au souverain — comme s'il lui offrait un dessert exquis. Lorsque l'empereur a fait son choix, la femme désignée est dépouillée de ses vêtements et emportée dans la chambre à coucher impériale sur le dos d'un autre eunuque. « C'est le moment ! » crie ensuite le *ching shih fang*. C'est effectivement un moment important, surtout pour la favorite : l'empereur ne l'accueille dans son lit que s'il souhaite faire d'elle la mère de l'un de ses enfants.

Curieusement, les eunuques supervisent l'éducation sexuelle des futurs empereurs, utilisant des illustrations érotiques à titre de matériel éducatif. Ils leur enseignent aussi les règles du discours, de l'étiquette et de la table ; bref, ils leur apprennent à bien se conduire. Comment s'étonner que le souverain et le serviteur développent une intimité toute particulière ? L'empereur Wu, de la dynastie des Ming, se sent si à l'aise avec un eunuque, Wang Wei, qu'il appelle Pan Pan (ami), qu'il fait fi de l'avis de ses conseillers lorsque Wang Wei ne partage pas leurs vues. L'empereur Ling, de la dynastie des Han, pose la tête sur les genoux d'un eunuque quand il se repose. Il appelle ses deux eunuques préférés « ma mère » et « mon père ». Cette intimité confiante n'est pas surprenante : l'empereur, qui vit aux antipodes de la vie réelle, ne peut oublier les soins constants, l'éducation et les consolations que ses eunuques favoris lui ont prodigués dans son enfance confinée et solitaire.

Outre l'empereur, les autres membres de la famille impériale s'entichent parfois de certains eunuques. Au XIXᵉ siècle, l'impératrice douairière Cixi s'attache à un ex-petit malfaiteur, cordonnier de profession, qui s'est émasculé lui-même et a appris l'art de la coiffure. Grâce à son peigne magique, il s'est insinué dans ses bonnes grâces et dans son cœur. Pendant quarante ans, avec la bénédiction de la noble dame, l'eunuque exerce un immense pouvoir, il se livre à une corruption systématique et devient très riche[32].

Les commérages et la jalousie qui règnent à la cour amplifient et perpétuent les anecdotes sur les relations entre empereurs et eunuques, au point que ces histoires parviennent aux oreilles du petit peuple. Les gens ordinaires, qui ne mettront jamais les pieds dans la cité interdite, méprisent les eunuques pour leur apparente impunité, leur corruption, leur aspect physique et la nature de leur infirmité. Ils comprennent le pouvoir de ces personnages autant qu'ils s'en s'indignent, et craignent autant qu'ils méprisent ceux qu'ils considèrent comme des monstres.

Qu'en est-il de la sexualité de l'eunuque ? Comment ces milliers d'hommes font-ils face à leur chasteté chirurgicalement imposée ? Certains vivent dans l'amertume, d'autres essaient désespérément de réparer les dégâts. Lao Ts'ai, percepteur de taxes honni, est accusé d'avoir assassiné vingt petits garçons vierges pour dévorer leur cerveau dans l'espoir de voir repousser ses organes génitaux. Un autre eunuque fait de même avec le cerveau de sept criminels fraîchement exécutés. D'autres prennent une épouse ou une concubine avec laquelle ils tentent d'avoir des relations sexuelles. Ils ont souvent recours à des godemichés. Mais la grande majorité des eunuques restent célibataires et chastes, malgré leurs désirs sexuels.

Pour ces hommes avides de pouvoir et d'argent, le sacrifice de la sexualité est un élément assez négligeable. Les jeunes hommes qui se soumettent à la castration le font dans l'espoir d'échapper à une misère noire et d'aider leur famille à s'en sortir. Ils espèrent acquérir ensuite des richesses, de l'influence et du prestige. Les trois quarts des eunuques viennent de familles pauvres, les autres sont des jeunes hommes très ambitieux. Ils connaissent très bien les conséquences de leur mutilation, mais lorsqu'ils examinent les deux destins qui leur sont offerts : une vie de bête de somme indigente ou une carrière susceptible de leur donner accès au palais impérial, l'existence de l'eunuque leur paraît beaucoup plus enviable.

Le paradis des eunuques byzantins

Tout comme la prostitution, le vol et le meurtre, la castration est condamnée par la théologie chrétienne et la loi romaine. L'Empire

byzantin, lui, punit en castrant. Au VIᵉ siècle, l'empereur byzantin Justinien, qui règne de 527 à 565, inflige ce châtiment terrible aux criminels.
Lorsque l'émasculation ne tue pas les accusés, ces derniers sont envoyés
dans les mines et leurs biens sont confisqués. Comme ces sanctions
extrêmes ne font qu'augmenter la valeur de l'eunuque, la castration se
répand de manière endémique. Un auteur décrit du reste l'Empire
byzantin comme le « paradis de l'eunuque ».

Bien que le concile de Nicée ait proscrit l'auto-castration en 325 et
interdit la prêtrise aux eunuques et que la législation romaine, du Iᵉʳ au
Vᵉ siècle, ait prohibé jusqu'à la castration des esclaves, les familles les
plus nobles font souvent émasculer leurs fils. Elles garantissent ainsi
leur avancement professionnel et social — et surtout militaire. Au
Xᵉ siècle, les eunuques sont très puissants à la cour impériale. Ils ont la
préséance pendant les cérémonies. À l'église, dans l'armée ou dans la
fonction publique, ils occupent les postes les plus prestigieux[33].

Ces prérogatives sont dues à un simple facteur : la stérilité de l'eunuque. Un homme émasculé n'intrigue pas pour sa progéniture. Les dirigeants, qui voient donc des hommes tout à fait dignes de confiance,
leur confient les plus hautes fonctions dans la bureaucratie. Cette stratégie leur permet entre autres de faire contrepoids à la noblesse héréditaire.

Le puissant et très prospère Narsès, d'abord grand chambellan de
l'empereur Justinien, devient général dans son âge mûr — et s'illustre
militairement sous le nom de « Marteau des Goths ». Le guerrier collec-
tionne les prouesses et prouve son génie militaire en mettant les hordes
barbares en déroute. La date de naissance de Narsès est mal connue,
mais on sait qu'à sa mort entre 566 et 574, il avait dans les quatre-vingt-
dix ans. L'homme est célèbre, fabuleusement riche et respecté de tous.
Il « fait partie des quelques [eunuques] qui ont sauvé ce titre malheureux du mépris et de la haine de l'humanité[34] ».

Au début, seuls les étrangers et les esclaves sont castrés, mais tandis
que l'institution se développe, même les empereurs font émasculer
leurs fils, soit afin d'éliminer les rivaux que ces derniers représentent,
soit pour pouvoir les nommer à des postes élevées. Les fonctions d'évêque de l'Église orthodoxe ou de patriarche de Constantinople exigent
en effet la chasteté, mais avec une nette préférence pour celle de
l'homme émasculé. Les eunuques soldats font de brillantes carrières
d'amiraux ou de généraux. Le grand chambellan, fonctionnaire impérial jouissant de grands pouvoirs, est souvent un eunuque. Au palais,

des hommes castrés sont responsables de la garde-robe de l'empereur, d'autres sont contrôleurs de la trésorerie impériale, majordomes ou intendants de grandes propriétés. Le poste suprême est celui de surintendant de la chambre à coucher de l'empereur — responsabilité qui fait inévitablement de celui à qui elle incombe le dépositaire des secrets les plus intimes du souverain et de l'Empire.

Lors de luttes tribales, les eunuques occupent une place de choix dans le butin des pirates et des guerriers. Leur valeur « marchande » est telle qu'ils sont souvent victimes d'enlèvements. Dans la mesure où très peu d'entre eux survivent à la castration — selon l'empereur Justinien, un peu plus de 96 % des castrés meurent des suites de l'opération —, le prix de l'eunuque est trois fois plus élevé que celui d'un esclave intact. Les eunuques byzantins subissent une intervention moins radicale que leurs homologues chinois et ottomans puisque seuls leurs testicules sont coupés.

Il existe deux méthodes d'intervention. Avant de pratiquer la castration par compression, le futur eunuque est invité à se plonger dans un bain d'eau chaude. Puis le médecin comprime ses testicules jusqu'à ce qu'ils soient réduits à rien. Quant à l'excision, méthode beaucoup plus radicale, elle consiste en l'ablation pure et simple des deux testicules.

Dans un sens, l'excision est préférable à la compression car elle élimine pulsions et désirs sexuels, mais lorsque l'opération est faite au début de l'adolescence, rien ne garantit qu'elle supprime la capacité de l'eunuque d'avoir des érections. Il arrive alors, mais la chose est rare, qu'un homme castré ait des relations sexuelles avec une favorite du palais. Lorsqu'une telle liaison est découverte, le délinquant est exécuté. Craignant un tel scandale, on voit souvent d'un bon œil la manifestation de tendances homosexuelles chez les eunuques. L'ironie, dans tout cela, c'est que l'homosexualité chez un homme entier est punie de castration — ce qui amène le peuple à assimiler les eunuques à des homosexuels. On accuse également d'homosexualité ceux que l'on suspecte de comploter contre l'empereur.

À Byzance comme ailleurs, l'incapacité sexuelle de l'eunuque lui vaut la confiance de son maître. Ce dernier lui assigne souvent un poste qui lui vaut une très grande intimité avec les femmes. Sa présence auprès d'elles réaffirme le clivage entre les sexes — après tout, ne fait-il pas partie du « troisième sexe » ?

Il arrive que les membres de ce troisième sexe se conduisent, curieusement, comme s'ils faisaient partie du premier. Leur comportement suscite, bien sûr, la méfiance. Les castrés byzantins, dont l'émasculation a été plus humaine, parviennent beaucoup plus facilement que leurs frères privés de pénis à échapper à la continence forcée. Ils font même souvent fi de cette obligation, malgré la menace de mort qui pèse sur eux si leur amante est une favorite du palais. L'appel du désir est si fort que les eunuques y répondent du mieux qu'il peuvent, en dépit de leur chair gravement mutilée. D'autres, moins lascifs ou plus atteints dans leur intégrité physique et sexuelle, se focalisent davantage sur les possibilités de carrière offertes aux individus talentueux et travailleurs. Lorsqu'une forte ambition étouffe leur sensualité, les eunuques peuvent accéder aux rangs les plus élevés de l'administration et de l'armée. Ils influencent alors la politique impériale, amassent une fortune personnelle, se font une réputation d'homme de valeur et peuvent satisfaire tous leurs désirs, à l'exception de leurs pulsions sexuelles.

Les eunuques africains de l'Empire ottoman

L'islam respecte les eunuques et les considère comme « des émissaires neutres dans un univers moral soumis à de fortes tensions sexuelles[35] ». Les hommes castrés sont les gardiens des harems impériaux ottomans. Ils sont autant de remparts contre le *fitnah*, ou chaos. Le type de castration qu'a subi l'eunuque détermine son office. Trois interventions chirurgicales sont possibles : le *mamsuh*, excision radicale du pénis et des testicules ; le *khasi*, où seules les testicules sont amputés ; et le *majbub*, où le pénis est sectionné mais pas les testicules. À la cour, les eunuques sont pratiquement tous des *mamsuhs*.

C'est au XIIe siècle que les eunuques apparaissent dans le monde musulman. Ils exercent la fonction de prêtres et sont appelés « eunuques du Prophète ». Quarante hommes castrés veillent jour et nuit sur la tombe du prophète Mohammed, à Médine. Les tombes de l'imam chiite Ali, à Najaf, du sultan Hassan, au Dôme du rocher à Jérusalem, et de Saladin sont également gardées par des eunuques.

Plus tard, des eunuques entrent au service de demeures particulières ou du palais du sultan — en dépit de la loi islamique qui proscrit la castration. Les premiers eunuques ottomans sont des Blancs achetés à des marchands européens. C'est à Vienne, en France, que leur castration a été effectuée. Plus tard, la plupart des eunuques sont des Éthiopiens ou des Africains noirs devenus esclaves, que l'on fait émasculer en dehors des frontières de l'Empire afin d'éviter les problèmes juridiques. Sous le règne de Soliman (1520-1566), les eunuques noirs sont plus puissants que leurs frères blancs — bien qu'ils se montrent souvent bizarres, irritables et incapables de se conduire correctement en société. On les traite d'excentriques.

Les jeunes garçons sont des victimes de choix. Ils sont aussi les eunuques les plus recherchés de l'Empire, car leur jeunesse garantit à leur maître qu'ils n'ont pas eu d'enfants. Leur loyauté ne sera jamais démentie. Au début du xixᵉ siècle, ces gamins sont enlevés dans leurs villages d'Égypte, puis castrés, habituellement par des prêtres coptes.

L'opération est souvent fatale en raison de l'incompétence des « castrateurs ». Ces derniers sont des bouchers qui n'ont aucune notion d'hygiène. Lorsque le pus coagulé bouche l'urètre du jeune garçon, le malheureux meurt. De nombreux récits de l'époque décrivent les problèmes hormonaux et psychologiques dont souffrent les eunuques tout au long de leur existence. La plupart d'entre eux sont amers ; leur infirmité leur fait honte. Contrairement aux eunuques chinois, on ne les a pas consultés avant de les mutiler.

Les garçons qui sortent vivants du supplice deviennent des denrées de grand prix. Offrir un eunuque au sultan permet de s'attirer les faveurs de ce puissant seigneur. Le palais achète donc rarement des eunuques.

Une fois « fabriqués », les jeunes eunuques sont envoyés dans une école très stricte où des instructeurs castrés d'un certain âge leur enseignent les coutumes de la cour ottomane, l'étiquette du palais et leurs nombreux devoirs. Des moments de loisir sont aménagés, pendant lesquels les eunuques rencontrent des filles esclaves qui reçoivent elles aussi un enseignement sur les obligations qui les attendent au harem. Lorsque les eunuques sont nantis d'un diplôme, ils entrent dans le rang des *en asagi* — au bas de l'échelle. Après de longues années de service dans des demeures privées appartenant à des citoyens de haut rang d'Istanbul ou des provinces, des eunuques plus âgés sont parfois accueillis au palais.

Les devoirs des eunuques ottomans sont variés. Ils sont habituellement attachés à la maison impériale, bien que la dynastie des mamelouks fasse d'un grand nombre d'entre eux des gardes dans l'armée. La fille du sultan Abdülhamid II nous a laissé une « description de tâches » de l'eunuque : « ouvrir et fermer les portes du harem impérial matin et soir ; en garder les entrées à tour de rôle ; surveiller ceux qui y pénètrent et ceux qui en sortent; interdire l'entrée du harem à toute personne étrangère[36].

À cette époque, soit de 1876 à 1908, deux maîtres eunuques occupent une place de haut rang au gouvernement. En fait, leur importance découle surtout de l'art consommé avec lequel ils manipulent les courtisans grâce à leur connaissance des intrigues et des commérages du palais. Personne n'est mieux placé que ces deux hommes pour engranger les informations sur les travers personnels et les secrets les plus intimes de la famille du sultan et de son entourage.

En général, plus les favorites sont puissantes, plus les eunuques sont influents. À l'époque dite du «sultanat des eunuques africains» (de la seconde moitié du XVIe siècle au milieu du XVIIIe siècle), le harem joue un rôle de plus en plus important dans la politique impériale. Le sultan règne à partir du harem, où sa mère, toute-puissante en raison de son influence sur son fils, domine l'ensemble des femmes. Les autres recluses, en particulier les mères rivales des enfants du souverain, consacrent leur vie à de tortueuses intrigues. Leur préoccupation principale est de comploter afin que leur fils succède à l'empereur.

La nature de leurs aspirations confère un énorme pouvoir à ces femmes claquemurées dans de petites pièces sombres[37] et surveillées nuit et jour par des eunuques noirs. Leurs ambitions les poussent à rallier ces espions à leur cause pour en faire leurs complices dans leurs luttes et leurs intrigues. Les femmes s'efforcent surtout de persuader le *kizlar aghasi,* chef noir des eunuques, qui entre librement dans les appartements du sultan, de faire pression sur ce dernier en leur faveur. En 1618, le *kizlar aghasi* se lie ainsi à la mère du garçon de quatorze ans qui va devenir Osman II.

Les eunuques tirent un pouvoir énorme de leurs relations étroites avec les femmes du harem. Des historiens modernes décrivent ces relations comme une alliance sinistre et comme un cancer rongeant le cœur même de l'Empire. Le chef des eunuques bénéficie de ressources matérielles très appréciables. Il gère les propriétés et les biens de certains habitants du sérail, une charge très lucrative. En 1595, un *kizlar aghasi* devient surintendant des mosquées royales, ce qui lui donne le droit de nommer ses acolytes à des postes clés et d'empocher les pots-de-vin habituellement associés à sa charge.

Comparé au palais impérial chinois, le domaine du sultan n'abrite qu'un nombre relativement peu élevé d'eunuques. En 1903, les cent quatre-vingt-quatorze eunuques africains qui gardent le harem jouissent d'une rare sécurité d'emploi. Plus de la moitié ne seront jamais transférés ailleurs — ce qui témoigne de l'attachement que leur porte leur maître. Ils amassent, bien entendu, des fortunes, ce qui les encourage à continuer à conspirer avec leur maître, ou mieux, avec leurs maîtresses.

La sexualité des eunuques est considérée comme inexistante, ce qui explique leurs fonctions au harem. Comme le peuple a peur de ces hommes et les évite, ces derniers ne peuvent se faire de relations que parmi les courtisans. Les autorités, qui croient à tort que les Noirs ne plaisent pas aux femmes, ne craignent pas de les voir évoluer parmi elles. Des relations amoureuses se développent, mais une activité sexuelle n'est possible que si l'émasculation de l'eunuque n'a pas été totale.

À l'opposé de leurs homologues chinois, les eunuques ottomans ne sont chastes qu'à contrecœur. La castration qu'ils ont subie à leur corps défendant a autant mutilé leur psychisme que leur corps. Les *kizlar aghazi* ont la réputation d'être cruels et impitoyables. Ils profitent amplement des avantages que leur procure l'eunuchisme : un poste prestigieux et lucratif, et la haute estime dans laquelle les tient leur seigneur et maître.

Les hijras *de l'Inde*

Selon la légende, la ravissante Bahuchara se promène avec des amies dans une forêt du Gujarat. Soudain, des voleurs attaquent le petit groupe. Épouvantée à l'idée d'être violée, Bahuchara prend sa dague et se coupe les seins, qu'elle offre aux bandits à la place de sa virginité. Ce sacrifice, et la mort qui s'ensuit, font d'elle une divinité : la Terre Mère.

Bahuchara intervient activement dans la vie des mortels. Une autre légende raconte qu'un roi se met un jour à la prier pour qu'elle lui fasse don d'un fils. La déesse exauce sa demande. Un petit prince voit le jour, qui reçoit le nom de Jetho. Hélas ! devenu adulte, le prince s'aperçoit qu'il est impuissant. Une nuit qu'il est étendu sur sa couche et rêve, Bahuchara lui apparaît et lui ordonne de se couper les organes génitaux, de s'habiller comme une femme et de se mettre à son service. La déesse ne s'en tient pas là. Elle se montre à tous les hommes impuissants et leur donne le même ordre. S'ils refusent, elle les condamne à subir cette infirmité pendant leurs sept réincarnations. C'est ainsi que naît le culte de Bahuchara Mata, dont les adeptes sont tenus de s'auto-émasculer afin de devenir chastes.

Au XIXe siècle, l'impuissance est une condition indispensable pour devenir *hijra* — mot ourdou qui veut dire «homme mutilé». Certaines communautés de *hijras* observent le comportement des novices pendant au moins une année avant de les castrer et de les accueillir dans leurs rangs. D'autres leur imposent des tentations — quatre nuits avec une prostituée, par exemple — afin que preuve soit faite de leur authentique impuissance. Le célibat est tout aussi essentiel. De nos jours, un grand nombre de *hijras* (peut-être la majorité d'entre eux) se lancent dans la prostitution homosexuelle, tandis qu'une importante minorité reste fidèle au principe traditionnel d'abstinence sexuelle. Ces derniers sont soumis à une stricte surveillance et ne peuvent avoir de contacts avec des hommes ou avec des prostitués *hijras*. Ils gagnent leur vie en chantant et en dansant dans des noces ou des anniversaires.

L'émasculation et les pouvoirs rituels qu'elle confère permettent aux *hijras* d'occuper une place toute particulière dans la société indienne. Leur castration porte le nom de *nirvan*, «calme parfait dénué de désir», et annonce un plus haut niveau de conscience. Les textes hindous et les *hijras* définissent le *nirvan* comme une renaissance, puisque des hommes se transforment en «non-hommes». Les eunuques préfèrent que l'on dise «elle» plutôt que «lui» quand on parle de leur personne.

La «sage-femme» *hijra* qui pratique l'émasculation n'a reçu aucune formation. Elle se fie entièrement au divin dont elle est investie et ne se sent pas plus responsable de la réussite que de l'échec de l'opération. La première étape consiste à invoquer la déesse et à lui faire des offrandes afin de s'assurer que le moment est propice. Puis c'est l'instant décisif: la sage-femme casse une noix de coco en deux. Si la division est nette, cela signifie que Bahuchara Mata souhaite que l'opération ait lieu.

Le futur *hijra* est cloîtré pendant une période qui peut aller jusqu'à un mois. Il lui est défendu de sortir de la maison, même pour faire ses ablutions. Il doit s'abstenir de toute activité sexuelle, ne jamais se regarder dans un miroir et ne pas absorber d'aliments épicés. Un matin, avant l'aube, le séquestré est dépouillé de ses vêtements: «Il doit être aussi nu qu'il l'était au jour de sa naissance.» On le baigne, puis on le fait asseoir sur un tabouret bas. Deux comparses se placent derrière lui pour le maintenir, tandis que la sage-femme entoure son pénis et ses testicules d'un lien très serré. Le malheureux, pendant ce temps, fixe une image de Bahuchara Mata et répète son nom comme un mantra — ce qui induit une transe. Alors, la sage-femme sort le couteau qu'elle cache sous son sari et, d'un seul coup, sectionne les parties génitales de son patient. Puis elle insère un bâtonnet dans son urètre. Les *hijras* disent qu'elles ne sentent rien, sauf peut-être « un petit pincement » ou une sensation « ressemblant à une piqûre de fourmi ».

Lorsque le sang jaillit et se répand sur le sol, personne ne tente d'arrêter l'hémorragie, car ce sang qui coule délivre la *hijra* de ses éléments mâles. La première heure qui suit l'opération est cruciale : on sait alors si l'excisé va vivre ou mourir. La sage-femme met les parties génitales dans un pot, se glisse dehors avec le récipient et enterre le tout derrière un arbre. Pendant quarante jours, elle prend soin de la blessure, qui n'est pas suturée. Pour calmer les souffrances du blessé, elle verse sur la plaie de l'huile de sésame chaude. La nouvelle *hijra* suit un régime strict et ne sort jamais de la pièce où elle se trouve, même pour faire ses besoins naturels. D'autres *hijras* prennent soin d'elle.

Le quarantième jour est celui du rituel de réincorporation. Les poils faciaux de l'aspirant sont épilés ; on répand du safran sur son corps et sur son visage, que l'on rince ensuite. Puis la *hijra* revêt son costume nuptial, se maquille, orne ses habits de bijoux. Tard dans la soirée, elle est emmenée auprès d'un lac, de l'océan ou de la cuve d'un sanctuaire. Du lait est versé à trois reprises sur sa tête et dans l'eau. Enfin elle naît à nouveau, libérée de son impuissance maudite. Dorénavant, elle pourra invoquer le nom de sa déesse, qui fera d'elle un instrument de sa volonté.

La *hijra* se joint à une communauté de « sœurs » et de « tantes », membres d'un troisième sexe institutionnalisé qui occupe une place à part dans la société et les rites hindous. Elles vivent en groupes de cinq à quinze membres, sous la férule d'un gourou, sans tenir compte des distinctions de castes et de religions si marquées dans la société indienne. Les *hijras* adorent Bahuchara Mata et participent aux dépenses de leur communauté en se produisant lors des mariages et des fêtes célébrant la naissance d'un garçon. Elles sont parfois invitées, mais elles peuvent aussi se présenter spontanément, parées de leurs plus beaux atours, clochettes tintant aux chevilles, foulard pailleté autour du cou. Elles jouent du tambour, dansent avec frénésie, chantent, poussent des cris et vont jusqu'à se moquer de leurs hôtes. Elles se livrent à un simulacre de séduction avec les hommes, racontent des blagues grivoises, font des gestes obscènes.

Lorsqu'on fête la naissance d'un garçon, la *hijra* présente à la cérémonie examine les parties génitales de l'enfant. Si elle conclut que le nouveau-né sera impuissant, elle en informe les parents et leur annonce que leur fils doit être émasculé afin de devenir *hijra*. « Ces enfants nous appartiennent parce qu'ils sont comme nous — ni homme ni femme », déclare-t-elle. On dit que l'enfant qui ne se joint pas à la corporation restera impuissant pendant sept renaissances. Au cours des banquets de noces, la *hijra* fait semblant d'insulter le nouveau marié et sa famille. Elle prétend qu'ils sont d'un statut inférieur à celui de la jeune épouse.

L'importance de la *hijra* dans les célébrations rituelles provient des pouvoirs qu'on lui prête en matière de fécondité. Sa personnalité efféminée possède la puissance du *shakti*, le dynamisme créateur de la déesse mère que lui a transmis son impuissance. L'émasculation des *hijras* — qui tue en elles tout désir — associée à leur renoncement à la sexualité est à la base même de leurs pouvoirs. Elles sont très conscientes de cette puissance et se qualifient de *sannyasins*, mendiantes errantes en quête de pureté spirituelle.

Aujourd'hui, des hindous des castes supérieures craignent que la stérilité des *hijras*, au lieu d'aider leurs filles mariées à procréer, ne les contaminent. Masquant aimablement leur réticence sous divers prétextes, ils empêchent les *hijras* de danser avec les jeunes épousées. En fait, c'est la peur et la dérision que provoquent souvent les adeptes de Bahuchara, lorsqu'elles débarquent dans les fêtes sans y avoir été invitées, puis demandent à être rémunérées. Mais c'est ainsi qu'elles gagnent leur vie. « Dieu nous a fait de la sorte, explique une *hijra*, ni homme ni femme, et tout ce qui nous reste est de nous rendre là où un garçon vient de naître ou à des noces pour y chanter quelques airs. Nous vendons notre art et nos talents pour quelques sous, qui nous permettent de nous remplir l'estomac[38]. »

Lorsque des hôtes chassent un amuseur sans le payer, ce dernier jette un mauvais sort à la maisonnée. Lors d'une fête de naissance, une *hijra* que l'on a littéralement jetée dehors voit sa malédiction se réaliser le lendemain : le nouveau-né tombe malade et meurt. « Notre honneur était en jeu », déclare ensuite la *hijra* bafouée.

Les *hijras* orthodoxes désapprouvent ceux de leurs pairs qui, loin de respecter leur vœu de chasteté et d'ascétisme, se livrent à la prostitution homosexuelle. Les *hijras* pures et dures ne sont que trop conscientes du fait que leur statut dépend aussi bien de leur continence que de leur relation privilégiée avec la déesse. Elles qualifient les prostitués de faux castrés et les accusent — à juste titre — de nuire gravement à la réputation de l'institution.

Dans l'Inde moderne, le bruit court que les disciples de Bahuchara Mata augmentent leurs effectifs en enlevant de jeunes garçons, qu'ils émasculent de force. En dépit de la forte émotion causée par ces accusations, les enquêteurs ont prouvé que la plupart des nouvelles *hijras* ont accepté la castration. Comme certaines d'entre elles ont des tendances transsexuelles, elles sont souvent frappées d'ostracisme, et même rejetées par leur famille. Mais certains considèrent que devenir *hijra* est un emploi de loin supérieur à tous ceux auxquels ils pourraient avoir accès s'ils restaient des hommes entiers[39].

Malgré les accusations du public et son ambivalence à l'égard des *hijras*, ces dernières n'en sont pas moins, depuis des siècles, le troisième sexe institutionnalisé. Leur impuissance, leur émasculation et leur engagement envers l'abstinence sexuelle leur fournissent un moyen de véhiculer les pouvoirs de Bahuchara Mata — une anomalie dans la mesure où c'est une déesse mutilée et ses acolytes pareillement amputés qui sont censés apporter la fécondité aux humains.

La déesse permet aux *hijras* de gagner leur vie en appelant bénédictions ou malédictions sur leurs hôtes. Les *hijras* corrompues qui pratiquent la prostitution homosexuelle sont de plus en plus nombreuses, mais les initiés authentiques continuent à considérer leur chasteté comme une distinction qui, bien qu'elle les différencie des autres humains, leur apporte un minimum d'approbation et de respect.

Les castrats de l'opéra

En 1737, Philippe V d'Espagne souffre d'une dépression chronique si aiguë que sa femme, Élisabeth Farnèse, craint pour sa vie. Pour conjurer le danger, elle engage un chanteur d'opéra, Carlo Broschi, alias Farinelli, afin qu'il combatte, par son chant et sa voix, la mélancolie de son époux. Chaque soir, l'Italien chante quatre airs. Philippe l'écoute, charmé. Il vivra neuf ans encore, peut-être grâce à la voix enchanteresse de Farinelli.

Quelle est donc cette musique qui peut sauver une vie? Imaginons une voix aussi douce que le timbre de la flûte et dotée des tonalités les plus subtiles que le larynx humain puisse produire, une voix qui s'élève dans les airs «comme une alouette [...] enivrée de son propre vol». Imaginons une voix «qui métamorphose l'émotion en sons aussi radieux que l'âme qui s'élève avec elle, accrochée à ses ailes». Imaginons, enfin,

« un langage musical aux sonorités calmes, douces et solennelles », qui stupéfie ceux qui l'entendent, les conduisant à l'extase par les pouvoirs et la grâce de la musique la plus extraordinairement suave qui soit sous les cieux[40].

Cette merveille, c'est la voix de soprano ou de contralto qui allie la puissance des poumons et du « coffre » de l'homme à l'étendue et à la douceur du registre féminin ; c'est la voix du castrat, garçon émasculé devenu adulte, qui a passé ses années d'enfance et d'adolescence dans les conservatoires les plus réputés pour y apprendre, sans relâche, le chant d'opéra.

Cet inestimable miracle musical coûte très cher, même aux castrats qui font de splendides carrières. Un nombre élevé de garçons sont massacrés par des chirurgies bâclées — que l'on fait passer pour des accidents. À ces jeunes êtres, une vie normale est à tout jamais interdite, et ils sont aussi perdus pour l'opéra. Ces misérables rebuts de la société, dont le talent n'a pas eu l'heur de plaire à des chefs d'orchestre autoritaires et à un public difficile, survivent de peine et de misère, mutilés, sans pouvoir pratiquer un quelconque métier.

Quant aux quelques castrats qui réussissent, ils sont catapultés d'une vie ordinaire à la gloire. L'adulation que le public leur réserve est sans borne. Leur carrière leur apporte des satisfactions personnelles aussi bien que professionnelles, de grandes richesses et la certitude d'avoir une vieillesse à l'abri du besoin. Farinelli, sans doute le plus grand de tous les castrats, est une preuve vivante des effets de la chirurgie génitale sur la splendeur naturelle d'une voix. « Un Dieu, un Farinelli ! » crie l'un de ses admirateurs, formulant ainsi sans le savoir la très célèbre épitaphe de son héros[41].

Les origines des castrats sont obscures, mais la cause de leur castration ne l'est pas : elle découle de l'interdiction faite aux femmes de chanter dans les églises et de monter sur scène. Jusqu'au xvᵉ siècle, des garçons à voix haut perchée les remplacent. Les Espagnols inventent une technique de chant grâce à laquelle de jeunes garçons font des trilles qui tendent leurs cordes vocales et produisent des sons propres à la voix féminine. Ces *falsetti* interprètent les nouvelles œuvres a cappella qui vont devenir extrêmement populaires au milieu du xvᵉ siècle et susciter de grandes attentes en matière de timbre et de tessiture vocale.

C'est au tout début du xviiᵉ siècle qu'apparaissent les castrats, en nombre considérable. Certains spécialistes pensent que les premiers *falsetti* étaient en réalité des castrats camouflés. La chose est plausible mais invérifiable. En 1599, un premier castrat est admis dans les chœurs de la chapelle Sixtine du Vatican, malgré l'interdit de l'Église officielle sur la castration euphonique. Le XVIIe siècle voit naître l'opéra italien, forme de divertissement populaire et quasi international qui exige des chanteurs à voix féminine. La scène étant toujours interdite aux femmes, les castrats arrivent à point nommé. Jusqu'à la fin du XVIIIe siècle, l'opéra et les castrats restent inséparables. Soixante-dix pour cent des chanteurs d'opéra sont des castrats[42].

Au XVIIIe siècle, Filippo Balatri rédige un compte rendu poétique et spirituel de sa vie de soprano vénéré. Le récit du chanteur est émouvant ; son ironie est teintée d'amertume. Ce sont les premières révélations publiques sur le destin d'un castrat.

Au XIXe siècle, le sentiment de frustration de Balatri — provoqué par le caractère indigne de sa castration — s'infiltre dans la conscience collective des amateurs d'opéra. Des maîtres de chœur et des parents coupables commencent à mentir sur les méthodes utilisées pour « créer » les soprani masculins dont ils ont la charge. « Un porc s'en est pris à ses parties intimes et l'a blessé, ce qui a nécessité une opération » est l'excuse typique[43]. Après deux cents ans d'enchantement, la magie du castrat est chose révolue. L'opéra n'exige plus de chanteurs émasculés, mais la chapelle du Vatican et d'autres chœurs romains continuent à employer des garçons ayant subi une castration euphonique. Le dernier qui soit connu est Alessandro Moreschi, qui enregistre des disques jusqu'en 1903 et chante à la chapelle Sixtine jusqu'en 1913[44].

La plupart des castrats (mais pas Farinelli) sont des garçons pauvres dont les parents ont de grandes ambitions. La première étape est une visite au conservatoire, où la voix de l'enfant est évaluée. Une réponse positive signifie « bon pour la castration ». Les parents se précipitent alors chez qui de droit afin de prendre les arrangements nécessaires. C'est à Bologne que l'on trouve les meilleurs spécialistes de cette intervention illégale. L'enfant est drogué à l'opium ou avec un autre narcotique, puis plongé dans une baignoire remplie d'eau très chaude. Lorsqu'il est presque inconscient, le chirurgien sectionne les canaux menant à ses testicules, qui vont ensuite se ratatiner et se dessécher.

Les enfants qui survivent sont admis dans des conservatoires de musique, où ils étudient le chant pendant dix ans. Comme on les tient pour des individus délicats, ils reçoivent une meilleure nourriture et logent dans des chambres mieux chauffées que les étudiants non mutilés. Leur santé est surveillée de très près. Cela n'empêche pas un grand nombre d'entre eux de détester l'école et de s'enfuir. Le problème réside peut-être dans l'intensité et la durée du travail quotidien : six heures, plus des heures supplémentaires de pratique du clavecin et d'étude de la composition. Les soprani qui ont des voix banales ne font pas carrière.

Entre quinze et vingt ans, le castrat qui a passé avec succès une série d'épreuves fait ses débuts à l'opéra — dans un rôle de femme. Son immaturité physique, son aspect légèrement efféminé et sa voix merveilleuse lui valent l'adoration immédiate du public. Ses admirateurs l'assiègent ; les hommes aussi bien que les dames tombent amoureux de lui. Casanova décrit en ces termes ses premières impressions à la vue d'un castrat : « Dans son corset bien ajusté, il avait la taille d'une nymphe. Et, ce qui était presque incroyable, c'est que sa poitrine n'était en aucune manière inférieure, que ce soit en forme et en beauté, à celle d'une femme. C'est grâce à cet attribut que le monstre faisait de tels ravages[45]. »

Comparons maintenant ce jeune homme mince et imberbe aux lèvres fardées, aux boucles soyeuses et à la voix suave à l'homme déguisé en femme qui jouait avant lui les damoiselles : « On voit [sur la scène] une robuste bergère en robe d'un blanc virginal, avec un soupçon de barbe bleutée, de fortes clavicules [...] qui tient un petit bouquet dans un poing qui pourrait presque assommer Goliath [...] une troupe de trayeuses la suit, tandis qu'elle traverse la scène en quelques enjambées viriles[46]. »

Les castrats reçoivent une superbe formation d'acteur et de chanteur, et leur culture musicale est considérable. Mais ils ne se haussent pas tous au même niveau : certains finissent d'ailleurs par se retrouver dans des tournées de petits opéras de province.

En dépit de leur statut de vedettes, les castrats doivent affronter des rancœurs tenaces, et même la haine. Des collègues jaloux et le public non initié méprisent ces émasculés. Ils les accusent d'attirer des hommes dans l'homosexualité, détestent leur arrogance et leur vanité. Un grand nombre de castrats sont pourtant des amants réputés, que poursuivent des légions de femmes désireuses de faire l'amour avec un homme incapable d'engendrer, et brûlant de savoir à quoi ressemblent ses fameuses parties génitales[47]. Cette attention excessive n'améliore guère l'image du castrat auprès des hommes intacts. Mais les conquêtes sexuelles sont douces-amères au castrat, car la loi lui interdit le mariage. L'un d'eux mourra le cœur brisé par cet interdit.

Qu'en est-il des chastes castrats? Ils sont rares. Il semble que le merveilleux Farinelli l'ait été, par honte de son infirmité sans doute. Filippo Balatri, lui aussi, a opté pour l'abstinence. Il craignait qu'une femme ne trouve ses prouesses sexuelles insatisfaisantes et ne se fatigue de lui. Il explique, avec ironie, pour quelle raison il ne s'est jamais marié : « Grâce à la bonté de Dieu, à mon assiduité et à mon chirurgien Accoramboni de Lucca, [je] n'ai jamais pris femme, car, après m'avoir aimé un moment, celle-ci aurait commencé à me crier après. »

Dans son testament, Balatri exige que son corps ne soit pas baigné après sa mort, comme le veut la coutume : « non seulement en raison de l'indécence que je vois dans ce geste, mais parce que je ne veux pas amuser ceux qui, en m'examinant, sauront comment est fait un soprano[48]. »

Les castrats de l'opéra sont des eunuques d'un genre unique. Contrairement aux Chinois, aux Ottomans, à quelques eunuques byzantins et aux authentiques *hijras*, ils sont rarement continents. La chasteté n'est jamais mentionnée comme étant l'une de leurs vertus. Les éléments qui importent chez eux sont le timbre, le registre et la puissance de la voix — non leur vie privée. Bien qu'ils soient souvent méprisés pour leur infirmité et que la loi leur interdise, comme aux autres eunuques, de se marier à cause de leur incapacité de procréer, la plupart sont aussi sexuellement actifs que les hommes intacts. Ils ont néanmoins, en raison de leur célébrité, leur place dans cet ouvrage. En fait, le castrat est la preuve par excellence que, à moins que l'amputation ne leur ait enlevé toute pulsion sexuelle, les victimes de castration décident rarement de s'abstenir volontairement des activités charnelles qui leur sont encore possibles. Il leur faut d'importantes compensations pour rester chastes. La plupart des castrats, partiellement mutilés, ont des motivations passablement minces en matière de chasteté. Ne risquant aucun châtiment, ils se lancent dans le commerce charnel avec la même ardeur que d'autres artistes de la scène, poursuivis par une cohorte de femmes en adoration — sans compter les hommes.

La castration comme châtiment

L'amputation à la hache d'un membre coupable — la main droite d'un voleur, par exemple — découle d'un raisonnement assez simple. Dans le même ordre d'idée, comment s'étonner que l'on sectionne les organes génitaux de délinquants sexuels ? Ou ceux de personnes « gênantes » du fait de leur handicap, qui, si l'on n'intervient pas, pourraient engendrer des rejetons tout aussi « gênants » ? Ou encore, ceux des masturbateurs et des homosexuels qui défient les normes de la décence et mettent leur propre santé en péril ? À travers les âges, la logique tordue de ce raisonnement a permis aux autorités responsables de prendre, légalement, les mesures nécessaires pour faire respecter ces normes. Et hop ! on coupe l'appendice responsable du problème !

La mutilation génitale est une pratique qui remonte loin dans le temps. Dès le Moyen Âge, ce châtiment réservé au violeurs et aux adultères répondait à la loi du talion — œil pour œil, dent pour dent. Plus récemment, en 1906, l'Europe en fait le châtiment courant des délinquants sexuels. Au XIXe siècle, le cousin de Charles Darwin, Francis Galton, invente le terme « eugénique » pour décrire l'amélioration systématique du patrimoine héréditaire de l'espèce grâce à des mesures favorisant la reproduction des « plus aptes » et entravant celle des « inaptes ». La stérilisation est considérée comme le moyen le plus adéquat de prévenir la procréation chez les spécimens humains « inférieurs ». En 1931, le Parlement britannique défait à plates coutures la loi sur l'eugénique, mais cette dernière est adoptée avec enthousiasme dans certains pays d'Europe. Des centaines de milliers de malheureuses victimes sont stérilisées, à la fois pour « améliorer la race » et — surtout — pour réduire les dépenses.

Cette castration — ou ablation des testicules — est la même opération que celle subie par les futurs castrats. Chez les adultes, la castration inhibe les pulsions charnelles et restreint l'activité sexuelle. Cette mutilation est donc une option tentante lorsqu'il s'agit de traiter les délinquants sexuels. Aux États-Unis, la castration pour des motifs eugéniques se poursuit de 1899 à 1930. Dans plusieurs États du Sud, elle constitue le châtiment de choix pour les Noirs accusés, ou suspectés, d'avoir violé une femme blanche.

En Europe, l'Allemagne adopte l'eugénique avec ardeur, et la loi de 1933 sur la stérilisation eugénique rend cette dernière obligatoire pour toute personne atteinte de maladie héréditaire. L'Institut Kaiser Wilhelm participe à cette campagne en initiant des médecins aux subtilités de cette « science de la race ». On apprend à ces praticiens à pratiquer les interventions nécessaires. La « justice » nazie, elle aussi, ordonne souvent

des mutilations génitales. Sous le IIIᵉ Reich, quatre cent mille personnes jugées inaptes à se reproduire sont stérilisées, la plupart par castration. Les membres de l'un des premiers contingents de stérilisés,
marqués au fer rouge, s'appellent les «bâtards rhénans». Ce sont les
enfants de mères allemandes et de soldats noirs américains des troupes
d'occupation de la Première Guerre mondiale. D'autres victimes sont
affligées d'infirmités diverses: cécité, surdité, handicap physique, imbécillité, schizophrénie et psychose maniaco-dépressive. Un raisonnement
abusif permet de classer vagabonds et alcooliques dans la catégorie des
imbéciles — et de les émasculer.

Les déviances sexuelles sont une des cibles principales des eugénistes.
Les homosexuels sont pourchassés. Le ministre de la Justice du IIIᵉ Reich
déclare que tout acte homosexuel entre adultes découle presque certainement d'un instinct provenant d'une mauvaise hérédité. Un médecin,
dans une prison, accomplit un si grand nombre de castrations qu'il en
vient à perfectionner sa technique, accélérant ainsi le rythme des interventions. Il arrive à châtrer un patient en huit minutes — sous anesthésie locale.

En 1929, vingt-quatre États américains, notamment la Californie et la
Virginie, promulguent une loi autorisant la stérilisation pour prévenir la
procréation d'individus ayant une anomalie génétique. En 1958, 60 926
personnes sont stérilisées. La police poursuit les hommes qui tentent
d'échapper à l'intervention et les traîne jusqu'à la table d'opération.

Au Canada, seules les provinces de la Colombie-Britannique et de
l'Alberta passent des lois eugéniques. La Colombie-Britannique fait stériliser tout au plus quelques centaines de personnes. Entre 1928 et 1971,
l'Alberta's Board of Eugenics ordonne la stérilisation de 2822 citoyens.
Sept cents survivants ont entamé une poursuite en dommages et intérêts contre les organismes responsables.

La castration pour agression sexuelle produit souvent de vrais eunuques. Plus l'homme est âgé, plus il risque de devenir impuissant. Des
études faites sur des individus émasculés démontrent que, immédiatement après la castration, au moins 60 % d'entre eux n'ont plus de
pulsions sexuelles et deviennent impuissants. Vingt pour cent de ceux
qui restent perdent définitivement leur virilité dans les années qui suivent. D'autres effets secondaires — bouffées de chaleur, chute des poils,
développement de tissus adipeux, peau plus douce, plus molle et plus
flasque, et visage plissé et légèrement ridé comme les castrats — sont

courants[49]. La castration ramène le pourcentage de récidivistes délinquants sexuels de 84 % à 2,2 %.

Aujourd'hui, la stérilisation des délinquants sexuels se fait chimiquement et non plus par émasculation. La méthode est beaucoup moins draconienne et l'intervention n'est pas irréversible. Les hormones et autres substances injectées réduisent les pulsions sexuelles du sujet et améliorent sa capacité de bien réagir à diverses psychothérapies et thérapies de modification du comportement. La castration chimique est utilisée aux États-Unis, au Canada et en Europe, mais elle produit plus de récidivistes que la castration classique — environ 6 %, selon une étude.

Dans la Chine surpeuplée, une nouvelle loi « sur l'eugénique et la protection de la santé » tente de prévenir les « naissances inférieures » grâce à la castration obligatoire, la stérilisation, l'avortement et la continence. Elle vise les gens qui souffrent de maladies vénériennes, héréditaires ou contagieuses — l'hépatite B, par exemple — ou de psychoses graves.

En Thaïlande, une forme de castration « amateur », non officielle mais radicale, se répand[50]. Plus d'une centaine de femmes habitées par un désir de vengeance droguent leur mari infidèle et lui tranchent le pénis. Les autorités, qui ne prennent pas le problème à la légère, ont formé une brigade spéciale, la patrouille du Pénis. Cette patrouille est appelée à la rescousse chaque fois qu'une victime, se réveillant brutalement, constate que ses parties génitales sont en sang et que son membre le plus important a disparu. La police fouille alors les alentours à la recherche du pénis sectionné. Si ce dernier est retrouvé, les hommes se précipitent à l'hôpital avec le mutilé afin qu'une greffe soit tentée. Le membre viril est souvent retrouvé. Une femme plus enragée que les autres trompe la vigilance des chercheurs en attachant le pénis de son époux à un ballon, afin de s'assurer qu'il disparaîtra à tout jamais.

L'une des conséquences de cette vague d'amputations est que les chirurgiens thaïlandais sont devenus des autorités en matière de greffe du pénis. L'un d'entre eux a rattaché à lui seul trente et un pénis au corps de leurs propriétaires. Une autre conséquence de cette pratique singulière est que la population des monastères bouddhistes commence tout doucement à augmenter : plusieurs castrés réconciliés avec leur nouvel état espèrent trouver un réconfort spirituel dans la condition monastique.

Refusant de tolérer le vagabondage sexuel et l'adultère, les femmes décidées à amputer leur mari intensifient leur campagne illicite mais efficace. Elles risquent dix ans d'emprisonnement si elles sont déclarées coupables. Le clou de cette histoire, c'est que ces femmes acceptent de bonne grâce de purger leur peine lorsqu'elles ont réussi à trancher les manifestations d'infidélité de leur époux à la racine.

CHAPITRE X

Refouler une sexualité mal acceptée ou non conformiste

À différentes époques de l'histoire, l'homosexualité et la pédophilie sont proscrites. Les peines les plus sévères — emprisonnement, perte d'emploi, ostracisme social, excommunication religieuse et déshonneur — sont infligées aux contrevenants. Homosexuels et pédophiles ont alors recours à la continence pour dissimuler ou nier leurs tendances sexuelles. Ou pour s'en guérir.

La chasteté permet aussi à certaines personnes de surmonter une répulsion pour les parties génitales et/ou pour toute activité sexuelle. Et l'on voit des amoureux au cœur brisé devenir chastes dans l'espoir d'oublier leur chagrin.

Ces scénarios sont simples à imaginer, et un adulte perspicace peut aisément repérer, dans son entourage, la catégorie à laquelle appartient l'une ou l'autre personne abstinente. Évidemment, cela n'est que spéculation : les individus qui ont opté pour la chasteté afin de cacher ou de refouler des tendances sexuelles qu'ils considèrent comme inacceptables, dangereuses ou perverses se montrent généralement peu disposés à parler de leur problème — ou à le laisser voir. Le comportement de certains personnages de la grande et de la petite histoire prouve à l'évidence que ces derniers ont souvent éprouvé, pour des raisons personnelles et sociales, de grandes difficultés à assumer leur sexualité.

Léonard de Vinci frôle la prison

Léonard de Vinci (1452-1519) est un génie de la Renaissance. Son œuvre et ses travaux — il est peintre, sculpteur, architecte, musicien, homme de science, ingénieur et inventeur — démontrent que leur créateur est doué d'une inspiration stupéfiante. Mais Léonard est un être complexe, et certains détails de sa vie demeurent définitivement obscurs. De nombreuses preuves de son homosexualité semblent cependant exister. De savantes analyses de ses dessins schématiques et souvent inexacts des organes génitaux féminins, ses peintures, ses sculptures et certains indices confirment cette hypothèse. Sigmund Freud a probablement raison lorsqu'il dit qu'« il est douteux qu'il [Léonard] ait jamais embrassé une femme avec passion[1] ».

L'homosexualité, dans la Florence de la Renaissance, est si banale que les Allemands donnent aux homosexuels le sobriquet de *Florenzer*. Les sanctions légales prévues contre eux sont rarement exécutées. Un homosexuel discret n'est pas inquiété.

En 1476, Léonard est au début de la vingtaine. C'est alors qu'il s'empêtre dans une situation scabreuse dont les conséquences vont affecter son mode de vie et ses perceptions. Le peintre est accusé d'avoir sodomisé, en compagnie de trois jeunes hommes, Jacopo Saltarelli, apprenti orfèvre de dix-sept ans prostitué à ses heures. Léonard et ses compagnons risquent, en théorie du moins, la peine de mort. Leur arrestation et l'emprisonnement qui s'ensuit, qui ne dure pourtant que quelques heures, leur laissera un souvenir atroce. Les trois hommes sont soumis à un interrogatoire humiliant. Le procès n'a lieu que deux mois plus tard, à l'issue duquel les jeunes gens sont finalement acquittés. Les retombées du scandale, les insinuations et les commérages vont néanmoins hanter Léonard pendant de longues années. Parmi ses premières inventions figurent un appareil destiné à arracher des barreaux et un autre à ouvrir les portes d'une prison de l'intérieur[2]. Il est clair que l'infamant procès a marqué l'artiste au fer rouge.

Léonard tire une leçon de ce cauchemar. Il est déterminé à éviter tout comportement susceptible de nuire à sa renommée. À la moindre allusion concernant sa conduite, il déclare qu'on le persécute, qu'on l'attaque, qu'on le calomnie. Il affirme être aussi innocent qu'un enfant. Après l'affaire Saltarelli, le peintre devient l'homme le plus prudent du monde.

Vit-il pour autant dans l'abstinence ? Tout laisse supposer qu'il mérite la réputation d'homme chaste qu'il s'est créée. Ses déclarations renforcent cette hypothèse. Il condamne les rapports sexuels, « si dégoûtants que l'humanité serait bien vite en voie d'extinction si [les rapports sexuels] ne faisaient pas partie des coutumes et s'il n'existait pas de jolis visages et une forte propension à la sensualité[3] ». Il craint la syphilis, connue (en Italie mais pas en France) sous le nom de « mal français », et la dégénérescence mentale, qu'il associe à une sexualité active.

On a souvent dit que Léonard portait une longue barbe pour dissimuler la beauté de ses traits. « Évitez la lubricité, conseille-t-il. Celui qui ne contrôle pas ses appétits charnels se met au niveau de la bête. » Freud, quant à lui, conclut que Léonard de Vinci « apparaît comme un homme dont les pulsions sexuelles sont extraordinairement faibles, comme si quelque aspiration plus élevée le soulevait au-dessus de tous les besoins animaux courants[4] ».

Cette analyse est tout à fait pertinente. Léonard n'a probablement engagé Jacopo que pour poser nu. Il n'avait sans doute aucune arrière-pensée. Dans les années qui suivent, bien qu'il soit entouré de modèles masculins — et cohabite, à la fin de sa vie, avec son élève Francesco Melzi, qui sera son héritier —, il fait en sorte de ne jamais donner prise à d'autres attaques. L'explication la plus plausible et la plus cohérente de cette conduite est que le peintre voit dans l'acte sexuel un geste grotesque et a une peur quasi paranoïaque du scandale. C'est le désir d'atténuer ou de nier ses tendances homosexuelles qui le pousse à choisir un mode de vie sans risque : la chasteté.

Lewis Carroll dissipe tout soupçon

Aujourd'hui, Lewis Carroll serait soupçonné de pédophilie, et son entourage se garderait bien de le fréquenter. Mais l'histoire se déroule il y a un siècle. Le diacre anglican, qui enseigne les mathématiques et la logique au Christ Church College de l'Université d'Oxford, se complaît impunément dans sa passion pour les petites filles. Le professeur, être timide et charmant qui conserve l'allure d'un jeune homme, ne perd le bégaiement qui l'afflige que dans la compagnie d'enfants. Il a une forte prédilection pour les nymphettes. « J'aime beaucoup les enfants (beaucoup moins les garçons), écrit-il à un ami. Pour moi, ces derniers ne sont pas des spécimens humains séduisants[5]. »

Les petites filles le sont. Carroll les invite à des excursions à la plage, ou à son cottage d'été. Il les convie à prendre le thé ou à dîner. Ses exigences sont précises : ses invitées doivent faire partie de la haute société, être jolies, avoir un corps mince et souple, faire preuve d'intelligence et de dynamisme. Il est essentiel que leur mère approuve les rencontres, mais le révérend souhaite que les petites filles viennent seules. Il écrit à une maman :

> Auriez-vous la gentillesse de me dire si je puis considérer vos filles comme invitables, séparément [...] pour le thé ou pour le dîner ? Je sais que certaines demoiselles ne sont invitables qu'en groupe [...] mais je pense sincèrement que les amitiés de groupe n'en valent pas la peine. Je ne crois pas que l'on puisse vraiment connaître la nature d'une petite fille que l'on n'a vue qu'en présence de sa mère ou de ses sœurs[6].

Carroll estime convenable d'embrasser ces fillettes sans en faire préalablement la demande à leur mère. Lors de rares rencontres avec des filles plus âgées, cependant, il ne manque pas de solliciter d'abord le consentement maternel. « Peut-on les embrasser ? » demande-t-il à la maman de deux adolescentes.

L'une des activités préférées de Carroll est de régaler ses petites visiteuses de contes fantastiques. En 1862, alors qu'il bavarde avec Alice Liddell, une gamine de dix ans, il conçoit l'idée qui va donner naissance à *Alice au pays des merveilles*. Trois ans plus tard, le livre sort de presse. C'est un succès sans précédent. Mais les choses se gâtent entre le révérend et la vraie Alice. Il semble que la mère de l'enfant soit furieuse. Elle détruit toutes les lettres que l'auteur a écrites à sa fille. Mais la gloire sans cesse croissante du créateur d'*Alice au pays des merveilles* permet à ce dernier de gagner d'autres mères à sa cause. Ces dames sont ravies à l'idée de lui prêter leurs petites filles.

En plus du plaisir qu'il a à bavarder avec ses amies enfants, Carroll aime beaucoup les photographier. Il leur fait parfois revêtir l'un ou l'autre déguisement, mais il préfère les dénuder un peu. Ce qui est incroyable, c'est qu'il obtient la bénédiction des mamans avant de déshabiller et de photographier ses petits modèles. Ce passe-temps finit par provoquer des commentaires acides, voire des commérages. Des gens se montrent scandalisés. En 1880, sagement, Lewis Carroll abandonne la photo.

Les petites filles n'en continuent pas moins à défiler dans sa vie. Mais lorsque ces dernières atteignent l'âge de seize ans et se préparent à devenir femmes, le révérend cesse de les fréquenter. L'une d'elles, qu'il continue à rencontrer malgré l'âge fatidique, commente l'événement en ces termes : « Beaucoup de filles adolescentes n'aiment pas qu'on les traite comme si elles avaient encore dix ans. Personnellement, je trouve cela tout à fait rafraîchissant. »

Une autre amie de longue date, Ellen Terry, que Carroll a fait entrer dans le rang de ses fréquentations enfantines lorsqu'elle n'était qu'une petite actrice de huit ans — il en avait alors vingt-huit — démentira catégoriquement une rumeur voulant que l'écrivain et elle aient eu une aventure romantique. Avec humour, la jeune femme écrit : « Il ne m'aimait que comme il pouvait aimer les gamines de plus de dix ans[7] ! »

Les biographes sont tous d'accord sur deux points : Carroll meurt vierge et, pendant sa chaste existence, a plus de cent petites amies enfants. L'une des raisons de son abstinence est très claire : dans la mesure où ses préférences vont exclusivement aux filles très jeunes, une simple insinuation ayant trait à une éventuelle avance d'ordre sexuel salirait sa réputation de manière indélébile. Ses « amies » sont des petites filles de la haute société « prêtées » par leur mère. Si l'une d'elles laissait planer ne fût-ce qu'un doute sur sa conduite, sa ruine serait consommée. Il étouffe du reste dans l'œuf quelques commérages mesquins lorsqu'il se rend compte que son incursion dans la photographie peut lui apporter de sérieux ennuis. Pendant toute son existence, Lewis Carroll se tient en équilibre entre une conviction profonde (« Si vous limitez votre conduite à des actions auxquelles *personne* ne peut trouver à redire, vous ne ferez pas grand-chose de votre vie ») et les réalités d'une société dont il est un membre respecté[8].

John Ruskin fuit l'abjection du sexe

Avant d'épouser Euphemia Gray, une adolescente, John Ruskin, écrivain et critique célèbre de l'époque victorienne, courtise sa bien-aimée pendant deux ans. Leur relation est avant tout épistolaire. Ils échangent des lettres passionnées, dont le contenu les amènent à anticiper, avec beaucoup d'émotion et de sensualité, leur nuit de noces. Les amoureux sont tous deux vierges. Effie n'a que dix-neuf ans, John en a dix de plus. Lorsqu'ils se hissent enfin dans le lit nuptial, John fait délicatement glisser la chemise de nuit de sa belle épouse toute neuve. À sa grande stupeur — et avec horreur —, il découvre que la pauvre Effie a des poils sur le pubis !

John est dégoûté. C'est la première fois qu'il voit une femme nue, et il constate que la sienne n'est pas tellement différente d'un homme, en tout cas pas autant qu'il l'escomptait. Il en conclut que son épouse a une difformité, car, dit-il, « elle n'est pas formée pour susciter la passion ».

(L'on peut aussi imaginer que les seins généreux de la jeune femme sont responsables de la déception de l'écrivain. John s'attendait à voir apparaître un petit être pareil à la jeune enfant de dix ans dont il est tombé amoureux une décennie plus tôt, une fille à la peau douce, sans poils et avec un soupçon de poitrine.) Malgré l'ouragan qui s'abat sur lui, il garde son calme. Il donne un chaste baiser à sa femme, lui tourne le dos et s'endort. Effie, que l'on a préparée à se laisser éduquer par un mari expérimenté, est sidérée.

Au cours de la chaste période postnuptiale qui suit — six ans, pour être précis —, John concocte des justifications parfaitement logiques pour expliquer son refus de consommer l'union. Il déteste les enfants, dit-il, et il ne pourrait supporter de traîner dans ses voyages européens une Effie enceinte ou allaitant un bébé. La jeune femme se défend en lui faisant observer que les gens se marient pour concevoir et élever des enfants, et que s'abstenir de procréer frise le sacrilège. Absurde, réplique John, tu as l'air d'oublier que les personnes les plus saintes sont chastes.

Le choc ressenti à la vue du corps d'Effie est le premier des indices qui vont démontrer à John qu'il n'est pas fait pour le commerce charnel. Son enfance peu ordinaire, presque entièrement privée de petits camarades, ne l'a certes pas préparé aux réalités de la vie conjugale. En outre, ses liens avec ses parents sont si forts qu'il n'a pas la moindre envie de les rompre. Les Ruskin sont et resteront les seuls pourvoyeurs financiers de leur fils : ils lui imposent leur autorité morale, leurs conseils et de fortes contraintes affectives. Très déçu de voir John épouser Effie plutôt qu'une femme du grand monde, le couple n'a pas assisté aux noces. Il n'est dès lors pas surprenant que la jeune épouse attribue l'échec de son mariage à l'attitude de ses beaux-parents et à leur ingérence chronique.

John et Effie finissent par trouver un modus vivendi qui les satisfait l'un et l'autre, mais l'épouse ne cessera jamais de désirer un enfant (la mère d'Effie est enceinte de son treizième bébé lorsque sa fille se marie). John et sa femme vivent chacun de leur côté. Effie ne tarde pas à être considérée comme une invitée charmante, intelligente et spirituelle que tout le monde se dispute. Elle reste d'une chasteté exemplaire et accorde un soin si jaloux à sa réputation que personne ne laisse jamais planer aucun doute sur sa conduite.

Effie est une épouse vierge qui n'en adore pas moins ce mari qui l'oblige à rester chaste. « Je n'aimerai jamais personne d'autre que John en ce monde [...] Je suis une des bizarreries de cette terre et je n'ai aucun talent pour l'intrigue, car pour moi, tout doit être aussi clair que le jour.» John, lui, est beaucoup moins clair. Il essaie, assez sournoisement, d'engager sa femme dans des situations compromettantes avec des représentants de l'autre sexe. Ses tentatives les plus répréhensibles ont pour objet un jeune peintre talentueux, John Everett Millais, qu'il invite à passer quelques semaines dans leur petit cottage rustique. La tension sexuelle entre Effie et Millais est palpable. Indigné, le peintre finit par être convaincu que John a tout manigancé pour se débarrasser de sa femme. Il ne tombe pas dans le piège[9]. À cette époque, John commence à déclarer publiquement que son mariage a été une erreur. Effie est dévastée lorsque, le jour de son vingt-cinquième anniversaire, son époux lui déclare qu'il ne consommera jamais leur union. Plus tard, il expliquera ainsi son attitude: «Entrer dans un tel lien aurait été un *péché,* car si je ne suis pas *mauvais,* je suis tout de même *insensé*; [en conséquence] je ne pouvais prendre la responsabilité de procréer des enfants que j'étais absolument incapable d'élever[10].»

C'en est trop. En 1854, l'épouse délaissée se confie à une amie, lady Eastlake, la femme du président de l'Académie royale. La malheureuse ne cache rien de son sort misérable. «Il faut en parler à vos parents, lui conseille son interlocutrice, car la loi peut prendre des dispositions pour résoudre une telle situation.» Les parents d'Effie se lancent alors dans une action clandestine destinée à dégager leur pauvre fille de son union ratée. Ils engagent des hommes de loi et font examiner la jeune femme par deux médecins, qui confirment sa virginité. Effie quitte le foyer conjugal et retourne vivre chez ses parents.

La machine juridique se met en branle. Lorsque John reçoit la demande en divorce, il contre-attaque en déclarant qu'Effie n'a pas toute sa raison. Outrée, lady Eastlake se lance en campagne elle aussi. Bien décidée à défendre l'intégrité mentale de sa protégée, elle rend d'innombrables visites à des amis et connaissances et leur décrit en détail le calvaire d'Effie. La société londonienne désapprouve John. Un mariage blanc est aussi impensable et aussi répréhensible que le commerce charnel avant les noces.

Des témoins comparaissent devant un tribunal ecclésiastique. Quelques médecins, dont celui qui assisté à la naissance des enfants de la reine Victoria, examinent Effie et confirment sa virginité. Ce que fait John, lui aussi, dans une déclaration sous serment. Le mariage est annulé car

« John Ruskin est incapable de consommer ledit mariage en raison d'une impuissance incurable[11] ». (Ce qui n'est pas tout à fait exact : ainsi que John le confessera un jour dans une lettre à un ami, il se masturbe couramment.)

Un an plus tard, Effie et Millais se marient. La pauvre ne sait pas qu'elle se prépare à une seconde nuit de noces tout aussi insolite que la première ! Millais lui avoue que, tout comme John, il ignore tout des femmes et de la sexualité. Va-t-il, lui aussi, se montrer incapable de consommer l'union ? Effie le réconforte et l'encourage. Deux mois après, elle est enceinte du premier de leurs huit enfants. Son ex-époux vit chez ses parents, ravis d'avoir récupéré leur célèbre rejeton. John reste chaste, mais (comme son contemporain Lewis Carroll) tombe régulièrement amoureux de petites filles « tout juste au lever du jour », dont il se détache lorsque la puberté montre son vilain museau[12].

La petite nymphette Rose La Touche ne subit pas le même sort. John s'obstine à vouloir l'épouser en dépit d'une sérieuse différence d'âge (plusieurs décennies). Cette jeune fille avisée entre en contact avec Effie, qui lui révèle les détails les plus intimes — ou plutôt leur absence — de son union avec John. Cette conversation met fin aux velléités de mariage de l'écrivain avec sa petite fille en fleur. Il meurt puceau, n'ayant connu d'un point de vue sexuel que la masturbation et la continence que lui a inspiré sa répulsion pour le corps féminin.

Isaac Newton panse son cœur brisé

La seule histoire d'amour d'Isaac Newton, vierge et chaste durant presque toute sa vie, survient assez tard dans son existence — il a dépassé la quarantaine. Elle ne sera jamais consommée. Son bien-aimé, Fatio de Duillier, est un séduisant mathématicien suisse âgé de vingt-trois ans, qui vit à Londres et partage sa passion pour leur discipline commune, les mathématiques.

Pendant six ans, les deux hommes sont inséparables. Puis Fatio s'effondre, frappé par la maladie. À la même époque, il est perturbé par de mauvaises nouvelles de sa famille suisse, accablée de problèmes financiers. Il pense même rentrer au pays. Cette perspective affole Newton, qui supplie Fatio de venir le rejoindre à Cambridge, où il enseigne. Il subviendra ainsi à ses besoins. Pour des raisons qui restent obscures, Fatio refuse. En 1693, la relation est rompue.

Newton tombe dans une dépression paranoïaque et délirante. Il devient soupçonneux à l'égard de ses amis, les accuse de l'abandonner et de le trahir. Il écrit à John Locke : « Monsieur, ayant acquis la certitude que vous vous employez à m'entraîner dans des histoires de femmes, et pour d'autres raisons, je me sens si offensé […] qu'il vaudrait mieux que vous soyez mort. » Il envoie une lettre à Samuel Pepys pour lui signifier la fin de leur amitié. Ses amis réagissent avec patience et compréhension. Newton finit par leur faire des excuses. Il met son agressivité non justifiée sur le compte de l'insomnie.

La dépression dure dix-huit mois. Newton redevient maître de ses émotions, mais sa créativité scientifique est définitivement atteinte. Il est engagé à l'Hôtel de la Monnaie, comme directeur d'abord, puis comme gouverneur. Son salaire est élevé. Bien que ce poste soit une sinécure, il décide de le prendre au sérieux. Dès lors, il se considère comme le chien de garde de l'argent de la nation et traque les faux-monnayeurs avec la même impétuosité qu'il a mise dans sa passion pour Fatio. Suite à ses poursuites acharnées, un grand nombre de malfaiteurs meurent sur l'échafaud, victimes sans doute de cette rage qu'il a dirigée autrefois contre ses amis.

Pendant le reste de sa vie, Isaac semble immunisé contre l'amour. Lui et Fatio correspondent de façon irrégulière, mais les lettres ne ravivent jamais l'intensité première de la relation. Newton devient distrait ; il vit en ascète. Son austérité découle davantage de la négligence que d'un principe. S'il a faim et manque de sommeil, c'est tout simplement parce qu'il oublie de manger et de dormir.

Sa chasteté est le produit de cet ascétisme particulier et d'une capacité d'aimer complètement tarie. L'histoire est simple : Isaac rencontre Fatio relativement tard dans son existence et, pendant six ans, éprouve pour lui un amour passionné. Lorsque des circonstances malheureuses bouleversent la vie du jeune mathématicien et que leur liaison platonique prend fin, le cœur d'Isaac se brise. Le choc est si terrible qu'il vit alors au ralenti pendant plus d'un an. La dépression finit par s'atténuer, mais la guérison n'est que partielle. Le remarquable cerveau du savant a été atteint ; il ne peut reprendre les recherches qui l'ont rendu célèbre. Il a des idées fixes, harcèle ses collègues, tyrannise la Société royale, se querelle avec d'autres scientifiques. Bien qu'il ait vécu jusqu'à l'âge de quatre-vingt-quatre ans, il ne s'est jamais aventuré dans une autre affaire de cœur. Son amour obsessionnel pour Fatio a mis son existence en pièces et l'a marqué d'une manière si indélébile qu'il est devenu définitivement inapte à aimer.

Les mariages bostoniens célèbrent l'amitié romantique

Avant que le XIXe siècle finissant ne laisse entrevoir une réalité tout à fait choquante — le lesbianisme[13] —, des adolescentes américaines entrent dans l'âge adulte sans crainte de s'adonner aux joies de l'amitié. Pour ces jeunes femmes, exprimer une affection intense envers une amie est tout à fait normal. Des filles de bonne famille se souviennent avec attendrissement de nuits passées chez une camarade, ces nuits de rire et de bavardage où elles partageaient le même lit, n'hésitant pas, lorsqu'elles en ressentaient l'envie, à s'embrasser et à se câliner. Si quelqu'un s'était enquis du type d'affection qui se manifestait ainsi entre elles, les jeunes filles — et la société dont elles faisaient partie — l'auraient décrite comme une délicieuse manifestation d'amitié romantique.

La définition est juste. Dans le monde respectable du XIXe siècle, les femmes sont considérées comme des créatures asexuées qui n'enlèvent leur corset et n'abandonnent leur bas-ventre réticent à leur époux que pour accomplir leur devoir conjugal. Si l'on en croit un grand nombre de témoignages, elles s'acquittent de cette tâche déplaisante avec un enthousiasme très mitigé et disent préférer de loin baratter de la crème ou broder des papillons sur des serviettes à thé ! Dès lors, pourquoi ces créatures incapables de désirer leur mari éprouveraient-elles des sentiments érotiques envers une personne de leur sexe ? Impossible, affirme l'opinion générale. Comme cette dernière est basée sur la science médicale contemporaine, on peut en conclure que seuls les esprits suspicieux cultivent des doutes à ce sujet.

« Les liens affectueux entre jeunes filles préfigurent les relations plus intimes qui surviendront un jour dans leur vie et dénoueront ces premières amitiés », affirme le romancier Oliver Wendell Holmes dans *A Mortal Antipathy*. Ces amitiés sont-elles autre chose, après tout, qu'un avant-goût du mariage — l'événement le plus important dans la vie d'une femme ? écrit Henry Wadsworth Longfellow dans *Kavanagh*. Dans *Les Bostoniennes*, Henry James offre à ses lecteurs « un récit très *américain* de l'une de ces amitiés entre femmes si courantes en Nouvelle-Angleterre ». À cette relation romantique et durable, il donne le nom de « mariage bostonien[14] ».

« Mariage bostonien » est l'expression consacrée pour qualifier une relation romantique engagée et généralement chaste entre deux femmes. Les partenaires sont souvent des célibataires exerçant une profession, mais il arrive qu'une femme mariée jure fidélité à une amie comme elle a juré fidélité à son époux. Ces amitiés romantiques, d'où ne sont pas exclus les regards langoureux, les fougueux emportements et les lettres passionnées, font partie de la première étape du mariage bostonien. Elles se développent surtout dans des universités féminines et dans des milieux où les conditions de vie permettent à des femmes ambitieuses de renoncer au mariage et à la maternité en faveur d'une carrière — position assez radicale pour l'époque. Le couple féminin y trouve la camaraderie, un soutien mutuel et sans rivalité, une affection passionnée et une sécurité émotionnelle. La relation est presque toujours chaste. En dépit de leurs vœux d'amour et de dévouement éternels, ces femmes qualifieraient une avance sexuelle de leur amie d'« acte impudique ». Cela est tout aussi vrai pour celles qui se disent lesbiennes que pour les hétérosexuelles.

L'élément qui, dans cette amitié romantique, transforme la relation en mariage bostonien est généralement la cohabitation — mais il arrive aussi que les partenaires vivent dans des lieux différents. Il n'est pas rare que des femmes célibataires partagent un logis, surtout après la guerre de Sécession, boucherie qui a fait des centaines de milliers de jeunes veuves et a précipité des filles dans un célibat non souhaité et souvent indigent. Des contraintes financières amènent certaines d'entre elles à partager un logement, tout comme des femmes l'ont fait au XVIIIe siècle, lorsque le « rassemblement des vieilles filles » a permis à des Européennes célibataires et démunies de survivre ensemble dans un minimum de confort et de stabilité. Les veuves et les vieilles filles américaines, condamnées au célibat sans y être préparées, trouvent le salut dans des arrangements similaires. Leur nombre est si élevé que cette notion de vie commune partagée par des femmes qui n'ont aucun lien de parenté est aisément acceptée.

Les mariages bostoniens incluant le partage résidentiel sont jugés tout aussi respectables, même s'ils sont motivés par un engagement affectif plutôt que par une situation pécuniaire désespérée. La société approuve ces amitiés romantiques sans jamais spéculer sur leur éventuelle dimension sexuelle, et cette approbation englobe la cohabitation. Il est évident que les Bostoniens mariés partagent l'innocence ou l'ignorance de leur société en matière d'érotisme féminin. S'ils s'en font une idée, ils s'interdisent probablement de l'exprimer. Ce qui différencie le mariage bostonien d'une autre relation amoureuse est qu'il est fondé sur l'amour, l'égalité, le soutien mutuel, des ambitions professionnelles communes et un désir de s'accomplir qui ne peuvent s'épanouir qu'en l'absence d'un homme dominateur. « Sorties des ténèbres du XIXᵉ siècle, écrit Lillian Farderman, elles [ces femmes] ont concocté une définition nouvelle […] de la femme qui peut tout faire, tout accomplir et aller où il lui plaît[15]. »

Dans les années 1890, les Anglaises Katharine Bradley et Edith Cooper, qui ont rédigé et publié ensemble vingt-cinq pièces de théâtre et huit recueils de poésie sous le pseudonyme de Michael Field, écrivent : « Main dans la main, mon amour et moi avons juré / D'être, en dépit du monde entier / À tout jamais poètes et amantes. » Les âmes sœurs américaines se lient de la même manière mais entendent bien avoir une carrière professionnelle satisfaisante et rémunératrice. Elles sont médecins, religieuses ou travailleuses sociales. Quelques « couples » adoptent même des enfants[16].

Ces pionnières s'emparent de ce qu'elles n'auraient pu obtenir dans le cadre d'un mariage orthodoxe : une vie professionnelle libérée des contraintes propres à la tenue d'une maison et à l'éducation des enfants. Une femme sculpteur, Harriet Hosmer, revendique énergiquement ces droits. La femme artiste qui se marie commet une « faute d'ordre moral », dit-elle, car sa famille autant que sa profession souffriront de son statut. En conséquence, elle sera une mère médiocre et une artiste tout aussi médiocre. Harriet aspire à être une bonne artiste. Elle écrit : « Je recommande vivement une vendetta éternelle contre le nœud nuptial[17]. »

D'autres protestataires redéfinissent le champ de bataille et nouent ce nœud nuptial avec une femme.

Au XIXᵉ siècle, le mariage bostonien le plus souvent cité en exemple est celui de Sarah Orne Jewett et Annie Fields. Sarah est poète, mais elle écrit également en prose ; c'est une pionnière du travail social et une hôtesse remarquable. Annie fait du bénévolat. Pendant vingt-cinq ans, ces deux femmes vont s'épauler. Ce ne sont plus des jouvencelles. Lorsqu'elles font connaissance lors d'un petit-déjeuner donné en l'honneur d'Oliver Wendell Holmes à l'*Atlantic Monthly,* Annie a quarante-cinq ans, Sarah trente. La première se trouve à la table d'honneur avec James, le mari qu'elle adore ; Sarah est assise à une table moins en vue : sa position n'est pas aussi brillante que celle d'Annie dans le monde de la littérature américaine. On les présente l'une à l'autre. Peu de temps après, elles se rencontrent à nouveau. Une relation amicale voit le jour, qui se transforme en amitié, puis en profonde affection. Annie offre un présent à Sarah. Cette dernière y voit « le signe de quelque chose qui existe entre nous ; et maintenant que nous nous tenons les mains, c'est pour toujours[18]. »

Ces sentiments sincères et réciproques n'ont rien d'exceptionnel — Sarah ressent une affection semblable pour Mary, sa sœur bien-aimée, à qui elle exprime son amour dans des termes passionnés. Les fondations de son mariage bostonien avec Annie, ce mariage pour la vie, reposent sur des bases solides : engagement envers l'étude et la littérature, conscience sociale, prédilection pour un ensemble de valeurs classiques, milieu privilégié, éducation très XVIIIe siècle, et un solide sens de l'humour. Même leurs rapports avec les hommes sont similaires — celui d'Annie avec James, de Sarah avec son père. Les deux femmes ont de telles affinités sur les plans intellectuel et spirituel que, peu avant sa mort, James Fields dira de Sarah qu'elle est « l'amie qu'il aurait choisie pour elle [Annie], avant toute autre[19] ».

Deux ans après le début de sa relation avec Sarah, Annie perd son mari. Inconsolable, elle s'enferme dans son deuil. Sa dépression est si profonde que son entourage s'inquiète. Sarah comprend d'autant mieux son amie que la mort de son père l'a elle-même terriblement bouleversée. Les deux femmes trouvent une consolation lors de séances de spiritisme. Par l'intermédiaire d'un médium, James Fields et Theodore Jewett leur font savoir — le premier à sa femme, le second à sa fille — qu'ils approuvent leur amitié et leur conseillent vivement de voyager ensemble afin de recouvrer santé et joie de vivre.

C'est ainsi que débute ce célèbre mariage bostonien. Le mode de vie des deux femmes n'est pas très affecté par le changement. Sarah partage son temps entre ses séjours dans sa maison familiale, à South Berwick, dans le Maine, le salon littéraire animé d'Annie, au 148, Charles Street, à Boston, et la villa d'été de cette dernière à Manchester-by-the-Sea, dans le Massachusetts. South Berwick permet de longues flâneries, et l'on peut s'y consacrer davantage à l'écriture, mais Boston est grisante. Sarah y puise une stimulation intellectuelle constante. Elle passe des heures avec Annie, sa chère « Fuff », dans la bibliothèque où cette dernière travaille.

Sarah décrit un jour ses sentiments à leur amie Willa Cather : « Travailler en silence et de tout leur cœur, c'est le lot des écrivains. Bien qu'il leur soit nécessaire d'avoir la vue d'ensemble la plus large possible sur le monde, ils sont les seuls artistes qui devraient être solitaires[20]. »

Les deux femmes font de longs voyages à l'étranger, aux États-Unis et au Canada, pour le plaisir, bien sûr, mais aussi pour tenter de soulager le rhumatisme chronique et débilitant de Sarah. Leurs amis, leur famille, leurs relations littéraires et la société en général acceptent ce mariage bostonien et voient en lui ce qu'il est, un mode de vie engagé et enrichissant. Sarah et Annie sont des hôtesses insatiables. Elles reçoivent parfois douze visiteurs par jour — ces nombreuses femmes et ces quelques hommes qui font partie de leur cercle talentueux et accompli. Aucun parfum de scandale, aucune suspicion ne planera jamais sur leur lumineuse demeure qui, jusqu'à la mort de Sarah en 1909, restera le symbole d'une vie exemplaire.

Ceux qui exploreront par la suite la vie commune de ces deux femmes sans négliger leur sexualité ne feront que souligner la profondeur de leur amour mutuel et la plénitude que ce sentiment leur a apporté. On ne trouve dans leurs écrits aucune allusion à une quelconque dimension érotique. Une chose est certaine : pour les nombreuses personnes qui les fréquentent, la question de la chasteté de Sarah et d'Annie ne se pose même pas. Annie est une épouse aimante, Sarah une femme écrivain ambitieuse et déterminée, que les exigences d'un mariage auraient contrariée, car elles auraient dilué son énergie créatrice et la concentration nécessaire à son œuvre. Sarah découvre en Annie une âme sœur et une compagne. Dans son deuil si difficile, Annie trouve en Sarah une amie tout aussi précieuse. Leur mariage bostonien est un partenariat solide comme le roc, basé sur des valeurs, des intérêts et des objectifs réciproques et scellé par une affection et un respect dénués de toute jalousie. Pendant plus d'un quart de siècle, cette union apporte le plus sûr des havres à deux des femmes les plus douées de leur génération.

Un mariage bostonien plus moderne, sans cohabitation cette fois, apporte une stabilité affective à Rachel Carson, dont l'ouvrage, *Silent Spring,* va jouer le rôle de détonateur dans la fondation du mouvement environnementaliste. Si l'on compare superficiellement Dorothy Freeman, le grand amour de Rachel Carson, à Annie Fields, l'extraordinaire âme sœur de Sarah Jewett, on pourrait être tenté de se dire que Dorothy est une femme banale. Elle n'en est pas moins, pour Rachel, la « blanche jacinthe[21] » qui va prendre soin d'elle jusqu'à sa mort — et dont l'amour reflète et amplifie le sien. « Ce dont je suis certaine, confie Rachel à Dorothy, c'est qu'il m'est tout à fait indispensable de savoir qu'il existe un être qui m'est profondément attaché en tant que personne et qui possède, en plus, une assez grande profondeur de vues pour pouvoir partager, par intuition, le fardeau parfois écrasant de l'effort créateur, pour deviner le mal de tête, le terrible épuisement du corps et de l'esprit, et le sombre désespoir qui parfois l'accompagne — quelqu'un qui me chérit, moi, ainsi que l'œuvre que j'essaie de créer[22]. »

Rachel a quarante-six ans lorsqu'elle fait la connaissance de Dorothy, de neuf ans son aînée. Ces deux amoureuses de la nature, aux tailleurs classiques et aux cheveux permanentés, se lient d'une affection passionnée. Elles partagent désormais les mêmes intérêts et les mêmes préoccupations, dont les soins à deux mères âgées. Rachel est déjà une vieille fille célèbre, Dorothy est une épouse et une maman heureuse. Son mari, Stanley, accueille la nouvelle amie de sa femme avec une satisfaction sincère.

Rachel et Dorothy vont passer très peu de temps ensemble. D'après Linda Lear, la biographe de Rachel, ce temps doit être calculé en mois plutôt qu'en années. Les deux femmes nourrissent leur amitié romantique de conversations téléphoniques et de lettres — une profusion de confidences et de souvenirs, d'espoirs et de rêves. « Je sais que nous sommes, à un degré incroyable, des âmes sœurs », écrit Rachel. Elle souhaite, autant que Dorothy, que Stanley comprenne leur attachement mutuel. « Je *veux* qu'il sache ce que tu signifies pour moi », ajoute-t-elle.

Mais le cœur même de la relation reste secret. Les deux femmes inventent du reste un système grâce auquel certains passages de leurs lettres, qu'elles désignent sous le nom de « pommes », leur sont uniquement réservés. Elles passent ces « pommes » sous silence lorsqu'elles font lecture, à voix haute, de leurs missives — Dorothy à son mari et Rachel à sa mère inquisitrice et possessive. Ces omissions sont leur seul petit accroc à la vérité. Rien, dans la conduite des deux amies, ne peut provoquer le déplaisir ou la désapprobation de Stanley et de Mme Carson. Il n'en reste pas moins que leur affection obsessionnelle a des répercussions sur le couple Freeman. « La soudaineté et l'intensité du sentiment qui nous lie a manifestement provoqué de grands changements dans nos deux existences, fait observer Rachel. En ce qui me concerne, cette relation est exactement ce dont j'avais besoin, au point qu'elle est tout pour moi, belle et merveilleuse mais également constructive ; mais je crains parfois d'avoir terriblement perturbé le cours de ta vie en te causant trop de préoccupations pour "nous" et trop de contrariétés sur le plan émotionnel[23]. »

L'intensité de cette affection pousse les deux amies à s'écrire sans relâche. Le volume de leur correspondance ne cesse de grossir. Rachel exprime souvent ses regrets d'être séparée de Dorothy il lui tarde de voir arriver l'été, où elles pourront enfin être ensemble. « Je sais que j'ai terriblement besoin de toi, se lamente-t-elle. (Et je crois aussi que tu as aussi besoin de moi. Scandaleux, n'est-ce pas ?) Si seulement nous pouvions nous voir ne fût-ce qu'une fois par mois, je crois que je ne tomberais plus dans ce désespoir qui si souvent me submerge. »

Le mariage bostonien Carson-Freeman n'est pas bâti sur une base égalitaire. Rachel en est la vedette. Dorothy accepte cette supériorité et s'en accommode. Citant une lettre de Rachel, Linda Lear nous dit : « La missive de Rachel ne laisse aucun doute à Dorothy sur les responsabilités qui découlent de son amour pour Rachel Carson, ni sur l'existence des forces invisibles avec lesquelles elle devra la partager[24]. » Dorothy accepte courageusement ce défi. L'attachement que son amie a pour elle exalte son instinct maternel. L'intensité de leur amour enflamme ses aspirations créatrices frustrées. On peut imaginer son ravissement et sa fierté lorsque Rachel lui écrit que le titre d'une des ses œuvres, *The Sea Around Us* (« La mer autour de nous ») « a pris un sens nouveau et tout à fait personnel[25] ».

Les années passent. En 1960, la santé de Rachel se détériore — un grave ulcère, une pneumonie virale et une infection des sinus la terrassent. Puis c'est le cancer. Elle subit une mastectomie — bien que son médecin traitant lui ait affirmé que la tumeur était bénigne. Tandis que la maladie détruit son corps, Rachel rédige une série de lettres destinées à réconforter Dorothy après sa mort. « N'aie pas de regrets pour moi, dit-elle à sa bien-aimée. J'ai eu une vie riche, pleine de satisfactions et de ces bonnes surprises qui sont octroyées à si peu de monde. Je m'en vais avec la certitude d'avoir accompli presque tout ce que je voulais accomplir […] Mon seul regret, ma chérie, c'est ta tristesse […] Ce dont je veux te parler encore, c'est de la joie et du plaisir que nous avons partagés — je veux continuer à vivre dans tes souvenirs de bonheur[26]. »

En 1964, quelques mois après son cinquante-septième anniversaire, le corps affaibli de Rachel perd la bataille. Elle meurt d'une crise cardiaque. Lors des funérailles, Dorothy lit à voix haute des vers de T. S. Eliot, tandis qu'elle disperse le cendres de sa bien-aimée. C'est le dernier rite de leur mariage bostonien.

Les mariages de ce type ont probablement toujours existé. Ils se sont épanouis chaque fois que deux femmes ressentant une attirance mutuelle ont formé un couple fidèle et se sont juré de s'«aimer pour toujours». Certaines ont exprimé cet amour dans l'érotisme, d'autres sont restées chastes, soit parce qu'elles redoutaient les conséquences sociales de la transgression, soit parce qu'elles n'éprouvaient pas d'attirance charnelle. Sarah Orne Jewett et Annie Fields, Rachel Carson et Dorothy Freeman sont de chastes représentantes de ces relations. Elles se rencontrent, ont le coup de foudre, puis s'engagent l'une envers l'autre jusqu'à la mort. La plupart des mariages bostoniens se caractérisent par l'égalité entre les partenaires, l'ambition, une détermination hors du commun, une volonté de se distinguer et la décision de renoncer au mariage et à la maternité — destin pourtant bien féminin. Qu'elles aient ou non adopté la continence, ces femmes sont des déviantes sexuelles : les non-chastes parce que le lesbianisme est nié ou condamné par la société, les chastes parce qu'elles refusent de prendre le chemin prescrit et créent une féminité différente. Ces dernières sont peut-être les plus rebelles, car leur choix n'est pas dicté par les exigences du corps, mais par les raisonnements d'un esprit averti porté par les mouvements passionnés du cœur.

CHAPITRE XI

La chasteté due
à l'impuissance

Outre qu'ils nuisent à la santé générale, la maladie et les désordres fonctionnels peuvent mettre fin aux activités sexuelles. Le désir s'efface alors devant une impuissance parfois irréversible. Les affections qui touchent les organes sexuels augmentent, bien sûr, ces risques d'impuissance. Le cancer de la prostate chez l'homme et le vaginisme chez la femme en sont de bons exemples, mais d'autres problèmes d'ordre plus général peuvent entraîner des conséquences tout aussi fatales pour la sexualité. En Amérique du Nord, près de la moitié des hommes impuissants qui ont plus de cinquante ans souffrent d'artériosclérose, un épaississement de la paroi interne des artères causé par la formation de plaques jaunâtres de cholestérol. Ce durcissement entraîne un blocage du flux sanguin dans les artères, y compris celles qui transportent le sang vers le pénis. Le diabète, l'hyperthyroïdie, un niveau de testostérone trop bas ou d'œstrogènes trop élevé, la dépression et l'anorexie font partie des nombreux troubles susceptibles d'inhiber la sexualité. L'obésité engendre parfois une telle honte chez ceux et celles qui en souffrent qu'ils refoulent leurs pulsions sexuelles. Inversement, certains individus se réfugient parfois dans une obésité protectrice qui leur sert de bouclier contre des relations sexuelles redoutées. L'éventail des causes de l'impuissance est large et condamne à l'abstinence des individus de tous âges et de toutes conditions.

Mou comme la tige d'un chou

Dans l'antiquité romaine, les hommes souffrent d'une impuissance causée par un empoisonnement au plomb provenant de leurs merveilleux aqueducs. Certains auteurs trouvent cet état si pénible et si grotesque qu'ils en font l'un des principaux thèmes de leurs écrits. Dans *Le Satiricon*, Pétrone raconte comment il a feint la maladie pour dissimuler son impuissance et comment il s'en est ensuite pris à son pénis, cause de tous ses malheurs.

> Trois fois je saisis dans ma main
> La terrible hache à deux tranchants,
> Trois fois, plus mou subitement que la tige d'un chou,
> Je redoutai le fer que ma main tremblante savait mal utiliser.
> Je ne pouvais pas achever ce que mon désir demandait ;
> Car lui, plus glacé que le froid de l'hiver, roide de peur,
> S'était réfugié dans mes entrailles et se dissimulait
> Dans leur mille replis.
> Aussi ne pus-je mettre à découvert sa tête pour la supplicier,
> Mais, mis en échec par la peur mortelle de ce gibier de potence,
> Je dus recourir à ce qui pouvait le blesser davantage,
> Les paroles[1].

Après avoir épargné celui qu'il appelle son « récalcitrant », Pétrone lui demande : « Ai-je mérité de toi que tu m'entraînes aux enfers au moment où j'atteins le ciel ? Que tu trahisses la fleur de mes ans en sa première vigueur et m'accables de l'épuisement propre à l'extrême vieillesse ? » Mais le pénis coupable ne se dresse pas, bien au contraire :

> Lui, se détournant, tenait les yeux fixés au sol,
> Et son visage ne trahit pas plus de trouble à ce discours
> Que les saules flexibles ou les pavots à tige lasse[2].

Le grand Ovide est lui aussi fort inquiet. Dans un long poème, *Les Amours*, il décrit ainsi son humiliation :

> Elle n'est donc pas belle, cette femme, elle n'est donc pas élégante, elle n'a donc pas été assez longtemps l'objet de mes vœux. Cependant je l'ai, en pure perte, tenue entre mes bras, car j'ai été fâcheusement inerte et suis resté étendu inactif, sujet d'opprobre et simple fardeau pour le lit. Malgré mes désirs, auxquels correspondaient les désirs de la femme, mes reins épuisés n'ont pu jouer leur rôle et donner la jouissance. Elle a eu beau passer autour de mon cou ses bras d'ivoire plus blancs que la neige de Sithonie, me donner des baisers passionnés et pénétrants, où sa langue provoquait la mienne, glisser sa cuisse lascive sous la mienne, me dire mille douceurs, m'appeler son vainqueur, ajouter les mots les plus excitants usités. Mes membres, comme frottés de la froide ciguë, restèrent engourdis et ne secondèrent pas mon dessein. Je suis demeuré comme un tronc sans

vigueur, comme un poids mort, comme l'image d'un homme, et l'on pouvait douter si j'étais un corps ou une ombre.

[...]

à quoi bon être un homme, et ne pas avoir prouvé à celle que j'aime que je
suis jeune, que je suis homme? Elle a quitté son lit telle que la prêtresse qui
va pieusement entretenir la flamme éternelle, telle que la sœur qui doit
respecter son frère chéri.

[...]

Est-ce un poison thessalien qui ensorcelle mon corps et le paralyse? Est-ce
un charme, un philtre qui, pour mon malheur, produisent cet effet malfai-
sant?

Mais peut-être ne m'a-t-elle pas dit assez de mots caressants, peut-être
ne m'a-t-elle pas donné — en vain — les plus doux baisers? peut-être
n'a-t-elle pas mis tout en œuvre pour me stimuler? Par ses caresses, elle
aurait pu éveiller les chênes massifs, le diamant pur et les rochers insensibles. Elle aurait été capable d'éveiller tout ce qui a de la vie et de la virilité,
mais alors je n'ai eu ni vie, ni ma virilité d'antan[3].

L'humour présent dans ces poèmes contredit l'importance que les
Romains des deux sexes accordent à l'impuissance. Le mâle ordinaire,
incapable de cacher son invalidité, déplore son triste sort et demande
conseil aux médecins. Si les remèdes restent inefficaces, il s'adresse, en
désespoir de cause, à des charlatans. Certains hommes se réfugient dans
une continence honteuse. Mais les textes des poètes sont toujours un
savant mélange de satire intelligente et d'autodérision, teinté par la
frustration et l'impatience d'hommes qui n'ont pas encore tout à fait
cédé au désespoir.

Tests d'impuissance dans la France de l'Ancien Régime

Si John Ruskin avait vécu dans la France de l'Ancien Régime plutôt que
dans l'Angleterre victorienne, la demande en divorce d'Effie, son épouse
à la virginité authentifiée, l'aurait forcé à prouver sa virilité d'une manière plutôt embarrassante. Autrement dit, il aurait dû démontrer, devant des témoins nommés par la cour, qu'il pouvait avoir une érection.

Dès ses débuts, ou presque, l'Église catholique condamne la sexualité
qui n'a pas pour but la procréation. Elle interdit du reste aux eunuques
de convoler. Le haut clergé accorde aussi des annulations de mariage
aux maris et aux femmes qui sont en mesure de prouver que leur union
n'a pas été consommée — la meilleure preuve étant un témoignage
médical. L'impuissance féminine, lorsque la femme est « si étroite

qu'elle ne pourrait être suffisamment élargie pour avoir une relation charnelle avec un homme », est un cas de figure pratiquement absent du droit canon. Dans la France catholique, jusqu'au milieu du XVIᵉ siècle, la « cohabitation fraternelle » n'est cause de divorce qu'en tout dernier ressort. Puis, soudainement, ces dispositions changent. Le clergé se met à scruter de près les mariages. C'est l'âge d'or des procès pour impuissance.

Ces audiences, qui font irrésistiblement penser à une farce de Jonathan Swift, sont mitonnées par des ecclésiastiques obsédés par l'idée qu'un homme impuissant qui se marie « s'attaque à l'autorité de l'Église ». Les prélats condamnent cette union ; ils la qualifient de « péché mortel », de « sacrilège », d'« insulte au sacrement du mariage » et de « profanation de sa sainteté[4] ». Comme si l'impuissance n'était pas une assez grande humiliation, on fait à ceux qui en souffrent la réputation d'être terriblement lubriques et portés sur des vices proscrits par le christianisme. Ces hommes, affirme l'Église, adoptent des positions bizarres qui souillent le lit conjugal. En outre, ils sont si lascifs que rien ne peut éteindre leur passion torride — que l'idée du coït ne fait qu'embraser davantage.

En 1713, l'infortuné marquis de Gesvres est traîné en cour. L'enquête ne révèle ni passion torride ni lascivité chez l'accusé, mais les audiences publiques n'en sont pas moins pleines de hargne. Elles ne se terminent qu'à la mort de la plaignante, l'épouse. Selon les accusations de la noble dame, le marquis s'est pelotonné contre elle pendant toute leur nuit de noces, murmurant de tendres serments d'amour. Puis, lorsqu'elle a rassemblé son courage pour le caresser, « il s'est caché sous sa chemise de nuit » et lui a tenu les mains de peur qu'elle ne lui fasse mal. Après cet épisode, le malheureux a exilé sa femme pendant dix mois à la campagne, où elle a contracté « des éruptions suite à des piqûres d'ortie, la vérole, la rougeole et la fièvre, qui ont provoqué une infinité de symptômes alarmants, tels des vapeurs et des évanouissements ». Lorsqu'elle est finalement retournée à Paris, elle était « à moitié morte ». Le procès, auquel le témoignage larmoyant de la plaignante donne un ton faussement dramatique, inspire une flopée de bouts-rimés et de poèmes burlesques aussi évocateurs qu'émoustillants. En voici un exemple :

> D'un jeune marquis l'on a entendu dire
> Qu'il ne fait rien de plus au lit que dormir[5].

Les autorités judiciaires réclament un examen des parties génitales de l'accusé. En outre, il doit démontrer qu'il peut avoir une érection.

Parfois, les magistrats exigent un examen plus minutieux et demandent un « jugement par coït ». Les deux époux doivent alors se livrer à une tentative de copulation devant des témoins qui notent leurs observations.

Dans le cas du marquis de Gesvres, les juges s'en tiennent aux problèmes d'érection et d'éjaculation. Comme il est de règle après un examen physique non concluant, le malheureux doit faire la preuve de ses capacités. Le marquis peut choisir le lieu et la date de l'expérimentation. Il choisit sa propre demeure. Pendant deux nuits, il reste au lit, comme on le lui a ordonné, mais il ne peut s'enorgueillir d'aucune érection. On lui accorde une deuxième chance, puis une troisième. Ses examinateurs notent que, s'ils ont effectivement observé une érection, ils se voient forcés de la disqualifier, car, « en raison d'un manque de tension, de dureté et de durée », elle n'a pas prouvé qu'elle pouvait être procréatrice.

Les censeurs écartent une seconde tentative, pour les mêmes motifs : dureté, tension et durée insuffisantes. « Experts critiques et superstitieux, rien que de vous voir me fait ramollir[6] », gémit le pauvre marquis. Si sa virginale épouse n'avait pas rendu l'âme, nul doute que le marquis n'eût entendu le terrible verdict : « Impuissance ! »

Les examens tout aussi humiliants que l'on inflige aux femmes ne débouchent pas nécessairement sur un verdict concluant. Il existe trop d'excuses plausibles pour expliquer une découverte gênante. Une vierge peut avoir dilaté elle-même le col de son utérus (en y introduisant un doigt pour soulager un chatouillement interne). Son hymen a pu être brisé, non par son mari accusé d'impuissance, mais par les matrones qui l'ont examinée, enfonçant leur doigt trop profondément « par malveillance ou par ignorance[7] ».

La compétence des sages-femmes à qui sont confiées les plaignantes est plus que problématique. Ces femmes, qui devraient être suffisamment âgées pour avoir de l'expérience et assez jeunes pour avoir la main ferme et une vue perçante, manquent pour la plupart d'habileté.

Les examens gynécologiques, dont le but est généralement de confirmer la virginité d'une femme qui reproche à son mari d'être incapable de la dépuceler, sont épouvantables. On lui inflige d'abord un bain destiné à dissoudre toute matière utilisée pour simuler l'hymen. Un juriste, témoin de l'une de ces séances, décrit la scène. La femme a dû s'étendre, jambes écartées, devant une sage-femme, une matrone et un médecin. Un juge assistait à la séance. Les trois examinateurs ont passé un temps incroyable à palper les parties génitales de la malheureuse, avec une expression si solennelle que le juge en était visiblement amusé. Le médecin était le pire des trois. Il avait deux armes : un instrument muni d'un miroir, spécialement conçu pour ce type d'exploration, et un accessoire en cire du genre godemiché. Autant dire qu'un examen de ce genre peut à lui seul crever l'hymen d'une vierge ! Une femme intacte au début de l'opération peut très bien en sortir déflorée.

La Révolution française met fin à ces procès grotesques. Le mariage devient un contrat civil ; on instaure des lois sur le divorce. Lorsque l'impuissance déclenche une procédure de séparation, ce sont les autorités civiles qui prennent les choses en main, épargnant ainsi à l'accusé et à la plaignante le supplice d'un procès mené par des gens d'Église.

L'horrible mascarade des procès pour impuissance occulte la tragédie humaine que constituent ces mariages non consommés, avec leur cortège de promesses brisées et de rêves anéantis. Les cas de fraudes — des femmes qui ont recours à des artifices pour simuler la virginité ; des hommes qui font semblant d'être incapables d'avoir une érection ou une éjaculation — ne représentent qu'une minorité dans ces pitoyables unions. Lorsque des époux sont sincères, et c'est souvent le cas, leur faiblesse est récupérée par l'Église, qui orchestre des spectacles à l'allure quasi scatologique. Un des partenaires au moins vit une continence forcée et souhaite en finir avec ses frustrations. Pendant près d'un siècle, l'Église catholique, par le truchement de sa théologie et de sa législation, s'ingénie à faire de la chasteté due à l'impuissance une condition aussi cruelle qu'inhumaine.

L'abstinence due au vaginisme

Dans les cas d'impuissance résultant d'un cancer de l'appareil génital, la continence va de soi, surtout lorsque la maladie et le traitement sont mutilants. Il en est de même dans les cas de paraplégie et de quadriplégie. Le diabète peut lui aussi provoquer l'impuissance, tout comme certains troubles psychiatriques assortis de symptômes de honte et de désespoir. Un autre problème sérieux est l'anorexie qui, dans sa forme grave, peut ôter tout appétit sexuel à la personne qui en souffre, devenue trop faible pour envisager, désirer et avoir des relations sexuelles.

D'autres affections beaucoup moins connues entraînent une chasteté forcée. L'une d'elles est le vaginisme, contraction spasmodique des muscles du vagin qui empêche la pénétration ou rend celle-ci très douloureuse pour la femme. Il est difficile d'évaluer le nombre de femmes qui en souffrent. Au cours des années 1970, Masters et Johnson l'ont détectée chez 5 % de leurs patientes. Selon eux, le nombre de personnes atteintes est sous-estimé, dans la mesure où la majorité de femmes qui optent pour l'abstinence afin d'éviter la douleur et la gêne ressenties lors des rapports sexuels ne consultent pas.

Sous sa forme la plus grave, le vaginisme rend les relations sexuelles impossibles. Masters et Johnson ont rencontré des couples désespérés incapables de consommer leur union. Certains étaient mariés depuis plus de dix ans. En général, les couples ne demandent de l'aide que parce qu'ils souhaitent avoir un enfant; c'est ce désir qui leur permet de surmonter leur embarras et d'admettre qu'ils ont un problème.

Parfois, le vaginisme apparaît après des années de fonctionnement sexuel normal. Il est provoqué par un traumatisme, comme le viol, ou par la douleur aiguë que déclenche la pénétration à la suite d'une épisiotomie mal cicatrisée[8]. La contraction musculaire joue alors le rôle de dispositif de protection.

Le fort sentiment de culpabilité qu'engendre parfois un conditionnement psychologique destiné à nier la sexualité peut aussi être cause de vaginisme. Un grand nombre de femmes ont raconté à Masters et Johnson que leurs mères se montraient d'un puritanisme rigoureux dès qu'il était question de sexualité. Elles leur interdisaient toutes sortes d'activités de leur âge qu'elles qualifiaient de « sales », comme le maquillage avant dix-huit ans, les vêtements à la mode et les petits amis. L'une d'elles découpait régulièrement des comptes rendus de viols dans les journaux et les envoyait à sa fille étudiante.

Certaines femmes atteintes de vaginisme évitent de faire l'amour. D'autres, angoissées par leur handicap — et craignant que leur mari ne se mette en quête d'une partenaire plus réceptive — lui « font plaisir » en pratiquant la fellation ou la masturbation. Cela n'empêche pas certains maris de s'engager dans des liaisons extraconjugales. Ils trouvent ainsi le soulagement désiré et s'assurent que leur virilité est intacte.

Contrairement aux individus qui observent une continence sexuelle pour des motifs religieux, par ascétisme ou par idéalisme, les couples qui doivent s'abstenir en raison d'un problème physique ou psychologique trouvent cette chasteté forcée intolérable, voire tragique. Conscients du préjudice qu'elle peut porter à leur relation, ils se tournent alors vers un professionnel de la santé. Mais dans certains cas, plus rares, il arrive qu'une chasteté non souhaitée, causée par une déficience physique, soit considérée comme un mode de vie somme toute supportable.

On peut être *trop* mince : la chasteté anorexique

Elle est maigre à faire peur. Son sweat-shirt pend sur ses seins ratatinés, un pantalon trop large flotte sur ses fesses osseuses et ses cuisses fripées. Sa peau, couverte d'un fin duvet, est froide ; son haleine, rance. Cette fille au corps émacié court pourtant avec l'application d'une championne de marathon, couronnant ensuite son effort de cent redressements assis impeccables ! Puis elle absorbe un peu d'eau de source, avec parcimonie. Il lui arrive de manger, disons de *grignoter* une pomme, ou un morceau de bagel sec. Une autre performance : qui aurait imaginé que la dégustation d'une pomme puisse durer trois heures ? Et encore, pas *toute* la pomme — le gros morceau qui reste, soigneusement emballé dans une pellicule plastique, est placé au réfrigérateur jusqu'au lendemain.

Que dire encore de cette jeune femme famélique qui occupe ainsi sa journée si minutieusement orchestrée ? Elle dort beaucoup. Le simple fait de survivre l'épuise. Mais elle ne se contente pas de survivre, c'est une perfectionniste dont l'existence est prise dans l'engrenage de l'inanition auto-imposée. Elle fait de l'exercice, sans relâche, pour éliminer des bourrelets qu'elle est la seule à discerner, une mollesse qu'elle est la seule à percevoir. Elle poursuit ses études, mais elle traîne la patte, car ses priorités ont changé : elle consacre désormais chaque parcelle de son énergie à son régime draconien.

Curieusement, elle dissimule sa maigreur, si durement acquise, sous d'amples vêtements, au lieu de l'exhiber devant ses camarades potelées. Il n'y a pas que dans ce domaine qu'elle est secrète. Lorsqu'elle succombe à une terrible envie de manger, elle avale goulûment des aliments défendus (*tout* est défendu, sauf la laitue, les légumes crus et le pain non beurré). Mais ce festin ne séjourne pas longtemps dans son estomac rétréci. Le remède, pour expier ce crime impardonnable, est draconien : elle s'administre un laxatif (la boîte ne quitte jamais son sac), ou elle s'enferme dans la salle de bain, fait couler tous les robinets pour qu'on n'entende pas ses hauts-le-cœur, puis enfonce un doigt expert dans sa gorge pour vomir jusqu'à la plus petite parcelle de la nourriture qu'elle vient d'avaler.

L'anorexique n'a plus ses règles, son corps ressemble à ceux des enfants de la famine. La sexualité ne l'intéresse pas. Les forces qui lui restent, elle les consacre à ses exercices quotidiens. Elle n'a plus rien à donner. Elle a refoulé sa sexualité tout au fond d'elle-même et la dévore, elle qui n'a plus rien d'autre à dévorer. Je t'en prie, mange un peu, implorent sa mère, sa sœur ou son médecin. L'anorexique se contente de sourire. Elle sait où elle va. Pour la première fois de sa vie, elle est maîtresse de chaque seconde de son existence, de chaque cellule de son corps décharné mais docile. Si ce processus de destruction n'est pas interrompu, si aucune intervention médicale n'a lieu, elle s'obstinera dans son refus de s'alimenter et mourra.

Cette jeune femme souffre d'anorexie mentale. Elle est loin d'être la seule. L'anorexique vient généralement d'une famille aux aspirations sociales élevées. Elle se croit incapable de répondre à ces aspirations, de même qu'aux attentes de la société. « Le thème primordial [de la maladie], explique Hilde Bruch, pionnière dans ce domaine, est une lutte pour la maîtrise, et pour une certaine forme d'identité, de compétence et d'efficacité[9]. »

Pierre Janet, psychiatre éminent, a analysé la progression de la maladie et ses différentes étapes Selon lui, l'anorexie mentale est due « à un déséquilibre psychologique profond, dont le refus de manger n'est qu'une manifestation extérieure ». L'une des nombreuses conséquences de ce déséquilibre — mis à part la stérilité et parfois la mort — est la continence due à l'absence de pulsions sexuelles. Tandis que ses seins et ses fesses se ratatinent et que son énergie fléchit, la fille affamée se préoccupe davantage de son épuisant programme d'exercices que de la disparition de ses menstrues. Cette aménorrhée est accompagnée ou suivie d'un ralentissement ou d'une disparition des pulsions sexuelles. La véritable anorexique, qui exerce un contrôle presque absolu sur son corps est indifférente à cet état de choses. Elle vit sa chasteté famélique dans le détachement le plus complet, tant est violent son désir de maîtriser ses fonctions physiologiques.

Le premier cas documenté d'anorexie mentale est celui de Marguerite de Hongrie. La princesse, née au XIIIᵉ siècle, est canonisée au XXᵉ siècle. Le Moyen Âge voit se multiplier le nombre de femmes jeûnant jusqu'à l'inanition. Leurs motifs sont passablement différents de ceux des anorexiques modernes. L'« anorexie sainte » fait partie d'une catégorie à part[10].

Aujourd'hui, une théorie veut que, dans la plupart des cas, l'anorexie soit « une manifestation d'anxiété devant une sexualité qui devient adulte, et une façon d'éviter cette sexualité redoutée[11] ». Mais il est tout aussi vrai que l'absence de pulsions sexuelles est l'une des conséquences biochimiques d'une anorexie persistante. C'est la vieille histoire de l'œuf et de la poule : on ne sait pas qui, de la poule ou de l'œuf, est le premier. Quoi qu'il en soit, si les théories s'appliquent différemment selon les personnes, elles mettent toutes en évidence le lien étroit entre la sexualité et les troubles du comportement alimentaire. Aujourd'hui comme hier, les femmes anorexiques sont beaucoup moins susceptibles que leurs sœurs « normales » de s'engager dans une relation érotique et romantique, ou de se marier[12]. Au fur et à mesure que la maladie progresse jusqu'à son « stade aigu, les victimes deviennent des êtres asexués […] Le déséquilibre biochimique qui met fin aux menstruations met également fin aux pulsions sexuelles[13]. » Qu'elle en soit l'origine ou la conséquence, cette sexualité détériorée accompagne l'anorexie mentale.

L'anorexie progresse inexorablement dans les populations occidentales, où elle consume de plus en plus de victimes. Ses causes, son diagnostic et son traitement donnent lieu à de vastes recherches. Des psychanalystes féministes interprètent souvent ce déséquilibre comme une prostestation contre une société patriarcale et misogyne. La rébellion se caractérise par un refus de participer à une sexualité « adulte » ou « pénétrante ».

Une variante de cette thèse soutient que les anorexiques assimilent la nourriture à la chair — qu'elles veulent à tout prix maîtriser en la niant. Dans *Maigrir : la fin de l'obsession**, Susie Orbach, une autre pionnière des déséquilibres féminins, associe l'anorexie, qui provoque à la fois la disparition des rondeurs et des menstruations, à une subversion des formes traditionnelles de la femme. L'anorexique est, selon elle, « un être sans sexe et sans sexualité[14] », et son comportement répond aux messages déroutants envoyés aux femmes par la société moderne : nourris les autres mais affame-toi, sinon tu enfleras et tu cesseras de te conformer aux normes de la féminité svelte et de bon goût.

---

* Publié dans sa version originale en anglais en 1976, traduit en français en 1984 par Sylvie Dupont (Le Jour, Montréal).

Selon certains chercheurs, la nourriture, pour les femmes stressées et surmenées, est à la fois le symbole du plaisir érotique et son substitut. Cette comparaison trouve un prolongement logique grotesque dans l'opération qui consiste à immobiliser la mâchoire pour empêcher l'absorption de nourriture en fermant la cavité désirante — une autre version de la ceinture de chasteté qui interdit les pratiques sexuelles. Le couple nourriture/sexualité engendre donc le couple anorexie/chasteté, et l'immobilisation de la mâchoire devient la ceinture de chasteté qui garantit la pureté de la femme.

Bien que l'anorexie soit d'abord et avant tout un déséquilibre féminin, les hommes ne sont pas immunisés contre elle. Franz Kafka, écrivain tchèque d'expression allemande, en est un des plus célèbres exemples. Tout jeune, Kafka souffre déjà d'un déséquilibre alimentaire. Il observe des jeûnes rigoureux, ne mange pas de viande et, plus âgé, il s'abstient de boire de l'alcool — tout cela afin de préserver la pureté de son corps et de renforcer ses affinités avec la nature. Cette ascèse ne l'empêche pas de fantasmer sur des agapes gloutonnes — ses œuvres sont truffées de plus de cinq cents passages relatifs à la nourriture — et de se complaire à la vue de gens qui mangent. Comme les anorexiques, il s'adonne à des activités physiques, notamment la natation, la gymnastique et la course à pied. Une des conséquences de ce style de vie est, bien entendu, une extrême maigreur, que Kafka déplore amèrement : « Je suis l'être humain le plus maigre que je connaisse[15] », dit-il.

La sexualité de Kafka est déficiente. Dès l'enfance, il souffre d'un développement psychosexuel « perturbé » et l'acte sexuel l'épouvante. Plusieurs psychiatres ont tenté de l'analyser rétrospectivement. L'un d'eux mentionne, parmi certains facteurs, « le développement problématique de son identité sexuelle », un autre « son ascétisme simulé s'exprimant par une répulsion pour la saleté ». L'anorexie de Franz Kafka ne fait aucun doute ; il est fort probable que ses causes sont sexuelles, mais cela reste impossible à prouver[16].

Le dernier stade de la maladie dépouille les anorexiques, hommes et femmes, du pouvoir d'exprimer physiquement leur sexualité. Leur impuissance renforce sans doute leur souhait initial d'éviter la maturité sexuelle — la plupart des anorexiques ont commencé leur triste voyage à l'adolescence ou peu après. L'anorexie répond donc à leur peur ou à leurs sentiments ambivalents envers la sexualité, ou encore à la répugnance pure et simple qu'elle leur inspire[17].

CHAPITRE XII

La chasteté
dans la littérature

La chasteté est un sujet si souvent exploité dans la littérature qu'une centaine de personnes auraient pu composer ce chapitre avec leur propre liste d'auteurs. Seule *La sonate à Kreutzer,* longue nouvelle de Léon Tolstoï dénonçant férocement le mariage, aurait immanquablement figuré dans chaque sélection. Les exemples littéraires retenus ici proviennent d'œuvres diverses — en termes d'époque, de genre et de style. Geoffrey Chaucer aurait pu être choisi à la place de John Milton, et *Gaudy Night,* de Dorothy Sayers, aurait pu remplacer *Une chambre à soi,* de Virginia Woolf. Seule la terrible *Sonate* de Tolstoï est condamnée à faire partout une apparition tonnante.

Cette section s'ouvre sur un bref exposé de l'amour courtois, phénomène littéraire qui s'est épanoui et a vagabondé à travers les siècles, empruntant plusieurs chemins, y compris ceux de la vie réelle. Aucun auteur n'y domine. L'amour courtois est un thème stéréotypé, et les poètes qui l'ont célébré se sont pliés à ses règles et à ses intrigues compliquées.

Amour courtois, ennoblissant et non partagé

L'amour courtois, invention littéraire des troubadours médiévaux, peut être défini de plusieurs manières et, contrairement à la roue symbolique, qui tourne sans que rien ne change jamais, il est constamment réinventé. Les poètes le présentent souvent comme l'amour vif, mais non partagé, d'un homme pour une dame devant laquelle il est en adoration. Les aspirations charnelles existent, certes, mais elles sont dissoutes dans une passion ardente — inspirée par les plus hautes valeurs esthétiques et morales, et non par un désir sexuel.

L'amour courtois se caractérise par la relation exaltée qui unit un homme à une femme supérieure, qu'il aime et respecte avec une ferveur quasi religieuse. Difficile à obtenir, l'amour de cette femme met souvent la détermination, la fermeté et la loyauté du soupirant à l'épreuve. L'amour courtois ennoblit l'amant. Ses souffrances magnifient tout son être, ainsi que ses pensées et ses actions : prouesses militaires, idéaux, convictions religieuses et morales.

Au XIIe siècle, Andreas Capellanus énumère les règles de l'amour courtois, qu'il définit comme une méditation incessante et douloureuse sur la beauté d'une bien-aimée que l'on contemple sans espoir de la posséder. L'idéal, rarement atteint, est la fusion totale avec l'être adulé, dont l'amant n'est presque jamais l'époux.

Capellanus nous apprend que l'amour ne cesse de fluctuer, il grandit ou diminue. Le rendre public le tue presque à coup sûr et sa nature même empêche qu'il soit consommé — un interdit qui est son plus puissant stimulant. Il ajoute que, durant l'existence fugace de cet amour, la jalousie augmente l'intensité de la passion des amants. L'amour courtois est une obsession que seule la contemplation constante de l'être aimé permet de soulager.

Au XIVe siècle, un poète anonyme raffine ce concept. Dans ses « Dix commandements de l'amour », cet auteur recommande la fidélité, la prévenance, la discrétion, la patience, la réserve, la prudence, la persévérance, la compassion, la mesure et la mansuétude. Dans la « Complainte à Sa Dame » de Chaucer, l'amant endure depuis si longtemps les souffrances de l'amour qu'il jure d'obéir à sa bien-aimée quoi qu'elle ordonne. Il affirme qu'il mourra plutôt que de lui déplaire. Il mendie ne fût-ce qu'« une goutte de [sa] clémence ».

> À toi je dédie et ma vie et ma mort
> Mon cœur vaillant ne cesse de supplier
> Que tes plus ardents plaisirs soient aussi les miens
>
> Ainsi, douce dame, prends en pitié mon tourment
> Accorde-moi une goutte de ta clémence
> Sans quoi ni joie ni espoir
> N'habitera jamais mon cœur malheureux[1].

L'amour courtois est admirable et déchirant ; il est la source de toutes les vertus chevaleresques. Il est donc souvent chaste, d'abord parce que la consommation charnelle anéantirait les amants en puissance, ensuite parce que l'amour de ces derniers est intrinsèquement pur. « De l'amour naît la chasteté[2] », chante un troubadour.

Un bond énorme, mais logique, va associer l'amour courtois aux sociétés féodales secrètes qui adoptent, puis institutionnalisent, une dévotion collective envers une femme inaccessible qui inspire aux hommes les actions les plus belles et les plus audacieuses. Cette femme, c'est la Vierge Marie, que l'Église médiévale vient tout juste de déclarer « immaculée[3] ». La plus connue de ces sociétés secrètes est l'Ordre du Temple, dont les membres sont des chevaliers excommuniés qui ont fait vœu de pauvreté, d'obéissance et de chasteté, et se consacrent à la Sainte Vierge. Contrairement aux chevaliers de l'amour courtois — dont l'apparence soignée est un gage de respect pour leurs dames de cœur, qu'elles soient vierges ou non —, les Templiers abstinents que décrit Bernard de Clairvaux « ne se peignent jamais, se lavent rarement [et ont] la barbe emmêlée, poussiéreuse et humide, tâchée par leur baudrier et par la transpiration[4] ».

Des siècles de littérature et de vies inspirées par l'art vont transformer l'amour courtois en amour romantique et inaccessible, trop intense pour survivre au mariage, aux coups du sort, à la routine et à la vieillesse. L'instant précieux où apparaît l'être aimé, la poursuite amoureuse idéalisée, l'échange de déclarations extravagantes sur papier parfumé, la méditation obsessionnelle et complaisante sur l'objet d'adoration deviennent les caractéristiques de ce nouvel amour. L'attrait sexuel le nourrit, tout comme il nourrit les amours les plus courtois, mais dans un cas comme dans l'autre la sexualité ne domine jamais les aspirations des amants.

Dans la littérature, l'amour romantique se fait séducteur ; il flirte, enflamme et brûle. Il charme ses adeptes avec ses majestueux rituels de poursuite galante, ses cœurs brisés, ses rencontres extatiques et ses folles missives, le tout au nom d'un amour aussi profond qu'évanescent. Parfois, cet amour est chaste par dessein. Quand il ne l'est pas, la relation sexuelle est souvent empêchée par des rebondissements et par l'apparition de nouveaux personnages dans l'intrigue, personnages qui, selon le point de vue, préservent les amants de la banalité de l'union charnelle ou les condamment à la non-consommation. Des siècles d'amour courtois et romantique ont mis des milliers d'amants au défi de résister à la chair. Au bout du compte, la plupart sont sortis de ses griffes la vertu intacte.

Milton et la dame vertueuse

La dame de John Milton, belle et virginale « étoile qui souffle de douces flammes », est capturée par des bandits animés des plus ignobles intentions. Leur chef, Comus, la presse d'avaler une potion magique :

> Écoutez, ne soyez pas farouche et dupée
> Par la Virginité, ce vocable vanté !
> Qu'est-il alors besoin d'une lèvre vermeille,
> De regards amoureux ou de boucles dorées ?

Outrée, la dame répond au brigand :

> Tu ne peux concevoir, privé d'âme et d'oreilles,
> La notion sublime et le profond mystère
> Qu'il faut énoncer pour révéler la sagesse
> De la Virginité, cette doctrine sainte[5].

Au beau milieu de cet échange verbal, les deux frères de la dame bondissent sur la scène du crime, épées au clair, et sauvent leur sœur d'un sort ignoble, que Milton décrit comme un accouplement selon les rites de la nature, par la simple contrainte de la luxure, sans amour ni paix, pire que celui des bêtes sauvages[6].

La répulsion de Milton pour la bestialité charnelle et son aspiration à la pureté baignent le poème tout entier. La chaste histoire d'amour vécue par le poète avec Charles Diodati, un jeune Italien, l'a marqué pour la vie. Charles Diodati meurt en 1638. L'épitaphe que Milton compose pour son bien-aimé est une ode passionnée à leur chasteté : « Parce que l'ivresse de l'innocence et d'une jeunesse sans tache sont mortes avec toi, parce que tu n'as pas connu les joies du mariage, vois, les honneurs virginaux te sont réservés[7]. »

Mais Milton va violer ses propres préceptes. Une mission qu'on lui confie — percevoir une méchante dette — se solde par un mariage. Au lieu de revenir avec de l'argent, il rentre chez lui avec Mary, sa jeune épouse de seize ans. Le mariage n'est pas heureux, ni pour elle ni pour lui. Mary ne voit en John qu'un raseur ; il la trouve frivole. Ils ne sont vraiment pas faits l'un pour l'autre. « N'est-il pas étrange qu'un grand nombre de ceux qui ont vécu chastement se montrent, en certaines matières, si peu perspicaces, et s'empressent, dans leur hâte, d'allumer le flambeau nuptial ? » écrit-il pour se disculper[8].

L'épouse malheureuse, dont la mère et la sœur ont emménagé avec le couple, meurt en donnant naissance à son quatrième enfant. Milton devient aveugle, ce qui n'empêche pas ses filles, tout comme sa belle-mère, de le gourmander sévèrement. Sa vie domestique est misérable. Ses filles volent l'argent du ménage, vendent ses livres. Désespéré, il les envoie apprendre le métier de dentellière. Il se remarie, mais sa deuxième femme meurt moins d'un an après. C'est au long de cette période éprouvante qu'il essaie d'écrire *Le Paradis perdu*.

En 1663, des amis compatissants présentent Milton à celle qui va devenir sa troisième épouse, Elizabeth Woodhull. Elizabeth est beaucoup plus jeune que John, mais elle prend soin de lui et lui apporte la tranquillité d'esprit et la stabilité dont il a besoin pour terminer son grand œuvre. *Le Paradis perdu* est publié en 1667. La vie privée de Milton, en particulier ses trois mariages, ne cesse de s'inscrire en faux contre son éthique personnelle. Cette dissonance est perceptible dans toute sa poésie.

Dans *Le Paradis perdu*, poème épique en douze chants d'une fabuleuse richesse, Milton célèbre la chasteté, tout en passant en revue les tentations terribles éprouvées par ceux qui veulent la transgresser. Il lance cet avertissement :

> Ne juge point de ce qui est meilleur
> Par le plaisir, quoique paraissant convenir à la nature
> [...]
> Car cette belle troupe de femmes que tu as vues, qui semblaient des déesses,
> Si enjouées, si délicates, si éclatantes
> Sont cependant vides de tout ce bien où consiste
> L'honneur domestique de la femme et sa principale gloire,
> Nourries et accomplies seulement pour le goût
> D'une appétence lascive, pour chanter, danser,
> Se parer, remuer la langue et rouler les yeux.
> À ces femmes cette sobre race d'hommes dont la vie religieuse
> Leur avait acquis le titre d'enfants de Dieu
> Sacrifiera ignoblement toute sa vertu, toute sa renommée [...][9]

Ailleurs, le poète décrit le triomphe de la tentation sur Adam et Ève et toute leur descendance.

> L'honneur les ayant quittés les avaient laissés nus
> [...]
> Ainsi le fort Danite
> L'herculéen Samson, se leva du sein prostitué
> De la Phylistine Dalila, et s'éveilla
> Tondu de sa force ; eux appauvris et dépouillés
> De toute leur vertu [...][10]

Plus tard, Ève repentante dit à Adam :

> [...] il est misérable
> D'être pour d'autres une cause de misère,
> Pour nos propres fils, de faire descendre de nos reins
> Dans ce monde maudit une race infortunée
> Qui, après une déplorable vie, doit être enfin
> La pâture d'un monstre si impur [...][11]

Dans la poésie du grand Milton, la chasteté est la vertu ultime, la sexualité, un péché mortel, et la femme, le serpent séducteur qui entraîne un homme faible à coucher avec elle. Sur le plan doctrinal, les paroles du chant de Milton font écho aux discours des Pères de l'Église. À cet égard, *Comus, Le Paradis perdu* et les autres chefs-d'œuvre de cet immense poète sont semblables à des discours de saint Augustin qui auraient été agrémentés d'une poésie rehaussée d'or fin.

Pamela, Shamela

Pamela ou la Vertu récompensée, de Samuel Richardson, publié en 1740, est un jalon littéraire d'une importance capitale. Lorsque l'aimable et bienveillant Richardson se lance dans ce récit, il n'est encore qu'un rédacteur de modèles de lettres. Avec Pamela, il donne à son talent d'écrivain l'occasion de narrer une histoire qui l'a profondément bouleversé. Sans le savoir, Richardson écrit le premier roman en langue anglaise.

Quinze ans plus tôt, un « gentleman » lui a conté l'aventure d'une jeune servante. L'histoire n'a pas cessé de le hanter. Pour aider sa famille criblée de dettes, la jeune fille entre en service à douze ans. Elle devient la femme de chambre d'une dame qui meurt trois ans plus tard. Le fils de la défunte se met alors en tête, en « faisant appel à toutes les tentations et à toutes les astuces, de la séduire ». Jusque-là rien que de très banal — c'est, à travers toute l'Angleterre, le lot de centaines de milliers de jeunes domestiques.

C'est ici que le récit sort des chemins habituels, car il n'y aura ni grossesse, ni scandale, ni disgrâce. La pauvre fille n'ira pas enfanter dans un taudis ou dans un fossé ; elle ne sera pas condamnée à la déchéance, au déshonneur, à la misère ou à la mort. Dans l'histoire recueillie par Richardson, la jolie jeune fille « a recours à [...] plusieurs innocents stratagèmes pour échapper aux pièges tendus à sa vertu » — dont une tentative de noyade presque réussie. Elle persévère et, finalement, « par sa noble résistance, sa vigilance et ses excellentes qualités, subjugue » son persécuteur, qui pose alors un geste aussi surprenant qu'admirable : il l'épouse.

Ce qui est plus étonnant encore, c'est que la jeune mariée arrive à franchir l'abîme social qui la sépare de son mari et « se conduit avec une telle dignité, une telle douceur et une telle humilité qu'elle se fait aimer de tous ceux qui l'entourent ». Riches et pauvres l'adorent, son mari reconnaissant la bénit. Ainsi se termine l'histoire, du moins telle qu'on l'a rapportée à Richardson, qui, quinze ans plus tard, la couche sur papier avec les nuances et les détails les plus minutieux. Il s'applique à narrer les faits du point de vue de l'héroïne, exposant avec justesse les sentiments et les pensées d'une jeune fille de quinze ans assiégée par un séducteur.

Le succès de *Pamela* est extraordinaire, au grand ravissement de son éditeur. Cinq tirages sont épuisés dès la première année. (Deux cent soixante ans plus tard, l'ouvrage fait toujours partie des listes de lectures de milliers d'étudiants en littérature du premier cycle universitaire.) D'une simplicité confondante, le message de Richardson — la vertu des jeunes filles et leur virginité ont une valeur négociable qui peut grandement améliorer leur sort et celui de leur famille — résonne fortement dans la classe moyenne montante. Le grand poète Alexander Pope s'enthousiasme : *Pamela*, selon lui, a fait beaucoup plus pour la vertu des filles que plusieurs volumes de sermons. D'autres critiquent l'œuvre avec véhémence, dont Henry Fielding, qui déteste la modestie mièvre et calculatrice de l'héroïne. Quelques mois après la publication triomphale de *Pamela*, Fielding contre-attaque avec *Shamela**, « une apologie de la vie de Mᵐᵉ Shamela Andrews, où les mensonges et déformations notoires d'un livre intitulé *Pamela* sont exposés et refutés, et où les ruses sans égales d'une jeune politicienne sont placées sous un juste et véritable jour [...] Indispensable dans toutes les familles [...]. »

Dix mois plus tard, Fielding frappe encore avec un roman plus long, intitulé *Joseph Andrews*. Dans cet autre pastiche de *Pamela*, le vertueux héros se trouve en grand danger. Il est menacé par sa patronne, une dame de la haute société, lascive et prête à tout pour le séduire. Après qu'il a repoussé ses avances, elle s'exclame, mortifiée :

---

* Ce nom travestit le prénom de l'héroïne de Richardson en l'associant au mot *shame*, qui signifie « honte ».

Avez-vous l'audace de prétendre, lorsqu'une dame s'humilie assez pour jeter au loin les règles de la bienséance afin de vous honorer de la plus haute faveur qui soit en son pouvoir, que votre vertu doit résister à son inclination ? Et que, alors même qu'elle a vaincu sa propre vertu, il faut que vous lui fassiez obstacle ?

— Madame, dit Joseph, je ne vois pas pourquoi le fait qu'elle n'ait plus de vertu soit une raison de me faire perdre la mienne ; ni pourquoi, parce que je suis un homme, ou parce que je suis pauvre, ma vertu devrait être asservie à ses plaisirs.

— Ma patience m'abandonne, crie la dame. Un mortel a-t-il jamais entendu parler de la vertu d'un homme ! Le plus grand, le plus sérieux des hommes a-t-il jamais prétendu à cela ? Et les magistrats qui punissent la lubricité, ou les personnes qui fulminent contre elle, ont-ils jamais eu scrupule à s'y adonner ?

Fielding fulmine à nouveau contre *Pamela*, un livre qu'il qualifie de ridicule et de moralement révoltant, un livre dans lequel la virginité est appelée vertu et est vendue au plus offrant. Ses convictions morales lui disent que la chasteté — la chasteté authentique — est essentielle chez l'homme aussi bien que chez la femme. Fielding introduit dans *Shamela* ses propres réflexions sur les conséquences de la débauche, prenant pour exemple une jeune femme déshonorée jetée dans la prison de Newgate pour prostitution, tandis que son séducteur n'a pour tout châtiment que des pincements de remords. L'admirable pureté de Joseph Andrews, qui lui permet de maîtriser sa sensualité, est bien plus importante que sa virginité. La chasteté n'est pas monnayable, c'est le prolongement d'une ferveur religieuse, le fruit de pensées profondes que *Pamela* est incapable de susciter.

La sonate à Kreutzer

Après la Bible, *La sonate à Kreutzer* est sans doute le plus connu des plaidoyers littéraires en faveur de la chasteté. L'œuvre est écrite en 1890, soit onze ans après la conversion de Tolstoï. Son thème central est la chasteté, dont l'écrivain russe croit avec ferveur qu'elle est essentielle à la santé morale de l'humanité. À plusieurs égards, *La sonate* est un compte rendu extrêmement romancé des tribulations de sa propre vie conjugale. L'œuvre a un impact si large que Gandhi reconnaîtra la profonde influence qu'elle a eue sur sa pensée et son style de vie.

En 1879, après la révélation religieuse qui lui permet de redécouvrir sa foi chrétienne, Tolstoï tente d'ajuster ses croyances au cadre de sa vie quotidienne. Mais il ne réussit pas à instaurer dans son foyer l'ascétisme monachique dont il rêve. Sa célébrité et sa fortune permettent à sa famille de mener une vie oisive. Il abhorre cette vie. Il cesse de boire, de fumer, devient végétarien. Il porte souvent de simples habits de paysan, nettoie sa chambre lui-même, travaille dans les champs et fabrique ses bottes. Avec acharnement, mais sans succès, il tente de convaincre sa femme qu'ils doivent se débarrasser de leurs biens et s'efforce, en vain, de lui faire adopter sa vie ascétique et contemplative.

Mais ce qui importe peut-être davantage, pour Tolstoï, c'est de transformer sa relation conjugale sexuellement active en amitié platonique. Son idéal, dans le mariage, est la chasteté. Pendant une période très brève, il atteindra son but. *La sonate à Kreutzer* est une diatribe passionnée contre le mariage, la luxure, l'amour romantique et la sexualité.

Le personnage central du roman, Pozdnychev, conte son histoire effarante à un passager du train dans lequel il voyage. Cet homme prématurément vieilli raconte comment sa femme interprétait régulièrement la pièce de musique de Beethoven intitulée « Sonate à Kreutzer » avec un ami pianiste. Soupçonnant son épouse de lui être infidèle, Pozdnychev s'est procuré un poignard, est entré en trombe dans la pièce où jouaient les deux musiciens, et a tué son épouse.

Écoutant cette terrible histoire, le voyageur comprend (tout comme le lecteur) que la victime n'a commis aucune faute. Le discours venimeux de Pozdnychev fait écho à son geste meurtier :

> Il y en a eu et il y en a parmi les gens qui dans le mariage voient quelque chose de sacramentel, le sacrement qui les lie devant Dieu. Chez ces gens-là les mariages existent, chez nous non. Chez nous, les gens prennent femme sans voir dans cette union autre chose que l'accouplement, et cela n'aboutit qu'à la supercherie ou à la contrainte.

Pozdnychev a, en outre, décidé que la sexualité était honteuse et contre nature. Elle est source de souffrances. Les shakers, dit-il, ont raison de vivre comme ils le font.

> La passion [...] est un mal, un mal horrible qu'il faut combattre et non encourager comme on le fait chez nous. Lorsque l'Évangile dit qu'un homme qui regarde une femme avec convoitise s'est déjà livré avec elle à la fornication dans son cœur, il a en vue non seulement les femmes des autres, mais expressément, et surtout, la propre femme de cet homme.

Dans notre monde, c'est exactement le contraire ; si un homme songe encore à la continence lorsqu'il est célibataire, une fois qu'il sera marié chacun estimera que désormais la continence n'est plus de mise.

Se référant au darwinisme et à la théorie de l'évolution, le vieil homme ajoute :

L'espèce la plus élevée des animaux [...] l'espèce humaine doit, pour se maintenir dans la lutte contre les autres animaux, se rassembler en un tout comme un essaim d'abeilles, et non se multiplier à l'infini : elle doit, comme les abeilles, élever des asexués, c'est-à-dire tendre de nouveau vers la continence et non vers l'excitation des désirs vers laquelle est orientée toute l'organisation de notre vie.

Pozdnychev sait que la plupart des gens s'opposeront vigoureusement à cette théorie car, dit-il, « essayez de persuader les gens de s'abstenir de procréer au nom de la moralité — grands dieux ! quel tollé ! ».

Il dénonce l'amour charnel comme « la plus puissante, la plus vicieuse et la plus obstinée » de toutes les passions humaines. Serait-il annihilé que « le but de l'humanité pour le bonheur, la bonté et l'amour », serait accompli. L'idéal humain tend vers « la bonté que l'on atteint grâce à la continence et à la chasteté ».

Les rapports sexuels, explique-t-il, enfreignent la loi morale. En conséquence, les lunes de miel « ne sont rien d'autre que la permission de s'adonner à la débauche ». Il explique ainsi ce qu'est, selon lui, l'aspect le plus immonde de l'amour.

[...] c'est qu'on suppose en théorie que l'amour est quelque chose d'idéal, de noble, alors qu'en pratique l'amour est quelque chose de sordide qui nous ravale au rang des porcs, dont il est abominable et honteux de parler et de se souvenir. Ce n'est pas pour rien que la nature en a fait quelque chose d'abominable et de honteux. Si c'est abominable et honteux, il faut le concevoir comme tel. Or, au contraire, les gens font comme si ce qui est abominable et honteux était admirable et élevé.

Le discours fulminant du meurtrier dévie. Il plaint les femmes enceintes ou qui allaitent. Elles lui inspirent, dit-il, une profonde compassion. Des femmes hystériques emplissent les hôpitaux, ajoute-t-il avec colère, parce que des hommes lubriques les ont forcées à coucher avec eux. C'est leur remords d'avoir enfreint les lois de la nature qui les a poussées dans ces lieux de misère.

La sonate à Kreutzer soutient ce ton furieux jusqu'à la fin. Le texte est une charge violente contre la sexualité et tous les plaisirs de la chair, contre le mariage, contre la haine qui trop souvent dresse mari et femme l'un contre l'autre, contre les théories et les arguments qui encouragent la procréation. C'est aussi, comme un message reflété dans un miroir, un monologue en faveur de la continence inspiré par la double conviction, du meurtrier et de Tolstoï, que la loi et la santé morales exigent que les humains renoncent à la sexualité. L'ironie, dans cette affaire, c'est que peu après la parution de *La sonate à Kreutzer,* Tolstoï se montre incapable de rester fidèle à son plaidoyer passionné. Il viole son vœu de chasteté et s'impose à sa femme, qu'il féconde et aigrit par la même occasion.

Judith Shakespeare

Une chambre à soi est un essai retentissant sur la nécessité, pour les femmes, d'avoir une autonomie personnelle et financière. Dans ce livre, Virginia Woolf imagine que Shakespeare avait une sœur, Judith, aussi douée et inspirée que lui. L'enfant étant une fille, ses parents ne l'envoient pas à l'école comme son frère. À cette époque, les filles restent à la maison, où elles apprennent les rudiments de leur futur métier de mère et de femme au foyer. Mais Judith perd patience lorsqu'elle raccommode les pantalons déchirés de William, elle a l'esprit ailleurs quand elle touille dans la casserole où mijote le ragoût. Parfois, elle se rebelle, prend un livre et en lit quelques pages, jusqu'à ce que monsieur ou madame Shakespeare la surprennent et lui reprochent sévèrement sa paresse. Dans ses moments les plus fous, Judith griffonne même ses pensées et ses rêves sur des bouts de papier, qu'elle brûle ensuite pour faire disparaître la trace de son insubordination.

Avant même la fin de son adolescence, les Shakespeare fiancent Judith au fils d'un voisin négociant en laines. «Le mariage me fait horreur», crie-t-elle, désespérée, lorsque ses parents lui font part de leur décision. Furieux, son père la bat, puis il se calme et la supplie de ne pas le déshonorer en persistant dans son refus. Il essaie même de l'acheter en lui promettant de lui offrir un collier, ou un beau jupon, si elle coopère.

Judith a le cœur brisé. Elle est partagée entre sa loyauté envers ses parents et les violents désirs de son cœur tourmenté. Les désirs l'emportent. Elle emballe à la hâte ses maigres effets et s'enfuit à Londres. Elle arrive dans le quartier des théâtres. Hélas! les directeurs à qui elle se présente ne voient pas qu'elle possède un don génial pour la littérature, ni son besoin « de se repaître de la vie des hommes et des femmes », ni son désir « d'étudier leurs façons d'être ». Judith Shakespeare est peut-être aussi douée que son frère William, mais elle a le tort d'être une femme. Personne ne l'écoute.

Nick Greene, acteur et metteur en scène, la prend sous son aile : il la déflore et lui fait un enfant. C'est alors que, poussée par « l'ardeur et la violence d'un cœur de poète prisonnier d'un corps de femme », la malheureuse met fin à ses jours.

Le dilemme de Judith est celui de toute femme élisabétaine douée. Si cette artiste géniale, prisonnière d'un corps de femme, avait réellement vécu, elle serait, nous dit Virginia Woolf, « devenue folle et se serait tuée, ou aurait terminé ses jours dans une chaumière, aux abords d'un village, mi-sorcière, mi-magicienne, objet de crainte et de dérision ». La tentative de libération de Judith lui est fatale. On n'entre pas dans le monde du théâtre sans compromettre sa vertu. « La chasteté avait alors, tout comme aujourd'hui, une importance religieuse dans la vie d'une femme. Elle était à ce point enserrée dans les nerfs et les instincts que la libérer et l'amener à la lumière du jour aurait exigé un courage exceptionnel [...] C'est un résidu du sens de la chasteté qui a obligé les femmes à rester dans l'anonymat, et cela jusqu'au XIXe siècle. »

Cette chasteté, selon Virginia Woolf, s'étend bien au-delà de la virginité des parties génitales. Elle englobe à la fois l'esprit et la pensée. Mais la pureté de ceux-ci, comme celle du corps, est définie par des conventions rigides, uniquement accessibles aux agents désignés par les mœurs sociales et culturelles. Un esprit imaginatif, libre et sans entraves, n'est pas chaste ; une ambition dévorante, un désir ardent de communiquer avec le monde ne sont pas chastes. Judith Shakespeare a non seulement cet esprit, cette ambition et ce désir, mais elle a aussi un cœur tendre et trop confiant. Elle renonce à sa virginité, la troquant contre la liberté — que lui vole le désir brutal de Nick Greene — de bouleverser le monde en pentamètres iambiques.

La mère de Garp

Dans *Le monde selon Garp,* le roman de John Irving, les riches parents de Jenny Fields espèrent que leur fille va rencontrer un jeune homme convenable dans l'université prestigieuse qu'elle fréquente. Mais Jenny la rebelle abandonne ses études pour embrasser la profession peu reluisante d'infirmière. En outre, elle prétend rester célibataire et abstinente. Personne ne croit réellement à cette chasteté. Certains — dont sa mère — sont même convaincus que « l'activité sexuelle de Jenny est considérable et irresponsable ». Chaque fois que la jeune fille rend visite à ses parents, sa mère lui donne un petit sac contenant une douche vaginale.

La vérité est que Jenny aime être cette « louve solitaire » qui n'éprouve aucun intérêt pour les hommes et la sexualité — « avoir le moins souvent possible affaire à un pénis, se dit-elle, et encore moins à un homme ». Dans son autobiographie, Jenny se décrit en ces termes : « Je voulais un travail et je voulais vivre seule. Cela a fait de moi une femme sexuellement suspecte. Puis j'ai voulu un bébé, mais je ne voulais ni donner mon corps ni partager ma vie pour en avoir un. Cela a encore fait de moi une femme sexuellement suspecte. »

Ses collègues méprisants l'affublent du surnom de « Jenny la vieille pucelle ». Ils se moquent d'elles, lui suggèrent de demander son bébé à Dieu.

L'infirmière les ignore et poursuit sa recherche d'un géniteur. Le sergent-chef Garp, dont le cerveau a été mis en bouillie par un éclat de shrapnel, est le candidat parfait. Il ne peut prononcer qu'un mot : « Garp ». Les seuls plaisirs qui lui restent sont la radio et la masturbation. Enfin sa blessure est fatale, ce qui est formidable pour Jenny puisqu'il ne sera plus là pour se mêler de la vie de la mère et de l'enfant.

La jeune femme a un seul rapport sexuel avec Garp. Elle tombe enceinte. Lorsque le sergent trépasse, elle « *ressent* quelque chose », un sentiment qu'elle résume ainsi : « le meilleur de lui était en moi ». Fidèle à ses convictions, Jenny milite contre la pédophilie en se joignant aux militantes du mouvement Ellen James. Ces femmes se coupent la langue pour affirmer leur solidarité avec la petite fille de onze ans que ses violeurs ont mutilé pour éviter qu'elle ne les dénonce. Cette blessure n'a cependant pas empêché l'enfant de faire, par écrit, une description détaillée des violeurs, ce qui a permis de les appréhender et de les condamner. Ils ont fini en prison, où leurs codétenus les ont tués.

Dans son livre, *Sexuellement suspecte,* Jenny proclame son féminisme radical et raconte son combat pour la chasteté. Un jour où elle se prépare à s'adresser à une foule réunie dans un terrain de stationnement, quelqu'un la tue d'une balle en plein cœur. Les obsèques, auxquelles n'assistent que des femmes, sont les premières obsèques féministes. Après la mort de Jenny, son fils T. S. Garp, qui ne peut désormais plus se cacher derrière l'uniforme blanc rehaussé d'un petit cœur rouge de sa mère, prend enfin sa vie tourmentée en main et décide d'écrire son propre roman.

La chasteté du vampire, bien saignante

Les vampires sont-ils des amants éternellement chastes ? Ou bien le vampirisme est-il l'antithèse de la chasteté ? Les histoires de vampires laissent ces questions presque sans réponses, mais elles nous donnent de délectables morceaux de littérature à savourer. Le *Dracula* de Bram Stoker est de la pornographie victorienne — mais de la pornographie inspirée. Là où d'autres auteurs titillent le lecteur avec de troublants sortilèges, des orgies ou des séances de sadomasochisme, Stoker nous offre des scènes d'un érotisme fantastique. Dans l'une d'elles, des « lamias », vampires femelles, se jettent sur Harker, le héros pris au piège, et parviennent presque à le séduire.

De son côté, *Nosferatu le vampire,* le film de F. W. Murnau, nous présente un autre vampire, une créature effrayante qui suce le sang de ses victimes. Qui est-il exactement ? Une sorte de médecin doué d'ubiquité, immortel et trop porté sur la prise de sang ? Ses baisers mordants sont-ils, métaphoriquement du moins, alléchants ? ensorcelants ? excitants ? Cette sexualité orgasmique se déroule-t-elle sans rapport sexuel, sans même la possibilité d'un rapport sexuel ?

Les histoires classiques ne disent jamais clairement si leurs personnages font effectivement l'amour avec des vampires, bien qu'elles piquent la curiosité du lecteur — et sa libido — par certaines insinuations. Au bout du compte, le vampire est le séducteur par excellence. Les descriptions de ses conquêtes sanglantes sont des métaphores dans lesquelles s'incarnent les fantasmes sexuels du lecteur. Qui ne tomberait sous le charme d'un être tout-puissant, immortel — une créature qui ne se reflète pas dans les miroirs, qui se présente parfois sous l'apparence d'un chien ou d'un loup, et dont le talon d'Achille est sa terreur des objets religieux, de l'ail, de la lumière du soleil et de l'eau qui coule ? Qui ne tente d'imaginer le frisson délicieux ressenti à la vue du vieux prédateur fuyant la tresse d'ail ou le crucifix étincelant ?

Les vampires modernes, quant à eux, sont excessivement séduisants. L'imagerie érotique qui colle à leur personnage, qu'il soit hétérosexuel, bisexuel ou homosexuel, est fascinante. La sexualité ou la chasteté du vampire — c'est la question cruciale — est une forme suprême de sexualité ou de chasteté. Elle est dangereuse, mortelle et irrévocable. Cette sexualité ou cette chasteté (selon le point de vue où l'on se place) est le nec plus ultra du fantasme érotique. Elle a du reste suscité un débat sérieux sur l'existence de ces créatures. (Elles n'existent pas, même en Transylvanie !)

CHAPITRE XIII

Le Nouveau Célibat

Des cloîtres qui se dépeuplent

La croisade déchaînée, irrévérencieuse et jubilante du début des années 1960 est due à diverses circonstances. La contestation à grande échelle des inégalités raciales, les grondements de protestations contre la guerre au Vietnam, les manifestations croissantes et généralisées du mécontentement féminin et la mise au point de la pilule contraceptive — le tout vécu par une génération gâtée qui grandit dans des banlieues aisées — sont autant de facteurs qui changent radicalement les idées des jeunes sur la sexualité et séduisent les adultes en leur offrant de nouvelles perspectives aussi extraordinaires qu'alléchantes.

Tous ces facteurs mis ensemble exercent une énorme influence sur les idées et les comportements. La conception moderne de la sexualité est sérieusement ébranlée. Un des innombrables exemples de ce changement est la réaction de ces jeunes femmes qui, après avoir découvert chez leur mère ce que Betty Friedan appelle la « mystique féminine », se rebellent contre la cage dorée du mariage qui enferme les femmes dans leur foyer et leur vole leur autonomie. Puis viennent les hippies, qui explorent de nouvelles formes d'expression érotique, provoquant des ondes de choc qui ébranlent toute la société.

L'Église catholique est loin d'être immunisée contre les événements tumultueux qui agitent le monde séculier. Les prêtres et les religieuses qui sont entrés dans les ordres ou qui ont pris l'habit au cours des années 1950 et au début des années 1960 affichent des convictions qui prouvent que les concepts les plus archaïques de l'Église sont en train de basculer. L'une de ces idées dépassées est le célibat clérical. Pendant des siècles, ce dernier a été embrassé, ou soutenu, par des millions de religieux qui, s'ils s'insurgeaient, le faisaient bien plus contre leurs difficultés à respecter cette chasteté forcée que contre le fondement de cette obligation. Mais, tandis que les années 1960 balaient les conventions et la tradition, un bon nombre d'ecclésiastiques sont amenés à jeter un regard critique sur le célibat sexuel.

L'abstinence sexuelle permanente a toujours été difficile à respecter. Nous avons vu avec quelle âpreté des religieuses réfractaires, cloîtrées contre leur gré, protestaient devant l'interdiction qui leur était faite de s'abandonner à une sensualité qui leur aurait permis d'avoir des relations intimes épanouissantes. Par contre, les femmes qui prenaient volontairement le voile avaient la partie beaucoup plus belle, dans la mesure où les récompenses que leur valait leur chasteté l'emportaient de loin sur ses inconvénients. Les hommes, quant à eux, luttaient parfois toute leur vie contre leurs pulsions sexuelles ; leur existence n'était qu'un combat de tous les instants contre les pollutions nocturnes, la masturbation et les fantasmes obsessionnels. Beaucoup de prêtres violaient du reste leurs vœux avec des femmes ou avec d'autres hommes. Pour eux, la chasteté constituait sans nul doute l'engagement le plus astreignant de la vie religieuse.

Ce célibat sexuel si difficile à observer distingue le clergé catholique de la plupart des ministres des autres religions. Si le célibat et la chasteté ont leur place dans l'anglicanisme et dans le bouddhisme, nulle religion ne les place aussi haut dans ses obligations morales que le catholicisme. Pendant des siècles, des théologiens tonitruants en ont fait la vertu suprême, celle qui plaît à Dieu et qui fait écho à la chasteté du Christ. Dans les années 1960, les porte-parole de l'Église catholique continuent à l'encenser. L'un d'eux écrit que la chasteté est « de loin plus précieuse aux yeux de Dieu » que le mariage. Un autre déclare : « On ne peut remettre en question la prééminence de la virginité. »

Mais certains ecclésiastiques plus ouverts pensent différemment. Le directeur d'un centre de soins pour religieux souffrant de troubles psychologiques révèle qu'« un grand nombre de névroses sont aggravées par des types de spiritualité et de vie communautaire qui encouragent les religieux [...] à tenter d'être heureux sans leur permettre de donner et de recevoir une affection authentique et chaleureuse[1] ». Par exemple, la règle n° 32 des Jésuites, *Noli me tangere,* interdit aux membres de cet ordre de se toucher les uns les autres, même en plaisantant. Les amitiés particulières sont elles aussi défendues[2].

En 1967, un sondage fait par des sœurs révèle que la majorité des religieuses pensent que « la manière traditionnelle de présenter la chasteté dans la vie religieuse favorise l'isolement et un faux mysticisme[3] ». Ainsi, deux mille ans de théologie sont en train de sombrer sous la poussée d'un mécontentement, d'un scepticisme et d'une désobéissance endémiques. C'est dans ce contexte, où insatisfaction et espoir se côtoient, que l'Église traditionnelle commence ses préparatifs en vue de l'événement qui va porter le nom de Vatican II.

Le Vatican décrète que la chasteté est un pur joyau

Le vingt et unième concile œcuménique de l'Église catholique romaine, Vatican II, commence en 1962 sous l'égide du pape libéral Jean XXIII. Ce dernier veut débattre le problème de l'unité chrétienne. Les nouvelles perspectives qui s'ouvrent dans la société ont un profond retentissement sur les positions cléricales. Un chaleureux élan d'optimisme encourage les religieux dans leur aspiration à un changement fondamental.

Parmi eux, certains n'observent l'abstinence que par obligation. Les autres se sentent coupables. Les uns et les autres sont convaincus qu'un célibat sexuel facultatif résoudrait l'éternel dilemme : les hommes et les femmes au service de Dieu sauvegarderaient leur intégrité morale sans avoir à faire le sacrifice de leur sexualité. Quelques religieux confiants ont même l'extraordinaire audace de convoler, certains que Vatican II va approuver et légitimer leur nouveau statut.

La disparition soudaine de Jean XXIII, en juin 1963, anéantit tous ces espoirs. Moins de trois semaines après le mort du pape, une fumée blanche sort de la cheminée de fer de la chapelle Sixtine, annonçant l'intronisation de Paul VI, l'homme qui va étouffer toute possibilité d'abolition du célibat ecclésiastique. Le 11 octobre de la même année, avant même que le problème ne soit mis sur le tapis, le nouveau pape annonce au Conseil que les délibérations publiques sur le célibat des religieux sont inutiles et qu'il est déterminé à préserver le dogme. Il n'a aucun mal à obtenir par scrutin une réponse favorable à sa demande de perpétuation de la règle. Les onze dissidents sont écrasés par le vote de 2243 évêques. Le célibat des religieux, considéré comme inséparable de la vocation, reste inviolable. Partout dans le monde, des religieux déçus et souvent amers ne comprennent que trop bien l'irréversibilité de cette décision.

De crainte que le message de Vatican II n'ait pas été assez clair, Paul VI le réitère en 1967 dans sa lettre encyclique sur le célibat des religieux, *Sacerdotalis Cælibatus*. « Le célibat des religieux, ce pur joyau, est protégé par l'Église depuis des siècles, et sa valeur reste inchangée dans cette époque où les mentalités et les structures de la société ont subi de si profonds changements. Le désir de réexaminer cette institution caractéristique de l'Église a été exprimé, et l'on a même affirmé que, dans notre monde et notre temps, la valeur du célibat était devenue douteuse et qu'il était presque impossible d'observer cette règle[4]. »

Paul VI fait alors la liste des arguments habituellement utilisés par ceux qui remettent en question le célibat : 1) Jésus n'exige pas la chasteté de ses disciples. La continence doit être un acte d'obéissance librement consenti répondant à un don religieux ou spirituel particulier ; 2) les règles des Pères de l'Église datent des premiers temps de la chrétienté — autres temps, autres mœurs ; 3) le dogme de la chasteté empêche des catholiques fervents, incapables d'envisager un célibat sexuel à vie, de se joindre à un ordre religieux ; 4) l'Église fait passer le célibat clérical avant le besoin désespéré de prêtres qu'ont certaines paroisses partout dans le monde ; 5) le mariage éliminerait la plupart des mensonges et l'hypocrisie qui nuisent à la réputation de l'Église ; 6) la chasteté perpétuelle a des effets secondaires physiques et psychologiques destructeurs, dont l'isolement et l'amertume ; 7) l'adhésion à la chasteté, chez les religieux, est plutôt passive que volontaire.

Ces arguments sont-ils convaincants ? Faut-il s'incliner devant eux ? Paul VI reconnaît que « toutes ces objections réunies semblent pouvoir étouffer la voix solennelle et séculaire des pasteurs de l'Église et des maîtres de la vie spirituelle. Elles paraissent invalider le témoignage toujours vivant de quantité de saints, de saintes et de fidèles ministres de Dieu, chez qui la chasteté représentait à la fois un don généreux et total de leur personne au mystère du Christ et un témoignage tangible de ce mystère[5]. »

Mais ces considérations sont purement cérébrales, et Paul VI est un mystique. Il repousse donc sans plus de cérémonie les arguments pourtant irréfutables d'un grand nombre de religieux et déclare que les raisons que lui donnent son cœur et son âme sont vérités d'Évangile : « la présente loi du célibat doit rester étroitement liée au ministère ecclésiastique [...] afin de soutenir les religieux dans leur choix exclusif, définitif et absolu de l'amour unique et suprême du Christ[6]. »

Paul VI entreprend alors d'exposer ses convictions personnelles : 1) le Christ a été chaste toute sa vie. Il recommandait la chasteté, qu'il considérait comme un don particulier ; 2) la chasteté dénote ou fait naître une charité profonde, ainsi que l'amour du prochain et la dévotion spirituelle ; 3) les religieux « subjugués par le Christ » finissent par partager son essence, dont la chasteté est l'un des traits essentiels ; 4) les religieux qui font face à une « mort quotidienne » — en renonçant à fonder une famille — se rapprochent de Dieu ; 5) le célibat libère les religieux des exigences familiales qui voleraient du temps à leur ministère ; 6) la chasteté n'est pas contre nature, car la logique et une volonté libre peuvent vaincre la sexualité ; 7) les religieux qui vivent seuls ne sont pas solitaires, car ils sont remplis de la présence divine. Leur isolement fait écho à la vie du Christ, qui « a vécu dans la solitude les heures les plus tragiques de son existence » ; 8) les « lamentables apostasies » de certains religieux ne sont pas dues aux rigueurs de la continence, mais à des failles dans la procédure de sélection des postulants ; 9) la chasteté ne déforme pas la personnalité d'un individu, elle lui apporte maturité et équilibre psychique. La conclusion de Paul VI est sans appel : « La règle du célibat ecclésiastique mise en place par l'Église latine doit être sauvegardée dans sa totalité[7]. »

Chose incroyable, beaucoup de catholiques continuent à espérer. En 1970, le magazine jésuite *America* prédit que, moins de dix ans plus tard, le mariage des religieux sera devenu réalité. Aux Pays-Bas et au Brésil, des prêtres optimistes se marient. Selon eux, la chasteté ne sera bientôt plus qu'une question de choix. L'intransigeance de l'Église va leur démontrer à quel point ils se trompent. Non seulement le mariage demeure strictement interdit, mais l'Église soumet ceux qui demandent à être libérés de leurs vœux à un traitement que beaucoup qualifient d'humiliant, voire de traumatisant.

Une décennie plus tard, un nouveau pape, Jean-Paul II, anéantit promptement toute spéculation suggérant qu'il pourrait apporter une bouffée théologique d'air frais dans toute cette affaire. Loin s'en faut. Défendant fermement les déclarations de ces prédécesseurs sur le célibat et sur l'avortement, le pontife décrète que « la virginité en tant que vocation délibérément choisie, basée sur le vœu de chasteté et associée aux vœux de pauvreté et d'obéissance, crée des conditions particulièrement favorables à la conquête de la perfection, dans le sens où l'entend le Nouveau Testament[8] ».

Le cardinal américain John J. O'Connor exprime son point de vue de façon plus terre à terre. Après avoir résumé les trois principaux points de l'argumentation anticélibat — le célibat obligatoire est la cause des défaillances sexuelles des religieux, un obstacle à la vocation et une violation des droits humains —, il déclare : « Devant ces trois points, je dis ceci : Sornettes ! Chaque être vierge qui s'offre au Christ avec la passion et l'engagement qui caractérisent une relation honnête entre un homme et une femme peut donner naissance, spirituellement, à d'innombrables âmes. C'est cela, devenir un eunuque pour le Royaume des Cieux — comme ce fut le cas pour Marie. La personne qui préserve sa virginité peut devenir un merveilleux médiateur pour le monde, comme l'a été Marie[9]. »

Une telle certitude, une telle sérénité, devant un questionnement religieux aussi porteur d'agitation, de désespoir individuel et d'angoisse spirituelle, est confondante ! Et pendant ce temps, plusieurs congrégations catholiques vont à vau-l'eau, par manque de prêtres et de religieuses. Le problème est particulièrement aigu au Brésil, en Indonésie et dans certaines régions africaines — mais ce ne sont là que quelques exemples. L'Indonésie est, avant tout, un pays musulman où les femmes sont relativement émancipées et où la chasteté (contrairement à la virginité prénuptiale) ne jouit pas d'un grand prestige. Comment, dans ce cas, peut-on envisager d'y susciter des vocations, ou même des conversions ? En 1982, lors d'une rencontre avec Jean-Paul II, l'évêque indonésien Justin Darwajuomo joue son évêché lorsqu'il demande au pape la permission d'ordonner des hommes mariés. Permission refusée, démission acceptée.

En Afrique, dans des régions où la polygamie est courante, le célibat ecclésiastique constitue un énorme obstacle au recrutement de prêtres indigènes. Le vœu de chasteté est en contradiction directe avec l'opinion traditionnelle voulant que « le mariage soit au cœur même de l'existence […] un devoir, une obligation à l'égard de la collectivité, un style et un rythme de vie auquel chacun doit participer […] Celui qui ne se marie pas […] est une malédiction pour la communauté. C'est un rebelle qui défie la loi. Ce n'est pas seulement un individu anormal, c'est un "sous-humain"[10]. »

Sur le continent africain, la chasteté n'est pratiquement pas observée. En fait, le problème n'est pas d'imposer le célibat, mais de convaincre les prêtres de n'avoir qu'une seule épouse. « Dans la culture africaine, explique un missionnaire, pour être "quelqu'un", il faut avoir deux ou trois épouses. Parfois quatre ou cinq. Le prêtre étant un homme d'honneur, il aura naturellement au moins deux femmes[11]. » N'empêche qu'il ne peut se marier légalement et que ses concubines doivent vivre, sans lui, dans des huttes séparées.

L'Amérique latine est un autre marécage où grouillent des catholiques privés de prêtres et des prêtres qui ont des relations sexuelles clandestines. Même si l'Église fait du prosélytisme auprès des indigènes dans le but de recruter des prêtres, sa position à l'égard de la chasteté ignore de façon flagrante les réalités culturelles, et notamment la perception traditionnellement négative que les indigènes ont du célibat. Le Pérou illustre parfaitement ce problème. La vie dans les Andes se centre autour de la notion de *pareja,* de « couple », et l'autorité de l'homme est basée sur le fait qu'il a des enfants. Le célibat n'y est ni admis ni respecté. Un homme responsable est censé avoir une famille et subvenir à ses besoins. Il est absolument incongru d'imaginer qu'un dirigeant péruvien puisse être célibataire. Faut-il alors s'étonner qu'au Pérou environ 80 % des prêtres cohabitent avec une femme ?

La majorité des prêtres brésiliens — de 60 à 70 % — ont des rapports sexuels. Un tiers des missionnaires occidentaux, s'adaptant aux coutumes locales ou succombant à la tentation, suivent leur exemple. Le caractère « naturel » de leur mode de vie leur vaut le respect de leurs paroissiens et atténue les soupçons qui pèsent souvent sur les hommes apparemment immunisés contre une sensualité innée.

Aux Philippines, une petite majorité de prêtres vivent avec une femme. Les presbytères ruraux sont souvent habités par des familles. Mais la concubine du prêtre est présentée comme une tante ou une sœur, les enfants comme des neveux et nièces. Cette pratique est si courante que la plupart des paroissiens rechignent à déposer de l'argent dans la sébile, après la messe du dimanche : ils savent très bien que cette offrande est destinée à entretenir la famille du prêtre.

Qu'en est-il de la Pologne, patrie de Jean-Paul II, et des prêtres polonais si nombreux à travers toute l'Europe ? Il n'existe aucune statistique, mais ce qui est certain, c'est que la règle de chasteté est une obligation dont ces religieux se défont facilement, bien qu'ils aillent rarement jusqu'au mariage. Un jeune prêtre polonais ne mâche pas ses mots : « Le célibat obligatoire n'est qu'une loi humaine. Tout le monde sait que cette loi finira par changer. Pourquoi nos vies devraient-elles être gâtées par une obligation qui va disparaître dans une vingtaine d'années[12] ? »

Cette logique sans détour est aussi évidente que le non-respect généralisé de la chasteté cléricale, que Jean-Paul II ne peut ignorer mais auquel il répond par le silence — un silence dont on ne sait s'il est confus ou complice[13].

La même histoire se répète partout dans le monde catholique. Lors d'une enquête faite à Cologne en 1985, la plupart des prêtres allemands admettent que certains d'entre eux sont de faux chastes qui violent en cachette leur vœu d'abstinence. En Amérique du Nord, certains religieux ne respectent la règle qu'en apparence. Quelques-uns se marient secrètement et se rabattent sur la tradition médiévale qui consiste à faire passer leur femme pour leur gouvernante. David Rice, un ancien prêtre marié, écrit dans *Shattered Vows* : « Il y a des prêtres qui se servent de leur col romain comme les chats de gouttière se servent de leurs miaulements, pour séduire le plus grand nombre de femmes possible — et qui utilisent à nouveau ce symbole pour rompre la relation et échapper à leurs responsabilités[14]. »

Dans une étude approfondie intitulée *A Secret World : Sexuality and the Search for Celibacy* (« Un monde secret : sexualité et quête de la chasteté »), Richard Sipe estime qu'environ 40 % des prêtres américains ne respectent pas leur vœu de chasteté. Ce chiffre exclut ceux qui n'ont que des défaillances occasionnelles.

David Rice en conclut que, si la règle du célibat obligatoire n'est pas abolie, des millions de catholiques finiront par être privés de prêtres et, en conséquence, n'entendront plus la messe. « Le choix est simple, dit-il : la chasteté ou la messe. » Mais un autre scénario, tout aussi alarmant, est également à craindre : un clergé qui s'habitue à profaner ses vœux sacrés et insuffle à ses fidèles l'idée que faire fi des dogmes de l'Église et rejeter ce qui semble gênant ou désagréable est tout à fait acceptable.

Depuis Vatican II, le pape et son entourage musèlent, par leurs déclarations véhémentes, les catholiques inquiets qui revendiquent la liberté de choix pour les religieux. Parmi les contestataires, il faut également compter des laïcs qui, de plus en plus nombreux en Amérique du Nord, espèrent que le mariage des prêtres deviendra une réalité. Un sondage réalisé par le magazine *Newsweek,* aux États-Unis, révèle que la proportion de fidèles partisans de cette mesure a grimpé de 53 % en

1974 à 71 % en 1993. Un autre sondage, fait par *Maclean's* au Canada, apprend à ses lecteurs que 84 % des catholiques canadiens ne s'opposent nullement au mariage des religieux[15].

Ces chiffres ne font état que d'une facette de la réalité du célibat clérical. L'orientation sexuelle d'un nombre important de religieux, qu'ils soient ou ne soient pas abstinents, est homosexuelle. Selon Sipe, les données rassemblées entre 1960 et 1980 démontrent qu'environ 20 % des prêtres reconnaissent leur homosexualité et une enquête ultérieure indique que leur nombre a quasiment doublé. Le taux de prêtres homosexuels est aujourd'hui de 38 à 42 %[16]. Les chiffres affirment que 50 % des prêtres, quelle que soit leur orientation sexuelle, ne respectent pas leur vœu de chasteté.

Les prêtres homosexuels ont les mêmes problèmes que leurs confrères hétérosexuels. Toutefois, alors que l'Église fait ouvertement obstacle aux religieux qui veulent se marier, elle se montre muette, voire dissimulatrice, dès qu'il est question de prêtres gais. Les chrétiens intégristes, catholiques et autres, citent les interdits des Écritures contre les hommes qui couchent avec des hommes et considèrent que l'homoérotisme est un péché. Ce conservatisme remet en question le droit des prêtres gais à l'ordination — qu'ils ont pourtant déjà reçue ! De plus, il nie catégoriquement leur liberté d'avoir des relations sexuelles qui les amèneraient, d'une part, à violer leur vœu de chasteté et, d'autre part, à se livrer à des plaisirs pervers. La rébellion des prêtres homosexuels contre le vœu de chasteté est une dimension secrète de la question du célibat clérical, qui n'apparaît que marginalement — quand elle apparaît — dans le débat mondial actuel[17].

Indiscutablement, un grand nombre de religieux se livrent aux plaisirs de la chair, ouvertement ou clandestinement, et dans beaucoup de pays de larges contingents de prêtres sont mariés, légalement ou *de facto*. Comment le Vatican réagit-il devant cette insubordination ? Par le silence, une fois de plus, comme si l'Église était incapable de proférer le moindre grognement de désapprobation. Pourtant les autorités n'ignorent sûrement pas ce qui se passe au sein du clergé[18] : les services de renseignements du Vatican sont plus efficaces que la CIA. Il faut donc en conclure, si étonnant et si désolant que cela puisse paraître, que le Vatican a décidé de continuer à claironner l'inviolabilité du vœu de chasteté dans le contexte d'une prêtrise qui se tord, au propre et au figuré, dans les convulsions de cet idéal agonisant.

Mais qu'en est-il des religieux qui se battent à l'intérieur des paramètres spirituels définis par l'Église ? Et de ceux qui préfèrent une bagarre publique à la clandestinité ? Et de ceux qui se rongent les sangs à propos de leur rôle dans une institution dont ils trouvent les principes contestables et dépassés ? La débandade des nombreux prêtres et religieuses qui retournent à la vie séculière constitue une réponse éloquente. Comme le martèlement incessant des pas autour de Jéricho, leur exode fait trembler les fondations d'un Vatican impassible.

Exceptions misogynes à la règle papale du célibat sexuel

Le célibat clérical obligatoire est un principe que certains théologiens catholiques affectionnent tout particulièrement. Pour le défendre, ils s'appuient sur l'argument de la tradition, et cela en dépit d'une avalanche de faits prouvant que la chasteté a toujours été largement ignorée ou violée — plus ou moins selon les époques. Ces théologiens débitent sans cesse leur interprétation rigide de certains passages des Écritures, que toutes les autres confessions chrétiennes trouvent absolument compatibles avec le mariage des membres de leur clergé. Ils écartent, bien sûr, toutes les conséquences du célibat clérical — solitude, dépression, aliénation — qui sont pour eux sans importance. Mais, au milieu des années 1990, un événement parvient à réduire leurs objections en poussière. Des prêtres catholiques romains mariés ? C'est possible, à condition qu'il s'agisse de convertis, et plus précisément d'anciens pasteurs anglicans dont l'implacable misogynie résonne familièrement aux oreilles du Vatican.

Pour ces hommes mariés, il est hors de question que les femmes puisent recevoir l'ordination. Ces anglicans se rebiffent donc vigoureusement contre leur Église lorsque, vers la fin du xxᵉ siècle, cette dernière se hasarde dans le champ miné de l'ordination des femmes.

Au fil des ans, dans certains cas isolés, Rome a fait quelques exceptions à la règle du célibat clérical, souvent pour accueillir des prêtres d'autres confessions (les Grecs orthodoxes, par exemple, qui peuvent convoler). Mais il est clairement établi que l'Amérique du Nord et l'Australie ne peuvent bénéficier de ce type de complaisance, même si des prêtres mariés leur sont parfois « prêtés » par des diocèses européens. Tous ces hommes ont été attirés, pour diverses raisons, par les rituels de l'Église catholique romaine, tandis que les pasteurs anglicans indignés sont des misogynes enragés, unis dans leur opposition farouche à l'ordination des femmes.

Un grand nombre de ces pasteurs en appellent à Rome. Ils sollicitent la permission de devenir des prêtres catholiques — en dépit de leur statut d'hommes mariés. Avec un empressement ahurissant de la part d'une institution aussi léthargique, l'Église romaine, par la voix du pape, acquiesce à leur demande. Les cinq archevêques catholiques du Royaume-Uni justifient le jugement de Rome dans une lettre adressée à leurs prêtres célibataires et chastes par obligation : « L'Église catholique accueille actuellement, dans une communion totale, un certain nombre d'ecclésiastiques mariés de l'Église d'Angleterre, souvent accompagnés de leur épouse et de leurs enfants. Les membres de ce clergé désirent être ordonnés prêtres de l'Église catholique [...] Nous sommes convaincus que leur ministère enrichira l'Église [...] Le Saint Père nous demande de faire preuve de générosité. Nous sommes certains que vous apprécierez ces nouveaux prêtres lorsque, en temps voulu, ils [...] s'installeront dans des presbytères de nos diocèses[19]. »

Prévoyant les huées de ressentiment des uns et les applaudissements des autres, les archevêques anglais tentent de prévenir ces débordements. Ils affirment que le fait de transformer des pasteurs anglicans en prêtres catholiques ne modifiera en aucune manière l'antique règle du célibat clérical. Ils précisent que « les permissions spéciales accordées constituent une exception dans la pratique générale qui consiste à [...] n'accueillir, dans la prêtrise, que des célibataires ». Les nouveaux venus doivent « accepter le principe général du célibat et n'auront pas la permission de se remarier » s'ils deviennent veufs. Les évêques examinent la stabilité des mariages des convertis et évaluent le soutien que peut apporter leur épouse dans l'aventure sacerdotale[20]. En outre, l'Église limite la procédure d'admission à quatre ans, ce qui oblige les dissidents à prendre une décision rapide. Elle ne permet pas non plus aux ecclésiastiques soudainement convertis au catholicisme de s'acquitter de la totalité des devoirs paroissiaux des prêtres ordinaires[21].

Qu'advient-il des religieux catholiques qui, mis en demeure de choisir entre leur ministère et le mariage, ont opté pour ce dernier ? Leur est-il possible de reprendre leur place dans l'Église ? Non, évidemment. Contrairement à leurs homologues anglicans qui ont reçu le sacrement du mariage au sein de leur Église, les religieux catholiques ont prononcé leurs vœux en sachant parfaitement que le célibat était une composante essentielle de leur vocation. Autrement dit, il est impensable que ces ex-religieux puissent être disculpés après l'acte de défi que constitue leur mariage.

L'aspect le plus sidérant de cette décision en faveur de l'admission d'ex-ecclésiastiques anglicans dans le sein de l'Église catholique est la misogynie débridée qui l'inspire. Autrement, comment expliquer le revirement incroyable de la politique du célibat, principe entériné par des siècles de pratique, par les papes et par le droit canon? Pour quel autre motif cette Église, qui a fait la sourde oreille aux protestations, aux suppliques et à l'angoisse de son propre clergé, se montrerait-elle soudainement sensible à la requête d'ecclésiastiques qui n'abandonnent leur ministère que parce que l'Église anglicane a décidé de permettre l'ordination des femmes? Pour quel autre motif le pape et ses conseillers, qui agissent généralement avec une lenteur intolérable, récupéreraient-ils avec une telle hâte cette bande de dissidents anglicans ultraconservateurs?

Il est évident, après des années d'indifférence devant la pénurie de personnel pastoral, que l'Église ne fait pas de *crise de conscience**. Elle ne connaît pas non plus un *moment de panique*** au vu de l'exode incessant des religieux perturbés qui fuient les couvents pour retourner à la vie séculière. Si l'Église agit ainsi, c'est parce que les anglicans rebelles ont l'inébranlable conviction de l'incompatibilité fondamentale entre les femmes et le sacerdoce — une conviction que les Pères de l'Église actuels partagent et qu'ils sont bien décidés à défendre.

Cette idéologie misogyne suscite une telle adhésion dans la hiérarchie catholique qu'elle étouffe tout questionnement quant à la sincérité des nouveaux venus. On ne s'interroge pas sur leur adhésion à des dogmes qui n'étaient pas les leurs, comme l'infaillibilité du pape et l'Immaculée Conception. En fait, l'accueil enthousiaste réservé aux ex-pasteurs constitue, dans une atmosphère générale d'œcuménisme et de bonne volonté, une explosion incontrôlée d'anti-œcuménisme. Pour un haut clergé désireux de recruter des esprits fondamentalement semblables au sien, il est indispensable de récupérer ces hommes qui ont défié l'Église d'Angleterre. La chasteté est peut-être un pur joyau, mais son éclat pâlit à côté de la dure lumière qui aveugle les femmes

* En français dans le texte.
** Idem.

lorsqu'elles veulent prendre le chemin suivi par les hommes et contestent le dogme qui les juge indignes du sacerdoce. Un dogme qui existe parce que la politique officielle en matière de célibat clérical s'est construite sur la hantise de l'attraction sexuelle exercée par la femme — ce temple construit sur un égout —, une attraction que seule l'abstinence absolue peut vaincre.

Selon Richard Sipe, prêtre marié qui enseigne à l'École de médecine Johns Hopkins : « On n'accordera jamais assez d'importance à l'antiféminisme dans la formation d'une "conscientisation" de la chasteté et dans le développement de la prêtrise au cours des deux siècles où la règle du célibat sexuel n'a cessé d'être renforcée (à partir de 1486)[22]. »

Des prêtres catholiques votent avec leurs pieds

Aujourd'hui comme par le passé, des centaines de milliers de prêtres catholiques remettent en question la règle du célibat clérical, quand ils ne se répandent pas en récriminations contre cette loi absurde. Ceux qui sont tourmentés par le doute ont plusieurs choix : prendre un congé allant parfois jusqu'à un an afin de réfléchir, de méditer et de prier dans l'espoir de résoudre leur crise personnelle, ou demander assistance à l'Église, qui leur permettra éventuellement de rompre leurs vœux et de retourner au monde séculier — procédure autrefois impensable et, même aujourd'hui, difficile à négocier[23].

Aucun religieux catholique ne doute qu'une chasteté librement consentie insuffle au prêtre un amour et une sérénité qui consolident son ministère et enrichissent ses relations avec ses paroissiens. Mais la chasteté imposée affaiblit, afflige, aliène et rend amer. Certains prêtres se contentent de la subir, la solitude devenant ainsi leur seule compagne. D'autres trichent et prennent une maîtresse, qu'ils font passer pour leur gouvernante, pour une amie, ou n'hésitent pas à présenter comme leur compagne. D'autres encore trouvent la lutte impossible et finissent par quitter le sacerdoce. Parmi ces derniers, 94 % déclarent que la chasteté est le principal motif de leur défection. Depuis Vatican II, plus de cent mille religieux, soit près d'un quart des prêtres actifs dans le monde, ont pris la route de cet exode. Aux États-Unis, 42 % des prêtres quittent l'Église dans les vingt-cinq ans qui suivent leur ordination, départ massif illustré par cette triste statistique : la moitié des prêtres américains de moins de soixante ans sont retournés au monde séculier.

Au Canada, au cours des deux dernières décennies, le nombre de prêtres et de religieuses a diminué d'un quart, bien que 45,7 % des Canadiens soient catholiques et que la grande majorité d'entre eux — 84 % contre 71 % au États-Unis — soient favorables au mariage des gens d'Église.

Tandis qu'une foule de prêtres défroquent, les novices se montrent de moins en moins pressés de prononcer leurs vœux définitifs[24]. Les effectifs du clergé catholique diminuent dangereusement, car le flot est rapide et constant. Près de la moitié des paroisses n'ont plus de curé. À la base de cet état de choses : le célibat obligatoire[25], un problème qui tenaille l'Église depuis toujours.

« C'est d'abord et avant tout à cause du célibat forcé, fait remarquer Dominic, ex-prêtre américain qui explique ainsi sa décision de quitter l'Église. J'ai donné beaucoup trop de mon temps, de mon énergie et de ma force intérieure au célibat. Il m'a empêché de devenir le prêtre [...] et le chrétien que j'aurais voulu être. Cette chasteté est devenue une fin plutôt qu'un moyen. Et c'est pareil pour beaucoup de religieux[26]. »

Un autre prêtre, retrouvant sa maison vide après la messe du dimanche où la ferveur des fidèles l'a beaucoup touché, a l'impression d'être « un plongeur qui est descendu très profond et a dû remonter sans caisson de décompression ».

William Cleary, jésuite depuis vingt ans, quitte les ordres quand il comprend que la chasteté n'est pas une vertu. Selon lui, l'abstinence nie une sexualité offerte par Dieu, elle est donc peut-être « une forme de péché ». Après tout, ajoute-t-il dans « A Letter to My Son : The Sin of Chastity » (Lettre à mon fils : le péché de chasteté), la sexualité est le moyen que Dieu nous a donné pour perpétuer la vie sur cette terre. « Elle nous fait connaître l'Être divin, [...] « nous révèle ce que nous sommes, nous les humains, ainsi que l'incommensurable profondeur de [la] bonté [de Dieu] envers le monde [...] elle nous apprend la prière, la contemplation et toutes les valeurs religieuses et humaines. »

Comment s'étonner de ce qu'affirme Dean R. Hoge dans *The Future of Catholic Leadership* (« L'avenir du clergé catholique ») : « L'obligation du célibat est tout simplement l'élément de dissuasion le plus convaincant dès qu'il est question de vocation sacerdotale. Si cette contrainte n'existait plus, on verrait sans aucun doute de nombreux hommes revenir dans les séminaires — les effectifs pourraient même quadrupler[27]. »

Il faut aussi insister sur le fait que l'Église a, par tradition, toujours traité ses apostats avec une brutale indifférence. Quitter les ordres est

une expérience extrêmement pénible, que ce soit sur le plan émotionnel, psychologique, professionnel ou pécuniaire. Aux États-Unis, les
apostats deviennent « des parias que l'on met aux oubliettes. Tout ce
qu'on leur demande est de disparaître de la surface de la terre[28]. » Les
Italiens parlent même des « meurtres blancs » de l'Église. Il est vrai que
les prêtres, en dépit de leurs années de service, sont renvoyés sans travail
et avec environ trois cents misérables dollars en poche. Ils atterrissent
alors dans un monde où ils sont méprisés et frappés d'ostracisme par
leurs anciens collègues. Même dans les pays où l'Église n'est pas trop
dure envers ceux qui rompent leurs vœux, la transition entre vie religieuse et vie séculière est toujours éprouvante, voire effrayante. Des
ex-prêtres qui continuent à travailler pour l'Église — comme assistants
pastoraux, par exemple — révèlent qu'ils sont sous-payés, stigmatisés,
humiliés, et que leurs collègues restés célibataires ne leur manifestent
que froideur et hostilité, quand ils ne sont pas tout simplement envieux.

Trop souvent, les prêtres apostats sont mis sur le même plan que des
avocats du barreau qui auraient commis des malversations. On les
considère comme des coupables qui ont déshonoré leur profession.
Mais la majorité des ex-prêtres sont de fervents catholiques qui aspirent
à rester au service de Dieu. Des milliers d'entre eux tentent de le faire
par l'intermédiaire de Rent-A-Priest (Louez un prêtre), association sans
but lucratif fondée en 1992 à Framingham, au Massachusetts, qui possède des succursales au Canada et en Afrique du Sud. Aux États-Unis,
Rent-A-Priest déclare avoir en réserve plus de deux mille prêtres qui
ont quitté les ordres, mais qui restent libres pour officier lors de baptê-
mes, de funérailles ou d'autres sacrements. La majorité de ces hommes
sont mariés. Ils se disent d'ailleurs « prêtres catholiques mariés ». Mais
l'Église ne les reconnaît pas comme tels. Le diocèse de Toronto, par
exemple, les considère comme des « prêtres laïcisés », expression inexacte
et ambiguë. Dans le monde entier, l'Église déplore de voir grossir les
rangs des « prêtres laïcisés » de Rent-A-Priest, organisme dans lequel
elle voit un symbole du combat fanatique contre le célibat clérical. Elle
refuse, bien sûr, d'entériner les sacrements donnés par ces apostats.

Il n'est pas surprenant que tant de prêtres préfèrent rester dans les
ordres, quitte à profaner ce vœu de chasteté qu'ils trouvent si difficile à
respecter. Mais à quel chiffre se monte ce « tant de prêtres » ? L'étude
de Sipe révèle que près de 40 % des prêtres américains ont des rapports
sexuels réguliers — la moitié ont des relations stables avec une ou

plusieurs femmes[29], l'autre moitié avec des hommes. Une minorité de pédophiles s'en prennent à des mineurs, filles ou garçons.

Si l'on soustrait ces 40 % qui trichent, cela veut-il dire pour autant que les 60 % restants sont chastes? Pas nécessairement. Un grand nombre de religieux ont des aventures érotiques occasionnelles. L'Église ferme les yeux sur quatre manquements annuels avant d'étiqueter le contrevenant comme «sexuellement actif». Autrement dit, la moitié des membres du clergé catholique qui ont juré de rester chastes ne respectent pas leur engagement.

La Troisième Voie de la tricherie et de la mauvaise foi

Un certain nombre de religieux vont bientôt suivre la Troisième Voie, un style de vie clérical qui a fait son apparition à la suite de la révolution sexuelle des années 1960 — au cours de laquelle des religieux se sont mis à fréquenter les bars, pour y trouver des femmes avec lesquels ils pourraient échanger des baisers et des caresses sans aller jusqu'à l'acte ultime, le coït. Dans les années 1970, ce comportement évolue et donne naissance à une entreprise beaucoup plus sérieuse, la Troisième Voie. Prêtres et religieuses s'offrent ainsi affection et confiance mutuelle. Leur relation comporte des rendez-vous galants, des caresses et certaines audaces, mais qui aboutissent rarement à un rapport sexuel avec pénétration. À l'heure actuelle, des prêtres et des religieuses cheminent toujours sur cette Troisième Voie, mais de façon plus discrète[30].

D'autres membres du clergé, que cette libération partielle de la sensualité ne satisfait pas, affirment que, si le célibat empêche le mariage, il n'exclut nullement la sexualité. Cet argument leur permet de satisfaire leurs pulsions sexuelles sans se sentir coupables. Ces prêtres, et les religieuses qui partagent leur lit, sont persuadés qu'en s'abstenant de procréer ils observent une chasteté «technique» qui leur permet de «se consacrer à plein temps au service de la grande famille humaine, suivant l'exemple du Christ[31]».

Hélas! la hiérarchie ecclésiastique soutient, à sa manière, ces tricheries. Trop souvent, lorsqu'un prêtre en proie au doute se confie à son évêque, ce dernier se contente de le transférer ailleurs, loin de sa maîtresse, dans l'espoir que cette séparation mettra fin à la liaison. Dans cette équation, la femme est un simple obstacle à contourner — son vécu, ses sentiments, son avenir et (bien souvent) son fœtus ne concernent qu'elle. C'est *son* problème, *sa* responsabilité.

L'existence de Claire-Voie prouve à l'évidence que ces agissements déplorables abondent. Ce groupe de soutien basé en France vient en aide aux maîtresses de prêtres, ces femmes qui restent dans l'ombre, ces mères à qui l'on interdit de dévoiler le nom de l'homme qui leur a fait un ou plusieurs bâtards. C'est toujours la même histoire, banale et pathétique. Lorsque les supérieurs du père Ghislain découvrent sa relation intime avec Monique, une de ses paroissiennes, ils l'exilent dans un autre diocèse, lui ordonnant de ne jamais parler de cette femme à quiconque. L'amant de Maya Lahoud doit traverser l'océan pour occuper le poste qu'on lui a alloué au Québec. Avant son départ, la jeune femme, qui est enceinte, doit signer un document dans lequel son amant reconnaît sa paternité et promet de subvenir aux besoins de l'enfant à condition que sa Maya ne révèle jamais son identité. Des prêtres qui sont passés aux aveux révèlent que leurs supérieurs font preuve d'une grande hypocrisie en gardant leur liaison sous silence. Si l'on envisage cette attitude selon une perspective catholique, ces responsables commettent un péché grave[32].

Aucune déclaration officielle de l'Église n'a jamais défini la chasteté comme un simple « célibat social ». Les ecclésiastiques savent pourtant très bien quelle est la réalité, tout autant que les prêtres rebelles qui empruntent la Troisième Voie. Dans l'éclat aveuglant des projecteurs braqués sur les religieux coupables, le raisonnement de ces hommes d'Église semble, au mieux, spécieux, au pire, cynique.

Divorce à la mode catholique

En 1974, Corpus (Corps de réserve des prêtres unis pour le service) est fondé en réaction à la destitution de prêtres mariés par un évêque américain. Ce dernier a décidé que ces hommes n'étaient plus d'aucune utilité pour l'Église catholique. Tout cela se passe à une époque où dix mille prêtres ont pris femme et où les sondages révèlent que 79 % des catholiques acceptent volontiers que les ministres du culte soient mariés. Cet état d'esprit galvanise les fondateurs de Corpus. Ils créent un groupe de défense qui ne tarde pas à devenir une autorité dans son domaine[33].

À l'origine, le but de Corpus est tout simplement de faire accepter le mariage des prêtres — en d'autres mots, de mettre fin au célibat clérical obligatoire. Aujourd'hui, sa mission s'est étendue : retrouver des ex-prêtres et dialoguer avec eux, fournir des informations utiles aux médias — sur le nombre de prêtres qui continuent à quitter les ordres, par exemple — et appuyer d'autres groupes catholiques dont l'objectif est l'abolition de la règle du célibat forcé.

D'origine autrichienne, We Are Church (Nous sommes l'Église) est un groupe international qui organise des campagnes publiques intensives en faveur d'un célibat clérical facultatif. En 1996, le mouvement affirme avoir rassemblé 2,3 millions de signatures sur une pétition réclamant des changements dans l'Église[34]. Au Canada, Catholics of Vision (Vision catholique), soutenu par Corpus, entame une croisade similaire, à laquelle s'opposent âprement plusieurs évêques en lui interdisant de faire campagne dans des lieux appartenant à l'Église[35].

La grande marée de scandales consécutifs aux débordements sexuels de nombreux ecclésiastiques procure aux porte-parole de Corpus et des autres organismes des arguments en faveur du célibat facultatif. Ces scandales, renforcés par des études sur les effets psychologiques de la chasteté imposée, les amènent à conclure que la répression sexuelle crée des légions de religieux psychologiquement et mentalement déséquilibrés. Les comportements violents et destructeurs de ces prêtres nuisent aux personnes qu'ils sont censés, par vocation, conseiller, aider et guider spirituellement[36]. Comme le dit un ex-prêtre : « Une relation avec Dieu peut être approfondie par esprit de sacrifice [...] mais elle peut aussi tourner à l'aigre[37]. »

Les agressions sexuelles commises par des prêtres sont si largement répandues — et, de nos jours, si souvent dénoncées — que des groupes de soutien aux victimes surgissent un peu partout. Linkup, à Chicago, est l'un d'entre eux. Selon le père Tom Economus, président de l'association, 90 % des accusations portées contre des prêtres catholiques concernent des agressions de garçons. Richard Sipe révèle quant à lui que 6 % des prêtres américains sont des pédophiles actifs. Les pasteurs protestants, pour leur part, sont généralement accusés d'abuser de leur prestige pour séduire les femmes qui les appellent à l'aide[38].

La récente avalanche de révélations scandaleuses a forcé les catholiques, ainsi que les groupes pro-célibat facultatif, à faire face au problème. Un fait reste certain cependant : le nombre de religieux qui commettent des actes criminels est minuscule comparé à celui des prêtres qui violent leur vœu de chasteté avec des adultes consentants, religieux ou laïcs. Et les ex-prêtres qui se marient n'ont pas nécessairement rompu leur vœu de chasteté avant de quitter les ordres. En fin de compte, c'est la chasteté obligatoire qui est le commun dénominateur du combat mené contre les diktats de l'Église. Pour ces protestataires, les prêtres mariés et sexuellement actifs peuvent être tout aussi efficaces dans leur ministère que les prêtres célibataires et chastes.

L'hémorragie

Les prêtres ne sont pas les seuls à arracher leur col romain en nombre record ; des légions de moines et de nonnes défroquent aussi. Depuis la révolution sexuelle, plus de trois cent mille religieuses ont quitté les ordres — une sur cinq à l'échelle de la planète. Le chiffre est si alarmant que les cercles catholiques, lorsqu'ils évoquent le phénomène, parlent d'« hémorragie ». Des interviews et des enquêtes révèlent que la cause principale de ces défections est le vœu de chasteté. C'est ce même serment qui dissuade des jeunes femmes d'entrer dans les couvents où leurs aînées se précipitaient quelques décennies plus tôt. Tout cela en dépit du fait que ces mêmes religieuses considèrent le vœu de chasteté comme « le plus significatif et, parmi les trois vœux, le moins difficile à observer[39] ».

La vie dans les couvents n'a quasiment plus rien à voir avec ce qu'elle était au Moyen Âge, lorsque de misérables nonnes s'entassaient dans les cloîtres où leur famille les avaient exilées. Il leur était interdit, à cette époque, de sortir de l'enceinte de leur prison. Mais au XXᵉ siècle, les couvents sont peuplés de femmes qui ont choisi la vie religieuse par vocation — bien que quelques-unes encore aient été promises au Seigneur par leurs parents[40]. Dieu merci, ces établissements acceptent rarement des novices rebelles, pas plus que des filles à qui une vie de pauvreté, d'obéissance et de chasteté ne convient manifestement pas.

Jusqu'à Vatican II, la vie conventuelle est rigoureusement structurée. Les activités des religieuses sont surveillées et soumises à une certaine censure. Elles ne sortent que chaperonnées. Les pensionnaires, vêtues de costumes anachroniques et peu élégants, mènent une existence austère, à l'abri des influences extérieures. Un grand nombre de congrégations interdisent la lecture des journaux et des magazines. Une séance de radio ou de télévision, choisie avec circonspection, est une denrée rare au couvent. Les contacts avec l'extérieur y sont étroitement surveillés, et même la visite des parents, d'une sœur, d'une nièce, d'une tante ou d'une cousine ne peut avoir lieu qu'en présence d'une autre religieuse. Ces précautions s'appliquent aussi aux expéditions chez le dentiste et le médecin, aux courses et aux visites « à la maison », ces dernières se limitant à une tous les cinq ou six ans. Si les parents habitent dans une autre ville, la religieuse est accompagnée par une sœur du couvent local où elle passe ensuite la nuit. Ces règlements préservent la chasteté des nonnes et les tiennent à l'abri de toute contamination extérieure. Seules les influences sacerdotales sont bienvenues.

Les récompenses de cette chaste existence si étroitement surveillée ne sont pas uniquement spirituelles. En plus du respect et de considération de leur entourage, les religieuses reçoivent une instruction (mais l'on tient rarement compte de leur préférence pour l'une ou l'autre matière) qui va leur permettre de pratiquer l'activité à laquelle on les destine : l'enseignement ou le soin des malades. Les finances, dans la plupart des ordres, sont très saines et certains couvents sont même riches. La religieuse âgée ou malade ne doit craindre aucune privation ; le couvent pourvoit à tous ses besoins.

Vatican II bouleverse si bien cet univers confortable que des centaines de milliers de religieuses quittent leur havre de paix. Le premier geste de l'Église est de les priver de ce qui les distingue du commun des mortels en déclarant que, « par la vertu du baptême[41], *tous* les membres de l'Église ont entendu le même appel à "la plénitude de la vie chrétienne et à la perfection qu'apporte une vie de charité" ». En dépit de leur vocation, les religieuses sont désormais semblables à tous les catholiques pieux. Elles ne sont plus uniques. En outre, Vatican II réaffirme leur exclusion de la prêtrise, qui reste une prérogative masculine. En quoi ces religieuses chastes, qui sacrifient leur vie à Dieu et accomplissent scrupuleusement les tâches qui leur sont imposées, sont-elles différentes des autres femmes, ces catholiques qui ne sont pas tenues de rester vierges ? En rien, leur affirme-t-on. « D'un seul coup, écrit Patricia Wittaberg dans *The Rise and Fall of Catholic Religious Orders* (« Grandeurs et misères des ordres religieux »), le concile Vatican II sape les fondements idéologiques de dix-huit siècles de vie religieuse catholique et romaine[42]. »

Des changements radicaux bouleversent l'atmosphère des couvents. Le code vestimentaire change, les religieuses se mettent à ressembler aux laïques. On les envoie étudier dans des écoles professionnelles ou des universités. Elles vivent souvent en petite communauté, ou seules, sans mère supérieure. Plus tard, lorsqu'elles accèdent à une profession et se voient confier des responsabilités, elles reçoivent un salaire qu'elles remettent presque intégralement à leur communauté, qui leur dicte dans les plus infimes détails comment dépenser le peu qui leur reste.

Le monde change lui aussi. Petit à petit, la mystique féminine trouve de nouveaux exutoires, dans l'instruction ou dans la carrière, le tout, bien sûr, avec une liberté sociale toute neuve. On n'accordera jamais assez d'importance à l'effet libérateur de la pilule contraceptive, surtout chez les catholiques qui défient les enseignements de leur Église et entendent bien se réapproprier leur corps. La prêtrise étant toujours interdite aux femmes, les couvents n'offrent à leurs religieuses aucune perspective de carrière — perspectives qui leur sont largement accessibles hors de l'Église. Les établissements d'éducation catholique et les institutions médicales se sécularisent, et les femmes qui se sentent appelées à servir savent qu'elles peuvent désormais le faire en dehors des saints ordres. À l'intérieur de ces ordres, le respect qui leur étaient auparavant acquis disparaît petit à petit : des censeurs leur reprochent leur richesse collective, les accusent d'êtres imbues d'elles-mêmes et critiquent leur engagement dans des causes sociales[43].

Sur cette toile de fond où s'agitent deux mondes en mutation — le catholicisme post-Vatican II et la société assoiffée de réformes — religieuses et novices réévaluent leur vie et leur vocation. C'est alors que commence l'« hémorragie », aggravée par la pénurie des vocations. Ce phénomène entraîne un changement radical dans la démographie conventuelle, les sœurs plus âgées constituent le groupe le plus nombreux. Parmi les 36 000 religieuses catholiques canadiennes, 57 % ont plus de soixante-cinq ans, et plus de la moitié de ces aînées dépassent les soixante-quinze ans. Chez les plus jeunes, 1,4 % seulement ont moins de trente-cinq ans. Aujourd'hui, pour une novice qui prononce ses vœux, cinq ou six religieuses décèdent.

Une des conséquences de l'hémorragie est pécuniaire et nuit aux religieuses plus jeunes : les ressources financières étant drainées par les besoins des religieuses plus âgées, le salaire de celles qui travaillent devient un apport crucial pour la survie collective. La sécurité offerte autrefois par la vie conventuelle devient de plus en plus problématique.

La plupart des religieuses qui quittent les ordres au début de l'hémorragie donnent comme raison principale de leur décision les vœux de chasteté et d'obéissance. (Aujourd'hui, celles qui partent se plaignent surtout du manque d'argent. L'obligation de remettre leur salaire à des supérieures, qui, ensuite, les infantilisent en leur donnant de l'argent de poche, leur paraît inacceptable.) La chasteté est rarement le motif qui pousse une femme à se consacrer à la vie spirituelle, mais cette vertu lui paraît indissociable de la vocation religieuse. En bref, jusqu'à Vatican II, les avantages l'emportent sur le prix à payer — célibat et renoncement à la maternité : la situation financière de la religieuse est stable ; son prestige rejaillit sur sa famille ; diverses possibilités lui sont offertes dans le domaine de l'instruction, de la vocation et de la profession ; et elle occupe une position privilégiée dans l'Église catholique.

Après Vatican II, ces prérogatives commencent à se tarir. Les laïques ont accès, elles aussi, à une instruction et à un emploi honorable, même au service de l'Église, car elles occupent parfois une position prestigieuse dans la paroisse. Pourquoi, se disent les religieuses, continuerions-nous à sacrifier les joies du mariage et de la maternité, sans parler des plaisirs érotiques ?

« Pour moi, la chasteté était un problème, explique une ex-religieuse. La compagnie d'un homme me manquait[44]. » Une nonne tombe amoureuse d'un jésuite pour lequel elle éprouve « une inclination intellectuelle, une complicité spirituelle et une attirance physique[45] ». Une enseignante se met à rêver et à fantasmer sur ses étudiants de huitième année. « Alors, dit-elle, j'ai compris que le moment était venu de tirer ma révérence[46]. » Enfin, une religieuse explique qu'elle a « soudainement eu envie d'avoir des enfants[47] ». Autant de raisons qui, après les années 1960, l'emportent sur les gratifications données par la chasteté et contribuent à l'hémorragie.

Depuis Vatican II et la révolution sexuelle, plus de trois cent mille religieuses et deux cent mille prêtres ont officiellement renoncé à leurs vœux et quitté le sein de l'Église. Un demi-million d'hommes et de femmes, ex-religieux, se sont réinsérés, avec plus ou moins de succès, dans le monde laïque. Pour une grande partie d'entre eux, la chasteté a été la pierre d'achoppement qui a fait obstacle à leur vocation et à leur mission spirituelle[48].

Un monachisme Nouvel Âge

À l'opposé de ces tendances, une société minuscule, mais très médiatisée, a incorporé le Nouveau Célibat à ce que l'on pourrait appeler le monachisme Nouvel Âge. Ce monachisme doit beaucoup à une certaine fascination pour l'ascétisme et le mysticisme des premiers chrétiens et pour le bouddhiste et l'hindouiste primitifs. Mais il est aussi imprégné de concepts postrévolutionnaires sur l'égalité des femmes et la quête de relations intimes, intenses et enrichissantes, chapeautées d'une rigoureuse chasteté.

Les moines bénédictins du mouvement charismatique Our Lady of Guadalupe (Notre-Dame de Guadeloupe), à Pecos au Nouveau-Mexique, prient deux par deux. La plupart de ces couples se composent d'une femme et d'un homme. « Nous sommes chastes, mais nous nous aimons[49] », explique l'un des membres. Contrairement aux moines d'autrefois, pour qui la relation qu'ils entretenaient avec Dieu et Dieu seul était primordiale, ces bénédictins d'un nouveau genre encouragent les liens humains, qu'ils considèrent comme un élément essentiel de la spiritualité.

Les ermites chrétiens du Spiritual Life Institute (Institut de la vie spirituelle) vivent en communauté à Nova Nada, en Arizona et en Nouvelle-Écosse. Ils sont, eux aussi, continents et renouvellent chaque année leur vœu de chasteté. Ils « vivent ensemble », évitant l'isolement sans compromettre leur solitude. Cette fraternité leur permet de résoudre plus aisément les problèmes auxquels se heurtent les ermites livrés à eux-mêmes.

Siddha Yoga Dham, un ashram hindou situé à Oakland, en Californie, exige la chasteté de ses pensionnaires non mariés. « Quand on aime Dieu, dit une dévote, on abandonne aisément certains plaisirs, non parce qu'ils sont mauvais, mais parce qu'ils sont incompatibles avec l'amour brûlant qui nous habite[50]. » Un observateur gagné à cet organisme affirme que « le "nouveau monachisme", catalyseur de changement, bouleversera les valeurs de tous en matière de travail, d'argent, de relations humaines et d'environnement[51] ». La chasteté que prône l'ashram est considérée comme un véhicule permettant d'approfondir et d'harmoniser les liens de l'amour. Elle n'est ni une privation ni un sacrifice.

Un cœur non divisé

Kathleen Norris, protestante et auteure de *The Cloister Walk* (« La promenade du cloître »), éprouve une telle attirance pour la vie monastique qu'elle décide de s'associer à la communauté des oblates bénédictines de St. John's Abbey, au Minnesota. Comme le prescrit la coutume, elle fait le serment de respecter la règle de saint Benoît dans la mesure où sa situation sociale le lui permettra, car Kathleen est mariée. Elle rend de fréquentes visites au monastère, lit assidûment les Écritures et médite sur leur contenu. Bref, elle s'imprègne de la sagesse des pensionnaires de l'abbaye.

La règle des bénédictines à propos de la chasteté est enracinée dans l'amour. Kathleen Norris intitule d'ailleurs l'un des chapitres de son livre « Apprendre à aimer : comment les bénédictines envisagent la chasteté et les relations ». Des sœurs plus âgées y révèlent comment elles ont appris à éloigner les pensées érotiques et, bien sûr, la sexualité. Curieusement, plusieurs oblates affirment que tomber amoureuse est un des éléments essentiels de la chasteté. Une bénédictine raconte à Kathleen qu'elle n'a compris le sens exact du mot chasteté que lorsqu'elle est tombée amoureuse d'un prêtre. Ce sujet est traité ouvertement par la prieure de l'abbaye :

> Le péché le plus grave contre la chasteté consiste à faire semblant de ne ressentir aucune affection pour personne. Tomber amoureuse veut dire mettre sa chasteté à l'épreuve. Le vœu de chasteté ne demande pas que l'on refoule ses sentiments. Il permet au contraire de les accueillir en son cœur, qu'ils soient acceptables ou non, et de les amener à la conscience par l'entremise de la prière[52].

Une oblate explique à Kathleen, que lorsqu'une sœur tombe amoureuse — ce qui semble arriver assez souvent —, elle peut mettre ce sentiment à profit pour repousser les images romantiques qui se présentent à son esprit et pour réfléchir au sens profond de sa vocation.

Les bénédictines savent que nonnes et moines ont une définition différente de la chasteté. Les hommes y voient une privation, les femmes la possibilité de vivre dans une communauté où elles peuvent entretenir des relations affectives. Les moines chastes croient que la continence leur permet d'accumuler une énergie sexuelle qu'ils mettront au service de l'Église. Les religieuses, elles, abordent leur chasteté de façon plus directe : elles y pensent, elles en parlent, elles prient pour la conserver. Et, par-dessus tout, elles en font un engagement personnel. « Vivre dans la chasteté est un choix quotidien[53] », conclut l'une d'elles.

Kathleen Norris transpose les méditations des religieuses sur la chasteté dans son statut de femme mariée et dans son vœu de fidélité conjugale. Comme la chasteté des bénédictines, le mariage commence par une promesse sacrée, un engagement qui exige que le moi soit transcendé. La chasteté et le mariage « sont des disciplines. L'un et l'autre peuvent être considérés comme une forme d'ascétisme », dit une religieuse. Kathleen s'inquiète cependant, car la culture actuelle fait la promotion d'une conception fausse de l'amour, réduit au fait de posséder et d'être possédé. La chasteté est précisément à l'opposé de cette conception : elle est « amour sans désir de posséder, sans exclusivité[54] ». Les bénédictines chastes qui sont parvenues à une grande maturité parlent du reste souvent de leur liberté « d'aimer un grand nombre d'êtres sans jamais être infidèles à aucun[55] ». Pour simplifier, disons que leur souhait le plus profond est d'avoir, grâce à la chasteté, « un cœur non divisé[56] ».

Les vierges souveraines

Quelques décennies après avoir électrisé, horrifié et métamorphosé la culture occidentale, la révolution sexuelle d'Amérique du Nord s'est fermement enracinée dans les comportements. Les effets de cette révolution sont particulièrement manifestes chez les jeunes. L'âge où les adolescents disent adieu à leur virginité a baissé de plusieurs années. Une fille fait généralement l'amour pour la première fois à 17,4 ans, et un garçon à 16,6 ans, soit trois ans plus tôt qu'à la fin des années 1950. Ces chiffres sont encore plus surprenants quand on les décortique : 19 % des adolescents entre treize et quinze ans ne sont plus vierges ; ce taux grimpe à 55 % chez les jeunes de seize à dix-sept ans[57] ; et on peut dire que 72 % des élèves qui terminent leurs études secondaires ont eu des relations sexuelles, la moitié au moins avec plus d'un partenaire[58].

Ces chiffres, hélas ! ne se traduisent pas par la pratique d'une sexualité libératrice, épanouissante et sans inhibitions. L'activité sexuelle des jeunes est, au contraire, lourde de conséquences néfastes — notamment les nombreuses grossesses qui surprennent des jeunes filles loin d'être prêtes à devenir mères. Quatre adolescentes américaines sur dix tombent ainsi enceintes. On observe aussi que, alors que, en 1960, 33 % des mères de moins de vingt ans étaient seules pour accueillir leur premier enfant, ce pourcentage grimpe à 81 % en 1989.

Le nombre d'adolescents touchés par des maladies transmises sexuellement (MTS) grimpe également en flèche. Aujourd'hui, à vingt et un ans, un jeune sur quatre environ souffre d'une infection à chlamydia, de syphilis ou de gonorrhée[59]. Le sida s'attaque de plus en plus souvent aux jeunes gens. En dépit des avertissements pressants de personnalités célèbres — le basketteur Magic Johnson révèle un jour que son insouciante promiscuité sexuelle est la cause de sa terrible maladie —, beaucoup de jeunes continuent à avoir des rapports sexuels non protégés.

Il est aussi désolant de voir que certains adolescents ne pratiquent pas ce qu'ils prêchent. Ces jeunes pensent qu'il est « préférable de ne pas avoir de relations sexuelles » avant l'âge de seize ou dix-sept ans. Pourquoi, malgré cette position sensée, brûlent-ils les étapes ? Par curiosité d'abord, ensuite par « envie d'être amoureux[60] » — 63 % des filles et 50 % des garçons sacrifient leur virginité par amour. La grande majorité des filles (contre 35 % des garçons seulement) succombent devant l'insistance de leur partenaire ; et 58 % de jeunes, garçons ou filles, reconnaissent vouloir impressionner leur entourage et devenir plus populaires. Et pourtant, ils jugent encore leur conduite à l'aune du toujours vivace « deux poids, deux mesures » : les deux tiers d'entre eux estiment que l'expérience sexuelle rehausse la réputation du garçon alors qu'elle endommage celle de la fille[61].

Il fut un temps, avant la révolution sexuelle, où il était plus facile pour les filles de rester chastes. D'abord, parce qu'elles avaient leurs premières menstruations plus tard qu'aujourd'hui — à quatorze ans au lieu de douze —, et ensuite, parce qu'elles se mariaient plus tôt — à vingt et un ans au lieu de vingt-cinq[62]. À cette époque, une jeune femme n'avait que sept ans de chasteté à endurer avant de se marier et de perdre sa virginité, avec la bénédiction de ses parents, des autorités religieuses et de la société. De nos jours, tout comme son frère, elle est harcelée par ses hormones, par une société qui méprise les vierges et les puceaux, et par des camarades qui se vantent de leurs prouesses sexuelles. De plus, la fille doit souvent résister à son petit ami, qui use de cajoleries et d'une forme d'intimidation pour la convaincre de faire l'amour alors qu'elle ne le désire pas.

En dépit de cette marée de jeunes, et même de très jeunes gens sexuellement actifs, environ 20 % des adolescents restent chastes jusqu'à l'âge adulte. Pourquoi ces jeunes hommes et ces jeunes femmes défient-ils ainsi la norme ? Comment parviennent-ils à maîtriser les pulsions auxquelles cèdent la plupart de leurs pairs ? Qu'est-ce qui les rend fondamentalement différents des autres ? Et lorsque ces jeunes gens chastes atteignent la maturité, regrettent-ils d'avoir retardé leur initiation sexuelle ?

Ce questionnement doit prendre place dans le contexte social et moral complexe de notre époque, où le monde des médias et de la musique prend tout spécialement pour cible les millions de jeunes qui constituent un énorme marché. Discours hédonistes, messages publicitaires et chansons claironnent tous le même message : le sexe est bon, naturel, *cool*, et omniprésent. La sexualité est un comportement purement physique, suscité par des paroles enjôleuses, des vêtements suggestifs, des attitudes racoleuses et parfumé d'une forte odeur de musc.

Dans ce monde saturé de plaisirs charnels, les féministes interprètent l'acte sexuel comme un jeu de pouvoir et démontrent qu'il est entièrement lié aux inégalités entre les sexes. Malheureusement, cette analyse les amènent parfois à penser que, pour redresser les torts causés par l'infamant système du « deux poids, deux mesures », il faut adopter des principes de conduite masculins. Cela se traduit par une sexualité basée sur le nombre des conquêtes et les jeux de pouvoir — une sexualité, bien entendu, mise au premier plan et contrôlée par les femmes. Ces dernières croient sérieusement pouvoir définir leur indépendance et leur égalité en maîtrisant les variations infinies de ce qu'Erica Jong a nommé la « *zipless fuck*[*][63] ». Menant une version combattante de la révolution sexuelle, ces « vraies » femmes ont toujours un préservatif dans la poche de leur jean, elles notent (sur dix) la fermeté des fesses des hommes et prennent l'initiative de l'acte sexuel avec le partenaire qui éveille en elles un désir passager.

Rivalisant avec cette approche affligeante des rapports humains, la *moral majority* (« majorité morale ») des chrétiens de droite déploie un prosélytisme agressif. Ce groupe, qui racole lui aussi un tas de jeunes, fait la promotion d'une contre-culture qui prêche l'abstinence jusqu'au mariage[64] et affirme que l'hétérosexualité est la seule orientation légitime. Il procure en outre à ses adeptes des accessoires à la mode, aussi branchés que ceux qui clament que « le sexe est tout-puissant ». Adéquatement nommé True Love Waits (L'amour véritable sait attendre), l'organisme le plus connu de cette mouvance exerce son influence dans le monde entier.

---

* Que l'on pourrait traduire par « baise sans déshabillage ».

True Love Waits

La promesse signée par les milliers de jeunes qui adhèrent à True Love Waits est le fondement de la philosophie de ce mouvement :

> Convaincu(e) que le véritable amour sait attendre, je m'engage envers Dieu, moi-même, ma famille, l'être à qui je m'unirai et les enfants que nous concevrons, à observer, dès aujourd'hui et jusqu'au jour de mon mariage selon les lois bibliques, l'abstinence sexuelle.

Le mouvement se montre clair et sans ambiguïté dans l'exposé de ses valeurs et de sa façon de voir le monde. Le véritable amour est un don de Dieu. C'est une grâce reconnaissable qui ne touche que les couples hétérosexuels — l'amour entre personnes du même sexe n'est ni sacré ni authentique[65]. Lorsque le véritable amour se manifeste, l'homme et la femme qui ont été choisis doivent s'engager dans une union légale, honorable et définitive, lors d'une cérémonie inspirée par les lois bibliques. Puis, comme une ultime consécration, vient la consommation sexuelle.

True Love Waits voit le jour en avril 1993 à Nashville, au Tennessee, une ville fondamentaliste du sud des États-Unis. Le fondateur du mouvement est un jeune pasteur, Richard Ross, qui a été bouleversé par la confidence que lui ont faite deux adolescentes de quatorze ans : « Nous sommes les seules vierges de l'école[66]. » Elles ont probablement dit vrai, et cette situation s'observe partout à travers le monde occidental, dans divers établissements d'éducation très libres. True Love Waits, message simple et astucieusement formulé, attire très vite des centaines de milliers de partisans.

La chasteté est au cœur même du mouvement — une chasteté positive et rassurante. True Love Waits approuve les jeunes qui sont restés chastes et fait en sorte de renforcer leurs convictions, mais il accueille aussi dans ses rangs des légions de jeunes gens qui regrettent d'avoir perdu leur virginité. « Les jeunes qui ont fauté sont invités à solliciter le pardon de Dieu et à respecter "dès aujourd'hui" le serment de True love Waits[67]. » La rédemption est immédiate. Le mouvement ne peut réparer les hymens brisés, mais il réconforte les malheureux pécheurs et pardonne à ceux qui se repentent.

Au milieu du tapage médiatique omniprésent, les proclamations de True Love Waits sonnent haut et clair. Dieu n'admet pas la sexualité prénuptiale. La virginité est « un présent que l'on ne peut faire qu'une fois ». « Concentrez-vous sur ce qui importe à Dieu : le cœur. » « Soyez prêts à attendre dans la créativité. » Il n'est pas sage que des chrétiens sortent avec des non-chrétiens. Dieu veut que vous preniez la responsabilité de votre existence. Il vous offrira un jour, au moment adéquat, le partenaire idéal. Être attiré par un individu du même sexe n'est pas immoral, mais accepter que cette attirance soit sexuelle équivaut à franchir un interdit biblique, ce qui est un péché. Rapprochez-vous de Dieu.

Le marketing de True Love Waits est efficace et astucieux. Il offre tout l'attirail qui plaît aux adolescents : T-shirts, sweat-shirts, blousons, foulards, casquettes, fanions, posters, pendentifs, badges, bagues, colliers, mais aussi des bibles, des manuels et divers textes. Ses slogans — « *Stop your urgin', be a virgin* » (« N'insiste pas, reste puceau »), « *Pet your dog, not your girlfriend* » (« Caresse ton chien, pas ta copine ») et, pour les vierges nouvelles, le nostalgique « Ma virginité me manque » — rivalisent, dans leur banalité délibérée, avec les messages des campagnes publicitaires à succès.

True Love Waits fait la promotion de groupes de musique chrétiens (les Newsboys, DeGarmo & Key, Steven Curtis Chapman, Geoff Moore and the Distance, DC Talk, Audio Adrenaline). Le jeune qui a promis d'attendre n'est donc pas tenu de renoncer aux plaisirs de son âge. En fait, musique et danse (sans drogue ni sexe) encouragent les adolescents à se rencontrer et à sublimer leur énergie sexuelle dans des activités anodines. Amenés à se concentrer sur l'abstinence sexuelle et sur le courage moral qu'elle leur procure, les adeptes du mouvement n'ont aucun mal à respecter leur serment de chasteté.

True Love Waits exige de ses membres un prosélytisme actif et orchestre leurs démarches en leur fournissant des instructions pratiques extrêmement détaillées. L'objectif consiste autant à attirer et retenir l'attention des médias, qu'à recruter des adolescents vierges ou voulant le redevenir. En février 1996, les partisans du mouvement réunis à Atlanta, en Géorgie, voient 350 000 cartes d'engagement dûment signées s'élever dans les airs à l'aide de câbles[68]. En septembre 1994, le magazine *Life* publie, sur une double page couleur, une photographie plus impressionnante encore : 211 163 cartes sont étalées sur le sol au pied du monument Washington.

En 1997, la Valentine's Day Vision (Exposition de la Saint-Valentin) — un événement qui consiste à exposer, sur les campus de toutes les écoles secondaires des États-Unis, les cartes d'engagement des membres du mouvement — est une preuve éclatante de la détermination et des ambitions de True Love Waits. La documentation explique, étape par étape, le déroulement de la campagne : planification préalable ; organisation de retraites, de séances d'étude de la Bible et de cérémonies ; contacts avec d'autres clubs et groupements chrétiens pour rassembler une aide efficace ; négociations avec les administrations scolaires et les médias ; et, après le grand événement, démontage de l'exposition.

Tout est prévu. Si les responsables d'établissements se montrent un tant soi peu récalcitrants, les étudiants sont invités à faire preuve de diplomatie. « Évitez l'émotivité, qui pourrait jouer contre vous, leur suggère-t-on dans les prospectus. Ayez plutôt recours à votre imagination — exposition dans les rues avoisinant le campus dont on vous a interdit l'accès — ou à la loi, en particulier le Equal Access Act (Loi sur l'égalité du droit d'accès), dont vous trouverez le texte dans la documentation de la Valentine's Day Vision, section des urgences imprévues[69]. »

Originaire du sud très protestant des États-Unis, True Love Waits s'étend à toute l'Amérique. On le retrouve même à l'Université Stanford, dans l'État de Californie, où les responsables du mouvement déplorent que, toutes les huit minutes, une adolescente mette un bébé au monde[70]. Le groupe de Stanford, qui se nomme à ses débuts Students for a Traditional Sexual Ethic (Étudiants en faveur d'une éthique sexuelle traditionnelle), voit le jour en 1994. True Love Waits s'implante également au Canada, surtout dans les Prairies. « Il ne s'agit pas d'un engouement passager, affirme le coordinateur de l'Alliance canadienne pour la Chasteté de Cornwall, en Ontario. Les professeurs me disent que les étudiants ne cessent d'en parler [de la chasteté] dans les couloirs et dans les cours d'école[71]. »

On en parle dans les écoles du monde entier, y compris celles d'Afrique du Sud où, en 1994 — l'année où True Love Waits fait sa première campagne — soixante mille étudiants signent leur engagement. « J'étais un adolescent désorienté qui se posait un tas de questions sur l'existence », raconte un membre de KwaZoulu/Natal. Un autre se réjouit : « J'ai toujours voulu rester pur, mais je pensais que je faisais partie d'une minorité. Je suis heureux de découvrir que je me trompais ! Signer un engagement officiel m'aidera à respecter ma promesse[72]. »

Bien que True Love Waits se développe et évolue dans le bastion de l'intégrisme protestant, ses responsables se montrent suffisamment circonspects et œcuméniques pour s'adresser également aux millions de fidèles des 23 000 paroisses catholiques des États-Unis. L'Église catholique n'a pas hésité à saisir cette main tendue et à adopter officiellement le mouvement. L'un des cadres de la National Federation of Catholic Youth Ministry (Fédération nationale du ministère de la jeunesse catholique) déclare : « Qu'est-ce que la chasteté, sinon une nouvelle manière de partager un vieux message[73] ? »

Ce message exerce un attrait irrésistible sur des centaines de milliers de jeunes gens qui, au moins temporairement, mettent fin à leurs activités sexuelles. Le succès est en partie dû à la propagande du mouvement — moderne, optimiste, branchée, outrageusement « publicisée » et moralement digne de foi. On dit que, grâce à True Love Waits, la virginité « débile » est devenue à la mode.

Mais une présentation réussie de l'idéal de chasteté ne peut expliquer à elle seule l'ampleur du mouvement. Ses jeunes adeptes ne sont pas tous enfants de membres de la *moral majority* qui apprécient les principes familiers et rassurants du mouvement autant que son cérémonial branché. Les parents de certains d'entre eux sont des chrétiens moins dogmatiques, des fidèles d'autres religions, des agnostiques ou des athées.

Lorsque la chasteté est cautionnée par une religion, elle gagne en autorité. « Dieu veut que nous restions purs », explique un adepte. Il ajoute : « Dieu dit que la sexualité prénuptiale est mauvaise » ; puis, avec plus d'éloquence encore : « Mon corps est un temple réservé à Dieu et je ne le souillerai pas[74] ! » Les récompenses promises sont séduisantes : au commandement de Dieu, le partenaire idéal se matérialisera, le véritable amour et les liens sacrés du mariage s'ensuivront. Alors, les deux époux jouiront d'un érotisme rendu plus fort par la longue saison sèche qui a précédé leurs noces. Mais, en attendant ces jours bénis, les partisans de l'attente doivent se contenter d'amours platoniques[75].

Des centaines de milliers de cartes d'engagement témoignent de la toute-puissance de la virginité, du pouvoir qu'elle a sur les gens et du pouvoir qu'elle prétend leur donner sur leur destin. L'approche du mouvement est positive plutôt que défensive. Ce dernier affirme, entre autres, que la virginité est noble et jamais vieux jeu. Elle n'est ni pesante, ni embarrassante ; elle permet de se protéger jusqu'au jour où vient le moment de la perdre. Avant que True Love Waits n'entre en scène, la virginité était trop souvent un fardeau. Aujourd'hui, les vierges peuvent dire : « c'est ma vie, et que je fasse l'amour ou non ne regarde personne » ou « lorsqu'une personne est sûre d'avoir pris la bonne voie, tout ce que peuvent dire les autres ne la touche pas[76] ». La virginité souveraine est dans le vent.

En tant qu'organisme, True Love Waits est un phénomène tout neuf, dont les effets à long terme sont difficiles à prévoir. Une décennie devra s'écouler avant que l'on puisse évaluer son pouvoir et son influence. Le mouvement pourrait être éphémère, un simple feu de paille médiatique. Il est révélateur que le raz-de-marée publicitaire de True Love Waits se soit dissipé après 1994 et ne réapparaisse que sporadiquement. Il faut aussi noter que le nombre de grossesses chez les adolescentes augmente à nouveau. Bien que des milliers de jeunes continuent à attendre, dans la chasteté, le véritable amour, on ne peut affirmer que True Love Waits a redéfini les principes moraux de la jeune génération.

Le mouvement des jeunes

True Love Waits est l'organisme le plus représentatif du mouvement moderne pour l'abstinence, mais d'autres groupes véhiculent le même message. Ensemble, ils contribuent à garder à la chasteté une place, certes modeste, dans la culture de la jeunesse actuelle. Quant à la virginité, beaucoup plus rare, elle n'est plus un fardeau dont on a honte. Ce mouvement l'a au moins réhabilité et en a fait un statut socialement acceptable[77].

Plusieurs idoles de la culture présentent la virginité sous des couleurs séduisantes, quand elles ne la revendiquent pas tout simplement pour elles-mêmes. Bien avant que True Love Waits ne fasse son apparition, Juliana Hatfield, chanteuse rock adulée par les jeunes, révèle au magazine *Interview* qu'elle est toujours vierge. Kennedy, *veejay** de MTV, « l'ultra débile qui a rendu la débilité chic », fait la même déclaration provocante[78]. Le chanteur Morrissey affirme qu'il s'est refait une virginité, il se présente comme un être asexué qui a fait l'amour pour la dernière fois « il y a des années ». « Le sexe n'existe tout simplement pas dans ma vie, explique-t-il, ce qui veut dire que ma sexualité est nulle[79]. » En 1999, la chanteuse Cher, flamboyante, voluptueuse et éternellement jeune, fait un aveu public étonnant : depuis sa dernière relation intime, qui a pris fin six ans plus tôt, elle vit dans la chasteté. Elle a du reste nommé son enfant unique Chastity. Elle qualifie toutefois d'« étrange »

* Un *veejay* est un présentateur de vidéos à la télévision.

cette expérience, qu'elle attribue uniquement à une pénurie d'amants convenables. Les hommes qu'elle a rencontrés étaient soit peu attirants, soit peu désireux d'être marginalisés et appelés « Monsieur Cher ». Ainsi, jusqu'à ce qu'un homme « convenable » soit en mesure de s'engager envers elle et de lui offrir amour et affection, la grande vedette restera abstinente.

La chasteté a ses partisans au petit et au grand écran. La jeune actrice Cassidy Rae, vedette de la défunte série *Models Inc.,* révèle à ses admirateurs que, bien qu'elle ait perdu sa virginité à l'écran, elle est encore vierge à dix-huit ans. « Je veux rester aussi pure que possible pour mon [futur] mari », déclare-t-elle. Pendant plusieurs saisons haletantes, Donna Martin, le personnage qu'interprète Tori Spelling dans *Beverly Hills 90 210,* est l'une des dernières filles vierges de Rodeo Drive. Elle saute finalement le pas en 1997. Dans le film *Clueless,* Alicia Silverstone n'est pas seulement la fille la plus décontractée du campus, elle est aussi vierge et veut rester intacte pour Luke Perry, la coqueluche des adolescents[80].

Le modèle de chasteté masculine le plus impressionnant est sans nul doute A. C. Green, puissant joueur de basket-ball (2,20 m ; 110 kg) des Suns de Phoenix. À trente-trois ans, Green est probablement le puceau le plus obstiné des États-Unis. Il est l'un des fondateurs de Athletes for Abstinence (Athlètes en faveur de l'abstinence) et le plus ardent défenseur de cette cause. « Je suis toujours vierge, déclare-t-il en 1997. Adulte, je m'abstiens pour les mêmes raisons qui m'ont poussé à m'abstenir quand j'étais adolescent — le principe n'a pas changé, ni le respect que j'ai de moi-même […] D'un certain point de vue, l'abstinence peut sembler un choix de solitaire — mais cela ne veut pas dire que ce n'est pas un bon choix[81]. »

Pour la plupart des hommes et pour bien des femmes, Magic Johnson est un exemple spectaculaire. Condamnant, trop tard, la promiscuité sexuelle qui lui a valu d'être infecté par le virus du sida, ce sportif souille de façon indélébile l'image autrefois éclatante d'une sexualité insouciante. Il résume clairement la triste leçon que lui a apprise sa séropositivité : « Pas de sexe, pas de risque. »

La petite guilde des vierges sages et l'ex-cavaleur font front commun contre l'érotisme irrémédiablement présent dans la musique populaire, à la télévision et au cinéma. Ils sont devenus des oasis de pureté dans le paysage torride de la sexualité.

Les conséquences de la révolution sexuelle — des grossesses prématurées de plus en plus nombreuses[82], un taux extrêmement élevé d'avortements et de naissances illégitimes, une escalade sans fin des maladies transmises sexuellement, et l'épidémie du sida — choquent et effraient une population plus inquiète des incidences sociales que religieuses. Contrairement à la *moral majority*, qui a engendré True Love Waits, ces hommes et ces femmes tolèrent souvent la sexualité prénuptiale, à condition qu'elle soit pratiquée entre adultes consentants. Pour eux, l'abstinence ne peut avoir qu'un temps. Si elle est essentielle chez un jeune, elle ne se justifie pas nécessairement chez un adulte.

Ce tout nouveau concept suscite un large éventail de stratégies éducationnelles, punitives et incitatives, destinées à encourager la chasteté des jeunes. Bien que ces mesures soient étrangement comparables aux tactiques utilisées dans la guerre, sans cesse perdue, contre la drogue, la bataille continue. Les enjeux sont énormes.

Les instruments de persuasion de cette campagne sont divers. Parmi eux, le renforcement des lois sur le détournement des mineurs et l'avortement, et l'adoption de nouvelles lois sanctionnant les pères qui ne versent pas de pension alimentaire, quel que soit leur âge. Aux côtés du mouvement fondamentaliste chrétien True Love Waits, le BAVAM ! (Born-Again Virgins of America Movement — Mouvement des vierges nouvelles d'Amérique), qui accueille les filles qui ont déjà fauté, représente l'approche morale incitative. Mais les forces de persuasion les plus efficaces sont les cours d'éducation sexuelle. Des professeurs optimistes s'y appuient sur des informations précises et agréablement présentées pour convaincre les jeunes que la vertu — qui protège des maladies, induit le respect de soi et incite à la sélectivité — trouve en elle-même sa propre récompense.

Les pressions législatives — « tu ne forniqueras pas avec un mineur » ; « tu n'avorteras pas à la légère d'un enfant non désiré » ; « tu ne tenteras pas de te soustraire à tes obligations parentales » — s'attaquent aux conséquences des actes et présument que la plupart des gens ne prendront pas le risque de subir ces conséquences. La chasteté est suggérée, plutôt que recommandée, comme un moyen infaillible de se conformer aux lois. Les rapports sexuels protégés — qui suppriment tous les risques, mais ne règlent pas le problème des relations charnelles illicites — arrivent juste après dans la liste des solutions. Cependant, le défaut majeur de ces tentatives pour forcer les gens à bien se conduire est que la surveillance de toutes les violations, ou de la plupart d'entre elles, est une opération trop monumentale pour avoir des chances de réussir. La plupart des gens comprennent très vite que seuls les malchanceux se font prendre et châtier.

Les appels à la moralité font plus d'effet que les menaces. True Love Waits en est du reste l'exemple le plus frappant. Quant à l'association des vierges nouvelles, qui prend sous son aile les « putes repentantes », elle s'appuie elle aussi sur un impératif rigoureux : « retrouver cette force morale sur laquelle l'Amérique s'est édifiée, et le faire avec humour ».

BAVAM !, le mouvement des vierges nouvelles, est fondé par Laura Kate Van Hollebeke, jardinière paysagiste de la côte ouest des États-Unis. Bien qu'affirmant ne pas être affligée de « "slutitis" généralisée (inflammation du cerveau qui provoque, chez la femme, une indécision irrationnelle lorsqu'elle est en présence d'un mâle ardent) », Laura résiste difficilement à un homme entreprenant. Pour lutter contre cette faiblesse, qui crée « une insupportable sensation de vide à l'endroit même où devrait se trouver [son] amour-propre », elle fait vœu d'abstinence. À partir de ce moment, elle s'emploie à refréner toute activité sexuelle « jusqu'au jour où elle prononcera les mots "Je jure de…" devant un prêtre ». Par l'entremise d'un site Internet, un bulletin trimestriel et des T-shirts (« *Sexless in Seattle* » — Chaste à Seattle —; « *I Love You Man… but I Won't Sleep With You* » — Je t'aime… mais je ne coucherai pas avec toi), elle échange des idées avec d'autres « putes repentantes ». Elle écrit : « J'ai mis les femmes au défi de se réapproprier leur corps, de retrouver leur amour-propre, et de faire preuve d'un respect authentique envers l'amour et l'engagement […] L'organisme à but non lucratif BAVAM ! se propage comme un feu de forêt. C'est un rejeton robuste et en bonne santé[83]. »

BAVAM ! est loin de posséder les structures, l'organisation et l'appareil de propagande de True Love Waits. Le groupe suggère tout simplement « une nouvelle attitude et de nouveaux comportements à celles qui veulent tout reprendre à zéro et repartir sur de nouvelles bases. » Bien que le mouvement n'ait pas de structures officielles de recrutement et d'admission, le nombre des membres est loin d'être négligeable. Une fois la promesse faite, une carte de membre et un certificat de virginité sont remis à la nouvelle adhérente. BAVAM ! offre aussi des T-shirts et des sweat-shirts. Un bulletin trimestriel annonce les réunions à venir aux membres des États-Unis et du Canada.

Contrairement à True Love Waits, BAVAM! a été créé par de jeunes adultes partageant les mêmes objectifs. Tous ont opté pour la chasteté en réaction à une expérience sexuelle déplaisante, perturbante ou malsaine.

Les campagnes prochasteté les plus enthousiastes, les plus élaborées et les plus largement subventionnées sont des opérations éducatives. Mais, en dépit de leurs buts communs, les organismes ont souvent des conceptions radicalement différentes de la nature et des comportements humains. Une motion présentée par l'un des dirigeants du HIV/AIDS Advisory Council (conseil consultatif VIH/sida) de la Commission scolaire de New York, souligne l'ampleur des désaccords. Persuadé que tous les membres du conseil adopteront cet énoncé qui dit que « les enfants ne devraient pas faire l'amour », le représentant est abasourdi de voir sa proposition défaite à plates coutures[84].

La seule motion qui passerait haut la main, semble-t-il, est qu'il est essentiel d'informer le jeune public pour guider ou influencer sa conduite future. Mais la quantité et l'importance des informations restent un champ de discorde explosif, tout comme le questionnement sur le but ultime des campagnes: doit-on promouvoir la chasteté jusqu'au mariage, ou jusqu'à ce que le jeune soit autonome et qu'il rencontre un être avec lequel il pourra avoir une relation engagée?

Il est évident que, sur cette question et sur d'autres problèmes clés, les jugements moraux et religieux gouvernent les opinions. En offrant aux jeunes des informations sur le contrôle des naissances, encourage-t-on une activité sexuelle qui augmentera les risques de grossesse chez des adolescents? Doit-on les terrifier en leur dépeignant les ravages du sida et des maladies transmises sexuellement? Faut-il mettre l'accent sur les conséquences — émotionnelles, sociales et pécuniaires — des responsabilités parentales? Doit-on se lancer dans de longues diatribes sur les horreurs de l'avortement, légal ou illégal? Faut-il prêcher la « modération sexuelle » en prétendant que Dieu aime la chasteté? Ou bien est-il préférable de proposer des solutions de rechange, comme les rapports sexuels protégés? Enfin, faut-il accorder plus d'attention aux filles, victimes de la coercition masculine en matière de sexualité, ou faire comme si le système du « deux poids, deux mesures » n'existait pas et se montrer tout aussi attentifs envers les garçons?

Les slogans de la Campaign for Our Children (Campagne pour nos enfants), au Maryland, traduisent une approche simpliste: « l'abstinence rend le cœur plus aimant »; « vous irez plus loin si vous n'allez pas jusqu'au bout». Le but de cette importante offensive médiatique est d'amener les adolescents à prolonger leur période d'abstinence.

Les cours d'éducation sexuelle vont plus loin, mais ils ne sont pas nécessairement plus efficaces. Plusieurs reposent sur une connaissance extrêmement précise de la physiologie humaine, mais laissent de côté les émotions tumultueuses entourant les activités sexuelles. Ces programmes visent à faire croire à l'étudiant que, s'il comprend la mécanique de son corps, il est en mesure de prendre sa sexualité et sa vie en main.

D'autres programmes conçus par des commissions scolaires ne véhiculent qu'une obsession récurrente pour la chasteté. Ils excluent de façon scandaleuse toutes les autres possibilités. Le très connu American Sex Respect, cours d'éducation sexuelle qui fournit les élèves en manuels et autres outils pédagogiques, ne prône que l'abstinence sexuelle et ne traite pas des méthodes de contrôle des naissances. Il égare les étudiants avec des déclarations aussi aberrantes que «les caresses avant le mariage peuvent parfois endommager la vie sexuelle postnuptiale[85]». Teen-Aid, un cours similaire adopté également par certaines écoles canadiennes, propose aux jeunes des arguments trompeurs: «le seul moyen de ne pas tomber enceinte est de s'abstenir de tout contact génital»; «l'utilisation correcte du préservatif n'empêche pas l'infection par le VIH, elle ne fait que la retarder[86].»

Les programmes Girls Inc. et PSI (Postponing Sexual Involvement) invitent les filles à se rencontrer en petit comité. Leur point de vue sur les expériences sexuelles juvéniles est radicalement différent de celui de Sex Respect et de Teen-Aid. Par l'intermédiaire de son programme de prévention de la grossesse chez les adolescentes, Girls Inc. s'adresse aux jeunes filles vulnérables et leur conseille de se réunir et d'avoir de franches discussions. Celles-ci porteront sur leurs problèmes, sur les tentations qui peuvent survenir et sur les pressions qu'elles subissent. Tout comme la campagne de publicité du Maryland, Preventing Adolescent Pregnancy veut convaincre les filles de remettre à plus tard leurs expérimentations sexuelles, sans éliminer pour autant tout rapport charnel[87].

PSI a été fondé par Marion Howard, un médecin d'Atlanta, à la suite d'une enquête auprès d'adolescentes informées sur les méthodes de contraception. Quatre-vingt-quatre pour cent d'entre elles ont exprimé le désir de connaître le meilleur moyen de dire non à un garçon trop insistant — et de le faire sans le blesser[88]. Le programme fait appel à des jeunes filles chastes qui démontrent, par leur attitude, que la chasteté peut être *cool*. Ensuite, par le truchement de jeux de rôle, les adolescentes découvrent des moyens pratiques d'affronter certaines soirées « dangereuses ».

Malgré les programmes et la propagande, la chasteté reste menacée. Des responsables inquiets examinent le comportement sexuel sans retenue et sans discernement de certains jeunes et déploient toute leur éloquence pour le fustiger. Ils se lancent ensuite dans des opérations de sauvetage, munis de questionnaires et d'études documentant ce libertinage. Enfin, ils proposent des politiques et des programmes calqués sur ceux que l'on emploie, sans succès, pour combattre la drogue ou d'autres maux.

Il ne faut pas dénigrer pour autant ces stratégies, qui ont aussi leurs aspects positifs. Il serait malvenu de nier leur résonance chez les adolescentes chastes — une sur cinq environ — qui sortiront vierges de leurs années d'adolescence. Pour ces jeunes filles, les campagnes véhiculent des messages de fierté qui renforcent leur engagement envers cette virginité qu'elles préservent en vue du véritable amour et du mariage. Elles savent que notre société, qui vit sous le joug de la sexualité, leur concède rarement le droit de dire non et de faire avec dignité et assurance le choix de rester vierges et chastes. On peut vraiment donner à ces filles, qui sont maîtresses de leur vie et bien décidées à le rester, le nom de vierges souveraines.

Il faut rappeler que les incursions des filles dans le monde des aventures érotiques, après la révolution sexuelle, n'ont pas été particulièrement libératrices. Le fait que les premières relations sexuelles ont lieu de plus en plus tôt, ainsi que le nombre sans cesse croissant de grossesses, d'avortements et de naissances illégitimes, sont des conséquences douloureuses, effrayantes et funestes de l'ignorance, des pressions incessantes des camarades et de la société, et du désir d'être aimée, même d'un amour éphémère.

La révolution sexuelle s'est dressée et continue à se dresser contre le système du « deux poids, deux mesures ». Cette attitude a radicalement changé le sort des femmes. Mais, jusqu'à ce que ce système soit complètement éradiqué, les relations entre hommes et femmes resteront inégales. Autrement dit, jusqu'à ce que les hommes portés sur les plaisirs de la chair cessent d'être admirés comme des tombeurs, alors que leurs sœurs sont traitées de putains pour les mêmes raisons, jusqu'à ce que la société et ses lois admettent honnêtement que les bébés sont faits autant par les pères que par les mères, la sexualité entre filles et garçons restera une activité inégale, avec des conséquences et des punitions inégales.

Les filles qui optent pour la virginité souveraine se débarrassent du fardeau de l'inégalité sexuelle. Comme les garçons abstinents de leur âge, elles se libèrent aussi de l'anxiété, voire de la hantise des maladies transmises sexuellement, notamment le sida, et ne risquent plus de tomber enceintes.

Ces jeunes gens considèrent leur chasteté comme temporaire et n'envisagent pas une vie dénuée de plaisirs charnels. Ils partagent la conviction que leur virginité est un présent qui ne peut être offert qu'à un partenaire aimé, dans une relation épanouissante et engagée. Leur conception romantique de l'amour occupe une place primordiale dans leur vision du monde. Un amour authentique, avec un être dont l'identité leur sera révélée en temps opportun, fait de leur chasteté un sacrifice qu'ils acceptent avec joie.

Mais les vierges souveraines ne définissent pas toutes la sexualité en des termes aussi idylliques. Tara McCarthy, auteure de *Been There, Haven't Done That: A Virgin's Memoir* («Pour moi, c'est nouveau: mémoires d'une vierge»), écrit: «J'ai vingt-cinq ans et je suis vierge. Du moins si l'on voit les choses selon les normes courantes. Je n'ai jamais eu de rapports sexuels[89].» Elle a cependant pris plaisir à la fellation et à la masturbation mutuelle. Sa définition de l'activité sexuelle et de la virginité est plus personnelle qu'universelle.

Le refus énergique de Tara McCarthy «d'aller jusqu'au bout», c'est-à-dire d'avoir des relations sexuelles avec pénétration, découle de sa volonté (qui rappelle les mots d'ordre de True Love Waits) d'attendre l'homme idéal, celui «qui m'aimera et que j'aimerai — inconditionnellement. Je sais aussi que lorsque j'aurai une relation sexuelle [...] ce sera le cadeau le plus extraordinaire que je ferai jamais de toute ma vie.»

En attendant, Tara ronge son frein sous le poids de ses pulsions sexuelles et se demande parfois «si cela vaut vraiment la peine d'attendre quand l'attente est si longue[90]».

Les souvenirs de Tara McCarthy, évoqués par le truchement de ses aventures sexuelles (sans pénétration), déroutent parce que l'auteure se présente comme une anomalie de l'après-révolution. Son monde est incontestablement loin des racines religieuses des membres sereins de True Love Waits. Tara McCarthy, chroniqueuse à *Hot Press*, le *Rolling*

Stones irlandais, prend plaisir à évoquer son pouvoir de séduction et à répéter : « Je ne suis ni une fanatique de droite ni une prude. Je n'ai pas l'habitude de faire tapisserie et je n'ai aucune difficulté à trouver des gars qui ont envie de coucher avec moi[91]. » Sa mission n'en est pas moins très solitaire. Dans son monde frénétique, les vierges sont par définition des fanatiques religieuses de droite, des prudes, des débiles — ou des mijaurées qui font tapisserie.

Les amis de Tara McCarthy ne se privent pas de lui dire qu'elle « n'est pas vraiment une vierge ». « Les mots "chaste" et "pure" font souvent partie de la définition du mot "vierge", dit-elle, mais je n'ai jamais prétendu être chaste et pure[92]. » Elle considère que ceux qui ergotent ainsi sont des victimes de « la mentalité "tout ou rien" — le complexe de la vierge ou de la putain — qui a vraiment tout faussé. »

Sa conception de la virginité est passablement différente : « Dans la mesure où la pénétration est le seul acte qui unit physiquement deux êtres humains — leurs organes sexuels s'emboîtant parfaitement —, je lui ai attribué un sens symbolique et lui ai réservé une place unique dans ma vie[93]. »

Véritable déclaration de rébellion sexuelle juvénile, le livre de Tara McCarthy salue l'émergence d'une littérature provirginité, qui fait un pied de nez au credo d'une société pour laquelle la sexualité est une denrée dont la consommation est normale et obligatoire.

Une chasteté nouvelle

Parmi les membres de la génération précédente — que l'on n'a certes pas encouragée à l'abstinence —, une chasteté nouvelle prend aussi racine. Quelques décennies après la révolution sexuelle, qui a foudroyé le monde puritain et collet monté de l'après-guerre, des gens évaluent les effets du grand chambardement et font le bilan de leurs pertes. Les femmes qui n'ont jamais eu d'orgasme râlent à l'idée qu'elles ont dû faire semblant d'en avoir — sentiment directement lié au décret révolutionnaire voulant que les femmes si longtemps négligées aient désormais la possibilité d'être propulsées au septième ciel. Les hommes, eux, du moins ceux qui prennent conscience de leurs insuffisances sexuelles (alors qu'auparavant ils ne se sentaient pas nécessairement tenus de faire goûter tous les plaisirs de la chair à leur partenaire), souffrent les pires tortures mentales lorsqu'une compagne de lit critique leurs performances amoureuses.

La sexualité elle-même semble faire partie des victimes de la révolution. Elle a manifestement été dépersonnalisée et reléguée dans la catégorie des activités sportives. Les magazines populaires publient régulièrement des articles pour expliquer « comment faire » : *comment* avoir un orgasme ; *comment* amener votre partenaire à l'excitation sensuelle ; *comment* éviter l'ennui au lit ; *comment* taquiner, titiller, tenter. La sexualité est décrite comme une compétence mécanique de plus en plus compliquée — et l'on parle de moins en moins de tendresse, d'intimité et d'affection.

La sexualité — la nouvelle sexualité s'entend — exige beaucoup de ceux qui la pratiquent. À l'instar des athlètes, les partenaires amoureux doivent être dans une condition physique irréprochable. Le corps des femmes, en particulier, doit être mince, svelte, sans odeurs douteuses ; aisselles et mollets épilés, peau soyeuse, parfumée et hydratée ; cheveux brillants, bien coiffés et joliment colorés. Les hommes sont peut-être soumis à des critères un peu plus souples, mais les ventres flasques, les poitrines tremblotantes et les pénis chétifs sont considérés comme des défauts impardonnables, parfois risibles, ou même honteux. Il n'est pas surprenant de voir prospérer les industries de la beauté, des régimes alimentaires, du conditionnement physique et de la mode. Les chirurgiens plastiques, quant à eux, rivalisent d'habileté pour remonter les seins et en augmenter le volume, extraire la cellulite, remodeler membres et torses et insérer des implants dans de pitoyables petits pénis. Comment s'étonner, enfin, que l'anorexie fasse autant de victimes, s'attaquant aux jeunes femmes comme un vampire et les vidant de leurs forces, de leur amour-propre et de leur désir de vivre et d'aimer ?

Où est la libération dans cette servitude débilitante et destructrice ? Où est l'exubérante liberté promise par la révolution sexuelle ? Où est le plaisir de s'exprimer librement ? Et où est la merveilleuse égalité des sexes ? La sexualité est devenue un exercice difficile, risqué et compétitif. Finie l'intimité aimante entre deux partenaires affectueux, sensibles et bienveillants. Comment s'étonner, dès lors, que certaines personnes soient de moins en moins désireuses de s'aventurer dans des explorations érotiques. Elles préfèrent de loin les éviter. Pour elles, la chasteté est un havre dans lequel elles se réfugient pour échapper à une corvée qui ne leur apporte que plaisir mitigé, quand ce n'est pas humiliation ou anxiété sans borne. Le coït, se disent-elles, devrait transcender les limites physiques et toucher le cœur et l'âme. Il devrait être fusion, affection, tendresse et respect. S'il ne peut apporter ces choses essentielles, mieux vaut y renoncer, comme on renonce à un passe-temps ou à un sport insatisfaisant — et, en l'occurrence, dégradant.

Les partisans de l'abstinence font un choix réfléchi et résolu. Ils voient dans leur mode de vie chaste, à court terme au moins — le Nouveau Célibat est encore trop neuf pour permettre une analyse à long terme —, un enrichissement plutôt qu'une privation. Un très petit nombre de ces nouveaux célibataires sont encore vierges. Tous savent à quoi ils renoncent et pourquoi. En fait, ils recherchent des moyens — et la plupart les trouvent — de s'émanciper et de prendre en charge leur existence. Ils veulent connaître, dans leurs relations, une passion qui soit plus proche des émotions. Et certains d'entre eux finissent par atteindre cette spiritualité intense que, par le passé, ils ont si désespérément recherchée pour oublier la vanité de leur vie sexuelle.

Il existe suffisamment de nouveaux célibataires pour que l'on puisse parler d'une tendance, sinon d'un mouvement. Leurs porte-parole et leurs partisans ont commencé à écrire sur le sujet. Trois des ouvrages les plus connus sont *The New Celibacy : A Journey to Love, Intimacy, and Good Health* (« Le Nouveau Célibat. Un voyage vers l'amour, l'intimité et la santé »), de Gabrielle Brown (le premier livre du genre) ; *The Sensuous Lie* (« Le mensonge sensuel »), de Celia Haddon ; et *Women, Passion and Celibacy* (« Femmes, passion et chasteté »), de Sally Cline.

Le livre de Gabrielle Brown est publié dans les années 1980 — période de libertinage qui précède le sida. L'ouvrage s'adresse à ceux qui rejettent ce nouvel âge tapageur, qui désirent s'engager dans une spiritualité plus accomplie et sont en quête de moyens plus raffinés pour exprimer leur sexualité. La chasteté est, parmi ces moyens, le plus sérieux et le plus tentant. Elle est aussi, à une époque étonnamment radicale, une idée excentrique que beaucoup ridiculisent. Pour mieux contrer cette attitude, Gabrielle Brown adopte un ton quelque peu didactique et présente la chasteté comme un choix valable, même pour des gens déjà engagés dans une relation.

Le livre fait sensation. Il met le doigt sur le problème dont souffrent un grand nombre d'individus et confère une légitimité au concept discrédité de chasteté. Lorsque l'ouvrage est réimprimé, en 1989, les partisans de la chasteté ne sont plus considérés comme des êtres bizarres. Le sida joue, bien sûr, un rôle important dans ce changement d'attitude, mais cette évolution découle avant tout d'un ras-le-bol face à une sexualité abrutissante et dépourvue de sens. La chasteté sort enfin de la clandestinité et fait son entrée dans le courant dominant.

Les statistiques le confirment[94]. En 1986, Ann Landers, la doyenne nord-américaine des mœurs et de la morale, publie les résultats d'une vaste enquête menée auprès de 90 000 femmes. Le monde est sidéré d'apprendre que 72 % des femmes interrogées aiment mieux « qu'un homme les prenne tendrement dans ses bras » que d'avoir un rapport sexuel. Et il ne s'agit pas de femmes ménopausées : 40 % d'entre elles ont moins de quarante ans.

Deux ans plus tard, dans son « enquête [annuelle] sur la sexualité », le magazine *Maclean's* révèle une baisse de 20 % dans la catégorie des Canadiens « relativement actifs » sexuellement, une augmentation de 50 % de ceux qui ont des relations sexuelles « moins fréquentes » que par le passé, et de 25 % de ceux qui ont renoncé à tout rapport charnel.

Le magazine *Penthouse* a lui aussi sondé ses lecteurs sur l'abstinence sexuelle. Les réponses ont révélé que la chasteté est « en train d'acquérir une nouvelle respectabilité » — mais rarement à cause de la menace du sida. Une petite moitié des hommes seulement et moins de 40 % des femmes ont opté pour la chasteté par peur de la contamination. L'inquiétude est plutôt spirituelle et d'ordre émotif. En outre, plus de la moitié des abstinents considèrent que leur attitude est saine, et 74 % des femmes et 68 % des hommes disent avoir acquis des vues plus larges sur le sexe opposé[95].

Ces enquêtes, très documentées et approfondies, étayent une des convictions de Gabrielle Brown. Celle-ci encourage ses contemporains à choisir et à pratiquer la continence sans crainte du ridicule, et affirme que la chasteté a énormément à leur offrir. Dès que les gens réalisent qu'ils attendent de l'acte sexuel bien plus qu'un simple geste physique, ils peuvent se concentrer sur des sentiments plus importants.

C'est pour cette raison que Gabrielle Brown critique l'idée couramment affirmée par la postrévolution sexuelle voulant que la sexualité soit normale — et constitue « *la* méthode pour exprimer pleinement le "Véritable Amour" ». Dans cette optique, elle dénonce les sexologues et les psychologues qui cautionnent cette « normalisation » de la sexualité, prétendent qu'il est malsain de refuser de s'engager dans une activité sexuelle et conseillent d'avoir recours à une thérapie pour remédier à cet échec.

Gabrielle Brown rappelle que la chasteté est elle aussi une forme de sexualité, qui peut être bonne ou mauvaise[96]. La bonne chasteté est un choix qui sonne «juste» et «naturel». Elle induit «un état mental et émotionnel particulier grâce auquel l'expérience de la chasteté peut être pleinement savourée». La majeure partie du livre est consacrée à ce message et à ses prolongements: la chasteté peut être un moyen sain, positif et stimulant de réduire le stress, d'unir corps et esprit, et de régénérer les relations humaines. «La proximité physique sans sexualité est un état que les femmes apprécient et que beaucoup préfèrent à l'orgasme, car elle prodigue toutes les délicatesses et les subtilités de l'amour et de l'idylle[97].»

Cette intimité affectueuse, chaste et sans inhibitions peut renforcer un mariage ou toute autre relation. Les femmes en sont les principales bénéficiaires. Le Nouveau Célibat leur permet d'identifier et de rejeter les vieux modèles de comportement qui ont toujours limité leur champ d'action. Gabrielle Brown en reste cependant à des descriptions enthousiastes du phénomène et n'explore pas ses conséquences — à savoir que cette intimité peut abolir les relations de pouvoir entre hommes et femmes.

Ses arguments en faveur de la chasteté rappellent ceux exposés dans le chapitre V («S'abstenir pour conserver la semence»). Gabrielle Brown décrit l'abstinence comme un moyen d'emmagasiner de l'«énergie sexuelle» et affirme que, «pendant des siècles, la chasteté a été une cure contre l'impuissance». Mais elle se hâte d'ajouter que l'homme chaste est l'antithèse de l'impuissant et que la chasteté peut être considérée comme «la source d'une puissance sexuelle considérable[98]».

Les conseils de Gabrielle Brown aux personnes qui adoptent le Nouveau Célibat sont très simples: accordez-vous du bon temps, ne pensez pas aux choses du sexe, ne considérez pas l'abstinence comme une privation. «Faites comme si, ayant décidé de suivre un régime, vous vous sentiez assez sûr de vous pour accompagner des amis dans une pâtisserie sans avoir la moindre envie de manger des gâteaux[99].»

En fait, Gabrielle Brown exhorte les abstinents à trouver de nouveaux moyens de s'exprimer: plongez-vous dans le travail, leur dit-elle, allez dîner avec un ami ou une amie, mangez tout ce que vous voulez et autant que vous le voulez, rentrez seuls à la maison, tombez amoureux, savourer vos rencontres romantiques. Il existe, pour les gens chastes, un tas de passe-temps agréables qui leur permettent de profiter des moments équilibrés et enrichissants que leur nouveau style de vie leur procure.

Dans *The Sensuous Lie,* Celia Haddon replace la chasteté dans le contexte de l'hédonisme sexuel qui règne encore dans la société. Par le truchement d'anecdotes et de confidences personnelles, elle explore le dilemme des abstinents volontaires, comparant leur sérénité à la profonde satisfaction des ermites des premiers siècles du christianisme. Elle sonde la solitude des personnes contraintes à l'abstinence et dépeint leur sentiment d'aliénation dans une culture qui comprend mal leur détresse.

Celia Haddon étudie plusieurs formes de chasteté moderne, ainsi que leurs effets sur les émotions. Elle ne tire aucune conclusion définitive, mais elle croit cependant que la plupart des gens ne trouvent pas la chasteté insupportable. Elle remarque aussi que ceux qui ont été chastes et ne le sont plus, comme les religieux qui ont rompu leurs vœux et quitté les ordres pour se marier, s'adaptent très bien à l'activité sexuelle.

Enchaînant habilement une série d'anecdotes, Celia Haddon déplore l'obsession actuelle à l'égard de la sexualité et critique ce qu'elle perçoit comme un préjugé contre la moralité et la spiritualité — attitude qu'il est urgent d'éradiquer. Elle ajoute que l'amour demeure l'expérience la plus importante de l'existence, qu'il soit vécu dans une relation chaste ou sexuellement active. Il faut, dit-elle, que les partenaires, « imaginent un nouvel éventail de gestes d'amour et de tendresse [...] qui leur permettra d'exprimer leur affection mutuelle[100]. »

Ce que craint par-dessus tout Celia Haddon, ce sont les excès de la révolution sexuelle qui, dit-elle, « peuvent nous éloigner de l'intimité, de l'affection et de la tendresse, et nous entraîner dans une sexualité faite de cruauté, de compétitivité, de pouvoir et de domination. Il y a quelque chose de pourri dans notre manière d'aimer[101] », conclut-elle. Toutes les règles sexuelles devraient être supprimées, ainsi que cette manie d'évaluer les gens d'après « l'activité de leurs parties génitales plutôt qu'en fonction de leurs sentiments[102] ». Celia Haddon n'approuve ni ne condamne la chasteté ; elle ignore pourquoi cette dernière libère certaines personnes et en oppresse d'autres. Franchise et perplexité président à toutes ses réflexions ; elle met le doigt sur les problèmes mais n'impose pas de solutions. En tant qu'observation critique de la vie sociale durant la révolution sexuelle, son étude sensible de la chasteté — qu'elle a rarement expérimentée par elle-même — met en lumière les complexités de la vie abstinente et la valeur de ce style de vie où l'amour tient une place aussi importante que dans toute autre relation.

534 HISTOIRE UNIVERSELLE DE LA CHASTETÉ ET DU CÉLIBAT

En 1993, Sally Cline bondit dans l'arène avec *Women, Passion and Celibacy*. Son titre illustre bien le thème principal du livre : un vibrant appel aux femmes indépendantes d'esprit les invitant à adopter une chasteté positive. « En dépit du succès du mythe génital, écrit-elle, les femmes peuvent concevoir une passion pour la chasteté, vérité souvent oubliée ou niée dans notre société sexuellement rassasiée et orthodoxe, qui prétend qu'une vie sans sexualité et sans homme n'est pas une vie[103]. »

Contrairement à Gabrielle Brown, Sally Cline assimile l'activité sexuelle à un rapport de pouvoir où les hommes oppressent leurs partenaires. Elle dénonce âprement la dichotomie entre la soi-disant liberté féminine et la réalité — depuis la chirurgie esthétique, destinée à rendre les femmes plus désirables, jusqu'au bombardement incessant des messages publicitaires, en passant par la pornographie. Cette dichotomie fait de toutes les déclarations de liberté sexuelle des mensonges. Les magazines populaires disent aux femmes comment avoir l'air plus jeunes et plus jolies pour séduire et satisfaire leur homme. Les industries multimillionnaires de produits et de soins de beauté feraient faillite si l'égalité des sexes se matérialisait. La publicité est tout entière fondée sur la sexualité, qui est partout et tient lieu de tout. La triste conséquence de cette situation, explique Sally Cline, est que « les femmes doivent accepter les rapports sexuels comme elles acceptent les produits de beauté, les régimes amaigrissants, les salaires de misère et autres souffrances, parfois violentes, qui font partie de ce système culturel contemporain dont le but est de faire échec à leur soif d'indépendance[104] ». Cette dialectique menaçante prouve que la chasteté « dérange parce qu'elle constitue un acte de rébellion contre la vache sacrée de la consommation sexuelle ».

Dans sa lutte féroce pour légitimer la chasteté de la femme, Sally Cline exagère ou simplifie. L'existence de True Love Waits à elle seule, sans compter celle des mouvements qui prônent la chasteté chez les adultes, prouve à quel point elle se monte la tête lorsqu'elle affirme que la chasteté de la femme moderne est vue comme une attitude radicale et immensément subversive, comme une menace d'ordre économique et idéologique. D'autres auteurs la décrivent de façon plus subtile et sans faire appel à des clichés. Tuula Gordon, par exemple, écrit que la chasteté féminine est considérée comme « bizarre mais sans danger » et que la femme abstinente, « jugée en fonction de l'interprétation popu-

laire du mariage heureux et harmonieux», est prise en pitié, comme
« une vieille fille flétrie[105] », « incomplète » et « anormale ». Selon Kathleen
Norris, la société considère la chasteté comme une condition « hautement suspecte » qui menace les gens chastes « d'être étiquetés comme
infantiles ou refoulés[106] ». Pour en revenir à Sally Cline, il faut cependant
reconnaître que sa révolte contre l'inégalité des sexes et son fougueux
désir de soulager les souffrances et l'insatisfaction féminines sont aussi
louables que convaincants.

Fidèle à son postulat, Sally Cline décrit la chasteté comme un état
d'esprit complexe, qui commence « dans la tête » puis transcende, adopte
et exprime une forme de sexualité. La chasteté découle d'une aspiration
à la liberté individuelle et d'un refus de la possession. Elle peut s'appa-
renter à une forme de sexualité dans laquelle la femme n'est pas possédée
par son partenaire. Enfin, la chasteté est souvent un moyen d'atteindre
l'indépendance spirituelle, intellectuelle et politique, et d'acquérir
d'autres libertés.

Les personnes interviewées par Sally Cline justifient leur choix par
un tas d'autres raisons. Elles voient dans l'abstinence une possibilité de
consacrer plus de temps à leur travail et à d'autres activités importantes ; ou un moyen de développer leur spiritualité, leur autonomie, leur
indépendance et leur autodétermination ; ou une stratégie pour éviter
des relations trop intenses. D'autres souffrent d'anxiété parce qu'elles
jugent leurs performances sexuelles insatisfaisantes ; ou trouvent la
sexualité ennuyeuse ; ou ont été victimes de violences sexuelles ; ou sont
hantées par la peur du sida et des maladies transmises sexuellement ;
ou sont malades, âgées, handicapées ; ou ont subi une hystérectomie.
Un grand nombre de femmes optent pour la chasteté afin de se guérir
d'une relation douloureuse ; ou pour réduire, voire éliminer des difficultés psychologiques (jalousie, désir de posséder, dépendance, obsession, attachement maladif) ; ou parce qu'elles espèrent nouer des liens
plus étroits et plus affectueux.

Sally Cline est persuadée que les « chastes passionnées » choisissent
l'abstinence pour des raisons « relatives, en quelque sorte, à une notion
individuelle d'autonomie[107] ». Elle résume cette conviction dans une
description qui lui permet de définir la « chasteté passionnée ». En choisissant une chasteté qui leur permet de vivre leur propre sexualité et
qu'elles définissent comme un état passionné, les femmes renoncent
aux vieilles définitions basées sur la domination mâle. La chasteté

passionnée est, en conséquence, « une source de pouvoir et d'encouragement pour les femmes abstinentes que l'on traitaient autrefois de malades, de prudes ou de frigides […] En tant que stratégie sexuelle qui dépouille les hommes de leur pouvoir, elle permet aux femmes de faire leurs propres choix et de se réapproprier leur corps[108]. »

Si on laisse tomber le discours hyperbolique de Sally Cline, les chastes passionnées sont tout simplement des femmes posées qui ont choisi la chasteté comme moyen d'atteindre leurs objectifs personnels. Elles évitent délibérément les relations qui pourraient leur être néfastes, notamment celles qui les plongeraient dans des problèmes causés par l'inégalité des sexes.

Nombreuses sont les femmes qui ont réfléchi aux moyens d'exprimer leur sexualité personnelle, envisagé ou adopté la chasteté, et qui confient leurs expériences à des magazines et à des journaux. La plupart rongent leur frein devant une chasteté non souhaitée, mais celles, assez nombreuses, qui l'ont volontairement adoptée la décrivent comme profondément satisfaisante. La romancière américaine Elaine Booth Selig, par exemple, refuse de s'accommoder de « l'arrangement *fifty-fifty* qui constitue la solution idéale pour beaucoup de couples ». La solitude lui permet de bénéficier du cent pour cent. « J'ai appris que les mots "seule" et "solitaire" ne sont pas synonymes[109] », conclut-elle.

La rédactrice en chef Ziva Kwitney redevient chaste à la suite d'un incident singulier. Après avoir fait l'amour avec un homme très correct, elle lui demande « de s'en aller ». Cette attitude l'horrifie, autant qu'elle horrifie son partenaire. « Je me suis fait l'effet d'être monstrueuse — comme ces hommes qui veulent vous voir disparaître une fois la séance terminée. » Les huit mois de chasteté de Ziva ont été salvateurs. « J'ai commencé à me percevoir comme un univers complet, dans lequel je ne souhaitais la présence d'aucune autre personne[110]. »

Beaucoup de femmes regrettent le plaisir charnel, mais elles s'accommodent de ce manque parce qu'elles accordent une plus grande importance aux bienfaits de la chasteté, et notamment à l'amitié. « L'amitié, que ce soit avec des hommes, des femmes ou des couples […] est une source authentique de joie et de réconfort », explique Francine Gagnon, journaliste canadienne-française[111].

Wendy Shalit est une nouvelle venue sur la scène littéraire de l'abstinence. Cette très jeune femme, sexuellement inexpérimentée et qui se dit « sympathisante d'extrême droite », est l'auteure d'un livre intitulé

A Return to Modesty (« Un retour à la modestie »). Elle abhorre ce triste monde postféministe peuplé de jeunes anorexiques maigres à faire peur que des prédateurs sexuels poursuivent dans des rues lugubres. D'après elle, les femmes sont très insatisfaites, « de leur corps, de leur rencontres sexuelles, de l'attitude des hommes à leur égard — bref, insatisfaites de leur vie ». Leur misère provient directement du manque total de respect que notre société manifeste envers la modestie féminine, une triste situation qui ne peut trouver de remède que dans un retour à la *pudeur*. Cette vertu est au cœur même des « règles de la décence » juives, et — comme Wendy Shalit le croit à tort — de la société victorienne, de l'islam intégriste et d'autres idéologies où la femme se montre d'une modestie exemplaire.

Dans l'espoir que cette nouvelle pudeur ressemble à l'ancienne, Wendy Shalit prodigue, à la fin de son ouvrage, « quelques modestes conseils » prélevés dans la littérature romanesque d'antan. Parmi ces délectables friandises : « Comment faire la distinction entre les différentes façons de rougir » (car il est bon de rougir lorsqu'on est embarrassée) ; « À quelle hauteur faut-il tenir son ombrelle » ; et « Comment marcher modestement dans la rue ». Wendy Shalit pense que le style de pudeur qu'elle recommande s'épanouira beaucoup mieux dans une société débarrassée de la pornographie télévisée, de l'éducation sexuelle « envahissante », des préservatifs omniprésents qui encouragent les jeunes à vivre dans l'illusion, des vêtements unisexes, des robes décolletées, trop ajustées et trop courtes, et — bien entendu — de la sexualité prénuptiale.

Les relations sexuelles avant le mariage, et même les caresses, détruisent l'innocence juvénile et conduisent souvent à des situations pénibles, notamment le divorce — une terrible perspective que seule la pudeur peut éloigner. Refuser la sexualité avant le mariage rehausse l'importance de la sexualité *après* le mariage ; préserver la partie la plus intime de son être est une façon « de proclamer [son] droit à protéger quelque chose de sacré [...] et de se préparer à l'idée que quelqu'un fera un jour valoir ses droits privés sur vous, comme vous ferez valoir les vôtres sur lui ». Plus important encore, arriver vierge au mariage fait de cette union la partie « la plus intéressante » de l'existence et en garantit la pérennité[112].

En fait, ce que Wendy Shalit propose est une version sécularisée des prescriptions de True Love Waits. Bien qu'elle s'inspire des règles de la pudeur juives et approuve le *hijab* comme accessoire de la pudeur (plutôt que comme moyen de répression), ses arguments ne sont pas puisés — ou très peu — dans la religion. Ils peuvent ainsi rejoindre toutes les femmes, quelle que soit leur confession religieuse.

Les réactions contradictoires suscitées par le livre laissent croire que Wendy Shalit a touché une corde sensible — ou même plusieurs. Si l'on arrive à examiner ses propositions sans avoir envie de se lancer dans une impitoyable lutte idéologique, si l'on peut oublier que ses analogies et arguments historiques sont monumentalement controuvés, l'on admettra qu'elle apporte une réponse positive aux questionnements d'un groupe limité de jeunes femmes de la classe moyenne, blanches pour la plupart, qui ne comprennent pas, craignent ou veulent ignorer le féminisme. Ces femmes, qui ont la même hantise du divorce que Wendy Shalit, veulent à tout prix l'éviter. Le monde que dépeint la jeune femme — même s'il *n'existe pas* historiquement — est un univers séduisant, où des jeunes gens respectueux se livrent à de gentils flirts et se destinent à un mariage heureux, irréversible et enrichissant. Si des hommes séduisants (en toute pudeur, bien entendu), prêts à redéfinir le mariage comme une merveilleuse communion et à le raviver grâce à des périodes de chasteté, pouvaient amener cet univers à la vie, il deviendrait difficile d'argumenter contre Wendy Shalit et son plaidoyer ardent pour un retour à une pudeur qui n'a jamais vraiment existé.

Les femmes qui écrivent actuellement sur la chasteté reconnaissent généralement que le désir sexuel est un problème, mais ce n'est qu'un problème mineur. Pour elles, la masturbation est une solution évidente. Beaucoup de féministes considèrent cette dernière comme parfaitement acceptable, voire souhaitable. L'une d'elle développe ce thème : « Tandis que notre culture relie l'érotisme aux rapports hétérosexuels et à la procréation, nous pouvons nous réapproprier notre sexualité sans mettre le monde à l'envers. La chasteté et la masturbation nous permettent de définir notre sexualité et de satisfaire nos désirs charnels[113]. »

Sally Cline approuve. Elle déclare à ses adeptes de la chasteté passionnée que la masturbation peut être partie intégrante d'« une chasteté déterminée et volontaire […] combinée à une attitude indépendante et autonome[114] ». La non-conformiste Tara McCarthy va beaucoup plus loin : elle satisfait ses pulsions sexuelles par la masturbation mutuelle et le cunnilingus. Gabrielle Brown, pour sa part, désapprouve l'auto-érotisme. « La masturbation […] est d'abord et avant tout une activité sexuelle [...] Ceux qui veulent rester chastes ne se masturbent pas. » Il est clair que les différentes idéologies qui se cachent derrière la chasteté dictent l'idée que l'on se fait de la masturbation. Les féministes modernes la considèrent comme un adjuvant bénéfique ; les penseurs qui considèrent l'abstinence d'un point de vue essentiellement sexuel estime qu'elle contredit, ou annule, la décision d'être chaste. Quant aux religieux chrétiens, qui entendent bien respecter leur vœu de chasteté, ils la dénoncent pour les mêmes raisons[115].

La chasteté contre le « lit stérile » du lesbianisme

En matière de chasteté, lesbiennes et hétérosexuelles ont, à peu de choses près, les mêmes problèmes, mais les premières ont la tâche encore plus difficile. En dépit du climat de tolérance qui se développe dans la société, il est loin d'être évident, pour les lesbiennes, de révéler publiquement ou, au moins, de ne pas cacher leur orientation sexuelle. « Sortir du placard », un geste autrefois impensable, reste problématique. Il arrive d'ailleurs que des lesbiennes prudentes ou conventionnelles optent pour la chasteté. C'est, pour elles, le meilleur moyen de se protéger de la honte et de l'ostracisme.

La chasteté des lesbiennes n'est pas uniquement due à leur volonté de cacher leur sexualité. Toutes sortes de raisons — désapprobation de la société, consternation de la famille, mauvais traitements, viols — les retiennent de faire l'amour aussi fréquemment que les hétérosexuelles et les homosexuels mâles[116]. Comme le fait remarquer la psychothérapeute Marny Hall, « les lesbiennes, en qui l'on voyait il y a vingt ans des malades mentales parce qu'elles couchaient avec des femmes, sont aujourd'hui considérées comme malades parce qu'elles ne font pas l'amour[117] ». Cette chasteté et ses conséquences hantent d'innombrables femmes qui se demandent si elles sont normales.

Pour les lesbiennes, l'un des boulets les plus lourds à traîner est la vénération généralisée dont fait l'objet la sexualité, cette glorieuse conquête de la révolution sexuelle. Le postulat voulant que la plupart des gens « normaux » soient sexuellement actifs et que la chasteté soit suspecte nuit aussi bien à ces femmes qu'à leurs sœurs hétérosexuelles, et les pousse parfois à avoir des rapports charnels non désirés. Elles ne sont pas non plus aidées par les thérapeutes, formés pour la plupart à ce que Marny Hall a nommé « l'école "plus-c'est-mieux" de la thérapie sexuelle ». Bien que les victimes de viol et de sévices sexuels abominent souvent la sexualité, même avec une partenaire aimante et aimée, les études les plus pertinentes et la plupart des thérapeutes s'efforcent d'aider ces femmes à redevenir « fonctionnelles » sur le plan sexuel. Carolyn Gage déplore qu'on leur dise « tout ce que nous voulons, c'est te ramener là où tu auras de nouveau *envie de baiser* », au lieu d'employer les mots qui peuvent aider à apaiser une douleur récurrente : « Tu n'es pas obligée de baiser. Tu ne seras *jamais* obligée de baiser[118]. » Pourtant, ce qui est certain, c'est que « l'attachement non sexuel entre deux femmes » (le mariage bostonien d'aujourd'hui ?) est parfaitement normal pour beaucoup de couples de lesbiennes[119].

Carolyn Gage fonde son plaidoyer pour le droit à la chasteté « sans stigmate et sans punition » sur le fait que le lesbianisme en tant que « sanctuaire culturel dans lequel les femmes violentées peuvent redéfinir et personnaliser leurs besoins intimes est en train de disparaître ». En plus de perdre ce refuge traditionnel et chaleureux, la lesbienne est jugée aujourd'hui d'après des valeurs postrévolutionnaires qui associent sexualité et normalité, chasteté et dysfonctionnement sexuel. Pour l'homosexuelle, le baume psychologique de l'abstinence — lorsqu'il ne lui est pas strictement interdit — lui vaut d'être étiquetée comme déviante émotionnelle, une âme errant dans un monde où la sexualité adulte est une preuve de santé mentale, un moyen d'adaptation sociale. La tristesse qui accable ces femmes abstinentes est double : victimes dans leur enfance, elles s'aperçoivent une fois adultes qu'on essaie de leur faire jouer un rôle qui n'est pas le leur.

Ce qui complique davantage les choses, c'est que les lesbiennes ne font pas toujours preuve de lucidité lorsqu'elles tentent de définir la sexualité. Doit-il y avoir contact génital ? Les couples qui ne font que s'embrasser et se caresser sont-ils chastes ou sexuellement actifs ? « La manie de quantifier ce qui "compte" dans les enquêtes et les recherches sur la sexualité, même les mieux intentionnées, est à des lieues de faire la lumière sur la nature d'un grand nombre de relations lesbiennes[120]. »

En d'autres mots, ces définitions étroites font peser un fardeau énorme sur ces femmes qui se débattent dans leur incertitude quant à la nature, non de leur orientation sexuelle, mais de l'expression de leur sexualité.

La chasteté à l'âge du sida

La fin du millénaire apporte à l'humanité l'épreuve la plus terrible jamais affrontée par le monde occidental. À ses débuts, le sida se présente comme une « maladie environnementale » curieusement récalcitrante. Petit à petit, tandis que les médias du monde entier décrivent ses symptômes bizarres — une défaillance généralisée du système immunitaire —, les Occidentaux font la connaissance du fléau du xxe siècle.

Le sida évolue avec une insoutenable lenteur. Plusieurs années s'écoulent avant que la maladie soit diagnostiquée, et le temps qui sépare les victimes de leur long voyage vers la mort semble encore plus long. Tandis que l'on continue à danser sur le volcan, l'ampleur de la catastrophe apparaît progressivement. Le sida est la maladie transmise sexuellement la plus terrible que le monde ait jamais connu.

Au début, le fléau s'attaque aux homosexuels, puis il s'insinue dans les veines des consommateurs de drogues et des transfusés. Les aiguilles non stérilisées et le sang contaminé pénètrent dans les organismes comme autant d'instruments de mort. Un débat fait rage sur les origines du sida, son traitement, sa progression dans des populations non informées et sans méfiance. Le sida frappe comme un châtiment biblique. Personne ne peut être sûr d'y échapper.

L'hystérie s'amplifie tandis que le nombre des victimes grimpe en flèche : homosexuels, héroïnomanes, hémophiles. Entre l'infection et l'apparition des symptômes, il peut s'écouler des mois, des années, voire des décennies. L'industrie des dispositifs de protection apparaît et prospère. Dentistes, médecins et infirmières deviennent de fervents consommateurs de masques et de gants en caoutchouc. Le sang, le sperme, les crachats et l'urine sont devenus des substances terrifiantes. Les règlements en milieu de travail sont remaniés. Des employés se mutinent, refusant d'accomplir des tâches qui risquent de les mettre en contact avec le virus. Dans les saunas, les bains publics, les chambres à coucher, hommes et femmes prennent des mesures de protection, réévaluent leurs priorités, se révoltent.

Entre la pétulante révolution sexuelle et l'âge du sida, l'interlude ne dure que de deux petites décennies. L'épidémie pousse la chasteté sous le feu des projecteurs. Dans les forums publics et privés, la chasteté dont on parle n'a plus les dimensions morales et religieuses qui la caractérisaient. Jamais, dans toute l'histoire de l'humanité, le choix de l'abstinence n'a semblé aussi vital.

La courte histoire de l'épidémie est douloureuse. Jadis, la syphilis et la gonorrhée étaient les maladies transmises sexuellement les plus dévastatrices. L'herpès, une affection cutanée opiniâtre et récurrente, s'est ensuite ajouté à ces calamités. Contrairement à ces maladies, le sida est pratiquement toujours mortel. Son développement dans l'organisme tient du carnage le plus horrible et le plus machiavélique. Les premiers hôtes du virus sont d'abord et avant tout des homosexuels. Ceux-ci, qui vivent avec la maladie et meurent sous ses coups, sont doublement affligés — par le fléau d'une part, et d'autre part par la suspicion, la peur et même la condamnation d'une grande partie de la société. Certains commentateurs s'érigent en juges, concoctent un vocabulaire qui leur permet d'établir des distinctions morales entre les victimes. Les enfants, les hémophiles infectés lors de transfusions sanguines, les patients contaminés lors d'une intervention chirurgicale et les femmes contaminées par des bisexuels clandestins sont d'*innocentes victimes.* Tandis que les gais, les drogués et les prostitués des deux sexes sont des *victimes coupables* qui méritent le châtiment brutal que va leur infliger le syndrome mortel.

En réalité, on fuit même les victimes « innocentes ». Des enfants sont chassés des écoles par des administrateurs soumis aux pressions incessantes de parents d'élèves ou d'étudiants ; dans les hôpitaux, des patients sont négligés par un personnel soignant angoissé ; des employés sont remerciés par leur patron. Bien que les lépreux du xxᵉ siècle n'aient pas de cliquette pour annoncer leur présence, l'ensemble de la population éprouve envers eux cette même répulsion et cette même horreur qui poussaient jadis des gens à jeter des pierres aux malheureux atteints de la lèpre.

Quatre facteurs font du sida la terrifiante maladie de la déviance : son incurabilité ; sa capacité à se transmuer dans de nouvelles cellules souches ; sa transmission par les fluides corporels ; et son association avec l'homosexualité. Disons, pour employer le langage courant, que les gens bien ne contractent pas une maladie aussi dégoûtante. Les gens bien sont hétérosexuels, monogames ou abstinents. Ce sont aussi les innocents qui ont été infecté par du sang contaminé.

Les positions morales qui sous-tendent le discours sur le sida sont à peine différentes de celles qui ont jadis déclenché les vociférations tonitruantes sur la syphilis et la gonorrhée. Une seule perspective — conservatrice — est possible, et ceux qui la défendent n'ont pas à faire un pas de géant pour en arriver à une conclusions apocalyptique : le sida et l'homosexualité sont des fléaux qui menacent la survie de l'espèce ; ce sont des châtiments divins destinés à punir les actions répréhensibles des pécheurs.

« Le sida est une déviance » : cette opinion unanime a des répercussions insidieuses ; elle s'accompagne d'un discours sous-jacent : « Le sida est une punition. » Ces deux assertions traduisent la répulsion provoquée par les excès de la révolution sexuelle. On stigmatise les saunas, fréquentés par un segment beaucoup trop voyant et particulièrement vulnérable de la population homosexuelle masculine. Katie Roiphe, gourou de la jeunesse, se demande si le sida n'est pas une punition due au fait que l'on considère la sexualité comme dépourvue de sens et susceptible d'être partagée avec n'importe qui. Les comportements érotiques insouciants de la révolution sexuelle n'étaient-ils pas d'évidents signes avant-coureurs de ce drame ? N'oublions pas que « dans l'idée du paradis, il y a la prémonition de la chute[121] ».

L'idée que le sida est un châtiment divin est si omniprésente qu'un évêque catholique éprouve le besoin de faire une mise au point : « Quelques individus fourvoyés ont déclaré que le sida était une punition de Dieu. Nous savons pourtant — et cette certitude est profondément ancrée dans la tradition judéo-chrétienne — que notre Dieu aimant ne punit pas par la maladie[122]. »

Cette voix crie dans le désert. Le discours présentant le sida comme un châtiment s'amplifie, tandis que ses victimes, des homosexuels pour la plupart, se lamentent sur les habitudes coupables qui les ont condamnées à une mort précoce.

Le sceau moralisateur apposé à la maladie et les ravages physiques qu'elle occasionne déclenchent des campagnes d'information et d'éducation. Ces campagnes entendent bien, à l'instar de certains programmes sur la criminalité, faire peur aux contrevenants. Le but est de figer les gens dans une hétérosexualité monogame ou dans une chasteté radicale. L'état d'urgence apocalyptique qui s'abat sur le monde est en grande partie responsable de la tournure que prend le débat sur la chasteté à l'âge du sida. Tuant sans répit, la maladie aggrave encore la situation.

La sexualité et le sida

Le sida se fait connaître au grand public en 1981, lorsqu'un tueur mystérieux commence à s'attaquer aux homosexuels masculins. En 1983, comportement sexuel et VIH envahissent la scène. Les descriptions de ce que l'on a appelé jusque-là la « maladie des gais » se font plus diversifiées : hémophiles, drogués (qui partagent leurs aiguilles) et hétérosexuels attrapent eux aussi le virus et en meurent. Médecins et chercheurs accumulent des données. Les médias traditionnels et parallèles publient les récits effrayants et déchirants de vies tronquées. Il semble que, pour les gens infectés, la mort soit invariablement au bout de la route.

En juillet 1985, c'est l'escalade : des célébrités se déclarent atteintes. La première est Rock Hudson, qui, en révélant sa contamination par le VIH, dévoile aussi son homosexualité. Il meurt trois mois plus tard. L'aveu de cette grande star bouleverse Ronald Reagan. Le président, qui a gardé jusque-là un silence prudent, décide de prendre la parole. Ses recommandations — abstinence sexuelle et mariage monogame — sont conventionnelles et simplistes ; elles ignorent certaines réalités, notamment le sort des innombrables personnes susceptibles de contracter la maladie.

Une prise de conscience massive a lieu en 1991, lorsque le champion de basket « Magic » Earvin Johnson, héros national et international idolâtré par des millions de fans, annonce courageusement qu'il est lui aussi séropositif. L'émotion provoquée par cette révélation est palpable. Contrairement à Rock Hudson, Johnson est un hétérosexuel convaincu, qui reconnaît avoir couché avec bon nombre de femmes — et pas nécessairement juste une seule à la fois. Un frisson de terreur collectif parcourt le monde hétérosexuel. Si Magic Johnson a attrapé le sida, alors tout le monde peut l'attraper. Les conseils de Johnson, dans *What You Can Do to Avoid Aids,* ressemblent curieusement à ceux de Reagan. « Montrez-vous responsables, dit-il, il y va de votre vie. Et retenez bien ceci : pas de sexe, pas de risque[123]. »

Le message est entendu, beaucoup sont convaincus. Que l'abstinence soit la seule protection radicale contre le sida est une idée désolante, mais qui invite à la réflexion. La nécessité de la continence semble être absolue, et ceux qui la conseillent, comme Magic Johnson, ne proposent aucune solution de rechange.

Cinq ans après la foudroyante révélation du basketteur, c'est au tour du boxeur américain Tommy Morrison d'annoncer, lors d'une conférence de presse, qu'il vient d'apprendre que sa seconde analyse de sang pour le dépistage du virus était positive. Comme Magic Johnson, il a contracté la maladie à cause de son vagabondage sexuel. « Je croyais sincèrement que j'avais plus de chances de gagner à la loterie que d'attraper le sida. Je ne me suis jamais trompé aussi lourdement de toute ma vie. La seule prévention sûre pour cette maladie est l'abstinence. » Les yeux pleins de larmes, le boxeur lance un appel à toute « cette génération de jeunes qui, comme [lui], se fichent pas mal des valeurs morales que leurs parents leur ont inculquées [...] Si j'arrive à convaincre une seule personne de se montrer plus responsable en matière de sexualité, ce sera mon meilleur knockout[124]. »

Ces champions terrassés, en pleurs et pleins de remords, offrent généreusement la chasteté comme un élixir magique — ce remède qui aurait pu les sauver s'ils l'avaient seulement su. Mais la chasteté est un engagement à long terme. Auraient-ils pu, et ceux à qui ils s'adressent pourront-ils, rester abstinents pendant des années, voire une vie entière, sans la moindre petite défaillance ?

Jeffrey, pièce de théâtre qui connaît un succès foudroyant sur la scène new-yorkaise, traite du même sujet. Un jeune acteur homosexuel qui essaie de se faire un nom voit avec horreur son groupe d'amis décimé par le sida. Jeffrey décide finalement de renoncer à la sexualité. Mais le beau et séduisant jeune homme rencontre Steve, l'homme idéal. Après un long baiser, Steve révèle à son ami qu'il est séropositif. Effrayé par le danger, Jeffrey est encore raffermi dans son vœu de chasteté. Mais il ne peut s'empêcher de fantasmer sur Steve. Ses amis, dont Darius, infecté par le virus, et son amant plus âgé, que la maladie a épargné, le pressent d'oublier ses craintes et de profiter de la vie tant qu'il en est encore temps, en recommençant à avoir des rapports sexuels, protégés bien entendu. Jeffrey entre dans une église et demande conseil à un prêtre, qui essaie de le séduire. Jeffrey quitte précipitamment le lieu saint et, bien qu'il meure d'envie de rejoindre Steve, résiste et persévère dans sa résolution de s'en éloigner.

Mais l'histoire de Jeffrey prend un tour inattendu lorsque le jeune homme est frappé d'une illumination soudaine. Sans plus attendre, il appelle Steve l'invite à dîner aux chandelles. Lorsque son bien-aimé arrive, il le prend dans ses bras et lui donne un long et tendre baiser. Ce retournement de situation rappelle à des milliers de spectateurs que, même dans le contexte de la vie et de la mort, la chasteté n'est pas une solution aisée.

Dans une série de romans, dont le dernier s'intitule *The Death of Friends* (« La mort des amis »), Michael Nava, auteur hispano-américain de romans policiers, raconte la vie et les expériences de Henry Rios, un avocat californien confronté à une série de meurtres[125]. Il décrit aussi la vie privée de Henry avec le jeune Josh Mandel, séropositif qui passe « de l'autre côté » et devient sidéen. Tandis que la numération globulaire de Josh se détériore, ce dernier ne cesse d'insulter son ami et de le tromper avec d'autres hommes infectés. Il quitte du reste Henry pour aller vivre avec l'un d'eux. Plus tard, Henry le recueille et prend soin de lui jusqu'à sa mort. Le message de ces romans policiers finement ciselés n'est certainement pas l'abstinence. Le but de l'auteur est tout simplement de placer le sida sous les projecteurs littéraires et de décrire en détail les affres de ceux qui sont pris dans l'étau de la maladie.

Jeffrey et les aventures douces-amères de Henry Rios illustrent les tragiques réalités du sida avec infiniment plus de subtilité et de raffinement que les très sérieux messages de Magic Johnson, de Tommy Morrison et de moralistes suffisants comme Ronald Reagan. Tout cela parce que la pièce et les romans se fondent sur le fait que, dans la communauté homosexuelle — mis à part chez les couples gais qui ont une relation permanente et monogame —, le dilemme associé au sida ne peut se résoudre par le simple fait de dire non. Dans son roman, Michael Nava met également en scène une femme contaminée par son mari, un juge respecté dont elle ignore la vie homosexuelle. La dernière réflexion de Josh Mandel est particulièrement amère : « Je vais mourir, et [...] ce qui est terrible, c'est que c'est un gai qui m'a fait ça. » La pièce et les livres font comprendre que, dans la vie réelle, la chasteté n'est pas chose facile, surtout lorsqu'il s'agit d'une chasteté forcée, inspirée par la peur du sida. *Jeffrey* et les romans de Michael Nava passionnent un large public, homosexuel et hétérosexuel. Par le truchement de la fiction, ils rappellent une réalité sinistre : le sida est un tueur sans pitié, dont le poison se répand essentiellement par contact sexuel.

La chasteté et le sida

À l'âge du sida, l'abstinence sexuelle découle soit d'une réaction spontanée de peur, soit d'une décision ferme visant à parer au terrifiant fléau. La principale caractéristique de cette chasteté est qu'elle est dictée par l'urgence, ainsi que par des impératifs biologiques qui n'ont strictement rien à voir avec les impératifs moraux et religieux habituels. Le sida apparaît au plus fort de la révolution sexuelle, ses ravages coïncident avec son déclin — qu'ils précipitent peut-être — et avec le retour des vieilles idées conservatrices dans le domaine de la sexualité (et dans d'autres domaines, notamment les politiques économique et sociale). Avec une rapidité stupéfiante, le sida s'ajoute à l'argument des grossesses chez les adolescentes pour justifier un nouvel appel à l'abstinence.

Cette continence baignée d'un climat de peur ne promet pas l'émancipation et la liberté qui ont attiré tant d'abstinents volontaires par le passé. Elle ne résout aucune crise morale, ne remplit aucune prescription religieuse. Ce n'est pas non plus une obligation sociale. La personne qui l'observe est seule pour assumer et respecter son choix. Cette chasteté n'est pas consolidée par un serment solennel ou sacré, ni encouragée par l'approbation de la société. Dans la communauté gaie, elle est souvent perçue comme une grande privation, grevée d'un coût psychologique élevé. « Je préférerais être mort que chaste », dit un homme à Masters et à Johnson[126]. Et pourtant, cette chasteté peut repousser le spectre de la mort, ce qui est loin d'être négligeable dans un monde où, selon Masters et Johnson, « la révolution sexuelle n'est pas encore morte, ce n'est qu'une partie de ses troupes qui est en train de mourir[127] ».

L'abstinence — même due à une logique de peur — est une notion complexe et subtile présentée de façon simpliste par un grand nombre de ses partisans. L'ex-vice-président Dan Quayle affirme à tort qu'elle est l'« unique remède » contre le sida[128]. Quant à Reagan, il déclare : « Lorsqu'il est question de prévention contre le sida, la médecine et la moralité n'enseignent-elles pas la même leçon ? » Pour ces porte-parole de la droite religieuse, la chasteté est un principe si absolu que suggérer l'usage du préservatif — arme efficace de prévention contre le virus — sonne comme un scandaleux libertinage.

« Vous ne serez pas sauvés par les condoms, affirme un éducateur canadien à ses étudiants. Les préservatifs peuvent vous aider, mais vous feriez beaucoup mieux de vous arranger pour ne pas avoir à les utiliser[129]. » D'autres craignent qu'en prônant l'usage du condom on laisse les gens croire que ce dernier est un bouclier infaillible contre le virus. La porte-parole d'une association religieuse de droite, Concerned Women of America (Femmes engagées d'Amérique) — qui déclare recevoir les cotisation de six mille adhérents —, explique à Katie Roiphe que « les condoms se *déchirent*[130]. C'est comme essayer d'empêcher l'eau de passer à travers un tamis. »

Un grand nombre de débats sur l'éradication du virus au moyen de l'abstinence ont de fortes connotations homophobes — comme la plupart des discours sur le sida. Des communautés gaies décident donc de prendre en main ce problème qui touche à la fois leurs besoins et leur perception de la sexualité. Il ne faut pas oublier que la pratique joue un rôle fondamental dans la définition de l'orientation sexuelle. La libération des gais, élément crucial de la révolution sexuelle, leur a permis de développer une manière nouvelle et unique de définir leur sexualité. Les relations sexuelles à plusieurs ou avec des inconnus ont élargi le spectre de ce que les homosexuels considèrent comme acceptable. Dans ce contexte, la promotion soudaine de l'abstinence a de quoi surprendre. Elle soulève même la question du sens profond de la chasteté — un débat auquel est aussi confronté le monde hétérosexuel, où des puristes discutent encore pour savoir si la masturbation et autres formes d'érotisme sont acceptables. (Des politiciens célèbres, en particulier le président Clinton, ont une notion très claire de ce qu'est le rapport sexuel : pour eux, il n'y a rapport sexuel que s'il y a pénétration.)

Les homosexuels se penchent eux aussi sur la question. Si un homme s'abstient de pratiquer la pénétration anale mais a recours à ce que l'on appelle le *fisting* (où le poing devient un substitut du pénis) ou à la sexualité orale, incluant le *rimming* (pratiqué sur l'anus) ou encore à la masturbation mutuelle, peut-on dire qu'il est chaste? L'abstinence pratiquée pour se protéger du sida — contrairement à ses formes religieuses et spirituelles (comme le *brahmacharya*) — exige tout simplement que l'on évite tout contact avec les fluides organiques. Dans le cadre de ce raisonnement, il est clair que la masturbation est parfaitement acceptable. Dans l'ouvrage qu'il a écrit expliquant comment éviter les comportements à risque en matière de sida, Jeffrey A. Kelly rappelle :

> N'oublions pas qu'il serait souhaitable, pour certains individus (en particulier ceux dont les partenaires constituent un risque élevé d'infection, parce qu'ils ont eux-mêmes plusieurs partenaires ou qu'ils consomment des drogues par intraveineuse), de s'efforcer de restreindre leur sexualité pendant de brèves ou de longues périodes. L'abstinence, dans certaines circonstances et avec certains partenaires, est une arme de survie essentielle à l'âge du sida[131].

À la fin des années 1980, le sida cesse d'être associé d'office à l'homosexualité. En Afrique, des rapports indiquent que le virus s'attaque aussi massivement aux hétérosexuels. En apprenant que la maladie s'attaque aussi bien aux femmes qu'aux hommes, l'Occident se met à examiner anxieusement ses statistiques. Celles-ci indiquent que la contamination des hétérosexuels est également en hausse dans le monde occidental. L'ampleur de l'épidémie en Afrique fait naître une inquiétude insidieuse : et si les réserves de cette force de destruction biologique étaient inépuisables ?

Sur le continent africain, l'ampleur de la contamination est terrifiante. La majorité des victimes sont hétérosexuelles. Les rapports sexuels propagent l'infection. Les femmes infectent souvent leur bébé en accouchant ou en allaitant. Les balafres rituelles et la mutilation génitale féminine, deux interventions pratiquées la plupart du temps avec des instruments non stérilisés, sont aussi sources de contamination[132].

Le rythme de vie et les coutumes africaines exigent d'autres stratégies de prévention. Le mariage impose rarement la fidélité à l'époux. Dans beaucoup de pays, les hommes ont plusieurs femmes et les relations extraconjugales sont courantes, de même que la prostitution. Comme la plupart des prostituées sont séropositives, elles transmettent le virus à leurs clients, qui infectent à leur tour leur femme (ou leurs femmes), qui contaminent leurs nouveau-nés. Sur le continent africain, les plus récentes victimes du sida sont près de deux millions d'orphelins.

Pourquoi le virus frappe-t-il avec une telle fureur en Afrique ? Les recherches indiquent que les gens qui souffrent d'autres maladies sont particulièrement vulnérables au virus du sida. Dans une population pauvre, dont les services de santé sont insuffisants et mal équipés, les personnes atteintes de maladies vénériennes (herpès génital, gonorrhée, chancrelle) sont plus susceptibles d'être infectées que celles dont l'organisme est sain. Il en de même pour les gens qui ont la tuberculose — une maladie qui a fait un retour en force. Dans certaines villes africaines, environ 80 % de tuberculeux sont séropositifs, et comme la maladie continue à progresser, le nombre de séropositifs augmente lui aussi.

Le défi le plus important, dans la campagne antisida en Afrique, est d'éduquer la population et de faire en sorte qu'elle accepte de changer ses habitudes sexuelles. Dans le *township* de Soweto, en Afrique du Sud, l'éducatrice Refilos Serote fustige ainsi ses étudiants : « On nous a appris une chose fausse : que l'homme était un dieu et que nous ne pouvions le repousser. Nous devons apprendre à nos toutes jeunes filles à dire "non"[133]. »

Comment est perçue l'abstinence — cette stratégie prioritaire du monde occidental ? En Afrique, s'abstenir n'est ni admirable, ni même acceptable, et la continence volontaire est considérée comme aberrante, lâche et indigne d'un homme. En effet, la chasteté est un concept étranger à la plupart des nations de ce continent et dépourvu des connotations religieuses et morales qu'il peut avoir ailleurs. L'abstinence est un défi à la virilité et au droit des hommes de posséder charnellement un grand nombre de femmes. Quant aux femmes, elles n'en tirent que peu de choses, mis à part de la frustration lorsque leurs hommes vont chercher ailleurs ce qu'elles ne veulent ou ne peuvent pas leur donner. Quand l'abstinence est nécessaire, par exemple chez la femme qui allaite, elle est souvent risquée, le mari délaissé se tournant alors vers d'autres femmes ou vers les omniprésentes prostituées, pour la plupart séropositives[134]. Après le sevrage du bébé, l'époux, qui a probablement contracté la maladie pendant son vagabondage, revient à sa femme, qu'il ne manque pas de contaminer. La marginalisation économique des femmes est un autre facteur qui rend problématique l'adoption d'une abstinence prudente. La plupart des femmes n'ont pas d'autre choix que le mariage. Leur survie dépend d'un mari, avec lequel elles doivent, bien sûr, faire l'amour, même s'il est infidèle. Et plus elles épousent un homme âgé, plus ce dernier est dangereux puisqu'il a eu tout le temps d'avoir de nombreuses aventures.

La hantise du sida pousse néanmoins certains Africains à la continence — parmi d'autres mesures préventives. En Ouganda, une campagne du gouvernement vise tout spécialement les adolescents et les presse de rester vierges jusqu'au mariage. La jeunesse est « bombardée par une terrifiante propagande antisida — présente partout : dans les théâtres, les cinémas, les centres communautaires, les églises et lors des réunions politiques[135]. Une chaîne radiophonique annonce : « La sexualité prénuptiale est le meilleur moyen de filer tout droit dans la tombe. » Une autre conseille : « Aimez-vous prudemment. La personne que vous chérissez est peut-être celle qui vous conduira au cimetière ! » Les résultats de cette campagne massive sont tangibles. Le pourcentage d'infection commence à décliner.

Dans les sociétés décimées par le virus, la stratégie de la virginité prénuptiale revêt une importance capitale. Cependant, la notion de chasteté chez l'adulte est passablement impopulaire — elle fait même rire. Ce qui est pire, c'est que les Africains se méfient autant de l'abstinence que du condom. Ils y voient un complot des Blancs pour se débarrasser de la race noire. Seule la réalité apocalyptique du sida incite les victimes à prendre des mesures — dont la continence. Mais jusque-là, les défenseurs ne sont que des voix courageuses et solitaires plaidant une cause qui exigerait un miracle pour être acceptée des Africains.

Dans le monde occidental, où l'on observe avec frayeur ce qui se passe en Afrique, le sida se répand de plus en plus dans la population hétérosexuelle. Au Canada, la proportion de femmes infectées passe de une pour quinze hommes en 1993 à une pour sept en 1997, soit 14 % des cas de sida. Les statistiques américaines reflètent cette tendance, elles constatent aussi un énorme écart entre, d'une part, Noirs et Hispaniques et, d'autre part, Blancs et autres Américains — les pourcentages étant considérablement plus élevés chez les deux premiers groupes[136].

Le sida est devenu le cauchemar de tous, et chacun se débat à l'aveuglette. Une jeune femme, Sonja Kindley, décrit comment ses amis de la génération X ont réagi en adoptant ce qu'elle appelle la « promiscuité émotionnelle ». « Dans cette époque où le sida et les MTS nous cassent la baraque, cette sexualité sans rapports sexuels est une façon de récupérer la promiscuité des années 1970 pour l'adapter aux années 1990 : débauche *sans* MTS [...] histoires d'amour purement verbales, séductions électroniques, quête d'intimité sans déshabillage. »

Les bienfaits physiques de ce style de vie à risque limité sont évidents, mais Sonja Kindley souligne aussi son coût élevé : « chatouiller la sensibilité peut devenir une torture[137] ». C'est la chasteté à son niveau le plus insupportable. Une chasteté que des vierges, authentiques ou non, s'infligent à elles-mêmes parce que la terreur du sida, la peur des MTS et de l'engagement les incitent à s'absorber dans des chatouillements sexuels solitaires. La chasteté, dans ce combat, n'est qu'une tactique à évaluer par rapport à d'autres, comme les préservatifs et les spermicides. Dans ce contexte, la recherche d'autres armes contre le sida — produits chimiques, caoutchouc infaillible, modification du comportement — pèse lourdement dans la balance.

Au temps du sida, cette recherche est cruciale. Car qu'est-ce qui est le plus susceptible de se déchirer, un condom ou un vœu de chasteté ? (*Jeffrey* a très bien répondu à cette question.) Tel est le terrain sur lequel doivent combattre les stratèges antisida. La véritable question est de savoir si encourager l'abstinence c'est mettre en danger la population, à qui l'on n'offre, en fin de compte, qu'une protection illusoire. Un seul manquement — un rapport sexuel spontané, sans condom ni spermicide — peut être fatal, et sur une longue période de continence une telle défaillance peut très bien se produire. La précaution élémentaire veut que l'on ait toujours des préservatifs en réserve dans sa poche ou dans son sac à main.

La chasteté antisida, abstinence sans but religieux, est un outil comme un autre et, comme tous les produits du marché, doit être constamment réévaluée. Est-elle efficace ? Est-elle risquée ? D'autres techniques et dispositifs lui sont-ils supérieurs ? Il est difficile de donner une réponse assurée à ces questions, mais il semble que l'abstinence fait de sérieuses incursions dans la population gaie. Quelques enquêtes ont révélé que les homosexuels sont plus susceptibles d'être chastes ou monogames qu'avant, et que beaucoup changent moins souvent de partenaire et pratiquent moins fréquemment la sexualité anale, la forme la plus risquée d'acte sexuel. En général, les homosexuels semblent transformer davantage leurs comportements que les hétérosexuels[138].

La chasteté comme arme de combat antivirus est sensiblement différente de celle qu'inspirent des considérations morales ou religieuses, ou des interdits culturels. Dans le contexte du sida, l'abstinence est une stratégie qui répond à la peur et aux statistiques. Des désirs érotiques spontanés peuvent donc parfois l'emporter sur l'instinct de conservation.

Ni les homosexuels ni les hétérosexuels n'éprouvent le désir de s'engager à long terme dans cette abstinence tactique. Ils ne cessent de peser ses avantages et sa pertinence à la lumière des nouvelles découvertes et des nouvelles données de la recherche, et de réévaluer l'efficacité des préservatifs et des autres méthodes de prévention de l'infection. Ils n'en considèrent pas moins la chasteté comme une mesure de survie qui joue un rôle essentiel dans leur lutte contre la menace omniprésente du sida et les mutations constantes du virus.

En Afrique, l'abstinence comme mesure de survie est un flagrant échec. Reste à voir si c'est également le cas dans des pays surpeuplés comme la Chine et l'Inde. Là aussi, le sida sévit particulièrement chez les homosexuels et la promotion de l'abstinence aussi bien que du condom devient urgente. Il est probable que l'identification de la continence sexuelle avec le *brahmacharya* indien et avec l'autodiscipline sévère des Chinois apporte à la chasteté dans ces pays une légitimité qui lui fait cruellement défaut en Afrique. En Asie, ses partisans ne sont pas considérés comme les agents d'un génocide, mais comme des messagers d'espoir qui offrent la possibilité de limiter l'ampleur de la catastrophe.

Épilogue

« Alors, vous êtes pour ou contre ? » Petite phrase déconcertante bien souvent entendue depuis que j'ai entamé cette *Histoire universelle de la chasteté et du célibat*. Mon but n'a jamais été d'évaluer les avantages et les inconvénients de l'abstinence, mais de raconter, tout simplement, les heurs et malheurs de la chasteté depuis l'Antiquité jusqu'à nos jours. Jamais je n'ai eu l'intention de prendre position.

La chasteté est un phénomène extrêmement complexe. Une grande partie de cette complexité découle du fait qu'elle est inextricablement liée à la manière dont les différentes cultures ont défini la sexualité, ainsi qu'aux manifestations concrètes de ces définitions dans leurs structures familiales, leurs lois et leurs normes sociétales.

Autrement dit, la réponse à cette question simpliste : « Êtes-vous pour ou contre ? » ne doit pas — en fait ne peut pas — être simpliste. J'ai évidemment acquis de solides opinions en matière de chasteté, et la place qu'elle occupe dans le monde d'aujourd'hui m'intéresse au plus haut point, mais ma réponse ne peut être que celle-ci : je ne suis ni pour ni contre une chasteté qui, selon les circonstances, peut être un sacrifice raisonnable ou une privation brutale, un dispositif de survie ou une révélation spirituelle.

Cette problématique est particulièrement cruciale dans ce monde occidental qui perd pied dès qu'il est question de la valeur et de la nature de l'érotisme. Nous sommes bombardés d'images sexuelles, surtout publicitaires, qui sont parfois si agressivement hors de propos qu'elles en deviennent bizarres. Des images d'une lascivité calculée font la promotion de vêtements, de produits de beauté, d'automobiles, et même de produits d'entretien, tandis que la mode est dictée par des jeunes femmes émaciées à moue boudeuse qui descendent les tapis de défilé dans des attirails vestimentaires qui révèlent surtout à quel point leur jeune poitrine est pathétiquement maigre. Quant aux relations intimes, elles ne sont évaluées que du point de vue sexuel : sont-elles satisfaisantes ? libérées ? fréquentes ? inventives ? amusantes ?

Dans un monde dominé par la sexualité, la chasteté est renvoyée en coulisse. Mis à part le petit contingent des « vierges souveraines », les jeunes de True Love Waits et les Athlètes pour l'abstinence, la plupart des gens considèrent la chasteté, au mieux, comme une condition triste et solitaire, au pire, comme un état contre nature et, au bout du compte, comme la chasse gardée de prêtres, de religieuses, de vieilles filles, de prisonniers et d'autres victimes tout aussi pitoyables.

Il n'en reste pas moins que la chasteté, depuis au moins trois mille ans et dans la plupart des régions du monde, est loin d'être exceptionnelle et a rarement été considérée comme un état contre nature. Des milliards de gens l'ont choisie ; d'autres ont été forcés de l'adopter.

Leurs motivations sont diverses. La virginité prénuptiale de la future épouse garantit au mari la paternité du premier enfant au moins et l'incite à croire que son épouse lui sera fidèle. Elle comble l'abîme entre les mondes séculiers et religieux, permet aux chamans d'entrer en communion avec les dieux et montre la voie aux femmes et aux hommes pieux qui aspirent à la perfection spirituelle. La chasteté constitue en outre une méthode traditionnelle pour renforcer force physique et endurance, concentration mentale et intellectuelle.

Dans le passé, la chasteté semblait convenir davantage aux femmes que le monde se complaisait à rabaisser, les présentant comme des créatures faibles, sans volonté, sans grande intelligence ni morale. Les coutumes, les lois et les institutions gouvernaient leur sexualité, leur déniant même, la plupart du temps, le privilège de décider quand et avec qui elles pouvaient l'exprimer.

À travers les âges, la continence se présente comme une arme à double tranchant. Lorsqu'elle découle d'un mode de vie délibérément choisi, elle libère et permet de s'assumer, mais si elle est contrainte, elle réprime et écrase. Selon la nature de l'expérience, la chasteté soutient ou met au supplice, enhardit ou rend amer, protège ou humilie, réconforte ou châtie.

La chasteté associe souvent des éléments positifs et négatifs, les uns contrebalançant les autres. Cette particularité est surtout vraie dans le cas de la continence volontaire. Il arrive qu'une jeune vierge souffre de ne pouvoir assouvir son désir érotique, mais elle sait qu'elle s'assure ainsi un bon mariage. Le *brahmacharin* et les prêtres chastes à vie luttent parfois contre leur pulsions sexuelles, mais la récompense qu'ils tirent de leur triomphe sur la chair est l'accomplissement de la connaissance ultime ou l'union avec Dieu. Les paysannes *sadhin* indiennes échangent la joie de tenir un enfant dans leurs bras pour avoir le droit de labourer un champ, de fumer une cigarette et de s'exprimer aussi librement qu'un homme. La religieuse ambitieuse renonce à son droit à une famille humaine, mais se glorifie de pouvoir étudier et prêcher, d'avoir la charge partielle ou entière des finances de son couvent et d'acquérir une réputation de sagesse et d'érudition. Les shakers ou les Afro-Américains adeptes de Father Divine abandonnent leur droit à toute expression sexuelle, mais ils vivent dans des communautés qui défient les normes racistes du monde extérieur et où on leur permet de prêcher et de guider leurs frères, Blancs aussi bien que Noirs.

Pour certaines personnes contraintes à la chasteté, les conséquences amères de cet état l'emportent souvent sur ses bienfaits. La jeune vierge pauvre ou handicapée forcée de rester vieille fille endure une existence pénible du fait qu'elle est un poids mort pour sa famille — mais au moins ne risque-t-elle pas de mourir en couches. La petite veuve hindoue intériorise probablement sa chasteté comme une privation de plus à ajouter à une liste déjà longue ; elle la voit aussi comme un châtiment, puisqu'on l'accuse d'avoir causé la mort de son époux par sa mauvaise conduite dans une vie passée. Le voleur condamné, privé de relations conjugales, considère l'abstinence sexuelle comme la partie la plus cruelle de sa condamnation et ne trouve rien, dans cette continence forcée, qui puisse racheter sa faute.

Aujourd'hui, la révolution sexuelle, le contrôle des naissances et le sida ont bouleversé ces données. La virginité a perdu une grand partie de sa valeur en tant que préalable pour le mariage, et l'expérience sexuelle, surtout lorsqu'elle peaufine les talents érotiques, est souvent considérée comme un atout. La pilule contraceptive a permis de réduire considérablement le risque de grossesse non désirée. Hélas ! le sida se joue parfois des dispositifs de protection utilisés contre lui et menace de faire de la relation sexuelle une activité meurtrière.

Ces nouveaux facteurs allègent les considérations anciennes, en particulier les préoccupations morales et religieuses, ainsi que les attentes sociales, qui exercent aujourd'hui une influence beaucoup moins importante sur le jugement d'un grand nombre d'individus en matière de sexualité. En conséquence, le laisser-aller sexuel l'emporte de loin sur la chasteté. La sexualité active, bien que parfois fatale, constitue le mode de vie choisi par la majorité, et la chasteté est considérée comme une contrainte intenable ou comme le symptôme de problèmes psychologiques profonds.

Cette répugnance découle en grande partie de cette fausse hypothèse voulant que la chasteté soit une forme d'anorexie sexuelle — un régime conçu pour les religieux et que seuls des laïques un peu bizarres adoptent à leur tour. Cette perspective est passablement bornée. La chasteté peut prendre des formes extrêmement complexes et diverses. Comme son histoire millénaire nous l'a montré, les expérimentations, en matière d'abstinence sexuelle, couvrent ausssi bien la chasteté communautaire des esséniens et des shakers que l'engagement individuel des Pères de l'Église et des fiancées du Christ, ou le refoulement sexuel intégral des *brahmacharin*. La chasteté peut être dénuée de toute portée spirituelle, comme celle des amazones de l'ancien Dahomey ; elle peut être imposée, comme elle l'a été aux eunuques et au vierges non mariées ou non « mariables ». L'abstinence dure toute une vie dans le cas d'un moine, trente années pour une vestale, ou six semaines avant un match pour le boxeur Mohammed Ali. Elle peut être stérile, comme la virginité éternelle de la Marie des mariologues, ou féconde, comme la brève virginité de la jeune juive qui a mis au monde un enfant dans une étable, sous le regard bienveillant d'animaux débonnaires.

La chasteté contemporaine reflète à la fois les modes d'abstinence traditionnels et la tendance actuelle qui les rejette. Beaucoup de prêtres et de religieuses catholiques, par exemple, s'en tiennent à la croyance traditionnelle en la prescription du Christ : devenir des « eunuques pour le Royaume de Dieu ». Mais un grand nombre de leurs pairs pratiquent une chasteté grincheuse, enracinée dans un déni fondamental de sa légitimité. Ils sont convaincus que la chasteté obligatoire est archaïque, castatrice sur le plan émotionnel et sans le moindre bénéfice spirituel.

Une catégorie tout à fait à part d'abstinents — ceux que le sida a contraints à la chasteté — adoptent eux aussi la continence à contrecœur. En revanche, certains laïques sont aujourd'hui des abstinents convaincus. Les vierges souveraines, par exemple, proclament haut et fort le bien-fondé du choix qu'elles ont fait : elles ont la ferme conviction —

souvent ancrée dans leur foi religieuse — que la sexualité avant le mariage doit être évitée.

Ce non-conformisme est tout aussi vrai pour les adultes chastes. Certaines personnes sont des vierges « re-nées » qui, pour diverses raisons, regrettent leurs aventures érotiques passées. La majorité de ces personnes sont des femmes, qui définissent la sexualité comme une relation amicale plutôt que corporelle. En se tenant loin des relations physiques, elles se mettent à l'abri du désir de posséder, qu'elles considèrent comme contagieux. Elles récupèrent ainsi leur autonomie, une énergie et une fraîcheur nouvelles et, dans leurs amitiés, un sens plus sérieux de l'engagement.

Ma récente chasteté diffère légèrement de la plupart de ces expériences. La raison en est que j'ai été très influencée par tout ce que j'ai appris au cours de mes recherches. Mes découvertes m'ont plongée dans les réflexions qui ont donné l'impulsion finale à une décision qui n'a strictement rien changé à mon existence. Je n'étais ni insatisfaite ni en quête d'un épanouissement spirituel ou d'un quelconque éveil intérieur. Ma vie professionnelle est toujours aussi intense et épanouissante. Et pourtant, le passage d'un célibat circonstanciel à un célibat volontaire a joué un rôle immensément transformateur dans mon existence. Le fait de choisir délibérément la chasteté a marqué profondément la façon dont je la vis. Loin de la ressentir comme frustrante et ennuyeuse, elle me paraît joyeuse et porteuse de liberté.

Comme à beaucoup de femmes, la chasteté m'apporte des avantages tangibles. Elle me libère des obligations associées à la tenue d'un ménage, auxquelles mêmes les femmes de carrière n'échappent pas. Je ne suis plus obligée de planifier, de faire les courses, de cuisiner, de servir, de ranger. J'en ai fini avec le repassage des chemises, ce que je me vantais autrefois de faire aussi bien qu'un professionnel, et je n'ai plus à répondre à cette question infernale : « Chérie, as-tu vu mes chaussettes ? »

Le privilège de vivre selon mon propre rythme et d'organiser mes journées en fonction de mes occupations, je le paie par la suppression de ma sexualité. Je pourrais, bien sûr, m'accorder de temps à autre une petite aventure — sans avoir à repasser une seule chemise ni à chercher une mystérieuse chaussette —, mais cette solution ne me séduit pas. Je préfère la voie plus simple du renoncement. Ce qui ne m'empêche pas d'avoir des amis très chers, avec lesquels je me sens d'autant plus en confiance que je sais que notre intimité ne débouchera pas sur une situation compliquée et indésirable.

Mon expérience personnelle n'est évidemment pas une panacée. Si je n'avais derrière moi le mariage et la maternité, je ne trouverais certes pas la continence aussi séduisante. La chasteté n'a pas exigé que je sacrifie la joie incomparable de bercer un enfant dans mes bras, de l'élever et de partager la vie de chair de ma chair. Si j'étais encore une jeune femme et si je n'avais pas vécu tout cela, jamais je n'aurais opté pour la chasteté.

Je diffère des autres célibataires sur un autre point : je n'ai pas trouvé, dans le célibat abstinent, l'illumination spirituelle. Ma religion, le christianisme, est la source de ma spiritualité. Mais, tandis que j'explorais les racines de cette confession religieuse, je me suis surprise à devoir lutter pour garder ma foi. La longue histoire de la chasteté est inscrite au cœur même de la doctrine chrétienne, mais la misogynie fondamentale de cette doctrine m'a profondément blessée. Mais au bout du compte, l'exemple de tant de femmes énergiques et courageuses et les récentes nominations de deux êtres que j'admire — Victoria Matthews et Ann Tottenham — au rang d'évêques de l'Église anglicane ont effacé mes doutes et mon ressentiment. J'ai reconquis mon christianisme dans ma propre version non orthodoxe. Je récite maintenant le credo avec certaines réserves mentales, j'interprète les Écritures à ma façon et je rejette les enseignements de l'Église sur le rôle des femmes. L'histoire a ébranlé et transformé ma foi, mais sans la détruire.

Cette *Histoire universelle de la chasteté et du célibat* est une narration descriptive et analytique qui ne prône ni ne s'oppose à l'abstinence. Lorsqu'on sort la chasteté de l'obscurité pour l'exposer en pleine lumière, elle se définit, historiquement, dans les termes qui fondent l'existence humaine : la sexualité, les impératifs liés au rang et au rôle de chacun dans la société, et les réactions collectives ou individuelles que suscitent ces réalités. D'innombrables personnes ont opté pour la chasteté et l'ont trouvée libératrice et stimulante. De nos jours, des novateurs s'emparent du phénomène et le redéfinissent à leur manière. Selon leurs aspirations personnelles, leurs besoins, leurs désirs, ils la pratiquent ou la rejettent. D'une façon ou d'une autre, l'élément crucial reste le choix.

Remerciements

Le travail de recherche et la rédaction de cet ouvrage ont pris près de huit ans de ma vie, mais ces huit années n'ont pas été solitaires. Un grand nombre de personnes ont parcouru avec moi diverses étapes de cette vaste entreprise.

Pour leur enthousiasme et leur soutien intellectuel, je remercie mes assistants de recherche Don Booth, Meredith Burns-Simpson, Christine Cuk, Zahra Hamirami, Marian Hellsby, Eva Kater, Antony Mayadunne, Paul Meyer, Gary Peters, Kim Réaume, Radhika Sambamurti et Elaine de Vries.

Louise, ma sœur m'a fait d'excellentes suggestions rédactionnelles ; ma mère, Marnie, s'est montrée infatigable dans la collecte d'articles de journaux et de magazines. Qu'elles soient remerciées de leur sollicitude.

Toute ma gratitude à mes amis, écrivains et autres : Pegi Dover, Chris Dunning, Gideon Forman, Laurie Freeman et Anita Shir-Jacob. Ils ont été d'intarissables sources d'inspiration.

Dolores Cheeks n'a jamais cessé de me prodiguer conseils et encouragements, sûre que je mènerais ma tâche à bonne fin.

Paulette Bourgeois a été mon rocher de Gibraltar — la plus sage et la plus aimable des amies, jamais avare d'encouragements, de conseils avisés, toujours prête à discuter.

Au cours de ces huit années, les révérends Joel Trimble et Daniel Poirier, Yvonne et Evelyn, Lorna Lebrun et mes cousins Ian Griggs et Denis Powell m'ont généreusement offert, chaque été, un havre d'écriture.

Le révérend Lance Dixon m'a donné de sages conseils, tantôt spirituels, tantôt pratiques. Il m'a remise d'aplomb dans les moments difficiles.

Je suis infiniment reconnaissante envers mes amis Michèle Leroux, John McIninch, Janis Rapoport, Doug Donegani et Sarah Reid, et envers ma belle-fille, Lisa Namphy, pour leur soutien et leur affection.

Quant à mon fils, Ivan Gibbs, il écrira, je l'espère, son propre livre dans les années à venir.

Iris Tupholme, éditrice chez HarperCollins, avait un autre livre en tête lorsqu'elle a découvert mes étagères bourrées de dossiers sur la chasteté. Nous avons longuement discuté de ce projet et elle y a cru.

Une grande directrice de publication est la meilleure amie d'un auteur. J'ai la joie d'en avoir deux : Nicole Langlois, de HarperCollins, au Canada, et Gillian Blake, de Scribner, aux États-Unis. Mon entière gratitude pour leur dévouement et leur patience.

Dès les débuts, Heide Lange, mon agent littéraire, a partagé mes objectifs.

Enfin, je remercie chaleureusement mes assistantes de recherche et amies Kelly Thomas et Michal Kasprzak. L'enthousiasme inépuisable de Kelly à chaque nouvelle découverte, son étonnante faculté d'analyse et la profondeur de ses connaissances historiques n'ont d'égales que son flair de chercheuse et son esprit de décision. Lorsque Michal s'est jointe à nous, Kelly lui a communiqué sa détermination. Comment oublier la frénésie des derniers jours, nos séances de remue-méninges agrémentées de pain maison et d'infusions de thé Chai, et notre joie lorsque nous avons mis le point final ? Merci à Gabriela Pawlus de s'être lancée avec entrain dans la bagarre finale. Enfin, toute ma gratitude à Tom Delworth, doyen du Trinity College de l'Université de Toronto, qui a si bien compris les besoins d'une collaboratrice qui écrit.

Notes et références

CHAPITRE I
Chasteté païenne et divine

Les mythes grecs. Sources pour cette section : Sue Blundell, *Women in Ancient Greece* (British Museum Press, Londres, 1995) ; Michael Grant et John Hazel, *Who's Who in Classical Mythology* (J. M. Dent, Londres, 1993) ; Robert Graves, *Les mythes grecs* (Hachette, coll. Pluriel, 2 vol., Paris, 1967) ; Callimaque et Lycophron ; Mary L. Lefkowitz et Maureen B. Fant, *Women in Greece and Rome* (Samuel-Stevens Publishers, Toronto, Sarasota, 1977) ; Deborah Lyons, *Gender and Immortality : Heroines in Ancient Greek Myth and Culture* (Princeton University Press, Princeton, 1997) ; Sarah Pomeroy, *Goddesses, Whores, Wives, and Slaves* (Schocken, New York, 1975) ; William Smith, *Dictionnaire classique de biographie, mythologie et géographie anciennes, pour servir à l'intelligence des auteurs grecs et latins* (traduction de P. Louisy, Firmin Didot, Paris, 1884).

Hippolyte résiste à l'amour. Les citations sont tirées de la tragédie d'Euripide, *Hippolyte* (texte présenté, traduit et annoté par M. Delcourt-Curvers, Gallimard, Folio classique, tragédies complètes I, Paris, 1962). Autres sources pour cette section : Platon, *Le Banquet* ; F. I. Zeitlen, *Playing the Other : Gender and Society in Classical Greek Literature* (University of Chicago Press, Chicago, 1996).

L'ultimatum de Lysistrata. Aristophane, *Lysistrata* (traduit, présenté et annoté par V.-H. Debidour, Gallimard, Folio classique, théâtre complet II, Paris, 1966). Autres sources pour cette section : Kenneth J. Dover, *Greek Popular Morality in the Time of Plato and Aristotle* (Basil Blackwell, Oxford, 1974) ; R. L. Fowler, « How the *Lysistrata* Works », dans *Classical Views* (1996) ; Aline Rousselle, *Porneia : de la maîtrise du corps à la privation sensorielle. IIe-IVe siècles de l'ère chrétienne* (Presses Universitaires de France, Paris, 1983).

Les thesmophories. Sources pour cette section : Sue Blundell, *Women in Ancient Greece* ; Babette Stanley Spaexl, *The Roman Goddess Ceres* (University of Texas Press, Austin, 1996) ; H. S. Versnel, *Transitional Reversal in Myth and Ritual* (E. J. Brill, Londres, 1993).

Le culte d'Isis; L'oracle de Delphes; Vierges d'exception. Sources pour ces sections: Apulée, *Le livre d'Isis*; Sue Blundell, *Women in Ancient Greece*; Walter Burkert, *Les cultes et mystères dans l'Antiquité* (traduction de B. Deforge et L. Bardollet, Les Belles Lettres, Paris, 1992); Michael Grant et John Hazel, *Who's Who in Classical Mythology*; Robert Graves, *Les mythes grecs*; Sharon Kelly Heyob, *The Cult of Isis Among Women in the Graeco-Roman World* (Brill, Leyde, 1975); Robin Lane Fox, *Pagans and Christians* (Harper and Row, San Francisco, 1988); Ovide, *Les Amours* (texte établi et traduit par H. Bornecque, Les Belles Lettres, Paris, 1930); Robert Parker, *Miasma* (Oxford University Press, Londres, 1983); Propertius (Properce), *Elegies* (Harvard University Press, Cambridge, 1990); William Smith (dir.), *Dictionnaire classique de biographie, mythologie et géographie anciennes*, vol. 3; Marina Warner, *Alone of All Her Sex: The Myth and the Cults of the Virgin Mary* (Weidenfeld and Nicholson, Londres, 1976).

Les vestales. Sources pour cette section: J. P. V. D. Balsdon, *Roman Woman: Their History and Habits* (The Bodley Head, Londres, 1977); Mary Beard, «The Sexual Status of Vestal Virgins», dans *JRS* 70 (1980); Richard Cavendish (dir.), *Man, Myth and Magic: The Illustrated Encyclopediae of Mythology, Religion and the Unknown*, vol. 2 (Marshall Cavendish, New York, Londres, Toronto, 1983); Jane F. Gardner, *The Legendary Past: Roman Myths* (British Museum Press, Grande-Bretagne, 1993); Judith P. Hallett, *Fathers and Daughters in Roman Society: Women and the Elite Family* (Princeton University Press, Princeton, 1984); Mary R. Lefkowitz et Maureen B. Fant, *Women in Greece and Rome*; E. Royston Pike, *Love in Ancient Rome* (Frederick Muller, Londres, 1965); Herbert Jennings Rose, *Ancient Roman Religion* (Frederick Muller, Londres, 1965); Paul Schilling, «Vesta», dans *Encyclopedia of Religion* (Macmillan, New York, 1987).

L'influence de la philosophie grecque. Sources principales pour cette section: Vern L. Bullough, *Sexual Variance in History* (John Wiley & Sons, New York, 1976); Kenneth J. Dover, «Classical Greek Attitudes to Sexual Behavior», dans Andrea Karsten Siems (dir.), *Sexualitat und Erotik in der Antike* (Wissenschafttliche Buchgesellschaft, Darmstadt, 1988); Kenneth J. Dover, *Greek Popular Morality in the Time of Plato and Aristotle*; Sarah B. Pomeroy, *Goddesses, Whores, Wives, and Slaves*; Pythagore, *The Pythagorean Sourcebook and Library* (Phane Press, Grand Rapids, 1987); Ute Ranke-Heinemann, *Des eunuques pour le royaume des cieux: l'Église catholique et la sexualité* (traduction de l'allemand par M. Thiollet, Robert Laffont, Paris, 1990).

Les esséniens se préparent pour Armageddon. Sources principales pour cette section: David Flusser, *The Spiritual History of the Dead Sea Sect* (MOD Books, Tel Aviv, 1989); Ducan Howlett, *Les esséniens et le christianisme: une interprétation des manuscrits de la mer Morte* (préface de A. Dupont-Sommer, traduction de S. M. Guillemin, Payot, Paris, 1958).

1.   Blundell note que «la renaissance annuelle de Héra comme fiancée potentielle peut aussi bien avoir été considérée comme un événement qui recréait et réaffirmait la relation conjugale.

2.   Eschyle, *Les Euménides*.

3.   Graves, *Les mythes grecs*. Athéna et Héphaïstos sont victimes d'un malentendu. D'une part, on a dit à Héphaïstos que Zeus allait envoyer Athéna à la forge dans

CODE	DESCRIPTION	
PRIX UNI.	QTE	MONTANT
1.310507009 Don(Le)		
10.95	1	10.95
2.240020583 Hist. universell		
29.95	1	29.95

SOUS-TOTAL		40.90
TPS 7.0 %		2.87
TVQ 7.5 %		0.00
TOTAL		43.77

CARTE DE DEBIT   -43.77

LIBRAIRIE RENAUD-BRAY
CARREFOUR LAVAL

(450) 681-3737

DATE: 2003-06-27 15:33   #A34 6510 08354
OPERATEUR: LY   op 1

CODE   DESCRIPTION
PRIX UNIT   QTE   MONTANT

1.3185076?5 Don(?)
10.95   1   10.95

2.2POUCES3 HT... Univers(?)
29.95   1   29.95

SOUS-TOTAL   40.90
TPS 7.0 %   2.87
TVQ 7.5 %   0.00
TOTAL   43.77

CARTE DE DEBIT   43.77

AUCUN REMBOURSEMENT
Echange ou credit dans les 10 jours
419-13244218   TVQ 10106910?9
PRENEZ L'HABITUDE ET AU SAVOIR

l'espoir qu'il lui fasse l'amour. D'autre part, Athéna s'est méprise sur le sens des paroles initiales de son frère, à savoir que l'amour serait le prix à payer pour les armes.

4. Callimaque et Lycophron.

5. Lyons, *Gender and Immortality*. Une version moins connue dit qu'Orion se vante de ses talents auprès d'Artémis. Peut-être tente-t-il de la violer.

6. À Halae, en Attique, lors d'une fête en l'honneur d'Artémis, la gorge d'un homme doit être éraflée avec la lame d'une épée afin que quelques gouttes de sang en coulent. Blundell, *Women in Ancient Greece*.

7. Blundell cite un passage de l'*Iliade*.

8. Et plus tard, dans tout l'Empire romain, sous le nom de Vesta.

9. Homère, hymne n° 5, « À Aphrodite ». Cité dans Pomeroy, *Goddesses, Whores, Wives, and Slaves*.

10. Smith, *Dictionnaire classique de biographie, mythologie et géographie anciennes*.

11. Platon, *Le Banquet*.

12. Euripide, *Hippolyte*.

13. En plus de ses charmes, Aphrodite possède une ceinture magique. Quiconque la porte suscite automatiquement l'amour. Même Zeus, le plus puissant de tous les dieux, ne peut résister au pouvoir d'Aphrodite. Héra emprunte la ceinture magique afin de retenir son attention et de le distraire de la guerre de Troie.

14. En fait, elle dure encore sept ans, soit jusqu'en 404 av. J.-C.

15. Fowler, « How the *Lysistrata* Works ».

16. Dover, *Greek Popular Morality in the Time of Plato and Aristotle*.

17. Aristophane, *Lysistrata*. Aline Rousselle fait remarquer que des matrones grecques insatisfaites ont parfois recours à des pénis en cuir.

18. Lors d'une autre fête nocturne en l'honneur de Déméter, même les chiens mâles doivent vider les lieux !

19. Cet arbuste fait partie de la famille de la verveine ; il a l'odeur du poivre.

20. Dans la mythologie égyptienne, Isis est la femme et la sœur d'Osiris, ainsi que la mère d'Horus.

21. Apulée, *Le livre d'Isis*.

22. Ovide, *Les Amours*.

23. Blundell, *Women in Ancient Greece*. L'oracle de Zeus à Dodone est soumis à la même exigence.

24. À compter du VIᵉ siècle av. J.-C., il deviendra le sanctuaire le plus populaire.

25. Sauf durant les trois mois d'hiver, où le temple est fermé.

26. Parker cite des occasions (avant la plantation d'oliviers, la cueillette d'olives, la récolte de miel et peut-être la préparation de nourriture) où la chasteté et la virginité à court terme sont exigées.

27. Schilling, « Vesta ». Dans un article passionnant, Mary Beard explique de façon très convaincante que les vestales ont pu représenter des épouses royales parce que leurs habits étaient semblables à ceux des fiancées romaines et parce qu'une fois leurs cheveux repoussés, elles adoptaient une toilette convenant à un lendemain de noces.

28. Elle peut ensuite les laisser repousser et les coiffer comme elle l'entend, bien que les fantaisies capillaires ne soient pas du tout appréciées.

29. Les descriptions des vêtements des vestales et de leurs rituels d'intronisation proviennent principalement de *La vie de Numa* (Plutarque) et d'autres ouvrages contemporains.

30. Balsdon suggère qu'« il y avait sans aucun doute des périodes de laxisme religieux et moral lorsque l'ordre entier était corrompu, et que dès les premiers jours on exhortait la novice à ne pas devenir un parangon de vertu, mais à suivre plutôt l'exemple des autres. C'était sans danger, lui affirmait-on. » Balsdon ne documente pas cette assertion, mais elle donne comme exemple les calamités nationales dont on rendait responsables les vestales lorsqu'elles rompaient leur vœu de chasteté.

31. La plupart des sources citent le récit de Platon concernant le triste sort d'une vestale amoureuse. Le raisonnement est le suivant : si une vestale condamnée est innocente, Vesta la sauvera. Comme cela ne se produit jamais, chaque condamnation est considérée comme justifiée.

32. Balsdon, *Roman Woman*. Toutefois, à la fin du IIᵉ siècle av. J.-C., des allégations contre l'ordre suscitent une enquête de grande envergure et une vestale est accusée de manquer à son vœu de chasteté. L'année suivante, deux femmes qui ont été acquittées sont également condamnées. En 83 et en 90, l'empereur Domitien déclare que l'ordre est un gouffre de corruption. Mis à part les exceptions mentionnées, la plupart des vestales sont chastes.

33. Ranke-Heinemann, *Des eunuques pour le royaume des cieux*.

34. Platon *La République* (introduction, traduction et notes de R. Baccou, Garnier-Flammarion, Paris, 1966).

35. Toutes ces idées sur la sexualité vont à l'encontre des idées larges des Grecs sur les relations homosexuelles qui, pour les stoïciens, ne visent, en raison de leur nature, qu'au plaisir sensuel et non à la procréation.

36. Bullough, *Sexual Variance in History*. Sénèque était le précepteur de Néron. Plus tard, celui-ci le fera tuer.

37. Flusser, *The Spiritual History of the Dead Sea Sect*.

38. *Ibid.*

39. Selon Howlett, il est difficile d'en arriver à une conclusion. Il est possible que des femmes aient fait partie de la secte, mais elles ont sans doute dû la quitter quand la chasteté a été imposée.

40. Flusser, *The Spiritual History of the Dead Sea Sect*. Cette exigence n'a pas diminué le nombre d'adeptes, estimé à près de quatre mille hommes au cours de la période la plus florissante de la secte.

CHAPITRE II

Le christianisme primitif

Le lecteur qui souhaite consulter les ouvrages des Pères de l'Église mentionnés dans ce chapitre trouvera les deux premiers volumes des œuvres complètes de saint Augustin aux éditions Gallimard, « Bibliothèque de la Pléiade » (le troisième est en préparation) et les écrits des Pères de l'Église (et des auteurs chrétiens tardifs) dans la collection « Sources chrétiennes », aux Éditions du Cerf.

Deux histoires qui en disent long : Marie et Ève. Sources principales pour cette section : Peter Brown, *Le renoncement à la chair. Virginité, célibat et continence dans le christianisme primitif* (traduit de l'anglais par P.-E. Dauzat et C. Jacob, Gallimard, « Bibliothèque des Histoires », Paris, 1995) ; John Bugge, *Virginitas : An Essay in the History of the Medieval Idea* (Martinus Nijhoff, La Haye, 1975) ;

Manuela Dunn-Mascetti, *Saints: The Chosen Few* (Boxtree, Londres, 1994) ; Robin Lane Fox, *Païens et chrétiens. La religion et la vie religieuse dans l'Empire romain de la mort de Commode au concile de Nicée* (traduit par R. Alimi, M. Montabrut et E. Pailler, Presses Universitaires du Mirail, Toulouse, 1997) ; La Bible de Jérusalem ; Joyce E. Salisbury, *Church Fathers, Independent Virgins* (Verso, New York, 1991).

Les persécutions raffermissent la nouvelle foi. Sources principales pour cette section : Robin Lane Fox, *Païens et chrétiens* ; Manuela Dunn-Mascetti, *Saints: The Chosen Few*.

Jusqu'au second avènement. Sources principales pour cette section : Peter Brown, *Le renoncement à la chair* ; Peter Brown, « Bodies and Minds : Sexuality and Renunciation in Early Christianity », dans D. M. Halperlin, J. J. Winkler et F. I. Zeitlin (dir.), *Before Sexuality: The Construction of Erotic Experience in the Ancient Greek World* (Princeton University Press, Princeton, 1990) ; Peter Brown, « The Notion of Virginity in the Early Church », dans B. McGinn, J. Meyendorff et J. Leclercq (dir.), *Christian Spirituality: Origins to the Twelfth Century* (Crossroad, New York, 1985) ; John Bugge, *Virginitas: An Essay in the History of the Medieval Idea* (*op. cit.*) ; Vern L. Bullough, *Sexual Variance in Society and History* (John Wiley & Sons, New York, 1976) ; La Bible de Jérusalem ; Salisbury, *Church Fathers, Independent Virgins*.

Comblée de grâce ? La virginité évolutive de la mère de Jésus. Sources principales pour cette section : Vern L. Bullough, *Sexual Variance in Society and History* ; John McHugh, *The Mother of Jesus in the New Testament* (Doubleday, New York, 1976) ; Ute Ranke-Heinemann, *Des eunuques pour le royaume des cieux : l'Église catholique et la sexualité* (traduction de Monique Thiollet, Robert Laffont, Paris, 1990) ; Jane Smith et Yvonne Haddad, « The Virgin Mary in Islamic Tradition and Commentary » (*Muslim World 79*, nᵒˢ 3-4, juillet-octobre 1989) ; Marina Warner, *Alone of All Her Sex: The Myth and the Cult of the Virgin Mary* (Weidenfeld and Nicholson, Londres, 1976).

Les encratites et les gnostiques boycottent l'utérus. Sources principales pour cette section : Peter Brown, « Bodies and Minds » ; Peter Brown, *Le renoncement à la chair* ; John Bugge, *Virginitas* ; Vern L. Bullough, *Sexual Variance in Society and History* ; E. Henneche et W. Schneemelcher, *La Bible apocryphe, Évangiles apocryphes* (traduction de F. Amiot et J. Bonsirven, Fayard, Paris, 1952) ; La Bible de Jérusalem ; « Interprétation de la connaissance » (Bibliothèque copte de Nag Hammadi) ; W. Schneemelcher (dir.), *Actes de Jean* ; « Sophia de Jésus-Christ » (Bibliothèque copte de Nag Hammadi).

Donne-moi la chasteté… mais pas tout de suite. Sources principales pour cette section : Saint Augustin, *Les Confessions* (traduit, présenté et annoté par P. Cambronne, Gallimard, « Bibliothèque de la Pléiade », Œuvres I, Paris, 1998) ; Peter Brown, *Le renoncement à la chair* ; Vern L. Bullough, *Sexual Variance in Society and History* ; La Bible de Jérusalem ; Salisbury, *Church Fathers, Independent Virgins*.

Les Mères de l'Église. Sources principales pour cette section : Robin Lane Fox, *Païens et chrétiens* ; Otto Kiefer, *Sexual Life in Ancient Rome* (Constable, Londres, 1994) ; Aline Rousselle, *Porneia : de la maîtrise du corps à la privation sensorielle* (Presses Universitaires de France, Paris, 1983) ; Salisbury, *Church Fathers, Independent*

Virgins; Joyce E. Salisbury, « Human Beasts and Bestial Humans in the Middle Ages », dans Jennifer Ham et Matthew Senior (dir.), *Animal Acts: Configuring the Human in Western History* (Routledge, New York, 1997).

Des femmes travesties en moines. Sources principales pour cette section : Vern L. Bullough, *Sexual Variance in Society and History*; Salisbury, *Church Fathers, Independent Virgins*. Les citations proviennent de Salisbury.

Le nouvel alphabet du cœur des Pères du désert. Sources principales pour cette section : Christopher Brooke, *The Monastic World, 1000-1300* (Paul Elek, Londres, 1974) ; Peter Brown, *Le renoncement à la chair*; Manuela Dunn-Mascetti, *Saints: The Chosen Few*; Michel Foucault, *Histoire de la sexualité* (Gallimard, Paris, « Bibliothèque des Histoires ») ; Graham Gould, *The Desert Fathers* (Clarendon Press, Oxford, 1993) ; Elaine Pagels, *Adam, Eve and the Serpent* (Random House, New York, 1988) ; Rousselle, *Porneia*; Norman Russell (trad.), *The Lives of the Desert Fathers: The Historia Monachorum in Aegypto* (Mowbray, Londres, Oxford, 1981) ; Tim Vivian (trad.), *Histories of the Monks of Upper Egypt and the Life of Onnophrius by Paphnutius* (Cistercian Publications, Kalamazoo, 1993) ; Benedicta Ward (trad.), *The Sayings of Desert Fathers: The Alphabetical Collection* (Mowbray, Londres, 1975).

Siméon le Stylite : la sainteté à dix-huit mètres de haut. La source, pour cette section et pour les citations est l'ouvrage de Susan Ashbrook Harvey, *The Lives of Simeon Stylites* (Cistercian Publications, Kalamazoo, 1992).

Épouser l'« homme véritable ». Sources principales pour cette section : Virginia Burrus, *Chastity as Autonomy: Women in the Stories of the Apocryphal Acts* (Edwin Mellen Press, Lewiston, N.Y., 1987) ; Averil Cameron et Amélie Kuhrt (dir.), *Images of Women in Antiquity* (Routledge, Londres, 1983) ; John Moschos, *The Spiritual Meadow* (Cistercian Publications, Kalamazoo, 1992) ; Elizabeth Alvida Petroff, *Medieval Women's Visionary Literature* (Oxford University Press, Oxford, 1986) ; Salisbury, *Church Fathers, Independent Virgins*.

1. *Matthieu* 1,19.
2. *Ibid.* 1,20-21.
3. *Ibid.* 1,24.
4. *Ibid.* 1,23.
5. *Ibid.* 26,2.
6. *Ibid.* 28,10-20.
7. *Ibid.* 19,12.
8. *Marc* 3,31. Jésus savait probablement que Marie et ses frères s'inquiétaient de ce qu'il se surmenait et se nourrissait mal. Ils étaient sans doute venus pour le soustraire à la foule et l'emmener à la maison pour le souper.
9. Salisbury, *Church Fathers, Independent Virgin*.
10. *Genèse* 2,17 ; 3,16 ; 3,19.
11. Fox, *Païens et chrétiens*.
12. *Ibid.* Fox raconte que dix-neuf chrétiens menacés de persécution se sont procuré des certificats attestant qu'ils avaient été païens toute leur vie. Sur ces dix-neuf individus, treize au moins étaient des femmes. Parmi les hommes, l'un avait soixante-deux ans, un autre était invalide.
13. *Ibid.*

14. Jérôme, *Lettres*.

15. *1 Corinthiens* 6,13 ; 7,2 et 7,7.

16. Grégoire de Nysse et plus tard Jean Chrysostome ont écrit qu'Adam et Ève ont mené une vie angélique avant la chute. Bugge, *Virginitas*.

17. Saint Cyprien, *Traités*.

18. Jérôme, *Contre Jovinien*.

19. Bullough, *Sexual Variance in Society and History*.

20. Brown, citant Tertullien, dans « Bodies and Minds ».

21. En Occident, la supériorité que confère la chasteté reste incontestée jusqu'à la Réforme. L'Église orientale, en ce qui la concerne, n'adopte jamais la stricte adhésion de l'Occident à la continence pour les membres mariés de son clergé. Brown, « The Notion of Virginity in the Early Church ».

22. *Ibid.*

23. Le frère de Grégoire est Basile le Grand, qui prône l'étude de la littérature païenne et admire la pensée de Platon. Il fonde une communauté monastique.

24. El-Tabari, le plus connu des commentateurs classiques, propose trois possibilités : Dieu, qui a pris la forme d'un ange, souffle dans la poche de la robe de Marie jusqu'à ce que l'exhalation atteigne son utérus et qu'elle conçoive ; il souffle dans sa manche ; il souffle dans sa bouche.

25. Ranke-Heinemann, citant le protévangile de Jacques. Selon Ranke-Heinemann, cet évangile apocryphe a eu une « énorme » influence sur le développement du culte de Marie. *L'ascension d'Isaïe*, aux environs du IIᵉ siècle, décrit également une naissance sans douleur — d'où son caractère virginal.

26. Ranke-Heinemann, citant le pape Sirice dans une lettre à l'évêque Anysius.

27. McHugh, *The Mother of Jesus in the New Testament*. C'est une interprétation d'Épiphane de Salamine (Chypre), partagée par Clément d'Alexandrie, Ambroise, Grégoire de Nysse et Origène.

28. Warner, *Alone of All Her Sex* ; McHugh, *The Mother of Jesus in the New Testament*.

29. *Catéchisme de l'Église catholique*, 1992.

30. Saint-Augustin, sermon 186, cité dans le *Catéchisme de l'Église catholique*.

31. Ceci est vrai en dépit du refus du gnosticisme par les Pères. Au IIᵉ siècle, il est condamné comme étant une distorsion du christianisme.

32. La pensée juive a pris une autre voie : Adam et Ève ont appris aux animaux à copuler.

33. « Discours sur l'origine du monde » II, 5 :109. La traduction française de ce texte par J. Ménard est citée dans Brown, *Le renoncement à la chair*.

34. *Ecclésiaste* 3,19.

35. Henneche et Schneemelcher, *La Bible apocryphe, Évangiles apocryphes*. Citation extraite de *Actes d'André* 5.

36. Selon la tradition encratite, ce texte a été écrit aux environs de 220, en Syrie, et traduit la pensée encratite.

37. Marcion est un réformateur du dogme excommunié par l'Église en 144, à Rome. Il fonde alors une autre Église.

38. Bullough, *Sexual Variance in Society and History*.

39. Marcion prétend que le message de Jésus a été noté quelque temps après les événements en question et que les Évangiles présentent de faux apôtres soumis par le

judaïsme à un lavage de cerveau. Seuls Paul et Luc disent la vérité, mais des erreurs ont été introduites dans leurs évangiles. Bullough, *Sexual Variance in Society and History.*

40. « Interprétation de la connaissance ».

41. « Sophia de Jésus-Christ ».

42. *Actes de Jean*, cité dans Brown, *Le renoncement à la chair.*

43. Saint Augustin, *Les Confessions*, livre II, IV, 9.

44. Saint Augustin, *Les Confessions*, livre VIII, VI, 13.

45. *Romains* 13,13-14.

46. Saint Augustin, *Les Confessions.*

47. *Ibid.*

48. Saint Augustin, *Contre Julien.*

49. Saint Augustin, *Les Confessions.*

50. Ces récits proviennent du manuscrit de l'Escorial, recueil d'écrits monastiques qui servait de guide aux moines et aux religieuses. Ces derniers étaient tenus de s'y conformer tout au long de leur existence.

51. Les citations concernant l'histoire de Constantina sont extraites de l'ouvrage de Salisbury, *Church Fathers, Independent Virgins.*

52. L'origine de cette légende découle probablement d'une erreur sur la personne, l'autre femme étant Constantia, sœur très dévote de l'empereur Constantin. C'est peut-être pour elle que ce dernier a édifié la basilique de Sainte-Agnès.

53. Les citations concernant Marie l'Égyptienne sont extraites de l'ouvrage de Salisbury, *Church Fathers, Independent Virgins.*

54. Les citations concernant Hélia sont extraites de l'ouvrage de Salisbury, *Church Fathers, Independent Virgins.*

55. *Ibid.*

56. Robin Lane Fox, *Païens et chrétiens.*

57. *Ibid.*

58. Il le fait, semble-t-il, sans tenter de la dissuader de commettre cet acte illégal. Les chrétiennes sont censées se couvrir la tête, elles ne peuvent se couper les cheveux. L'excès de zèle pousse un si grand nombre d'entre elles à le faire que, en 390, une loi interdit cette pratique. « Les femmes qui se font couper les cheveux contreviennent aux lois divines et humaines [...] on devrait leur interdire de pénétrer dans les églises. » Dans la Bible (*Deutéronome* 22,5), il est dit que les hommes et les femmes ne peuvent porter les habits du sexe opposé.

59. Les citations concernant l'histoire de Pélagie sont extraites de *Holy Women of the Syrian Orient* (University of California Press, Berkeley, 1987).

60. *Ibid.*

61. *Ibid.*

62. *Ibid.*

63. L'histoire de la papesse Jeanne provient des sources suivantes : Rosemary Pardoe et Darroll Pardoe, *The Female Pope : The Mystery of Pope Jean* (Crucible, Wellingborough, 1988) ; Clement Wood, *The Woman Who Was Pope : A Biography of Pope Jean* (William Faro, New York, 1931) ; Vern L. Bullough, *Sexual Variance in Society and History.*

64. L'histoire de Uncumber est extraite de l'ouvrage de Bullough, *Sexual Variance in Society and History.*

65. Rousselle, *Porneia*.

66. Sa femme transforme alors sa maison en couvent.

67. Elaine Pagels, *Adam, Eve and the Serpent*.

68. Ce calcul est fait par Aline Rousselle (*Porneia*).

69. *Ibid*. Aline Rousselle cite Apa Dioscure. Toutefois, Dioscure ajoute que « ces visions résultent d'un choix délibéré et sont la marque d'une nature diabolique ».

70. *Ibid*. Les moines l'emmènent à la rivière et « font l'amour » avec elle.

71. *Ibid*.

72. *Ibid*.

73. Brown, *Le renoncement à la chair*.

74. Ward, citant Isaac, prêtre des Cellules.

75. Foucault, *Histoire de la sexualité*.

76. Brown, *Le renoncement à la chair*.

77. Certains saints restent debout toute la journée ; d'autres passent de la position debout à la position assise, mais pas sur une colonne. Au temple d'Aphrodite, à Hiérapolis, à cent quarante-quatre kilomètres de la colonne de Siméon, se trouvent des colonnes ou des phallus (grecs) très hauts, sur lesquels des hommes se hissent deux fois l'an pour une durée de sept jours. C'est là qu'ils conversent intimement avec les dieux et leur demandent des bénédictions pour toute la Syrie.

78. Burrus, *Chastity as Autonomy*. Vers la fin de sa vie, Paul est arrêté à Jérusalem, emmené à Rome, incarcéré, puis libéré. Il y continue son œuvre de missionnaire. Après un ultime emprisonnement, à Rome encore, il est décapité à l'extérieur de la ville.

79. Petroff, *Medieval Women's Visionary Literature*. Les deux comptes rendus du supplice de Thècle avec les fauves se contredisent. Ma version emprunte à chacun.

80. Salisbury citant Jérôme, « À Démétrias ».

81. Jérôme, « À Eustochium ».

82. *Ibid*.

83. Jérôme, « À Démétrias ».

84. Jérôme, « À Eustochium » et « À Laeta ».

85. L'histoire de Mélanie est extraite de l'ouvrage de Salisbury, *Church Fathers, Independent Virgins*.

CHAPITRE III
Le christianisme tardif

Les monastères médiévaux en Orient. Sources principales pour cette section : Pierre Abélard, *Historia calamitatum* (Champion, Paris, 1934) ; Anne L. Barstow, *Married Priests and the Reforming Papacy: The Eleventh-Century Debates* (Edwin Mellen Press, New York, Toronto, 1982) ; Peter Brown, *Le renoncement à la chair. Virginité, célibat et continence dans le christianisme primitif* (traduction de Pierre-Emmanuel Dauzat et Christian Jacob, Gallimard, coll. « Bibliothèque des Histoires », Paris, 1995) ; Vern L. Bullough, *Sexual Variance in Society and History* (John Wiley & Sons, New York, 1976) ; Norman Cantor, « The Crisis of Western Monasticism, 1050-1130 », *American Historical Review* 66, nº 1 (1960-1961) ; Manuela Dunn-Mascetti, *Saints: The Chosen Few* (Boxtree, Londres, 1994) ; Robin Lane Fox,

Païens et chrétiens: la vie religieuse dans l'Empire romain de la mort de Commode au concile de Nicée (traduction de R. Alimi, M. Montabrut et E. Pailler, Presses Universitaires du Mirail, Toulouse, 1997) ; Michael Goodich, *The Unmentionable Vice: Homosexuality in the Latter Medieval Period* (ABC-Clio, Santa Barbara, 1979) ; Susan Ashbrook Harvey, *The Lives of Simeon Stylites* (Cistercian Publications, Kalamazoo, 1992) ; C. H. Lawrence, *Medieval Monasticism: Forms of Religious Life in Western Europe in the Middle Ages* (Longmans, New York, 1989) ; Aline Rousselle, *Porneia. De la maîtrise du corps à la privation sensorielle, IIe-IVe siècles de l'ère chrétienne* (Presses Universitaires de France, coll. « Les chemins de l'Histoire », Paris, 1983) ; Herbert Workman, *The Evolution of the Monastic Ideal: From the Earliest Times Down to the Coming of the Friars* (Epworth Press, Londres, 1927).

Scuthin met sa chasteté à l'épreuve. Source pour cette section : Richard Zachs, *History Laid Bare: Love, Sex and Perversity From the Etruscans to Warren G. Harding* (Harper & Collins, New York, 1994).

Faut-il ou ne faut-il pas convoler? Sources principales pour cette section : Clarissa W. Atkinson, *Mystic and Pilgrim: The Book and the World of Margery Kempe* (Cornell University Press, Ithaca, 1983) ; Barstow, *Married Priests and the Reforming Papacy* ; Brown, *Le renoncement à la chair* ; Bullough, *Sexual Variance in Society and History* ; Margaret Gallyon, *Margery Kempe of Lynn and Medieval England* (Canterbury Press, Norwich, 1995) ; Goodich, *The Unmentionable Vice* ; Margaret King, *Women of the Renaissance* (University of Chicago Press, Chicago, 1991) ; W. E. H. Lecky, *History of European Morals*, vol. 11 (Longmans, Green & Co., New York, 1911) ; Martin Luther, *Œuvres* (Labor et Fides, Genève, 1975) ; Eileen Power, *Medieval English Nunneries*, c. 1275 à 1535 (Biblo and Tannen, New York, 1964) ; Rousselle, *Porneia* ; Joseph R. Strayer, *Dictionary of the Middle Ages*, vol. 3 (Charles Scribner's Sons, New York, 1983).

Les béguines. Sources principales pour cette section : Atkinson, *Mystic and Pilgrim* ; Carolly Erickson, *The Medieval Vision: Essays in History and Perception* (Oxford University Press, New York, 1976) ; King, *Women of the Renaissance* ; Ernest McDonell, *The Beguines and Beghards in Medieval Culture, with Special Emphasis on the Belgian Scene* (Octagon Books, New York, 1969) ; Elizabeth A. Petroff, *Medieval Women's Visionary Literature* (Oxford University Press, Oxford, 1986) ; Power, *Medieval English Nunneries* ; Joyce E. Salisbury, *Church Fathers, Independent Virgins* (Verso, New York, 1991).

Des femmes retirées du monde. Sources principales pour cette section : King, *Women of the Renaissance* ; McDonell, *The Beguines and Beghards in Medieval Culture*.

Mary Ward, « qui était plus qu'une femme ». Sources principales pour cette section : Olwen Hufton, *The Prospect Before Her: An History of Women in Western Europe, 1500-1800* (Alfred A. Knopf, New York, 1996) ; King, *Women of the Renaissance* ; Marie Rowlands, « Recusant Women 1560-1640 », dans Mary Prior (dir.), *Women in English Society* (Methuen, Londres, New York, 1985) ; Retha Warnicke, *Women of the English Renaissance and Reformation* (Greenwood Press, Westport, 1983).

Catherine de Sienne. Sources principales pour cette section : Electra Arenal et Stacey Schlau, *Untold Sisters: Hispanic Nuns in Their Own Works* (University of New Mexico Press, Albuquerque, 1989) ; Atkinson, *Mystic and Pilgrim* ; Rudolph M. Bell, *L'anorexie sainte: jeûne et mysticisme du Moyen Âge à nos jours* (traduction de Caroline Ragon-Ganovelli, Presses Universitaires de France, Paris, 1994) ; Marcello Craveri, *Sante e streghe : biografie e documenti dal xiv al xvii secolo* — Saintes et sorcières : biographies et documents du xive au xviie siècle (Feltrinelli Economica, Milan, 1980) ; Power, *Medieval English Nunneries* ; Petroff, *Medieval Women's Visionary Literature*.

Hildegarde de Bingen désapprouve le jeûne. Sources principales pour cette section : Tamara Bernstein, « Holy Hildegard : a medieval nun with '90s sex appeal », *The Globe and Mail*, 6 mai 1995 ; Matthew Fox (dir.), *Hildegard of Bingen's Book of Divine Works with Letters and Songs* (Bear & Co., Santa Fe, 1987).

Kateri Tekakwitha, sainte mohawk. Sources principales pour cette section : Henri Béchard, « Kateri (Catherine) Tekakwitha », *Dictionary of Canadian Biography*, vol. 1 (University of Toronto Press, Toronto, 1966) ; K. I. Koppedrayer, « The Making of the First Iroquois Virgin : Early Jesuit Biographies of the Blessed Kateri Tekakwitha », *Ethnohistory* 40, n° 2 (printemps 1993) ; Alison Prentice, Paula Bourne, Gail C. Brandt, Beth Light, Wendy Mitchinson et Naomi Black, *Canadian Women : A History* (Harcourt Brace Jovanovich, Toronto, 1988) ; Nancy Shoemaker (dir.), *Negociators of Change : Historical Perspectives on Native American Women* (Routledge, New York, 1995) ; « Lily of the Mohawks », *Newsweek* (1er août 1938) ; « The Long Road to Sainthood », *Time* (7 juillet 1980).

Les couvents de la joie. Sources principales pour cette section : Arenal et Schlau, *Untold Sisters* ; Atkinson, *Mystic and Pilgrim* ; Catherine Brown, *Pastor and Laity in the Theology of Jean Gerson* (Cambridge University Press, Cambridge, 1987) ; King, *Women of the Renaissance* ; Margaret King et Albert Rabil, *Her Immaculate Hand : Selected Work by and About the Women Humanists of Quattrocento Italy* (Center for Medieval and Early Renaissance Studies, 1983) ; Petroff, *Medieval Women's Visionary Literature* ; Power, *Medieval English Nunneries* ; Arcangela Tarabotti, *La semplicita ingannata* (Institute of Romance Studies, Londres, 1994) ; Foster Watson (dir.), *Vives and the Renascence Education of Women* (Longmans, Green & Co., New York, 1912).

Des nonnes réfractaires. Sources principales pour cette section : Arenal et Schlau, *Untold Sisters* ; King, *Women of the Renaissance* ; Power, *Medieval English Nunneries* ; Guido Ruggiero, *The Boundaries of Eros : Sex Crimes and Sexuality in Renaissance Venice* (Oxford University Press, New York, 1985) ; Tarabotti, *La semplicita ingannata*.

Un amour tranché net. Source pour cette section : Giles Constable, *Monks, Hermits and Crusaders in Medieval Europe* (Variorum Reprints, Londres, 1988).

La chasteté laïque et l'amour charitable et désintéressé. Sources principales pour cette section : John Boswell, *Same-Sex Unions in Premodern Europe* (Villard Books, New York, 1994) ; Peter Brown, *Le renoncement à la chair* ; Bullough, *Sexual Variance in Society and History* ; Averil Cameron et Amélie Kuhrt (dir.), *Images of Women in Antiquity* (Routledge, Londres, 1983) ; Louise Collis, *Memoirs of Medieval Woman : The Life and Time of Margery Kempe* (Harper & Row, New York, 1983) ; Rousselle, *Porneia* ; G. Rattray Taylor, *Sex in History* (Vanguard Press, New York, 1954).

Les shakers. La section biographique sur Ann Lee provient de l'ouvrage de Nordi Reeder Campion, *Mother Ann Lee : Morning Star of the Shakers* (University Press of New England, Hanovre/Londres, 1990) ; Lawrence Foster, *Religion and Sexuality :*

Three American Communal Experience of the Nineteenth Century (Oxford University Press, New York, 1981) ; M. Gidley et K. Bowles (dir.), *Locating the Shakers : Cultural Origins and Legacies of an American Religious Movement* (University of Exeter Press, Exeter, 1983) ; Raymond Muncy, *Sex and Marriage in Utopian Communities in Nineteenth-Century America* (University of Indiana Press, Bloomington, 1989) ; Diane Sasson, *The Shaker Spirituality Narrative* (University of Tennessee Press, Knoxville, 1983) ; *Testimonies of the Life, Character, Revelations and Doctrines of Mother Ann Lee* (AMS Press, New York, 1975).

Father Divine. Cette section repose exclusivement sur l'ouvrage de Jill Watts, *God, Harlem U.S.A. : The Father Divine Story* (University of California Press, Berkeley, 1992). Après avoir lu ce livre, j'ai éliminé toutes mes autres sources. Ces dernières étaient soit incomplètes, soit erronées, et représentaient Father Divine comme un bouffon — autrement dit comme un personnage absolument différent du leader élégant, charismatique et éloquent qu'il était en réalité.

1. Brown, *Le renoncement à la chair.*
2. *Ibid.*
3. *Ibid.* D'après Susan Ashbrook Harvey, « chaque monastère syrien contenait — outre l'église, le cimetière public et un petit logis réservé à l'abbé et aux invités — un complexe de bâtiments comprenant un réfectoire, une chambre capitulaire où le supérieur faisait l'instruction à ses moines [...] une boulangerie, une cuisine [...] une forge, une cordonnerie et une pièce réservée au tissage [...] ». Les cellules des moines étaient « parfois groupées autour du monastère [...] Elles étaient construites dans des matériaux peu résistants — c'est pourquoi aucune n'a résisté au temps. »
4. Workman, *The Evolution of the Monastic Ideal.*
5. Fox, *Païens et chrétiens.*
6. Brown, *Le renoncement à la chair.*
7. Lawrence, *Medieval Monasticism,* chap. 2.
8. Workman, *The Evolution of the Monastic Ideal.*
9. Abélard, *Historia calamitatum.*
10. Goodich, *The Unmentionable Vice.*
11. Ce lien entre le monastère et l'Église s'est scellé sous le pape Grégoire Ier (590-604).
12. Dunn-Mascetti et Cantor signalent que le caractère grincheux de saint Bernard provient peut-être du fait qu'il voyait le monde politique devenir de plus en plus cupide, sournois et séculier — alors qu'il espérait le contraire.
13. Bullough, *Sexual Variance in Society and History.*
14. Luther, *Œuvres,* « Lettre à Nicolas ».
15. Brown, *Le renoncement à la chair.*
16. Power, *Medieval English Nunneries. Focaria,* et non l'acronyme de « *For Using Carnal Knowledge* », pourrait être à l'origine du mot *fuck.*
17. Luther, *Œuvres,* « Lettre à Nicolas ».
18. La date est approximative. Des sources indiquent 1176, 1177 et le début de 1178 comme dates possibles de la naissance de Marie d'Oignies.
19. D'après Petroff, citant *La vie de Marie d'Oignies* de Jacques de Vitry. « En raison de l'horreur ressentie au souvenir de ses plaisirs charnels, elle commença à s'affliger et ne put trouver le repos de l'esprit qu'en s'infligeant les extraordinaires

macérations corporelles qui l'ont délivrée du remords éprouvé à cause de tous les plaisirs connus par le passé. »

20. D'après McDonell, citant un extrait de l'*Histoire de saint Louis* de Joinville.

21. Margaret King dit elle aussi que les couvents et les béguinages offrent aux femmes un double avantage : ils leur permettent de poursuivre leurs objectifs personnels dans la dignité et la chasteté, et de se libérer ainsi des grossesses et de la vie de famille.

22. Erickson, *The Medieval Vision*.

23. Les *beatas* faisaient des vœux personnels de chasteté, se disaient à l'abri des passions sexuelles et consacraient leur existence à la charité et à une piété visionnaire.

24. « En pratiquant une règle approuvée à son intention par le Saint-Siège, [le tiers ordre franciscain] se développait dans le monde, sous la surveillance d'un ordre religieux et en conformité avec l'esprit de cet ordre afin d'atteindre la perfection chrétienne d'une manière convenant à la vie séculière » (McDonelle, *The Beguines and Beghards in Medieval Culture*).

25. Rowlands, « Recusant Women 1560-1640 ».

26. Warnicke, *Women of the English Renaissance and Reformation*.

27. Hufton dit que Mary Ward fut plus une victime des rumeurs que de ses activités.

28. King, *Women of the Renaissance*.

29. Craveri, *Sante e streghe*.

30. Bell, *L'anorexie sainte*.

31. *Ibid.*

32. *Ibid.*

33. Aujourd'hui, nous serions tentés de l'assimiler à l'anorexie. Toutefois, le type de privation que s'infligeait Catherine, commun parmi les saintes femmes, était enraciné dans un ascétisme qui, tout en comprenant une réduction de la consommation de nourriture, ne demandait pas que l'on mourût de faim. Contrairement aux anorexiques actuelles, obsédées par leur image corporelle et combinant souvent la privation alimentaire aux exercices physiques intensifs, le type de macérations que s'infligeaient des saintes était accompagné de mortifications de la chair et d'exercices spirituels conçus pour exprimer leur humilité tout en glorifiant le Seigneur. Pour ces raisons, je répugne à regarder Catherine de Sienne comme anorexique.

34. Bernstein, « Holy Hildegard ».

35. Le paragraphe suivant contient des citations extraites de lettres de Hildegarde à Élisabeth, qui mourut le 18 juillet 1165. Ces textes proviennent de l'ouvrage de Robin Lane Fox, *Païens et chrétiens*.

36. Bien que Kateri Tekakwitha soit née à Ossernernon (aujourd'hui Auriesville dans l'État de New York), elle a passé la plus grande partie de sa brève existence près de Montréal. Elle est par conséquent considérée comme une Canadienne.

37. Shoemaker dit que Kateri Tekakwitha était soucieuse de son apparence physique et que, contrairement aux autres Indiennes défigurées par la petite vérole, elle dissimulait souvent son visage sous un plaid. Lorsqu'elle est morte, des moqueurs ont dit : « Dieu l'a prise parce qu'aucun homme ne voulait d'elle. » Le père jésuite Chauchetière, toutefois, voyait son visage défiguré comme une bénédiction, qui lui permettait « de renoncer à tout attachement à la chair et de se donner à l'état auquel elle était destinée ». Cité par Koppedrayer, « The Making of the First Iroquois Virgin ».

38. Koppedrayer, « The Making of the First Iroquois Virgin ».

39. *Ibid.*

40. *Ibid.*

41. *Ibid.*

42. *Ibid.*

43. Prentice *et al.* notent que « quelques Indiennes prenaient de vitesse les jésuites en adoptant le célibat et la chasteté, se protégeant ainsi des épreuves du mariage de style européen, tout comme l'a fait [...] Kateri Tekakwitha » (*Canadian Women*).

44. Koppedrayer, « The Making of the First Iroquois Virgin ».

45. En tant qu'auteur de littérature pieuse du XIIIe siècle, il n'est pas étonnant que Hali Meidenhad dévalue le mariage et prône l'union spirituelle avec le Christ. Toutes les citations proviennent de *Mystic and Pilgrim* de Atkinson.

46. Brown, *Pastor and Laity in the Theology of Jean Gerson.*

47. Watson, *Vives and the Renascence Education of Women.*

48. Tarabotti, *La semplicita ingannata.*

49. Power, *Medieval English Nunneries.*

50. Petroff, *Medieval Women's Visionary Literature.*

51. Arenal et Schlau, *Untold Sisters.*

52. Ruggiero, *The Boundaries of Eros.*

53. Power, *Medieval English Nunneries.* Le grand nombre de retardées mentales acceptées dans les couvents soulevait souvent des plaintes.

54. Ruggiero, *The Boundaries of Eros.*

55. Mère Marcelle de Saint-Félix, « Loa to the Solitude of the Cells », dans Arenal et Schlau, *Untold Sisters.*

56. Tarabotti, *La semplicita ingannata.*

57. *Ibid.*

58. Arenal et Schlau, *Untold Sisters.* « Une ex-nonne de ma connaissance a été accusée d'arrogance et forcée de nettoyer le sol du couvent avec un mouchoir de poche. »

59. Power, *Medieval English Nunneries.*

60. *Ibid.*

61. *Ibid.*

62. *Ibid.* Le chapitre XI de l'ouvrage de Eileen Power, *The Old Daunce,* se compose de comptes rendus d'investigations, de mésaventures sexuelles documentées, d'actes d'accusation, de descriptions de punitions, de pénitences et de parjures, et de comparaisons entre les péchés commis dans différents cloîtres.

63. Cet ouvrage, intitulé *Life,* est considérée comme la première autobiographie exhaustive écrite en anglais, la seule langue que parlait Margery Kempe. Il a été publié en français sous le titre *Livre de Margery Kemp : une aventurière de la foi au Moyen Âge* (traduction de Louise Magdinier, Cerf, Paris, 1989).

64. *1 Corinthiens* 7,32-33.

65. « La conversion de son mari au mouvement shaker et à la continence est la première preuve que nous ayons du pouvoir de Mother Ann Lee » (Campion, *Mother Ann Lee*).

66. Le mouvement est également appelé United Society of Believers in Christ's Second Appearing.

67. Selon Gidley et Bowles, Stanley a quitté Ann pour suivre une prostituée.

68. Gidley et Bowles, *Locating the Shakers.*

69. Campion, *Mother Ann Lee.*

70. *Ibid.*

71. Foster, *Religion and Sexuality.*

72. *Ibid.*

73. Foster cite Hervey Elkins, qui a quitté la communauté après quinze ans. Bien que les shakers annulent tous les liens du sang et les relations familiales, beaucoup de nouveaux venus sont des parents de shakers.

74. Mother Ann elle-même est persécutée sans relâche, et même battue et fouettée.

75. Foster cite l'ex-shaker Thomas Brown.

76. Une jeune femme prétend que Mother Ann lui est apparue et lui a révélé que les shakers s'élèveraient en accédant à l'état de mariage.

77. Watts démontre de façon convaincante que, contrairement au mythe populaire, Father Divine n'a pas grandi dans le Sud profond.

78. En parlant de la sorte, George Baker annonce la pensée scientifique moderne.

79. Watts, *God, Harlem U.S.A.*

80. *Ibid.*

81. L'on doit cette information à Susan Hadley, jeune Afro-Américaine chargée, en 1930, par le représentant du ministère public du comté, d'espionner Father Divine. Au lieu de le décrire comme un escroc, Susan n'a que louanges à l'égard de la vie irréprochable qu'il partage avec ses fidèles dans son « paradis ».

CHAPITRE IV
Autres religions et rites

L'hindouisme. Sources principales pour cette section : Michael Aloysius, *Radhakrishnan on Hindu Moral Life and Action* (Concept Publishing Co., Delhi, 1979) ; Joseph S. Alter, « Celibacy, Sexuality, and the Transformation of Gender into Nationalism in North India », *Journal of Asian Studies* 53, n° 1 (février 1994) ; Lawrence A. Babb, « Indigenous Feminism in a Modern Hindu Sect », *Sign : Journal of Women in Culture and Society* 9, n° 3 (1984) ; Lawrence A. Babb, *Redemptive Encounters : Three Modern Styles in Hindu Tradition* (University of California Press, Berkeley, 1986) ; Durga Das Basu, *The Essence of Hinduism* (Prentice-Hall of India, New Delhi, 1990) ; Baba Hari Dass, *Silence Speaks* (Sr. Rama Foundation, Santa Cruz, 1977) ; M. Dhavamony, *Classical Hinduism* (Gregorian University Press, Rome, 1982) ; Gavin Flood, *An Introduction to Hinduism* (Cambridge University Press, Cambridge, 1996) ; Sudhir Kakar, *Intimate Relations : Exploring Indian Sexuality* (Penguin Books, New Delhi, 1989) ; Klaus K. Klostermaier, *A Survey of Hinduism* (State University of New York Press, Albany, 1994) ; Yogi Raushan Nath, *Hinduism and Its Dynamics* (Rajiv Publications, New Delhi, 1977) ; Wendy Doniger O'Flaherty, *Siva érotique et ascétique* (traduction de Nicole Menant, Gallimard, Paris, 1993) ; Wendy Doniger O'Flaherty, *Women, Androgynes, and Other Mythical Beasts* (Chicago University Press, Chicago, 1980) ; Troy Wilson Organ, *The Hindu Quest for the Perfection of Man* (Ohio University, Athens, 1970) ; A. C. Swami Prabhupada, *The Science of Self-Realization* (The Bhaketivedonta Bode Trust, New York, 1977) ; Hoston Smith, *The World's Religions : Our Great Wisdom Traditions* (HarperCollins, New York, 1986) ; Peter Van Der Veer, « The Power of Detachment : Disciplines of Body and Mind in the Ramandandi

Order », *American Ethnologies* 16 (1989) ; Stanley Wolpert, *A New History of India* (Oxford University Press, New York, 1993). Toutes les citations de la section sur Shiva sont empruntées à l'ouvrage de O'Flaherty, *Siva érotique et ascétique*.

Les filles de Brahma. Les sources, pour cette section, sont l'article et l'ouvrage de Babb, « Indigenous Feminism in a Modern Hindu Sect » et *Redemptive Encounters.*

Le bouddhisme. Sources pour cette section : Roy Amore et Julia Ching, « The Buddhist Tradition », dans Willard Oxtoby (dir.), *World Religions : Eastern Traditions* (Oxford University Press, Don Mills, 1996) ; Tessa Bartholomeusz, « *The Female Mendicant in Buddhist Sri Lanka* », dans Joze I. Cabezon, *Buddhism, Sexuality and Gender* (State University of New York Press, New York, 1992) ; Roger J. Corless, *The Vision of Buddhism : The Space Under the Tree* (Paragon House, New York, 1989) ; Rita Gross, *Buddhism after Patriarchy* (State University of New York Press, New York, 1993) ; Hanna Havnevik, *Tibetan Buddhist Nuns* (Norvegian University Press, Oxford, 1957) ; Peter Hawey, *An Introduction to Buddhism : Teachings, History, Practices* (Cambridge University Press, Cambridge, 1985) ; Shih Pao-ch'ang, *Lives of the Nuns* (University of Hawaii Press, Honolulu, 1994) ; Diana Y. Paul, *Women in Buddhism* (University of California Press, Berkeley, 1985) ; Hammalawa Saddhatissa, *Buddhist Ethics : The Path to Nirvana* (Wisdom Publications, Londres, 1987) ; Dale E. Saunders, *Buddhism in Japan* (University of Pennsylvania Press, Philadelphie, 1964) ; Alan Sponberg, *Attitudes Towards Women and the Feminine in Early Buddhism* (State University of New York Press, New York, 1992) ; S. Tachibana, *The Ethics of Buddhism* (Curzon Press, Londres, 1975) ; Kamala Tiyanavich, *Forest Recollections : Wandering Monks in 20th Century Thailand* (University of Hawaii Press, Honolulu, 1997) ; Karma Lekshe Tsomo, *Sisters in Solitude* (State University of New York Press, 1996) ; Stanley Wolpert, *A New History of India* (Oxford University Press, New York, 1993) ; Leonard Zwilling, « Homosexuality as Seen in Indian Buddhist Texts », dans Joze I. Cabezon (dir.), *Buddhism, Sexuality and Gender* (State University of New York Press, New York, 1992).

Le jaïnisme. Sources principales pour cette section : Paul Dundas, *The Jains* (Routledge, Londres, 1992) ; Jagdishchandra Jain, *The Jain Way of Life* (The Academic Press, Gurgaon, 1991) ; Padmanabh S. Jaini, *The Jaina Path of Purification* (University of California Press, Berkeley, 1979) ; Mohan Lal Mehta, *Jaina Culture* (P. V. Research Institute, Varanasi, 1969) ; Ashim Kumar Roy, *A History of the Jains* (Gitanjali Publishing House, New Delhi, 1984).

La chasteté rituelle. Sources principales pour cette section : Frank Boas, *The Central Eskimo* (University of Nebraska Press, Lincoln, 1888) ; Wade Davis, *One River : Explorations and Discoveries in the Amazon Rain Forest* (Simon & Schuster, New York, 1996) ; Philippe Descola, *Les lances du crépuscule : relations Jivaros, Haute Amazonie* (Plon, Paris, 1993) ; James Frazer, *Le cycle du rameau d'or* (traduction de P. Syn, Henry Peyre et Lady Frazer, Geuthner, Paris, 1926-1935) ; Michael Harner, « The Sound of Rushing Water », *Natural History* 77, n° 6 (juin-juillet 1968) ; James Peoples et Garrick Bailey, *Humanity : An Introduction to Cultural Anthropology* (West Publishing, St. Paul, 1991) ; Knud Rasmussen, *Observations on the Intellectual Culture of the Caribous Eskimos, in Report of the Fifth Thule Expedition 1921-1924*, vol. 11. (Arts Press, New York, 1976) ; Edward Moffat Weyer, *The Eskimos : Their Environment and Folkways* (Archon Books, Hamden, 1969).

Les *acclas* de l'empire inca. Sources principales pour cette section : Constance Classen, « Aesthetics and Asceticism in Inca Religion », *Anthropologia* 32 (1992) ; Bernabe Cobo, *Inca Religion and Customs,* vol. 1 (University of Texas Press, Austin, 1990) ; Mark J. Dworkin, *Mayas, Aztecs, and Incas* (McLelland & Stewart, Toronto, 1990) ; Irene Silverblatt, *Moon, Sun, and Witches : Gender Ideologies and Class in Inca and Colonial Peru* (Princeton University Press, Princeton, 1987).

Les *naditus* de Babylone. Source pour cette section : Ulla Jeyes, « The Naditu Women of Sippar », dans Averil Cameron et Amelia Kuhrt (dir.), *Images of Women in Antiquity* (Routledge, Londres, 1983).

Le judaïsme. Sources pour cette section : Gary Anderson, « Celibacy or Consummation in the Garden ? Reflections on Early Jewish and Christian Interpretations of the Garden of Eden », *Harvard Theological Review* 82, n° 2 (1989) ; David Biale, *Eros juif* (traduction d'Isabelle Rozenbaumas, Actes Sud, Arles, 1997) ; Vern L. Bullough, *Sexual Variance in Society and History* (John Wiley & Sons, New York, 1976) ; Louis M. Epstein, *Sex, Laws and Customs in Judaism* (Ktav Publishing House, New York, 1967) ; Robert Gordis, *Love and Sex : A Modern Jewish Perspective* (McGraw-Hill Ryerson, Toronto, 1978).

L'islam. Sources pour cette section : Abdelwahab Bouhdiba, *La sexualité en Islam* (Presses Universitaires de France, Paris, 1979) ; Bullough, *Sexual Variance in Society and History* ; Sayyid M. Rizvi, *Marriage and Morals in Islam* (Vancouver Islamic Educational Foundation, Richmond, 1990).

1. O'Flaherty, *Siva érotique et ascétique.*

2. Certains ascètes radicaux tentent de refréner leurs désirs charnels en ayant des relations sexuelles dépourvues de sensations.

3. Aloysius, *Radhakrishnan on Hindu Moral Life and Action.*

4. Les textes sacrés font particulièrement référence aux hommes. Dans la littérature secondaire, seuls quelques textes suggèrent que les femmes peuvent parcourir des étapes parallèles. Le rôle fondamental que joue le sperme dans le système de croyance hindou renforce, bien sûr, l'idée voulant que les femmes soient des êtres différents, avec des destins différents.

5. Dans le chapitre V (« S'abstenir pour conserver la semence »), le rôle et l'utilité du sperme sont expliqués. Voir surtout les sections intitulées « Lutteurs indiens », et « Les femmes de Gandhi ».

6. Parfois, les *tapas* prêtent une odeur agréable à certains yogis et *sannyasins.*

7. Gandhi affirme que la préservation de la semence permet à l'homme de conserver sa force.

8. Flood, *An Introduction to Hinduism.*

9. Smith, *The World's Religions.*

10. Flood, *An Introduction to Hinduism.*

11. Klostermaier, *A Survey of Hinduism.*

12. Van Der Veer, « The Power of Detachment ».

13. Lawrence A. Babb, *Redemptive Encounters.*

14. Saddhatissa, *Buddhist Ethics.*

15. Le bouddhisme s'étend au Népal, au Tibet, en Chine, au Japon et dans une grande partie de l'Asie du Sud-Est.

16. Au Japon et au Tibet, toutefois, les traditions bouddhistes locales permettent, dans certaines circonstances, aux moniales et aux moines de se marier.

17. Tiyanavich, *Forest Recollections.*

18. Wolpert, *A New History of India.*

19. La chasteté ne présente donc pas, pour les jaïns, des problèmes semblables à ceux rencontrés par les shakers ou par les membres du Peace Movement, pour lesquels faire des prosélytes est essentiel.

20. Rasmussen, *Observations on the Intellectual Culture of the Caribous Eskimos.*

21. Harner, « The Sound of Rushing Water ».

22. Davis, *One River.*

23. Silverblatt, *Moon, Sun, and Witches.*

24. Silverblatt insiste sur l'importance du processus de sélection des *acclas.*

25. Silverblatt, *Moon, Sun, and Witches.*

26. Cobo, *Inca Religion and Customs.*

27. Classen dit que les serviteurs mâles de l'Inca, les *yanaconas*, restent eux aussi abstinents pendant leur jeunesse et pourraient avoir été les homologues masculins des *acclas.*

28. Cobo, *Inca Religion and Customs.*

29. Silverblatt, *Moon, Sun, and Witches.*

30. Ce mythe délicieux est raconté dans *One River* de Davis.

31. Voir au début du chapitre VII, « La chasteté comme garantie ».

32. L'ironie, dans tout cela, c'est que cette pratique pousse beaucoup d'Israéliens, « dont les vies sont guidées par cette loi religieuse qui leur dit quand ils peuvent ou ne peuvent pas avoir de rapports sexuels avec leur épouse », à se tourner vers les prostituées, venues pour la plupart d'URSS. « Ainsi, les jeudis après-midi, des autobus remplis de juifs ultra-orthodoxes prennent la route de [...] Tel Aviv afin que leurs occupants puissent s'octroyer quelques moments de passion charnelle dans un salon de massage, ou derrière une dune de sable, ou dans une ruelle. » (Samuel M. Katz, « Hookers in the Holy Land », *Moment,* avril 1998.)

33. Epstein, *Sex, Laws and Customs in Judaism.*

34. Cette pratique a pris fin après le XVᵉ ou le XVIᵉ siècle.

35. Anderson, « Celibacy or Consummation in the Garden ? ».

36. *Ibid.*

37. Epstein, *Sex, Laws and Customs in Judaism.*

38. Anderson, « Celibacy or Consummation in the Garden ? ».

39. Rizvi, *Marriage and Morals in Islam.*

40. Bullough, *Sexual Variance in Society and History.*

41. Bouhdiba, *La sexualité en Islam.*

42. Rizvi, *Marriage and Morals in Islam.*

43. *Ibid.*

CHAPITRE V

S'abstenir pour conserver la semence

Totus homo semen est. Sources principales pour cette section : Michael Bliss, « Pure Books on Avoided Subjects », *Historical Papers* (1970) ; Sue Blundell, *Women in Ancient Greece* (British Museum Press, Londres, 1995) ; Peter Cominos, « Late-Victorian Respectability », *International Review of Social History* 8, nᵒˢ 1 et 2 (1963) ; Emma F. Angell Drake, *What a Young Wife Ought to Know* (Vir Publishing, Philadelphie, 1908) ; Robin Lane Fox, *Païens et chrétiens. La religion et la vie religieuse dans l'empire romain de la mort de Commode au concile de Nicée* (traduction de R. Amili, M. Montabrut et E. Pailler, Presses Universitaires du Mirail, Toulouse, 1997) ; Sylvester Graham, *Graham's Lectures on Chastity Specially Intended for the Serious Consideration of Young Men and Parents* (Royalty Buildings, Glasgow, 1848) ; John S. Haller et Robin M. Haller, *The Physician and Sexuality in Victorian America* (University of Illinois Press, Urbana, 1974) ; Brian Inglis, *A History of Medicine* (Weidenfeld and Nicolson, Londres, 1965) ; J. H. Kellogg, *Plain Facts for Young and Old* (Heritage Press, Buffalo, 1974) ; Rosalyn M. Meadow et Lillie Weiss, *Women's Conflicts about Eating and Sexuality* (Haworth Press, New York, 1992) ; John Money, *The Destroying Angel : Sex, Fitness and Food in the Legacy of Degeneracy Theory, Graham Crackers, Kellogg's Corn Flakes and America Health History* (Prometheus Books, Buffalo, 1985) ; Stephen Nissenbaum, *Sex, Diet, and Debility in Jacksonian America* (Greenwood Press, Westport, 1980) ; Elaine Pagels, *Adam, Eve, and the Serpent* (Vintage Books, New York, 1989) ; Ute Ranke-Heinemann, *Des eunuques pour le royaume des cieux. L'Église catholique et la sexualité* (traduction de Monique Thiollet, Robert Laffont, Paris, 1990) ; Aline Rousselle, *Porneia. De la maîtrise du corps à la privation sensorielle, IIe-IVe siècles de l'ère chrétienne* (Presses Universitaires de France, coll. « Les chemins de l'histoire », Paris, 1983) ; Jody Rubin Pinault, *Hippocratic Lives and Legends* (E. J. Brill, New York, 1992) ; Richard W. Schwartz, *John Harvey Kellogg, M. D.* (Southern Publishing Association, Nashville, 1970) ; M. L. Shanley, *Feminism, Marriage and the Law in Victorian England 1850-1895* (Princeton University Press, Princeton, 1989) ; Carroll Smith-Rosenberg, « Sex as Symbol in Victorian Purity : An Ethno-historical Analysis of Jacksonian America », *American Journal of Sociology* (1978) ; Jayme Sokolow, *Eros and Modernization : Sylvester Graham, Health Reform, and the Origins of Victorian Sexuality in America* (Associated University Press, Londres et Toronto, 1983) ; Gerhard Venzmer, *Five Thousand Years of Medicine* (Macdonald & Company, Londres 1972) ; Ronald G. Walters, *Primers for Prudery : Sexual Advice to Victorian Americans* (Prentice-Hall, Englewood Cliffs, 1973) ; Barbara Welter, « The Cult of True Womanhood », *American Quarterly* 18, n° 2 (1966).

L'athlète grec : un esprit sain dans un corps chaste. Sources principales pour cette section : Blundell, *Women in Ancient Greece* ; Walter Burkert, *Sauvages origines : mythes et rites sacrificiels en Grèce ancienne* (traduction de Dominique L'Enfant, Les Belles Lettres, Paris, 1998) ; Clément d'Alexandrie, *Stromateis* (Catholic University of America, Washington, 1991) ; Fox, *Païens et chrétiens* ; H. A. Harris, *Greek Athletes and Athletics* (Hutchinson & Co., Londres, 1964) ; Hugh Lloyd-Jones, « Artemis and Iphigenia », *Journal of Hellenic Studies* (1983) ; Jody Rubin Pinault, *Hippocratic Lives and Legends* (E. J. Brill, New York, 1992) ; Platon, *Laws*, vol. 11 (G. P. Putnam's Sons, New York, 1926) ; Pline, *Natural History*, vol. 8 (Harvard University Press, Cambridge, 1963) ; Plutarque, *Moralia*, vol. 9 (Harvard University Press, Cambridge, 1961) ; Ranke-Heinemann, *Des eunuques pour le royaume des cieux* ; H. W. Smyth et H. Lloyd-Jones, *Eschyle*, vol. 11 (Harvard University Press, Cambridge, 1987) ; Waldo E. Sweet, *Sport and Recreation in Ancient Greece* (Oxford University Press, New York, 1987).

La société victorienne pratique un christianisme « musclé ». Sources principales pour cette section : G. J. Barker-Benfield, *The Horrors of the Half-Known Life : Male Attitudes Toward Women and Sexuality in 19th Century America* (Harper &

Row, New York, 1976); Ray B. Browne, *Objects of Social Devotion: Fetichism in Popular Culture* (Bowling Green University Popular Press, Bowling Green, 1982); Pat Caplan, « Celibacy as a Solution? Mahatma Gandhi and Brahmacharya », dans Pat Caplan (dir.), *The Cultural Construction of Sexuality* (Routledge, New York, 1987); Michael A. Messner, *Power at Play: Sports and the Problem of Masculinity* (Beacon Press, Boston, 1992); M. A. Messner et D. F. Sabo (dir.), *Sport, Men, and the Gender Order: Critical Feminist Perspectives* (Human Kinetics Publishers, Champaign, 1990); Donald J. Mrozek, *Sport and American Mentality 1880-1910* (University of Tennessee Press, Knoxville, 1984); Stephen J. Overman, *The Influence of the Protestant Ethic on Sport and Recreation* (Avebury, Aldershot, 1997); David Q. Voigt, « Sex in Baseball: Reflections of Changing Taboos », *Journal of Popular Science* 12, n° 3 (1978).

Les Cherokees jouent à la balle. Source pour cette section: James Mooney, « The Cherokee Ball Play », *The American Anthropologist* 111, n° 2 (avril 1990).

Les chastes athlètes d'aujourd'hui. Sources principales pour cette section: Lisa Alther, *Kinflicks* (Alfred A. Knopf, New York, 1976); Mark H. Anshel, « Effects of Sexual Activity on Athletic Performance », *Physician and Sportsmedicine* 9, n° 8 (août 1981); Tommy Boone et Stephanie Gilmore, « Effects of Sexual Intercourse on Maximal Aerobic Power, Oxygen Pulse, and Double Product in Male Sedentary Subjects », *Journal of Sports Medicine and Physical Fitness* 35, n° 3 (3 septembre 1995); *The Complete Runner* (World Publications, Mountain View, 1974); B. J. Cratty, *Psychology in Contemporary Sport: Guidelines for Coaches and Athletes* (Prentice-Hall, Englewood Cliffs, 1973); Gloria J. Fisher, « Abstention from Sex and Other Pre-Game Rituals Used by College Male Varsity Athletes », *Journal of Sport Behavior* 20, n° 2 (1997); Lloyd Garrison, « Has the Bear Lost Its Claws? » *Time* 131, n° 6 (février 1988); Michael Gordon, « College Coaches' Attitudes Toward Pregame Sex », *Journal of Sex Research* 5 (1988); Nathan Hare, « A Study of the Black Fighter », *Black Scholar* 3, n° 3 (1971); Warren R. Johnson, « Muscular Performance Following Coitus », *Journal of Sex Research* 4, n° 3 (août 1968); Jules Older, « New Zealand Coaches' Attitudes to Prevent Sex », *Journal of Popular Culture* 19 (1985); « Sex and Sports: To Partake or Abstain Before Games, That Is the Question », *Sports Illustrated*, diffusé sur CNN le 2 juin 1998; Richard Starnes, « Sex Added Incentive for England to Shine », *Ottawa Citizen*, 15 juin 1998; James S. Thornton, « Sexual Activity and Athletic Performance: Is There a Relationship? » *Physician and Sportmedicine* 18, n° 3 (mars 1990).

Les lutteurs indiens. Source pour cette section: Joseph S. Alter, *The Wrestler's Body: Identity and Ideology in North India* (University of California Press, Berkeley, 1992).

Le sperme comme élixir patriotique. La source principale pour cette section est Joseph S. Alter, « Celibacy, Sexuality, and the Transformation of Gender into Nationalism in North India », *Journal of Asian Studies* 53, n° 1 (février 1994).

1. Hippocrate a vécu de 460 à 377 av. J.-C.
2. Rousselle, *Porneia*.
3. Sokolow, *Eros and Modernization*.
4. Cominos, « Late-Victorian Respectability ».
5. Smith-Rosenberg examine le même concept aux États-Unis. Là, des pères préservent leur sperme pour le bien-être futur de leurs enfants, nés et à naître.

6. Ce personnage est construit à partir de données fournies par Smith-Rosenberg.

7. Smith-Rosenberg, « Sex as Symbol in Victorian Purity » ; Walters, *Primers for Prudery* ; Graham, *Graham's Lectures on Chastity* ; Kellogg, *Plain Facts for Young and Old* ; Haller et Haller, *The Physician and Sexuality in Victorian America*.

8. Sokolow, *Eros and Modernization*. Pour ces réformateurs, le jeune urbain « représente la lutte entre l'ordre et le chaos [...]. Les tentations sexuelles et sociales qui mettent son corps en danger menacent l'ordre et les structures de la société. »

9. Ces aliments insipides remplacent les mets épicés au goût riche, savoureux et stimulant qui, selon le trio, mènent à la corruption morale et à une conduite dévergondée. Meadow et Weiss écrivent : « Il n'est pas étonnant que nos mères aient pris l'habitude de nous donner du lait et des biscuits Graham avant de nous envoyer au lit ! Comment aurions-nous pu nous douter à cette époque que ces biscuits innocents allaient calmer nos ardeurs ? Nous ignorions également que, lorsque maman nous donnait des *cornflakes* le lendemain au petit déjeuner, c'était pour affirmer notre maîtrise de soi. N'était-il pas étrange [...] que maman, lorsque nous sommes devenus des adolescentes susceptibles de nourrir des pensées érotiques, insistât de la sorte pour que nous prenions un bon déjeuner ? Étonnants les subterfuges dont usait la société pour refréner les appétits charnels des femmes ! »

10. Sokolow, *Eros and Modernization*.

11. Smith-Rosenberg cite le *Young Men's Guide* de Alcott.

12. Nissenbaum, *Sex, Diet, and Debility in Jacksonian America*.

13. Les équivalents féminins, *What a Young Girl Ought to Know* et *What a Young Woman Ought to Know,* sont du docteur Mary Wood-Allen. *What a Young Wife Ought to Know* et *What a Woman of 45 Ought to Know* sont des ouvrages du docteur Emma F. Angell Drake.

14. Un traitement médical contre la masturbation consiste à suturer le prépuce avec un fil d'argent et à y appliquer ensuite des onguents et des toniques.

15. Drake, *What a Young Wife Ought to Know*.

16. Le mouvement anglais pour la pureté morale met tout en œuvre pour éradiquer toute espèce d'activité sexuelle illégale : sexe prénuptial, prostitution, prostitution enfantine et traite des blanches (Shanley, *Feminism, Marriage and the Law in Victorian England*).

17. Money, *The Destroying Angel*.

18. *Ibid.*

19. Idées exposées par Kellogg lui-même.

20. *Idem.*

21. *Idem.*

22. Sweet, *Sport and recreation in Ancient Greece*.

23. Extrait d'Eschyle.

24. Pinault, *Hippocratic Lives and Legends*.

25. *Ibid.*

26. Sweet, *Sport and recreation in Ancient Greece*.

27. Overman, *The Influence of the Protestant Ethic on Sport and Recreation*.

28. Ce mouvement sera examiné plus à fond au chapitre XIII (« Le Nouveau Célibat »).

29. Boone et Gilmore, « Effects of sexual intercourse ».

30. *The Complete Runner*.

31. *Ibid.*

32. Voir ci-après la section sur Gandhi et le *brahmacharya.*

33. Alter, *Kinflick.* Interview personnelle avec Narayan Singh.

34. *Ibid.*

35. *Ibid.*

36. *Ibid.*

37. *Ibid.*

38. Gandhi, *An Autobiography.*

39. Kakur, citant un extrait d'une lettre de Gandhi à une confidente, Prema Kantak.

40. Alter, « Celibacy, Sexuality, and the Transformation of Gender into Nationalism in North India ». Selon Kakur, « la physiologie métaphysique indienne veut que la nourriture se change en sperme au cours d'une période de trente jours et après des transformations successives (et un raffinage), par l'entremise du sang, de la chair, de la graisse, des os et de la moelle, jusqu'à ce que la semence soit distillée. Quarante gouttes de sang produisent une goutte de sperme. Chaque éjaculation signifie la perte de quatorze grammes de sperme et équivaut à l'effort vital produit par la consommation de trente kilos de nourriture [...]. Chaque copulation signifie une dépense d'énergie équivalant à vingt-quatre heures d'activité mentale intense ou à soixante-douze heures de dur labeur physique. »

41. Judith Brown cite le commentaire de Gandhi comme preuve que la rétention du sperme préserve la force masculine.

42. Gandhi, *My Religion.*

43. Wallace *et al., The Intimate Sex Lives of Famous People.*

44. Gandhi, *An Autobiography.*

45. *Bhagavad-Gita,* chant II, v. 62-63 (traduction de Anne-Marie Esnoul et Olivier Lacombre, « Points Sagesse », Seuil, 1976).

46. Wallace *et al., The Intimate Sex Lives of Famous People.*

47. *Ibid.*

48. *Ibid.*

49. Polak, *M. Gandhi.*

50. *Ibid.*

51. Joshi, *Gandhi on Women.*

52. *Bapu's Letters to Mira,* 22 mars 1927.

53. *Ibid,* 26 septembre 1927.

54. *Ibid,* 29 septembre 1927.

55. *Ibid,* 2 octobre 1927.

56. L'anthropologue Joseph S. Alter croit que l'élément le plus frappant des expériences de Gandhi est « leur caractère tout à fait banal ».

57. Gandhi croit également que les femmes authentiquement chastes cessent d'être menstruées.

58. *Ibid.*

59. *Ibid.*

60. *Ibid.*

61. *Ibid.* Alter cite Shivananda (1984).

CHAPITRE VI
Dépasser les limites de la féminité

Jeanne d'Arc. Sources principales pour cette section : Marie-Véronique Clin, « Joan of Arc and Her Doctors », dans Bonnie Wheeler et Charles T. Wood (dir.), *Fresh Verdicts on Joan of Arc* (Garland Publishing, New York/Londres, 1996) ; Susan Crane, « Clothing and Gender Definition : Joan of Arc », *Journal of Medieval and Early Modern Studies* 26, n° 2 (printemps 1996) ; Kelly DeVries, « A Woman as Leader of Men : Joan of Arc's Military Career », dans Wheeler et Wood (dir.), *Fresh Verdicts on Joan of Arc* ; Marjorie Garber, *Vested Interests : Cross-Dressing and Cultural Anxiety* (HarperPerennial, New York, 1992) ; *La Bible de Jérusalem* ; Henry Ansgar Kelly, « Joan of Arc's Last Trial : The Attack of the Devil's Advocates », dans Wheeler et Wood (dir.), *Fresh Verdicts on Joan of Arc* ; Melanie Perry (dir.), *Biographical Dictionary of Women* (Chambers, Édimbourg, 1996) ; Jane Marie Pinzino, « Speaking of Angels : A Fifteenth-Century Bishop in Defense of Joan of Arc's Mystical Voices », dans Wheeler et Wood (dir.), *Fresh Verdicts on Joan of Arc* ; Susan Schibanoff, « True Lies : Transvestism and Idolatry in the Trial of Joan of Arc », dans Wheeler et Wood (dir.), *Fresh Verdicts on Joan of Arc*.

Une Crow androgyne. Sources pour cette section : Edwin Thompson Denig (John C. Ewers, dir.), *Five Indian Tribes of the Upper Missouri* (University of Oklahoma Press, Norman, 1961) ; Judith Lorber, *Paradoxes of Gender* (Yale University Press, New Haven, 1994) ; James Peoples et Garrick Bailey, *Humanity : An Introduction to Cultural Anthropology* (West Publishing Co., St. Paul, 1991).

Les amazones de l'ancien Dahomey. Source pour cette section : Tom Newark, *Woman Warriors : An Illustrated History of Female Warriors* (Blandford, Londres, 1989). Lors d'un été passé au Bénin, l'ancien Dahomey, j'ai rencontré deux princes bien informés qui m'ont affirmé que les amazones du Dahomey constituent une réalité historique. Ils ont ajouté que ces femmes restaient célibataires et chastes.

Élisabeth Ire, la Reine vierge. Sources pour cette section : Edith Sitwell, *Fanfare for Elizabeth* (Macmillan & Co., Londres, 1946) ; Lytton Strachey, *Elizabeth and Essex* (Oxford University Press, Oxford, 1981) ; Neville Williams, *The Life and Times of Elizabeth I* (Weidenfeld and Nicholson, Londres, 1972).

Florence Nightingale. Sources principales pour cette section : Monica Baly (dir.), *As Miss Nightingale Said... Florence Nightingale Through Her Sayings — A Victorian Perspective* (Scutari Press, Londres, 1991) ; Vern L. Bullough *et al.* (dir.), *Florence Nightingale and Her Era : A Collection of New Scholarship* (Garland Publishing, New York, 1990) ; Elspeth Huxley, *Florence Nightingale* (Weindefeld and Nicholson, Londres, 1975) ; Florence Nightingale, *Notes on Nursing* (nouvelle édition, Harrison & Sons, Londres, 1914) ; Martha Vicinus et Bea Nergaard (dir.), *Ever Yours, Florence Nightingale : Selected Letters* (Harvard University Press, Cambridge, 1990).

Des vieilles filles anglaises font la grève du sexe. La plupart des informations relatives à cette section proviennent de « Neither Pairs nor Odd : Female Community in Late Nineteenth Century London », *Signs : Journal of Women in Culture and Society* 15, n° 4 (été 1990) ; Lucy Bland, *Banishing the Beast : Sexuality and the Feminists* (New Press, New York, 1995) ; Havelock Ellis, *Sonnets with Folk Songs from the Spanish* et *Man and Woman* (Golden Cockerel Press, Waltham Saint

Lawrence, 1925); Phyllis Grosskurth, *Havelock Ellis: A Biography* (McClelland & Stewart, Toronto, 1980); Olwen Hufton, *The Prospect Before Her: A History of Women in Western Europe 1500-1800* (Alfred A. Knopf, New York, 1996); Sheila Jeffreys, *The Spinster and Her Enemies: Feminism and Sexuality, 1880-1930* (Pandora Press, Londres 1985); Melvyn New (dir.), *The Complete Novels and Selected Writings of Amy Levy, 1861-1889* (University Press of Florida, Gainsville, 1993); Beatrice Potter Webb (Norman et Jeanne MacKenzie, dir.), *The Diary of Beatrice Webb,* vol. 1 (Virago, Londres, 1982); Virginia Woolf (Mitchell A. Leaska, dir.), *Le livre sans nom: les Pargiter, roman essai à l'origine d'«Années»* (traduction et préface de Sylvie Durastanti, Des Femmes, Paris, 1985).

1. Schibanoff, « True Lies ».
2. *Deutéronome*, 22,5.
3. Crane, « Clothing and Gender Definition ».
4. DeVries, « A Woman as Leader of Men ».
5. *Ibid.*
6. Schibanoff, « True Lies ».
7. Crane, « Clothing and Gender Definition ».
8. *Ibid.*
9. *Ibid.*
10. Schibanoff, « True Lies ».
11. Denig, *Five Indian Tribes of the Upper Missouri.*
12. Woman Chief a inspiré d'autres femmes autochtones attirées par la vie guerrière. Une femme assiniboine qui s'efforce de l'imiter est tuée lors de son premier combat. Running Eagle, une guerrière piégeane, est tuée après avoir dirigé avec succès plusieurs expéditions.
13. Newark, *Woman Warriors.*
14. *Ibid.*
15. Nous ignorons cependant si leur célibat dure toute la vie ou si, comme les vestales, elles peuvent opter pour le mariage après leur période de service.
16. Anne conserve un mince espoir d'être enfermée dans un couvent plutôt que d'être exécutée.
17. Elles doivent savoir — et elles en discutent sûrement devant Élisabeth — qu'aussitôt assuré que l'épée de l'exécuteur aura fait son œuvre, Henri bondirait dans la barge royale pour aller passer la journée avec Jeanne Seymour.
18. Le premier l'a laissée veuve à l'âge de quinze ans.
19. Sitwell, *Fanfare for Elizabeth.*
20. Un des candidats, Charles IX de France, n'a que quinze ans alors que la reine en a plus de trente.
21. Williams, *The Life and Times of Elizabeth I.*
22. *Ibid.*
23. Stratchey, *Elizabeth and Essex.*
24. *Ibid.*
25. *Ibid.*
26. Williams, *The Life and Times of Elizabeth I.*
27. *Ibid.*
28. Vicinus et Nergaard, *Ever Yours, Florence Nightingale.*

29. *Ibid.*

30. Baly, *As Miss Nightingale Said...*

31. *Ibid.*

32. *Ibid.*

33. Dans *Florence Nightingale and Her Era*, Marian J. Brook est tout à fait crédible lorsqu'elle soutient cette théorie.

34. *Ibid.*

35. *Ibid.*

36. Huxley, *Florence Nightingale.*

37. Jeffreys, *The Spinster and Her Enemies.*

38. Bland donne cette statistique : en 1881, 1055 femmes pour 1000 hommes ; en 1911, 1068 femmes pour 1000 hommes.

39. Bland, *Banishing the Beast.*

40. Cicely Hamilton fait partie de la Actresses Franchise League.

41. Jeffreys, *The Spinster and Her Enemies.*

42. Beatrice Potter devient Beatrice Potter Webb lors de son mariage avec le socialiste Fabien Sydney Webb.

43. Woolf, *Le livre sans nom.*

44. Webb, *The Diary of Beatrice Webb.*

45. New, *The Complete Novels and Selected Writings of Amy Levy.*

46. *Ibid.*

47. Webb, *The Diary of Beatrice Webb.*

48. Amy Levy se suicide. Olive Schreiner et Maggie Harkness partent à l'étranger. Beatrice Potter s'engage plus sérieusement dans l'arène politique.

49. L'introduction au Sex Reform Congress de 1929 reconnaît le trio. Jeffreys, *The Spinster and Her Enemies.*

50. Ellis, *Man and Woman.*

51. Jeffreys, *The Spinster and Her Enemies.*

52. *Ibid.* Haldane omet de parler de leur action dans le mouvement contre l'esclavage, le travail des enfants et la guerre.

53. *Ibid.*

CHAPITRE VII

Un devoir féminin

La chasteté comme garantie. Sources principales pour cette section : Helene Fisher, *Anatomy of Love : The Natural History of Monogamy, Adultery and Divorce* (Norton, New York, 1992) ; A. D. Harvey, *Sex in Georgian England* (Duckworth, Londres, 1994) ; Beverley Jackson, *Splendid Slippers : A Thousand Years of an Erotic Tradition* (Ten Speed Press, Berkeley, 1997) ; Howard S. Levy, *Chinese Footbinding : The History of the Curious Erotic Custom* (Walton Rawls, New York, 1966) ; Lynn Margulis et Dorion Sagan, *Mystery Dance : On the Evolution of Human Sexuality* (Summit Books, New York, 1991) ; Xiaou Zhou, « Virginity and Marital Sex in Contemporary China », *Feminist Studies* 15 (été 1989) ; Richard Zacks, *History Laid Bare : Love, Sex and Perversity from the Etruscans to Warren G. Harding* (HarperCollins, New York, 1994).

Vierges et filles déshonorées. Sources principales pour cette section : Geraldine Brooks, *Les femmes dans l'islam : un monde caché* (traduction de Jacqueline Lahana, Belfond, Paris, 1995) ; A. D. Harvey, *Sex in Georgian England* ; Sarah Pomeroy, *Goddesses, Whores, Wives, and Slaves : Women in Classical Antiquity* (Schocken, New York, 1975) ; Roy Porter, *English Society in the Eighteenth Century* (Penguin, Londres, 1990) ; Guilia Sissa, *Le corps virginal : la virginité féminine en Grèce ancienne* (J. Vrin, Paris, 1987) ; Xiao Zhou, « Virginity and Premarital Sex in Contemporary China ». Quelques comptes rendus de journaux sur des événements survenus dans les contrées musulmanes ont également été consultés.

L'hymen, gage de virginité. Sources principales pour cette section : Jan Bremmer (dir.), *From Sappho to De Sade : Moments in the History of Sexuality* (Soho, Londres, 1994) ; Edwidge Danticat, *Breath, Eyes, Memory* (Soho, New York, 1994) ; N. El Saadawi, *La face cachée d'Ève : les femmes dans le monde arabe* (traduction d'Élisabeth Geiger, Des Femmes, Paris, 1982) ; Margulis et Sagan, *Mystery Dance* ; Lawrence Osborne, *The Poisoned Embrace : A Brief History of Sexual Pessimism* (Bloomsbury, Londres, 1993) ; Sissa, *Le corps virginal* ; Zacks, *History Laid Bare*.

Les Aztèques. Sources principales pour cette section : Miguel León-Portilla, *The Aztec Image of Self and Society : Introduction to Nahua Culture* (University of Utah Press, Salt Lake City, 1992) ; Alfredo Lopez-Austin, *The Human Body and Ideology : Concepts of the Ancient Nahuas* (University of Utah Press, Salt Lake City, 1988).

Les Angas de Papouasie. Sources principales pour cette section : Paul W. Brennan, *Let Sleeping Snakes Lie : Central Enga Traditional and Religious Belief and Ritual* (Australian Association for the Study of Religions, Adelaide, 1977) ; B. Carrad, D. Lea et K. Talyaga (dir.), *Enga : Foundations for Development* (University of New England, Armidale, Australie, 1982) ; Robert J. Gordon et Mervyn J. Meggitt, *Law and Order in the New Guinea Highlands* (University of Vermont Press, Hanover/ Londres, 1985) ; Shirley Lindenbaum, « Sorcerers, Ghosts, and Polluting Women : An Analysis of Religious Belief and Population Control », *Ethnology* 11 (1972) ; Carol P. MacCormack (dir.), *Ethnography of Fertility and Birth* (Academic Press, Londres, 1982) ; Mervyn J. Meggitt, *The Lineage of the Mæ-Enga of New Guinea* (Barnes & Noble, New York, 1965) ; Mervyn J. Meggitt, *Blood Is Their Argument* (Mayfield Publishing Co., Palo Alto, 1977) ; Eric Waddell, *The Mound Builders : Agricultural Practices, Environment, and Society in the Central Highlands of New Guinea* (University of Washington Press, Seattle, Londres, 1972).

L'irritant « deux poids, deux mesures ». Sources sur cette section sur le droit canon : James A. Brundage, « Prostitution in the Medieval Canon Law », *Signs : Journal of Women in Culture and Society* 1, n° 4 (1976) ; Keith Thomas, « The Double Standard », *Journal of the History of Ideas* 20 (avril 1959).

Courtisanes à louer. Sources pour cette section : Bernard Mandeville, *A Modest Defence of Public Stews* (The Augustan Reprint Society, n° 62, William Andrews Clark Memorial Library, University of California, Los Angeles) ; Naomi Wolf, *Fire with Fire : The New Female Power and How It Will Change the 21st Century* (New York, Random House, 1993).

Femmes offensées exigent hommes chastes. Sources pour cette section : Lucy Bland, *Banishing the Beast : Sexuality and the Early Feminists* (New Press, New York, 1995) ; Fraser Harrison, *The Dark Angel : Aspects of Victorian Sexuality* (Fontana,

Londres, 1979); Sheila Jeffreys, *The Spinster and Her Enemies: Feminism and Sexuality, 1880-1930* (Pandora Press, Londres, 1992); Derrik Mercer (dir.), *Chronicle of Britain* (Chronicle Publications, Londres, 1992); Mary Lynn Shanley, *Feminism, Marriage and the Law in Victorian England, 1850-1895* (Tauris, Londres, 1989); Keith Thomas, « The Double Standard », *Journal of the History of Ideas* 20 (avril 1959); Zacks, *History Laid Bare*.

Femme blanche, homme noir. Sources principales pour cette section : Catherine Clinton, *The Plantation Mistress: Women's World in the Old South* (Pantheon Books, New York, 1982); John D'Emilio et Estelle Freedman, *Intimate Matters: A History of Sexuality in America* (Harper & Row, New York, 1988); Elizabeth Fox Genovese, *Within the Plantation Household: Black and White Women of the Old South* (University of North Carolina Press, Chapel Hill, 1988); Eugene Genovese, *Roll, Jordan, Roll: The World the Slaves Made* (Pantheon Books, New York, 1974); H. Gutman et R. Sutch, « Victorians All ? The Sexual Mores and Conduct of Slaves and Their Masters », dans Paul A. Davis, Herbert G. Gutman, Richard Sutch, Peter Temin et Gavin Wright (dir.), *Reckoning with Slavery* (Oxford University Press, New York, 1976); James R. McGovern, *Anatomy of a Lynching: The Killing of Claude Neal* (Louisiana State University Press, Baton Rouge, 1982); Stewart E. Tolnay et E. M. Beck, *A Festival of Violence: An Analysis of Southern Lynchings, 1882-1930* (University of Illinois Press, Urbana, 1995); Ronald G. Walters, « The Erotic South: Civilization and Sexuality in American Abolitionism », *American Quaterly* 25, n° 2 (mai 1973).

Les ceintures de chasteté. Sources principales pour cette section : Lawrence A. Conrad, « An Early Eighteenth Century Reference to Putting a Woman on the Prairies Among the Central Algonquians and Its Implications for Moore's Explanation of the Practise among the Cheyenne », *Plains Anthropologist* 28, n° 100 (1983); E. J. Dingwall, *The Girdle of Chastity: A Medico-Historical Study* (George Routledge and Sons, Londres, 1931); George Grinnell Bird, *The Cheyenne Indians: Their History and Ways of Life*, vol. 1 (Cooper Square Publishers, New York, 1962); K. N. Llewellyn et E. Adamson Hoebel, *La voie cheyenne: conflit et jurisprudence dans la science primitive du droit* (présentation, traduction et notes de Louis Assier-Andrieu, Bruyland LGDJ, Paris, 1999); John H. Moore, « Evolution and Historical Reductionism », *Plains Anthropologist: Journal of the Plains Conference* 26, n° 94 (novembre 1981); Serena Nanda, *Cultural Anthropology*, 5e édition (Wadsworth Publishers, 1994).

La mutilation génitale féminine. Sources principales pour cette section : Raqiya Haji Dualeh Abdalla, *Sisters in Affliction: Circumcision and Infibulation of Women in Africa* (Zed Press, Londres, 1982); Anne Cloudsley, *Women of Omdurman* (St. Martin Press, New York, 1983); El Saadawi, *La face cachée d'Ève*; Fran Hosken, *The Hosken Report* (Zed Press, Londres, 1980); Hanny Lightfoot-Klein, *Prisoners of Ritual: An Odyssey into Female Genital Circumcision in Africa* (Harrrington Park Press, Binghampton, 1989); Awa Thiam, *La parole aux négresses* (Denoël-Gonthier, Paris, 1978); Alice Walker et Pratibha Parmar, *Warrior Marks: Female Genital Mutilation and the Sexual Blinding of Women* (Harcourt Brace, New York, 1993); « Men's Traditional Culture », *The Economist* (10 août 1996).

Les pieds bandés. Sources pour cette section : Levy, *Chinese Footbinding*; Richard Zacks, *History Laid Bare*.

1. Martin Whyte extrapole à partir du dossier des relations humaines de plus de huit cents sociétés. Whyte étudie, dans cette banque de données, quatre-vingt treize sociétés et conclut que, dans 88 % des cas, tous les chefs politiques et intermédiaires sont des hommes et que, dans 84 % des cas, les chefs des groupes familiaux sont également des hommes. (Fisher, *Anatomy of Love*.)

2. Selon *The Economist* (10 novembre 1997), une recherche sur le suicide rapporte que les filles « ne sont pas aussi "hautement considérées" que les hommes et n'accordent, en conséquence, que peu de valeur à leur existence. »

3. Les sociétés aborigènes non agricoles de l'Amérique du Nord, de l'Australie et de l'Afrique fonctionnent d'une manière qui a dû être typique de la plupart des sociétés précédentes. Une égalité relative y existe entre hommes et femmes, et ces cultures ne se montrent pas obsédées par la chasteté féminine. Elles valorisent la chasteté pour son pouvoir spirituel, et chamans et guerriers la pratiquent pendant les périodes prescrites. Des exemples de ce comportement sont donnés par les Igbos du Nigeria, les Indiens naskapis montagnais de l'est du Canada et les aborigènes de l'Australie intérieure. Fisher, *Anatomy of Love*; Xiaou Zhou, « Virginity and Marital Sex in Contemporary China » : « Comme dans la plupart des sociétés, la virginité, en Chine, ne concerne que les femmes. »

4. Les cultures amérindiennes, par exemple, et, chez les Incas, les classes inférieures.

5. Harvey fait état de statistiques reconstituées par le Cambridge Group for the Study of Population and Social Structure.

6. Voir chapitres II et III.

7. Xiaou Zhou, « Virginity and Marital Sex in Contemporary China ». Même aujourd'hui, en Chine, « le pouvoir d'une femme découle de sa virginité », mais aussi de sa « résistance devant un mariage hâtif ». Traditionnellement, c'est sa famille qui arrange le mariage.

8. Une étude exhaustive allant des hommes de la tribu des Yanomamos des forêts du Venezuela aux hommes du Middle West américain démontre que environ 10 % d'entre eux croient, de façon erronée, être les pères d'enfants engendrés par un autre homme. Cette certitude, chez ces hommes trompés, démontre quelle importance majeure ils accordent à l'hymen de la fiancée (Margulis et Sagan, *Mystery Dance*).

9. Xiao Zhou, « Virginity and Premarital Sex in Contemporary China ».

10. Souvent, les filles ne sont même pas nommées. On les considère comme des résidantes temporaires du foyer paternel, qu'elles quitteront bientôt pour aller vivre chez leurs beaux-parents.

11. Pomeroy, *Goddesses, Whores, Wives, and Slaves*. Une fille est généralement mariée à quatorze ans à un homme de trente ans environ. La puberté commençant souvent un peu après, les filles ne se trouvent pas encore en plein bouleversement physique et hormonal.

12. Les autorités palestiniennes traitent ces meurtres comme des crimes passionnels, pour lesquels les condamnations sont réduites. « Upholding Men's Honor Takes a Deadly Toll », *Toronto Star* (8 septembre 1996).

13. Brooks, *Les femmes dans l'islam*.

14. *Toronto Star*, 8 septembre 1996.

15. Il s'agit ici de mon interprétation de l'histoire de Mishaal racontée par Brooks dans *Les femmes dans l'islam*.

16. En 1997, au Caire, Nora Marzouk Ahmed est décapitée par son père pour s'être enfuie avec un homme. Le meurtrier se pavane dans son quartier populaire en se vantant d'avoir « sauvé l'honneur de sa famille ».

17. Dans *Mystery Dance*, Margulis et Sagan citent Robert Smith (« Human Sperm Competition », dans *Sperm Competition and the Evolution of Animal Mating Systems*) : l'hymen est « l'un des plus grands mystères de l'anatomie humaine ». Margulis et Sagan ajoutent que l'hymen était peut-être, à l'origine, une anomalie mineure, comme les doigts palmés.

18. Danticat, *Breath, Eyes, Memory*.

19. Premier évangile de Jacques, 19-20 ; Pseudo-Matthieu, 13,3-5.

20. C'est ce que fera Jeanne d'Arc quelques siècles plus tard. Son ravisseur, le duc de Bedford, ordonne que deux femmes l'examinent. Il observe, caché, toute la procédure. L'hymen de Jeanne est intact, mais ses fesses sont blessées à la suite de trop longues séances à cheval.

21. C'est ce que recommande le docteur Nicolas Venette dans un manuel de sexualité daté de 1687. Bremmer, *From Sappho to De Sade*.

22. Sissa, *Le corps virginal*.

23. Il s'agit là d'un examen courant. « Ma mère écoutait toujours le bruit que faisait mon urine en coulant dans la toilette. Le jour où le bruit serait plus fort, cela voudrait dire que j'avais été déflorée », écrit Dandicat.

24. Dans *Eva Luna*, le roman d'Isabel Allende, la marraine d'Eva utilise une corde tressée pour mesurer son tour de tête — ce qui est censé lui révéler si elle est encore vierge ou si elle a perdu sa virginité.

25. Citations reprises dans l'ouvrage de Léon-Portilla, *The Aztec Image of Self and Society*.

26. Meggitt, *The Lineage of the Mae-Enga of New Guinea*.

27. Meggitt, *Blood Is Their Argument*.

28. Lindenbaum, « Sorcerers, Ghosts, and Polluting Women ».

29. Meggitt, *The Lineage of the Mae-Enga of New Guinea*.

30. Les hommes tripotent leur pénis pendant toute la période précédant le mariage. Lindenbaum, « Sorcerers, Ghosts, and Polluting Women ».

31. Meggitt, *The Lineage of the Mae-Enga of New Guinea*.

32. Recueil de canons conciliaires constitué aux environs de l'an 1140.

33. Ce qui fait contraste avec l'époque georgienne où les gens de haute naissance jouissaient d'une certaine latitude.

34. Thomas, « The Double Standard ».

35. *Ibid.*

36. *Ibid.*

37. *Ibid.*

38. Mandeville, *A Modest Defence of Public Stews*.

39. *Ibid.*

40. *Ibid.*

41. *Ibid.*

42. *Ibid.*

43. *Ibid.*

44. Wolf, *Fire with Fire*.

45. Harrison, *The Dark Angel*.

46. *Ibid.*
47. Shanley, *Feminism, Marriage and the Law in Victorian England.*
48. Mercer, *Chronicle of Britain.*
49. Thomas, « The Double Standard ».
50. Jeffreys, *The Spinster and Her Enemies.*
51. *Ibid.*
52. *Ibid.*
53. *Ibid.*
54. La campagne contre les Contagious Diseases Acts est menée par Josephine Butler, du mouvement Ladies Association for the Repeal of the Contagious Diseases Acts.
55. Jeffreys, *The Spinster and Her Enemies.* L'auteur a écrit ce texte vibrant pour le magazine *Freewoman.*
56. D'autres symptômes d'une chasteté trop exigeante seraient l'aliénation mentale ainsi que la spermathorrée chez l'homme et l'hystérie chez la femme.
57. Stead attire l'attention du public sur sa série de quatre articles avec le texte suivant : « AVERTISSEMENT : Tous ceux qui sont facilement dégoûtés et tous ceux qui sont prudes et [...] préfèrent vivre dans le paradis utopique de l'innocence et de la pureté imaginaires [...] *devraient s'abstenir de lire la* Pall Mall Gazette *de lundi et des trois jours suivants* » (Bland, *Banishing the Beast*). Les citations reprises par Zacks dans *History Laid Bare* sont tirées des articles de Stead parus dans la *Pall Mall Gazette* du 6 juillet 1885.
58. Bland, *Banishing the Beast.*
59. Thomas, « The Double Standard » ; Zacks, *History Laid Bare.*
60. D'Emilio et Freedman, *Intimate Matters.*
61. Clinton cite James Buckingham en 1840.
62. C'était encore plus vrai au cours du XVIIe siècle et pendant la Restauration. Après la guerre civile, qui a tué tant d'hommes à marier, quelques Blanches épousent des Noirs.
63. Genovese explique que le métissage est beaucoup plus commun dans les villes que dans les plantations ou dans les fermes.
64. Clinton, *The Plantation Mistress.*
65. Genovese, *Within the Plantation Household.*
66. *Ibid.*
67. Ces unions sont souvent le fruit d'un amour profond. Genovese cite plusieurs exemples d'esclaves mulâtres affranchis qui disent que la relation entre leur mère noire et leur père blanc était fondée sur l'affection et le respect.
68. Walters, « The Erotic South : Civilization and Sexuality in American Abolitionism ».
69. Certains, bien sûr, ne professaient pas une telle éthique et souhaitaient l'émancipation afin de pouvoir « renvoyer » tous les Noirs en Afrique — bien que pratiquement aucun d'entre eux, au milieu du XIXe siècle, ne soit venu de ce continent.
70. Genovese, *Within the Plantation Household.*
71. McGovern, *Anatomy of a Lynching.*
72. Chez les Cheyennes, les hommes pratiquent eux aussi une abstinence sexuelle rigoureuse. Ils ne peuvent faire leur cour ni se marier avant d'avoir participé à un

combat. Grâce à la continence, ils espacent les naissances de leurs enfants de dix à douze ans. Certains d'entre eux font le serment de respecter cette pratique, ce qui leur vaut le grand respect de leur tribu.

73. Conrad, « An Early Eighteenth Century Reference to Putting a Woman on the Prairies Among the Central Algonquians and Its Implications for Moore's Explanation of the Practise Among the Cheyenne ».

74. On l'appelle aussi clitoridectomie ou circoncision féminine.

75. Walker et Parmar, *Warrior Mark*.

76. Alice Walker remarque la présence d'une sorte de « crasse noire » sous les ongles de l'exciseuse. La femme a aussi la cataracte, ce qui la rend presque aveugle.

77. Lorsque Alice Walker demande à l'exciseuse ce qu'elle ressent quand une enfant crie et pleure lorsqu'elle la mutile, la vieille femme répond qu'elle ne l'entend même pas.

78. Cette histoire est racontée par Thiam, *La parole aux négresses*.

79. Lightfoot-Klein, *Prisoners of Ritual*.

80. *Ibid.*

81. *Ibid.*

82. *Ibid.*

83. *Ibid.*

84. Walker et Parmar, *Warrior Marks*.

85. Cloudsley, *Women of Omdurman*.

86. La mutilation génitale féminine était aussi pratiquée en Amérique du Nord. Au XIXe siècle, des médecins américains font des milliers de clitoridectomies pour « guérir » le lesbianisme, autant suspecté que réel, et les « troubles mentaux », comme l'hypersexualité, l'hystérie, la nervosité, l'épilepsie, la catalepsie, la mélancolie et même la kleptomanie. Jusqu'en 1905 l'infibulation était utilisée pour empêcher la masturbation. En Angleterre, toutefois, le docteur Isaac Baker Brown est renvoyé du Collège royal des chirurgiens pour avoir pratiqué des clitoridectomies dans le but de guérir des femmes de la masturbation, considérée comme une des causes des troubles mentaux chez la femme.

87. El Saadawi, *La face cachée d'Ève*.

88. Levy, *Chinese Footbinding*.

89. « Marcher est une nécessité absolue pour une fille de condition modeste, raconte une femme. J'avais beaucoup de tâches domestiques à accomplir, alors j'ai dû apprendre, dès le tout début, à marcher avec mes pieds bandés [...] À seize ans, j'étais parfaitement habituée » (Levy, *Chinese Footbinding*). Les filles plus pauvres ont habituellement les pieds bandés beaucoup plus tard, et leur bandage est souvent ôté après leur mariage.

90. *Ibid.*

91. *Ibid.*

92. Entraver les pieds sans les mutiler est un défi que des Vénitiens de haut rang, au XVIe et au XVIIe siècle, ont résolu en forçant les femmes à porter des souliers à semelles très hautes. Ces chaussures sont en fait des sabots de bois recouverts de cuir, dont la semelle mesure au moins 36 cm ! La femme ainsi équipée doit s'accrocher à ses servantes pour garder l'équilibre. Un voyageur britannique du XVIIe siècle explique que cette mode ridicule a pour but de « garder les femmes à la maison, ou au moins de les empêcher d'aller trop loin, ou de sortir seule, ou en secret » (Zacks, *History Laid Bare*).

CHAPITRE VIII

S'abstenir pour une bonne cause

Pas d'amour, pas de bébé ; Abstinence postnatale ; Plus de parties de jambes en l'air pour grand-maman. Sources principales pour ces sections : Kofi D. Benefo, May O. Tsui et Joseph De Graft Johnson, « Ethnic Differentials in Child-Spacing Ideals and Practices in Ghana », *Journal of Biosocial Science* 26 (1994) ; Pi-Chao Chen, « Birth Planning and Fertility Transition », *Annals of the American Academy of Political and Social Science* 476 (1984) ; Germaine Greer, *Sex and Destiny : The Politics of Human Fertility* (Harper & Row, New York, 1984) ; K. N. Llewellyn et E. Adamson Hoebel, *La voie cheyenne : conflit et jurisprudence dans la science primitive du droit* (traduction de Louis Assier-Andrieu, Bruyland, Paris, 1999) ; William H. Masters, Virginia Johnson et Robert Kolodny, *Heterosexuality* (HarperCollins, New York, 1994) ; Serena Nanda, *Cultural Anthropology* (Wadsworth Publishers Co., Belmont, 1994) ; James L. Newman et Russell P. Lura, « Fertility Control in Africa », *Geographical Review* 73, n° 4 (1983) ; Robert J. Stoler et Gilbert H. Herdt, « The Development of Masculinity : A Cross-Cultural Contribution », *Journal of the American Psychoanalytic Association* 30, n° 1 (1982).

Maternité volontaire. Sources pour cette section : John Bartlett (Justin Kaplan, dir.), *Bartlett's Familiar Quotations* (Little Brown, Boston/Toronto/Londres, 1992) ; Linda Gordon, *Woman's Body, Woman's Right : A Social History of Birth Control in America* (Grossman Publishers, New York, 1976).

1. Germaine Greer, *Sex and Destiny.*

2. *Ibid.*

3. D'un point de vue historique, les Cheyennes sont plus rigoureux encore. Ils pratiquent l'abstinence afin d'espacer les naissances de dix à douze ans. Les couples qui font vœu de s'abstenir de relations sexuelles au cours des années qui suivent l'accouchement sont très respectés dans leur communauté. Nanda, *Cultural Anthropology.*

4. Cette information concernant la nation dani provient de *Sex and Destiny* de Germaine Greer, qui écrit : « Les observations de Heider ont paru si extraordinaires à ses collègues que quelques-uns l'ont soupçonné d'avoir inventé toute l'histoire [...] cependant [...] les systèmes basés sur l'énergie sexuelle refoulée pourraient être plus courants qu'on l'a toujours pensé, en particulier dans les sociétés qui disposent de lopins de terre relativement petits et de réserves de nourriture limitées, et qui n'ont pas la possibilité de morceler leur territoire pour en faire des terrains agricoles à cause du climat et de la condition des sols. »

5. Llewellyn et Hoebel, *La voie cheyenne.*

6. Les Fulanis de l'Afrique de l'Ouest sont une illustration de cette règle. Ils se marient tôt, sont très pressés d'avoir des enfants et continuent à avoir des relations sexuelles jusqu'à la ménopause de l'épouse. Ils sèvrent leurs enfants tard, mais n'observent que les quarante jours d'abstinence postnatale recommandés par le Coran. Si on les compare aux sociétés dotées de mécanismes intégrés pour contrôler l'espacement des naissances, les Fulanis devraient normalement être des géniteurs plus « productifs » en matière d'enfants. Or, au contraire, avec 4,9 membres par famille, ils ont un taux de fécondité plus bas que les autres tribus. Toutefois, d'autres facteurs inter-

viennent : maigres saisons sèches, maladies vénériennes et structures conjugales compliquées provoquent des conflits fréquents et une insécurité perpétuelle. Newman et Lura, « Fertility Control in Africa ».

7. Les Kipsigis sont une exception à cette règle. Il se peut qu'ils aient pratiqué jadis l'infanticide. Newman et Lura notent, dans « Fertility Control in Africa », qu'en 1924 un membre de l'administration coloniale a affirmé que les Kipsigis tuaient chaque année « un nombre considérable » de bébés. Si cela est vrai, cette pratique n'avait rien à voir avec la régulation des naissances, elle reflétait plutôt le désir de restreindre le nombre d'individus ayant accès aux gratifications apportées par l'âge et le statut.

8. Cela ne les empêche pas d'infliger des mutilations génitales à leurs filles d'une façon barbare, cruelle, et sans aucune mesure d'hygiène.

9. Elizabeth Cady Stanton à Susan B. Anthony, 14 juin 1860, dans Bartlett, *Bartlett's Familiar Quotations*.

10. Gordon, *Woman's Body, Woman's Right*.

11. *Ibid.* Gordon cite une habitante de Los Angeles.

CHAPITRE IX

Chasteté contrainte et forcée

Purger sa peine dans la continence. La plupart de mes réflexions sur la vie carcérale proviennent de mon expérience d'enseignante à temps partiel dans un pénitencier et de mes recherches à titre d'étudiante et d'enseignante en histoire de la criminologie. J'utilise des citations extraites de *The Hot House: Life Inside Leavenworth Prison* (Bantam Books, New York, 1991).

Les vestales de Saint-Pétersbourg. Source pour cette section : Christine Ruane, « The Vestal Virgins of St. Petersburg : Schoolteachers and the 1897 Marriage Ban », *Russian Review* 50 (avril 1991).

La chasteté dans la Révolution culturelle de Mao. Source pour cette section : Anchee Min, « Red Fire Farm », *Granta* 39 (printemps 1991).

La continence dans une union « encombrée ». Source pour cette section : Geraldine Brooks, *Les femmes dans l'islam : un monde caché* (traduction de Jacqueline Lahana, Belfond, Paris, 1995).

La continence due au déséquilibre numérique entre les sexes. Source pour cette section : Norman D. West, « Sex in Geriatrics : Myth or Miracle ? », *Journal of the American Geriatrics Society* 23, n° 12 (décembre 1975). Ainsi que de nombreux articles de journaux.

Chaste veuvage des hindoues. Sources principales pour cette section : Ray Bharati, *From the Seams of History* (Oxford University Press, Delhi, 1995) ; William W. Emilsen, *Violence and Atonement : The Missionary Experience of Mohandas Gandhi, Samuel Stokes and Verrier Elwin in India Before 1935* (Peter Lang, Francfort/New York, 1994) ; Monica Felt, *A Child Widow's Story* (Harcourt, Brace & World, New York, 1967) ; Shakuntala Narasimhan, *Sati : A Story of Widow Burning in India* (Viking, New Delhi/New York, 1990) ; Arvind Sharma *et al.*, *Sati : Historical and Phenomenological Essays* (Motilal Banarsidass, Delhi, 1988) ; Dorothy Stein, « Burning Widows, Burning Brides : The Perils of Daughterhood in India », *Pacific Affaires* 61, n° 3 (1988-1989). Ainsi que de nombreux articles de journaux.

Les eunuques dans la mythologie grecque. Sources principales pour cette section : Sue Blundell, *Women in Ancient Greece* (British Museum Press, Londres, 1995) ; Catulle, *Poèmes de Catulle* (Mihaud Darius, Heugel, Paris, 1926) ; Michael Grant et John Hazel, *Dictionnaire de la mythologie* (traduction de Étienne Leyris, Nouvelles Éditions Marabout, Verviers, 1981) ; Robert Graves, *Les mythes grecs* (traduction de Mounir Hafez, Fayard, Paris, 1985) ; Deborah Sawyer, *Women and Religion in the First Christian Centuries* (Routledge, 1966) ; Marteen J. Vermaseren, *Cybele and Attis, the Myth and the Cults* (Thames and Hudson, Londres, 1977).

L'eunuque chinois fait carrière. Sources principales pour cette section : Taisuke Mitamura, *Chinese Eunuchs : The Structure of Intimate Politics* (Charles E. Tuttle Company, Rutland, 1970). Toutes les citations sont extraites de l'ouvrage de Mitamura.

Le paradis des eunuques byzantins. Sources principales pour cette section : Vern L. Bullough, *Sexual Variance in Society and History* (John Wiley & Sons, New York, 1976) ; J. A. S. Evans, *The Age of Justinian : The Circumstances of Imperial Power* (Routledge, Londres, 1996) ; Lawrence Fauber, *Narses Hammer of the God : The Life and Times of Narses the Eunuch* (St. Martin's Press, New York, 1990) ; André Guillou, *Studies on Byzantine Italy* (Variorum Reprints, Londres, 1970) ; Ute Ranke-Heinemann, *Des eunuques pour le royaume des cieux : l'Église catholique et la sexualité* (traduction de Monique Thiollet, Robert Laffont, Paris, 1990).

Les eunuques africains de l'Empire ottoman. Sources principales pour cette section : Shaun Marmon, *Eunuchs and Sacred Boundaries in Islamic Society* (Oxford University Press, New York, 1995) ; Justin McCarthy, *The Ottoman Turks : An Introductory History to 1923* (Longman, New York, 1997) ; V. J. Parry *et al.*, *A History of the Ottoman Empire to 1730 : Chapters from the Cambridge History of Islam and the New Cambridge Modern History* (Cambridge University Press, Cambridge, New York, 1976) ; Ehud R. Toledano, « The Imperial Eunuchs of Istanbul : From Africa to the Heart of Islam », *Middle Eastern Studies* 20 (juillet 1984) ; Andrew Wheatcroft, *The Ottomans* (Viking, Londres, 1993).

Les *hijras* de l'Inde. Sources pour cette section : Arthur R. Kroeber, *Far Eastern Review* (2 mars 1989) ; Serena Nanda, *Neither Man nor Woman : The Hijras of India,* (Wadsworth Publishing Co., Belmont, 1990).

Les castrats de l'opéra. Sources pour cette section : Angus Heriot, *The Castrati in Opera* (Secker & Warburg, Londres, 1956) ; McCormick, *Secret Sexualities*.

La castration comme châtiment. Sources principales pour cette section : Gunnar Broberg et Nils Roll-Hansen (dir.), *Eugenics and the Welfare State : Sterilization Policy in Denmark, Sweden, Norway, and Finland* (Michigan State of University Press, East Lansing, 1996) ; Piero Colla, « Sterilization Policy in Sweden, 1934-1975 », dans Broberg et Roll-Hansen, *Eugenics and the Welfare State* ; Geoffrey J. Giles, « The Most Unkindest Cut of All : Castration, Homosexuality and Nazi Justice », *Journal of Contemporary History* 27 (1992) ; Mark H. Haller, *Eugenics : Hereditarian Attitudes in America Thought* (Rutgers University Press, Rahway, 1963) ; Nikolas Heim et Carolyn J. Hursch, « Castration for Sex Offenders : Treatment or Punishment ? A Review and Critique of Recent European Litterature », *Archives of Sexual Behaviour* 8, n° 3 (mai 1979) ; Lincon Kaye, « Quality Control : Eugenics Bills Defended Against Western Critics », *Far Eastern Economics Review* 157, n° 2 (1994) ; Daniel J. Keules, *In the Name of Eugenics : Genetics and the Uses of Human*

Heredity (Alfred A. Knopf, New York, 1985) ; Edward J. Larson, « The Rhetoric of Eugenics : Expert Authority and the Mental Deficiency Bill », *British Journal for the History of Science* 24, n° 1 (1991) ; Walter J. Meyer et Collier M. Cole, « Physical and Chemical Castration of Sex Offenders : A Review », *Journal of Offender Rehabilitation* 25, n° 3/4 (1997) ; Peter Weingart, « German Eugenics Between Science and Politics », *Osiris* 5 (1989).

1. Peter Cominos, « Late-Victorian Respectability », *International Review of Social History* 8, n° 1 et 2 (1963).

2. Pamela Horn, *The Rise and Fall of the Victorian Servant* (Allan Suttin Publishing, Grande-Bretagne, 1996).

3. Parmi les autres privations, citons la perte de la liberté, de l'autonomie, de l'accès aux biens et services, de la famille et des amis, du caractère privé du courrier, du contrôle du corps et des fonctions corporelles, et de la sécurité émotionnelle et physique.

4. Sa situation est désespérée. S'il se plaint aux autorités et qu'on le transfère dans un service de détention provisoire (par mesure de protection), il risquera sa peau lorsqu'il reviendra dans sa cellule. En détention provisoire, il ne pourra pas faire d'exercice, ou très peu, mangera mal, n'aura ni camarades ni possibilités de travailler et de gagner de l'argent. Il ne pourra pas participer à des activités susceptibles de réduire sa peine. Si les autorités rejettent sa plainte, les autres prisonniers le persécuteront sans relâche pour le punir d'avoir tenté de leur échapper.

5. Le viol carcéral est un acte tout à fait aberrant en soi. Les prisonniers qui s'y livrent se montrent fiers de leur brutalité et de leur virilité, alors qu'à l'extérieur ils n'imagineraient même pas avoir de relations sexuelles avec un homme.

6. Une clause d'antériorité protège de cette loi draconienne les femmes mariées qui enseignaient déjà avant 1897.

7. Ruane, « The Vestal Virgins of St. Petersburg ».

8. *Ibid.*

9. *Ibid.*

10. *Ibid.*

11. *Ibid.* Le résultat du vote est quarante et une voix contre quarante.

12. *Ibid.*

13. « Obsession with Boys Skews China's Demographics » (L'obsession des parents pour les garçons nuit à la démographie chinoise), *The Globe and Mail*, 20 janvier 1995. Les petites filles sont déposées dans le lit des rivières, et 97,5 % des avortements ont pour but de supprimer des fœtus de filles. L'échographie permet en effet de voir le sexe de l'enfant.

14. *Ibid.*

15. West, « Sex in Geriatrics ».

16. Felt, *A Child Widow's Story*.

17. Narasimhan, *Sati : A Story of Widow Burning in India*.

18. Bharati, *From the Seams of History*.

19. *Ibid.*

20. Emilsen, *Violence and Atonement*.

21. Narasimhan, *Sati : A Story of Widow Burning in India*.

22. *Ibid.*

23. *Ibid.*

24. *Ibid.*

25. Stein, « Burning Widows, Burning Brides ».

26. Ian McCormick (dir.), *Secret Sexualities: A Sourcebook of 17th and 18th Century Writing* (Routledge, New York, 1997).

27. *Ibid.*

28. Deborah Sawyer, *Women and Religion in the First Christian Centuries.*

29. Vermaseren, *Cybele and Attis.*

30. Sun Yaoting, mort à l'âge de quatre-vingt-douze ans, a été castré à huit ans afin de pouvoir accéder à un poste lucratif dans le palais impérial. Malheureusement pour le jeune garçon, la dynastie manchoue s'écroule un mois plus tard et est remplacée par la république.

31. Le territoire du palais est de trois kilomètres de long sur deux et demi de large, avec des portes à chaque mur. Le palais lui-même fait sept cent soixante mètres sur un kilomètre et est entouré d'un fossé. Selon les Chinois, la distance entre l'empereur et ses sujets équivaut à la distance entre le ciel et l'homme.

32. Sa mort, en 1912, coïncide avec celle de la dynastie manchoue et du système impérial de l'eunuchisme.

33. La grande influence des eunuques ne prend fin que dans la seconde moitié du XIIIe siècle, lorsque l'Occident se met à les considérer comme des spécimens physiques inférieurs.

34. Edward Gibbon, cité par Fauber.

35. Marmon, *Eunuchs and Sacred Boundaries in Islamic Society.*

36. Toledano, « The Imperial Eunuchs of Istanbul ».

37. Wheatcroft, *The Ottomans.* « C'était un dédale de couloirs étroits et de corridors sans issue; il était souvent impossible d'avoir un accès direct à une pièce adjacente. Il fallait emprunter un chemin détourné, que l'on parcourait sous l'œil vigilant des eunuques noirs, qui surveillaient tous les aspects de la vie des femmes. »

38. Nanda, *Neither Man nor Woman.*

39. Kroeber se réfère à une étude de l'Université de Delhi portant sur quatre-vingt-neuf *hijras*, dont seize déclarent avoir été enrôlées de force.

40. Ceci est basé sur les propos de l'historien de la musique Enrico Panzacchi concernant un castrat du chœur du Vatican, cités par Heriot (*The Castrati in Opera*).

41. *Ibid.*

42. Seule la France résiste; elle interdit l'opéra italien et les castrats.

43. *Castrati in Opera.*

44. Ceci en dépit du décret de 1903 de Pie X interdisant aux castrats de chanter dans la chapelle papale.

45. Heriot, *The Castrati in Opera.*

46. *Ibid.* Heriot cite les paroles d'un Anglais visitant un théâtre portugais en 1787.

47. Un auteur du début du XVIIIe siècle, Charles Ollican, ou Ancillon, cité par McCormick, prétend que les eunuques « se gonflent [...] d'une vanité qui leur est propre, et certains d'entre eux se sont mis dans la tête que des dames sont vraiment amoureuses d'eux. Ils se flattent donc de faire de grandes conquêtes. Heureusement, nos dames ne manquent pas à ce point de discernement; elles ont trop bon goût et font très bien la distinction entre un vrai homme et un faux. »

48. Heriot, *The Castrati in Opera.*

49. Une étude démontre que, sur le plan psychologique, 31 % se sentent plus déprimés et plus inadaptés ; que 26 % souffrent de leur castration ; et que 22 % sont très amers.

50. *Penis Amputation in Thailand,* documentaire de Matt Fry diffusé le 2 août 1998 à CBC Television dans le cadre de l'émission « Sunday Morning ».

CHAPITRE X

Refouler une sexualité mal acceptée ou non conformiste

Refouler une sexualité mal acceptée ou non conformiste. Sources principales pour ce chapitre : Joan Abse, *John Ruskin : The Passionate Moralist* (Quartet Book, Londres, New York, 1980) ; Paula Blanchard, *Sarah Orne Jewett : Her World and Her Work* (Addison-Wesley, Massachusetts, 1994) ; Serge Bramly, *Léonard de Vinci* (Jean-Claude Lattès, Paris, 1988) ; Lillian Fadernam, « Nineteenth-Century Boston Marriage as a Possible Lesson for Today», dans Esther D. Rothblum et Kathleen Brehony (dir.), *Boston Marriages : Romantic but Asexual Relationship Among Contemporary Lesbians* (The University of Massachusetts Press, Amherst, 1993) ; Lillian Faderman, *Odd Girls and Twilight Lovers : A History of Lesbian Life in 19th Century America* (Penguin, New York, 1991) ; Michael Field, *Underneath the Bough : A Book of Verses* (T. B. Mosher, Portland, Maine, 1898) ; Sigmund Freud, *Art and Literature* (traduction de James Strachey, Penguin, Middlesex, 1987) ; Sigmund Freud, *Un souvenir d'enfance de Léonard de Vinci* (traduction de Janine Altounian *et al.*, Gallimard, Paris, 1987) ; Phyllis Grosskurth, *Havelock Ellis : A Biography* (McClelland and Stewart, Toronto, 1980) ; Olwen Hufton, *The Prospect Before Her : A History of Women in Western Europe, 1550-1800* (Alfred A. Knopf, New York, 1996) ; Linda Lear, *Rachel Carson : Witness for Nature* (Henry Holt, New York, 1997) ; Phyllis Rose, *Mariages victoriens* (traduction de Doris Febvre, Albin Michel, Paris, 1988) ; Rothblum et Brehony, *Boston Marriages : Romantic but Asexual Relationship Among Contemporary Lesbians* ; Irving Wallace, Amy Wallace, Sylvia Wallace et David Wallechinsky, *The Intimate Sex Lives of Famous People* (Delacorte Press, New York, 1981).

1. Freud, *Léonard de Vinci.*
2. Bramly, *Léonard de Vinci.*
3. Freud, *Léonard de Vinci.*
4. *Ibid.*
5. Wallace *et al.*, *The Intimate Sex Lives of Famous People.*
6. *Ibid.*
7. *Ibid.*
8. *Ibid.*
9 . Rose, *Mariages victoriens.*
10. *Ibid.*
11. *Ibid.*
12. Joan Abse, *John Ruskin.*
13. Des sexologues inventent le terme « lesbienne » dans les années 1870. À l'aube de la seconde décennie du xxᵉ siècle, le mot s'infiltre dans la conscience populaire, et les relations affectueuses intenses entre femmes sont considérées comme suspectes.

14. Rothblum et Brehony, *Boston Marriages*.

15. Faderman, *Odd Girls and Twilight Lovers*.

16. Field, *Underneath the Bough*.

17. *Ibid.*

18. Blanchard, *Sarah Orne Jewett*.

19. *Ibid.*

20. *Ibid.*

21. Ceci a trait à l'histoire d'un homme qui a deux pence. Il achète un pain avec le premier, avec le second une jacinthe blanche pour l'âme. En d'autres mots, pour Rachel, Dorothy est la blanche jacinthe de l'âme.

22. Lear, *Rachel Carson*.

23. *Ibid.*

24. *Ibid.*

25. *Ibid.*

26. *Ibid.*

CHAPITRE XI

La chasteté due à l'impuissance

Mou comme la tige d'un chou. Sources principales pour cette section : Ovide, « Les Amours » (traduction de Henri Bornecque, Les Belles Lettres, Paris, 1930) ; Pétrone, *Le Satiricon* (traduction de Géraldine Puccini, Arléa, Paris, 1992).

Tests d'impuissance dans la France de l'Ancien Régime. Source pour cette section : Pierre Damon, *Trial by Impotence : Virility in Pre-Revolutionary France* (Chatto & Windus, Londres, 1985).

L'abstinence due au vaginisme. Source pour cette section : William H. Masters, Virginia E. Johnson et Robert C. Kolodny, *Heterosexuality* (HarperCollins, New York, 1994).

On peut être *trop* mince : la chasteté anorexique. Sources principales pour cette section : Rudolph M. Bell, *L'anorexie sainte : jeûne et mysticisme du Moyen Âge à nos jours* (traduction de Caroline Ragon-Ganovelli, Presses Universitaires de France, Paris, 1994) ; Carol Bloom *et al.*, *Eating Problems : A Feminist Psychoanalytic Treatment Model* (Basic Books, New York, 1994) ; Hilde Bruch, *Conversations with Anorexics* (Basic Books, New York, 1988) ; Peggy Claude-Pierre, *The Secret Language of Eating Disorders* (Time Books Random House, New York, 1997) ; Rosalyn M. Meadow et Lillie Weiss, *Women's Conflicts About Eating and Sexuality* (Haworth Press, New York/Londres/Norwood, 1992) ; C. Don Morgan, Michael W. Wiederman et Tamara L. Pryor, « Sexual Functioning and Attitudes of Eating-Disordered Women », *Journal of Self and Marital Therapy* 21, n° 2 (1995) ; Susie Orbach, *Hunger Strike : The Anorectic's Struggle as a Metaphor for Our Age* (Avon, New York, 1986) ; Walter Vandereycken et Ron Van Deth, *From Fasting Saints to Anorexic Girls : The History of Self Starvation* (Athlone Press, Londres, 1990) ; Michael W. Wiederman, « Women, Sex, and Food », *Journal of Sex Research* 33, n° 4 (1996) ; Michael R. Zales, *Eating, Sleeping, and Sexuality : Treatment of Disorders in Basic Life Functions* (Brunner/Mazel Publishers, New York, 1982).

1. Pétrone, *Le Satiricon*.
2. *Ibid*.
3. Ovide, *Les Amours*.
4. Damon, *Trial by Impotence*.
5. *Ibid*.
6. *Ibid*.
7. *Ibid*.
8. Excision du périnée lors d'un accouchement, dans le but d'élargir la vulve.
9. Il s'agit là d'un des thèmes développés par Bruch.
10. *L'anorexie sainte*, de Rudolph M. Bell, est une étude classique sur l'anorexie.
11. Wiederman, «Women, Sex, and Food».
12. Wiederman expose les grandes lignes de ses résultats, mais il conclut en reconnaissant que, sur ce sujet, «les recherches empiriques [...] sont éparpillées et de qualité assez médiocre».
13. Claude-Pierre, *The Secret Language of Eating Disorders*.
14. Orbach, *Hunger Strike*.
15. Vandereycken et Van Deth, *From Fasting Saints to Anorexic Girls*.
16. *Ibid*.
17. Je suis tout à fait consciente des nombreux autres facteurs qui sont associés à l'anorexie — notamment l'espoir de ressembler à un *top model* qui poussent certaines personnes à se soumettre à des régimes draconiens. Je n'ai mentionné ici que les troubles qui sont en rapport direct avec le thème de la chasteté, qui demeure l'une des composantes majeures de l'anorexie.

CHAPITRE XII
La chasteté dans la littérature

Amour courtois, ennoblissant et non partagé. Sources principales pour cette section : Anonyme, «The Ten Commandments of Love», dans Russell H. Robblins, *Secular Lyrics of the 14th and 15th Centuries* (Oxford Clarendon Press, Oxford, 1941) ; Andreas Capellanus, *Traité de l'amour courtois* (traduction de Claude Buridant, Klincksieck, Paris, 1974) ; Norman MacKenzie (dir.), *Secret Societies* (Collier Books, New York, 1967) ; Herbert W. Richardson, *Nun, Witch, Playmate : The Americanization of Sex* (Harper & Row, New York, 1971) ; Denis de Rougemont, *L'Amour et l'Occident* (Plon, Paris, 1972) ; Irving Singer, *The Nature of Love : Courtly and Romantic* (University of Chicago Press, Chicago, 1984) ; Kay L. Stoner, «The Enduring Popularity of Courtly Love» (sur Internet, le 28 août 1997 : http://www.millersv.edu).

Milton et la dame vertueuse. Sources pour cette section : Hoffman Reynolds Hays, *The Dangerous Sex* (Putnam, New York, 1964) ; John Milton, *Comus, masque neptunien* (traduction de Jacques Blondel, Presses Universitaires de France, Paris, 1964) ; John Milton, *Le Paradis perdu* (traduction de Pierre Messiaen, Aubier-Montaigne, coll. bilingue «Classiques étrangers», Paris, 1951).

Pamela, Shamela. Sources pour cette section : Henry Fielding, *The History of the Adventures of Joseph Andrews and His Friend Mr. Abraham Adams* (Smith, Elder & Co., Londres, 1882) ; Samuel Richardson, *Pamela* (J. M. Dent & Sons, Londres,

1931). Pour ces deux ouvrages, n'ayant pu retracer les citations pertinentes dans les traductions françaises existantes, nous avons préféré les traduire nous-même (N.D.T.).

La sonate à Kreutzer. Source pour cette section : Léon Tolstoï, *La sonate à Kreutzer* (traduction de Jacques Chardonne, Le Livre de poche, Paris, 1958).

Judith Shakespeare. Source pour cette section : Virginia Woolf, *Une chambre à soi* (traduction de Clara Malraux, Denoël/Gonthier, Paris, 1980).

La mère de Garp. Source pour cette section : John Irving, *Le Monde selon Garp* (traduction de Maurice Rambaud, Seuil, Paris, 1980).

La chasteté du vampire, bien saignante. Sources principales pour cette section : Matthew Bunson, *The Vampire Encyclopedia* (Crown Trade Paperbacks, New York, 1993) ; un essai non publié de Meredith Burns-Simpson ; Greg Cox, *The Transylvanian Library : A Consumer's Guide to Vampire Fiction* (The Borgo Press, San Bernardino, 1993) ; Chelsea Quinn Yarbro, « Cabin 33 », dans Cox, *The Transylvanian Library*.

1. Chaucer, « Complainte à Sa Dame ».

2. MacKenzie, *Secret Societies.*

3. Stoner, « The Enduring Popularity of Courtly Love », et Richardson, *Nun, Witch, Playmate.*

4. MacKenzie, *Secret Societies.*

5. Milton, *Comus.*

6. Hays, *The Dangerous Sex.*

7. *Ibid.*

8. *Ibid.*

9. Milton, *Le Paradis perdu*, livre XI.

10. *Ibid*, livre IX.

11. *Ibid*, livre X.

CHAPITRE XIII
Le Nouveau Célibat

Le Vatican décrète que la chasteté est un pur joyau. Sources principales pour cette section : James F. Colaianni (dir.), *Married Priests and Married Nuns* (McGraw-Hill, New York, 1968) ; Raymond Hisckey, *Africa : The Case of a Auxiliary Priesthood* (Geoffrey Chapman, Londres, 1980) ; Timothy McCarthy, *The Catholic Tradition Before and After Vatican II 1878-1993* (Loyola University Press, Chicago, 1994) ; McKenty, *The Inside Story* ; cardinal John J. O'Connor, « The Wonder of Celibacy » (sur Internet : http://www.interpath.com/nmdoyle/avannah/oconnor, 27 août 1997) ; pape Paul VI, *Sacerdotalis Cælibatus*, 24 juin 1967 (sur Internet : http://listserv.american.edu/catholic/church/papal/paul.vi/sacerdot.caelibat, 27 août 1997) ; W. F. Powers, *Free Priests : The Movement for Ministerial Reform in the American Catholic Church* (Loyola University Press, Chicago, 1992) ; Michele Price, *Mandatory Celibacy in the Catholic Church : A Handbook for the Laity* (New Paradigm Books, Pasadena, 1992) ; David Rice, *Shattered Vows : Exodus from Priesthood* (Michael Joseph, Londres, 1990) ; A. W. Richard Sipe, *A Secret World :*

Sexuality and the Search for Celibacy (Brunner/Mazel, New York, 1990) ; Wittberg, *The Rise and Fall of Catholic Religious Orders* ; J. G. Wolf (dir.), *Gay Priests* (Harper & Row, San Francisco, 1989) ; Karol Wojtyla (pape Jean-Paul II), *Love and Responsibility* (Farrar Strauss Giroux, New York, 1981).

Exceptions misogynes à la règle papale du célibat sexuel. Sources principales pour cette section : « The Question of the Ordination of Lay Men and Women to the Priesthood in the Catholic Church » (sur Internet : <http://christ-usrex.org/www/CDHN/kephas.html>, 30 août 1996 ; Sipe, *A Secret World*.

Des prêtres catholiques votent avec leurs pieds. Sources principales pour cette section : Helen Rose Fuchs Ebaugh, *Women in the Vanishing Cloister : Organization Decline in Catholic Religious Orders in the United States* (Rutgers University Press, New Brunswick, N. J., 1993) ; McKenty, *The Inside Story* ; Rice, *Shattered Vows* ; Sipe, *A Secret World* ; Gordon Thomas, *Desire and Denial : Celibacy and the Church* (Little, Brown, Boston, 1986).

La Troisième Voie de la tricherie et de la mauvaise foi. Sources principales pour cette section : Rosemary Curb et Nancy Manaham (dir.), *Breaking Silence : Lesbian Nuns on Convent Sexuality* (Columbus, Londres, 1985) ; Mary Griffin, *The Courage to Choose : An American Nun's Story* (Little, Brown, Boston, 1975) ; Rice, *Shattered Vows* ; Sipe, *A Secret World* ; Wojtyla, *Love and Responsibility*.

Divorce à la mode catholique. Sources principales pour cette section : Powers, *Free Priests* ; Rice, *Shattered Vows*.

L'hémorragie. Sources principales pour cette section : Ebaugh, *Women in the Vanishing Cloister* ; Thomas, *Desire and Denial* ; Wittberg, *The Rise and Fall of Catholic Religious Orders*.

Un monachisme Nouvel Âge. La source pour cette section est Charles A. Fracchia, *Living Together Alone : The New American Monasticism* (Harper & Row, San Francisco, 1979).

Un cœur non divisé. Toutes les citations de cette section sont tirées de Kathleen Norris, *The Cloister Walk* (Riverhead Books, New York, 1996).

True Love Waits. La source principale pour cette section est la documentation du mouvement. Wendy Kaminer, *True Love Waits : Essays and Criticism* (Addison-Wesley, Reading, 1996). Des journaux et des magazines m'ont également apporté des renseignements utiles, en particulier l'article de Gibbs, « How Should We Teach Our Children About Sex ? », et celui d'Ingrassia, « Virgin Cool ».

Une chasteté nouvelle. Sources principales pour cette section : Judith E. Beckett, « Recollections of a Sexual Life, Revelations of a Celibate Time », *Lesbian Ethics* 3, n° 1 (printemps 1988) ; Gabrielle Brown, *The New Celibacy : Why More Men and Women Are Abstaining from Sex* (McGraw-Hill, New York, 1989) ; Sally Cline, *Women, Passion and Celibacy* (Carol Southern Books, New York, 1993) ; Carolyn Gage, « Pressure to Heal », *Lesbian Ethics* 4, n° 3 (printemps 1992) ; Tuula Gordon, *Single Women, On the Margins ?* (Macmillan, Londres, 1994) ; Celia Haddon, *The Sensuous Lie* (Stein and Day, New York, 1982) ; Marny Hall, « Unsexing the Couple », *Women and Therapy* 10, n° 3 (1996) ; Wendy Shalit, *A Return to Modesty : Discovering the Lost Virtue* (Free Press, New York, 1999) ; Candace Watson, « Celibacy and Its Implications for Autonomy », *Hypatia* 2, n° 2 (été 1987).

La chasteté contre le « lit stérile » du lesbianisme. Sources principales pour cette section : Judith E. Beckett, « Recollections of a Sexual Life, Revelations of a Celibate

Time »; Carolyn Gage, « Pressure to Heal », *Lesbian Ethics* 4, n° 3 (printemps 1988) ; Marny Hall, « Unsexing the Couple », *Women and Therapy* 19, n° 3 (1996).
La sexualité et le sida. Sources principales pour cette section : Dennis Altman, *AIDS and the New Puritanism* (Pluto Press, Londres, 1986) ; Philip Berger, « Ten Years of AIDS : The GP's Perspective », *Canadian Medical Association Journal* 146, n° 3 (1992) ; Mark J. Blechner (dir.), *Hope and Mortality : Psychodynamic Approaches to AIDS and HIV* (Sage Publications, Londres, 1992) ; Rhoda Estep *et al.*, « Sexual Behavior of Male Prostitutes », dans J. Huber et Beth E. Schneider (dir.), *The Social Context of AIDS* (Sage Publications, Londres, 1992) ; Harvey L. Gochros, « Risks of Abstinence : Sexual Decision-Making in the AIDS Era », dans *National Association of Social Workers Inc.* (1988) ; Robin Gorna, *Vamps, Virgins and Victims : How Can Women Fight Aids* (Cassell, Londres, 1996) ; Mary E. Guinan, « Virginity and Celibacy as Health Issues », *Journal of American Medical Women's Association* 43, n° 2 (1988) ; Ernest H. Johnson, *Risky Sexual Behaviors Among African-Americans* (Praeger, Westport, 1993) ; Jeffrey A. Kelly, *Changing HIV Risk Behavior : Practical Strategies* (Guildford Press, New York, 1995) ; Robert E. Lee, *AIDS in America, Our Chances, Our Choices : A Survival Guide* (Whiston Publishing Co., Troy, N. Y., 1987) ; Deborah Lupton, *Moral Threats and Dangerous Desires : AIDS in the News Media* (Taylor & Francis, Londres, 1994) ; L. Stewart Massad *et al.*, « Sexual Behaviors of Heterosexual Women Infected with HIV », *Journal of Women's Health* 4, n° 6 (1995) ; William H. Masters et Virginia E. Johnson, *Crisis : Heterosexual Behavior in the Age of AIDS* (Weidenfeld and Nicholson, Londres, 1988) ; Joseph G. Pastorek, « Sexually Transmitted Diseases : Should Physicians more Strongly Advocate Abstinence and Monogamy ? » *Postgraduate Medicine* 91, n° 5 (avril 1992) ; Ira Reiss, *Solving America's Sexual Crises* (Prometheus, Amherst, 1997) ; Tim Rhodes, « Safer Sex in Practice », *The Practitioner* 232 (décembre 1988) ; Roiphe, *Last Night in Paradise* ; Steven Schwartzberg, *A Crisis of Meaning : How Gay Men are Making Sense of AIDS* (Oxford University Press, New York, 1996) ; James Monroe Smith, *Aids and Society* (Prentice Hall, Upper Saddle River, N. J., 1996). Les données statistiques peuvent être consultées sur Internet.

1. Cité par Patricia Wittberg dans *The Rise and Fall of Catholic Religious Orders : A Social Movement Perspective* (State University of New York Press, New York, 1994).
2. Neil McKenty, *The Inside Story* (Shoreline Press, Québec, 1997).
3. Wittberg, *The Rise and Fall of Catholic Religious Orders.*
4. Paul VI, *Sacerdotalis Cælibatus.*
5. *Ibid.*
6. *Ibid.*
7. *Ibid.*
8. Wojtyla, *Love and Responsibility.*
9. O'Connor, « The Wonder of Celibacy ».
10. Hickey cite le prêtre anglican John Mbiti.
11. Rice, *Shattered Vows.*
12. *Ibid.*
13. Rice a documenté d'innombrables exemples, dans le monde entier, de non-respect évident de la chasteté cléricale. « Aucune région n'est vierge en ce domaine », conclut-il.

14. Rice, *Shattered Vows.*

15. *Newsweek* (16 août 1993) ; *Maclean's* (19 décembre 1994).

16. Sipe, *A Secret World.*

17. De toute façon, les religieuses lesbiennes ne peuvent être ordonnées en raison de leur sexe. Leur problème est donc tout à fait différent de celui des prêtres gais.

18. Rice cite un bulletin du groupe Advent.

19. « The Question of Ordination… ».

20. *Ibid.*

21. Le 2 juin 1995, le pape Jean-Paul II approuve les statuts régissant l'admission de ces nouveaux prêtres.

22. Sipe, *A Secret World.*

23. La règle de chasteté ne condamne plus les pollutions nocturnes ou même la masturbation. Une enquête a révélé que la plupart des prêtres se masturbaient au moins une fois par année. (Sipe, *A Secret World.*)

24. En 1965, les séminaires des États-Unis comptent 48 000 élèves ; en 1986, 10 300 ; en 1996, 6200. Le nombre de « théologates » s'est réduit de 59 %. (Rice, *Shattered Vows.*)

25. Le vœu de chasteté est également la raison principale donnée par les jeunes gens qui décident de ne pas entrer dans les ordres. (*Halifax Chronicle-Herald,* 14 juin 1997, résultat d'une enquête du Center for Applied Research in the Apostolate ; Thomas, *Desire and Denial* ; Ebaugh, *Women in the Vanishing Cloister.*)

26. *The Globe and Mail* (16 novembre 1994). Ce prêtre, Dominic, qui passe maintenant la moitié de l'année en Ontario, est interviewé par le chroniqueur Michael Coren.

27. Rice, *Shattered Vows.* Un sondage réalisé en 1983 aux États-Unis rapporte que 94 % des religieuses et des prêtres qui ont quitté les ordres donnent comme raison de leur décision leur incapacité de respecter leur vœu de chasteté (Thomas, *Desire and Denial*).

28. Rice, *Shattered Vows.* Toutefois, l'ex-jésuite canadien Neil McKenty vit une expérience d'un genre tout à fait différent lorsqu'il annonce, en 1969, sa décision de quitter les ordres. « Il n'y a eu aucun blâme, aucune remarque à propos des sommes énormes investies par les jésuites dans mon instruction et dans ma santé pendant les vingt-cinq ans où je suis resté dans l'ordre. Bien au contraire. On m'a même proposé de garder ma chambre jusqu'à ce que je trouve un travail. » (McKenty, *The Inside Story.*)

29. Les chiffres avancés par Sipe sont des estimations. McKenty, par exemple, a une liaison sporadique d'une dizaine d'années avec Denise, une catholique divorcée. Un grand nombre de preuves reposant sur des anecdotes appuient les conclusions de Sipe, et suggèrent même qu'elles pourraient être conservatrices.

30. Sipe, *A Secret World* ; Griffin, *The Courage to Choose.*

31. Griffin, *The Courage to Choose.*

32. « Clerical Liaisons : The Sins of the Fathers », *The Globe and Mail* (24 juin 1995).

33. Il y a beaucoup de groupes de ce genre dans le monde entier, dont le MOMP (Mouvement pour l'ordination des hommes mariés) et Advent au Royaume-Uni, le Siete Sacramentos au Chili et des douzaines de groupes dans d'autres pays.

34. « Reform Groups Gathers in Rome », *Catholic New Times* 20, n° 22 (15 décembre 1996).

35. « Catholic Group Calls for Major Change », *CP Newswire* (31 octobre 1996) ; « Canadian Campaign in Planning Stage », *Catholic New Times* 20, n° 16 (22 septembre 1996) ; *Alberta Report* 24, n° 12 (3 mars 1997).

36. Powers, *Free Priests*.

37. *The Globe and Mail* (16 novembre 1994). Michael Coren s'entretient avec l'ex-prêtre Dominic.

38. « The Catholic Church : Wages of Sin », *The Economist* (30 août 1997).

39. Wittberg, *The Rise and Fall of Catholic Religious Orders*.

40. Sœur Rosalia Kane, une religieuse de Charlottetown (Île-du-Prince-Édouard) qui appartient à l'ordre des Sœurs de St. Martha, explique que, lorsque « les familles étaient nombreuses, les possibilités de faire carrière étaient moins élevées. Pour ces familles, la vie religieuse est un choix très positif. » *The Toronto Star* (21 septembre 1991).

41. Wittberg, *The Rise and Fall of Catholic Religious Orders*.

42. *Ibid.*

43. *The Globe and Mail* (1er octobre 1987).

44. Ebaugh, *Women in the Vanishing Cloister*.

45. *Ibid.*

46. *Ibid.*

47. *Ibid.*

48. Les écrits concernant les religieuses lesbiennes qui restent cloîtrées sont de plus en plus nombreux. Ces religieuses peuvent soit rester chastes, soit s'engager dans une relation de type « mariage bostonien », parfois sexuellement active.

49. *Ibid.*

50. *Ibid.*

51. *Ibid.*

52. *Ibid.*

53. *Ibid.*

54. *Ibid.*

55. *Ibid.*

56. *Ibid.*

57. Michele Ingrassia, « Virgin Cool », *Newsweek* (17 octobre 1994) ; Nancy Gibbs, « How Should We Teach Our Children About Sex ? », *Time* (24 mai 1993).

58. Gibbs, « How Should We Teach Our Children About Sex ? ». Quarante-quatre pour cent disent avoir eu un partenaire ; 29 %, deux ou trois ; 6 %, quatre ; et 15 %, cinq ou plus.

59. « Teenage Sex : Just Say "Wait" », *U.S. News and World Report* (26 juillet 1993). Atlanta Centers for Disease Control.

60. Ingrassia, « Virgin Cool ».

61. Gibbs, « How Should We Teach Our Children About Sex ? ».

62. Michele Ingrassia nous rappelle qu'il y a un siècle les filles atteignaient l'âge de la puberté à quinze ans environ et se mariaient à vingt-deux ans.

63. Il y a longtemps que j'ai lu *Le complexe d'Icare*, mais la quête entêtée du fameux « *zipless fuck* » par Erica Jong est restée gravée dans ma mémoire.

64. Après le mariage, l'ex-vierge peut espérer une vie sexuelle torride. Elle peut devenir une « vraie femme » et émoustiller son mari en l'accueillant nue ou dans un déshabillé suggestif lorsqu'il rentre le soir à la maison (surgissant du monde exté-

rieur où il a travaillé d'arrache-pied pour gagner de l'argent). Elle stimule ainsi le désir qu'il ressent pour elle, le retient dans le droit chemin et le manipule gentiment en le récompensant avec les gratifications tangibles mais honorables que peut offrir une épouse aussi bonne et une femme aussi «vraie».

65. Comme le dit un intégriste: «Ce n'étaient pas Adam et Steve, mettons-nous bien d'accord là-dessus». L. A. Kaufmann, «Praise the Lord, and Mammon», *The Nation* (26 septembre 1994).

66. Ingrassia, «Virgin Cool».

67. Documentation de True Love Waits.

68. Erica Werner, «The Cult of Virginity» (*Ms.*, avril 1997).

69. Extrait de la campagne de promotion de True Love Waits Goes Campus.

70. Kelly E. Young, «True Love Waits Helps Wilson Launch His Statewide Parental Responsibility Program», *Stanford Daily* (28 avril 1997).

71. Patrick Meagher, «Lining Up To Be Virgins, Teens Let True Love Wait», *The Toronto Star* (13 décembre 1997).

72. «True Love Waits — South Africa».

73. John Zipperer, «"True Love Waits" New Worldwide Effort», *Christianity Today* (18 juillet 1994).

74. Kaufman, «Praise the Lord, and Mammon».

75. Kaminer, *True Love Waits*.

76. Deux adolescentes canadiennes converties à True Love Waits, citées par Scott Steele dans «Like a Virgin», *Maclean's* (14 mars 1994).

77. Dans son numéro de mars 1998, le magazine pour adolescents *Jump* consacre un article aux garçons vierges. Dans «Boys on Virginity: What It Means to Give Up», article de Mia Byers, cinq jeunes hommes exposent leur approche de la virginité. Deux d'entre eux sont encore vierges. Alex le sera jusqu'à ce qu'il rencontre sa future épouse, Joe l'est parce qu'il se sent émotivement trop vulnérable.

78. Ingrassia, «Virgin Cool».

79. William Shaw, «Home Alone 2: Lost in Los Angeles», *Details* (avril 1994).

80. Communication personnelle de Kelly Thomas.

81. David Whitman, *U. S. News and World Report* (19 mai 1997).

82. *U. S. News and World Report* (5 mai 1997); *The Globe and Mail* (17 janvier 1998), citant une étude échelonnée sur vingt ans à propos de la grossesse chez les adolescentes, parue dans *Health Reports* et publiée par Statistique Canada.

83. Bulletin de BAVAM! (sur Internet).

84. Andres Tapia, «Radical Choice for Sex Ed», *Christianity Today* (8 février 1993). C'est l'article le plus profond et le plus complet que j'aie pu lire sur la question de l'éducation sexuelle.

85. Ingrassia, «Virgin Cool».

86. Philip Elmer-DeWitt, «Making the Case for Abstinence», *Time* (24 mai 1993).

87. Gibbs, «How Should We Teach Our Children About Sex?».

88. Joseph Shapiro, «Teenage Sex: Just Say "Wait"», *U. S. News and World Report* (26 juillet 1993).

89. McCarthy, *The Catholic Tradition Before and After Vatican II*.

90. *Ibid.*

91. *Ibid.*

92. *Ibid.*

93. *Ibid.*

94. Brown, *The New Celibacy.*

95. *Ibid.* Brown cite Gary Hanauer, « Turning On to Turning Off », *Penthouse* (janvier 1986).

96. *Ibid.*

97. *Ibid.*

98. *Ibid.*

99. *Ibid.*

100. Haddon, *The Sensuous Lie.*

101. *Ibid.*

102. *Ibid.*

103. Cline, *Women, Passion and Celibacy.*

104. *Ibid.*

105. Gordon, *Single Women, On the Margins?*

106. Norris, *The Cloister Walk.*

107. Cline, *Women, Passion and Celibacy.* C'est Cline qui souligne.

108. *Ibid.*

109. *Ibid.*

110. *Ibid.*

111. Francine Gagnon, « Vivre en solo », *La Gazette des femmes* 10, n° 5.

112. Shalit, *A Return to Modesty.*

113. Candace Watson, « Celibacy and Its Implications for Autonomy ».

114. Cline, *Women, Passion and Celibacy.*

115. Brown, *The New Celibacy.*

116. Hall, « Unsexing the Couple ». En 1983, une étude importante de Richard Blumstein et Pepper Schwartz, *American Couples,* a « documenté » le « lit stérile » des lesbiennes. Selon ces chercheurs, les lesbiennes font moins souvent l'amour après deux ans de relation que les couples hétérosexuels après dix ans.

117. Hall, « Unsexing the Couple ».

118. Gage, « Pressure to Heal ».

119. Hall, « Unsexing the Couple ».

120. *Ibid.*

121. Katie Roiphe, *Last Night in Paradise : Sex and Morals at Century's End* (Little, Brown, Boston, 1997).

122. Albert R. Johnson et Jeff Stryker (dir.), *The Social Impact of AIDS in the United States* (National Academy Press, Washington, D. C., 1993).

123. Johnson cité dans *The Gazette* (Montréal, 15 juin 1992).

124. Cité dans le *Kansas City Star* (16 février 1996).

125. J'ai lu *How Town, Goldenboy, The Little Death* et *The Death of Friends.*

126. Masters et Johnson, *Crisis.*

127. *Ibid.*

128. *The Winnipeg Free Press* (9 novembre 1991).

129. *The Toronto Star* (14 mai 1987).

130. Roiphe, *Last Night in Paradise.*

131. Kelly, *Changing HIV Risk Behavior.*

132. La contamination a commencé chez les adolescents et a atteint un sommet avant leurs vingt-cinq ans. Trente pour cent des bébés nourris au sein sont contaminés par leur mère.

133. *Calgary Herald,* 1ᵉʳ décembre 1991.

134. Une étude de 1992 indique que 68 % des hommes dont l'épouse est abstinente et nourrit son bébé au sein cherchent l'aventure ailleurs. Ng'wshemi *et al., HIV Prevention and AIDS Care in Africa* (Royal Tropical Institute, Pays-Bas, 1997).

135. Edmond Kizito et Margareta Gacheruwa, « Scared Celibate », *World Press Review* (septembre 1993).

136. Les chiffres, en ce qui concerne les cas de sida documentés aux États-Unis à ce jour, sont de 288 541 Blancs, 230 029 Noirs, 115 354 Hispaniques, et 7000 pour les autres ethnies. Étant donné la proportion de Noirs et d'Hispaniques par rapport au Blancs aux États-Unis, ces taux sont extrêmement élevés.

137. Sonja Kindley, « Promiscuité émotionnelle », *Elle* (mars 1996).

138. Les risques de contracter le VIH par un rapport anal non protégé avec un partenaire infecté varient entre un sur cinquante et un sur cent, alors que, dans les mêmes conditions, le rapport vaginal présente un risque de contamination de un sur cinq cents pour la femme et de un sur sept cents pour l'homme (Gochros, « Risks of Abstinence »).

Index

Table des matières

ACHEVÉ D'IMPRIMER EN NOVEMBRE 2001
SUR LES PRESSES DE TRANSCONTINENTAL IMPRESSION
DIVISION GAGNÉ, LOUISEVILLE (QUÉBEC).